LAS VÍCTIMAS DE LA YIHAD

Chelo Aparicio y Ana Aizpiri

Las víctimas de la yihad

Españoles asesinados en atentados terroristas

ESPASA

Espasa es un sello editorial de Editorial Planeta, S. A.
Avda. Diagonal, 662-664, 08034, Barcelona (España)
www.espasa.com
www.planetadelibros.com

Primera edición: febrero de 2024

Depósito legal: B. 466-2024
ISBN: 978-84-670-7217-4
Preimpresión: Safekat, S. L.
Impresión y encuadernación: ROTOPRINT BY DOMINGO, S.L.
Printed in Spain - Impreso en España

PEFC Certificado
Este libro procede de bosques gestionados de forma sostenible
PEFC
PEFC/14-38-00305
www.pefc.es

A todas las víctimas del terrorismo, a sus familiares y amigos.
Por lo que fueron y por la pérdida irreparable que su ausencia
ha supuesto para toda la sociedad.

ÍNDICE

Prólogo

España ha sido escenario de las principales variantes del terrorismo islamista desde mediada la década de los años ochenta del siglo pasado. Todo empezó con el terrorismo patrocinado por las autoridades de Irán después de que en este país se instaurase, en 1979, un régimen basado en el fundamentalismo chií. El acto más cruento del terrorismo islamista proiraní dentro del territorio español —hubo otros menos letales, como se rememora en este libro— fue el ocurrido el 12 de abril de 1985 en el restaurante El Descanso, en Torrejón de Ardoz, en la Comunidad de Madrid. La Yihad Islámica, que asumió ese y otros atentados cometidos en distintos países europeos, era, en realidad, una denominación que la organización armada libanesa Hezbolá —de ideología islamista chií— utilizó entre 1983 y 1987. Casi dos décadas después, en 2006, esta vez en el interior del Líbano, un atentado derivado de este extremismo islamista causaría la muerte de más españoles.

Entre tanto, el yihadismo global había iniciado la primera fase de su desarrollo como movimiento islamista con la fundación de Al Qaeda en 1988, fase que concluyó unos meses después de los atentados del 11 de septiembre de 2001 en Nueva York y Washington, cuando la organización y algunas de sus entidades asociadas perdieron su santuario afgano. Inherente a ese movimiento es un nuevo terrorismo islamista que, por la ideología que lo justifica desde el punto religioso —el salafismo yihadista, una elaboración violenta del fundamentalismo suní—, se denomina «terrorismo yihadista». A lo largo de todo este tiempo, miembros de Al Qaeda y de sus entidades afines, como entonces el Movimiento de la Juventud Islámica de Marruecos (MJIM), el Grupo Islámico Armado (GIA), en Argelia, o la Gamaa Islamiya (GI), en Egipto, perpetraron, en estos países y en Estados Unidos, atentados entre cuyas víctimas mortales también hubo españoles.

La segunda fase del yihadismo global discurrió desde 2002 hasta 2011, año en que fue abatido Osama bin Laden, líder de Al Qaeda. En esta fase se inscriben los atentados del 11 de marzo de 2004 en Madrid, preparados y ejecutados por integrantes de una red yihadista que tuvo tres componentes —el remanente de la célula que Al Qaeda estableció en España en 1994 tras ser desmantelada en 2001, el aportado por el Grupo Islámico Combatiente Marroquí (GICM) y el que añadió una banda de delincuentes radicalizados— y que estuvo conectada con el mando de operaciones externas de Al Qaeda. A ello hay que sumar el episodio suicida que miembros de esa red del 11-M llevaron a cabo en el mes de abril en la población madrileña de Leganés. En el exterior, durante ese periodo, hubo españoles que murieron en atentados realizados por el Emirato Islámico de Afganistán (EIA) —los talibanes— en este país surasiático; por Ansar al Sunna (AS), en Irak, por el GICM, en Marruecos, o por Al Qaeda en la Península Arábiga (AQAP), en Yemen.

La tercera fase del yihadismo global comenzó en 2012, con el auge de la insurgencia yihadista en Siria y la escisión del movimiento en dos bloques, uno alineado con Al Qaeda y otro con la organización Estado Islámico (EI). En este periodo, que finaliza en 2019 con la desaparición del califato que el EI había proclamado, tuvo lugar en Europa occidental un ciclo de movilización yihadista sin precedentes, promovido por las actividades y la propaganda del Frente al Nusra (FN) —rama siria de Al Qaeda— y, sobre todo, del EI. En este contexto ocurrieron los atentados del 17 agosto de 2017 en Barcelona y, en la madrugada siguiente, en Cambrils, cometidos por miembros de una célula formada en Ripoll, en la provincia de Girona, vinculada al aparato de seguridad exterior del EI, aún en Siria. Mientras tanto, los talibanes siguieron matando españoles en Afganistán, como hizo Al Qaeda en el Magreb Islámico (AQMI) en Túnez, o el EI en Francia, Reino Unido, Burkina Faso y Sri Lanka.

En 2020 se abrió la cuarta fase del yihadismo global, que en España y otros países europeos se viene manifestado sobre todo con atentados letales perpetrados por los llamados «actores solitarios», individuos cuya autorradicalización resulta compatible con sus problemas de salud mental. Sucedió en Torre Pacheco, en la provincia de Murcia, en 2021, y en Algeciras, en la provincia de Cádiz, en 2023. Pero tanto Al Qaeda como el EI han priorizado su reorganización, expandiendo y consolidando dominios en áreas del sur de Asia y del África subsahariana, donde ambas estructuras descentralizadas pugnan por la hegemonía del yihadismo global. En el poco tiempo transcurrido de esta cuarta fase, nuevos actos de terrorismo en Burkina Faso, asumidos por la rama de Al Qaeda activa en la franja del Sahel y su entorno, es decir por el Grupo de Apoyo al Islam y los Musulmanes (GAIM), han tenido como resultado la muerte de ciudadanos españoles.

En conjunto, tanto el viejo terrorismo islamista como el nuevo terrorismo yihadista han causado 232 víctimas mortales dentro del territorio español, tres cuartas partes de ellas con nacionalidad española, y nueve de cada diez en la Comunidad de Madrid; y otras 68 de españoles en el exterior, seis de cada diez en Afganistán, Irak y Yemen. Cifras crueles —a las que cabe añadir los miles de heridos y de afectados psicológicamente— que las autoras de este libro, Chelo Aparicio y Ana Aizpiri, han personalizado al tiempo que situado en su contexto los atentados que dieron lugar a tanto daño y dolor. Una iniciativa encomiable del Centro Memorial de las Víctimas del Terrorismo (CMVT) realizada con calidad y calidez. Una obra que abre los ojos —y sobrecoge— ante tantas vidas rotas, dentro y fuera de España, como consecuencia de actos del terrorismo islamista en general y del terrorismo yihadista en particular.

FERNANDO REINARES NESTARESFI
Catedrático de Ciencia Política y Estudios de Seguridad
de la Universidad Rey Juan Carlos; investigador asociado distinguido
del Real Instituto Elcano, e investigador sabático visitante del
Centro Memorial de las Víctimas del Terrorismo

NOTA DE LAS AUTORAS

Este libro recoge las semblanzas de las víctimas mortales españolas como consecuencia de atentados yihadistas cometidos en nuestro territorio, así como en una docena de países de varios continentes. Asimismo, figuran algunas de las víctimas que, no siendo de nacionalidad española, perdieron la vida en esos atentados.

Es una crónica extendida a lo largo de cuatro décadas en las que el terror yihadista afectó a nuestro país, y, de la manera más cruel, a las 300 personas, hombres, mujeres y niños, a las que arrebataron sus vidas, de las que las siguientes páginas son un reflejo.

1

Comienzos del terrorismo yihadista en España

En la década de los años ochenta del siglo pasado, la actividad de grupos terroristas en capitales y ciudades de Europa occidental era constante. A raíz de la elaboración de un manifiesto conjunto firmado por la Baader-Meinhof (Alemania), el GRAPO (España), Acción Directa (Francia), las Brigadas Rojas (Italia) y las Células Comunistas Combatientes (Bélgica), se acuñó el término de «euroterrorismo», inmediatamente compartido por responsables políticos y periodistas. En los principales países europeos había grupos terroristas locales de etiología marxista o nacionalista, pero también actuaban grupos palestinos y de otros países de Oriente Medio que, o bien resolvían sus diferencias internas atacándose en suelo europeo, o bien golpeaban contra intereses judíos, europeos, americanos e, incluso, de países como Turquía, Arabia Saudí o Jordania. Habitualmente, los ataques estaban dirigidos contra legaciones diplomáticas, aeropuertos, líneas aéreas y aviones, o contra la OTAN (Organización del Tratado del Atlántico Norte). España no estuvo, ni mucho menos, libre de ese fenómeno. Se produjeron ataques contra las oficinas de las líneas aéreas de Reino Unido y de Jordania, contra funcionarios de varias embajadas, como las de Turquía y Egipto, contra el consulado francés en Barcelona, y atentados frustrados por la detención de las células que planeaban su ejecución. Aunque el objetivo de estos actos no eran ciudadanos o instituciones españolas, sí causaron víctimas españolas.

Algunos expertos, como Fernando Reinares, se refieren al terrorismo islamista para hablar de la violencia que aparece a partir de los años setenta, reservando el calificativo «yihadista» para el que aparece algunos años más tarde, a inicios de la década de los noventa. En cualquier caso, este terrorismo internacional, aunque existía y tuvo manifestaciones puntuales en Europa, concernía más a los países donde se había generado, como Egipto, o el Líbano, que lo importó de Irán. En Egipto los yihadistas pretendían subvertir el orden y derrocar al presidente, mientras que en el Líbano, grupos armados de ascendiente religioso participaron en la larga y enmarañada guerra civil. Por otro lado, cientos de hombres atraídos por la perversa mística de la yihad (la guerra por Alá) habían partido a Afganistán, luchaban allí contra las tropas de la Unión Soviética y algunos pasaban a constituir lo que años más tarde sería el embrión de Al Qaeda.

La presencia de terroristas pertenecientes a grupos yihadistas era una realidad en España. Esa presencia queda atestiguada, entre otros hechos, por la sentencia número 64 de la Sección Primera de lo Penal de la Audiencia Nacional del 22 de junio de 1985, en la que se condenó a dos ciudadanos libaneses a más de 23 años de prisión por un atentado frustrado contra un funcionario de la embajada de Libia en Madrid el 12 de septiembre de 1984. Los dos penados pertenecían al grupo Amal-Brigadas Imán Mussa el Sader, nombre que hace referencia al imán de origen iraní que se estableció en el Líbano en los años sesenta y que desapareció misteriosamente en Libia en 1978, para pasar a ser una figura reverenciada por Hezbolá, la organización chiita libanesa que se ha valido tanto de la política como del terror para alcanzar sus fines tanto en el país del cedro como en toda la región.

Explosión en el restaurante El Descanso

El ataque con explosivos contra el restaurante El Descanso, la noche del 12 de abril de 1985, despertó a España a una nueva realidad, el terrorismo yihadista, del que aquel atentado sería un sombrío prolegómeno de lo que vendría después. Dieciocho personas perdieron la vida y otras 85 resultaron heridas, según datos del sumario, en el atentado, que, aunque fue reivindicado por dos grupos —uno de ellos, la Yihad Islámica—, no llegó a ser esclarecido judicialmente. Sin embargo, oficialmente solo están reconocidos 40 heridos, uno de ellos un agente de la Policía Municipal y el resto civiles, según señalan María Jiménez y Javier Marrodán en su libro *Heridos y olvidados. Los supervivientes del terrorismo en España.*

Desde la perspectiva actual, se puede afirmar que aquel atentado presentaba una de las señas características de los ataques yihadistas que proliferarían en las dos primeras décadas del siglo XXI: la agresión indiscriminada en centros de reunión o de ocio orientada a causar el mayor daño posible.

El perpetrado contra El Descanso cogió por sorpresa a la sociedad española y ha pasado a la historia de nuestro país como el atentado terrorista con más víctimas por el que nadie fue juzgado. El caso ilustra las secuelas que deja en las víctimas del terrorismo la falta de justicia: al no celebrarse un juicio, no existe sentencia, ni culpables, ni pena condenatoria, carencias que son una suerte de dolor añadido para los familiares de las víctimas y para los heridos. A la falta efectiva de justicia le siguió un olvido institucional y social que duró casi 20 años, hasta el 11 de marzo de 2004, cuando, en pleno corazón de Madrid, yihadistas vinculados a Al Qaeda cometieron los ataques de los trenes de Atocha, el peor atentado terrorista de Europa, que avivó la memoria del pasado haciendo que se pusiera el foco en las víctimas olvidadas del primer ataque yihadista ocurrido en España.

Aquel viernes 12 de abril, el o los hombres que depositaron la carga de explosivos en el restaurante El Descanso pasaron inadvertidos para el resto de las personas que se hallaban en el establecimiento, unas 150 entre clientes y empleados. Tras la explosión vivieron una experiencia aterradora, no solo porque en cuestión de minutos quedaron engullidos por los desechos del edificio, sino por la tensión psicológica de verse separados de sus familiares y amigos por efecto de la onda expansiva, que dispersó a los grupos que antes de la deflagración estaban en las mesas, en corrillos en la barra o en el exterior del edificio. Entre los clientes había muchos jóvenes, así como matrimonios con niños, una clientela miscelánea procedente de las localidades próximas o de la capital, Madrid, así como de la cercana base aérea de Torrejón de Ardoz, en la que entonces había militares norteamericanos y españoles.

La hora de la explosión, diez y media de la noche, hizo que hubiese menos norteamericanos que españoles, si bien un informe interno del Directorio de Inteligencia de la CIA, fechado el 27 de enero de 1986 —ocho meses después del atentado—, señalaba que había 15 estadounidenses entre los más de 80 heridos que dejó la bomba. Sin embargo, esos ciudadanos norteamericanos no aparecen entre los reconocidos oficialmente como heridos en el atentado contra el restaurante.

Las dos plantas del edificio se desplomaron. Muchas personas quedaron sepultadas bajo el amasijo de vigas, ferralla, bloques de hormigón y demás materiales de construcción. Como ya hemos dicho, dieciocho personas perdieron la vida por efecto de los aplastamientos y de las grandes heridas sufridas por estos. En total, los heridos, de muy diversa consideración, ascendieron a 85 (incluidos los estadounidenses). Las labores de rescate fueron muy difíciles y se prolongaron hasta el amanecer del día siguiente. Los familiares de las víctimas y de los heridos relatarían los detalles angustiosos de la búsqueda de sus allegados por los hospitales de la capital madrileña durante la madrugada del sábado. Los cuerpos sin vida de las 18 víctimas fueron trasladados al Instituto Anatómico Forense, donde les fueron practicadas las autopsias. Los familiares fueron conociendo la terrible noticia por medio de llamadas de parientes y amigos o a través de la radio, y tuvieron que asimilar el quebranto, imprevisto y violento, de la pérdida de sus seres queridos como mejor supieron, sin asistencia psicológica, un servicio de apoyo que años más tarde se incluiría en los protocolos de asistencia para atentados terroristas.

Entre los heridos se encontraban dos niños cuyo padre ofreció un testimonio elocuente al diario *El País* (14 de abril de 1985) del estado de caos e incertidumbre que había:

> Ángel Luis Notario Manzano, de 40 años, que quedó atrapado entre los escombros junto a su esposa, Sara Urgel, y sus dos hijos, de nueve y 11 años, en el restaurante El Descanso, manifestó ayer

que logró ser rescatado gracias a que pudo sacar una mano de entre el montón de ladrillos y piedras que lo aprisionaban y agarrar a una de las personas que colaboraban en las tareas de rescate. Notario respiró cuando escuchó decir a la persona que tenía asida fuertemente: «Aquí hay alguien». Notario, que esperaba para cenar, escuchó «una enorme explosión. Después se hizo un silencio brutal que se rompió con los gritos de dolor», dice. «Quedé atrapado entre los escombros y solo escuchaba la voz de los niños que gritaban llamándose el uno al otro. Mi esposa no sé dónde estaba porque no la oía gemir. Traté de calmarme y de contener la respiración al máximo para que no se me agotara el aire». Ya en el exterior pudo ver a su esposa. Escuchó a uno de los muchachos de la Cruz Roja decir que había que trasladarla urgentemente. Tenía hundido el cráneo. Los dos niños ya habían sido trasladados al Hospital Provincial. «¡Santo cielo! ¡Qué pasará por sus cabezas en estos momentos después de todo lo que ha pasado!», manifestó roto por las lágrimas.

El diario *ABC* (13 de abril de 1985) recogió el testimonio de Juan José González, hijo de los propietarios del restaurante:

> Me encontraba en la barra cuando en un momento dado sentí como una pequeña vibración. No le di importancia, aunque inmediatamente después, fueron fracciones de segundo, hubo como un *flash,* un fogonazo. Aquello, lo que fuera, reventó y las puertas de los servicios salieron volando por los aires, hacia mí, despedidas hacia la sala [...]. No vi a nadie sospechoso, aunque no me dio tiempo, porque todo se vino abajo. Una lluvia de cascotes y vigas se desplomó desde el techo y los muros hacia todos nosotros [...]. Luego, unos clientes tuvieron que hacer un boquete en la pared, en medio de carreras, confusión y gritos de histeria. Y por aquel agujero me sacaron a rastras, a otra planta. Estaba semiinconsciente y creía que iba a morirme, aunque de cualquier forma yo rezaba el último padrenuestro.

Al cumplirse 20 años del atentado, Vicente González Escudero, uno de los camareros del restaurante y herido en la explosión, recordó así lo sucedido al diario *ABC* (9 de abril de 2005):

> Yo estaba entre el comedor y un patio donde dejábamos las botellas cuando se produjo la explosión. Me vi lleno de sangre y eché a correr hacia la pista [la carretera de Barcelona]. Paré un coche y el conductor me llevó a Asepeyo. Y ya no recuerdo más. A este señor le he intentado localizar todos estos años porque tengo una gran deuda con él: me iba desangrando por una herida en el vientre y le debí de echar a perder la tapicería. Era un Seat 124 azul y nada me gustaría más que poder darle las gracias.

La Jefatura Superior de Policía de Madrid llevó a cabo la investigación. Pese a que en un principio no se descartó que la autoría pudiera ser de alguno de los grupos terroristas españoles, el informe emitido por la Sección Químico-Biológica del Gabinete Central de Identificación llevó a la conclusión de que debía de tratarse de un grupo terrorista internacional por el tipo de sustancias explosivas utilizadas, iguales a las empleadas en un atentado que destruyó un hotel en Atenas, también frecuentado por estadounidenses de la cercana base militar de Helenikon, el 4 de febrero de 1985. En el informe de la Brigada Regional de Información incorporado al sumario 65/1986 del Juzgado Central de Instrucción número 2 de la Audiencia Nacional quedó escrito que «1.° El móvil de la explosión lo ha sido la asiduidad de ciudadanos norteamericanos al establecimiento siniestrado. 2.° El siniestro se produjo por la colocación de un artefacto explosivo de los denominados de baja potencia, teniendo como elementos químicos integrantes el nitrato potásico y el azufre, o bien alguno de los derivados del primero».

El 15 de abril de 1985, el atentado fue reivindicado por un grupo denominado Waad (La Promesa) mediante el envío de una nota —en árabe— a la agencia Kuwait News. El texto iba acompañado del anagrama del restaurante El Descanso que aparecía en los sobres de azúcar. El 23 de abril, en las oficinas de Milán de la agencia de prensa italiana Ansa, se recibió otra comunicación en la que la Yihad Islámica se responsabilizaba del atentado de Torrejón. «En aquella fecha, la reivindicación de Hezbolá, organización terrorista chiita libanesa, se realizaba en nombre de la Yihad Islámica», dice un informe elaborado por la Unidad Central de Información Exterior de la Comisaría General de Información de la Policía Nacional fechado el 18 de enero de 2005.

El diario *La Vanguardia* (15 de abril de 1985) informó sobre el hecho:

> Ayer, los diarios de Beirut publicaron el escueto comunicado de «Yihad Islámica» en sus páginas sin añadir ningún comentario, dado que en esta capital se alimenta toda suerte de especulaciones, al no conocer nadie quiénes forman esta misteriosa organización. [...] Por su parte, Pedro Arístegui, embajador en el Líbano, estima que la reivindicación del atentado contra el restaurante asumido ayer en Beirut «es verosímil», aunque este grupo fundamentalista «no es nada», solo una sigla «que no quiere decir nada y bajo la cual se ocultan diversos grupos terroristas que actúan en el Líbano y otros países, que no quieren dar la cara y se esconden bajo ese nombre».

En el mismo diario, en la información titulada «Madrid, meca del integrismo islámico», se hacía referencia a la Yihad Islámica en estos términos:

> Yihad Islámica es una misteriosa organización formada por radicales chiitas que siguen al pie de la letra las tesis de la revolución iraní del ayatolá Jomeini. Apareció por primera vez en Beirut, en marzo de 1983, con un atentado perpetrado contra soldados franceses de la fuerza multinacional estacionada en esa capital [...]. En España, «Yihad Islámica» actuó por primera vez el 5 de agosto de 1984, contra el multimillonario kuwaití Khalid al-Marzook, en una acción perpetrada en Marbella, en la cual resultó muerto el chófer del «magnate». El 14 de septiembre de 1984, el ingeniero Nasser Abdul Aziz, natural de Arabia Saudí, fue asesinado, también en Marbella, resultando herido su compatriota Khalil Ibrahim.

Como ya mencionamos, desde comienzos de la década de los ochenta, tanto grupos armados árabes laicos como grupos islamistas habían cometido ataques en distintas capitales europeas contra intereses de la OTAN y contra Egipto y Jordania, países que habían protagonizado un cambio estratégico en su relación con Israel. Estos ataques tuvieron su réplica en suelo español, por lo que, como explica Domingo Jiménez Martín en el artículo «Acciones de grupos terroristas del Próximo Oriente en España, 1975-1985», publicado en la revista *Espacio, Tiempo y Forma,* la preocupación existía:

> Las fuerzas y cuerpos de seguridad españoles habían emprendido, tal y como hemos descrito, operaciones con el fin de neutralizar la oscura red de apoyo que radicales chiíes, de procedencia principalmente libanesa e iraní, habían ido tejiendo en nuestro territorio. Con el conflicto del Líbano como telón de fondo, en el que el secuestro de extranjeros y la mezcla de atentados, unos selectivos y otros indiscriminados perpetrados por suicidas, se habían ido incorporando al *know-how* del terrorismo, los comandos islamistas incrementaron a partir de 1983 el nivel de violencia en sus acciones y «cruzaron», en abril de 1985, la línea que el terrorismo perpetrado por radicales procedentes del mundo árabe-islámico en España había respetado desde años antes: evitar daños colaterales humanos o buscar víctimas entre ciudadanos españoles.

En el informe de la Brigada Regional de Información de la Jefatura Superior de Policía de Madrid —contenido en el sumario sobre el atentado del restaurante El Descanso— se decía que «se centraron las investigaciones sobre grupos chiitas residentes en España, tanto de origen iraní, como iraquí o libanés». Dicho documento señala que «esta hipótesis de trabajo fue confirmada en la tarde del día de ayer, al tenerse noticias de que el hecho criminal había sido reivindicado de forma fehaciente en Beirut (Líbano) por la organización terrorista Yihad Islámica», y se afirmaba «de forma categórica» que «el explosivo fue colocado por un individuo integrante de uno de los diversos grupos terroristas árabes que bajo la base del fundamentalismo árabe o revolucionario de Alá reivindican sus hechos bajo el nombre de Yihad Islámica».

Los reyes de España enviaron un telegrama de pésame por la explosión a través del jefe de la Casa Real y «el presidente del Gobierno, Felipe González, se dirigió al delegado del Gobierno en la Comunidad Autónoma de Madrid, José María Rodríguez Colorado, para que haga llegar su consternación y solidaridad a los familiares de las víctimas y a los heridos en la dolorosa tragedia». El alcalde de la capital, Enrique Tierno Galván, declaró que había sido una de las noches más tristes de Madrid, y, según la crónica de *El País* (14 de abril de 1985), «transmitió a los familiares de las víctimas "un abrazo y el testimonio de nuestro dolor. Es un dolor real, porque los familiares de las víctimas tienen que estar destrozados", añadió».

Las pesquisas que se realizaron tras el atentado no condujeron a la identificación de ningún sospechoso, por lo que el sumario número 65/1986 fue archivado provisionalmente el 9 de marzo de 1987. El informe de la CIA mencionado anteriormente cita una fuente —no identificada— según la cual el motivo por el que se había elegido El Descanso como objetivo era el gran número de militares estadounidenses que lo frecuentaban. Los analistas de la agencia de inteligencia barajaban varias hipótesis sobre la autoría del atentado, sin inclinarse de forma clara por ninguna: desde que hubiera sido obra del GRAPO hasta que lo hubieran cometido grupos extremistas palestinos o células terroristas relacionadas con Irán.

Una de las hipótesis que los servicios secretos israelíes hicieron pública y que también mencionaban los documentos de la CIA era que el atentado podía haber sido cometido por individuos relacionados con una rama del Frente Popular para la Liberación de Palestina (FPLP). A partir de las informaciones proporcionadas por diversos servicios de inteligencia occidentales, la Policía española investigó a un militante de la fracción Abu Salim del FPLP, cuya fotografía fue mostrada a los dueños de El Descanso, así como en otros alojamientos y restaurantes de Madrid, sin que se obtuviera ningún resultado.

En 2005, informaciones sobre la detención del miembro de Al Qaeda Mustafá Setmarian Nasar en la región pakistaní de Baluchistán y la publicación de varias fotografías tomadas una veintena de años antes llevaron a una sobreviviente del atentado a señalar que fue ese hombre quien colocó el explosivo. El juez de la Audiencia Nacional, Ismael Moreno, ordenó la reapertura del sumario en noviembre de 2005 e instruyó a la Dirección General de la Policía a determinar si el yihadista pudo estar implicado en el atentado. Realizadas las correspondientes diligencias, la Unidad Central de Información Exterior concluyó que «no se ha podido llegar a establecer ningún tipo de vinculación, directa o indirecta, entre Mustafá Setmarian Nasar y el atentado del restaurante El Descanso, ocurrido en Madrid el día 12 de abril de 1985».

El juez Moreno, en un auto emitido el 10 de julio de 2006, concluyó que «no consta acreditado hasta el momento ningún tipo de vinculación directa o indirecta del referido Mustafá Setmarian Nasar con el atentado en el restaurante El Descanso investigado que pudiera motivar el dictado de la orden de busca y captura interesada».

Las semblanzas que se ofrecen a continuación de las personas a las que les fue arrebatada la vida en el ataque pretenden rescatarlas del olvido público y sacarlas de la sombra en la que quedaron envueltas.

Víctimas mortales

MARÍA DEL CARMEN ALCAIDE GONZÁLEZ vivía con sus padres, Cayetano y Juliana, en San Fernando de Henares, donde regentaba una guardería. El viernes 12 de abril de 1985 acudió con su novio al restaurante El Descanso, donde murió a causa de la explosión. Según señaló el diario *ABC* (15 de abril de 1985), a las puertas del Instituto Anatómico Forense su único hermano, Julián, expresó así su dolor e impotencia: «Son unos asesinos. Mi hermana tenía 20 años y no odiaba a nadie. Estaba llena de vida y esperanzas. Ya ve usted, 15 kilos de explosivo y muerta. ¡Son unos asesinos y unos cobardes que no dan la cara! ¡Cobardes, cobardes!».

María del Carmen recibió sepultura en su pueblo natal de Fontanarejo de los Montes (Ciudad Real). El ayuntamiento de la localidad colocó una placa en su memoria —en la propia casa consistorial— con la siguiente leyenda: «En memoria de María del Carmen Alcaide González, nacida en Fontanarejo y asesinada por unos cobardes malnacidos cuyos nombres no merecen estar aquí».

MARÍA JESÚS ÁLVAREZ-OSSORIO GÁLVEZ nació en Madrid en 1957. Tenía tres hermanos, Antonio, María José y Virginia. Se casó cuando rondaba los 20 años, y en 1977 dio a luz a su único hijo, Francisco de Asís, en Sevilla. Tras divorciarse, regresó a la capital, donde vivía con su madre y con su hijo, y donde comenzó una relación con JOSÉ SÁNCHEZ JIMÉNEZ (véase pág. 35), con quien planeaba contraer matrimonio. Trabajaba como administrativa en la empresa Fórum Filatélico.

Su hijo Francisco rememoró para este libro su primera infancia junto a su madre, y mencionó con especial emoción el estreno de la película *E.T., el extraterrestre,* el viaje que realizaron juntos a La Rioja en un Alfa Romeo Alfetta GTV y la última tarde en que la vio con vida, asomada a la ventana de su casa y, como de costumbre, despidiéndose de él lanzándole besos.

La vida y los planes de futuro de María Jesús y de José se rompieron aquel 12 de abril en el restaurante El Descanso, donde la pareja había acudido a cenar. María Jesús tenía 28 años y fue enterrada en el cementerio de La Almudena.

FLORA BOJ PADILLA trabajaba en el restaurante El Descanso. Estaba casada con Luis Jiménez y era madre de cuatro hijos, Eduardo, María Esther, Mariano y Alberto. Tenía 40 años y fue enterrada en Madrid, donde había nacido. Su marido la recuerda como «una gran mujer».

Otras 12 familias como la de Flora, unas vinculadas por parentesco a los propietarios del restaurante y otras de empleados, quedaron en una delicadísima situación económica tras el atentado, que destruyó su principal fuente de sus ingresos.

MERCEDES DRESH RECARTE había nacido en Australia, donde sus padres se instalaron después de casarse. Su padre, de origen alemán, fue catedrático en la Universidad de Melbourne, y tanto Mercedes como su hermana menor, Jennifer, realizaron sus estudios en aquel país. Cuando ambas hermanas se mudaron a Madrid, Mercy, como la llamaban sus familiares y amigos, fue contratada por Citibank para trabajar en el departamento de riesgos. Mercedes dominaba el inglés y el alemán, había hecho un curso de especialización en finanzas en Londres y tenía posibilidades de promoción en el banco norteamericano. Cuando murió estaba realizando un máster de la Universidad Tufts, impartido en las instalaciones estadounidenses de la base de Torrejón de Ardoz.

Mercedes y su novio, Alberto Ortega de los Reyes, frecuentaban el restaurante El Descanso, donde el 12 de abril acudieron a cenar con una pareja de amigos. Uno de ellos era JOSÉ ARTURO RODRÍGUEZ PATO (véase pág. 33), que también murió como consecuencia de la explosión.

ÁNGELES ESPAÑA MATEO había nacido en Madrid y vivía con su amiga ISABEL RODRÍGUEZ BLANCO (véase pág. 33). Trabajaba como administrativa en una de las oficinas de la empresa Dragados y Construcciones. El día después del atentado, tras el velatorio en las dependencias del Instituto Anatómico Forense de Madrid, su primo Rafael Herrera dijo: «Siento vacío, un profundo vacío, indignación y lamento tener que decir que hasta un poco de odio. Pienso que hay que hablar menos y hacer más». En la crónica del diario *ABC* (15 de abril de 1985) se criticaba «la ausencia de autoridades en el acto de la salida de los cadáveres hacia sus respectivos destinos», una ausencia que «dolió no solo a los familiares afectados, sino en el ámbito general».

Ángeles había ido al restaurante El Descanso acompañada de sus amigas ISABEL RODRÍGUEZ BLANCO y MARÍA REMEDIOS TOMÁS ESCUDERO (véase pág. 35). Habían quedado allí con otras dos amigas. Las cinco murieron en el atentado. Ángeles, de 40 años, fue enterrada en el cementerio de La Almudena de Madrid.

MARÍA CRUZ GARCÍA MARTÍN, de 23 años, natural de San Fernando de Henares (Madrid), estaba casada y tenía un hijo de corta edad.

JOAQUÍN GONZÁLEZ YEPES nació en Ulea (Murcia), pero vivía en Alcalá de Henares (Madrid). Estaba casado con Teresa Santos-Olmo Urtiaga y tenían dos hijos, Marco Antonio, de ocho años, y Eva, de cinco. Joaquín trabajaba en la brigada municipal de limpieza de Alcalá de Henares y algunos fines de semana vendía boletos de lotería en el restaurante El Descanso.

Tras el atentado, uno de los hermanos de Joaquín dijo a la prensa: «Si es verdad que ha sido un atentado, ya pueden saber los terroristas que han matado a un pobre hombre, padre de familia. Yo vi el último Telediario y sabía que él estaba por allí muchas veces; pero a esas horas, no me lo imaginé. Me lo dijo mi cuñada por teléfono. No sé por qué ha ocurrido esto, pero no hay derecho, no hay derecho». La viuda de Joaquín abandonó Alcalá de Henares y se instaló en Valencia. Sacó adelante a sus hijos con el esfuerzo de su trabajo mientras arrostraba la tristeza de la pérdida. Joaquín González tenía 33 años y fue enterrado en Alcalá de Henares.

PILAR HARTASÁNCHEZ IBARRA, segunda de cuatro hermanos, había nacido en Madrid de padres asturianos. Formada en el Colegio de las Esclavas del Sagrado Corazón, siguió los pasos de su padre y trabajaba en banca. Tenía 27 años y formaba parte de la plantilla del Banco Central. Alegre, muy deportista y con ganas de vivir, Pili, como la llamaban en casa, había estado jugando al squash la tarde del 12 de abril de 1985 y, al anochecer, ella y NURIA RUIZ MIJARES (véase pág. 34) decidieron acercarse al restaurante El Descanso a echar un vistazo y, si les gustaba el local, reunirse allí con otros amigos. Como cualquier joven de su tiempo, Pili trabajaba, salía, viajaba y estaba llena de planes de futuro. Pilar dejó muchos amigos en Gijón, donde veraneaba y donde recibió sepultura en el panteón familiar.

LUCÍA IZQUIERDO CUEVAS nació en Cebreros (Ávila) el 16 de septiembre de 1944. De jovencita ayudó a sus padres con las tareas del campo. Inquieta y profundamente católica, tras conversaciones con su único hermano, Ángel, abandonó la idea de hacerse monja misionera y decidió instalarse en Madrid, donde vivió primero con sus tíos y después con su hermano hasta que este se casó. Lucía trabajaba como dependienta en la pastelería La Perla, propiedad de su familia, y estudió puericultura, tras lo cual trabajó como niñera de los hijos del entonces presidente de la aseguradora La Unión y El Fénix Español. Posteriormente hizo un curso de operadora de máquinas contables y otro de relaciones públicas, lo que le permitió emplearse como auxiliar administrativo en Telefónica.

Alegre y de carácter decidido, le gustaba la lectura, el teatro, los museos y, al igual que a sus amigas, viajar. Según su hermano, Lucía era una persona siempre dispuesta a ayudar a los demás. La vio por última vez la tarde del 12 de abril de 1985, cuando sus padres y él fueron a buscarla a su piso para ir juntos a Cebreros. Lucía les dijo que había quedado con su prima Manoli y unas amigas para ir a cenar a El Descanso, pero que al día siguiente iría en autobús hasta Cebreros para reunirse con ellos. Fue enterrada en su localidad natal.

MANUELA JUBRIAS YAGÜE estaba emparentada con la familia materna de LUCÍA IZQUIERDO CUEVAS (véase pág. 31), con quien mantenía una estrecha relación pese a tener 11 años más. Manuela trabajaba en el Centro Superior de Investigaciones Científicas (CSIC), y aquella noche había acudido junto a su prima al restaurante El Descanso, donde habían quedado con otras tres amigas. Las cinco perdieron la vida en el atentado. Manuela, de 52 años, fue enterrada en el cementerio de La Almudena.

ELENA PALOMARES TRABA nació en Velilla de San Antonio (Madrid) el 1 de octubre de 1962. Estuvo interna en el Colegio de las Adoratrices en Guadalajara, donde conoció a su novio, FERNANDO ZAHONERO LÓPEZ (véase pág. 35). La pareja disfrutaba de la noche del viernes en el restaurante El Descanso, donde habían quedado con MARÍA DEL CARMEN SÁNCHEZ HIJÓN (véase pág. 34) y el novio de esta, para celebrar que había finalizado sus estudios de magisterio. La noche terminó de forma dramática con la muerte de tres de los cuatro amigos.

El diario *ABC* (15 de abril 1985) recogió las palabras del padre de Elena, Pedro Palomares: «Bueno, y ahora ¿cuándo van a acabar con el terrorismo, que ha traído la muerte para estos críos llenos de vida e ilusión? Si tienen algo contra los que mandan, que vayan de frente, no cobardemente». Su madre, Elena, y su única hermana, María José, describieron a Elena como una persona «de las que necesitas para vivir, porque te acompañan en todo momento, te animan, te ayudan, te miman...», y reconocieron con desgarro que «cada uno de nosotros afrontó el gran sufrimiento de una manera diferente, o bien hablando del tema, o bien guardando silencio, porque no éramos capaces de expresarlo».

El ayuntamiento de Velilla de San Antonio puso el nombre de Elena a uno de los jardines de la localidad, decisión que el consistorio explicó así: «El municipio de Velilla de San Antonio siempre se ha distinguido por su respeto y solidaridad con las víctimas del terrorismo y la violencia [...]. Como señal inequívoca de ese respeto, tres parques y jardines del municipio están dedicados a víctimas del terrorismo y la violencia: ELENA PALOMARES TRABA, MARÍA DEL CARMEN SÁNCHEZ HIJÓN (véase pág. 34) e Irene Fernández Pereira».

ISABEL RODRÍGUEZ BLANCO, la menor de dos hermanas, había nacido en Madrid, en el barrio de La Concepción, y tenía 35 años. Había regentado una floristería, pero, tras cerrar el negocio, trabajó como administrativa en la oficina de un auditor de cuentas. Se emancipó y se fue a vivir, con su amiga ÁNGELES ESPAÑA MATEO (véase pág. 30), a un piso en el barrio de Prosperidad. A las dos amigas les encantaba viajar y juntas habían visitado varios países europeos y latinoamericanos. Su única hermana, Teresa, describió a Isabel y a sus amigas Ángeles y MARÍA REMEDIOS TOMÁS ESCUDERO (véase pág. 35) como unas mujeres guiadas por un principio rector, «vive y deja vivir», un ideal sencillo, no por ello carente de valor, situado en el extremo opuesto al de quienes planearon y ejecutaron el atentado contra el restaurante El Descanso.

JOSÉ ARTURO RODRÍGUEZ PATO había acudido al restaurante en compañía de su esposa y de otra pareja, la formada por MERCEDES DRESH RECARTE (véase pág. 29) y su novio Alberto. Hacía dos meses que Arturo había conseguido aprobar una oposición, lo que, al fin, le permitiría tener estabilidad laboral y económica. Era motivo de satisfacción, por lo que Arturo y su mujer decidieron «salir a celebrarlo y disfrutar con unos amigos. Tenía 33 años y mil proyectos por cumplir», relata María José Rodríguez, hermana de Arturo, en el libro *Memorias del Terrorismo en España,* editado por Raúl López Romo. María José vio imágenes del atentado en el Telediario nocturno, pero no sabía que su hermano se encontraba allí. La fatal noticia llegó a las dos de la madrugada: su cuñada había sido ingresada en el Hospital Ramón y Cajal y se desconocía el paradero de su hermano. Desde las dos de la madrugada hasta bien entrado el día siguiente, los padres de Arturo y sus cinco hermanos vivieron horas de angustia en busca del primogénito por los hospitales de Madrid. María José resume: «Teníamos puesta la radio pues era el medio de comunicación más inmediato en aquella época. José María García, un comentarista deportivo conocido de aquella época, leyó la lista de víctimas. Fue a través de la radio como nos tuvimos que enterar: Arturo estaba entre los asesinados».

María José describe a su hermano como un hombre de carácter afable, conciliador y con una sonrisa permanente. Había estudiado para aparejador en la Universidad Complutense y aunque ya se había casado nunca dejó de ir a ver a su familia: «Cuando venía a visitarnos, solía traer unas flores para mi madre y siempre estaba atento y dispuesto a lo que ella le pidiera: sobre todo los arreglos en casa, que se le daban muy bien. Durante mis vacaciones, solía ir allí donde estuvieran: Cádiz, Almería... Nunca olvidaré aquellos veranos y su sonrisa».

NURIA RUIZ MIJARES, como ocho de sus nueve hermanos, había nacido en Tánger. Se licenció en farmacia en la Universidad Complutense y trabajaba en los Laboratorios Abott. Nuria no tenía por costumbre ir al restaurante El Descanso, pero había sido ascendida en la empresa y decidió ir a conocer el establecimiento para luego invitar a sus amigos y celebrar así su promoción profesional. Aquella noche iba a acompañarla su hermano José Fernando, con quien vivía en Madrid, pero él había salido tarde del trabajo y decidió no ir. Nuria fue con su amiga PILAR HARTASÁNCHEZ IBARRA (véase pág. 31), que también murió en el atentado. Nuria era madrina de algunos de sus numerosos sobrinos. Era aficionada al esquí y le gustaba viajar. Fue enterrada en Llanes (Asturias), de donde procedía su familia.

MARÍA DEL CARMEN SÁNCHEZ HIJÓN vivía con sus padres, un hermano y una hermana en Velilla de San Antonio (Madrid). Era una joven de carácter extrovertido y trabajaba en una fábrica de la localidad. La noche del 12 de abril había salido con su novio, su amiga ELENA PALOMARES (véase pág. 32) y el novio de esta, FERNANDO ZAHONERO (véase pág. 35), para asistir a un concierto de música *country* en la Casa de Campo que finalmente fue suspendido. Los cuatro jóvenes cambiaron de plan y se fueron a cenar a El Descanso. Solo sobrevivió uno de ellos. El ayuntamiento de Velilla de San Antonio quiso honrar su memoria dándole su nombre a un jardín de la localidad. María del Carmen tenía 22 años.

JOSÉ SÁNCHEZ JIMÉNEZ vivía en Madrid con sus padres y sus dos hermanos, María del Carmen y Juan. Estudiaba Ciencias Empresariales y había comenzado a trabajar como asesor en una gestoría que había montado con un compañero de estudios en la calle Puerto de Arlabán del distrito de Vallecas (Madrid). José tenía novia, MARÍA JESÚS ÁLVAREZ-OSSORIO GÁLVEZ (véase pág. 29), con la que iba a contraer matrimonio. De carácter jovial, le gustaban mucho los niños, según recuerda su hermana María Carmen, que tenía un hijo, Luis, entonces de siete años, al que muchas veces José llevaba con él cuando iba de excursión con su novia María Jesús y el hijo de esta, Francisco. El sueño que compartían los novios no se pudo cumplir, ya que los dos perecieron en el atentado del restaurante El Descanso aquel viernes de primavera. José fue enterrado en la localidad de Griñón (Madrid), donde la familia pasaba los fines de semana y periodos vacacionales.

MARÍA REMEDIOS TOMÁS ESCUDERO era natural de Utiel (Valencia), pero sus padres se instalaron en el madrileño barrio de La Concepción siendo ella una niña. Era hija única y regentaba una mercería. Entre sus amistades estaban sus vecinas ISABEL RODRÍGUEZ (véase pág. 33) y ÁNGELES ESPAÑA (véase pág. 30), con quienes salió a disfrutar de aquella noche de viernes. María Remedios fue enterrada en su localidad valenciana natal.

FERNANDO ZAHONERO LÓPEZ era un joven trabajador de 22 años que vivía su vida con entusiasmo. Era «un chico bueno», dijo su hermana María Rosa, la mayor de los cuatro hermanos. María Rosa y Fernando, que era el menor, se llevaban 12 años. En medio estaban José María y Carmen, hijos todos de Andrés Zahonero Moratilla, de Lupiana, y de Enriqueta López Rojo, de Valdeavellano, ambas localidades manchegas. La familia vivía en Guadalajara. Fernando había querido ser militar y realizó el servicio militar como voluntario en la base aérea de Alcantarilla, Murcia. Le gustaba el paracaidismo y se preparaba para ejercerlo profesionalmente. Tras el servicio obligatorio lo destinaron a la base de Torrejón de Ardoz.

En uno de los saltos con paracaídas sufrió un accidente que le produjo fracturas en las dos piernas. El contratiempo lo llevó a cambiar de rumbo y comenzó a trabajar en la fábrica de cerámica Capeans, de Torrejón de Ardoz, a donde iba diariamente desde su domicilio familiar en Guadalajara. Fernando había conocido a ELENA PALOMARES TRABA (véase pág. 32) cuando estaba interna en el Colegio de la Adoratrices de Guadalajara. La noche en la que tuvo lugar el atentado, los novios habían ido a cenar a El Descanso con otra pareja de amigos para celebrar que Elena había finalizado los estudios de magisterio. Tres de ellos, Elena, Fernando y MARÍA DEL CARMEN SÁNCHEZ HIJÓN (véase pág. 34) perecieron allí. Fernando era miembro de la Cofradía de la Virgen de la Soledad, en cuya procesión participaba anualmente como penitente.

Su hermana María Rosa subrayó el sufrimiento añadido que supone para la familia el hecho de que nadie fuera procesado como responsable del atentado. Al dolor incurable de la madre y a la tristeza que se instaló en casa se unió la falta de reconocimiento y de amparo social que acusaron durante buena parte de sus vidas.

Por expreso deseo de la familia, en la tumba de Fernando, en el cementerio de Guadalajara, están inscritas las palabras «falleció en atentado terrorista», bajo la efigie marmórea de la Virgen de la Soledad que corona la sepultura.

LOS ATENTADOS DE MARBELLA Y MADRID

La década de los ochenta en Oriente Medio estuvo caracterizada por las guerras: la guerra civil del Líbano, iniciada en 1975; la guerra entre Irak e Irán (1980-1988); la actividad terrorista a la que recurrieron los nacionalistas palestinos en su lucha contra el Estado de Israel; los ataques de grupos como los Hermanos Musulmanes en Siria contra el régimen militar de Háfez al-Ássad; los de grupos que pugnaban por debilitar a Gadafi en Libia, y los ajustes de cuentas entre organizaciones armadas que actuaban en nombre de intereses contrapuestos. Esta conflictividad armada se reflejó intermitentemente en las ciudades europeas. En torno a una quincena de grupos de diferentes ideologías con raíces en Irán, Líbano, Siria,

Palestina, Libia, etc., aparecen en los listados de atentados terroristas ocurridos en ciudades europeas en la década de los años ochenta. España no podía ser una excepción.

El ya citado artículo de Domingo Jiménez Martín explica la situación:

> Desde 1982 se habrían ido asentando en España activistas chiíes (principalmente en la Costa del Sol, Granada, Madrid, Barcelona y Valencia). Los responsables de inteligencia temían que la situación geográfica peninsular pudiese estar convirtiendo a España en una base operativa para estos grupos islamistas. Los esfuerzos se centraban en intentar localizar células de apoyo chiíes que pudiesen estar relacionados con la Yihad Islámica (una de las «firmas» del grupo chií proiraní Hezbolá). La estructura que se podría haber establecido en nuestro país integraría a chiíes iraníes y libaneses. Estos prestarían su cobertura a terroristas aislados que vendrían a España a cometer atentados o planificar operaciones en nuestro país o en otros puntos de Europa. El 14 de septiembre de 1984, un ingeniero saudí fue asesinado en un atentado perpetrado en una cafetería de Marbella. Aquel atentado, en el que también resultaron heridos dos compatriotas de la víctima, fue atribuido a la mencionada Yihad Islámica.

Marbella, doble atentado terrorista (5 de agosto y 14 de septiembre de 1984)

El atentado mencionado ocurrió a las nueve y media de la noche del 14 de septiembre en la cafetería Sport del centro de Marbella. Un individuo que llegó a las puertas del local en un automóvil estacionó el vehículo y se introdujo en el local disparando contra tres hombres de nacionalidad saudí que se encontraban realizando una consumición. Nasser Abdul Aziz, de 32 años, ingeniero, fue alcanzado en la cabeza por uno de los disparos y resultó muerto en el acto. Uno de sus acompañantes, Khalil Ibrahim al Nenia, de 27 años, resultó herido al ser alcanzado por un proyectil en la mejilla.

Al día siguiente, un comunicante llamó a las oficinas de una agencia de noticias en Beirut para hacerse responsable del atentado en nombre de la Yihad Islámica. El comunicante justificó el ataque diciendo que atentarían contra intereses norteamericanos y saudíes en cualquier lugar. «Nuestras acciones no quieren perjudicar a España —añadía—, pero el Gobierno de Madrid tiene que liberar urgentemente a nuestros camaradas de un comando de las brigadas del imán Mussa el Sader», en referencia a las detenciones que se habían practicado tras un atentado contra un funcionario de la embajada libia en Madrid unos días atrás.

Un mes antes, la Yihad Islámica también se había responsabilizado, y por el mismo procedimiento —mediante llamada a una agencia de noticias internacional en su oficina de Beirut—, de un atentado perpetrado en Marbella el 5 de agosto contra el propietario de un periódico kuwaití: «Nosotros, los libaneses de la resistencia; nosotros, la organización del Yihad Islámico, asumimos la responsabilidad del atentado contra Marzook, y anunciamos nuestra determinación de seguir atacando cualquier objetivo kuwaití, esté dentro o fuera de la nación árabe».

El atentado se cometió diez minutos después de las nueve de la noche en el paseo marítimo de Marbella, donde un individuo armado con un subfusil Marietta ametralló el vehículo en el que circulaba Khalid al-Marzook, propietario del periódico *Al Anba,* que resultó ileso, al igual que otro de los ocupantes del turismo. Sin embargo, el conductor del vehículo, Yousuf Harsan, nacido en Pakistán, pero de nacionalidad kuwaití, falleció en el acto. Un cuarto ocupante del turismo, Mohamed el Adfur, resultó herido por dos impactos de bala en los brazos. El autor del ametrallamiento huyó en un coche en el que le esperaba un cómplice.

La Policía española había atribuido la autoría de diversos atentados a células islamistas armadas: la explosión en el Centro Cultural Iraquí de Madrid el 21 de julio de 1982, el lanzamiento de una granada anticarro contra la embajada de Estados Unidos el 4 de febrero del año siguiente, el ataque contra un avión de Kuwait en el aeropuerto madrileño de Barajas el 13 de septiembre de 1983, y el asesinato frustrado del kuwaití Khalid al-Marzook en Marbella el 5 de agosto de 1984, atentado en el que fue asesinado su chófer. Además, se habían neutralizado otros actos terroristas, como cuando activistas chiíes fueron sorprendidos colocando explosivos en el madrileño parque de El Retiro el 11 de noviembre de 1982. En julio de 1984 fue desmantelada una célula de militantes chiitas en Hospitalet de Llobregat, Barcelona y Madrid. En la operación policial se incautaron de armas y planes para la comisión de varios atentados.

Ataque a las oficinas de British Airways (1 de julio de 1985)

Poco después del mediodía del 1 de julio de 1985, una bomba hizo explosión en las oficinas de la compañía aérea British Airways en la Gran Vía madrileña, y cinco minutos después, no lejos de allí, un hombre ametralló el escaparate de las Líneas Aéreas Jordanas, situadas en la Plaza de España. La más afectada fue la oficina de la compañía aérea británica, donde una clienta perdió la vida y otras 24 personas resultaron heridas. El diputado de la Asamblea de Madrid Rafael Pradillo se hallaba en una oficina colindante y ofreció su testimonio a *ABC* (2 de julio de 1985):

> Tras el estruendo empezamos a oír gritos de socorro. A continuación, salí a la calle y pude comprobar cómo la bomba había afectado al local colindante, el de las Líneas Aéreas Británicas. Me asomé al interior y vi a una mujer de pie, mientras comenzaba a brotar el fuego, gritándome que la sacara. Al mismo tiempo comprobé que más adentro había otra mujer tendida en el suelo con el cuerpo prácticamente destrozado.

Víctima mortal

ESTHER GRIJALBA Y GÓMEZ-AYARZA y su hermana Leonor entraron, aquel 1 de julio de 1985, en la oficina de la British Airways para comprar unos billetes a Londres. En el establecimiento había otras dos personas que estaban siendo atendidas, además de los empleados. De repente, se produjo una fuerte explosión. La onda expansiva alcanzó de lleno a Esther y acabó con su vida. A su hermana le produjo heridas de enorme gravedad por las que tuvo que estar hospitalizada durante varios meses. Quedó tuerta, con sordera y con grave afectación locomotora por las heridas sufridas en una de las piernas.

Esther Grijalba tenía 50 años y estaba soltera. Había nacido en Logroño en el seno de una familia muy conocida de la capital riojana, ya que su abuelo, Nicolás Grijalba, había sido teniente de alcalde durante la Segunda República. Esther había estudiado magisterio y desempeñó tareas docentes en diferentes centros. Posteriormente, cuando la familia —padres y seis hermanos— se instaló en Madrid, Esther cambió de rumbo, sumándose a la empresa familiar de dirección de hoteles y gestión de apartamentos. Una de las aficiones familiares era el gusto por la música, heredado en buena medida de un tío abuelo, el tenor y compositor Manuel Sanz Terroba. Los cinco hermanos tocaban algún instrumento (Esther, el piano). Le gustaba asistir a conciertos sinfónicos, a la ópera y al teatro.

2

Ataques en el norte de África

Marruecos: de Marrakech a Casablanca

A finales del siglo XX, Marruecos, por su accesibilidad y por el atractivo del desierto y de las ciudades imperiales, había ido ganando enteros como uno de los destinos turísticos favoritos para los españoles interesados en la orilla sur del Mediterráneo. Esta tendencia era creciente en la década de los años noventa del siglo pasado y, pese a los rigores del verano marroquí, cientos de españoles disfrutaban de sus vacaciones en el país africano.

Sin embargo, la cautela se imponía en relación con otros países del norte de África. En Egipto, el grupo terrorista Gamaa Islamiya, o Grupo Islámico, había asesinado al presidente Anwar el Sadat en 1981, tras lo cual se dedicó a tirotear a turistas extranjeros justificando los ataques como medio para desgastar al Gobierno del presidente Hosni Mubarak, que había accedido a la jefatura del Estado tras el magnicidio. En 1993 hubo varios atentados mortales contra turistas en distintos puntos de Egipto. En Argelia, desde 1992, una guerra cruenta enfrentó a los islamistas del Grupo Islámico Armado (GIA) contra el Estado y contra todo aquel que no estuviese a favor del establecimiento de un régimen basado en la *sharía* (código legal islámico). Los extranjeros no se salvaron: el GIA asesinó a docenas de ellos, principalmente misioneros religiosos.

Las embajadas de Dinamarca, Holanda, Austria, Suecia, Malta y la representación diplomática de la Unión Europea cerraron sus puertas, y Japón ordenó la repatriación de todos sus nacionales de Argelia.

Atentado contra el hotel Atlas Asni (24 de agosto de 1994)

Pensar que el vecino occidental de Argelia, Marruecos, estaba libre del fenómeno del islamismo radical violento no era más que una presunción, como demostrarían los hechos a partir de 1994. El 24 de agosto de aquel año quedará marcado como la fecha en la que el terrorismo dirigido contra el turismo tocó tanto a Marruecos como a España, pues dos de sus nacionales, ANTONIA GARCÍA CUEVAS (véase pág. 45) y SALVADOR TORRAS TURRUL (véase pág. 45), fueron asesinados en el hotel Atlas Asni de Marrakech donde 250 de los 680 clientes alojados aquel día eran españoles. Fueron las dos únicas víctimas mortales.

A las diez y media de la mañana, tres enmascarados accedieron al vestíbulo del hotel Atlas Asni «por un pasillo de servicio que pasa inadvertido para quien no conoce el edificio», según detalló el director del establecimiento. Los encapuchados hicieron varios disparos al aire antes de apoderarse de dos sobres con 10.100 dirhams (unas 150.000 pesetas), y a continuación dispararon sus metralletas apuntando a los clientes presentes en la recepción del hotel. José Antonio Ocaña, esposo de Antonia García, una de las víctimas mortales, manifestó que «solamente venían a por nosotros, los turistas, y no a por los conserjes, botones o el portero, que eran marroquíes. Buscaban extranjeros». Esta versión fue compartida por los turistas catalanes que presenciaron el ataque, según informó el diario *El País* (30 de agosto de 1994). Manuel Beltrán, amigo de una de las víctimas dijo a *Catalunya Radio:* «No hicieron fuego indiscriminadamente. Persiguieron a Salvador por un pasillo y le dispararon por la espalda. Cuando cayó al suelo, se acercaron a él y le remataron con otro disparo». Los asaltantes se dieron a la fuga en un coche que arrebataron a una mujer que acababa de estacionarlo frente al hotel.

Doris Ocaña, cuñada de la malagueña Antonia García y que sufrió heridas graves de metralla en sus extremidades, relató así al diario *El País* lo sucedido:

> Estábamos en la caja del hotel para cambiar dinero cuando oímos algo y vimos a un niño corriendo y gritando. No entendíamos lo que decía, y entonces, de golpe y porrazo, vimos a un enmascarado. El botones salió corriendo y la carrera nos contagió a todos. Lo que se oía eran disparos. Nosotras huimos hacia el pasillo y nos escondimos detrás de una de las mesas bajitas que tiene. Un hombre que parecía alto, encapuchado y con una metralleta, pasó por delante de nosotras corriendo sin vernos. Pero al volver sobre sus pasos, el tío nos vio allí agazapadas y descargó el arma contra nosotras.

En un primer momento, el Gobierno marroquí se mostró reticente a avalar la tesis del ataque terrorista, según recogió el diario *La Vanguardia* (26 de agosto de 1994): «El ministro de Turismo marroquí, Serge Berdugo, negó ayer que hubiera relación entre el asalto al hotel Atlas Asni de Marrakech [...] y los ataques al turismo que se registran en otros países —Egipto y Argelia—, donde los extranjeros han sido blanco de atentados».

Dos días después, tras la detención de un grupo que se disponía a atacar a unos policías en la ciudad de Fez, el Gobierno de Rabat cambió la tesis sobre el ataque de Marrakech atribuido inicialmente a delincuentes comunes.

Los primeros detenidos acusados del ataque fueron Stéphane Aït Idir, de 22 años, francés de origen argelino, y Redouane Hamadi, de 24 años, francés de origen marroquí. Posteriormente, la Policía practicó decenas de detenciones. Al producirse otros arrestos en Francia, la investigación se bifurcó en dos partes, una en Marruecos y otra en el país galo. Marruecos fue alejándose de la tesis de la conspiración exterior y se avino a reconocer que los inculpados pertenecían a una red islamista, como quedó documentado en la investigación instruida por el juez antiterrorista francés Jean-Louis Bruguière.

En el juicio, que comenzó en la ciudad de Fez en enero de 1995, siete jóvenes franceses de origen magrebí y 11 cómplices marroquíes fueron acusados de desestabilizar Marruecos y de «constituir una célula de asociación criminal» que habría sido la causante de la muerte de los dos españoles. El tribunal de Fez condenó a Aït y a Redouane a la pena capital, aunque no les fue aplicada.

En diciembre de 1996, el Tribunal Correccional de París juzgó a Adbelilah Ziyad, alias *Rachid,* marroquí de 38 años y miembro del Movimiento de la Juventud Islámica de Marruecos, que admitió ser el cerebro de la operación contra el hotel Atlas Asni; a su compatriota Mohamed Zineddine (en rebeldía), y a Tarik Falha, el tercer asaltante del hotel de Marrakech, que logró huir en avión a Francia y de allí a Alemania, donde fue detenido y finalmente extraditado al país galo en verano de 1995. En enero de 1997, el citado tribunal dictó sentencia contra Abdelilah Ziyad y Mohamed Zineddine y les impuso sendas condenas de ocho años de cárcel y diez de prohibición de residencia en Francia por pertenencia a asociación de malhechores y participación en la comisión de una acción terrorista. Hubo otros 32 acusados, miembros de la misma red, que fueron condenados a penas de entre uno y cinco años de prisión.

El 10 de enero de 1995, con motivo del juicio de Fez, el periodista Gilles Millet, del diario francés *Liberation,* publicó un extenso artículo de investigación, titulado «Atentado en Marrakech: un proceso sobre fondo de suburbio francés», en el que resumía la andadura de dos de los acusados por el ataque contra el hotel: Stéphane Aït Idir y Redouane Hamadi. La infancia y juventud de ambos habían transcurrido en el suburbio Cité des 4.000, en La Courneuve (Seine-Saint-Denis), alternando trabajillos y desempleo. Algunos de sus amigos habían caído en el consumo de drogas, mientras Aït y Redouane comenzaban a frecuentar las mezquitas de La Courneuve y Saint-Denis, y los clubs de deporte de «educadores» islamistas. Allí fueron captados por Abdelilah Ziyad y Abdelkrim Afkir. La reeducación de los jóvenes reclutados para la lucha violenta continuó con entrenamientos en Vaucluse y, posteriormente, en Pakistán y Afganistán. De Asia fueron a parar a Bosnia-Herzegovina, donde se enrolaron en una brigada que defendió Sarajevo. Terminada la guerra de la antigua Yugoslavia, se les encomendó el ataque de Marrakech, uno de los cuatro que proyectaban ejecutar simultáneamente en suelo marroquí. Los otros tres objetivos eran turistas en Tánger, judíos en una sinagoga de Casablanca y policías en Fez. Solo se llevó a cabo el asalto del hotel Atlas Asni, que provocó las dos primeras víctimas mortales del terrorismo de raíz islamista en Marruecos y heridas de consideración a una tercera turista española.

El periodista Antoine Fouchet recogió el historial del islamista Abdelilah Ziyad en la crónica publicada en el diario *La Croix* del 18 de diciembre de 1995: Ziyad, hijo de un pequeño comerciante, nació en Casablanca en 1958 y nada más cumplir 18 años se enroló a tiempo completo en el Movimiento de la Juventud Islámica de Marruecos (MJIM) que preconizaba la violencia. El grupo terminó disolviéndose y Ziyad se desplazó a Francia en 1982 junto a Mohamed Zineddine, también militante del MJIM. En 1984 fue expulsado de Francia, entró en Libia y un año más tarde apareció en Argelia, donde se le relacionó con la seguridad militar; regresó a Francia en 1986 con pasaporte argelino e identidad falsa, pese a lo cual logró un permiso de residencia en el país que lo había expulsado dos años antes.

Víctimas mortales

ANTONIA GARCÍA CUEVAS nació en Estepona (Málaga) en 1953. A los dos meses del atentado se habrían cumplido 15 años de su matrimonio con Antonio Ocaña Marín. La pareja decidió acompañar a Doris, la hermana de Antonio, a celebrar su reciente matrimonio —se había casado el 14 de agosto— con un viaje a Marruecos, y de paso Antonia y Antonio celebrarían su próximo aniversario. Antonia dejó una hija de 12 años y un hijo de ocho.

La cuñada de Antonia, Doris Ocaña, quedó gravemente herida. Recibió cinco disparos de ametralladora en brazos y piernas. Fue intervenida quirúrgicamente en un hospital de Marruecos y posteriormente fue trasladada a Málaga, donde volvió a ser operada.

SALVADOR TORRAS TURRULL nació en Sant Feliu del Racó (Barcelona) en 1942 y regentaba un negocio de mercería-perfumería en Castellar de Vallés (Barcelona). Aficionado a los viajes, cada verano emprendía uno con sus amigos. En 1994 habían elegido Marruecos como destino. Tras un recorrido de una semana, algunos de los miembros del grupo regresaron a casa, pero otros decidieron quedarse a descansar en el hotel Atlas Asni de Marrakech. Salvador se encontraba en el vestíbulo del hotel en el momento en el que entraron los encapuchados armados.

La Casa de España, atacada por suicidas (16 de mayo de 2003)

Marruecos ya había sufrido ataques perpetrados por seguidores del salafismo yihadista, la rama resueltamente violenta del islam político, pero ninguno fue ejecutado por suicidas hasta el año 2003. El 16 de mayo de ese año, 14 terroristas, 11 de ellos suicidas, atentaron contra varios objetivos en la ciudad de Casablanca, con un saldo de 34 muertos de varias nacionalidades. Los atentados fueron un *shock* para Marruecos y para España. Los ataques fueron simultáneos, siendo el más dañino —por el número de víctimas mortales— el efectuado contra la Casa de España, establecimiento de fraternización por excelencia entre marroquíes y españoles en la ciudad atlántica.

Los atentados de Casablanca marcaron un punto de inflexión y de endurecimiento de las tácticas del yihadismo en Marruecos por la intervención de terroristas suicidas. Treinta y cuatro muertos, entre ciudadanos marroquíes, españoles, italianos y franceses, y un centenar largo de heridos, fue el balance de víctimas de los ataques de Casablanca. Once de los 14 asaltantes perecieron al hacer estallar los explosivos que llevaban camuflados. La Casa de España, el restaurante Positano y el hotel Farah estaban repletos de gente cuando los suicidas ejecutaron su plan, pues era viernes, lo que indica la voluntad de provocar el mayor número posible de víctimas.

La terraza de la Casa de España estaba llena de clientes que cenaban en el popular establecimiento cuando un atacante pertrechado con un gran cuchillo redujo al portero-vigilante y lo degolló. Una de las clientas del local, Lamia Haffi, dijo a la BBC: «Al portero, pobrecillo, le han cortado la cabeza como si nada, con un gran cuchillo». A continuación, los agresores se adentraron en las diferentes dependencias del restaurante y continuaron ejecutando su misión: varios arrojaron artefactos explosivos entre las mesas del patio y otro hizo explosionar su carga en el patio anejo de la Cámara Española de Comercio. Los cuerpos sin vida de 24 víctimas mortales, los de los perpetradores del ataque que murieron al activar los explosivos y muchos heridos quedaron diseminados por las diferentes estancias del establecimiento.

El camionero José Manuel Díaz Ochoa, natural de Algeciras (Cádiz), fue testigo del ataque. Su testimonio dejó traslucir cómo fueron los minutos y las horas posteriores a las explosiones de los suicidas: «Ese viernes yo no iba a cenar allí, pero en el *parking* me tropecé con otro compañero que me dijo "viene Domingo" —se refería al camionero Domingo Mateos Tixeiras—, y resulta que Domingo llegó, se sentó a mi lado y a los dos minutos murió. Todo en un instante... Yo volé 14 metros en dos zambombazos y ni sé el tiempo que estuve allí». José Manuel Díaz Ochoa resultó herido leve, pero Domingo Mateos murió en el acto. Con ambos cenaba el también transportista José Antonio Relinque Caro, de Barbate (Cádiz), que describió así el ataque al periódico gaditano *Europa Sur:* «Fue todo muy rápido. De repente hubo una explosión muy fuerte y un aire caliente nos tiró al suelo. Vi que mis amigos y compañeros estaban muertos». José Antonio tuvo que ser intervenido y quedó parcialmente sordo: «Tengo todavía el ruido en la cabeza, el olor a cuerpos quemados, fueron momentos demasiados intensos».

Mientras tanto, en otro punto de la ciudad, cerca del consulado de Bélgica, tres terroristas intentaron acceder al restaurante Positano, frecuentado por judíos marroquíes, aunque el portero logró impedir que irrumpieran. Entonces, dos de los asaltantes explosionaron sus cargas en la vía pública, arrebatando la vida a los dos policías que vigilaban el contiguo consulado de Bélgica. El edificio quedó severamente afectado.

Otro terrorista trató de embestir el hotel Farah con un coche bomba, pero el vehículo fue interceptado y el artefacto desactivado. También hubo explosiones frente al Círculo de la Alianza Israelita, situado junto a la sinagoga frecuentada por la pequeña comunidad judía de la ciudad, vacía esa noche por el *shabat,* que se inicia al crepúsculo de cada viernes. Allí las víctimas fueron transeúntes marroquíes.

Antes de los atentados de Casablanca, el único ataque yihadista que había suscitado una atención mediática considerable en Marruecos fue el asalto al hotel Atlas Asni de Marrakech (1994), en el que fueron asesinados dos españoles, y ello pese a que habían tenido lugar muchos otros ataques dirigidos contra turistas, miembros de la comunidad judía o personas que por sus usos y costumbres —consumir alcohol, vivir la homosexualidad sin ocultación, etc.— eran tildados de apóstatas y depravados, y considerados objetivos lícitos por los salafistas violentos. Según recogen Rogelio Alonso y Marcos García en su ensayo *The evolution of yihadist terrorism in Morocco* (2007), el terrorismo yihadista habría causado 166 víctimas mortales en Marruecos en el año 2002. Las autoridades marroquíes conocían el problema y trataban de atajarlo. Se detuvo y se juzgó a líderes de diferentes organizaciones yihadistas y se trató de compensar la creciente difusión del ideario religioso-yihadista por predicadores salafistas; incluso entre los responsables de seguridad pudo existir la sospecha razonable de que una escalada de terror podía estar próxima tras hechos como el robo de fusiles Kaláshnikov en el cuartel de Taza, en enero de 2003. Lo que tal vez no entraba en sus previsiones es el uso de hombres-bomba, pese a que el ataque suicida es uno de los rasgos del yihadismo del siglo XXI, un terrorismo de inspiración islamista, transnacional, practicado globalmente y que había concitado una atención sin precedentes desde los impactantes ataques del 11 de septiembre de 2001 en Estados Unidos.

Las autoridades marroquíes señalaron al movimiento Salafía Yihadia (Salafismo Yihadista) y al grupo Al Assirat Al Mustaquin, movilizados por dirigentes del Grupo Islámico Combatiente Marroquí desde países europeos, como los principales sospechosos de haber urdido y ejecutado los atentados. Durante los días y semanas siguientes se practicaron unas 2.000 detenciones en varias ciudades marroquíes.

En febrero de 2003, el líder de Al Qaeda, Osama bin Laden, llamó a atacar Marruecos, señalado como objetivo en una lista de países árabes «apóstatas», cuyos gobernantes, a la luz de los criterios del islamismo radical, no honraban al islam.

Según los testimonios de los asaltantes de los atentados de Casablanca que quedaron vivos, los tres habían sido sometidos a un proceso de adoctrinamiento durante unos meses, tiempo suficiente para que se reforzaran sus prejuicios antijudíos, antiamericanos y contra el Gobierno y el monarca marroquíes por la alianza entre este país y Estados Unidos. Los tres asaltantes, Mohammed el Omarí, guardia de noche de 23 años; Rachid Jalil, soldador de 27 años, y Yassin Lahnech, vendedor ambulante, de 22, fueron condenados a la pena capital en el juicio celebrado en Casablanca entre julio y agosto de 2003. El tribunal también dictó sentencias con condenas de cadena perpetua para otros 37 encausados y diversas condenas de cárcel para 83 miembros del movimiento Salafía Yihadia. Este grupo había reclutado a los tres asaltantes juzgados y a los kamikazes que perdieron su vida mientras perpetraban los ataques de Casablanca en el enorme distrito marginado de Sidi Moumen.

En las conclusiones definitivas de la Fiscalía española del sumario 20/2004 por los atentados del 11 de marzo de 2004, el fiscal mencionó los atentados de Casablanca en los siguientes términos:

> El 16 de mayo de 2003 se produjo un atentado terrorista contra la Casa de España en Casablanca (Marruecos) y otros cuatro objetivos más, en el que participó activamente el llamado Mustafá Maymouni, condenado en Marruecos por ello, quien fue detenido ese mismo mes de mayo de 2003. De la investigación del Sumario número 9/03 del Juzgado Central de Instrucción número 5 se deduce la autoría del atentado por el grupo Al Assirat Al Mustaquin (El camino recto), integrado a su vez en el Movimiento Salafía Yihadia marroquí, al que también pertenece el Grupo Islámico Combatiente Marroquí (GICM).

Las investigaciones iniciadas por la Audiencia Nacional tras la apertura de un procedimiento judicial por los atentados de Casablanca desvelaron vínculos entre los organizadores de los atentados de Casablanca y la red que preparó y ejecutó los atentados del 11-M. Se explicitaban relaciones entre la célula de Al Qaeda, dirigida por Abu Dahdah en España desde 1994, y miembros del Grupo Islámico Combatiente Marroquí (GICM) que se incorporaron a la célula al perder su base en Afganistán.

En 2020 fue detenido en Dinamarca el principal instigador de los atentados de Casablanca, el marroquí Said Mansour, que fue extraditado y condenado en su país. Mansour había alojado en Copenhague a Abu Dahdah en 1997. Fernando Reinares, en el vigésimo aniversario de los atentados de Casablanca, resumió así el vínculo: «El principal instigador de los atentados del 16 de mayo en Casablanca estaba vinculado al líder de la célula que Al Qaeda tuvo en España y a la cual perteneció el principal instigador de los atentados del 11-M».

Víctimas mortales (de nacionalidad española)

FRANCISCO ABAD LAZO era muy conocido en Almería como agente comercial, profesión que desarrollaba entre su ciudad y Casablanca, la capital económica de Marruecos. Empresario del sector del frío industrial, había sido presidente del Colegio de Agentes Comerciales de Almería. Pasaba mucho tiempo en la ciudad marroquí, pero no transcurría un mes sin que volviera a Almería para estar con su familia y sus amigos, siempre que las tareas de dirección de su empresa, Air Frio, se lo permitían.

La noticia de su muerte sorprendió a una de sus dos hijas, Flor, poco antes de acostarse, tal y como recogió el diario *El País* (18 de mayo de 2003): «Ponemos siempre la radio antes de dormir y mi marido me dijo: "Flor, han atentado en la Casa de España en Casablanca". Y yo le dije: "Pero qué dices, mi padre cena siempre en ese restaurante". A las siete de la mañana mi madre llamó a mi padre. Y él no respondió al teléfono». Su hija mayor, Encarni, resumió lo que habría sido de la vida de sus padres de no haber mediado el ataque terrorista: «Su plan era jubilarse, se había tirado toda la vida de viajante, de comercial, y estaban a punto de tener una vida más tranquila».

El funeral por Francisco, al que el oficiante, el padre Manuel, calificó de «devoto rociero», se celebró en la iglesia de San Francisco de Asís de Casablanca. Tenía 64 años.

MANUEL ALBIAC TUTUSAUS nació en Tarragona en 1944 en el seno de una familia de empresarios del sector de la química. Tras finalizar los estudios en los jesuitas del Instituto Químico de Sarriá, se encargó de gestionar el negocio familiar de productos químicos relacionados con las ceras y las parafinas que se remontaba tres generaciones. Durante un año presidió la Joven Cámara de Comercio de Tarragona. En sus viajes comerciales a Marruecos, a Arabia Saudí —donde asesoró sobre reactores químicos— y a Argelia —donde puso en marcha una fábrica de betún— fue madurando la idea de la exportación de tecnología de los derivados del betún a los países de la ribera sur del Mediterráneo.

Manuel había conocido a Pilar Cruxent siendo ambos estudiantes, y cuando decidió emprender en Marruecos, ya se habían casado y tenían tres hijos, Manel, Xavier y Mónica.

Una vez iniciada su actividad empresarial en Marruecos, se convirtió en socio de la empresa Cofatec, dedicada a la producción de bebidas, productos químicos de limpieza, disolventes, etc., que comercializaban como lo que ahora se denomina «marca blanca» para grandes superficies comerciales. Manuel vivía, en buena medida, a caballo entre Tarragona y Casablanca y, como era habitual en muchos de los expatriados españoles que residían o frecuentaban la ciudad marroquí, también era cliente habitual de la Casa de España.

Como acostumbraba, aquel 16 de mayo de 2003 Pilar telefoneó a Manuel al término de la jornada y le extrañó que no cogiese el teléfono. Sus hijos vieron en los informativos de televisión la noticia de los atentados en Casablanca y su padre seguía sin responder las llamadas. Se temían lo peor, pues sabían que los viernes Manuel solía ir a cenar en la Casa de España.

El hijo mayor, Manel, voló a Casablanca ese mismo día y allí le confirmaron la muerte de su padre. Él y Pilar fueron al lugar del atentado: por los restos de metal retorcidos, las mesas y las sillas calcinadas y los pilares metálicos despojados de la gran lona que sostenían sobre el patio antes de ser devorada por las llamas, intuyeron el infierno en que debió de convertirse el lugar tras las explosiones. Quince años después del atentado, Pilar hacía esta reflexión sobre la vivencia de los familiares de una víctima del terrorismo en una entrevista concedida al digital tarraconense *Diari T21:* «Podemos morir en un accidente o por una enfermedad, es decir, por causas comprensibles. Pero esto es incomprensible. Nunca lo entenderé. El terrorismo te deja un vacío inmenso. Es el vacío de desconocer el porqué. Te han robado algo tuyo de manera injustificada».

Un año después del ataque terrorista, la familia Albiac-Cruxent dio por cerrada su etapa en Marruecos con la venta de sus activos empresariales a una multinacional española. En 2010, el ayuntamiento de Tarragona puso el nombre de Manuel Albiac Tutusaus a una de las calles de la ciudad.

JOAN BAPTISTA ALIÉ MACIÁ, nacido en Barcelona en 1942, se formó en el centro de formación profesional La Maquinista de su ciudad natal. Dirigía una fábrica de moldes de plástico hasta que un inversor marroquí le compró toda la maquinaria, tras lo cual inició su aventura empresarial en Marruecos. Se mudó a Casablanca con su familia, esposa y dos hijos, aún pequeños, a principios de los años ochenta. De carácter extrovertido y un sentido del humor a flor de piel, fue vocal de la Casa de España durante algunos años y en el momento del atentado ostentaba la vicepresidencia de la Casa de Cataluña en Casablanca.

Joan resultó herido de graves quemaduras como consecuencia de las explosiones en la Casa de España. Al día siguiente, fue trasladado —en un avión fletado por la Generalitat— al Hospital Valle de Hebrón de Barcelona, donde falleció siete días después.

DOMINGO MATEOS TIXEIRAS, natural de Peñapardas (Salamanca), había vivido parte de su juventud en Francia, donde conoció a quien sería su esposa, Trinidad Pedrosa. La pareja volvió a España en 1983, se instaló en San Martín de Unx (Navarra) y tuvo dos hijos, José Antonio y Mélody.

Según publicó *Diario de Navarra,* por sus conocimientos de francés, Domingo consiguió trabajo en Aberri Trans de Huarte, empresa para la cual realizaba transportes tanto nacionales como internacionales. Una de sus rutas habituales era Alemania-Marruecos, con carga textil, como la última que realizó. Domingo cruzó a Tánger el viernes 16, condujo hasta Casablanca y dejó aparcado su camión Scania cerca de las instalaciones portuarias. El sábado tenía día libre y aprovechó para ir a cenar a la Casa de España con otros transportistas. Así se lo había dicho a Hervé Casa Viela, amigo y compañero en la empresa, con quien Domingo habló horas antes del atentado. Aquella noche, Domingo cenaba en el patio de la Casa de España con sus colegas José Manuel Díaz Ochoa y José Antonio Relinque. Momentos antes del ataque, José Manuel se había levantado para acercarse a la cabina de teléfonos del establecimiento y resultó herido leve. José Antonio y Domingo fueron alcanzados de lleno por las explosiones; el primero resultó herido con varias fracturas en la pierna y quemaduras diversas. Domingo murió en el acto.

Pese a que la profesión de transportista lo mantenía días seguidos en la carretera, Domingo no se había desvinculado de las actividades de la pequeña localidad de San Martín de Unx. Formaba parte de la comparsa de gigantes y había participado en el hermanamiento de su pueblo con la localidad francesa de Saint-Martín-de-Hinx. También había recibido la medalla de plata concedida por ADONA tras haber donado sangre en 25 ocasiones.

Aun gustándole su profesión, con 43 años cumplidos y muchos miles de kilómetros recorridos, Domingo vislumbraba un futuro distinto: dejar el camión, pasar más tiempo junto a su familia y ocuparse de sus viñas. Sin embargo, unos terroristas suicidas pusieron fin al viaje de su vida en la ciudad que tantas veces había visitado.

El funeral por Domingo fue concelebrado por varios sacerdotes y el arzobispo de Pamplona, Fernando Sebastián, en cuya homilía dijo que «ninguna situación de pretendida injusticia, ningún proyecto político, ninguna religión que quiera ser un verdadero camino hacia Dios puede justificar unos atentados que niegan los derechos primarios de las personas y destruyen los lazos más elementales de la fraternidad humana y de la convivencia». La familia de Domingo Mateos estuvo acompañada por cientos de personas, el presidente del Gobierno de Navarra, Miguel Sanz, el delegado del Gobierno en la comunidad foral, José Carlos Iribas, y el diputado navarro en el Congreso Jaime Ignacio del Burgo. En representación de su país acudió el cónsul de Marruecos en Burgos, Rachid el Mougha.

El Gobierno foral decidió otorgar la Medalla de Oro de Navarra a la familia de Domingo Mateos Tixeiras, medalla que el Ejecutivo autonómico comenzó a entregar a las víctimas del terrorismo a partir del año 2000. El sindicato UGT, a cuya federación de transportes estaba afiliada la víctima, hizo público un comunicado de condena del «brutal» atentado, cuya responsabilidad, decía, «recae en sus autores materiales, fundamentalistas fanáticos tan incapaces de respetar la vida humana que ni siquiera respetan la propia, inmolándose en un acto criminal y sin sentido alguno».

El representante de la Asociación de Trabajadores Inmigrantes Marroquíes en España (ATIME), Nordin Elasry, rechazó el atentado en nombre de los 4.000 trabajadores marroquíes de la Comunidad Foral de Navarra en los siguientes términos: «Rechazamos el fanatismo que ha llevado a esta situación, creemos en la democracia, la libertad y en los derechos humanos».

ARGELIA: RELIGIOSAS EN EL PUNTO DE MIRA

El deslizamiento de Argelia al abismo de la guerra entre el Estado y los yihadistas locales tuvo su punto de partida en 1992 cuando el Gobierno suspendió la segunda vuelta de las elecciones ante la eventualidad de que la formación integrista islámica Frente Islámico de Salvación (FIS) se alzara con la victoria. La reacción que sobrevino desbordó todas las previsiones: una cruenta guerra entre grupos yihadistas y el Estado que se saldó con la vida de cerca de 300.000 personas y decenas de miles de desaparecidos.

Dos monjas españolas asesinadas a tiros en Argel (23 de octubre de 1994)

El domingo 23 de octubre de 1994, dos religiosas españolas de la comunidad de Agustinas Misioneras se dirigían a la capilla de San José, que era, a su vez, residencia de la pequeña comunidad de religiosas francesas de las Hermanitas de Foucauld. La capilla se encontraba en el barrio de Bab El Oued, feudo de células armadas islamistas. Cuando se disponían a entrar en el templo, dispararon contra ellas. Nunca se supo fehacientemente cuál de las organizaciones islamistas estuvo detrás del crimen, pero las sospechas recayeron en el grupo más mortífero de todos, el Grupo Islámico Armado, entonces asociado con Al Qaeda. Incluyendo a las dos religiosas españolas, el número de extranjeros asesinados en Argelia desde septiembre de 1993 se elevó a 67, cifra que posteriormente se incrementaría.

Víctimas mortales

Esther Paniagua Alonso, natural de Izagre (León) y 45 años de edad, y María Caridad Álvarez Martín, de Santa Cruz de la Salceda (Burgos), de 61, vivían en el barrio Bab El Oued, en la pequeña comunidad de hermanas Agustinas Misioneras y trabajaban en el Hospital Maillot. Según relató Ferrán Sales en *El País* (24 de octubre de 1994), las dos religiosas habían aceptado colaborar en el pabellón dedicado a las fuerzas de seguridad, pese a que los grupos islamistas armados habían amenazado varias veces a los enfermeros y médicos destinados en esa planta.

Después de que el 8 de mayo fuesen asesinados a tiros los religiosos franceses Henry Vergés y Paule Hélène Saint-Raymond, en la biblioteca de los hermanos maristas, en la alcazaba de Argel, el cónsul español en la ciudad, Bernardino León, intentó convencer a las religiosas para que se mudasen a un barrio menos peligroso. En el entierro de los hermanos franceses —en el cementerio católico de Hussen Dey—, una de ellas dijo que «ellos han muerto aquí, nosotros nos quedaremos por ellos». El ministro de Asuntos Exteriores, Javier Solana, se manifestó consternado: «El atentado es más execrable y odioso si cabe porque iba dirigido a personas dedicadas al cuidado de los demás».

El documental *Cari y Esther: Mártires de vida,* realizado por la Orden de Agustinos Recoletos —disponible en YouTube—, es un excelente documento con testimonios de primera mano de las hermanas Agustinas que convivieron hasta la última hora con Caridad y Esther. En diciembre de 2018, el papa Francisco beatificó a 19 religiosos de diferentes nacionalidades que murieron en Argelia entre 1994 y 1996 a manos de los islamistas, entre ellos la leonesa Esther Paniagua y la burgalesa María Caridad Álvarez. La ceremonia de beatificación se celebró en Orán (Argelia).

VÍCTIMAS DEL GRUPO ISLÁMICO EN EGIPTO

A mediados de la década de los años noventa, en la República Árabe de Egipto, el grupo yihadista Gamaa Islamiya, o Grupo Islámico, pretendía debilitar al Gobierno del presidente Hosni Mubarak atentando contra la industria turística. Los turistas no eran el objetivo prioritario de los yihadistas o integristas, como se refería a ellos la prensa española de la época, pero el peligro era real, por lo que el Gobierno egipcio desaconsejaba las excursiones por carretera a lo largo del territorio ribereño del Nilo entre Qena y Asuan. La normativa indicaba la obligación de solicitar escolta policial en caso de emprender dichos viajes. El territorio egipcio señalado, de más de 275 kilómetros de longitud, salpicado de templos y tumbas faraónicas de gran belleza, se consideraba peligroso.

Los yihadistas egipcios habían provocado más de 400 víctimas mortales desde 1992, entre policías, cristianos coptos y algunos turistas. En verano de 1994 asesinaron al primer turista español.

Atentado contra turistas en el Alto Egipto (26 de agosto de 1994)

La mañana del 26 de agosto de 1994, un grupo de 11 turistas españoles, acompañados de un guía local, salió del barco en el que hacían un crucero por el Nilo para hacer una excursión al templo de Dendera, cerca de Qena. Cuatro terroristas del Grupo Islámico parapetados detrás de un cañaveral dispararon con fusiles Uzi al microbús en el que viajaban los turistas. Uno de ellos, Pablo Usán, un niño de nueve años, murió en el acto; sus padres, Leopoldo Usán e Inmaculada San Ambrosio, resultaron heridos, así como otros dos turistas y el guía egipcio. Los padres de Pablo, los españoles heridos de más gravedad, fueron trasladados en helicóptero al Hospital Militar de Maadi, en El Cairo.

Los diarios españoles, entre otros *El País* y *ABC* (28 de agosto de 1994), se hicieron eco de la reivindicación del atentado por parte del grupo Gamaa Islamiya, que se atribuyó el ataque como parte de una nueva ofensiva, al tiempo que advertía a los extranjeros de que no viajaran a Egipto «para no poner en peligro sus vidas».

Víctima mortal

PABLO USÁN SAN AMBROSIO, de nueve años edad, murió en el atentado del Grupo Islámico en Nag Hamadi en la carretera que va desde Dendera a Abidos, al ser tiroteado el microbús en el que viajaba junto a su familia y otros siete turistas. Fue el primer español asesinado en Egipto.

El cadáver del pequeño Pablo, junto a su hermana Ángela, que resultó ilesa, y sus padres, fue repatriado a España en un avión de Iberia. Los progenitores tuvieron que ser ingresados en el Hospital Peset Aleixandre de Valencia, por lo que no pudieron acudir al sepelio de su hijo.

YIHADISMO CONTRA LA TRANSICIÓN A LA DEMOCRACIA EN TÚNEZ

Túnez fue el primero de los países árabes cuya ciudadanía lanzó una revuelta contra el autoritarismo y la corrupción, iniciando así lo que se vino a llamar «la primavera árabe». Dado el calibre de las protestas, en enero de 2011 el presidente Zin Abdeen ben Alí huyó del país. Al vacío de poder inicial sobrevendrían años de difícil y compleja transición hacia la democracia, una transición que tendría al terrorismo yihadista como uno de sus principales enemigos. El islamismo político moderado, representado principalmente por el movimiento Ennahda, conformó Gobierno en 2011; los salafistas-yihadistas se envalentonaron y la actividad terrorista creció exponencialmente.

En 2013, los asesinatos de dos líderes opositores, uno de ellos manifiestamente crítico con el islamismo, tuvieron especial impacto, y los dirigentes de Ennahda calificaron como terrorista a Ansar al-Sharía, la principal organización yihadista. Se empezó a poner coto a sus seguidores, pero la hidra yihadista había crecido al abrigo de las concomitancias ideológicas y la falta de una política antiterrorista decidida. De hecho, Ansar al-Sharía no tardó en reconfigurarse a través de otras entidades del entorno yihadista.

Los turistas, que se habían mantenido alejados desde 2011, volvieron a poner sus ojos en Túnez, y en 2015 se esperaba que su afluencia superara la del año anterior. Sin embargo, todo se fue al traste por el atentado, llevado a cabo en pleno corazón de Túnez (capital), contra un nutrido grupo de turistas. Las dificultades del país para hacer frente a la amenaza terrorista quedaron al descubierto, como ocurrió en otros muchos países, especialmente tras la expansión territorial de ISIS, o Estado Islámico de Irak y el Sham [Siria], en la primavera de 2014.

Horror en el Museo del Bardo (18 de marzo de 2015)

El 18 de marzo de 2015, hombres armados con fusiles Kaláshnikov asaltaron un autobús de turistas en la plaza aledaña a uno de los principales museos de la capital tunecina, el Museo del Bardo. Los terroristas consiguieron encerrarse allí con varias decenas de rehenes, tras descargar sus armas en la entrada y generar terror y caos. La toma de rehenes se prolongó durante unas tres horas en el interior del museo, hasta que fuerzas de élite realizaron el asalto que culminó con la salida de los visitantes y la muerte de dos de los tres agresores. Veintitrés personas de varias nacionalidades perdieron la vida en el asalto, entre ellas una pareja de españoles. Medio centenar resultaron heridas.

El testimonio de uno de los turistas españoles, Josep Lluís Cusidó, alcalde de la localidad de Alt Vallmoll (Tarragona), recogido por *La Vanguardia* (19 de marzo de 2015), describía el horror vivido en las inmediaciones del museo:

> Habíamos acabado de visitar el museo cuando, justo en el momento en que salíamos, al menos he visto a dos terroristas armados con metralletas que han empezado a disparar a todo lo que se movía por la plaza, a todo lo que se movía… incluso a los autobuses, a todas partes. Las balas impactaban a nuestro lado, la gente no se lo acababa de creer y caían muertos.

Pocos días después del atentado, las autoridades tunecinas atribuyeron el ataque al grupo Okba Ibn Nafa, una unidad de Al Qaeda en el Magreb Islámico (AQMI) en Túnez, y anunciaron la muerte del presunto líder de la célula terrorista, de nacionalidad argelina, en un tiroteo con las fuerzas de seguridad. Aunque el citado grupo terrorista había prestado fidelidad a Al Qaeda, según algunos expertos en su seno habría militantes que simpatizaban con el Estado Islámico.

Menos de una semana después del ataque terrorista, el Gobierno de coalición laico-islamista relevó a varios responsables policiales y abrió el Museo del Bardo con un dispositivo de seguridad redoblado. En uno de los muros del museo fue colocada una placa con los nombres de las 23 víctimas mortales, entre ellas los turistas extranjeros, entre los que había japoneses, polacos, colombianos, franceses, un australiano, un británico, un belga y dos españoles.

Víctimas mortales (de nacionalidad española)

ANTONI CIRERA PÉREZ y DOLORS SÁNCHEZ RAMI se habían embarcado a bordo de un crucero que los llevaría a Túnez para celebrar sus bodas de oro. El viaje era un regalo de sus allegados. Antoni y Dolors, de 75 y 73 años, respectivamente, tenían dos hijos, Agustí y María Gracia. Uno se los nietos, en edad universitaria, residía con los abuelos en Barcelona. Eran aficionados al senderismo y frecuentaban la zona de la Collserola. Sus vecinos del barrio de Camp de L'Arpa (Barcelona), donde residieron durante décadas, los recordaron como una pareja muy afable. Antoni había trabajado como químico en la fábrica de cerveza Moritz y era seguidor del Barça, aficionado a la caza, la pesca y la bicicleta.

En la localidad de Alcanar (Tarragona), donde el hijo de ambos, Agustí, trabajaba como arquitecto técnico municipal, varios centenares de ciudadanos se concentraron ante la casa consistorial en solidaridad con las víctimas del atentado. El alcalde de Barcelona, Xavier Trías, decretó dos días de duelo oficial durante los cuales las banderas ondearon a media asta.

3

Las secuelas del 11-S: guerra contra Al Qaeda y los talibanes

Golpe en el corazón de Estados Unidos

El 11 de septiembre de 2001, 19 hombres que habían embarcado en cuatro vuelos domésticos de las compañías American Airlines y United Airlines en los aeropuertos de Boston, Washington y Newark se hicieron con el control de cuatro aviones Boeing. Los secuestradores estrellaron dos de ellos contra las Torres Gemelas del World Trade Center (WTC) de Nueva York, y otro contra el Pentágono en Washington D. C. El cuarto, tras la resistencia de algunos pasajeros, se estrelló en un descampado cerca de la ciudad de Pittsburg (Pensilvania).

Los ataques, planificados desde hacía más de dos años, se llevaron a cabo en el curso de una hora. A las 8:56, hora local, el primer Boeing 767 impactó contra la Torre Norte del World Trade Center, y un cuarto de hora después, un Boeing 757 se estrelló contra la Torre Sur. De los edificios, con sendos boquetes e incendios, se desprendían llamaradas y nubes de humo, entre las que se vieron las siluetas de cuerpos que caían al vacío desde pisos elevados. A las 9:30 horas, un Boeing 767 se estrelló contra el edificio del Pentágono, sede del Departamento de Defensa de Estados Unidos en la capital, haciendo arder una de las alas del edificio. A las diez de la mañana, el Boeing 757 que había partido de Newark con destino a San Francisco se estrellaba contra un descampado cerca de Pittsburgh, mientras que en Nueva York una de las Torres Gemelas se derrumbaba generando una enorme nube de denso polvo.

Los secuestradores habían elegido aviones que iban a realizar vuelos de largo recorrido, por lo que sus depósitos repletos de combustible se convirtieron en auténticas bombas al impactar contra los edificios. La segunda torre se derrumbó a las 10:28 horas. Varias calles del sur de Manhattan quedaron llenas de escombros. Aviones de combate sobrevolaron Nueva York y Manhattan, y Estados Unidos se declaró en máxima alerta. Solamente el ataque que realizaron los aviones de guerra japoneses sobre Pearl Harbor durante la Segunda Guerra Mundial precedía en envergadura a los de aquel 11 de septiembre.

Los testimonios de las personas que se hallaban en las oficinas de las torres del World Trade Center durante el ataque reflejaron la situación extrema a la que no todos pudieron sobrevivir. *La Vanguardia* (15 de septiembre de 2001) publicó algunos de esos testimonios: Bill Hult se hallaba en las oficinas de TradeWeb, en el piso 51:

> El avión impactó. El edificio se movió. Parecía un terremoto. Mi piso fue evacuado tan pronto como fue posible. Estábamos muy tranquilos y bajamos las escaleras. Nos llevó 45 o 50 minutos, porque había mucha gente. Tan pronto como estuve fuera, miré hacia arriba. Estaba en estado de *shock*. En cuestión de segundos, el otro edificio se vino abajo. Era increíble, gente gritando y corriendo para salvar su vida.

El World Trade Center ya había sido objeto de otro ataque terrorista. El 26 de febrero de 1993, Ramzi Yusef, seguidor del terrorista egipcio Omar Abdul Rahman, conocido como *El Jeque Ciego,* aparcó una furgoneta con una potente carga explosiva en el garaje de una de las torres. La explosión causó la muerte de seis personas y dejó más de 1.000 heridos. Seis pisos de acero laminado y cemento de una de las torres quedaron destrozados.

Entre las personas que sobrevivieron a los dos atentados se encontraba Lolita Jackson. Respecto al del 11-S relató lo siguiente:

> En el piso 44 hay un vestíbulo, y allí había varios centenares de personas concentradas. Yo estaba en esa planta cuando el segundo avión golpeó mi edificio. El edificio se balanceó unos dos pies [60 centímetros], y luego volvió a enderezarse (normalmente pasa eso, aunque no tan violentamente, cuando hay mucho viento). Sí, la gente lloraba, pero mi grupo no se encontraba en un peligro inminente, así que seguimos bajando lo más rápidamente posible. El primer avión chocó a las 08:48 horas, yo salí de allí a las 09:25 horas, y mi edificio se derrumbó a las 10:00 horas. Si no hubiera salido de inmediato, seguramente habría muerto.

Lourdes Galletti Díaz, secretaria de dirección en la empresa Cantor Fitzgerald, se hallaba en el piso 105 tras el impacto del avión. Llamó por teléfono a su jefe, a quien dijo: «Nos estamos quemando, me estoy quemando, hay mucho humo, ayúdenme. Necesitamos ayuda. No podemos salir». Tras estas palabras se oyó una explosión y se cortó la llamada. Lourdes Galletti, nacida en el distrito neoyorkino del Bronx, llevaba tres años trabajando en el World Trade Center y fue una de las 2.749 personas que perecieron en el atentado.

Los ataques del 11-S fueron considerados como un acto de guerra contra Estados Unidos. Así lo afirmó el presidente George W. Bush. El espacio aéreo fue cerrado salvo para los aviones militares; también Wall Street, durante tres jornadas consecutivas; las escuelas no abrieron sus puertas y el alcalde de Nueva York ordenó la evacuación del sur de Manhattan.

Los atentados marcaron el inicio de una época en la que el mundo iba a enfrentarse al reto de un terrorismo global, el yihadismo, llevado a cabo por hombres y mujeres sin límites morales, dispuestos a inmolarse y a atacar los blancos más fáciles: civiles indefensos en lugares públicos.

De los 19 kamikazes que perpetraron los ataques, la mayoría eran de nacionalidad saudí. Habían aprendido a pilotar aviones en academias de Estados Unidos y algunos habían recibido instrucción en Afganistán, en los campos de entrenamiento de Al Qaeda, la organización terrorista dirigida por el saudí Osama bin Laden.

El periodista Lawrence Wright, en su libro *La torre elevada. Al-Qaeda y los orígenes del 11-S* (2009), describe fallos de la inteligencia estadounidense, sin los cuales tal vez se hubiesen evitado los atentados, y detalla cómo pocos meses después de la primavera de 1999, «Bin Laden, Jaled Sheij Muhammad y Abu Hafs se reunieron en Kandahar (Afganistán) para seleccionar posibles objetivos. Aquellos tres hombres eran los únicos implicados. Su propósito no era solo infligir un daño simbólico. Bin Laden creía que Estados Unidos, en tanto que entidad política, podía ser destruido. Era natural, por tanto, que Bin Laden deseara atentar contra la Casa Blanca y el Capitolio. El Pentágono también figuraba en su lista. Si lograba destruir la sede del Gobierno de Estados Unidos y el cuartel general de su ejército, el desmantelamiento real del país dejaría de parecer una fantasía. Jaled Sheij Muhammad propuso el World Trade Center, que su sobrino Ramzi Yusef no había logrado derribar con el atentado perpetrado seis años antes».

En mayo de 2011, miembros del grupo SEAL de la Marina de Estados Unidos abatieron a Osama bin Laden en una casona de Abbottabad (Pakistán). Tras el funeral preceptivo para un musulmán, los restos de Bin Laden fueron arrojados en el mar Arábigo desde un portaaviones. El presidente Barack Obama dijo sobre la operación que «es el logro más significativo de nuestra nación hasta la fecha para derrotar a Al Qaeda».

Cinco hombres recluidos en la prisión estadounidense de Guantánamo, entre ellos el considerado cerebro de los ataques, Jaled Sheij Muhammad, tío de Ramzi Yusef, el terrorista que había atentado contra el WTC en 1993, están pendientes de juicio por los atentados de 2001.

Víctima mortal (de nacionalidad española)

SILVIA DE SAN PÍO tenía 26 años y trabajaba como analista en la firma Carr Futures, situada en el piso 92 de la Torre Norte del World Trade Center. Estaba embarazada de siete meses, pero continuaba yendo a su oficina cada día, al igual que su esposo, el estadounidense John Thomas Resta, que trabajaba en la misma empresa. Se habían conocido cinco años atrás y esperaban su primer hijo. En la web del *New York Times* recogieron el espíritu que unía a la pareja y la forma en que John le había pedido en matrimonio:

> El señor Resta y su esposa, Silvia San Pío, habían viajado a Florida varias veces y ella había dado con una marisquería que le encantaba. El día que le iba a pedir que se casaran, él se tomó el día libre. Pidió a aquel restaurante un menú a base de langosta y otros platos para que se lo enviaran a Nueva York. Alquiló un frac, un sombrero y un bastón y se pasó el día decorando el apartamento de Bayside, Queens, con velas, un bonito mantel y flores. Ni que decir que la respuesta fue sí, y se casaron en verano de 2000.

Las vidas de John y Silvia quedaron interrumpidas violentamente aquel 11-S. Sus ilusiones, el hijo que esperaban y los sueños que compartían desaparecieron con ellos. La confirmación de la noticia de su muerte tardó días en llegar. La magnitud del daño humano y material de los atentados fue de tal calibre que la información sobre las personas que estaban en los cientos de salas de reuniones, despachos y oficinas del World Trade Center fue conociéndose muy poco a poco, con una lentitud que abonaba la angustia de quienes esperaban un dato, algo a lo que agarrarse, la noticia menos mala…

Cuando se produjeron los atentados, el padre de Silvia, José Luis de San Pío, se encontraba fuera del bufete de abogados Garrigues Walker en el que trabajaba. Diez años después del 11-S, entrevistado por Luis Herrero en *esRadio,* José Luis recordó dónde estaba en el momento en que los yihadistas estrellaron los aviones contra las Torres Gemelas: «Estaba en un pequeño restaurante en Madrid cerca de la oficina, y los propietarios del local me avisaron; conocían mi vinculación con Nueva York. Mi primera reacción fue que era ciencia ficción, pero conforme pasaron los minutos me di cuenta de que era realidad».

El padre de Silvia sabía que su hija trabajaba en una oficina del piso 92, mirando hacia la parte alta de Manhattan, donde se estrelló el avión: «Vi que estaba muy cerquita de donde tenía la oficina. Mi única esperanza era que no hubiera ido a trabajar con motivo de su embarazo. Cuando tomé contacto con su familia al cabo de un rato me confirmaron que sí que había ido y, por tanto, debía estar allí».

En el funeral por Silvia y John, las hermanas de este eligieron la canción *In the Arms of an Angel* para despedirlos.

AFGANISTÁN: UN ROSARIO DE ATENTADOS

El desencadenante de la primera guerra del siglo XXI —la de Afganistán— fueron los ataques del 11 de septiembre de 2001 contra el World Trade Center de Nueva York y la sede del Pentágono en Washington D. C., atentados que fueron reivindicados por la organización terrorista Al Qaeda. Tanto la organización como su líder, Osama bin Laden, vástago de un potentado empresario de la construcción de Arabia Saudí, estaban detrás de los mismos.

Bin Laden había participado en la guerra contra los soviéticos en Afganistán y había vuelto a su país imbuido de la ideología salafista yihadista que evocaba la de los islamistas que habían tomado la Gran Mezquita de La Meca en 1979, una revuelta que terminó con un baño de sangre y decenas de «hermanos musulmanes» ejecutados en distintas ciudades del reino.

Cuando en 1990 el ejército de Sadam Hussein invadió Kuwait, la Casa Real Saudí, temerosa de que los campos petroleros de la Provincia Oriental cayeran bajo control iraquí, no vio mejor salida que aceptar la protección del ejército de Estados Unidos ofrecida al rey Fahd por el secretario de Defensa Dick Cheney.

La entrada de tropas estadounidenses en territorio saudí exasperó a los islamistas más radicales. Según Lawrence Wright *(La torre elevada. Al-Qaeda y los orígenes del 11-S),* Osama bin Laden propuso una alternativa al príncipe Sultán, el ministro de Defensa: contener al ejército iraquí en la frontera con Kuwait con un ejército de exmuyahidines de la lucha afgana. Al ver rechazada su propuesta, Osama bin Laden puso rumbo a Peshawar (Pakistán), y de allí pasó a Sudán, donde gobernaban los islamistas. Sin embargo, en 1996 fue expulsado del país africano y no tuvo más opción que regresar a Afganistán, donde la contienda entre los diferentes «señores de la guerra» terminó con la victoria de un grupo nuevo, los talibanes. Su Gobierno aplicó la *sharía,* o legislación islámica, de forma radical y violenta en general, y en particular sometiendo al ostracismo y despojando de sus derechos a las mujeres.

El Gobierno talibán sería reconocido únicamente por tres países: Emiratos Árabes Unidos, Pakistán y Arabia Saudí. Osama bin Laden lanzó una declaración de guerra contra Estados Unidos desde una cueva de Tora Bora. Los talibanes aceptaron su presencia con la esperanza de que, como había hecho en Sudán, invirtiera en el devastado país, pero no fue así. La situación de Bin Laden había cambiado, pues Arabia Saudí le había retirado el pasaporte, su familia lo había abandonado y había dejado de percibir su parte de beneficios de la empresa fundada por su padre. Bin Laden se había convertido en un imprevisto invitado de los talibanes, pero desde suelo afgano dirigió los atentados que certificarían su decisión de hacer el máximo daño posible a Occidente, especialmente a Estados Unidos.

El 7 de agosto de 1998, terroristas suicidas de Al Qaeda volaron las embajadas americanas de Nairobi (Kenia) y Dar es-Salam (Tanzania) utilizando camiones cargados de explosivo. El atentado de Nairobi costó la vida a 213 personas, entre ellas 12 estadounidenses, y 4.500 resultaron heridas; en el atentado de Tanzania murieron 11 personas y 85 resultaron heridas, todas africanas. Estados Unidos bombardeó una fábrica de medicamentos en Jartum (Sudán) y un campo de entrenamiento de Al Qaeda en Jost (Afganistán), pero Bin Laden no estaba en ninguno de los dos lugares.

En octubre del año 2000, dos suicidas de Al Qaeda lanzaron una pequeña embarcación llena de explosivos contra el destructor USS Cole de la Armada estadounidense que se encontraba repostando combustible en el puerto de Adén (Yemen), produciéndole un boquete y la muerte a 17 marines.

Como ya hemos descrito, el 11 de septiembre de 2001, 19 terroristas de Al Qaeda, la mayoría saudíes, secuestraron aviones comerciales y los estrellaron contra las torres del World Trade Center de Nueva York y el edificio del Pentágono en Washington. Otro avión se estrelló en un descampado de Pensilvania. En los ataques perecieron casi 3.000 personas y miles más resultaron heridas y traumatizadas. Apenas un mes después de los atentados, Estados Unidos respondió militarmente lanzando la operación «Libertad Duradera». La guerra contra el terrorismo global había comenzado.

En noviembre de 2001, la ONU convocó a cuatro facciones políticas de Afganistán a una conferencia internacional en el palacio Petersberg de Bonn (Alemania) para acordar un Gobierno provisional que luchara contra el yugo talibán y se ocupara de la reconstrucción de un país asolado por dos décadas de guerra. Alrededor de 60 países intervinieron en la materialización del Acuerdo de Bonn, que estuvo avalado por las resoluciones del Consejo de Seguridad de Naciones Unidas.

El acuerdo estableció la formación de un Gobierno provisional encabezado por Hamid Karzai. Para apoyarlo se decidió el envío de una fuerza multinacional que inicialmente se desplegaría en la capital, Kabul, y cuya misión esencial sería defenderlo de los numerosos grupos armados que operaban en el país. Esa fuerza multinacional recibió el nombre de ISAF (Fuerza Internacional de Asistencia para la Seguridad). La resolución 1386 del Consejo de Seguridad de Naciones Unidas le atribuía, entre otras funciones, la de «apoyar a la autoridad provisional afgana en el mantenimiento de la seguridad en Kabul y zonas circundantes, para que la Autoridad Provisional Afgana y el personal de Naciones Unidas puedan realizar sus actividades en un entorno seguro». Dieciocho Estados miembros de la ONU, entre ellos España, ofrecieron contingentes para la misión. Para apoyar el esfuerzo de reconstrucción se creó la Misión de Naciones Unidas para la Asistencia a Afganistán (UNAMA), dirigida por un representante especial del secretario general.

Según José Luis Calvo Albero, coronel de Infantería del Ejército de Tierra y profesor de Estrategia y Seguridad Nacional en la Escuela de Guerra del Ejército norteamericano (USAWC) en Carslile (Pensilvania), «la ISAF no era una fuerza de Naciones Unidas, ni tampoco una fuerza de la OTAN, aunque gran parte de sus contingentes procedieran de miembros de la Alianza. Inevitablemente, las estructuras de mando y los procedimientos de la OTAN se impusieron pronto en la organización».

El calendario previsto para la normalización política de Afganistán no podría verificarse si la autoridad del nuevo Gobierno provisional no se consolidaba en todo el territorio del país. Por ello, tras la petición tanto del secretario general de Naciones Unidas como del Gobierno afgano, la OTAN se responsabilizó del cumplimiento del mandato asignado a la ISAF a partir de agosto de 2003. La autorización del Consejo de Seguridad llegó en octubre. Mientras tanto, en el sur del país y en la frontera con Pakistán, el ejército estadounidense continuaba con la operación «Libertad Duradera», iniciada en octubre de 2001 contra Al Qaeda y contra los talibanes.

En diciembre de 2001, el Gobierno de España decidió participar en el ISAF con el envío de tropas que irían acompañadas por equipos de comunicaciones, de ingenieros, de desactivación de explosivos y de logística. Su destino inicial fue Kabul y alrededores.

El primer contingente español, compuesto por casi medio millar de hombres y mujeres fue llegando al país asiático entre los años 2002 y 2003. La misión de las tropas españolas era apoyar a las fuerzas armadas y de seguridad afganas para garantizar la seguridad y estabilidad del país y participar en las tareas de mentorización y adiestramiento de esas fuerzas para que pudieran desempeñar su responsabilidad lo antes posible. En lo tocante a la contribución civil, su objetivo general era apoyar la gobernanza del país —por tanto, al Gobierno afgano— mediante programas de reconstrucción, desarrollo y ayuda humanitaria.

En mayo de 2005, al albur de la ampliación del despliegue de la ISAF en todo el territorio afgano, España quedó al cargo del Equipo de Reconstrucción Provincial de Badghis, estableciendo su base en Qala-i-Naw. En otoño, España tenía más de un millar de soldados en Afganistán, entre los desplegados permanentemente y los batallones suplementarios, que, entre otras tareas, participaron en el operativo de seguridad de las elecciones parlamentarias de septiembre de 2005. Un año después, los españoles estaban al mando de una FSB, o Base de Apoyo Avanzada, en Herat, compuesta de españoles e italianos.

Bomba contra una patrulla de reconocimiento en Farah (8 de julio de 2006)

El 8 de julio de 2006, una patrulla de reconocimiento rutinario compuesta por una sección española de nueve vehículos y 33 soldados y otra sección portuguesa, todos bajo mando italiano, circulaba por una carretera a unos 30 kilómetros de Farah, en la región de Bakua, en el oeste del país, cuando, a las 16:20 horas, un artefacto explosivo estalló afectando de lleno a uno de los vehículos VBAMT (Vehículo Blindado de Alta Movilidad Táctica). La explosión provocó la muerte del soldado JORGE ARNALDO HERNÁNDEZ (véase pág. 71) y heridas al cabo primero José A. Murias Pillado (Asturias) y a los soldados Rubén Sánchez López (Madrid), Carlos Iván Macías Morán (Ecuador) y Javier Rubio Bellot (Tenerife), que intentaron sacar a Jorge del interior del vehículo. Los cuatro heridos y el cuerpo del fallecido fueron trasladados al día siguiente a España en un avión de la Fuerza Aérea. La misión que estaban ejecutando —bajo órdenes del general italiano al mando de la región oeste— era rutinaria y consistía en reforzar el Equipo de Reconstrucción Provincial estadounidense con sede en la ciudad de Farah.

En una crónica del diario *El País* (9 de julio de 2006), el embajador de España en Afganistán, José Turpin, apuntó que la explosión «no se produjo durante combate», aunque reconocía que la situación había ido empeorando progresivamente:

> La progresiva llegada de las fuerzas de la ISAF al sur del país ha galvanizado a los talibanes. Los islamistas han plantado cara a los occidentales en el sur (seis muertos británicos en menos de un mes) y han incitado ataques irregulares (con bombas caseras) en otras partes del país [...]. Farah, aunque geográficamente al oeste, una zona relativamente pacífica, está en la frontera con la región sur, la de mayor activismo talibán.

El ministro de Defensa, José Antonio Alonso, confirmó que la explosión había sido consecuencia de un «atentado premeditado» con una mina anticarro de entre tres y cuatro kilogramos de trilita.

Víctima mortal

JORGE ARNALDO HERNÁNDEZ SEMINARIO, originario de Chapica Campana (Perú), de 26 años, hijo de Segundo y Luzmila, perdió su vida en aquella explosión del 7 de agosto de 2006. Era soldado paracaidista y, tras el atentado, se convirtió en el primer latinoamericano muerto en una misión internacional del ejército español. Jorge había llegado a España después de intentar incorporarse a la Policía de su país. En Chapica Campana su familia sobrevivía con mucho esfuerzo de la agricultura y algo de ganadería.

El periplo de emigración de Jorge fue narrado en una crónica de Cristhian Ticona en el diario *La República* que luego (17 de julio de 2006) fue replicada en el blog del periodista Felipe Valdés*. Jorge decidió dejar su tierra en busca de oportunidades animado por un matrimonio español que conoció en Ayacucho. Se mudó a España y a los tres meses ya se había enrolado en el Ejército. Entonces comenzó a enviar 120 dólares mensuales a su familia, y poco después también mandaba una cantidad para el desayuno de 100 niños de su aldea natal.

Un día antes de partir hacia Afganistán, su madre, en conversación telefónica, le pidió llorando que se quedara en España. Él le respondió: «No soy ningún cobarde». No volvió a hablar con ella.

La esposa de Jorge, Zaida Vilma Jiménez Quispe, que vivía en Madrid con dos hermanos, se enteró de la muerte de su marido en el domicilio de la pareja en la calle Amor Hermoso de Usera (Madrid) por la llegada a casa de un mando del ejército: «Si un capitán viene a casa, solo puede ser algo grave». Era la segunda vez que Zaida Vilma lloraba por la muerte de un ser querido: en su patria natal, Perú, unos terroristas de Sendero Luminoso habían asesinado a su madre. Años después tuvo que llorar por Jorge: «Él me había devuelto la felicidad, con su alegría, con sus ganas de vivir, a pesar de lo poco que tenía». Entre las flores y los carteles de despedida, en su funeral destacaba esta leyenda: «Hoy tu recuerdo vivirá siempre y no te olvidaremos en Chapica Campana». Jorge Arnaldo fue enterrado en el cementerio de Chulucanas (Perú).

* http://blogs.periodistadigital.com/periodistalatino

Artefacto explosivo en una carretera en Shindand (21 de febrero de 2007)

En otoño de 2006 se estableció una Base de Apoyo Avanzada (FSB, en su acrónimo inglés) en Herat compuesta por fuerzas italianas y españolas. Poco tiempo después, el 21 de febrero de 2007, un convoy de blindados españoles salió de la base antes del amanecer para dirigirse a las inmediaciones del aeropuerto de Shindand con el fin de prestar apoyo a una unidad italiana. Cumplida su tarea, el convoy de soldados españoles regresaba, hacia las cuatro de la tarde, a la base. Circulaba por un camino paralelo a la carretera 515 cuando un artefacto enterrado en el suelo explotó al ser pisado por el blindado medicalizado que conducía la soldado de infantería IDOIA RODRÍGUEZ (véase a continuación), produciéndole la muerte de manera instantánea. Fue la primera mujer militar de las Fuerzas Armadas que perdió la vida en una misión internacional.

Víctima mortal

IDOIA RODRÍGUEZ BUJÁN nació en Friol (Lugo) en 1983. Era hija única. En septiembre de 2004 se incorporó como alumna al Centro de Instrucción número 1 y, al culminar la formación, ingresó como soldado de Infantería en la BRILAT (Brigada de Infantería Ligera Aerotransportable) de Pontevedra. En 2007 formó parte de uno de los contingentes enviados a Afganistán.

En el *post* titulado «No queda mucho tiempo para que den las cuatro de la tarde», escrito por el teniente coronel Norberto Ruiz e ilustrado por el dibujante José Manuel Esteban*, se cuenta cómo el 21 de febrero de 2007 Idoia tenía que haber cogido un vuelo de regreso a casa. Sin embargo, como había solicitado permanecer más tiempo en Afganistán, se iba a quedar hasta la última rotación. Aquella madrugada de invierno, hacia las cuatro de la mañana, tras un breve café, Idoia y sus compañeros se pusieron en marcha. Eran

* http://ejercitotierra.wordpress.com/2019/01/06/no-queda-mucho-para-que-den-las-cuatro-de-la-tarde/

cinco blindados que se dirigían a apoyar una unidad italiana en Shindand. Idoia conducía el blindado-ambulancia que iba en cuarto lugar con un quinto vehículo en la retaguardia. Con ella iban la teniente médico María Dolores Muñoz, el alférez ATS César Muñoz Pantoja y el cabo Jorge Laíño. De retorno a la base, hacia las doce del mediodía, cuando atravesaban el valle de Zirku, a la altura del aeropuerto de Shindand, se produjo una enorme explosión, justo bajo el BMR que conducía Idoia, que acabó con su vida. Tenía 23 años. Sus compañeros, heridos de distinta consideración, sobrevivieron al ataque. Bajo el blindado-ambulancia quedó un cráter de un metro de diámetro. Posiblemente, el instrumento de ataque fue una mina anticarro con una carga de explosivo de gran potencia.

En marzo de 2007, el Ministerio de Defensa creó el Premio Idoia Rodríguez Buján como reconocimiento a aquellas personas e instituciones que con su trabajo contribuyan a promover la igualdad y a favorecer la incorporación y la estabilidad de la mujer en el seno de las Fuerzas Armadas. Coincidiendo con el Día Internacional de la Mujer Trabajadora (8 de marzo), el galardón fue otorgado, en su primera edición (2008), a las mujeres que se incorporaron a las primeras promociones de las Fuerzas Armadas. La estatuilla fue entregada a los padres de la soldado gallega en un homenaje celebrado en palacio de Buenavista en Madrid.

En el décimo aniversario de su muerte, en un acto que se desarrolló en la localidad de Friol, el padre de Idoia, Constantino Rodríguez, dijo a la agencia Europa Press: «Dicen que el tiempo lo borra todo. Eso es mentira». En Friol y en Pontevedra hay sendos monolitos en memoria de Idoia Rodríguez Buján.

Ataque a un convoy en Shewan (24 de septiembre de 2007)

Una de las tareas que desempeñaban los soldados del contingente español desplegado en Afganistán en apoyo al Ejército y a la Policía afganos era el mantenimiento de la seguridad de las redes viarias, muy expuestas a los ataques de los talibanes, de bandidos y de «señores del opio».

El 24 de septiembre de 2007, un convoy compuesto por cinco vehículos BMR circulaba por la carretera 517 cerca de la ciudad de Shewan, provincia de Farah, a unos 40 kilómetros de la base española, a la que regresaban tras una misión de vigilancia. Cuando estaban a punto de cruzar un río, sobre un cambio de rasante, estalló un artefacto explosivo. La explosión alcanzó al primer vehículo. Murieron dos de los soldados, ESTALYN ÁNGELO MERA VERA (véase a continuación) y GERMÁN LUÍS PÉREZ BURGOS (véase pág. 75) y el intérprete afgano Roohulah Mosavi. Otros tres militares españoles, Rubén López García, Julio Alonso Sanjuán y Óscar Bertomeo Fernández, heridos de gravedad, fueron trasladados al Hospital Role 3 de la base de Farah, y tres más, heridos leves, a la base de Herat. El artefacto había sido enterrado en la vía, mal asfaltada y con zonas arenosas. Los artificieros hallaron un cable enterrado de 70 metros que iba desde la zona de la explosión hasta una cabaña. El atentado fue reivindicado por Zabihullah Mujahid, portavoz talibán.

Un avión medicalizado de la Fuerza Aérea trasladó a las dos víctimas mortales y a los heridos a España. El funeral de Estado por los dos soldados se celebró en las instalaciones de la Brigada Paracaidista, a la que pertenecían los dos soldados, en la localidad madrileña de Paracuellos del Jarama. Los reyes, el presidente del Gobierno, así como representantes de las altas instituciones del Estado y la cúpula militar, estuvieron presentes en el funeral.

Víctimas mortales (de nacionalidad española)

ESTALYN ÁNGELO MERA VERA nació en Guayaquil (Ecuador) en 1977 y tenía doble nacionalidad. Era caballero legionario paracaidista de la I Bandera Paracaidista, con sede en Paracuellos del Jarama (Madrid), desde 2006. El diario ecuatoriano *El Universo* (27 de septiembre de 2007) publicó una crónica del funeral —celebrado en Paracuellos del Jarama— al que asistieron, entre otros, sus tres hermanos y su madre Ángela: «Sus manos temblorosas no dejaron de aferrarse a la bandera española que cubrió el féretro ni a la boina negra que un día perteneció al segundo de sus cuatro hijos. Refugiada en los brazos de Ángel, su primogénito, también legionario, a la inmigrante le costó mantenerse en pie ante la tumba del hijo perdido».

Ángela Vera rompió a llorar cuando, en el entierro de Estalyn, en el cementerio de Alcalá de Henares, el comandante de Infantería Juan Manuel Pérez dijo: «Estalyn Mera Vera entregó su vida como un valiente en Afganistán». La pérdida de Estalyn Mera no pasó desapercibida para la comunidad ecuatoriana residente en España. Según publicó el diario *El Mundo* (24 de septiembre de 2007):

> El presidente de la Federación Nacional de Ecuatorianos, Santiago Morales, indicó que en este momento es importante la solidaridad con las víctimas del ataque en Afganistán y recordó que estas personas cumplen un mandato de la ONU para alcanzar la paz y que «este lamentable hecho» hace que pensemos en fortalecer lazos entre Ecuador y España.

GERMÁN LUIS PÉREZ BURGOS nació en Alange (Badajoz) en 1973, aunque al poco de nacer su familia se trasladó a Mérida. Juan Pulido, alcalde de Alange, manifestó que Germán «era muy querido y conocido en la localidad», por ser nieto del antiguo médico de la villa. El joven visitaba la localidad pacense cada verano, «lo típico y normal de venir una vez al año al pueblo de sus abuelos».

Según publicó Europa Press, Secundino Monago, portavoz de la familia, definió a Germán como un «joven aventurero que se vio obligado a emigrar de Extremadura por falta de trabajo, siempre muy inquieto y aventurero». Había trabajado como bombero antes de ingresar en el Ejército, donde llevaba poco tiempo.

Germán estaba casado con Esperanza Yruela, con quien residía en Sevilla. Tenían un hijo de casi dos años. Fernando Yruela Rojas, suegro de la víctima, dijo al diario *El País* (25 de septiembre de 2007) que «deseaba volver por ver a su hijo, pero al mismo tiempo estaba contento, feliz de estar allí, porque era un soldado vocacional». Germán ingresó en el ejército con el número uno de su promoción. Le gustaban las misiones peligrosas y había estado cuatro meses en Bosnia.

A su funeral, celebrado en la ermita de San Bartolomé de Alange, además de familiares y vecinos asistió el presidente de la Junta de Extremadura, Guillermo Fernández Vara.

Furgoneta suicida con explosivos en Shindand (9 de noviembre de 2008)

El 25 de septiembre de 2007, el Congreso de los Diputados aprobó el envío a Afganistán de 52 instructores militares. Su misión consistiría en adiestrar dos batallones del Ejército Nacional de Afganistán en Herat con el fin de propiciar la retirada de las tropas extranjeras. La duración estimada de la misión era de nueve meses.

El 9 de noviembre de 2008, una columna de 12 camiones afganos y siete vehículos BMR españoles circulaba de regreso a la base de Camp Stone por Shin Tant, distrito de Shindand, donde se cruzó con una furgoneta Toyota blanca a la que, siguiendo el procedimiento establecido, y tal y como relató el diario *El País* (10 de noviembre de 2008), obligaron a pararse en el arcén. Cuando pasó el último blindado, la furgoneta arrancó y se lanzó contra el vehículo español que cerraba el convoy. La furgoneta, que iba cargada con 30 kilogramos de explosivos compuestos de trilita reforzados con cuatro proyectiles de artillería gruesa y un cohete de artillería y metralla, estalló antes de empotrarse contra el blindado. La onda expansiva hizo que el BMR español fuera desplazado unos diez metros fuera de la carretera. El kamikaze que conducía el vehículo agresor quedó destrozado. Dos de los militares españoles que viajaban en el blindado, RUBÉN ALONSO RÍOS (véase pág. 77) y JUAN ANDRÉS SUÁREZ GARCÍA (véase pág. 78), murieron en el acto y cuatro resultaron heridos. El cabo primero José Antonio Cures García, de 27 años y natural de Lyon (Francia), tuvo que ser intervenido por fractura abierta en una pierna en el Hospital de campaña español Role 2 de Herat. Según la crónica del diario *El País,* el atentado fue reivindicado por los talibanes a través de una página web que identificaba a los muertos como estadounidenses.

Los soldados que murieron en aquel ataque pertenecían a la Brigada Ligera Aerotransportable (BRILAT), con base en Figueiredo (Pontevedra), y formaban parte de los dos equipos operativos de Instrucción y Enlace, con 52 instructores, enviados en septiembre de 2007 a Afganistán. El equipo atacado regresaba a la base tras llevar suministros a un cuartel del ejército afgano en la provincia de Herat.

Fernando Reinares contextualizaba así el ataque suicida que segó la vida de los dos soldados españoles en un artículo publicado en *El País* (10 de noviembre de 2008):

> Los talibanes han extendido los actos de terrorismo a gran parte de Afganistán. Ahora bien, la mayoría ocurren en provincias ubicadas al sur y al este del país, junto a la frontera con Pakistán, tras la cual disponen de santuario. En Herat y Badghis, donde se localiza la mayoría del contingente militar español, su frecuencia es mucho menor, aunque desde 2007 significativa. El incremento y la dispersión de estos actos terroristas, incluidos los atentados suicidas, obedecen a una estrategia de los talibanes, asistida por los dirigentes de la propia Al Qaeda.

El funeral por los dos militares fallecidos se celebró en la sede de la BRILAT y a él asistieron los entonces príncipes de Asturias, don Felipe y doña Letizia, el presidente del Gobierno, José Luis Rodríguez Zapatero, el jefe de la oposición, Mariano Rajoy, y una amplia representación de la clase política.

Víctimas mortales

El cabo RUBÉN ALONSO RÍOS (Vigo, 1978) vivía en A Falcoa, un barrio rural de Vigo. Estaba casado con María del Mar Borrajo y tenían dos hijos de tres años y de cuatro meses. Según informó el diario *El Correo Gallego* (10 de noviembre de 2008), «un excompañero de juegos de la infancia destacó también las cualidades del militar fallecido, el fuerte impacto que le causó la noticia, y recordó que mantuvo una última conversación con él hace tres semanas, antes de partir para Afganistán. «Estaba contento. Foi porque quixo».

El brigada Juan Andrés Suárez García nació en Mieres (Asturias) en 1967, aunque residía en Pontevedra desde que se casó con Consuelo Muiño. Juan Andrés realizó sus estudios militares en el Instituto Politécnico del Ejército, en Calatayud, donde se especializó en electrónica de telecomunicaciones. Posteriormente se hizo suboficial en el cuartel de Talarn, en Tremp (Lérida). Según publicó el diario *La Nueva España* (16 de noviembre de 2008), «en los actos fúnebres que prosiguieron a su asesinato hace una semana en Afganistán había muchos compañeros de aquella promoción. Ellos, como el resto de la multitud que acudió a alguno de los tres funerales que se oficiaron por el brigada, son el mejor testimonio de que Andresín era un hombre profundamente querido». Devoto aficionado del Barça, era seguidor del Sporting de Gijón y tenía a gala su origen asturiano, como se señalaba en la crónica de *La Nueva España:*

> Hasta su último destino en mitad del desierto afgano, se había llevado una bandera de la región que Miriam (su hermana) le había regalado. Quería que la enseñara por la televisión cuando el rey lo visitara en Navidad. Que amaba a su tierra también dan fe sus amigos en el Ejército. Cada vez que podía, hacía una escapada a Nuevo Gijón para visitar a su familia, preguntaba siempre por el resultado del Sporting, matriculaba sus coches en Asturias y seguía con atención las carreras de Fernando Alonso.

Las cenizas de Juan Andrés, que era también muy aficionado al esquí, fueron depositadas a los pies del Mont-Blanc, porque, como explicó su esposa al diario *LNE,* «allí las nieves son eternas y nunca se derriten». Miriam, hermana del brigada y periodista en el diario *La Nueva España,* habló así de la pérdida de su hermano (*El País*, 10 de noviembre de 2008): «La muerte de mi padre podré superarla, pero la de mi hermano nunca».

Atentado con mina anticarro en Herat (7 de octubre de 2009)

En otoño de 2009 tuvo lugar una ofensiva de las fuerzas talibanes contra el Ejército de Afganistán y contra los extranjeros que formaban parte de la operación ISAF, coordinada por la OTAN.

La ofensiva se extendió a la zona de Herat, en el occidente del país, donde cumplían su misión los soldados españoles. Según la crónica del periodista Mikel Ayestaran en el diario *ABC* (8 de octubre de 2009), la peligrosidad de la zona circundante de Herat iba en aumento, tanto es así que «el propio gobernador de Herat, Ahmad Yousaf Nuristani, señaló al señor de la guerra local y comandante de Hizb-Islami, Ghulam Yahya Akbari como la principal amenaza para el Gobierno de Kabul y las fuerzas internacionales en la zona».

Tanto diferentes «señores de la guerra» como talibanes y bandidos armados se entregaban al asalto y al robo de vehículos civiles en puertos de montaña y en las carreteras que comunicaban las distintas comarcas. Entre las tareas encomendadas a los soldados españoles estaba la de desmantelar esos controles talibanes y procurar seguridad en las vías de comunicación. El 7 de octubre de ese año, una columna compuesta por nueve blindados BMR, un VAMTAC y un camión de recuperación de vehículos circulaba por una carretera a las afueras de la ciudad de Herat. Se encontraban junto a la localidad de Shinwashan cuando el tercer blindado pisó una mina anticarro que explotó al instante. Según la crónica de *ABC,* los periodistas locales no dudaron en atribuir la colocación de las minas a los hombres del grupo yihadista Hizb-Islami (Partido Islamista).

Víctima mortal

El cabo CRISTO ANCOR CABELLO SANTANA, perteneciente al Regimiento de Infantería Ligera Soria 9 de Fuerteventura (Canarias), murió en la explosión del 7 de octubre. Normalmente conducía el vehículo, pero aquel día ocupaba el puesto de tirador en la torreta del BMR, por lo que recibió heridas graves. Él y otros cinco soldados fueron trasladados al Hospital Role 2 en la base de Apoyo Avanzado de Herat, donde Cristo Cabello murió mientras era intervenido. Tenía 25 años y era natural de Las Palmas de Gran Canaria. Había ingresado en el Ejército de Tierra en 2003 y participó en la misión internacional del Líbano de 2008, por lo que contaba con la Medalla de las Naciones Unidas. Había llegado a Afganistán a principios de julio. Cristo tenía un hijo recién nacido y tenía previsto regresar a España en noviembre.

Según recogió el diario *ABC* (8 de octubre de2009), su abuela, Concepción López, rompió a llorar delante de los periodistas: «Dios mío, mi nieto, mi hijo, porque lo crie yo. Es un niño de lo mejor. Le obligaron, le dijeron que iba en misión humanitaria y le llevaron a una guerra».

En el barrio de Escaleritas de la capital grancanaria, donde había vivido Cristo Ancor, la noticia de su muerte causó conmoción. El diario *ABC* recogió testimonios de los vecinos: «Alexanco Martín, que regenta una peluquería cercana, describió a su vecino como un "muy buen chico". "Es mala suerte, me enteré esta mañana, le vi antes de marcharse para allá y nos quedamos fríos hoy cuando nos enteramos. Es un palo grande para todo el barrio porque es un chico joven de 25 años y con un niño recién nacido que no tiene ni el año todavía"».

A su funeral, celebrado en la base de La Isleta, asistieron, además de sus familiares y allegados, el príncipe de Asturias, el presidente del Gobierno José Luis Rodríguez Zapatero, el líder de la oposición, Mariano Rajoy, y el presidente canario Paulino Rivero.

Emboscada mortal en Sang Atesh (1 de febrero de 2010)

El 1 de febrero de 2010 una columna de 11 vehículos formada por tropas españolas y policías afganos realizaban labores de reconocimiento en una vía de la Ruta Litio que comunica las localidades de Qala-i-Naw y Bala Murghab y por la que pasaba prácticamente toda la ayuda humanitaria destinada a esa zona de Afganistán. Cuando la columna circulaba por el paso de Sang Atesh, un potente artefacto escondido bajo tierra estalló, dejando destrozado al BMR que había pisado la bomba. El soldado JOHN FELIPE ROMERO MENESES (véase pág. 81) resultó muerto y seis de sus compañeros heridos, dos graves, el teniente Jordi Francesc Rubio Carceller y el soldado colombiano Daniel Ospina Quintana. La explosión fue el prolegómeno de la emboscada que los insurgentes talibanes tendieron al convoy y que obligó a los soldados a enfrentarse a tiros con el grupo talibán por espacio de dos horas.

La ministra de Defensa, Carme Chacón, acompañada por el jefe del Estado Mayor de la Defensa, José Julio Rodríguez, se desplazó a Afganistán para supervisar la repatriación de John Felipe Romero y de los heridos más graves. Según reflejó una crónica del diario *ABC* (2 de febrero de 2010), antes de la ceremonia de despedida que sus compañeros soldados brindaron a John Felipe en la base española, la ministra dijo que la operación de Afganistán era «la más dura, compleja y arriesgada» de todas las misiones en el exterior en las que ha participado España en su historia, y añadió que «para una misión dura se necesita corazón. Para una misión compleja, inteligencia. Y para una misión arriesgada, valentía».

Aquel 1 de febrero de 2010 también murieron dos soldados británicos mientras patrullaban en la provincia de Helmand, en el sur de Afganistán.

Víctima mortal

JOHN FELIPE ROMERO MENESES había hablado con su familia, residente en Mollet del Vallès (Barcelona), un día antes del atentado. Su hermana Natalia relató sus últimas conversaciones con la víctima al periodista del diario *El País* (2 de febrero de 2010): «Nos contaba muchas cosas de su trabajo, de sus viajes. Estaba muy contento. La verdad es que se le veía feliz. Nos contaba que ahí las cosas eran duras, pero él sonaba muy animado con lo que estaba haciendo». Su padre había llegado a España desde Colombia en 2001, y en 2007 la familia pudo reagruparse. John Felipe tenía 19 años y le gustaba el rock. Un mes después de su llegada a España se alistó. Muchos compatriotas suyos lo hacían, porque, según su hermana, «no había muchas más opciones». Realizó el entrenamiento militar en Cáceres, tras lo cual fue destinado al Regimiento de Cazadores de Montaña Arapiles 62, con bases en Barcelona y San Clemente de Sasebas (Gerona). Posteriormente, y pese a las reticencias de su madre, se presentó voluntario para la misión en Afganistán.

Su cadáver fue trasladado a España, junto con los dos soldados heridos de gravedad en la explosión. El funeral, que se celebró en el cuartel de El Bruch (Barcelona), fue oficiado por el obispo ordinario militar de Colombia, Fabio Suescun Mutis, que se encontraba como participante de una conferencia cuando ocurrió el atentado. El diario *La Vanguardia* (3 de febrero de 2010) recogió parte del sermón del obispo sobre las circunstancias en las que John Felipe perdió la vida: «¿Por qué cuando se busca la paz no falta la violencia de aquellos que hacen del terror su forma de vida? La libertad y la seguridad nos las jugamos a muchos kilómetros de distancia». Sus restos mortales fueron trasladados a Bogotá (Colombia), donde se celebró una misa en la catedral castrense del Cantón Norte de las Fuerzas Militares colombianas. El Gobierno concedió la nacionalidad española a la madre de John Felipe, Belly Meneses Díaz, y a sus hermanos, Andrés Leonardo y Linda Natalia.

Asesinato de Guardias Civiles en Qala-I-Naw (25 de agosto de 2010)

La base Urrutia estaba situada en el centro de la ciudad de Qala-i-Naw. Cada día, los guardias civiles encargados de supervisar la instrucción de las fuerzas de seguridad locales se desplazaban desde otra base, de nueva construcción y situada en la periferia de la ciudad, a la antigua. A las nueve de la mañana del 25 de agosto de 2010, JOSÉ MARÍA GALERA (véase pág. 85) y ABRAHAM LEONCIO BRAVO (véase pág. 13), capitán y alférez de la Guardia Civil, respectivamente, se hallaban inmersos en su tarea en un patio delante de 47 miembros de la Policía local de Qala-i-Naw, con la asistencia del intérprete ATAOLLAH TAEFY KHALILI (véase pág. 86), de origen iraní y nacionalidad española. Súbitamente, el chófer de un capitán de la Policía afgana abrió fuego hasta vaciar el cargador de su fusil antes de ser abatido. El intérprete murió en el acto. Los dos guardias civiles resultaron heridos de gravedad y fueron trasladados al hospital de la base Ruy González de Clavijo, a un kilómetro y medio, pero los médicos no lograron salvar sus vidas.

Ambos oficiales formaban parte de un Equipo Operativo de Instrucción y Enlace de la Policía Nacional afgana.

El ataque terrorista había sido premeditado. Al tiroteo en el interior del aula le siguió una intentona de asalto de la base, con docenas de hombres arrojando artefactos incendiarios y piedras contra el edificio. Era un hecho sin precedentes desde que las tropas españolas se habían instalado en Qala-i-Naw. La tensión llegó al punto de impedir el aterrizaje de los helicópteros provistos de equipos sanitarios junto al edificio, obligándolos a tomar tierra en un punto más alejado.

El terrorista que perpetró el atentado, Ghulam Sakhi, llevaba tres años trabajando en la Policía afgana. Además, era el chófer del capitán Bashir Amat Saberi, responsable del entrenamiento de los reclutas. En una crónica del diario *El País* (28 de agosto de 2010) se desvelaron datos esclarecedores sobre el asesino. Delbar Jan Arman, gobernador de la provincia de Bagdhis —cuya capital es Qala-i-Naw— declaró lo siguiente:

> Ghulam Sakhi fue detenido hace un año porque la inteligencia afgana sospechaba que tenía vínculos con la insurgencia. Había muchos informes que apuntaban a que tenía conexiones con los talibanes y por eso fue detenido. Llegaron a quitarle su arma, pero entonces también llegaron informes que garantizaban que estaba haciendo un buen trabajo en la Policía y finalmente fue liberado.

El 29 de agosto, *El País* se hizo eco del informe arrojado por la investigación conjunta de oficiales de la Fuerza Internacional para la Asistencia a la Seguridad en Afganistán (ISAF) y funcionarios designados por el Ministerio del Interior y de Defensa del Gobierno afgano, en el que se concluía que el atentado y la revuelta posterior «fueron coordinados por terroristas». Ghulam Sakhi era cuñado de un comandante talibán de la zona y había sido detenido un año antes por tener vínculos con los terroristas. Después de su detención, dos líderes locales informaron bien de él, por lo que fue puesto en libertad y recuperó su puesto en la Policía Nacional afgana.

En una crónica del periodista Mikel Ayestaran, publicada por el diario *ABC* (21 de septiembre de 2010), sobre la labor de los miembros de la Benemérita en su labor de instrucción de la Policía afgana, dos guardias civiles hablaban de las dificultades con las que se encontraban para hacer su trabajo:

> La desconfianza con el agente local es absoluta porque, como se ha demostrado en varias ocasiones, son fácilmente influenciables por la insurgencia, que puede secuestrar a familiares o plantear cualquier otro tipo de amenaza para lograr su colaboración. Solo nos fiamos de los internacionales que trabajan con nosotros. Con los afganos es una relación de respeto, nada más.

Los dos oficiales y el intérprete fueron homenajeados en la base de Mazar-e-Sharif en una ceremonia a la que se unieron militares de Estados Unidos, Francia, Holanda y Polonia.

Víctimas mortales

El alférez ABRAHAM LEONCIO BRAVO PICALLO nació en 1977 en Vimianzo (A Coruña). Cuando contaba tres años, su familia se mudó a Aranda de Duero (Burgos), pues su padre, Cándido, geólogo, había obtenido un empleo en la localidad burgalesa. Su tío materno, Jesús Picallo, glosó así la figura de su sobrino para el diario *La Voz de Galicia* (27 de agosto de 2010): «O chaval era un líder, era a persona que tiraba da casa, de toda la familia. Axudabale moito á nai, viúva, incluso económicamente, porque ten una pensión curta».

Abraham había ingresado en la Guardia Civil en 1999. Antes de ser destinado al Centro de Adiestramientos Especiales de la Unidad de Acción Rural (UAR), prestó servicio en Negreira (A Coruña), Sepúlveda (Segovia) y el País Vasco. Había sido distinguido con una medalla de la OTAN tras especializarse en la enseñanza de técnicas policiales antiterroristas. En marzo de 2010 se incorporó voluntariamente para la misión de Afganistán.

El alcalde de Aranda de Duero, Luis Briones, consensuó con los grupos políticos de la localidad la convocatoria de una concentración «como ayuda a la familia, para que no se sientan solos».

El regidor de la localidad gallega de Vimianzo, Alejandro Rodríguez, declaró tres días de luto oficial.

JOSÉ MARÍA GALERA CÓRDOBA (Albacete, 1977) era hijo, nieto y hermano de guardias civiles. Ingresó en el Instituto Armado en el año 2000 y pronto pidió el traslado voluntario a la Unidad de Acción Rápida, grupo especializado en la lucha antiterrorista —con sede en Logroño— que operaba en Euskadi y Navarra. Entregado al trabajo, José María fue condecorado con dos medallas al mérito de la Guardia Civil y otra de la OTAN.

Aficionado a los deportes, especialmente la natación y el baloncesto, sus pinitos en este deporte los hacía en el equipo local de Tarazona de la Mancha (Albacete), en compañía de sus primos y varios jóvenes madrileños que visitaban con frecuencia la localidad manchega. José María había contraído matrimonio con una chica ucraniana a la que había conocido en el País Vasco tres meses antes de su traslado a Afganistán. Celebraron su boda en Tarazona de la Mancha, él ataviado con el traje de gala de la Benemérita.

En una carta titulada «Un hombre honesto, sereno y bueno», publicada por el diario *El País* (28 de agosto de 2010), sus compañeros de la LVIII Promoción de la Academia General Militar, se expresaron así:

> «Ser voluntario para todo sacrificio, solicitando y deseando siempre el ser empleado en las ocasiones de mayor riesgo y fatiga». Todos recitamos ese artículo una y otra vez en las formaciones de la Academia General Militar. Repetir el decálogo del Cadete era una de las formas de forjar nuestro espíritu en ese periodo de aprendizaje. Cumpliste a rajatabla el citado artículo, y, una vez más, demostraste ser un gran militar, presentándote voluntario para la primera misión de estas características que la Guardia Civil iba a realizar en Afganistán. Todos sabíamos que era tu misión, que te sobraban conocimientos, experiencia e ilusión para dejar el listón muy alto. Que bajo tu tutela se formarían grandes policías con solo dejarse contagiar por tu personalidad y tu profesionalidad.

Tras su muerte, el alcalde decretó tres días de luto en Tarazona de la Mancha.

ATAOLLAH TAEFY KHALILI, ciudadano español de origen iraní, trabajaba como intérprete de la Guardia Civil en el grupo de instrucción de la Policía Nacional de Afganistán. Ataollah había salido de su país natal en un momento de cambio y de violencia, justo cuando se implantaba la ideología que el ayatolá Jomeini había adoptado para cimentar la República islámica, basada en interpretaciones rigoristas del islam y el chiismo como base del poder político. Ataollah pertenecía a una familia de ocho hermanos que profesaban la fe *bahá'í,* originaria del país de los persas. Su madre, maestra, temerosa de que su hijo fuese encarcelado por su actividad en los círculos *bahá'ís,* lo envió a España en 1980. Entabló amistad con Diana Jiménez y se casaron en 1987. Trabajó para varios empresarios de importación de alfombras hasta que se hizo autónomo. La pareja tenía dos hijos, un niño, Naiim («Paraíso», en persa), y una niña, Nasim («Brisa», en persa), y decidieron establecerse en Zaragoza, donde hay una comunidad *bahá'í* de más de un centenar de miembros. Ataollah montó su propio negocio de comercialización de alfombras y, posteriormente, fue seleccionado como intérprete de la Guardia Civil para la misión en Afganistán.

Conocedor de los riesgos de la región en la que trabajaría como traductor e intérprete, habló con sus hijos, Naiim y Nasim, y, según su esposa, que lo describió como un hombre de carácter sociable y que se hacía querer, Ataollah no tuvo dudas sobre el paso que iba a dar. La crisis económica de 2008 había afectado a su negocio y se le presentaba la oportunidad de aportar sus conocimientos del persa, del inglés, del urdú y del español. Ataollah Taefy fue el segundo intérprete que perdió la vida siendo partícipe de la misión española en Afganistán. En septiembre de 2007 había muerto el primero, Rohulah Mosavi, junto a los soldados de la Brigada Paracaidista GERMÁN PÉREZ BURGOS y STALYN MERA VERA.

La ceremonia de despedida se celebró en el auditorio de Cuarte de Huerva, el municipio zaragozano donde Ataollah había vivido con su familia. Asistieron más de 500 personas y se recitaron y leyeron oraciones y textos sagrados de la fe *bahá'í.* Su esposa dijo que la práctica de la fe *bahá'í* le fue de gran ayuda en el duelo por la pérdida de Ataollah y se mostró agradecida a la Asociación Víctimas del Terrorismo (AVT), que la acompañó desde el principio.

A través de la asociación ha participado en el programa de testimonios de las víctimas en institutos de la provincia de Zaragoza, una experiencia dura y, a la vez, necesaria y edificante, tal y como ella misa reconoce.

A Ataollah le concedieron la Cruz al Mérito Militar con distintivo rojo y la Medalla de Oro de la Guardia Civil.

Minas anticarro en la Ruta Litio (26 de junio de 2011)

En 2011, los soldados que trabajaban en la misión de Afganistán ya disponían de los Lince, vehículos blindados capaces de resistir atentados con minas anticarro o artefactos de gran carga explosiva. Los ataques de la insurgencia persistían y los explosivos que escondían en los bordes de las vías de tránsito eran cada vez más potentes. No en vano los talibanes se resistían a que las fuerzas del Gobierno de Hamid Karzai fueran extendiendo su autoridad por la provincia de Bagdhis —con el apoyo del contingente español— y habían redoblado su ofensiva. Además, la tensión se había incrementado desde el mes de mayo, cuando las fuerzas especiales de Estados Unidos dieron muerte al antiguo invitado de los talibanes, el saudí Osama bin Laden, líder de Al Qaeda, en la ciudad pakistaní de Abbottabad. Estados Unidos consumaba así la represalia contra el mentor de los atentados del 11-S, pero la secuela de la guerra en suelo afgano se mantenía. La tensión y la violencia no remitían.

El 18 de junio de 2011, cuatro militares españoles y un intérprete de origen iraní resultaron heridos por la detonación de un artefacto explosivo improvisado (IED, en su acrónimo inglés) ubicado cerca de Ludina, provincia de Bagdhis. El jefe de pelotón, el teniente A. G. B., de Melilla, y la soldado que conducía el blindado, J. G. C., de Toledo, tuvieron que ser intervenidos quirúrgicamente y sufrieron amputaciones. Los cinco heridos viajaban en un blindado Lince, pero la protección del vehículo no fue suficiente. Era el atentado más grave sufrido por las tropas españolas desde el asalto armado en el interior de la antigua base de Qala-i-Naw, donde asesinaron a tiros a dos instructores de la Guardia Civil y a su intérprete.

El 26 de junio de ese mismo año, una columna de siete blindados, tres vehículos Lince y cuatro RG-31 regresaba a la base tras culminar la patrulla ordinaria por la Ruta Litio, muy peligrosa pero imprescindible para el paso hacia el norte del país, cuando se desvió para inspeccionar las aldeas de Aceska y Kalan-Khana. No les faltaban más que 20 minutos de trayecto hasta la base. Acercarse al acuartelamiento era reconfortante, pues habían transcurrido varias semanas malas, con ataques sucesivos que habían causado varios heridos. Era mediodía cuando una mina anticarro camuflada en el piso estalló al paso del convoy. El blindado que la detonó no pudo resistir el impacto y el sargento MANUEL ARGUDÍN (véase pág. 89) y la soldado NIYIRETH PINEDA (véase pág. 90) murieron en el acto. Otros tres soldados resultaron heridos de consideración.

La ministra de Defensa, Carme Chacón, explicó en rueda de prensa que el artefacto utilizado contenía una carga de unos 30 kilos de explosivos, el cuádruple de lo utilizado hasta entonces por los talibanes en sus ataques contra las fuerzas de la OTAN. La ministra, en una comparecencia posterior y refiriéndose a la misión de Afganistán, dijo que «asumimos enormes riesgos para que Afganistán no vuelva a convertirse en santuario de terroristas y no vuelva a ser un escenario de inseguridad para España».

El catedrático Fernando Reinares, en un artículo publicado en *El País* (28 de junio de 2011), explicaba la naturaleza de los atentados que se sucedían desde abril del 2011 por el renovado afán de los talibanes de recuperar el poder político del país:

> La violencia insurgente en Afganistán se manifiesta en ocasiones mediante las actuaciones de partidas más o menos numerosas de militantes talibanes armados pero que, con mucha mayor frecuencia, lo hace a través de atentados con artefactos explosivos, a veces suicidas, que son genuinamente terroristas. El terrorismo predomina desde hace tiempo, probablemente por influjo de Al Qaeda, en el repertorio de violencia que utilizan los talibanes. Y si este terrorismo se dirige ante todo contra blancos afganos y causa víctimas mortales, principalmente entre la población civil afgana, es porque hace tiempo que la estrategia talibán obedece menos al

> combate contra la presencia de tropas extranjeras en Afganistán que a la voluntad de imponer el control social y recuperar el poder. Según datos de Naciones Unidas, el 75 % de los 2.777 civiles muertos el pasado año en el contexto del conflicto afgano perecieron a manos de los talibanes y sus aliados. Y seis de cada diez de esas víctimas mortales perecieron como consecuencia de artefactos explosivos, atentados suicidas y asesinatos individuales premeditados.

En el funeral y posterior homenaje a Manuel Argudín y Niyireth Pineda en la Base General Alemán Ramírez, en Las Palmas de Gran Canaria, los familiares estuvieron acompañados por el príncipe Felipe de Borbón, la ministra de Defensa, Carme Chacón, y el presidente de Canarias, Paulino Rivero, entre otras autoridades.

Víctimas mortales

El sargento MANUEL ARGUDÍN PERRINO (Gijón, 1977) había ingresado en las Fuerzas Armadas en 1998. El desconsuelo de la familia, de su padre Manuel, su madre Justina y su hermana, María del Mar, vecinos del barrio gijonés de La Calzada, cuando se enteraron de la muerte de Manuel, se vio agudizado por el hecho de conocer la pérdida del hijo y hermano por la radio. Una tía del sargento verbalizó la desazón: «Tenía que haber avisado el Ministerio, ellos son los que tenían que estar aquí. Nos hemos enterado por la radio».

Manuel estaba casado, tenía dos hijos y vivía en Puerto del Rosario (Canarias). Vivió sus primeros años como militar en el Regimiento Príncipe número 3, y cuando ascendió a sargento lo destinaron al Regimiento de Infantería Soria 9 de Fuerteventura. Tenía experiencia en misiones internacionales, pues había servido en la de Kosovo y la de 2011 era la segunda rotación que hacía en el marco de la misión de la ISAF (Fuerza Internacional de Asistencia para la Seguridad). El 26 de junio, Manuel iba de copiloto en el blindado Lince cuyo lateral fue alcanzado de lleno por la deflagración de un artefacto explosivo improvisado (IED).

El ayuntamiento de Gijón guardó un minuto de silencio por Manuel Argudín en la plaza Mayor de la ciudad. El último adiós se dio en la parroquia de Santa Marina de Palencia y estuvo presidido por el obispo de la diócesis. Manuel había estado destinado en esta ciudad castellana; allí había conocido a su esposa, Cristina López, y allí nacieron sus dos hijos.

La soldado NIYIRETH PINEDA MARÍN nació en Tolima (Colombia), tenía 31 años y era madre de un niño, Leandro, de 12 años de edad. Había ejercido como maestra de primaria en su ciudad natal, según informó en una crónica (28 de junio de 2011) el diario *El País* de Colombia, pero el salario no le llegaba para mantener a su hijo y decidió cruzar el charco. Llegó a España en 2003. Su hermana Neila también había inmigrado a nuestro país y se había incorporado al Ejército en 2006. Niyireth siguió sus pasos y se alistó como soldado profesional. Las dos hermanas trabajaban en el acuartelamiento más antiguo de España, el Regimiento de Infantería Soria número 9, en Fuerteventura. Residía en Puerto del Rosario.

La vida de Niyireth se centraba en su hijo y en su profesión militar. El diario *La Provincia* (29 de junio de 2011) recordó tras su muerte la faceta materna de Niyireth de la mano del presidente del club de fútbol Puerto Cabras en el que había jugado Leandro: «Era una persona excelente y mejor madre. Se preocupaba mucho de su hijo e incluso nos preguntaba tanto al entrenador como al delegado del equipo cómo era el comportamiento del niño, que siempre fue ejemplar durante su estancia en el club».

Niyireth había participado en una rotación en la misión de Afganistán en 2010. Según relató su hermana Noridia al diario *EPC*, la primera experiencia de Niyireth en Afganistán había sido tranquila, pero en el verano de 2011 la situación empeoró. Se había incorporado a su segunda rotación en la misión de la ISAF a finales de marzo. Noridia Pineda habló con su hermana tres días antes de su muerte y esta le dijo que pronto terminaría su rotación en Afganistán y que pensaba solicitar un permiso de tres meses para viajar a Colombia para ver a su madre. El cuerpo de Niyireth Pineda fue repatriado a Colombia y enterrado en Pereira, donde vivían su madre y sus hermanos.

Niyireth fue la segunda mujer de las Fuerzas Armadas víctima de un atentado en Afganistán. La primera había sido IDOIA RODRÍGUEZ BUJÁN (véase pág. 72).

Masacre en el hotel Intercontinental de Kabul (28 de junio de 2011)

El hotel Intercontinental, uno de los más antiguos de Kabul, es uno de esos edificios a través de cuyas marcas de destrucción, remiendos y arreglos se atisba la historia reciente del país: una monarquía derribada, la intervención soviética, la guerra contra las tropas de la URSS, la aparición de grupos armados yihadistas, de los que el grupo más feroz, el talibán, termina imponiendo la ley del más fuerte y se hace con el Gobierno; el fin del Gobierno talibán por la guerra de Estados Unidos en represalia por los ataques del 11-S, orquestados por la red terrorista Al Qaeda, y la guerra de desgaste de los talibanes contra las fuerzas extranjeras que secundan, a través de Naciones Unidas, el esfuerzo de estabilización del nuevo Gobierno. Todo concluiría en 2021 con la retirada de las tropas de la coalición internacional del país asiático.

La construcción del hotel —a finales de los años sesenta— simbolizó la aspiración de modernización del país. La contienda civil en la que se hundió tras la invasión soviética dejó herido de muerte el establecimiento, en el que casi todas las habitaciones quedaron inutilizadas. Los arreglos sucesivos ni mucho menos lograron devolverle su esplendor, pero seguía siendo el hotel de referencia para los extranjeros. La guerra contra los talibanes desencadenada por Estados Unidos en el otoño-invierno de 2001 lo convirtió en el centro neurálgico de todo tipo de profesionales extranjeros que llegaban al país asiático a causa de la guerra. En el hotel, situado estratégicamente sobre una colina en el oeste de la capital, se encontraban mercenarios, intérpretes, empleados de ONG, políticos, diplomáticos, militares, pilotos comerciales, periodistas… Allí se concentraba la presencia extranjera en el país en todas sus formas.

A comienzos del mes de julio de 2011, la OTAN tenía previsto ceder el control de la seguridad de Kabul al Gobierno afgano, pero pocos días antes los talibanes llevaron a cabo el ataque contra el hotel Intercontinental, el más vigilado de la capital afgana.

A las diez de la noche del 28 de junio, las cafeterías y el comedor del hotel estaban rebosantes de clientes. Un grupo de terroristas talibanes pertrechados de granadas de mano, lanzagranadas y fusiles AK-47 irrumpieron en el establecimiento por la parte trasera y comenzaron a disparar y a explosionar granadas de mano. En poco tiempo acabaron con la vida de 22 personas de varias nacionalidades. Unidades de la Policía y del Ejército afganos, apoyados por refuerzos de la OTAN, hicieron frente al asalto, que no fue neutralizado hasta transcurridas más de diez horas. Al menos cinco de los asaltantes se inmolaron al hacer estallar las cargas de explosivo que llevaban consigo; el resto murieron a manos de las fuerzas de seguridad. La ferocidad de los asaltantes, combinada con el sonido de canciones de guerra que los talibanes reprodujeron en varios radiocasetes, provocó reacciones de pánico. Algunos clientes saltaron por las ventanas del segundo y tercer piso, huyendo del tiroteo y las explosiones. Con la entrada de los talibanes el hotel se convirtió en una ratonera, pues algunos de ellos, provistos de explosivos, se escondieron en diversas habitaciones cuando comenzó el operativo de rescate, en el que se emplearon dos helicópteros.

Un portavoz talibán, Zabihullah Mujahid, reivindicó el ataque por medio de un correo electrónico enviado a la cadena de televisión estadounidense CNN.

Víctima mortal (de nacionalidad española)

ANTONIO PLANAS JUAN, piloto comercial de profesión, estaba alojado en el hotel Intercontinental. Con la pequeña maleta con la que viajan los profesionales de la aviación, esperaba en el hotel a que llegara la hora para trasladarse al aeropuerto. Iba a volar, vía Frankfurt, hasta Madrid, donde lo esperaban su esposa, Manuela Cañadas, y su hija Aina, de ocho años. Lo esperaban para celebrar juntos que Antonio dejaba la compañía turca para incorporarse a otra en los Emiratos Árabes Unidos. La familia tenía previsto volar hasta su nuevo destino, Dubái, el 1 de julio.

Antonio tenía siete hermanos y, según sus colegas y familiares, era una persona apasionada por su profesión. Tras trabajar como taxista y como comercial, obtuvo la licencia de piloto en la academia Air Pal, en Son Bonet, Marrachí (Mallorca) cuando tenía 38 años. Fue el primero de su promoción.

Había trabajado para Air Comet y, tras el cierre de la compañía en 2009, se incorporó a la plantilla de pilotos de la turca Saga Airlines, que funcionaba como subcontrata. Manuela relató al *Diario de Mallorca* (30 de junio de 2011) que Antonio había terminado su compromiso profesional con Saga Airlines, pero, a petición de esta, accedió a volar 15 días más de los que estaba obligado por contrato. Bernat Castell, amigo de Antonio y portavoz de la familia, declaró al mismo diario que «Toni quiso hacer las cosas bien, y pese a que la compañía turca en la que trabajó pagaba mal y debía dinero a muchos de sus pilotos, él no quiso hacer caso a los amigos que le decíamos que dejara ya Kabul. Era una magnífica persona, un excelente amigo. Siempre estaba animándonos a todos. ¡No hay derecho!».

La amiga íntima de Manuela, María José Planas, recordaba así el carácter de Antonio: «Toni sabía que era un destino peligroso, pero para sacar adelante a su familia aceptó trabajar en Kabul. Era muy valiente. Cuando vivía en la capital afgana, en el hotel, cada vez que tenía que salir iba escoltado por el ejército afgano». Los testimonios recogidos por el *Diario de Mallorca* sobre Antonio dibujan a una persona alegre, de talante optimista, amante de placeres sencillos, como el excursionismo, actividad que practicaba siempre que podía en la sierra de la Tramuntana.

Tiroteo en Ludina (6 de noviembre de 2011)

La asunción de la seguridad de los distintos territorios de Afganistán por parte del ejército afgano se hizo con el acompañamiento de fuerzas armadas extranjeras, siempre bajo el acecho y los ataques de los insurgentes talibanes. Antes de asumir esta responsabilidad, las fuerzas afganas habían sido entrenadas por militares expertos, entre ellos varios grupos españoles. En 2011, de los 1.500 soldados españoles que estaban desplegados en Afganistán, en Herat y, sobre todo, en Badghis, 170 formaban parte de cinco OMLT (Equipos de Mentorización y Enlace) encargados de instruir a unidades del Ejército afgano para que este tuviese la formación adecuada cuando llegara el momento de que el grueso de las tropas extranjeras saliera del país (la salida estaba prevista para 2014). El proceso de traspaso de las competencias de seguridad a las autoridades afganas había comenzado en julio y se había realizado en siete áreas, entre ellas Kabul y la ciudad de Herat.

La mayoría de los equipos españoles de instrucción desarrollaban su tarea en la provincia de Badghis. El 6 de noviembre de 2011, los miembros de una OMLT española supervisaban el despliegue de efectivos del ejército afgano en un valle que conducía a la frontera de Turkmenistán, zona muy frecuentada por contrabandistas y con una fuerte presencia de insurgentes talibanes. El grupo de soldados españoles de acompañamiento estaba situado en una loma al noroeste de Ludina cuando fueron objeto de disparos de armas ligeras desde una colina situada a menos de un kilómetro de distancia. El equipo de tiradores de precisión que daba seguridad al avance de las tropas afganas y españolas por el valle repelió el tiroteo, pero no pudo evitar que un soldado español recibiera un disparo mortal.

Víctima mortal

El sargento primero JOAQUÍN MOYA ESPEJO tenía 35 años. Aunque iba protegido por un chaleco antifragmentos, tuvo la mala suerte de que uno de los proyectiles disparados por los talibanes le alcanzara el tórax. Aunque fue trasladado en un helicóptero estadounidense hasta el Hospital Role 2 de Bala Murghab, sufrió una parada cardiorrespiratoria durante el trayecto y murió antes de llegar. Joaquín se convirtió en el primer soldado español que moría por arma de fuego durante un ataque de hostigamiento.

Joaquín se había criado en el barrio cordobés de Campo de la Verdad, junto al Guadalquivir, donde sus padres continuaban residiendo. Era el mayor de tres hermanos, dos chicos y una chica, que también era militar. Según declaró su hermano al *Diario de Córdoba* (7 de noviembre de 2011), Joaquín había ingresado en el Ejército «porque su vocación era ser militar y ha dado la vida por España». Sus primeros pasos los dio en la Brigada Paracaidista de Madrid, donde estuvo de 1995 a 2000. Posteriormente estuvo destinado en el Regimiento de Infantería Garellano 45 de Bilbao, donde también prestaba servicio su esposa, vallisoletana, sargento del Ejército de Tierra y compañera de su misma unidad. Joaquín tenía un hijo de ocho años de un matrimonio anterior.

Fuentes cercanas al sargento primero describieron la personalidad de Joaquín en declaraciones al diario *ABC* (7 de noviembre de 2011):

> Era un toro, un líder nato, uno de esos hombres a los que sigues a donde sea. Un perfecto soldado, un perfecto suboficial, un señor profesional. Uno de esos militares y personas que tenían don de gente [...] y ¡eso que solo medía 1,65 metros! Pero tenía la talla de liderazgo del gigante humano que era.

El cadáver de Joaquín fue recibido en la base de Torrejón de Ardoz, donde lo esperaban sus padres, hermanos y su viuda. Por expreso deseo de la familia, no se celebró funeral de Estado, sino que se hizo en la intimidad, en Córdoba, de donde la víctima era natural y a donde siempre que podía regresaba, en compañía de su hijo, para visitar a sus padres y, si era Semana Santa, para ocupar su puesto como costalero de la Hermandad del Descendimiento.

Ataque con bomba en la Ruta Opal (11 de enero de 2013)

Uno de los instrumentos armados preferidos, y más dañinos, de la insurgencia talibán eran los IED, o artefactos explosivos improvisados. Escondidos sobre todo en los bordes de las vías de comunicación, su explosión, siempre imprevista, resultó letal en numerosas ocasiones. Los talibanes colocaban esos artefactos explosivos en carreteras que conectaban ciudades, como la Ruta Opal, que unía las localidades de Qala-i-Naw y Darra-i-Bun, donde se hallaba la base avanzada de Ricketts.

El 11 de enero de 2013, un equipo de reconocimiento de dicha ruta sufrió la explosión de una de esas bombas ocultas en el borde de la vía, alcanzando mortalmente a uno de sus miembros.

Víctima mortal

El sargento DAVID FERNÁNDEZ UREÑA, natural de Bilbao, soltero y sin hijos, había ingresado en el ejército en el año 2000 y estaba destinado en el Regimiento de Pontoneros y Especialidades de Ingenieros de Zaragoza. Era especialista en NBQ (agentes y sustancias susceptibles de utilizarse como armas nucleares, biológicas y químicas) y trabajaba como operador de desactivación de artefactos.

El sargento Fernández ya conocía la misión de Afganistán, pues había participado en ella en 2009 y había sido condecorado con la Medalla de la OTAN-ISAF. En su segunda rotación estuvo integrado en la Unidad de Ingenieros. La explosión de un IED acabó con su vida.

El funeral por David Fernández se celebró en el Regimiento de Pontoneros y Especialidades de Ingenieros de Zaragoza y contó con la asistencia del ministro de Defensa, Pedro Morenés, y el entonces príncipe de Asturias. Posteriormente se celebró otro homenaje en la ciudad de Granada, donde David había residido la mayor parte de su vida.

Atentado contra la embajada española en Kabul (11 de diciembre de 2015)

El 11 de diciembre de 2015, en el barrio de Sherpur de Kabul, un comando de talibanes asaltó la embajada de España. El ataque se inició cuando uno de los miembros del grupo se inmoló al hacer estallar un coche bomba junto al muro que rodeaba la embajada y abriendo en él un gran boquete. Inmediatamente, los talibanes asaltaron la legación provistos de fusiles Kaláshnikov, lanzacohetes y granadas. El asedio se prolongó durante horas, en las que se produjeron intensos tiroteos. El subinspector de la Policía Nacional JORGE GARCÍA TUDELA (véase pág. 99) murió tras haber empuñado y disparado su arma contra los asaltantes. Su compañero, el agente ISIDRO GABINO SAN MARTÍN (véase pág. 99), aunque fue rescatado con vida, falleció mientras era trasladado al hospital. Además, murieron dos empleados de la embajada de nacionalidad afgana. El resto de los trabajadores de la legación fueron guiados por los siete policías del equipo de seguridad hasta las dos habitaciones de refugio habilitadas en dos de los tres edificios de la embajada. Los diplomáticos y los empleados salieron ilesos después de casi 12 horas, que fue lo que duró el asalto desde la explosión del coche bomba hasta la neutralización de los talibanes por las fuerzas especiales afganas, soldados estadounidenses y noruegos.

Quienes acudieron al rescate lograron acceder a la legación tras cinco tentativas que fueron repelidas por los talibanes. Encerrados en los refugios —salas protegidas por puertas de hierro—, diplomáticos y policías vivieron con angustia la batalla que se libraba en el exterior. En total, diez personas perdieron la vida, cuatro de ellas agentes afganos, y hubo una decena de heridos. Uno de los tres edificios de la legación quedó destruido, otro sufrió daños considerables, y el tercero, indemne.

Isidro Gabino San Martín y un compañero, también agente de la Policía Nacional, salieron de uno de los búnkeres a los que los empleados de la embajada habían sido conducidos tras la explosión al darse cuenta de que el subinspector Jorge García Tudela no se encontraba con ellos. El periodista Manuel Marlasca, en el reportaje titulado *La segunda muerte de Jorge y Gabi,* realizado a partir de las declaraciones —efectuadas ante la Fiscalía de la Audiencia Nacional— de los policías que trabajaban en el equipo de seguridad de la legación, describió lo sucedido:

> Los policías narraron cómo Gabino San Martín tomó la decisión de salir a buscar, junto a otro compañero, a Jorge García cuando este no respondía a las llamadas. Contaron cómo cayó Gabi abatido por los talibanes y cómo le oían decir que se desangraba y pedir que le fuesen a buscar, ante la impotencia de todos ellos, que nada pudieron hacer por salvar su vida. El policía que finalmente le rescató contó cómo con una mano disparaba y con

> la otra arrastraba a su compañero, mortalmente herido. Este agente, entre lágrimas, le reveló a la fiscal las últimas palabras de Gabi antes de expirar: «Había que salir a buscar a Jorge».

Gabino murió camino del hospital horas después de haberse iniciado el asalto a la legación diplomática.

Miguel Ángel Campos, de la Confederación Española de Policía, sindicato al que pertenecía la víctima, señaló que «a Gabi le gustaba lo que hacía, era un policía vocacional». Uno de sus compañeros glosó así su figura: «Era un experto en el manejo de armamento. Seguro que fue el primero en ponerse en primera línea. No solo estaba preocupado por los derechos de los ciudadanos, también por los derechos de los policías. Era uno de los mejores delegados que ha tenido jamás la CEP».

En septiembre de 2016, el Consejo de Ministros decidió destinar 176.000 euros para mejorar la seguridad de la embajada de Afganistán, que había quedado en entredicho tras el atentado. El juez de la Audiencia Nacional Santiago Pedraz llegó a señalar que España «debió mucho antes adecuar las medidas de seguridad» de la embajada. Lo hizo en el auto de sobreseimiento de la causa interpuesta por la viuda del subinspector Jorge García Tudela y siete de los policías integrantes del equipo de seguridad de la legación contra el embajador, Emilio Pérez de Agreda, y su adjunto, Oriol Solá.

El funeral por Isidro Gabino San Martín Hernández y Jorge García Tudela se celebró en el centro policial de Canillas (Madrid). En la ceremonia, el rey Felipe VI condecoró a los dos agentes con la Medalla de Oro al Mérito Policial, máxima distinción del cuerpo.

En el atentado también falleció Mohammad Amin Sultán Hamid, nacido el 3 de marzo de 1990, que trabajaba como intérprete de la embajada. El Gobierno español indemnizó a su mujer y a sus cinco hijos.

En mayo de 2023, el juez competente de la Audiencia Nacional reabrió el sumario por el atentado contra la embajada española tras recibir un informe de la Comisaría General de Información en el que nuevos datos apuntaban a la presunta implicación de altos cargos del Gobierno afgano talibán que se hizo con el poder tras la retirada de las fuerzas internacionales en 2021.

Víctimas mortales (de nacionalidad española)

El subinspector JORGE GARCÍA TUDELA había nacido en Madrid en 1960. Ingresó en la Policía Nacional en 1995 y estaba destinado en la Brigada de Policía Judicial de Granada. En 2003 ascendió a subinspector y, en 2015, solicitó una comisión de servicios para trabajar en la protección a los diplomáticos de la embajada de España en Kabul, puesto al que se incorporó en septiembre. Estaba previsto que sus servicios en Afganistán finalizaran el 3 de enero de 2016.

Rafael García, hermano de Jorge, en una carta remitida a los medios de comunicación, resaltó la vocación de servicio de su hermano y el deseo que no pudo cumplir:

> Estoy seguro de que solo se habrá ido con un reproche, y es el de no poder haber donado todos sus órganos para salvar más vidas, ya que esa era su voluntad, y las circunstancias de su muerte no lo han hecho posible. Dentro de una semana nadie se acordará de Jorge en los medios, ni los políticos en sus mítines (afortunadamente), pero su legado quedará en el ejemplo que nos dio a todos los que tuvimos la suerte de quererle y admirarle. En vida lo dio todo por todos, nunca se guardó nada para él. Ahora solo espero y confío en que su país le devuelva al menos una parte de ese esfuerzo ocupándose de su viuda e hijos.

El ayuntamiento de Monachil (Granada), donde Jorge y su familia habían vivido, quiso que su memoria quedara plasmada y dio su nombre al auditorio de la localidad.

ISIDRO GABINO SAN MARTÍN HERNÁNDEZ era natural de La Bañeza (León). Tenía 48 años, dos hijos mayores de su primer matrimonio y uno de siete años del segundo. Se había casado en segundas nupcias con Estefanía Vera, que vivía y trabajaba en la localidad leonesa de La Virgen del Camino, a donde Gabino acudía todos los fines de semana que libraba. Ingresó en la Policía en 1991. Se formó en los antidisturbios, formaba parte de la IX Unidad de Intervención Policial (UIP) y ejercía de instructor de tiro y defensa personal. Estuvo destinado en la UIP de La Coruña desde 1991 hasta 1993, año en que se trasladó al Principado de Asturias, a Oviedo.

Las ONG en el punto de mira de los talibanes (9 de septiembre de 2017)

Según la Oficina de Coordinación de Asuntos Humanitarios de la ONU (OCHA, por sus siglas en inglés), el año en que se produjeron más ataques contra trabajadores de ayuda humanitaria en Afganistán fue 2013. Aun así, durante los años siguientes, y hasta muy recientemente, Afganistán continuó siendo, junto con Sudán del Sur y Siria, el país más peligroso para los empleados de las ONG y agencias humanitarias.

En junio de 2015 se produjo un asalto contra el centro de huéspedes de la ONG checa Gente Necesitada, en la provincia norteña de Balkh, en el que los atacantes dispararon a los empleados mientras dormían, asesinando a nueve de ellos. Aquel atentado consolidó los temores de las ONG sobre el que ya se consideraba el país más peligroso para ejercitar la ayuda humanitaria.

El año 2017 fue especialmente crítico para el Comité Internacional de la Cruz Roja (CICR) en Afganistán. En febrero, un convoy de tres vehículos del CICR que viajaba a un área remota fue objeto de una emboscada en la provincia de Jowzjan. Seis trabajadores de la organización fueron asesinados y otros dos secuestrados. Fue el peor ataque sufrido por la Cruz Roja Internacional en Afganistán en más de 20 años, y tras él muchas de sus actividades quedaron suspendidas. Seis meses después, los dos empleados que habían sido secuestrados fueron liberados y el CICR reanudó sus actividades humanitarias. Poco después, el 9 de septiembre, la española LORENA ENEBRAL (véase pág. 101), fue asesinada por uno de sus pacientes en el centro de atención del CICR en Mazar-e-Sharif.

José Serralvo, asesor jurídico de la División Jurídica del CICR, en un escrito *in memoriam* dedicado a Lorena Enebral, resumía la misión de los centros de rehabilitación del CICR en la revista *Jot Down:*

Pero, de entre los muchos quehaceres del Comité Internacional de la Cruz Roja en el corazón de Asia, es difícil pensar en uno más encomiable que los Centros de Rehabilitación Física para los que trabajaba Lorena Enebral. Al año, alrededor de 130.000 personas con discapacidad reciben apoyo en alguna de las siete clínicas que la organización gestiona a lo largo y ancho del país. El CICR fabrica además prótesis, órtesis y sillas de ruedas, que distribuye entre algunas de las personas más vulnerables de Afganistán, que es tanto como decir algunas de las personas más vulnerables del planeta.

Víctima mortal

LORENA ENEBRAL PÉREZ, natural de Valleruela de Pedraza (Segovia), de 38 años de edad, residía en Pozuelo de Alarcón (Madrid) con su familia antes de iniciar su andadura como profesional de la ayuda humanitaria tras prepararse como especialista en fisioterapia y rehabilitación pediátrica. Durante su periodo formativo se familiarizó con el método Bobath para el tratamiento de niños y adultos con trastornos del sistema motor —derivados de lesiones neurológicas— en el Hospital Pedro Aguirre Cerda, en Chile. Antes de comenzar su andadura como cooperante trabajó cinco años en el Centro Contigo, una clínica de Pozuelo dedicada al tratamiento y la rehabilitación de niños discapacitados. Según publicó el diario *El País* (11 de septiembre de 2017), María Palacios, directora del citado centro, recordó que «Lorena era un espíritu libre y sin prejuicios, un chorro de aire fresco con unas ganas de ayudar llevadas al extremo y tenía un don especial para atender a los niños discapacitados: era espectacular». Su trabajo como cooperante internacional comenzó con la ONG África Directo en Malawi y Tanzania. En 2012 fue fichada por Cruz Roja Internacional (CRI) organización para la que trabajó en Etiopía. En mayo de 2016 se incorporó al centro de rehabilitación de la CRI en Mazar-c-Sharif, en el norte de Afganistán.

La mañana del 11 de septiembre, Lorena había acudido al centro como cada mañana. Una de las primeras personas a las que trataría ese día era un joven de 21 años que estaba obligado a desplazarse en silla de ruedas como consecuencia de una severa afectación de la poliomielitis en sus extremidades. Cuando Lorena se le acercó, el joven sacó la pistola que llevaba escondida y le disparó en el pecho. Lorena se convirtió en la décima empleada de la Cruz Roja asesinada en Afganistán desde 2001 y en la decimoquinta profesional de ayuda humanitaria asesinada desde el inicio de 2017.

Según se relató en un artículo del diario *El País* (11 de septiembre de 2017), la Policía local comunicó a los responsables del CICR que el hombre que asesinó a Lorena era Muhammad Naseem, afectado por la polio desde la infancia.

La crónica «Afganistán aún existe», de José Serralvo, publicada en la revista *Jot Downn,* recogió el testimonio de los padres de Lorena, que «cuentan que cada vez que regresaba a España, organizaba eventos para recaudar fondos con fines humanitarios. Construir una nueva escuela, renovar letrinas. Cualquier excusa era buena para invitar a sus amigos a cenar y espetarles en plena sobremesa que necesitaba que todos arrimasen el hombro para financiar tal o cual proyecto». El Comité Internacional de la Cruz Roja, en el comunicado hecho público tras el asesinato, aseguraba que Lorena «será recordada por sus compañeros por su enorme sonrisa y su actitud radiante, por ser una profesional dedicada a su trabajo y sus pacientes, especialmente a los niños».

Por su parte, el cooperante Pablo Llanes, de Holystic ProÁfrica, describió así a Lorena: «Era más valiente que nadie, muy generosa y hacer ese tipo de rehabilitaciones era su gran ilusión, su pasión, y para lo que priorizó todo su gran amor por los niños». Esta y otras declaraciones aparecen en el reportaje que publicó la cadena COPE sobre Elena*. Verbena Bottini, compañera en el Centro de Mazar-e-Sharid y amiga de Lorena, señalaba que «Lorena es el mejor ejemplo de generosidad, preocupación por los demás, hermosura, energía positiva y amor incondicional en el que puedo pensar: ¡Ningún disparo puede anular eso!».

* http://www.cope.es/noticias/actualidad/asi-relataba-trece-lorena-enebral-trabajo-como-cooperante_157746

Un año después del asesinato, el municipio de Pozuelo de Alarcón rindió homenaje a la cooperante con la colocación de una placa con su nombre en una glorieta. En el acto de homenaje, Alfonso, hermano de Lorena, destacó que su hermana desempeñaba su trabajo con felicidad y en cómo insistía en que había que disfrutar de la vida y ser feliz.

Las siguientes palabras, hechas públicas en la crónica *in memoriam* de *Jot Down,* y escritas por Lorena a modo de felicitación navideña para su familia cuatro años antes, reflejan su carácter y el espíritu con el que vivió su vida:

> Querida familia, me encantaría que el 2013 fuese un año maravilloso. Espero que no os toque la lotería ni que os regalen cosas caras ni preciosas, sino que os riáis sin parar, que continuéis aprendiendo de las personas y compartáis con todos vuestros amigos, hijos, hermanos, vecinos y desconocidos la alegría de estar vivos. Yo, aunque estaré lejos, siempre estaré con vosotros...
>
> Os quiero,
>
> Lorena.

4

Terrorismo en Oriente Medio

El avispero de la posguerra iraquí

En marzo de 2003, los ejércitos de Estados Unidos y Reino Unido invadieron Irak y descabezaron el régimen del dictador Sadam Hussein. El país pasó a estar administrado por la Autoridad Provisional de la Coalición (CPA, por sus siglas en inglés) liderada por el estadounidense Paul Bremer, que disolvió el Ejército iraquí. La permanencia de los Ejércitos estadounidense y británico en suelo iraquí y la posterior llegada de destacamentos de otros países de la Coalición soliviantó mucho los ánimos. Comenzó una larga guerra contra las tropas extranjeras, pero no solo: proliferaron ataques intercomunitarios de índole sectaria, y grupos terroristas de distintas afiliaciones, entre ellos Al Qaeda (de confesión suní), multiplicaron sus ataques contra militares extranjeros y contra las fuerzas de Policía iraquíes, así como contra civiles. Algunas ciudades y vías de comunicación de Irak, especialmente las situadas dentro del llamado «triángulo suní» —zona enmarcada entre Bagdad, Ramadi y Tikrit—, se convirtieron en una especie de ratonera donde primaba la inseguridad. Los atentados se sucedían casi a diario, normalmente en las ciudades, en muchísimas ocasiones con coches bomba colocados en mercados, comisarías de Policía, mezquitas, etc.

Ataque a la sede de la ONU en Bagdad (19 de agosto de 2003)

El 19 de agosto de 2003, en Bagdad, un camión cargado con una bomba de 250 kilos de explosivos, munición de artillería, morteros y granadas conducido por un suicida se empotró en uno de los muros que rodeaban el hotel Canal, donde la ONU había instalado su sede. En la misión de la ONU, que ocupaba tres de los pabellones del establecimiento, trabajaban más de 300 funcionarios entre locales extranjeros. Los tres edificios se derrumbaron por efecto de la explosión. Fallecieron 24 personas, entre ellas Sergio Vieira de Mello, el diplomático brasileño que dirigía la misión de la ONU en Irak, y más de cien resultaron heridas. Tras aquel atentado, la ONU redujo al mínimo su presencia en Irak y muchos de sus programas quedaron congelados.

El entonces secretario general de Naciones Unidas, Kofi Annan, responsabilizó de la falta de seguridad en la sede bagdadí de la ONU tanto a las fuerzas de la coalición como al propio organismo internacional:

> Estas operaciones son muy complejas. La coalición ha cometido errores y nosotros probablemente también. No quiero señalar a nadie con el dedo, pero todos sabemos que ha habido errores.

La respuesta internacional fue de unánime condena del atentado; como botón de muestra la de la Liga Árabe: «Es un grave crimen terrorista que apunta a la presencia de la ONU en Irak», se destacaba en el comunicado en el que se subrayaba el esfuerzo de Vieira de Mello «para permitir a Irak recuperar su soberanía». El Consejo de Seguridad de Naciones Unidas aprobó por unanimidad una resolución que calificó de «crímenes de guerra» los ataques contra los trabajadores de la ONU y de las ONG. La misión de la ONU en Irak tenía objetivos humanitarios y a ella estaban adscritos funcionarios y militares de distintos países. Uno de ellos era el capitán de navío español MANUEL MARTÍN-OAR FERNÁNDEZ DE HEREDIA (véase a continuación), que murió en el atentado.

Víctima mortal (de nacionalidad española)

El capitán MANUEL MARTÍN-OAR FERNÁNDEZ DE HEREDIA (Villanueva de la Cañada, Madrid, 1947) se había ofrecido voluntariamente para ir a Irak, no como parte del contingente militar, sino como adjunto de Miguel Benzo Perea, embajador en misión especial en el Consejo de Cooperación Internacional, organismo dependiente de la Autoridad Provisional de la Coalición. El Consejo de Cooperación Internacional se ocupaba de la gestión de la ayuda humanitaria y de la relación con las ONG y la ONU.

Los interlocutores habituales de Martín-Oar en Irak eran, entre otros, españoles que trabajaban para distintas ONG. Aquel 19 de agosto Martín-Oar había almorzado con el ingeniero de caminos Ricardo López Orive, que trabajaba para la CPA (Autoridad Provisional de la Coalición) en la ciudad portuaria de Basora. Ambos pensaban marcharse juntos del hotel Canal, pero Martín-Oar subió a su despachó para ultimar algunos asuntos. López Orive estaba esperándolo en una sala de la planta baja cuando se produjo la enorme explosión, que afectó severamente al edificio. Eran las 16:40 horas de la tarde. López Orive salió del edificio y vio al conductor del coche que iba a compartir con Martín-Oar, que lo llevó hasta la zona en la que se situaba el despacho del capitán de navío, al que encontraron con heridas en ambos brazos. Ricardo López Orive le hizo un torniquete con su camisa en el brazo más dañado para evitar que se desangrase. Manuel se hallaba totalmente consciente. Dos sanitarios lo sacaron del lugar. Las horas que siguieron fueron largas y desesperantes. El embajador Miguel Benzo, amigo y compañero de piso del capitán, acompañado por cuatro geos de la embajada española, recorrió durante la madrugada del miércoles los hospitales de la capital iraquí donde sospechaba que podían haber trasladado a Manuel, pero no halló respuestas.

Por la mañana les llegó la información de que el cadáver del capitán se hallaba en la morgue del hospital provisional estadounidense del aeropuerto de Bagdad. El teniente general Luis Feliú reconoció el cuerpo de Manuel en la morgue del aeródromo. El capitán de navío falleció en las horas inmediatamente siguientes al atentado por «una hemorragia interna consecuencia de un trauma craneoencefálico en el parietal derecho», según se señalaba en el informe forense norteamericano entregado al secretario de Estado de Defensa, Fernando Díez Moreno.

El encargado de transmitir la noticia a la esposa de Manuel, Emilia Ripoll, fue el vicepresidente primero del Gobierno, Mariano Rajoy. El cadáver del militar, acompañado de su hijo y su yerno, fue trasladado desde Irak en un avión de las Fuerzas Aéreas a la Base Naval de Rota (Cádiz), donde lo esperaban sus familiares y los ministros de Exteriores, Ana Palacio, y de Defensa, Federico Trillo.

Poco antes de la llegada del cuerpo de Manuel a España, su viuda dijo a *ABC* (22 de agosto de 2003):

> Estamos inmensamente orgullosos de que mi marido haya muerto como él siempre había querido, en acto de servicio y ayudando a los demás. Eso es lo que llevaba haciendo desde hacía diez años en distintas misiones de paz por todo el mundo.

El embajador español, Miguel Benzo, lo recordó así en *ABC* (24 de agosto de 2003):

> [Manuel] Se preocupaba más por los demás que por sí mismo. Algo parecido he podido constatar en otros militares con los que he tenido la fortuna de trabajar. Su personalidad no se paraba ahí, se trataba de un hombre de sólida formación intelectual y rigurosa capacidad de análisis y, en tanto que tal, exigente hacia mí y hacia sus otros superiores administrativos; de todos esperaba sentido de la responsabilidad y capacidad de decisión.

El funeral se celebró en la Iglesia Mayor Prioral de El Puerto de Santa María (Cádiz), donde la viuda y los cuatro hijos de Manuel estuvieron acompañados por los ministros de Defensa, Asuntos Exteriores y Administraciones Públicas, y por el presidente de la Junta de Andalucía.

Manuel Martín-Oar, el primer militar español fallecido en la posguerra de Irak, se había formado en la Academia Militar de Marín (Pontevedra). Durante sus primeros años de carrera estuvo destinado en el portaviones Príncipe de Asturias. Se desempeñó en la Base de Rota durante seis años como piloto de helicópteros, tras lo cual llegó su vinculación a misiones internacionales de paz. Entre 1994 y 1995 estuvo destinado en el Servicio de Planeamiento de Misiones de Paz de Naciones Unidas en Nueva York y de allí pasó a la Agregaduría Naval en la embajada de España en París. Posteriormente, fue destinado al Cuartel General de la OTAN en Nápoles, donde trabó amistad con el diplomático Miguel Benzo, cónsul de España en aquella ciudad.

La viuda del capitán rememoró con estas palabras la última vez que su marido había visitado a la familia en España:

> Le vimos contentísimo y muy ilusionado con el trabajo que estaba desarrollando. Comentaba que ese país se convertiría en poco tiempo en un verdadero paraíso porque lo tenía todo para serlo. Una tierra rica, gente trabajadora e inteligente. Sabía que estaba tomando parte en esa transformación y eso le llenaba de orgullo.

Manuel Martín-Oar, descrito por quienes lo conocieron como una persona amable y tranquila, era además un hombre polifacético, ya que colaboraba en prensa y era muy aficionado a las artes. Pintaba y estaba preparando un libro sobre la historia de las señales en la Armada, y entre sus proyectos figuraba una exposición de sus acuarelas en el centro cívico El Castillo de la localidad madrileña de Villanueva de la Cañada a finales de octubre del mismo año en que perdió la vida. Sin embargo, durante sus últimos meses de vida, lo que más le emocionaba era el futuro nacimiento de su primer nieto. «Era la máxima ilusión que tenía», recordó a *ABC* uno de sus hermanos.

Dos meses y medio después del atentado, la ONU anunció la retirada temporal de los 30 funcionarios internacionales que aún trabajaban en Bagdad. La ONU contaba entonces con 2.000 empleados iraquíes, por lo que, al anunciar la retirada, no quiso dar la fecha de retorno, aduciendo la volatilidad sobre el terreno. Sin duda, el atentado contra la sede de Bagdad el 19 de agosto, el más grave sufrido por el organismo internacional en su historia, catalizó la decisión de abandonar el país.

Muerte a balazos (9 de octubre de 2003)

Los Gobiernos de Estados Unidos y Reino Unido organizaron una guerra contra Irak en la primavera de 2003 basándose en el supuesto de que el régimen de Sadam Hussein poseía armas de destrucción masiva, supuesto que posteriormente se demostró falso. España estuvo entre los países que se sumaron a la coalición que lideró Estados Unidos para una misión de apoyo a las tropas angloestadounidenses y de contribución a los esfuerzos de reconstrucción de las infraestructuras de Irak, muy tocadas por la guerra. Meses después del descabezamiento del Gobierno de Sadam Hussein, la permanencia de las tropas extranjeras en suelo iraquí dio lugar a la aparición de una suerte de guerra contra aquellas. Asimismo, grupos terroristas como Al Qaeda aprovecharon la situación para incrementar su actividad terrorista.

En octubre de 2003, los agentes del Centro Nacional de Inteligencia (CNI), tras unos meses de repliegue en Amán (Jordania), durante los cuales se produjo la intervención angloestadounidense, estaban de vuelta en Bagdad.

El clima de la ciudad se había tensado notablemente y los atentados se producían a diario. Uno de los agentes españoles, JOSÉ ANTONIO BERNAL (véase pág. 111), era conocido de los servicios secretos del depuesto Sadam Hussein, pues llevaba varios años en Bagdad, por lo que su situación era de cierta vulnerabilidad. José Antonio vivía en una casa del distrito capitalino Al Mansur, una vivienda de una planta con un pequeño jardín frente al consulado de Sudán y cerca de la embajada de España. La seguridad de que disponía era un vigilante nocturno armado que, a petición de José Antonio, abandonaba la casa por las mañanas.

A las ocho de la mañana del 9 de octubre, el vigilante nocturno ya se había ido del domicilio cuando un coche Opel de matrícula extranjera y con cuatro personas a bordo aparcó frente a la casa del agente. Uno de los ocupantes, ataviado como un clérigo chií —la confesión islámica mayoritaria en Irak—, se dirigió a la puerta, mientras otro individuo se apostaba a unos metros de la casa. El clérigo tocó la puerta y José Antonio la abrió. Entonces se produjo una discusión y un forcejeo, y el agente español salió corriendo. Los dos ocupantes del coche le dispararon y Bernal tropezó y cayó al suelo. Uno de los agresores lo remató con un tiro en la nuca. Los cuatro asaltantes huyeron en el coche hacía la avenida Ramadán, una de las más importante de la ciudad.

Víctima mortal

José Antonio Bernal Gómez había nacido en Navahermosa (Toledo) en 1969 y vivía con su esposa, Virtudes Rodríguez Padilla, y la hija de ambos en Madrid. Hijo primogénito de Soledad Gómez y del capitán en la reserva del Ejército del Aire José Antonio Bernal Lobero, heredó la vocación militar de este, al igual que dos de sus tres hermanos. En su formación militar figuraban un curso de controlador aéreo y otro de telecomunicaciones operativas y comunicaciones en inteligencia de grado básico. Le habría gustado ser piloto de combate, pero por un problema de oído no pudo pasar las pruebas de aptitud. Animado por su padre, se volcó en los estudios de radiotelegrafía hasta llegar al grado de sargento primero radiotelegrafista del Ejército del Aire. Se incorporó al CNI en agosto de 1994, y en septiembre de 2001 llegó a Irak, donde trabajó como adjunto del agregado de Información, Alberto Martínez, que poco tiempo después también cayó asesinado, junto a seis agentes más, en la emboscada de Latifiya. José Antonio hablaba el árabe iraquí además del inglés y conocía muy bien Bagdad, donde había vivido con su esposa y su hija durante un año. Según el diario *El Mundo* (9 de octubre de 2003), Fernando Valderrama, quien fuera encargado de negocios de España en Bagdad antes de la guerra, calificó a José Antonio Bernal como una persona «entusiasta, positiva, cumplidora y muy apreciada» entre sus compañeros.

El padre de José Antonio dijo a Radio Nacional que su hijo «murió en acto de servicio a España», circunstancia que quería reafirmar dentro del «dolor inmenso» que sentía. En una entrevista concedida al diario *ABC* (10 de octubre de 2003) se expresó así sobre la suerte de su hijo: «Somos una familia de militares, por lo que sabíamos el trabajo que estaba realizando en Irak. Había ido totalmente voluntario. La familia sabía que había riesgos [...]. Somos una familia cristiana, asumimos con resignación lo que nos ha tocado».

La Cadena SER recogió este testimonio sobre José Antonio: «El padre Ángel, fundador de Mensajeros por la Paz, ha explicado que "el agregado de Información tenía un carácter encantador y jovial. Nos ayudó mucho en la gestión de los papeles para traer a Madrid a cuatro niños enfermos iraquíes"».

Durante su carrera profesional, José Antonio fue distinguido con las Cruces del Mérito Aeronáutico de Cuarta y Tercera clase y la del Mérito Aeronáutico con distintivo rojo a título póstumo. El ayuntamiento de Navahermosa creó los Premios José Antonio Bernal Gómez, en colaboración con la Asociación Voces contra el Terrorismo, para distinguir a personas que han entregado su vida a la lucha contra los terroristas.

Emboscada contra el CNI (29 de noviembre de 2003)

En junio de 2003, el Gobierno de España envió un contingente de 1.300 militares a Irak. Las tropas se estacionaron en Diwaniya y en Nayaf. Entre las tareas de los agentes del CNI destacados en el país mesopotámico estaba la de apoyar tanto el despliegue como la estancia de los soldados españoles.

La mañana del 29 de noviembre de 2003, los agentes del CNI ALBERTO MARTÍNEZ (véase pág. 116), CARLOS BARÓ (véanse págs. 115-116), JOSÉ RAMÓN MERINO (véase pág. 118), JOSÉ LUCAS EGEA (véase pág. 116), JOSÉ CARLOS RODRÍGUEZ (véase pág. 119), ALFONSO VEGA (véase pág. 119), LUIS IGNACIO ZANÓN (véase pág. 120) y José Manuel Sánchez habían estado trabajando en Bagdad. Cuatro de ellos conformaban los dos Elementos Nacionales de Contrainteligencia y Seguridad (ENCIS), adscritos a las bases españolas de Diwaniya y Nayaf, y esa mañana instruían a los otros cuatro que les darían el relevo. Los nuevos agentes tomaban contacto con la situación del país y aquella mañana visitaron la sede de la CPA, la Autoridad Provisional de la Coalición, el Gobierno comandado por el estadounidense Paul Bremer, así como el cuartel general de las tropas de la coalición situado junto al aeropuerto. Los ocho hombres almorzaron en el antiguo domicilio de uno de ellos, Alberto Martínez, jefe de la terminal del CNI en Bagdad desde el año 2000. A las 14:30 horas se subieron a un Nissan Patrol blanco y un Chevrolet Tahoe azul para desplazarse a Nayaf, donde estaban desplegados.

Las dos ciudades están conectadas por una autovía, pero a esa hora estaba cortada, por lo que los ocho agentes tomaron la conocida como Ruta Jackson, una carretera antigua que atraviesa varias localidades.

Habían recorrido unos 30 kilómetros y circulaban a una velocidad de 120 kilómetros por hora por una carretera bien asfaltada y sin demasiado tráfico cuando un Cadillac blanco se acercó al segundo todoterreno y comenzaron a dispararles con fusiles AK-47. El Chevrolet de los españoles adelantó al Nissan de sus compañeros para avisarlos. El Cadillac blanco siguió rebasando al Nissan, que recibió una lluvia de disparos. El conductor, Alberto Martínez, murió en el acto y José Lucas quedó herido. Con las ruedas del flanco izquierdo reventadas, el vehículo quedó atascado en el arcén. Ninguno de los dos vehículos estaba blindado. El Cadillac se lanzó tras el Chevrolet, a cuyos ocupantes les llovieron balas a mansalva que hirieron de muerte al conductor, Alfonso Vega. El todoterreno, descontrolado, se hundió en el fango en el borde de la vía. Dos de los españoles del Nissan habían muerto y dos estaban heridos graves. El Cadillac se cruzó en la carretera y sus ocupantes siguieron disparando contra los otros dos vehículos. Los agentes ilesos respondieron con sus armas cortas. El tiroteo terminó cuando el sedán con los atacantes se marchó.

El agente que había asumido el mando, Carlos Baró, llamó desde un teléfono satélite Thuraya a Madrid y habló con un oficial del CNI. La comunicación quedó interrumpida por fuego armado proveniente de las casas bajas cercanas. Era fuego de ametralladora combinado con explosiones de granadas. En el fragor del ataque Carlos no logró transmitir las coordenadas de localización. Con dos agentes heridos de gravedad, los cuatro ilesos asumieron la defensa con sus armas reglamentarias, pistolas claramente inferiores a las utilizadas contra ellos. José Manuel Sánchez recibió la orden de ir en busca de ayuda e intentó detener algún vehículo al otro lado de la autovía cuando su arma se encasquilló y se encontró en medio de una muchedumbre enfervorecida. Lo maniataron e intentaron meterlo en uno de los coches que se habían detenido junto a la carretera. Lo zarandeaban y golpeaban cuando, de repente, una persona reseñablemente bien vestida, acercó su cara al rostro de José Manuel y lo besó en la mejilla. La situación dio un giro inesperado. La gente que lo zarandeaba se calmó; Sorprendentemente, lo introdujeron en un taxi y, apenas se había puesto en marcha, cuando aparecieron dos vehículos de la Policía iraquí. Bajo la luz crepuscular, José Manuel y los policías iraquíes pasaron por el lugar donde el Nissan y el Chevrolet ardían en llamas. José Manuel vio los cuerpos de dos de sus compañeros en el suelo.

El testimonio que dio José Manuel Sánchez en los cursos de verano de la Universidad Complutense en San Lorenzo del Escorial en junio de 2017 quedó recogido en el «Cuaderno» número 6 del Centro Memorial de Víctimas del Terrorismo:

> Voy a entrar más que en los hechos en sí de lo que yo pensaba, que es probablemente el relato que tengo que hacer hoy: que ese era mi último día, pero con una frialdad tremenda. Es más, hubo momentos en que yo deseé que me matasen, porque las circunstancias o daban para que me matasen ya o para que me matasen poco tiempo después. A mí se me quedaron muchas marcas de aquel día. Yo entiendo que son mucho más llamativos los detalles operativos, pero no quiero. Yo perdí el respeto por la vida humana. Ver que la vida humana no tiene valor te hace… La frialdad con la que te miraban los niños, porque había niños […]. Además, sí es cierto lo que se cuenta que era la salida de la mezquita y sí se aglomeró mucha gente. Es duro, ese sentimiento frío, ese sentimiento deshumanizado […]. El único momento emotivo que tuve fue cuando pensé que no iba a ver a mi familia, y me derrumbé. Ese es el único momento emotivo, todo lo demás es frialdad absoluta.

La tarde del 30 de noviembre los cadáveres de los siete agentes y el único superviviente llegaron a la base aérea de Torrejón de Ardoz (Madrid) a bordo de un Hércules C-130 del Ejército del Aire. Los familiares aguardaron la llegada de los restos de los agentes malogrados, acompañados por las principales autoridades del Gobierno, de la Comunidad de Madrid y por los jefes de los tres ejércitos. Allí estaban Los vicepresidentes primero y segundo del Gobierno, Rodrigo Rato y Javier Arenas; la ministra de Asuntos Exteriores, Ana Palacio; la presidenta de la Comunidad de Madrid, Esperanza Aguirre, y los jefes de Estado Mayor de la Defensa, almirante general Antonio Moreno Barberá; del Ejército de Tierra, general Luis Alejandre Sintes; del Ejército del Aire, general Eduardo González Gallarza, y de la Armada, almirante general Francisco Torrente.

Las capillas ardientes quedaron instaladas en el Hospital Central de la Defensa, que, por expreso deseo de los familiares, permanecieron cerradas al público.

El 2 de diciembre, declarado día de luto oficial, se celebró un funeral de Estado en la sede del CNI, presidido por el rey Juan Carlos I, la reina Sofía y el príncipe Felipe. Al término de la misa, el rey impuso a los fallecidos la Cruz Oficial de la Orden del Mérito Civil. Mientras sonaba el Aleluya del *Mesías* de Händel, los féretros fueron trasladados hasta los furgones que los llevarían hasta su último destino.

Varios días después, la Audiencia Nacional abrió una investigación por tratarse de víctimas españolas del terrorismo en el extranjero. El juez Fernando Andreu archivó las diligencias el 13 de febrero de 2004 por falta de autor conocido. El grupo Ansar al Islam reconoció la autoría del atentado en un comunicado.

El 14 de julio de 2004, el ministro de Defensa, José Bono, inauguró un monumento en recuerdo de los ocho agentes que perdieron la vida en Irak en la sede del CNI. La escultura-monumento, diseñada por Alberto Corazón, es una llama de bronce sobre una pared desnuda de acero. En el acto, el ministro entregó a las familias de los agentes la Gran Cruz del Mérito Militar con distintivo rojo.

Víctimas mortales

CARLOS BARÓ OLLERO nació en Madrid el 25 de febrero de 1967 y era padre de una hija. Comandante de Infantería del Ejército de Tierra, su carrera militar estuvo vinculada a destinos operativos, dada su formación en cursos de carros de combate, de cazador paracaidista y en operaciones especiales. Ingresó en el CNI en octubre de 1998. Había prestado servicio en la misión de Naciones Unidas UNPROFOR en Bosnia-Herzegovina. En 2003 dirigía el equipo de contrainteligencia de la base española en Diwaniya.

El drama de los agentes asesinados en Latifiya quedó resumido en la frase pronunciada por Carlos Baró en una llamada telefónica realizada mientras eran atacados: «¡Madre, nos están matando!».

Baró ya había vivido el zarpazo del terrorismo en su propia familia; primero cuando el 16 de noviembre de 1989, su tío, el jesuita Ignacio Martín Baró, fue asesinado junto a otros cinco sacerdotes y dos empleadas en la Universidad Centroamericana de El Salvador, y después el 21 de junio de 1993, cuando su tío el teniente coronel del Ejército de Tierra Javier Baró Díaz de Figueroa, y seis militares más fueron asesinados mediante un coche bomba por la banda terrorista ETA.

JOSÉ LUCAS EGEA nació en Madrid el 6 de mayo de 1959. Estaba casado y era padre de una hija. Era brigada de Caballería del Ejército de Tierra, donde había realizado, un curso de instrucción de carros de combate y medios orugas acorazados, y otro de instructor de ametralladoras ligeras. Era diplomado en Geografía e Historia y hablaba inglés y alemán. Ingresó en el CNI en junio de 1990. Entre las condecoraciones que tenía en su haber estaba la Medalla de la OTAN.

ALBERTO MARTÍNEZ GONZÁLEZ nació en Puentevega (Asturias) el 17 de noviembre de 1958. Estudió en la Academia Militar de Zaragoza. En su currículo profesional destacaba una minuciosa formación militar como instructor de carros y medios orugas acorazados, y como agente de Inteligencia de Grado Superior. Estaba destinado como capitán de Caballería en Valladolid cuando le hablaron de la posibilidad de dar el salto a inteligencia. Hizo el curso preparatorio, lo superó e ingresó en el servicio secreto en febrero de 1992.

Fue destinado a Irak como consejero de información en la embajada de España en junio de 2000. Alberto, su esposa, Charo García Areces, y su hijo, Alberto, de 12 años, se trasladaron a Bagdad en agosto de 2001. Muy implicado en su profesión, asumió el esfuerzo de aprender el árabe iraquí, lo que le permitía desenvolverse con soltura en el país. Conocía el terreno, y entre sus interlocutores figuraban sus homólogos de los servicios de información de Sadam Hussein. Tras los atentados del 11 de septiembre de 2001, los familiares de otros diplomáticos que vivían allí salieron del país. La familia de Alberto se quedó hasta julio de 2002.

En vísperas del inicio de la guerra, en marzo de 2003, Alberto Martínez y su adjunto, JOSÉ ANTONIO BERNAL GÓMEZ (véase pág. 111), fueron destinados temporalmente a la capital de Jordania, Amman. A principios de mayo, los dos regresaron a Bagdad. Alberto viajó a España el 19 de julio y tres días después recibió una llamada en la que se le comunicaba que debía volver a Irak para ocuparse de la contrainteligencia de Nayaf. Pasó dos semanas entre su Asturias natal y Valladolid, y celebró su 45 cumpleaños. En agosto recibió la llamada con la fecha de partida a Irak: 13 de agosto de 2003.

Su esposa lo recordó así en una entrevista concedida a *El Mundo* (22 de diciembre de 2003): «Estas llamadas forman parte de su trabajo: lo necesitaban y tenía que acudir. Me quedo con la idea de que lo dio todo, hasta su vida, pero lo hizo con gusto».

Dos meses después, su adjunto en la Consejería de Información de la embajada española en Bagdad, JOSÉ ANTONIO BERNAL GÓMEZ, fue asesinado a la puerta de su domicilio. Solo entonces desveló Alberto a su esposa su verdadera situación y la preocupación por su seguridad:

> Me dijo irónicamente que le habían sacado tarjeta roja y que se sentía en el punto de mira. Su respuesta ante esta situación era asombrosa. Me decía: «Mi trabajo no es estar al 50 %, tengo que estar al 100 %». Fueron sus últimas palabras... Después de lo de Bernal le ordenaron cambiar la fisionomía y le prohibieron viajar a Bagdad. En Valladolid se dejó la cadena y el anillo; la consigna era hacerse pasar por iraquí. Se ha contado que pidió entonces la baja, pero no era su estilo. Si empezaba una misión, la terminaba.

Según una crónica del diario *ABC* (2 de diciembre de 2003), José Antonio Bernal Lobero, padre de José Antonio Bernal Gómez, se refirió así al vínculo que unía a su hijo y a Alberto Martínez: «Alberto le enseñó todo a mi hijo. Fue su maestro, su compañero, su hermano. Lo idolatraba». La viuda de la víctima le dirigió estas palabras a Soledad Gómez, la madre de José Antonio, en el Hospital Gómez Ulla de Madrid: «He llorado tanto la muerte de tu hijo que ahora no me salen las lágrimas por mi marido». A lo que Soledad contestó: «Y yo, con estas palabras tan hermosas y duras, volví al día que mataron a José».

La capilla ardiente se instaló en el tanatorio municipal de Santa Catalina, en Pravia (Asturias), desde donde sus compañeros lo llevaron a hombros hasta la Colegiata, donde se celebró el funeral. Asistieron, entre otras autoridades, el presidente del Principado de Asturias. El ayuntamiento de Pravia lo nombró Hijo Predilecto del Concejo a título póstumo.

En las antiguas escuelas de Puentevega (en activo de 1918 a 1975), una de las aulas fue bautizada como Aula Museo Alberto Martínez. En las paredes se exhiben fotografías de alumnos y maestros con quienes Alberto Martínez pasó buena parte de su infancia.

JOSÉ RAMÓN MERINO OLIVERA nació en Madrid el 19 de junio de 1954 en el seno de una familia de militares. Huérfano de madre desde la infancia, vivió en la casa que le vio nacer primero con su padre y su única hermana, y después con su mujer, Carmen Gasca, y sus dos hijos.

Comandante de Infantería del Ejército de Tierra, orientó su vocación militar hacia destinos operativos y recibió instrucción en cursos de mando de unidades paracaidistas, carros de combate y combate nocturno. Dado que había ingresado en el CNI en enero de 1990, José Ramón era el veterano del grupo que sufrió la emboscada en Latifiya. Había formado parte de la Brigada de Paracaidistas en la misión española en Kosovo en 2002 y había recibido varias condecoraciones.

En una entrevista concedida al diario *ABC* (1 de diciembre de 2003), su viuda subrayó el apego de su esposo a la profesión: «Yo tenía mucho miedo y no quería que se marchase a Irak, pero sabía que amaba su profesión por encima de todo, era su vida, y luchaba por sus ideales».

JOSÉ CARLOS RODRÍGUEZ PÉREZ nació en San Martín del Pedroso (Zamora) en 1962. Estaba casado y tenía un hijo de dos años. Pertenecía a una familia de tradición militar. Su padre, Tomás Rodríguez, era teniente de la Guardia Civil en el puesto fronterizo de la localidad zamorana. José Carlos se había formado como especialista en carros de combate y había realizado el curso de Inteligencia de Grado Superior. Hablaba francés e inglés, e inició su carrera militar en el Regimiento Cabo Noval, donde llegó al grado de comandante de Infantería del Ejército de Tierra. En diciembre de 1997 ingresó en el CNI y estuvo destinado en distintos lugares de España (en Oviedo conoció a su esposa, Paz). Antes de ser destinado a Irak había formado parte de la misión española en Bosnia-Herzegovina.

A hombros de sus compañeros y cubierto con la bandera de España, José Carlos fue enterrado con la única asistencia de familiares, compañeros y amigos en el cementerio de San Atilano. El funeral se celebró a continuación en la iglesia parroquial de Nuestra Señora de Lourdes de la capital zamorana. La Diputación de Zamora le concedió a título póstumo la Medalla de Oro de la provincia, que se sumaba a las recompensas que había recibido durante su carrera militar.

ALFONSO VEGA CALVO nació en Stuttgart (Alemania) el 12 de octubre de 1962 pues sus progenitores, ambos zamoranos, trabajaban en la ciudad alemana. En el momento de su muerte estaba separado y dejó una hija y un hijo de 13 y 15 años, respectivamente.

Ingresó en el Ejército de Tierra con 20 años y se formó en la Escuela de Paracaidismo y en la de Operaciones Especiales. Se incorporó al CNI en 1990. Hablaba correctamente el inglés. Por su participación en una misión en Bosnia-Herzegovina obtuvo dos recompensas: la Medalla de la OTAN y el distintivo SFOR. En 2003 fue destinado a Irak, a donde llegó en el mes de agosto para tomar contacto y familiarizarse con la misión del equipo de contrainteligencia de las tropas españolas emplazadas en Diwaniya y Nayaf.

El tiempo que le quedaba entre sus continuos viajes como agente de inteligencia residía en Salamanca. Sus padres eran de las localidades zamoranas de Aspariegos y Bamba del Vino, donde pasó su infancia junto a su abuela materna y a donde volvía cada verano con sus hijos. Una semana antes de su muerte había estado en España disfrutando de una semana de permiso.

A las recompensas obtenidas en su carrera militar se sumó la Medalla de Oro de la provincia que le concedió la Diputación de Zamora. Alfonso Vega fue ascendido con carácter honorífico al empleo de subteniente.

LUIS IGNACIO ZANÓN TARAZONA nació en Quart de Poblet (Valencia) en 1967. Estaba casado y tenía dos hijas, aunque a la segunda no llegó a conocerla porque nació mientras él estaba de servicio en Irak.

Había realizado cursos de controlador de aproximación a aeródromos, de técnico en desencriptación y comunicaciones y de Inteligencia de Grado Básico. Era especialista del Ejército del Aire en radiotelegrafía y hablaba correctamente el inglés. Luis Ignacio se había incorporado al CNI en 1994 y contaba con la experiencia de haber participado en misiones en Macedonia y en Kosovo, por las que había recibido una felicitación individual y la Medalla de la OTAN.

Según la crónica del diario *ABC* (2 de diciembre de 2003), la madre de JOSÉ ANTONIO BERNAL, asesinado en Bagdad en octubre y amigo de Luis Ignacio, se expresó así al conocer su muerte:

> Dieron un avance en televisión y ya me sobresalté. Estos son los compañeros de mi hijo, pensé. Después mi marido me contó que Nacho [Luis Ignacio Zanón Tarazona] había muerto. Me sentí hundida. Le conocíamos hace años y hace un mes escaso había visto a su mujer, que estaba a punto de dar a luz.

Bernal y Zanón habían sido compañeros de curso en la Escuela de Transmisiones, donde recibieron clases del padre del primero, profesor de esa escuela. Los unía pues, la vocación militar, la amistad y la vecindad en la colonia de Aviación de Cuatro Vientos (Madrid).

Los edificios municipales de su localidad natal, Quart de Poblet colocaron las banderas a media asta tras conocerse la muerte de Luis Ignacio.

Ataque mortal en Al Hamza (21 de enero de 2004)

El 21 de enero de 2004, 50 militares españoles con Blindados Medios sobre Ruedas (BMR) y 90 policías iraquíes a bordo de varios vehículos se desplazaron hasta Al Hamza, a 40 kilómetros de la base principal de las tropas españolas, en Diwaniya. Seguían alguna pista sobre un grupo armado cuyo cabecilla se escondía presuntamente en una vivienda de la citada localidad. Una vez rodeada la casa, se percataron de que las personas a las que buscaban no se hallaban en su interior. El grueso del contingente se retiró, pero el comandante de la Guardia Civil GONZALO PÉREZ GARCÍA (véase a continuación), un teniente coronel de la Policía iraquí, dos agentes y el intérprete se quedaron para finalizar las tareas de inteligencia. Entonces llegó un vehículo cuyos ocupantes fueron apercibidos de alguna manera de la presencia de los militares en la casa. El vehículo se dio a la fuga. El comandante de la Guardia Civil y sus compañeros iraquíes lo siguieron en una furgoneta *pick up*. Cuando ya habían recorrido dos kilómetros, los ocupantes del vehículo en fuga comenzaron a disparar con armas automáticas.

Pérez García recibió un disparo en la parte frontal del cráneo, sin orificio de salida, y fue trasladado a un hospital norteamericano de Bagdad, donde le practicaron una craneotomía. A los dos días fue trasladado a España en un Boeing, acompañado por sus tres hermanos y el secretario de Estado de Defensa. En la base aérea de Torrejón de Ardoz lo esperaban su esposa, Marisa, sus tres hijas y los ministros de Defensa y de Interior. Gonzalo murió unos días después en el Hospital Central de la Defensa Gómez Ulla de Madrid.

Víctima mortal

GONZALO PÉREZ GARCÍA (Toledo, 1961) vivió su infancia en Madrid, donde estaba destinado su padre, militar de carrera. Tras su formación en la Academia General Militar ingresó en la Guardia Civil. Realizó cursos de especialización en balística y de diplomatura en el Estado Mayor. Con el grado de teniente, prestó servicio en el Grupo Antiterrorista Rural y estuvo destinado en las comandancias de Madrid y Guipúzcoa. Se había convertido en un experto en criminalística, lo que le sirvió para actuar como perito en muchos juicios contra terroristas de ETA.

Solicitó incorporarse a la misión de Irak desde su destino en la Subdirección General de Operaciones. Llegó a Irak en diciembre, y el 12 de enero se incorporó a su puesto de asesor de seguridad del jefe de la Brigada Plus Ultra II, el general Fulgencio Coll.

En una entrevista concedida a Miguel González de *El País* (23 de enero de 2004), el comandante aludía a la presencia de dos milicias armadas chiíes —confesión islámica mayoritaria de Irak— en la zona, el llamado Ejército del Mahdi, del imam radical Muqtada Al Sadr, y la Brigada Badr, del ayatolá Ali Sistani, máximo referente religioso de los chiíes de Irak. Esos y otros grupos se ocupaban oficialmente de la defensa de lugares sagrados chiíes, como las tumbas de los mártires medievales Alí y Husein, pero además se les atribuían los asesinatos esporádicos de antiguos cargos del Baaz, el partido al que pertenecía Sadam Hussein y que había monopolizado la política iraquí durante décadas. Gonzalo Pérez, consciente de la complejidad de la situación, dijo al periodista que «la única forma de frenar esta escalada y quitarles la excusa de la autodefensa es poner en marcha una Policía iraquí fuerte y respetada, pero aún estamos lejos de conseguirlo».

En otra entrevista desde Diwaniya para Radio Nacional, Gonzalo expresó su deseo de que «en un plazo prudencial» se consigan cuerpos de Policía bien formados y «mentalizados de que su servicio repercuta en el bienestar de los ciudadanos», según recogió el diario La Vanguardia.

El funeral por Gonzalo Pérez se celebró en la más estricta intimidad en la localidad de Navahermosa, comarca de los Montes de Toledo, cuyo alcalde y diputado, Carlos Emilio Pérez, recordó al fallecido como «una persona tan enamorada de su profesión que hasta ha dado su vida por los demás». También estaba vinculado a la localidad toledana JOSÉ ANTONIO BERNAL GÓMEZ (véase pág. 111), asesinado pocos meses antes en Bagdad.

Atentados contra diferentes embajadas en Bagdad (4 de abril de 2010)

Siete años después del descabezamiento del Gobierno de Sadam Hussein en 2003, la inestabilidad de Irak se reflejaba de forma escalofriante en ataques terroristas diarios, en la mayoría de los casos indiscriminados, contra instituciones gubernamentales, legaciones diplomáticas, hoteles, comisarías de Policía, mercados, áreas residenciales, etc.

El 4 de abril de 2010, tres coches bomba conducidos por suicidas estallaron en los distritos Al Salehiya y Al Mansur, donde estaban emplazadas las embajadas de Irán, Egipto, Alemania y España. Las explosiones provocaron más de 40 muertos y 200 personas resultaron heridas. Uno de los coches bomba estalló a unos 100 metros de las legaciones diplomáticas alemana y española, que compartían varios accesos. Dos alemanes y uno de los empleados iraquíes de seguridad de la legación alemana murieron tras el impacto del vehículo lanzado contra el muro exterior a los dos establecimientos diplomáticos. La explosión fue enorme, de modo que trozos del coche bomba salieron disparados hasta la azotea y el jardín interior de la embajada de España, e incluso restos de metralla penetraron en las estancias de la embajada.

La veintena de empleados que se hallaban en la legación fueron trasladados por el equipo de los geos (Grupo Especial de Operaciones) del Cuerpo Nacional de Policía hasta la zona de seguridad del complejo. Entre ellos se encontraba TERESA ESQUIVIAS UGENA (véase a continuación), oficial de comunicaciones de la embajada, que fue víctima de la onda expansiva de la explosión.

Víctima mortal (de nacionalidad española)

TERESA ESQUIVIAS UGENA (Madrid 1949) era una mujer polifacética entregada a su familia y a su trabajo. Estaba casada con Jesús Caicedo, con quien había tenido seis hijos. Trabajó como ATS, pero en 1993 pasó al Ministerio de Asuntos Exteriores, para el que prestó servicio en Sarajevo, Quito y Bratislava antes de incorporarse a la legación de Irak en 2007 como responsable de comunicaciones. La comisión de servicios que comenzó en 2007 se prolongó tres años más.

Después del atentado del 4 de abril de 2010, Teresa pasó un mes en España preparando su próxima incorporación a la legación diplomática española de la ONU en Nueva York, tras lo cual regresó a su puesto de Bagdad. Durante los meses siguientes a la explosión Teresa había manifestado diversos síntomas de mala salud.

La oficial dejó escrita la siguiente descripción del momento inmediatamente posterior a la explosión (*Estrella Digital,* 19 de octubre de 2010):

> La detonación me desplazó, mi cabeza tocó el ordenador, me quedé sorda y con taquicardia. En medio de un polvo que no se veía nada, oí que Antonio (Antonio González-Zavala, encargado de negocios de la embajada) me llamaba. El cristal de su ventana, el ordenador, la impresora salió volando, él estaba en medio de una nube de polvo, nos abrazamos y hubo otra detonación. Las instalaciones que tanto ha costado levantar, están destruidas.

En diversos correos electrónicos enviados a su familia durante los meses siguientes al atentado, Teresa mencionó que sufría de dolores de cabeza, mareos, náuseas, pérdida auditiva..., síntomas todos ellos que forman parte del espectro de lo que los expertos definen como «síndrome de la onda expansiva».

El 12 de julio de 2010, una crisis de salud hizo que fuera trasladada a un hospital estadounidense en Bagdad. En un segundo diagnóstico en otro hospital detectaron que padecía un aneurisma cerebral, por lo que al día siguiente fue evacuada al hospital militar americano de Landstuhl en la base aérea de Ramstein (Alemania), donde fue intervenida de urgencia. Teresa falleció al día siguiente.

YEMEN: OBJETIVO, TURISTAS

Yemen, bañada por los mares Arábigo y Rojo y abrazada por el vasto desierto desde el interior peninsular, era destino turístico de unas 60.000 personas al año a comienzos del siglo XXI, turistas que se aventuraban pese a la posibilidad de encontrarse con grupos de secuestradores o con yihadistas de Al Qaeda, organización terrorista con presencia tanto en Arabia Saudí como en Yemen.

Adentrarse por los confines del Yemen resultaba sugerente para amantes de la historia antigua y sus mitos, plasmados o sugeridos en sitios arqueológicos como Mahram Bilquis, el Templo de la Luna, también conocido como el de la Reina Bilquis en honor a la reina de Saba. También resultaban atractivas las rutas de caravanas de especias y de café que discurrieron por la Arabia Felix, que era como los romanos llamaban a Yemen hace siglos.

Ataque indiscriminado a un convoy de españoles (2 de julio de 2007)

Un grupo de 13 españoles, de la mano de la agencia Banoa, llegó a Yemen a finales de junio de 2007 para realizar un recorrido histórico por las rutas desérticas del país. El 2 de julio exploraron los restos del sitio arqueológico dedicado a Bilquis, a 240 kilómetros al este de la capital, Sanaá. Tras la visita, partieron en dos todoterrenos escoltados por sendos vehículos de vigilancia policial asignados por el Gobierno. Desde finales de siglo XX, el secuestro de turistas era bastante habitual en Yemen: se había convertido tanto en un método propagandístico para airear agravios como en una fuente de ingresos considerable. El cautiverio temporal de turistas extranjeros era utilizado por los grupos de secuestradores para pedir mejoras de infraestructuras al Gobierno de Sanaá, pero todos los secuestros habían terminado con la liberación de los turistas.

El convoy de vehículos en los que iba el grupo de turistas españoles fue atacado aquel 2 de julio de 2007 con un coche bomba. El vehículo, cargado de explosivo, que circulaba en sentido opuesto al del convoy turístico, estalló a la altura de los todoterrenos que llevaban a los viajeros. El ataque rápido y letal dejó varios vehículos retorcidos y llameantes, siete cadáveres y varios heridos, uno de ellos en estado de máxima gravedad. El viaje quedó interrumpido por el horror, segadas las vidas de tres de los seis vascos y de cinco de los siete catalanes que iban en el grupo. Dos matrimonios, los formados por MARÍA ISABEL ARRANZ (véase pág. 128) y GABRIEL TORTOSA (véase pág. 128), y por MARÍA TERESA PÉREZ (véase pág. 130) y ANTONIO POMÉS (véase pág. 130), así como MARTA BORRELL (véase pág. 128) fueron los turistas procedentes de Cataluña que perecieron *in situ.* También perdieron la vida los guipuzcoanos MAGIE ÁLVAREZ (véase pág. 127) y MIKEL ESSERY (véase pág. 129). La alavesa MARÍA ASUNCIÓN VITORICA (véase pág. 130), herida de máxima gravedad por incrustación de metralla en la cabeza, fue intervenida varias veces en Sanaá, pero falleció 12 días después. Dos de los conductores yemeníes también perdieron su vida en el ataque suicida.

El testimonio que una de las viajeras, la vizcaína María Begoña Larrabeiti, ofreció a Onda Cero, da idea de la situación caótica y desesperada posterior a la embestida del vehículo bomba:

> Era como una pesadilla. Realmente yo no vi que nos empotraran. Vi un coche que estalló, el que estaba delante. Vi una explosión, salté —por la ventanilla— y vi que otro había explotado también y estaba totalmente en llamas. El primer coche estaba quemándose, en el segundo la gente estaba bastante mal y en el mío la gente gritaba [...], luego ya no vi lo que pasaba en el cuarto porque agaché la cabeza, ya que estaban disparando.

Otro de los viajeros que sobrevivió fue Esteve Masó, profesor de literatura, de 59 años, que perdió a su esposa, Marta Borrell, en el atentado. Se trataba de su primer viaje a tierras árabes. Según informó *El País* (4 de junio de 2015), Esteve dijo que protegió su vida, involuntariamente, al colocarse en una postura fetal mientras guardaba la cámara fotográfica Pentax K20 en una bolsa. Declaró que esa postura atenuó el impacto de la explosión, también aminorada por el asiento delantero del *jeep,* que lo protegió del fogonazo. Como los demás, Esteve fue atendido primero en hospitales de la capital yemení, pero una vez en España tuvo que pasar por quirófano en más de diez ocasiones para que pudieran extraerle los minúsculos cristales de metralla que se le habían incrustado en distintas partes del cuerpo. Le quedaron algunas secuelas, como pérdida de audición, dificultad para mover un dedo y varias cicatrices.

El entonces ministro de Industria y Turismo, Joan Clos, junto a un equipo de la Policía científica española capacitado para participar en las investigaciones del atentado y en la identificación de los cadáveres, se desplazó a Sanaá. Dos días después, los restos mortales de los siete españoles fallecidos fueron repatriados en dos aviones de la fuerza aérea.

Un juez de la Audiencia Nacional abrió una investigación sobre el atentado, pero ante la falta de colaboración de las autoridades yemeníes, que solo respondieron a una de las comisiones rogatorias de la justicia española, el caso fue archivado provisionalmente en 2011. En aquella comisión rogatoria, las autoridades yemeníes afirmaron que todos los miembros de la célula que habría perpetrado el atentado habían sido abatidos en operaciones policiales y que uno de ellos había sido condenado en rebeldía a 15 años de prisión.

Según informó la agencia Efe, el órgano periodístico de las Fuerzas Armadas yemeníes, el semanario *22 de Septiembre,* en su edición del 2 de agosto de 2007, llevó en portada los nombres y las fotos de diez miembros de la célula terrorista que estarían detrás del atentado contra el convoy de turistas españoles. El semanario ofrecía detalles sobre la presunta actuación de los 12 yihadistas, la mayoría yemeníes, un egipcio y un saudí. En la información se detallaba que los terroristas usaron bombonas de oxígeno, proyectiles y explosivo TNT en el ataque. El atentado fue cometido por una célula de Al Qaeda en la Península Arábiga.

Víctimas mortales (de nacionalidad española)

MAGIE ÁLVAREZ CALLEJA, originaria de Zarauz (Guipúzcoa), tenía 24 años y llevaba el viaje en la sangre. De padre paraguayo y madre vasca, y mediana de tres hermanas, la primera vez que subió a un avión tenía cinco años y cruzó el Atlántico para ver a su progenitor. A los ocho años subió a otro, ella sola, rumbo a París, donde la esperaba una tía materna. La hija de Nelson Álvarez Couto y Blanca Calleja Elola tenía muchos planes en mente y multitud de caminos por recorrer. Magie había trabajado en hostelería y aprendido el oficio de camarera en La Cantina, el establecimiento que su madre regentaba en Zarauz. Para Magie, el viaje de Yemen era ilusionante, pues se iba a iniciar como guía de turistas, como su amigo e instructor MIKEL ESSERY (véase pág. 129). De hecho, al final del periplo yemení, Mikel proyectaba regresar a España con el grupo del que ambos formaban parte, mientras Magie se quedaría en el país árabe a la espera de la llegada de otro grupo al que planeaba acompañar.

Casi todo lo que hizo Magie en la vida la había llevado a viajar, como cuando, en 2006, alcanzó cierta popularidad en el País Vasco al participar en el exitoso programa *El conquistador del fin del mundo* de ETB 2, la televisión autonómica vasca.

MARÍA ISABEL ARRANZ BOCOS, hija única, procedía de Burgos, aunque su familia emigró a Barcelona en los años sesenta del siglo pasado, instalándose en el barrio de Hebrón. María Isabel trabajaba como docente en el colegio Sagrada Familia del distrito de Horta-Guinardó y era una apasionada de los viajes: en los veranos anteriores había visitado México y Japón. Se apuntó al viaje a Yemen con su marido, GABRIEL TORTOSA ORTEGA (véase más abajo), y su amiga y compañera de trabajo MARÍA TERESA PÉREZ UBAGO (véase pág. 130) y el marido de esta, ANTONIO POMÉS (véase pág. 130), que también perdieron la vida en el atentado. María Isabel y Gabriel se habían casado en 2003 y no tenían hijos.

MARTA BORRELL PUIG había nacido en Girona hacía 54 años y era profesora de educación infantil en el CEIP de Taialà (Girona). Llevaba años ahorrando y tratando de convencer a su compañero sentimental, Esteve Masó, para hacer juntos un viaje a Yemen. Marta se las arregló para buscar sustituta para un tribunal de oposiciones a enseñantes al que había sido convocada y, finalmente, la pareja pudo realizar el viaje de sus sueños, que resultó mortal. El funeral en memoria de Marta se celebró en la gerundense iglesia del Mercadal.

GABRIEL TORTOSA ORTEGA, único hijo varón de una familia procedente de Granada se había criado en Badalona (Barcelona), una de las poblaciones catalanas que más inmigrantes andaluces recibió en los años sesenta del siglo pasado. Cuando Gabriel se casó con MARÍA ISABEL ARRANZ BOCOS (véase más arriba), se mudaron a la barcelonesa calle Santa Otilia, en el distrito de Horta-Guinardó. Gabriel era ingeniero de profesión y trabajaba en el departamento comercial de una de las sedes de Telefónica en la Ciudad Condal.

MIKEL ESSERY ARRUTI había nacido en Zarauz (Guipúzcoa) y era el segundo de cinco hermanos. Tenía tres años cuando su familia se trasladó a San Sebastián. Del kindergarten del Colegio Alemán pasó al colegio de los Hermanos Corazonistas y se licenció en Derecho por la Universidad del País Vasco. Inquieto, a los 19 años se fue Nüremberg (Alemania) y trabajó en una fábrica en la que entró en contacto con la problemática de la clase obrera. Regresó a España y se afilió al MCE, Movimiento Comunista de España, cuya sección vasca se denominaría EMK (Euskadiko Mugimendu Komunista). Fue detenido y condenado por el Tribunal de Orden Público. Se exilió en Francia y regresó tras la muerte de Franco.

Mikel se instaló en Bilbao y comenzó a desarrollar su afición por los viajes y la aventura, algo que le venía de familia, pues su padre viajaba por medio mundo por motivos comerciales; un tío abuelo era propietario de una agencia de viajes en Bayona (Francia), y otro tío, Paco, participó como timonel de la Armada Real Británica en el desembarco de Normandía, tras lo cual navegó tanto en buques comerciales como en transatlánticos de lujo.

Una vez en Bilbao, Mikel comenzó a colaborar con la agencia bilbaína Años Luz abriendo nuevas rutas de viaje por países del Oriente Medio, Estados Unidos, India y Nepal. Tras perfeccionar su euskera, comenzó a trabajar como docente, lo que no le impidió continuar con su pasión viajera. Con algunos de los socios de Años Luz fundó la agencia Banoa Bidaiak, que llegó a ser líder del sector de viajes de aventura. Viajó a Brasil y allí se casó con Ilzanete, unión de la que nacieron Lua y Jeiny. Posteriormente, los cuatro se instalaron en San Sebastián, donde Mikel compaginaba la docencia con los viajes por Filipinas, Namibia, Mozambique, Angola, norte de África, Vietnam y Yemen. En el momento de su muerte era el jefe de estudios de la ikastola Hegoa, en el barrio donostiarra de Inchaurrondo.

En un acto del Centro Memorial de Víctimas del Terrorismo celebrado en Vitoria-Gasteiz el 10 de marzo de 2019, su amigo y periodista Gorka Landaburu definió a Mikel como una persona de izquierdas y un trotamundos. Mikel Essery es recordado por su familia como un incansable transmisor de experiencias por todos los rincones del mundo, tanto de palabra, por medio de la escritura o en fotografías, aficiones que eran una extensión de su empática y comunicativa personalidad.

MARÍA TERESA PÉREZ UBAGO, hija única, estaba casada con ANTONIO POMÉS TALLÓ (véase a continuación), que también murió en el atentado y con quien vivía en la calle Escultor Ordóñez del distrito Nou Barris. La pareja dejó huérfana a una hija, Nerea. María Teresa era docente en el colegio Sagrada Familia de Horta-Guinardó (Barcelona), donde impartía las asignaturas de matemáticas y química en primero de Bachillerato. Compartía su gusto por los viajes con su compañera MARÍA ISABEL ARRANZ (véase pág. 128), con quien había coincidido —junto con sus respectivos maridos— en un viaje a México. Las dos parejas realizaban juntas los primeros días del viaje a Yemen, donde los yihadistas pusieron fin a sus vidas.

ANTONIO POMÉS TALLO, hijo único, casado con MARÍA TERESA PÉREZ UBAGO (véase arriba), trabajaba en banca y estaba prejubilado. Les sobrevivió su hija Nerea.

MARÍA ASUNCIÓN VITORICA ARBAIZA era natural de Amurrio (Vizcaya) y tenía siete hermanos. Residía en Galdakao. Su funeral, al que acudió una representación institucional del territorio histórico de Álava y del Gobierno vasco, se celebró en la parroquia de Santa María de su localidad natal. Ese día tuvieron lugar diversas concentraciones de repulsa por el atentado en las tres capitales vascas. María Asunción trabajaba en el ayuntamiento de la capital vizcaína.

LÍBANO: LA CONTIENDA ENTRE ISRAEL Y HEZBOLÁ Y SUS TRÁGICAS CONSECUENCIAS

En julio de 2006, la milicia libanesa Hezbolá («El Partido de Dios»), organización clasificada como grupo terrorista por la Unión Europea, secuestró a dos militares israelíes, a lo que el Gobierno de Tel-Aviv reaccionó con intensos bombardeos sobre el sur del Líbano. Fue una guerra de poco más de un mes entre el ejército de Israel y Hezbolá, organización que participa de forma integral en la política libanesa y que cuenta con un potente brazo armado al que el Ejército libanés no ha logrado desarmar pese a los compromisos políticos adquiridos con la comunidad internacional.

El 11 de agosto de 2006, habiendo remitido la escalada bélica, el Consejo de Seguridad de Naciones Unidas aprobó la resolución 1701 para dar amparo legal al refuerzo de la Fuerza Interina de Naciones Unidas en el Líbano, FINUL, desplegada en aplicación de las resoluciones 425 y 426 de la ONU de 1978.

La decisión del Gobierno de España del 1 de septiembre de 2006 de participar en el fortalecimiento de la misión de la ONU fue ratificada por el Congreso de los Diputados y se plasmó en el envío de 1.100 soldados, que llegaron al Líbano el 15 de septiembre de 2006. El contingente español formaría parte de los casi 12.000 militares de 27 nacionalidades que iban a desplegarse a tenor de la resolución 1701 del Consejo de Seguridad. Entre las tareas a desempeñar por los españoles estaban la verificación del cese de hostilidades, vigilar que ambos bandos respetaban la «línea azul» de separación, apoyar el despliegue de las fuerzas armadas libanesas en operaciones relacionadas con el retorno de desplazados y el establecimiento de una zona libre de armas ilegales, y evitar la entrada de armamento a través de las fronteras.

Explosión de un coche bomba contra cascos azules españoles (24 de junio de 2007)

A las 17:50 horas del 24 de junio de 2007, dos blindados BMR españoles circulaban por Sahel al Derdara, una aldea cercana a Khiyam, la mayor ciudad de la demarcación de seguridad que los soldados tenían asignada, cuando un artefacto colocado en un vehículo fue activado por control remoto. Los blindados no llevaban inhibidores contra coches bomba, de modo que la violenta explosión desplazó uno de ellos a 15 metros, se incendió y quedó completamente calcinado. Dos de los soldados perecieron en el interior del vehículo y los otros cuatro durante el traslado o en los hospitales de Marjayún. Las víctimas formaban parte del destacamento avanzado de Kfar Kila, uno de los cinco de la brigada española en la frontera con Israel.

Miguel Benzo, embajador de España en el Líbano, enmarcó el atentado en «una estrategia general de desestabilización del país» que comenzó con el asesinato del exprimer ministro Rafik Hariri en febrero de 2005 y siguió con el asesinato del ministro Pierre Gemayel y los enfrentamientos entre las Fuerzas Armadas libanesas y Fatah Al-Islam, un grupo próximo a Al Qaeda, dentro de los campamentos de refugiados palestinos. El ministro de Defensa, José Antonio Alonso, dijo en rueda de prensa que se trató de un «atentado terrorista premeditado» y anunció que se aceleraría la instalación de inhibidores de frecuencia para neutralizar bombas activadas a distancia.

Según quedó recogido en la crónica de *El País* (26 de junio de 2007), un ataque de esas características no entraba en las previsiones del mando español: «Habíamos aumentado la seguridad, pero no se nos pasaba por la cabeza que algo así pudiese ocurrir», dijo Carlos Ruiz de la Sierra, portavoz de los soldados españoles. Sin embargo, el catedrático Fernando Reinares, experto en yihadismo, recordaba *(El País,* 26 de junio de 2007) que «el pasado otoño fue el propio Ayman al Zawahiri, segundo en la cadena de mando de la estructura terrorista que lidera Osama bin Laden, quien, mediante un vídeo difundido a través de Internet, amenazaba al conjunto de países que habían respaldado la resolución 1701 del Consejo de Seguridad y había decidido enviar tropas a aquel pequeño país del Mediterráneo oriental, amenaza que incumbía a España».

Hezbolá negó toda responsabilidad y a través de su canal de televisión Al Manar afirmó que fue un «ataque realizado con el objetivo de desestabilizar la zona». Según el diario *El Mundo* (24 de junio de 2007), «fuentes judiciales libanesas habían advertido el pasado 8 de junio que Fatah Al-Islam, grupo vinculado a Al Qaeda que protagoniza desde hace un mes cruentos enfrentamientos con el Ejército libanés, planeaba atentar contra los cascos azules de la FINUL».

El Consejo de Seguridad de Naciones Unidas expresó su condena más enérgica a lo que calificó de «ataque terrorista» contra los efectivos de la misión de paz en el Líbano.

El relato de los supervivientes Jorge Enrique Prieto, Luis Orduña y Daniel Blanco, que iban en el blindado BMR que precedía al atacado, expresa su conmoción al comprobar la magnitud de la tragedia. Según recogió Carmen del Riego, enviada especial de *La Vanguardia* (26 de junio de 2007), uno de los supervivientes apuntó que «lo que más rabia me da es que fueron cayendo uno a uno». Uno de ellos, Daniel Blanco, elogió la actuación de los militares libaneses: «Dieron el todo por el todo, hicieron un perímetro de seguridad, trajeron vehículos civiles para trasladar a los heridos». En uno de esos vehículos, Blanco acompañó a su compañero, el sevillano Manuel David Portas, herido con graves quemaduras: «Estaba vivo e íbamos reanimándole [...], llegó vivo a la base y nos dijeron que habría que amputarle una pierna, pero dos horas después nos confirmaron que había muerto». Los jóvenes soldados, marcados para siempre por el cruel final de sus compañeros en medio de las llamas o agonizando por las heridas, dijeron que «no se merecían morir así, por la espalda», y añadieron que «el mejor homenaje que podemos hacerles es terminar la misión con éxito, porque este pueblo ha sufrido mucho».

El ministro de Defensa, José Antonio Alonso, condecoró a los soldados fallecidos con la Medalla de la FINUL, Fuerza Interina de las Naciones Unidas en el Líbano, antes de que sus cadáveres fueran trasladados a España en un avión T-22 Airbus del Ejército del Aire.

El funeral por los soldados se celebró en la base militar de Paracuellos del Jarama (Madrid), y a él asistieron Felipe de Borbón y Letizia Ortiz, entonces príncipes de Asturias, y el presidente del Gobierno, José Luis Rodríguez Zapatero. También acudieron el ministro plenipotenciario de la Embajada de Colombia en España, Andelfo García, y la cónsul general Candelaria Palacio. El 27 de enero de 2009, Carme Chacón, ministra de Defensa, en una ceremonia celebrada en el Cuartel General del Aire, junto al secretario general de la ONU, Ban Ki-moon, hizo entrega de la Medalla Dag Hammarskjöld de Naciones Unidas a los familiares de los militares fallecidos en operaciones de mantenimiento de la paz, entre ellos los seis paracaidistas asesinados en el Líbano.

Ni las autoridades libanesas ni la Audiencia Nacional pudieron determinar si Al Qaeda estuvo detrás del ataque. Entre los mandos militares que se encontraban entonces en la misión existía el convencimiento de que la autoría correspondía a Hezbolá.

Víctimas mortales

YEISON ALEJANDRO CASTAÑO ABADÍA nació en Pereira (Risaralda, Colombia) y llegó a España a los 14 años de edad. Vivía en Madrid con sus padres y sus cinco hermanos, e ingresó en el Ejército en 2005. José Antonio Abadía, tío carnal de Yeison, comentó a *La Vanguardia* (26 de junio de 2007) que su sobrino «se metió de soldado porque le gustaba la vida militar. Era un trabajo bien remunerado que daba estabilidad. En el pasado mes de diciembre vino a Colombia a pasar las vacaciones con los muchos familiares que tiene acá. Nos dijo que dentro de 15 días dejaría Líbano. Su mamá entró en *shock* cuando se enteró de la muerte de su hijo, la tuvieron que llevar al hospital».

Yeison contaba con permiso de residencia español y tramitaba la nacionalidad, según dijo al mismo periódico Ramón Luján, otro de sus tíos:

> Le puedo decir con toda certeza que fue voluntario al Líbano. Marchó bien contento. En el reemplazo anterior tenían que ir ellos, pero al final fueron los legionarios en vez de los paracaidistas. Yo le dije que había tenido suerte de que fueran los legionarios. Me contestó: «Tío, estoy cabreado, yo quería ir al Líbano, para eso nos preparamos. Nosotros queremos ir». Me llamó cuatro o cinco veces para decirme que allí estaban tranquilos. Le insistía en que tuviera mucho cuidado.

El 22 de febrero de 2008, el Consejo de Ministros concedió la nacionalidad española a la madre de Yeison y a varios de sus hermanos. Yeison Alejandro Castaño tenía 20 años y fue enterrado en el cementerio de Alcalá de Henares.

JONATHAN GALEA GARCÍA nació en Algete (Madrid) y era hijo único de una familia trabajadora. Desde adolescente había soñado con la aventura militar, alistarse, recibir instrucción y viajar a alguna de las misiones internacionales en las que España participa. Sus padres no compartían ese deseo, pero Jonathan, con la mayoría de edad, se alistó e ingresó en la Brigada Paracaidista. La crónica de *El País* (26 de junio de 2007) indicaba que «Jonathan era un "chaval muy conocido" en Algete, según contaban en el consistorio. "Era muy amigo de sus amigos". Tanto que había pedido que le enviasen al Líbano porque a varios colegas suyos los habían mandado allí y quería estar con ellos».

MANUEL DAVID PORTAS RUIZ tenía 19 años y era natural de Utrera (Sevilla). Tras finalizar los estudios de secundaria se formó en la base de Alcantarilla (Murcia) e ingresó en la Brigada Paracaidista. Según dijo uno de sus hermanos, David estaba muy ilusionado cuando partió para el Líbano en la que sería su primera misión internacional. Su madre comentó que en las llamadas telefónicas que le hizo desde el Líbano su voz transmitía tranquilidad.

Según informó *ABC* (28 de junio de 2007), el cuerpo de David Portas fue velado en el tanatorio de la capital hispalense antes de ser trasladado a Utrera, en cuya iglesia de San José, abarrotada de gente, se ofició un solemne funeral en despedida del joven. Además de sus familiares, una amplia representación de todos los ejércitos, de la Junta de Andalucía y del propio consistorio de Utrera asistió al funeral.

El alcalde de la localidad sevillana, Francisco Jiménez, expresó su pesar «por la pérdida de estos seis jóvenes que han dejado sus vidas ayudando a otras personas en el Líbano, sirviendo al ejército de su país».

YHON EDISSON POSADA VALENCIA nació en Pereira (Colombia) y residía en La Palmas de Gran Canaria con su familia. De jovencito se había integrado en el cuerpo de baile de la Asociación Macondo de la capital grancanaria, según recogió el diario *El País* (26 de junio de 2007): «Los que lo conocieron en Las Palmas aseguraron ayer, entre lágrimas, que era un chaval "muy alegre, con vitalidad, muy colaborador, con mucha vida por delante", un torrente que contrastaba con su especial manera de hablar, "pausado y reflexivo"». Había ingresado en el Ejército nada más cumplir los 18 años, en mayo de 2005, y era el más veterano de los tres soldados colombianos que murieron en el atentado del Líbano. Yhon Edisson Posada fue enterrado en Las Palmas de Gran Canaria. A su hermana Dorayne, con residencia legal en España desde 2001, le fue concedida la nacionalidad española.

JEFFERSON VARGAS MOYA nació en Neiva, departamento de Huila (Colombia). En 2002, al fallecer su padre, decidió ponerse a vender cocadas y a repartir arequipe en bicicleta por las calles de Bogotá. Su objetivo era mantener a su madre, Hilda Sofía, y a su hermana, Brigitte, pero el negocio no funcionó y decidió poner rumbo a España. Corría el año 2003 y tenía 18 años. Se instaló en Valencia, donde residían su hermanastro Nelson Fabián y tres tías. Trabajó en la construcción durante cerca de un año y medio, hasta que se enroló en el ejército y firmó un contrato de tres años. Según reveló su madre a *La Vanguardia* (26 de junio de 2007):

> Jefferson vino a España «huyendo de la pobreza, de la violencia, de las difíciles circunstancias por las que pasamos en Colombia. Nosotros somos una familia campesina, gente humilde. Jefferson era muy bueno. Nos ayudaba cada mes, pagaba los estudios de su hermana. Jefferson estaba contento en el ejército, iba a cumplir un año. Se metió a soldado porque le iban a dar un sueldo fijo, y en España es más tranquilo que en Colombia. Eso creíamos. Pero le gustaba, estaba a gusto. Me decía que estuviera tranquila, que en el Líbano no hay peligro. Ya ve usted, quién iba a pensar que allí encontraría la muerte.

Su hermana Brigitte dijo a la edición digital colombiana de *El País* (25 de junio de 2007) que «él siempre quería que yo saliera adelante y por eso voy a luchar, por él, por el sueño que tenía de verme estudiando».

Según la crónica del diario colombiano *El Tiempo* (26 de junio de 2007), Jefferson apenas llevaba seis meses como soldado cuando se inscribió en el contingente de cascos azules de la ONU que viajaría al Líbano. Su novia, Marcela, contó que él le había hablado de los riesgos que corría, pero que estaba animado, pues preveía volver a Colombia antes de un mes. El cuerpo de Jefferson fue repatriado a Colombia el 26 de junio para ser enterrado en la localidad de Neiva.

A Nelson Fabian, hermano de Jefferson, le fue concedida la nacionalidad española en 2008.

JUAN CARLOS VILLORA DÍAZ nació en Lanzahíta (Ávila) y tenía 20 años. Su vocación temprana lo orientó a la vida religiosa y pasó por dos seminarios. Sin embargo, algo distinto surgió en él y se apuntó a las pruebas de paracaidistas; las superó y se alistó. Llevaba más de año y medio vistiendo uniforme y ante su familia se mostraba muy contento de la vida militar. Desde hacía siete años, y hasta su incorporación en el Ejército, había vivido con su madre y una hermana en El Escorial (Madrid).

ISRAEL: DOS VÍCTIMAS DE HAMÁS

La madrugada del 7 de octubre de 2023, la organización islamista palestina Hamás atacó simultáneamente distintos lugares en el sur de Israel tras penetrar desde el territorio de la Franja de Gaza. Además del lanzamiento de misiles hacia la ciudad de Sederot, cientos de terroristas franquearon la frontera de Israel por el muro de separación levantado en 2021 tras derribar con bulldozers secciones del mismo, o sobrevolándolo, y dando muerte a 1.400 israelíes civiles y militares, así como a personas extranjeras. Los miembros de Hamás asaltaron una base del Ejército, varias granjas comunales, o *kibutz,* y una multitudinaria fiesta *rave* que reunía a cientos de jóvenes de distintas nacionalidades y a los que los atacantes de Hamás persiguieron con saña hasta asesinar a alrededor de 250. Más de 200 personas, entre israelíes y ciudadanos de otras nacionalidades, fueron secuestradas y llevadas a la Franja de Gaza. Fue un ataque masivo sin precedentes en la historia del país, fundado en 1948.

Víctimas mortales (de nacionalidad española)

MAYA VILLALOBO SINVANY, de 19 años y doble nacionalidad —española e israelí—, realizaba el servicio militar en la base de Nahal Oz, cercana a la frontera con Gaza, cuando tuvo lugar el ataque.

Era hija del sevillano Eduardo Villalobo, profesor de Biología en la Universidad de Sevilla, y de una investigadora israelí. Tras vivir su infancia en la capital hispalense, Maya se trasladó con su madre a Israel. La joven estaba cumpliendo el servicio militar encuadrada en el batallón 414 en el sur del país cuando Hamás atacó la región.

Desde el momento en que los servicios de información realizaron un informe sobre la desaparición de Maya Villalobo e IVÁN ILLARRAMENDI (véase a continuación), el otro español que residía en uno de los *kibutz* atacados, la juez de la Audiencia Nacional María Tardón asumió la competencia para investigar los hechos, al ser considerados delitos de terrorismo. A los cuatro días trascendió la noticia de la muerte de la joven en el ataque de Hamás a la base militar.

Iniciado el asalto de cientos de militantes de Hamás y sin saber cuánto le quedaba de vida, Maya, desde su puesto de control de cámaras de la base, envió un mensaje a su madre en el que le expresaba su cariño y le comunicaba que estaba «bien y a salvo». En ese momento, nadie en Israel, más allá de las propias víctimas de los ataques terroristas o sus posibles interlocutores por telefonía móvil, tenían noción de la tragedia que se abatía sobre el país a manos de los yihadistas de Hamás.

Eduardo Villalobo, padre de Maya, hizo público un comunicado, a través de la Asociación de la Prensa, en el que anunció que las exequias de Maya se celebrarían en Israel. Agradecía las numerosas muestras de solidaridad recibidas desde instituciones y particulares, y subrayaba que «Maya va siempre a estar viviendo en los corazones de sus padres, en los de todos nosotros».

IVÁN ILLARRAMENDI SAIZAR, de 46 años y originario de la localidad guipuzcoana de Zarauz, fue asesinado durante el ataque masivo perpetrado por Hamás contra los israelíes y extranjeros que vivían —o estaban de visita— en la zona israelí del desierto del Néguev. Cientos de asaltantes de la organización yihadista prendieron fuego a los vehículos en los que las víctimas intentaron huir, así como a las casas de los *Kibutzim,* tras haber atacado a sus habitantes con diverso armamento. Según informó el diario israelí *Haaretz,* Iván y su esposa, Dafna Garcovich, de origen chileno y nacionalidad israelí, fueron asesinados junto a otros cientos de jóvenes que disfrutaban de una fiesta *rave* cerca de Re'im. Los últimos rastros de vida de la pareja llegaron al teléfono móvil del padre de Dafna, a mediodía del 7 de octubre, en un mensaje que decía: «¡Auxilio, auxilio!».

Los equipos de rescate israelíes hallaron una gran cantidad de restos humanos en los lugares de la masacre, unos restos que fueron analizados en el Centro Nacional de Investigación Forense de Tel Aviv. Un mes después del atentado, se obtuvo la confirmación de que Iván y su mujer estaban entre los muertos y no, como se había creído hasta entonces, entre los más de 200 rehenes en territorio gazatí en manos de Hamás y algún otro grupo yihadista.

Illarramendi había vivido un tiempo en Bilbao y, tras conocer hacía 15 años a Dafna Garkovich, se trasladó con ella a Israel. Su suegro, Danny Garcovich, describió al guipuzcoano como «un chico serio, reservado y trabajador». La pareja llevaba ocho años viviendo en el *kibutz* Kissufim.

La junta de portavoces del ayuntamiento de Zarauz emitió una declaración de condena por el asesinato:

> El ayuntamiento de Zarautz condena con rotundidad el asesinato del ciudadano de padre zarauztarra y madre getariarra, Iván Illarramendi Saizar y su pareja, Dafna Garcovich, durante el ataque terrorista perpetrado por Hamás el pasado 7 de octubre en el kibutz Kissufim, muy próximo a la Franja de Gaza.

Las expresiones de repulsa se repitieron en las Juntas Generales de Guipúzcoa y en el Parlamento vasco.

Los restos mortales de Iván fueron enterrados en el panteón familiar del cementerio de Zarauz, según comunicó el hermano de la víctima.

5

YIHADISMO EN EUROPA

NOCHE DE TERROR EN PARÍS

El día y el lugar elegidos por los yihadistas para asestar un nuevo golpe en Europa fueron la noche del viernes 13 de noviembre de 2015 y el centro de París. Un atentado masivo tuvo lugar en la capital francesa, un atentado múltiple que se sumaba a los varios perpetrados en distintas capitales del mundo, siendo el de Madrid del 11 de marzo de 2004 el más dañino de la historia del terrorismo en el viejo continente (véanse los capítulos 7 y 8).

A una hora en la que los restaurantes, los bares y las salas de concierto parisinos estaban rebosantes, varios terroristas suicidas se lanzaron a ejecutar su siniestro plan. Hasta seis de ellos se inmolaron haciendo explosionar sus cinturones cargados de explosivos, algunos en medio de la multitud.

Los lugares elegidos fueron el Estadio de Francia, donde miles de aficionados, incluido el presidente de la República, François Hollande, presenciaban un encuentro de fútbol amistoso entre las selecciones de Alemania y Francia; bares y restaurantes de los populosos distritos X y XI, así como la sala de conciertos Bataclan, donde cerca de 1.500 amantes del rock se entregaban al disfrute de la música de la banda norteamericana Eagles of Death Metal.

Los ataques se iniciaron con la explosión de las bombas que portaba uno de los terroristas suicidas a las puertas del Estadio de

Francia a las 21:20 horas de la noche. Diez minutos después, un segundo suicida provocó la segunda explosión cerca de la sede deportiva, y a los pocos minutos, en el distrito X, los yihadistas armados con fusiles automáticos ametrallaron las terrazas de los restaurantes Le Carillon y Le Petit Cambodge, situados uno frente al otro. También fue ametrallado el bar Bonne Bière, así como la terraza del restaurante La Belle Equipe. A las 21:40 horas, otro terrorista se inmoló junto al restaurante Boulevard Voltaire. Mientras ocurrían estos ataques, tres terroristas con cinturones cargados de explosivos y pertrechados de fusiles habían accedido a la sala de conciertos Bataclan, donde se produjo el mayor número de víctimas mortales, pues los yihadistas actuaron con furia. Cientos de personas quedaron atrapadas en la sala. El encierro duraría hasta poco después de la media noche. Dos de los terroristas hicieron estallar los explosivos que llevaban en sus torsos y un tercero fue abatido por las unidades de élite que penetraron en el local para liberar a los rehenes.

Los ocho ataques coordinados se saldaron con 130 víctimas mortales y alrededor de 400 heridos. Intervinieron siete terroristas, seis de los cuales perdieron la vida suicidándose tras haber asesinado al mayor número posible de personas. Uno de los yihadistas logró huir. Se había producido el peor atentado terrorista de la historia de Francia, un país que aún mantenía muy vivo el recuerdo del ataque que terminó con la vida de 12 periodistas y diseñadores gráficos de la revista satírica *Charlie Hebdo* en enero del mismo año. Durante las horas siguientes, París se volvió una ciudad fantasma: los cines interrumpieron sus proyecciones y obligaron al público a salir; los restaurantes y bares echaron la persiana con los clientes dentro; varias líneas de metro interrumpieron su servicio; muchos taxistas desplazaron gratuitamente hasta sus hogares a ciudadanos impactados por la brutalidad de los ataques... El sonido de las sirenas de la Policía y de las ambulancias, junto con el ruido de los helicópteros, sustituyó a la música que amenizaba muchos rincones de la ciudad hasta pocas horas antes.

François Hollande, concluida la liberación de los rehenes de la sala Bataclan, anunció el estado de emergencia, el despliegue del Ejército en zonas estratégicas de la capital, el cierre de fronteras y un duelo nacional de tres días. Francia no había visto constreñida la libertad de sus ciudadanos por un estado de emergencia desde hacía más de medio siglo, desde los años de la guerra de Argelia.

El séptimo yihadista que intervino en los ataques pero que no hizo estallar el explosivo que llevaba en su cuerpo huyó en coche hasta la capital belga, Bruselas, tras burlar un control policial en territorio francés en el que fue interrogado pero no fue detenido, pues su nombre no figuraba en los ficheros franceses de sospechosos de radicalismo islamista o actividad yihadista. Ese hombre, Salah Abdeslam, de 26 años, hijo de padres marroquíes y con doble nacionalidad, francesa y belga, y supuesto cerebro de los atentados, estuvo fugado durante cuatro meses.

El 15 de marzo de 2016 fue sorprendido en un piso del municipio bruselense de Forest junto a otros miembros de la célula terrorista, que se enzarzaron a disparos con los agentes de la Policía. Abdeslam logró escapar y, finalmente, fue capturado el 18 de marzo de 2016.

En un primer momento, Abdeslam se negó a ser extraditado a Francia, pero cuando, cuatro días después de su detención, tuvieron lugar los atentados del aeropuerto de Bruselas y una estación de metro capitalina, que se saldaron con 32 víctimas mortales, cambió de idea y aceptó la extradición. En febrero de 2018, la justicia belga juzgó a Salah Abdeslam por el tiroteo contra la Policía en Forest y fue condenado a 20 años de prisión. En Francia fue condenado a cadena perpetua en junio de 2022.

Entre las 130 víctimas mortales de los ataques de París se contabilizan la joven de doble nacionalidad mexicano-española MICHELLI GIL JÁIMEZ (véase pág. 145) y el joven español JUAN ALBERTO GONZÁLEZ GARRIDO (véase a continuación).

Víctimas mortales (de nacionalidad española)

JUAN ALBERTO GONZÁLEZ GARRIDO, de 29 años, nació en Granada, aunque su familia se trasladó a Madrid siendo él muy pequeño. Asistió al colegio Nuestra Señora del Recuerdo. Estudiante magnífico, se licenció en Ingeniería Industrial en la Escuela Técnica Superior de Ingeniería de la Universidad Pontificia de Comillas (ICAI), de la que a los 21 años ya era profesor auxiliar. Realizó su proyecto fin de carrera para la central nuclear de Santa María de Garoña, en Burgos. Durante cinco años fue vocal de Jóvenes Nucleares, una organización integrada en la Sociedad Nacional de Energía Atómica y en la que los investigadores se dedicaban a fomentar todo lo relacionado con el sector.

Tras su paso por Iberdrola, su carrera profesional le llevaría a Francia en el año 2000, contratado por Electricité de France (EDF), una de las grandes empresas del sector energético. Su primer destino fue Marsella, donde participó en el programa *Españoles por el Mundo,* de TVE, mostrando a los espectadores sus rincones favoritos de la ciudad, de la que dijo: «Aquí se convive muy bien, todo el mundo se siente de Marsella. Hay gente de Argelia, de Túnez, de Camerún... En esta ciudad encuentran su estilo de vida. Es lo bonito de Marsella, que todo el mundo es de fuera de aquí; por eso es tan fácil integrarse».

Los dos últimos años los había pasado en París como director de proyectos de EDF. En verano se había casado con la también ingeniera Ángela Reina, natural de Ciudad Real.

La noche del 13 de noviembre, la pareja, como otros cientos de jóvenes, había acudido a la sala de fiestas Bataclan para escuchar y ver al grupo Eagles of Death Metal. Luego sobrevino el horror, como quedó reflejado en el comunicado que Ángela escribió tras sobrevivir al ataque en el que perdió a su marido:

> Escuché los disparos y todos nos tiramos al suelo. Nosotros estábamos por el centro de la sala, un poco a la izquierda. Antes de los disparos, Juan Alberto estaba delante de mí, por lo que, al tirarnos al suelo, mi cabeza quedó cerca de sus piernas. Instintivamente, yo trataba de cubrirme la cabeza. En ese momento no sabía dónde estaba él, pero estoy segura de que él sí sabía dónde estaba yo, porque movió sus piernas para que mi cabeza quedara debajo de él. Me intentó proteger, estoy segura. Además, al rato, él se incorporó sentado y me tocó. Me dijo algo que no pude entender, creo que dijo mi nombre, y le vi como mareado, me incorporé y me deslicé sentada hacia él, intenté sujetarlo entre mis brazos, vi que había sangre y creo que empecé a gritar, eso no lo

> recuerdo bien. A continuación, volvió a haber disparos, por lo que volvimos a tumbarnos en el suelo. Me quedé tumbada en su pecho. Hubo un momento en el que alguna gente se levantó y corrió, pero Juan Alberto no se podía mover. Estaba inconsciente, por lo que no podíamos irnos. Me quedé con él hasta que llegó la Policía y dijeron otra vez que me tenía que ir fuera, que si no salíamos los servicios de emergencia no podían intervenir. Nos llevaron fuera, a la calle y a un patio. Y no me dejaron volver. No me dejaban volver. Una chica, Claire se llamaba, me dijo que me tranquilizara, que ya le habrían metido en la ambulancia y que le estarían curando, y me ayudó a lavarme.

MICHELLI GIL JÁIMEZ tenía doble nacionalidad española y mexicana. Había nacido en Tuxpan (Veracruz) en el seno de una familia de empresarios y tenía cuatro hermanos, Karla, Mary Carmen, Liliana y Alexandro. Estudió Turismo y Negocios en la Universidad de las Américas Puebla con una estancia en el Emilyon Business School de Lyon (Francia). Michelli trabajaba en el café La Belle Équipe, en el distrito XI de París, uno de los lugares ametrallados por los terroristas.

Michelli tenía planeado casarse con su novio italiano, el músico de cámara Filippo Salvioni, en junio de 2016, y proyectaban irse a vivir a Milán. Tras la muerte de Michelli, Filippo dejó escrito en su cuenta de Facebook el siguiente mensaje: «*Ti amo amore mio. Riposa in Pace*». Según relató a diversos medios Carlos Bassim, cuñado de Michelli, fue Filippo quien comunicó a la familia de la víctima la triste noticia.

Dado el abatimiento de su padre, Pedro Gil, fueron su madre, Aracely Jáimez y sus hermanos quienes se ocuparon de los trámites de la incineración de sus restos en París y del traslado de las cenizas a Tuxpan.

El último adiós a Michelli se dio en la Catedral de Nuestra Señora de la Asunción, decorada con flores blancas y un retrato de la joven. Tenía 29 años.

Además de las víctimas españolas reseñadas, en la sala Bataclan perdió la vida Manuel Pérez Paredes, de nacionalidad francesa, pero de origen español. Nacido en París, era hijo de emigrantes españoles originarios de la localidad granadina de Santa Fe. Manuel había tenido la doble nacionalidad, pero posteriormente solo mantuvo la francesa.

El yihadismo golpea en el centro de Londres

En 2017 ya se habían producido dos ataques yihadistas en Reino Unido. En el primero de ellos, el 22 de marzo, en Londres, un terrorista condujo una furgoneta por el Puente de Westminster, la empotró contra la valla del Parlamento y causó la muerte a cinco personas. El 22 de mayo, en Manchester, un terrorista suicida hizo estallar una carga explosiva causando 22 víctimas mortales en la entrada del Manchester Arena, justo cuando miles de personas salían tras un concierto de la cantante estadounidense Ariana Grande. Tras el segundo ataque, el nivel de alerta terrorista se había elevado al de «crítico», indicativo de la inminencia de un atentado. A los pocos días, revisado el nivel de alerta, se rebajó a «severo», que señalaba probabilidad alta de ataque.

La noche del 3 de junio de 2017 (sábado), el centro de Londres estaba muy animado. A nadie podía llamar la atención que una furgoneta blanca atravesara tres veces el Puente de Londres. En su interior iban tres terroristas. Cruzaron el puente en ambos sentidos y la tercera vez enfilaron por el arcén peatonal arrollando a todos los viandantes que encontraron a su paso. Tras dejar una veintena de heridos en la zona de la estación aledaña al Puente de Londres, siguieron conduciendo y a los pocos minutos abandonaron el vehículo. Se dirigieron a pie al segundo escenario de ataque, la populosa zona de Borough Market, un área gastronómica atestada de gente.

Al atardecer de ese día, IGNACIO ECHEVERRÍA (véase pág. 148) y su amigo Guillermo Sánchez habían quedado para practicar *skate,* afición que compartían desde que se habían conocido en una de las pistas de patinaje de la ciudad; también se unió a ellos más tarde, aunque sin patín, un tercer amigo, Javi. Tras las piruetas en monopatín era hora de reponer fuerzas y decidieron ir a cenar. Se encaminaron en unas bicicletas de alquiler hacia el Borough Market. Allí se vieron sorprendidos por el ataque yihadista que se había iniciado minutos antes en el Puente de Londres. Escucharon gritos y vieron que cuatro policías se alejaban a la carrera. Una mujer estaba siendo apuñalada en el suelo mientras un policía trataba de socorrerla, y este, a su vez, era objeto del ataque de los asaltantes, que empuñaban cuchillos e iban ataviados con lo que parecían ser chalecos explosivos. Ignacio se abalanzó sobre ellos con su monopatín como única arma, y dos de los yihadistas le asestaron sendas cuchilladas en la espalda, una de ellas mortal. Ignacio quedó tendido en el suelo. Los terroristas fueron hacia los dos amigos de Ignacio, que arrojaron sus bicis sobre ellos y se alejaron. Ya no les permitirían acercarse al lugar. Los atacantes habían arrebatado la vida a ocho personas antes de ser abatidos por la Policía.

Wayne Márquez, el agente de la Policía de Transporte Británica, herido de varias cuchilladas y al que Ignacio socorrió, logró sobrevivir y, pocos días después del atentado, un periódico gratuito de Londres publicó su carta de agradecimiento dirigida al joven Ignacio Echeverría. El agente Márquez retornó a su puesto en la Policía de Transporte Británica en agosto de 2018 tras un largo tratamiento de rehabilitación.

Dos de los terroristas, Khuram Butt y Rachid Redouane, procedían del suburbio londinense de Barking (8.000 residentes), un barrio obrero con alto nivel de desempleo y un porcentaje del 60 % de vecinos de origen asiático, árabe y africano. Khuram Butt, de 27 años, aunque de origen pakistaní, era nacional británico y había sido denunciado ante la Policía por radicalización. Sin embargo, tanto la Policía como el MI5 —los servicios de inteligencia británicos— habían cerrado su expediente por falta de datos que sugirieran que estuviera planeando ningún ataque. El segundo, Rachid Redouane, de 30 años, divorciado, marroquí-libio, había contraído matrimonio con una ciudadana británica en la República de Irlanda. Cuando tuvieron una hija, se separó y en 2006 solicitó asilo en Reino Unido, solicitud que le fue denegada en 2009. Había residido intermitentemente en Londres, pues tenía un permiso de residencia europeo. El tercer terrorista, Youssef Zaghba, de 22 años, originario de la ciudad marroquí de Fez, había intentado entrar en Siria en 2016 pero fue detenido por las autoridades italianas en el aeropuerto de Bolonia, desde donde planeaba volar a Turquía. En 2017 vivía en Ilford y trabajaba como técnico de sonido.

La noche del 3 de junio de 2017 los tres atacaron indiscriminadamente a los viandantes en pleno centro londinense: tras atropellar a una veintena de personas en el Puente de Londres, abandonaron el vehículo y acuchillaron a todo el que encontraron a su paso en el Borough Market. En el intervalo —de 18 minutos— asesinaron a ocho personas y herido a una cincuentena. Al día siguiente, el Estado Islámico de Irak y Siria (ISIS, por sus siglas en inglés) se atribuyó la autoría del atentado en un comunicado publicado por su agencia de propaganda Amaq.

El alcalde de Londres, Sadiq Khan, manifestó que «no puede haber justificación para las acciones de estos terroristas y quiero decir claramente que nunca les dejaremos vencer».

El Reino Unido se hallaba inmerso en la campaña electoral para las elecciones generales que se celebraron en la fecha prevista, cuatro días después del atentado. Entre quienes perdieron la vida por la acción de los terroristas, tres eran franceses, dos australianos, un británico, un canadiense y el español Ignacio Echeverría.

Víctima mortal (de nacionalidad española)

IGNACIO ECHEVERRÍA MIRALLES DE IMPERIAL murió defendiendo la vida con un arrojo que sus padres reconocían días después como algo natural en él. En una entrevista concedida a la BBC, Joaquín Echeverría dijo de su hijo: «Era un hombre bueno y quiero que se sepa que siempre quiso ser bueno». Los medios británicos y españoles destacaron que Ignacio fue calificado como «el héroe del monopatín» por la bravura y generosidad con las que defendió a quienes estaban siendo atacados por los yihadistas. Su hermana Ana, abrazada por su hermano Enrique, a la salida de la reunión con el juez de Southwork, poco después de que se certificara la muerte de Ignacio, dijo a los medios de comunicación que «algo muy triste, muy duro, se está convirtiendo en algo más bonito y muy grandioso que nos hace querer más, apreciar más a nuestro hermano, a nuestra familia, a nuestros amigos, a nuestro país. Muchas gracias».

Los padres de Ignacio, Joaquín Echeverría Alonso y Ana Miralles de Imperial Hornedo, tuvieron cinco hijos: Joaquín, Enrique, Ignacio, Ana e Isabel. Ignacio había nacido en El Ferrol, pues su padre trabajaba en una mina de lignito en la localidad de Puentes de García Rodríguez (A Coruña), donde la familia vivió hasta 1986.

Según relató *El Mundo* (8 de junio de 2017), el hermano mayor de Ignacio señaló que

> [Ignacio] era el tío favorito de todos sus sobrinos [...], un hombre religioso; todos los domingos iba a misa. Era recto; trabajó en prevención de delitos económicos y de lavado de dinero y muchas veces se jugó su trabajo para que se hicieran correctamente las cosas o por dejar por escrito su desacuerdo. Era jovial y le gustaba hacer deporte con gente de todas las edades [...] muy metódico y constante. Hablaba cuatro idiomas, español, francés, inglés, alemán, y todos con alto nivel; cuando no estaba con amigos o con familia, estudiaba idiomas.

Como su madre, Ignacio había optado por la carrera de Derecho, licenciándose por la Universidad Complutense de Madrid. Completó los estudios jurídicos en la Sorbona de París y se incorporó al mercado laboral con una beca Leonardo en Núremberg (Alemania). Tras pasar por varios despachos en Madrid, trabajó para la firma francesa Natixis, en el Banco Popular y en el banco Aresbank, donde tuvo encomendadas tareas delicadas, como la supervisión del cumplimiento de sanciones a países como Siria o Libia. Se instaló en Londres en febrero de 2016, tras conseguir empleo en el banco HSBC, en el departamento de prevención de blanqueo de capitales.

Toda la familia pasaba las vacaciones de verano en la localidad cántabra de Comillas. Ese era el plan que acariciaba Ignacio para las siguientes vacaciones con sus padres y hermanos, con sus amigos..., como siempre haciendo deporte y practicando surf en la playa de Gerra.

En cuanto se verificó la noticia del fallecimiento de Ignacio en el atentado londinense, el presidente del Gobierno, Mariano Rajoy, anunció que solicitaba para el finado la Gran Cruz del Mérito

Civil. El presidente se la entregó a la familia tras su llegada a Madrid en un avión militar acompañando el féretro de su hijo y hermano.

El rey Felipe VI, en el discurso que pronunció ante el Parlamento británico el 12 de julio de 2017, homenajeó a Ignacio Echeverría en los siguientes términos: «También quisiera rendir tributo al ciudadano español Ignacio Echeverría quien al igual que otros ciudadanos, británicos o no, se comportaron de una manera ejemplar y heroica durante los ataques».

La reina Isabel II condecoró a Ignacio a título póstumo con la George Medal 2018 al valor. El Comité de la Cruz de George destacó lo siguiente en una nota informativa:

> Ignacio Echeverría mostró una gran valentía cuando desafió a varios terroristas armados. Usando su patinete como arma, era consciente de que no era rival para las armas que estaban utilizando los atacantes. A pesar de eso, corrió hacia ellos con la intención de evitar que siguieran atacando a personas inocentes [...]. Demostró gran coraje. Podía haberse puesto a cubierto, pero no lo hizo. Iba desarmado y no tenía entrenamiento. El peligro era evidente, pero él hizo la elección de tratar de evitar el ataque, exponiéndose al peligro.

Los padres de Ignacio recogieron la medalla de manos de la reina británica en una ceremonia que tuvo lugar en el palacio de Buckingham. La citada distinción, instituida por Jorge VI, se otorga dese 1940, y se creó para honrar los actos de valentía y coraje civil durante el bombardeo nazi de la capital del Támesis en la Segunda Guerra Mundial.

El valor de Ignacio también fue destacado por las Fuerzas de Seguridad británicas. La Policía Metropolitana (MET), la Policía Británica de Transporte y la Policía de la Ciudad le concedieron la Alta Condecoración de los Inspectores en reconocimiento a sus «extraordinarias acciones de valor» durante el atentado.

El ayuntamiento de Puentes de García Rodríguez (La Coruña) dio el nombre de Ignacio Echeverría a un parque aledaño a la vivienda de Anguieiro en la que la familia había vivido. Las Rozas, el municipio madrileño donde vivió buena parte de su vida, también homenajeó a Ignacio en noviembre de 2018. En aquel acto, su hermano Enrique recordó que «su ejemplo nos debe ayudar a todos a ser mejores y a mantener unos valores muy importantes». Sevilla también quiso que el ejemplo de Ignacio Echeverría perviviera, dando su nombre a un parque para la práctica del patinaje cerca de la Plaza de Armas.

Un año después de la muerte del joven, su familia acudió a Londres para participar en los actos en memoria de las víctimas del atentado. El padre se expresó así:

> Ha sido un año muy duro para todos. Llevamos a Ignacio en nuestros corazones y agradecemos tremendamente las muestras de solidaridad que hemos recibido. Pero quisiera aprovechar la oportunidad para pedir una mayor comprensión por parte de la sociedad hacia las víctimas del terrorismo [...]. Espero que su vida pueda servir de inspiración sobre todo a la gente joven [...]. Ignacio era una persona religiosa, con mucho amor por la vida. Le gustaba no solo el patinete, también el surf, el squash y otros deportes. Tenía muchas inquietudes y viajó mucho. Estaba siempre rodeado de libros. Y en su trabajo puso el empeño en luchar contra el blanqueo de dinero. No podíamos pedir más como padres.

El 25 de mayo Ignacio había cumplido 39 años. Su carácter y su vitalidad indicaban que aún le quedaban muchas experiencias por vivir, pero el atentado yihadista acabó con esa posibilidad. Sin embargo, muy al contrario de la pretensión de los terroristas, la memoria de Ignacio Echeverría pervivirá por siempre unida a su ejemplo y a la imagen del monopatín que él usaba para disfrutar y que, poco antes de su último aliento, utilizó para defender la vida de otras personas. Ese objeto, irrelevante en sí mismo, quedó cargado de un simbolismo que remite a la entrega y a la determinación de luchar por la vida con generosidad. En su recuerdo, el monopatín figura entre los objetos que se exhiben en la sala de exposiciones del Centro Memorial de las Víctimas del Terrorismo en Vitoria-Gasteiz.

EL DAESH MATA EN BARCELONA Y CAMBRILS

La tarde del 17 de agosto de 2017, La Rambla de Barcelona estaba atestada de ciudadanos de toda condición. Poco antes de las 16:50 horas, una furgoneta Fiat Talento Profesional que circulaba por la calle Pelayo abandonó la vía y accedió al paseo central de la Rambla, de uso exclusivo para peatones. El vehículo circuló a gran velocidad y en zigzag, arrollando a quien encontraba a su paso e impactando contra elementos del mobiliario urbano. Tras haber recorrido unos 800 metros, la furgoneta se detuvo a la altura de Pla de la Boqueria. El conductor, Youness Abouyaacoub, salió del vehículo y huyó a pie, dejando atrás 14 cadáveres y 87 heridos, según el registro del Ministerio del Interior.

Durante las horas siguientes, agentes de las Fuerzas y Cuerpos de Seguridad del Estado y de la Policía autonómica catalana buscaron infructuosamente al fugitivo, que llegó hasta el distrito universitario de la ciudad, donde abordó a PABLO PÉREZ VILLÁN (véase pág. 161), lo hirió mortalmente con un arma blanca, se apropió de su coche y prosiguió la huida. A las 18:45 horas, a su paso por la Diagonal, se encontró con un control de los Mossos d'Esquadra, al que arrolló hiriendo a tres de los agentes. Pasadas las 20:00 horas, el vehículo robado en el distrito universitario fue hallado en el aparcamiento exterior de un supermercado de la localidad de Sant Just Desvern. En su interior yacía sin vida su propietario, Pablo Pérez Villán.

Horas antes, las cámaras de seguridad de la estación de servicio de Montbrió del Camp (Tarragona) registraban la presencia de un Audi 3 de color negro en el que iban algunos de los demás miembros de la célula, los hermanos Mohamed y Omar Hichamy, Houssaine Abouyaaqoub, hermano del fugitivo, Said Aalla y Moussa Oukabir. Más tarde fueron vistos comprando cuchillos y un hacha en una tienda de Cambrils (Tarragona).

A la una de la madrugada del día 18, el Audi 3 enfiló el paseo marítimo de Cambrils a gran velocidad, embistió contra un control de los Mossos d'Esquadra y atropelló a varios peatones que cruzaban por el paso de cebra, uno de los cuales fallecería pocas horas después. Tras colisionar contra el vehículo policial, el coche volcó y los cinco terroristas salieron del vehículo blandiendo un hacha y cuchillos de grandes dimensiones, con los que comenzaron a agredir a las personas que encontraron a su paso. Los atacantes, que llevaban el torso abultado simulando cinturones explosivos, fueron abatidos por agentes de los Mossos d'Esquadra, aunque antes causaron una víctima mortal, ANA MARÍA SUÁREZ (véase pág. 163), y dejaron heridas a diez personas.

Youness Abouyaaqoub, el conductor de la furgoneta Fiat que había matado a 15 personas, siguió huido hasta el 21 de agosto, día en el que los Mossos lo localizaron en una carretera de Subirats (Barcelona) y lo abatieron mientras él corría hacia los agentes al grito de *«Allahu akbar»* («Dios es el más grande»).

En el sumario 5/2018 de los atentados y en el auto de procesamiento contra Mohamed Houli Chemlal, Driss Oukabir y Said ben Iazza —miembros de la célula de Ripoll— se relata cómo tanto los procesados como los terroristas que atacaron en Barcelona y Cambrils participaron en las tareas de convertir la casa de la calle F, Urbanización Montecarlo, de Alcanar (Tarragona) en una guarida para la fabricación y almacenaje de explosivos. La víspera de los atentados se produjeron dos explosiones en la citada vivienda, que quedó reducida a escombros y con dos cadáveres en su interior, los de Youssef Aalla y Abdelbaki Es Satty, el cabecilla de la célula. Fuera de la vivienda se encontró herido a Mohamed Houli Chemlal, que fue hospitalizado y puesto a disposición judicial. El ordenador de Abdelbaki Es Satty resultó crucial para determinar su papel de líder de la célula que formó con los jóvenes de Ripoll.

Respecto a los explosivos almacenados en la vivienda de Alcanar, en el sumario se dice que «la totalidad de material adquirido sería: 345 litros de agua oxigenada, 500 litros de acetona, 340 litros de peróxido de hidrógeno, 20 bombonas de butano llenas, 400 recipientes para mezclar las sustancias, así como innumerable material eléctrico, de laboratorio y otros para la confección de los explosivos». La inesperada explosión en la que murieron Abdelbaki Es Satty y Youssef Aalla indujo a los otros miembros de la célula a atentar en las siguientes horas en Barcelona y en Cambrils.

Según consta en el sumario, el explosivo almacenado «de llegar a ser utilizado para atentar en lugares o monumentos con gran afluencia de público, como sería el objetivo de la célula terrorista investigada, hubiera provocado unos daños de enormes dimensiones».

El Estado Islámico reivindicó los atentados en un mensaje difundido por su agencia propagandística El Amaaq. La mayoría de los integrantes de la célula habían residido desde niños en España. Todos entraron en contacto con el marroquí Abdelbaki Es Satty mientras este ejercía de imán en dos mezquitas de Ripoll. Valiéndose de su ascendiente religioso, Es Satty adoctrinó a los jóvenes en la ideología del yihadismo y formó con ellos la célula terrorista.

En 2021 se conoció la sentencia contra Driss Oukabir, Mohamed Houli y Said ben Iazza, los tres supervivientes relacionados con la célula de Ripoll que llevó a cabo los atentados de Barcelona y Cambrils, y con la explosión registrada en la casa del municipio de Alcanar donde fabricaban sustancias para la confección de bombas. Ninguno de los acusados intervino directamente en los atentados, por lo que no fueron condenados por los asesinatos.

Houli fue condenado por los delitos de pertenencia a organización terrorista, tenencia, depósito y fabricación de sustancias y aparatos explosivos e inflamables o de sus componentes, y por un delito de estragos en tentativa, de carácter terrorista, en concurso con 29 delitos de lesiones de imprudencia grave. La condena sumaba 53 años de cárcel. Por delitos similares, Oukabir fue sentenciado a penas que sumaban 46 años de prisión, mientras que Ben Iazza fue hallado culpable del delito de colaboración con organización terrorista y recibió una condena de ocho años de prisión. Los dos primeros, además, fueron condenados a pagar indemnizaciones por la explosión de Alcanar, tanto por lesiones como por daños materiales. Ben Iazza fue puesto en libertad provisional en el mes de septiembre tras haber cumplido el tiempo máximo legal en prisión preventiva, cuatro años, al estar la sentencia recurrida ante el Supremo. En noviembre de 2023, el Supremo rebajó la pena de Ben Iazza a 18 meses de prisión y confirmó las condenas de los otros dos.

En los hechos probados, la sentencia comienza recordando los antecedentes del imán de Ripoll Abdelbaki Es Satty, que falleció en la explosión de Alcanar. Se menciona que en la localidad de Vilanova i la Geltrú (Barcelona) convivió con Belgacen Bellil, quien en verano de 2003 se desplazó a Irak, donde perpetró un atentado suicida cuya autoría fue asumida por la rama iraquí de Al Qaeda. Compartió también piso con Hassan Mordoude, que en febrero de 2004 viajó a Siria para reunirse con Mimoum Belhadj, quien, a su vez, había vivido en el mismo domicilio de Bruselas que Youssef Belhadj, alias *Abu Dujan,* persona a la que se atribuyó la reivindicación de los atentados del 11 de marzo en Madrid.

La resolución hace referencia a la trayectoria de Es Satty y revela que, en 2014, en Castellón, había tratado de radicalizar a dos ciudadanos españoles conversos al islam, antes incluso de trasladar su residencia a Ripoll. Se describe el proceso de radicalización paulatina de los que luego serían conocidos como miembros de la célula de Ripoll. También se indica que dichos miembros siguieron «las proclamas del líder operativo de Daesh Abu Mohammad al-Adnani, quien hizo un llamamiento a responder en occidente como represalia a las acciones de la coalición aliada que estaban consiguiendo un retroceso territorial del Califato Islámico en el Sham [Siria] e Irak, y las proclamas de líderes de la Yihad contemporánea en relación a la recuperación desde Palestina hasta Al-Ándalus».

Desde finales de 2016, los miembros de la célula comenzaron a buscar en Internet manuales e instrucciones para la fabricación de explosivos. Más tarde buscaron posibles objetivos para atentar, desde un pantano hasta la Audiencia Nacional, pasando por fiestas multitudinarias, bases militares o recintos religiosos. Hubo también búsquedas de monumentos franceses (Torre Eiffel, el Museo del Louvre, el Arco del Triunfo, etc.).

La sentencia señala que en el Ramadán de 2017 (meses de abril-mayo), Youssef Aalla, Youness Abouyaaqoub y Mohamed Hichamy informaron a Mohamed Houli Chemlal, Omar Hichamy, Houssaine Abuoyaaqoub, Moussa Oukabir y Said Aalla de que «con su colaboración, se va a realizar un ataque con explosivos como muyahidines en Occidente guiados por el ideario, ya interiorizado por las enseñanzas de Abdelbaki Es Satty, que proclama el Estado Islámico».

A partir de ese momento se aceleraron los preparativos para obtener —mediante compra o fabricación— las sustancias necesarias para la confección de las bombas, preparativos que la sentencia describe minuciosamente. Los terroristas fabricaron entre 200 y 500 kilos de explosivo triperóxido de triacetona, conocido como «la madre de Satán», así como 17 bombas y un cinturón explosivo. Todo este trabajo se interrumpió bruscamente a las 23:15 horas del 16 de agosto, cuando el material que tenían almacenado explotó, causando la muerte de Adbelbaki Es Satty y Youssef Aalla, y lesiones a Mohamed Houli Chemlal, que se encontraba en el exterior del chalé que ocupaban. Después vendrían los atentados de Barcelona y Cambrils, que fueron llevados a cabo por los supervivientes de la célula.

Youness Abouyaaquob fue quien actuó en Barcelona, improvisando un atentado con la furgoneta que conducía al enterarse, alrededor de las tres de la tarde, de la explosión de Alcanar. Además de los 16 fallecidos, la sentencia identifica a 176 heridos y lesionados, así como otras 42 personas que sufrieron estrés postraumático.

Otros cinco miembros del grupo, Houssaine Abouyaaqoub, Omar Hichamy, Said Aalla, Moussa Oukabir y Mohamed Hichamy, decidieron realizar el atentado de Cambrils, donde mataron a una mujer antes de ser abatidos por los Mossos d'Esquadra. Se contabilizaron cinco agentes y 19 civiles heridos o con estrés postraumático.

El presidente del Gobierno, Mariano Rajoy, declaró tres días de luto oficial. El rey Felipe VI condenó los atentados con las siguientes palabras: «Son unos asesinos, simplemente unos criminales que no nos van a aterrorizar. Toda España es Barcelona. La Rambla volverá a ser de todos». El 26 de agosto, el rey, flanqueado por las principales autoridades, participó en la manifestación de repulsa, cuyo lema fue «No tinc por» («No tenemos miedo»). Entre otros mandatarios, los presidentes de Estados Unidos y Francia, el primer ministro de Italia, el presidente de la Comisión Europea y el secretario general de la ONU enviaron mensajes de condolencia y de solidaridad. El papa Francisco rezó por las víctimas y por las familias de los fallecidos. Una placa instalada en el pavimento de La Rambla de Barcelona con la leyenda «Que la paz te cubra, oh, ciudad de paz», escrita en árabe, español, catalán e inglés, recuerda a las 16 víctimas de los atentados del 17 y 18 de agosto de 1917 en Barcelona y Cambrils.

Víctimas mortales

Las portuguesas MARÍA MONTEIRO AGOSTINHO CORREIA, de 20 años de edad, y su abuela, MARÍA LURDES CORREIA DUARTE, habían llegado a la Ciudad Condal unas horas antes del ataque a Las Ramblas. La abuela, residente en Lisboa, y la nieta, estudiante en la Escuela Superior de Enfermería de la capital lusa, estaban muy unidas y tenían previsto pasar ocho días en Barcelona y celebrar así el 75 cumpleaños de María Lurdes el 25 de agosto. Tras dejar su equipaje en el hotel y hablar con la familia por teléfono, salieron a dar un paseo por las Ramblas. El hijo de María Lurdes y padre de María, acompañado de su esposa —y madre de la segunda— viajó a Barcelona para realizar los trámites de identificación de los cuerpos en el Instituto Forense. Estos fueron trasladados en un avión C-130 de la Fuerza Aérea portuguesa hasta la ciudad de Cascais (Portugal), donde se celebró el funeral, al que asistieron el presidente de Portugal, Marcelo Rebelo de Sousa, y el primer ministro, Antonio Costa. Los restos mortales de la abuela y las cenizas de su nieta fueron inhumados en el cementerio de São Pedro de Penaferrím, en Sintra, de donde eran originarias.

El padre, refiriéndose al terrorista que atropelló a cientos de personas y mató, entre otros, a su madre y a su hija, dejó escrito en una red social: «Que Dios le perdone porque yo no puedo».

Algunos medios de comunicación lusos señalaron que el número de víctimas mortales portuguesas en atentados yihadistas sucedidos en Estados Unidos, Indonesia, Marruecos, Mali, Túnez, Francia, Burkina Faso y España ascendía a 14 personas.

JULIEN ALESSANDRO CADMAN, de nacionalidad australiana-británica, y el español XABIER MARTÍNEZ MOMPART (véase pág. 160), de tres años de edad, fueron los dos menores que perdieron la vida en los atentados de Las Ramblas de 2017. Julien nació en Turbridge, condado de Kent (Reino Unido) en 2010 y en el momento en que fue atropellado se encontraba con su madre, Jumarie Cadman, de origen filipino. Inicialmente se le dio por desaparecido, pero lo cierto es que madre e hijo habían sido hospitalizados, la primera en estado grave. El llamamiento que hizo su abuelo por Internet para localizarlos movilizó a personas de todo el mundo. Finalmente, la Consejería de Interior, una vez su padre hubo llegado a Barcelona procedente de Australia, notificó la muerte del pequeño a la familia. Jumarie y Julien habían acudido a Barcelona para asistir a una boda familiar. En un comunicado de la familia, Julien fue descrito como un niño «amoroso y dulce» al que le encantaba bailar y cuya sonrisa, decían, les acompañaría para siempre.

JOSEFINA CODINA OLIVERAS, Pepita, como era conocida en familia y entre amigos, fue la única barcelonesa asesinada en el atentado de Las Ramblas. Tenía 75 años. Había vivido siempre en el barrio de Sant Andreu de la capital, pero hacía unos años se había instalado en Sant Hipòlit de Voltregà (Barcelona), de donde era natural su marido, sastre de profesión. Pero a Pepita le gustaba pasear por su ciudad, donde conservaba un piso en propiedad. Aquel jueves había ido de compras con su hija Elisabeth, que resultó herida de múltiples fracturas. Pepita fue trasladada con vida al Hospital del Mar, pero los médicos no pudieron salvarla.

Un año después del atentado, Elisabeth Caritg declaró a *La Vanguardia* (12 de agosto de 2018): «Hay un momento en que tienes que dejar de pensar [...], cuesta mucho hablar de todo aquello». Elisabeth vive con la herida del asesinato de su madre, además de las secuelas que el ataque dejó en su cuerpo —el golpe que sufrió en la cabeza le ocasionó un vértigo crónico—. No se imagina visitando de nuevo La Rambla: «Ahora solo quiero tranquilidad, la naturaleza, evitar aglomeraciones. Ojalá vuelva a ser yo, en un tiempo».

El italiano BRUNO GULOTTA había viajado a Barcelona con su esposa Martina y sus dos hijos, Alessandro, de 6 años, y Aria, de 7 meses. En Bruno operó el instinto protector en el momento de la embestida de la furgoneta, pues se colocó entre esta y el cuerpo de su hijo, al que libró de la muerte. Martina, que llevaba a la niña en una mochila portabebés, describió así el momento:

> Estábamos paseando por Las Ramblas. Bruno caminaba delante llevando de la mano a Alessandro. De improviso llegó la furgoneta. Instintivamente nos agachamos todos, como para prote-

gernos. Bruno se puso delante de los niños para evitar que sufrieran daños y fue atropellado de pleno, quedando con las piernas destrozadas y la cabeza ensangrentada.

Bruno tenía 35 años y era vecino de la localidad de Legnano, a 30 kilómetros de Milán. Informático de formación, trabajaba como responsable de *marketing* y ventas de la filial italiana de la revista digital estadounidense *Tom's Hardware,* especializada en tecnología. Los compañeros lo despidieron con un emotivo mensaje colgado en la web de la empresa:

> Llevaba siempre consigo un equipo de emergencia para [reparar] ordenadores. Era capaz de solucionar cualquier problema en cualquier momento, aunque no fuera de su especialidad. Bruno era una persona generosa y con un corazón grande. Sabía cómo compaginar una vida familiar rica con una brillante carrera profesional con un equilibrio que siempre le envidiaré.

El mensaje de despedida llevaba la siguiente coda: «Siempre te vamos a recordar. Fuiste un maestro de vida, y te prometo que voy a aprender mucho incluso de tu último acto».

En todas las sedes institucionales de la región de Lombardía y del ayuntamiento de Milán, las banderas locales, la italiana y la europea ondearon a media asta en señal de duelo.

CARMELA LOPARDO dejó Europa el 5 de abril de 1950; tenía 13 años y, como miles de italianos que huían del hambre de la posguerra, embarcó rumbo a Argentina. Así es como ella y los suyos dejaron su Sasso di Castalda natal, en la sureña provincia de Potenza. Carmen, como la llamaban en Argentina, conservó la nacionalidad italiana. Vivía en la zona oeste de Buenos Aires, en uno de los muchos distritos bonaerenses donde la comunidad italiana está muy presente. Carmen había enviudado y el verano de 2017 se animó a volver a Europa para escapar del frío austral. Se apuntó en un viaje turístico que incluía una visita a Barcelona. El ministro italiano de Asuntos Exteriores, Angelino Alfano, fue quien informó a los hijos de Carmen del fallecimiento de su madre en el ataque terrorista de Las Ramblas. Carmen Lopardo tenía 80 años.

FRANCISCO LÓPEZ RODRÍGUEZ, de 57 años, disfrutaba de un día de asueto en Barcelona en compañía de familiares, su esposa, la sobrina de esta y el pequeño Xavi, de 3 años, su sobrino nieto. Natural de Lanteira (Granada) y tornero-fresador de profesión, Francisco había emigrado a Cataluña en los años sesenta del siglo pasado en busca de un futuro mejor. Vivía en Rubí, a 35 kilómetros de Barcelona, donde era muy conocido, pues regentaba una carnicería. Aquella tarde paseaban por Las Ramblas cuando fueron arrollados con tal violencia que Francisco y el niño, XAVIER MARTÍNEZ MOMPART (véase a continuación), resultaron muertos, y Roser, esposa de Francisco, la madre del niño y su hermana mayor con heridas de diversa consideración. Los vecinos de Lanteira y de Rubí quedaron conmocionados por las dos muertes. Francisco había estado en su Lanteira natal durante la última Semana Santa y el Consistorio granadino declaró tres días de luto oficial. El ayuntamiento de Rubí, localidad en la que residían Francisco y Xavier, también declaró varios días de luto. En ambas localidades se celebraron concentraciones de repulsa por los atentados. Al funeral por Francisco y por Xavier Martínez Mompart, celebrado en la iglesia de Sant Pere de Rubí, asistieron la alcaldesa del pueblo y varios consejeros de la Generalitat de Cataluña.

XAVIER MARTÍNEZ MOMPART, de tres años de edad, sobrinonieto de FRANCISCO LÓPEZ RODRÍGUEZ (véase arriba), se encontraba con este, su madre y su hermana, entre otros, en Las Ramblas de Barcelona. Según contó Silvia, la madre del niño, un año después de los atentados, habían pasado una mañana muy feliz en el puerto y, antes de coger el tren que les llevaría de vuelta a Rubí, decidieron pasar por La Rambla y comprar unas pulseritas de recuerdo. Caminaban por el paseo tranquilamente cuando la furgoneta que venía zigzagueando a gran velocidad arrolló a Francisco, que empujaba el carrito donde iba el niño, que cayó violentamente al pavimento. Tres agentes de la Guardia Urbana de Ciutat Vella lo socorrieron y trataron de reanimarlo y, al ver que no lo lograban, subieron a una furgoneta policial que tenía las llaves puestas y lo trasladaron al hospital más cercano. Al cabo de algunas horas se difundía la noticia de la muerte de Xavier. El pesar por su muerte se dejó sentir no solo en Rubí, sino también en la localidad de Llimiana (Lérida) donde sus padres solían ir de vacaciones. Una semana después, los padres de Xavier, Javier y Silvia, buscaron a los tres agentes de la Guardia Urbana para agradecerles que hubieran socorrido a su hijo.

El padre de Xavier, Javier Martínez, abrazó al imán de Rubí que se presentó a ofrecer sus condolencias. En 2019, en el acto de colocación de la placa-memorial por las víctimas del atentado, Mireia, una de las hermanas de Xavier, leyó un documento en el que se decía: «Queremos que la muerte de nuestros seres queridos sirva para algo. Es una manera de convertir el sufrimiento en esperanza, amor y paz». Después leyó los nombres de todas las víctimas mortales de los atentados, cerrando la lista con el de su hermano, al que llamó «su pequeño príncipe».

PABLO PÉREZ VILLÁN, de 34 años, se encontraba bastante alejado de La Rambla aquella tarde de agosto, pero el terrorista que condujo la furgoneta causando 14 muertos en el popular paseo, en su huida pasó por el lugar en que Pablo tenía aparcado el coche y lo asesinó. Pablo (Pau en catalán) era natural de Villafranca del Penedés. Licenciado en Ingeniería Electrónica por la Universidad Politécnica de Cataluña (UPC), fue descrito por quienes lo conocían como una persona afable, apasionada por el fútbol y, por encima de todo, solidaria, rasgo que lo llevó a colaborar con varias ONG en lugares como Haití tras el terremoto de 2010.

Había trabajado para Bodegas Torres durante dos temporadas de vendimia y en el verano de 2017 estaba empleado en Seat a través de la empresa subcontratada Leder.

Además de ser gran aficionado al fútbol, le gustaba practicarlo con sus amigos. Lo había hecho desde niño, primero en las categorías inferiores del F. C. Villafranca y luego en la Agrupació Esportiva Moja.

El impacto por la muerte violenta de Pau se dejó sentir no solo en Villafranca del Penedés, su pueblo natal, sino en las localidades de Tórtoles de Esgueva (Burgos), de donde procedía su familia materna, y en Navalmoral de la Mata (Extremadura), de donde era originario su padre. Precisamente, Pau había estado visitando a su abuela materna, Paula, la tarde del jueves 17 en Barcelona, e incluso había telefoneado a sus padres para tranquilizarlos y decirles que estaba bien, pese a la tragedia de Las Ramblas, y que se disponía a regresar a Villafranca. El asesino de Pau, tras abandonar la furgoneta con la que cometió la masacre en Las Ramblas huyó primero a pie, luego se metió en el metro y tomó la línea cuya última parada es Zona Universitaria. Cerca de esa estación, Pau se disponía a arrancar su coche para volver a Villafranca. Youness Abuyaacoub lo asaltó, lo acuchilló y, herido de muerte, lo arrojó a la parte trasera del vehículo. En la huida, el atacante arrolló a una agente en un control policial, provocándole una fractura de fémur. El otro agente repelió la agresión con disparos, pero no logró abortar la fuga. El fugitivo escapó del cerco policial establecido en las salidas de la ciudad. A las siete y media de la tarde, Pau fue hallado muerto en el interior de su vehículo, que el terrorista abandonó en un aparcamiento en Sant Just Desvern.

SILVIA ALEJANDRA PEREYRA CABRERA, de 40 años, soltera e hija de bolivianos, había nacido en Argentina, pero llevaba una década en Barcelona. Había conseguido la nacionalidad española, aunque deseaba volver a América a reunirse con parte de su familia, pues dos hermanas suyas vivían en Estados Unidos y en Bolivia. En la Ciudad Condal trabajó en el mercado de la Boquería; primero en un puesto de frutos secos y dulces, y últimamente formando parte del equipo de limpieza nocturna del mercado. Silvia vivía cerca de la Boquería y la tarde del 17 se había acercado a Las Ramblas para hacer unas compras. Su compañera de piso la describió como una persona amante de la cocina y de los animales, siempre dispuesta a ayudar.

LUCA RUSSO tenía 25 años y vivía en la localidad de Bassano del Grappa (Véneto, Italia). Acababa de licenciarse en Ingeniería Energética en la Universidad de Padua y trabajaba para una empresa de refrigeración de Carmignano del Brenta. Había venido a visitar Barcelona en compañía de su novia, Marta Scomazzon, que resultó herida y describió así el momento del atentado: «Estábamos caminando juntos y entonces en un momento estábamos bajo la furgoneta. Yo me caí, y me di cuenta de que Luca no estaba, no lo vi más desde ese momento, su cuerpo había sido barrido».

Siempre sonriente en las fotos de su página de Facebook, a mediados de junio Luca había escrito: «Nacemos sin traer nada, morimos sin llevar nada. Y en medio, luchamos por poseer alguna cosa». Unos meses antes, publicó este otro *post:* «La amistad y el amor son muy importantes para la vida, marcan nuestra existencia y ningún ser humano puede no tenerlos en cuenta».

En declaraciones al diario *Il mattino di Padova,* Chiara, la hermana de Luca, dijo:

> Luca y yo solo nos llevábamos dos años, siempre habíamos hecho todo juntos y aunque yo ahora trabajo en Verona y él en Padua, pese a la distancia siempre estábamos en contacto. Era muy inteligente, agradable, habría sido un padre perfecto. Nunca dio dolores de cabeza a nuestros padres.

ANA MARÍA SUÁREZ LÓPEZ, de 67 años, paseaba con su esposo Roque Oriol y su hermana Alicia por el paseo marítimo de Cambrils pasada la medianoche de aquel jueves 17 de agosto. La víspera, su marido había cumplido 69 años, pero pospusieron la celebración un día por el partido de Supercopa que el miércoles disputaron el Barça y el Real Madrid. Así, pues, el jueves, tras celebrar el cumpleaños con una cena, Alicia, Roque y Ana María decidieron terminar la velada en el paseo marítimo, donde cinco yihadistas cambiaron el rumbo de sus vidas al matar a Ana María. Ella y Roque vivían en Zaragoza, pero tenían un apartamento en la ciudad tarraconense y veraneaban allí.

En el atentado, la hermana de Ana María sufrió fractura de pelvis y de cadera, así como pérdida de parte de la dentadura. El viudo, Roque Oriol, pasado casi un año continuaba con secuelas por las lesiones sufridas.

El estadounidense JARED ALTON TUCKER, 42 años, originario de Lafayette (California), había viajado a Europa junto a su esposa, Heidi Nunes, para celebrar su primer aniversario de boda. Visitaron Venecia y París antes de llegar a Barcelona. Aquella tarde de jueves se encontraban en Las Ramblas, donde se habían sentado en una terraza para tomar una consumición. Justo un momento antes del ataque de la furgoneta, Jared se levantó de la mesa para ir al lavabo, tras lo cual sobrevino el caos, el miedo y la confusión. A Heidi la empujaron al interior de una tienda de recuerdos y se quedó escondida en su interior.

El padre de Jared, Dan Tucker, en una entrevista concedida al *The Washington Post,* describía a su hijo como un amante de la pesca, aficionado al golf y un hombre profundamente enamorado de su esposa. Y añadió: «No lo he visto más feliz de lo que ha sido este año pasado. La última semana probablemente ha sido una de las épocas más felices de su vida. Esa es la única parte que me consuela, que probablemente murió feliz».

Jared trabajaba con su padre en un negocio de reformas de piscinas. Heidi, maestra de escuela, hizo una petición en una página de *crowdfunding* para sufragar los costes del funeral de Jared y ayudar a las tres hijas que dejó de una relación anterior. Según relató el diario *El Mundo* (22 de agosto de 2017), en dos días Heidi había recibido aportaciones de casi 500 personas que superaban los 24.000 dólares, ayuda que ella agradeció en estos términos:

> El par de días pasados han sido un torbellino emocional para mí. No creo que nada en el mundo pueda hacer que el dolor de perder a Jared disminuya, pero sus amables palabras y donaciones han hecho que nuestra pequeña familia sienta una cantidad increíble de amor, no solo de personas que lo conocieron, sino de extraños de todo el mundo.

ELKE LEONA FLORENTINA VANBOCKRIJCK, de 42 años, natural de Tongeren (Bélgica), había viajado en coche hasta Barcelona para disfrutar de una semana de vacaciones con su esposo y sus dos hijos, Vic, de 11 años y Gus, de 14. Elke trabajaba en la entidad bancaria Bank van de Post. Se la describió como una mujer muy entregada a sus dos hijos, a los que solía acompañar a los partidos de fútbol de su equipo, el KFC Heur Tongeren.

IAN MOORE WILSON, natural de Vancouver (Canadá), había viajado a Barcelona con su esposa Valerie, con la que llevaba 53 años casado, su yerno Robert y su nieto Duncan Bates, de 14 años.

Aquel día, el grupo se había separado: Robert y Duncan habían decidido pasar el día en la playa mientras que Ian y Valerie se quedaron en la ciudad para pasear por la tarde por Las Ramblas, donde Ian sufrió una embestida mortal de la furgoneta y Valerie heridas de diversa consideración.

La hija de ambos, Fiona, sargento en la Policía de Vancouver, escribió estas palabras sobre él:

> Mi padre, Ian Moore Wilson, era un amoroso esposo, padre, hermano y abuelo que vivió una vida saludable y activa al lado de su pareja de 53 años, mi madre, Valerie. Era compasivo, generoso, aventurero y siempre listo para un debate, un buen libro, explorar nuevos sitios y una cerveza decente.

En el *post* publicado en Facebook, Fiona agradeció a quienes prestaron primeros auxilios a sus padres, incluidas «las personas que asistieron a mi padre en sus últimos momentos, y a quienes se centraron en la atención médica urgente de mi madre y cuidados posteriores». Fiona remarcó que la familia quería centrarse en los «extraordinarios hechos de bondad humana», el apoyo que habían recibido por parte de la Policía de Vancouver, la RCMP (Real Policía Montada de Canadá, por sus siglas en inglés), las compañías aéreas y los trabajadores de emergencias de España, que ayudaron a Wilson y a Valerie.

DESIREÉ EUGENIA HILDEGARD ZOLOTAS, de 51 años de edad y nacionalidad alemana, se encontraba en Las Ramblas con su marido George Zolotas, ciudadano griego, y sus dos hijos, cuando ella fue atropellada mortalmente y sus hijos resultaron heridos. Los niños se recuperaron con rapidez, pero la madre, tras permanecer hospitalizada varios días en el Hospital del Mar, falleció el 27 de agosto.

La Dirección General de Apoyo a las Víctimas del Terrorismo del Ministerio del Interior se puso en contacto con su hermana Anette, que también se hallaba en Barcelona. Se ocuparon de que los niños viajaran a casa de los abuelos paternos, a Grecia. En julio de 2018, el Gobierno español aprobó un real decreto por el que a

Desireé Zolotas se le concedía la Gran Cruz de Reconocimiento Civil a las Víctimas del Terrorismo. Las familias de otras 12 víctimas mortales también recibieron la condecoración.

Terrorismo de autoría individual en España

El terrorismo yihadista se ha cebado con España en atentados de envergadura, desde el del restaurante El Descanso en 1985, hasta los de los trenes de Atocha en 2004 o los de Barcelona y Cambrils en 2017, dejando un saldo de 230 víctimas mortales y decenas de heridos. Los atentados posteriores tendrían un sesgo distinto: fueron perpetrados por «actores solitarios», esto es, individuos que no estaban afiliados a ninguna organización yihadista, normalmente autorradicalizados e imbuidos de la propaganda yihadista a través de distintos canales y recursos *online.*

Precisamente, los dos últimos atentados yihadistas perpetrados en España fueron realizados por individuos que se habían radicalizado por Internet. En ambos casos se observó inestabilidad psicológica de los autores de los crímenes, lo que inicialmente suscitó dudas sobre la naturaleza yihadista de los mismos. Fernando Reinares se pronunció sobre el tema: «Plantearlo como disyuntivas es impreciso, pues los terroristas *lobos solitarios* suelen sufrir problemas de salud mental».

Ataque contra una terraza en Torre Pacheco (Murcia, 17 de septiembre de 2021)

El 17 de septiembre de 2021, un automóvil Volkswagen Golf se lanzó contra la terraza del bar Honey's Bar & Gateway to India, en la localidad murciana de Torre Pacheco, atropellando a varios clientes. La agresión se saldó con una víctima mortal y cuatro heridos leves. Al volante del vehículo iba Abdellah Gmara, ciudadano de nacionalidad marroquí de 27 años, que resultó muerto. El agresor murió después de que el vehículo se estrellase contra la columna de una vivienda, pero no por efecto del golpe, sino por la herida producida por un cuchillo de 20 centímetros de hoja clavado en el costado izquierdo.

Abdellah Gmara había entrado en España con 17 años, provisto de documentación falsa. Según dio a conocer *El Mundo,* se presentó ante sus tres hermanos, afincados en España, quienes, sin saber qué hacer con él, lo llevaron a un centro de internamiento de menores de Valencia haciéndolo pasar por un *mena* (Menor Extranjero No Acompañado). Pasó varios años en el centro de la localidad de Mislata y, cuando salió, trabajó esporádicamente en explotaciones agrarias de distintas regiones. Llevaba tres años residiendo en Torre Pacheco.

La Policía se incautó de dos cartas manuscritas que estaban en el coche utilizado en el atropello y de otra que se hallaba en su cartera. Las misivas contenían afirmaciones tales como que lo que iba a hacer era un acto terrorista. Esto llevó a los investigadores a no descartar el móvil terrorista como explicación del atropello.

Según informó a *El Mundo,* el juez de la Audiencia Nacional encargado del caso consideró que Abdellah actuó como un actor solitario, que se distanció de su familia, que cambió de costumbres, especialmente las religiosas, y que se autorradicalizó en su buhardilla.

En abril de 2023, el magistrado de la Audiencia Nacional Alejandro Abascal, emitió un auto por el que transformaba las diligencias de investigación en sumario ordinario, dando traslado a las partes personadas.

Víctima mortal

OLIVER EDUARDO PAREDES OVIEDO, de origen venezolano pero de nacionalidad finlandesa, había vivido durante algún tiempo en el país nórdico, donde ejerció como director de una escuela de baile.

Además, en el atropello resultaron heridos Nuno Ricardo Moura Alves, de nacionalidad portuguesa, y los británicos Sara Lynn Pollock, Kenneth John Zaremski y Sharon Elisabeth Zaremski.

Atentado múltiple en Algeciras (Cádiz, 25 de enero de 2023)

El ataque que tuvo lugar en la localidad gaditana de Algeciras el 25 de enero de 2023 contra iglesias y religiosos no tenía precedentes en España. El perpetrador, el marroquí de 25 años Yassine Kanjaa, irrumpió desarmado a las 18:30 horas en la parroquia de San Isidro y discutió acaloradamente con los feligreses. Se marchó a su domicilio, donde cogió un machete de grandes dimensiones, que escondió bajo una chilaba negra, y regresó a la parroquia profiriendo gritos en árabe mientras se encaminaba al altar, donde trató de golpear al religioso oficiante, Antonio Rodríguez, que salió corriendo, se tropezó y cayó cuando el agresor le dio un fuerte golpe en la nuca.

A continuación, se dirigió a la cercana iglesia de La Palma, donde entró al grito de «Alá es grande» y se acercó al sacristán, Diego Valencia, al que persiguió en su huida hacia el exterior del templo asestándole golpes de machete. Una vez en la Plaza Alta, la víctima cayó al suelo y Yassin le propinó dos machetazos dirigidos a decapitarlo, dejándolo muerto en el suelo mientras gritaba «*Allahu Akbar*» («Alá es el más grande»). El agresor se dirigió después a una tercera iglesia, el Santuario de Nuestra Señora de Europa, cuya puerta golpeó repetidamente, aunque no pudo acceder al interior.

Poco después fue detenido y puesto a disposición del Juzgado Central de Instrucción número 6 de la Audiencia Nacional, cuyo magistrado, realizadas las primeras diligencias, decretó auto de prisión provisional comunicada y sin fianza. En el auto de 30 de enero de 2023, el juez señaló que Yassin Kanjaa «se identifica con un perfil de terrorista autoadoctrinado, que actúa de modo individual, no vinculado directamente con una organización terrorista en concreto, pero que en definitiva lleva a cabo su acción en nombre del fenómeno yihadista al que tantos se adhieren de forma remota».

En declaraciones en sede judicial, Yassin afirmó que «quería matar y quitar de en medio a la gente que son enemigos del islam», según recoge el juez en su auto. Pocas semanas antes de los ataques había comenzado a compartir en sus redes sociales vídeos con discursos de líderes religiosos apoyados específicamente por organizaciones terroristas como Al Qaeda o Daesh.

La Unión de Comunidades Islámicas del Campo de Gibraltar tachó las agresiones de «cobarde ataque terrorista [...], absolutamente contrario al Corán y a la Sunna y a todos los mandamientos de Dios y de sus profetas», según informó el diario *El País*.

Víctima mortal

DIEGO VALENCIA PÉREZ, de 65 años, llevaba 16 ejerciendo como sacristán en la iglesia de Nuestra Señora de La Palma, el principal templo algecireño. Era quien abría y cerraba sus puertas diariamente, se encargaba de los arreglos florales y realizaba muchas otras tareas. El párroco, Juan José Marina, definió a Diego «como sus manos y sus pies», en declaraciones a Europa Press, y añadió que si él hubiera estado en el templo, Diego no habría muerto, ya que el terrorista iba claramente a por el cura de la iglesia.

Su cuerpo fue velado en la iglesia y despedido en un funeral multitudinario oficiado por el obispo de la diócesis de Cádiz y Ceuta, Rafael Zornoza, en presencia, entre otras autoridades, del presidente de la Junta de Andalucía, Juan Manuel Moreno Bonilla.

Diego Valencia estaba casado y era padre de dos hijas. De familia comerciante algecireña, él mismo había regentado una floristería y estaba muy vinculado a las cofradías de Algeciras, para las cuales se encargaba de los adornos florales de muchos pasos. Un mes después del atentado, los vecinos de Algeciras se echaron a la calle y guardaron cinco minutos de silencio en memoria de Diego Valencia, gesto que agradecieron tanto su hija Ana Beatriz, como su hermano Pepe, según informó el diario *online Diario Área.*

6

Otros escenarios del terror

Burkina Faso: el yihadismo en el Sahel

En el *Anuario del Terrorismo Yihadista 2019* del Observatorio Internacional de Estudios sobre Terrorismo (OIET) se explica que «Burkina Faso ha sido el país en el que se ha producido un mayor incremento de la actividad terrorista». En efecto, en 2019, Al Qaeda comenzó a actuar en el país del Sahel occidental, donde este y otros grupos yihadistas tienen como objetivo preferente a las fuerzas militares, aunque esto no significa que no ataquen a la población civil. Los asaltos contra comunidades rurales son frecuentes, así como los incendios de escuelas, de las que 2.400 han tenido que cerrar sus puertas a causa de los ataques.

Filippo Grandi, alto comisionado de la ONU para los refugiados (ACNUR), exponía las devastadoras consecuencias de los ataques yihadistas en Burkina Faso en una entrevista con la periodista Rosa Meneses *(El Mundo,* 10 de marzo de 2020):

> Cuando visité las poblaciones de Kaya y Dori me afectó mucho ver que todas las calles, mercados y plazas estaban llenas de personas desplazadas que habían escapado de sus ciudades y que la mayoría eran mujeres y niños. Pregunté dónde estaban los hombres y me dijeron que la mayoría de ellos habían sido asesinados por los grupos armados. Y que algunos se habían ido a otros paí-

ses o a distintas zonas del país para trabajar y enviar dinero para alimentar a sus familias. Así que las mujeres se habían quedado solas con sus hijos y muchas de ellas habían sido violadas por los grupos armados.

Ataque en un control aduanero (15 de febrero de 2019)

El 15 de febrero de 2019, un grupo de yihadistas atacó el puesto de aduanas móvil de la provincia de Boulgou, situada en la zona sur de Burkina Faso, cercana a las fronteras con Togo y Ghana. Los agresores, que se desplazaban en moto, dispararon al puesto de control aduanero, así como al vehículo en el que iban varios misioneros salesianos, entre ellos el español ANTONIO CÉSAR FERNÁNDEZ FERNÁNDEZ (véase a continuación), que murió como consecuencia de los disparos. También perdieron la vida en el ataque cinco funcionarios burkineses.

Víctima mortal (de nacionalidad española)

ANTONIO CÉSAR FERNÁNDEZ FERNÁNDEZ era natural de Pozoblanco (Córdoba) y llevaba 55 años ejerciendo de misionero. Formaba parte de la orden de los Hermanos Salesianos. Comenzó su labor misionera en África en 1982 al fundar la misión salesiana en Togo. En su larga trayectoria había servido como maestro de novicios, delegado de la Inspectoría Salesiana de África Occidental Francófona (AFO) y durante sus últimos años ejerció su ministerio en Burkina Faso.

Tenía 72 años cuando fue asesinado la tarde del 15 de febrero en Nihao. César regresaba con otros dos compañeros de Lomé (Togo), donde habían participado en la reunión de la Inspección Salesiana de África Occidental. Iban camino de Uagadugú y se encontraban en un puesto aduanero móvil de la frontera sur cuando fue atacado por una veintena de hombres armados que a continuación se dieron a la fuga.

El ayuntamiento de su localidad natal, Pozoblanco, decretó dos días de luto oficial. El alcalde se refirió a Antonio César como «pozoalbense ejemplar cuyo testimonio de vida no muere con él, sino que queda con nosotros para siempre», y destacó su trayectoria marcada por el compromiso con los más desfavorecidos.

Emboscada mortal contra periodistas (27 de abril de 2021)

La inseguridad, alimentada por la actividad de grupos terroristas y por la delincuencia organizada en torno al tráfico ilegal de armas, drogas, oro, etc., se disparó tanto que en 2020 se registraron más de 1.215 incidentes armados. Ciento sesenta civiles fueron asesinados en la localidad de Solhan en junio de 2021, y meses después, en Anata, segaron la vida de 53 gendarmes en un solo ataque. El presidente Kaboré, incapaz de hacer frente a la oleada violenta, reclutó a civiles y formó los grupos de Voluntarios para la Defensa de la Patria. La incapacidad para hacer frente al yihadismo provocó dos golpes de Estado en Burkina Faso en 2022.

El conglomerado yihadista Grupo de Apoyo al Islam y los Musulmanes (GAIM) había mantenido un alto el fuego desde septiembre de 2020 hasta marzo de 2021, tregua de la que se valió para hacerse fuerte en varios territorios, expandirse a áreas del sur del país y lanzar después una brutal campaña, según informaciones del International Crisis Group*.

Los españoles DAVID BERIÁIN (véase pág. 174) y ROBERTO FRAILE (véase pág. 175) llegaron a Burkina Faso en la primavera de 2021 para realizar un ambicioso trabajo de periodismo documental en la zona burkinesa de la región natural W-Arly-Pendjari, un conjunto de parques que conforman el área protegida de mayor extensión de África. Bregados en el reporterismo en zonas de conflictos armados, Beriáin y Fraile grababan imágenes para un documental sobre la difícil preservación del parque natural de las zonas interfronterizas de Benín, Níger y Burkina Faso, difícil por la acción de cazadores furtivos y saqueadores. Conocedores de los riesgos, iban empotrados en un convoy militar preparado para la lucha con-

* http://www.crisisgroup.org/africa/sahel/burkina-faso/linsecurite-facteur-determinant-du-putsch-de-ouagadougou

tra la caza furtiva. El convoy mixto de soldados y *rangers* forestales formaba un grupo de 30 personas que se desplazaba en dos camiones militares y una docena de motocicletas.

El 27 de abril se hallaban grabando escenas de adiestramiento de guardias forestales para la protección de elefantes en el parque nacional de Arlyse cuando se toparon con un campamento en el que ondeaba una bandera negra con palabras árabes, según desveló Miguel González en una crónica de *El País*. Rápidamente, se vieron emboscados por decenas de hombres fuertemente armados. La patrulla burkinesa se vio superada militarmente por los yihadistas, a los que pudieron resistirse hasta que la munición fue agotándose. Tras más de tres horas de intercambio de disparos, los soldados burkineses se retiraron. Beriáin y el fundador de la ONG Chengeta Wildlife, el conservacionista irlandés nacido en Zambia Rory Young, no quisieron abandonar a su suerte a Roberto Fraile, que había resultado gravemente herido. Los tres cayeron en manos de los yihadistas. Al día siguiente, fuerzas del ejército de Burkina Faso encontraron sus cadáveres con signos de haber sido ejecutados.

El atentado fue reivindicado por el grupo JNIM, filial de Al Qaeda en el Magreb Islámico, uno de los dos grupos terroristas relevantes de la región al que se atribuyen centenares de víctimas.

Víctimas mortales (de nacionalidad española)

DAVID BERIÁIN AMATRIAIN (Artajona, Navarra, 1977) estaba casado con Rosaura Romero, con quien fundó la productora 93 Metros, en memoria de su abuela, que daba semejante número de pasos desde su casa hasta la iglesia a la que acudía a misa a rezar. Según decía en la crónica, escrita por A. S. J., publicada por *El Correo,* David optó por ese nombre «porque no nos olvidamos nunca de que a veces la historia más grande está en el lugar más pequeño. A mi abuela le sobraron 93 metros para encontrar su verdad».

David se hizo popular por la serie Clandestino, emitida por el canal Discovery. De carácter curioso e incansable, había viajado intensamente por Latinoamérica y Asia, así como por algunos países árabes tras las revueltas conocidas como «primavera árabe». Su apego al periodismo de investigación le llevó a adentrarse en grupos de delincuencia organizada, como el Cartel de Sinaloa o la camorra italiana.

Fue despedido en el colegio de Artajona, al que había acudido en su infancia tras recibir sepultura en el cementerio de la localidad, según informó el *Diario de Navarra.*

ROBERTO FRAILE FERNÁNDEZ (Baracaldo, Vizcaya, 1974) estaba afincado en Salamanca y tenía dos hijos, Carla y Daniel. Se había iniciado como cámara en la televisión La 8 de Salamanca y durante años trabajó como cámara y realizador en Radio Televisión de Castilla y León. Su pasión por el reporterismo de guerra le llevó a numerosos escenarios de conflictos de alto riesgo en países como México, Colombia, Afganistán o Irak, casi siempre junto a David Beriáin. En diciembre de 2012, recién iniciada la guerra de Siria, resultó herido por arma de fuego en Alepo.

Las Cortes de Castilla y León guardaron un minuto de silencio como «repulsa y condena» por el asesinato de los periodistas, según informó el diario *Leonoticias.com.*

Aunque había nacido en Baracaldo (Vizcaya), Roberto se sentía muy apegado a la localidad leonesa de Valdespino Cerón, de donde era su madre y en cuyo camposanto fue enterrado y despedido por amigos y familiares.

El entonces presidente de Reporteros sin Fronteras en España, Alfonso Armada, dijo que la muerte de los dos profesionales fue «una pérdida irreparable para el periodismo más inquieto y dinámico, el que va al lugar de los hechos, se mancha los zapatos de barro, cuenta la realidad desde cerca y en toda su complejidad».

Por su parte, el periodista Alberto Rojas escribió para *El Mundo* que los dos asesinados «eran los mejores porque su trabajo rezumaba verdad, algo que hoy comienza a escasear. En sus documentales en la selva, David siempre llevaba su camisa sucia y sudada. No era atrezo». El Club Internacional de Prensa (CIP) dedicó a los dos reporteros, a título póstumo, el Premio de Periodismo Internacional «por su acreditado trabajo y su ejemplo de valor y constancia al servicio de un periodismo directo, comprometido y sin barreras», según informó el diario *Público*. También fueron reconocidos en la 39.ª edición de los Premios Ortega y Gasset de Periodismo por «el compromiso de ambos con la profesión ejerciendo un tipo de periodismo que se aleja de lo obvio: el de la cobertura de los conflictos olvidados».

El Consejo de Ministros otorgó la Medalla al Mérito Civil a los dos periodistas. El presidente de La Junta de Castilla y León, Alfonso Fernández Mañueco, entregó la Medalla al Mérito Profesional, a título póstumo, a los hijos de Roberto Fraile en la capilla de la Hospedería de Fonseca, en un emotivo acto en el que afirmó que «amenazar, atentar, presionar o coaccionar a periodistas es amenazar a la misma democracia».

Según informó la agencia Europa Press (abril de 2023), el Juzgado Central de Instrucción número 2 de la Audiencia Nacional mantenía abierta la investigación sobre el ataque.

Sri Lanka: matanza en Domingo de Pascua

El 21 de abril de 2019, festividad del Domingo de Resurrección, varios ataques terroristas simultáneos contra iglesias y hoteles de Sri Lanka provocaron la muerte a 269 personas y heridas a más de 500. Fueron los peores ataques cometidos en el país asiático desde el final de la guerra civil en 2009. Los atentados fueron ejecutados por suicidas, que detonaron las cargas explosivas en tres hoteles de lujo y en tres iglesias de distintas ciudades.

La iglesia más castigada fue la de San Sebastián, en la ciudad de Negombo. La aparatosa explosión causó el hundimiento del techo sobre los fieles que celebraban misa a las 8:45 horas de la mañana. En Colombo, la iglesia de San Antonio —muy popular en la isla incluso entre personas no católicas— estaba abarrotada de fieles aquella mañana. En la explosión que provocó el suicida murieron al menos 50 personas y varias decenas resultaron heridas. En la ciudad de Batticaloa, la decidida actuación del esrilanqués Ramesh Raju en la iglesia de Zion, evitó una masacre, pues, tras ver a un hombre que portaba una gran bolsa, lo forzó a salir fuera del templo, momento en que el suicida detonó la bomba y mató a

Ramesh. La esposa y los dos hijos de este se encontraban en el interior del templo.

El otro objetivo de los atentados múltiples fue el sector turístico. Los terroristas suicidas hicieron estallar los explosivos en tres hoteles de lujo de la capital: Cinnamon Grand, The Kingsbury y Shangry-La. La mayoría de las víctimas mortales eran nacionales de Sri Lanka, tanto empleados como clientes, y entre los más de 38 extranjeros fallecidos había personas de Reino Unido, Estados Unidos, Turquía, India, Dinamarca, Holanda, Suiza, China, India, Australia, Japón, Bangladesh y Portugal. Hasta pasadas algunas horas no trascendió la noticia de que entre los muertos había dos españoles.

El secretario de Defensa y el inspector general de la Policía de Sri Lanka fueron relevados de sus puestos después de que se conocieran fallos en los servicios de inteligencia.

Dos días después de los atentados, el ISIS (Estado Islámico en Irak y Siria) reivindicó los ataques. A los pocos días, la Policía de Sri Lanka dio a conocer las identidades de los perpetradores, que pertenecían al grupo islamista local National Thowheed Jamath y que provenían de familias de clase media y media-alta. Dos de los terroristas eran hijos de un potentado comerciante de especias y líder de un partido de izquierdas. La esposa de uno de los suicidas, cuando la Policía se personó en su domicilio para detenerla, detonó los explosivos adosados a su cuerpo y murió junto a sus dos hijos.

Entre los 32 extranjeros que perecieron en los ataques se hallaba una joven pareja de españoles que se encontraban disfrutando de unos días de descanso en Colombo.

Víctimas mortales (de nacionalidad española)

MARÍA GONZÁLEZ VICENTE había nacido en Pontecesures (Pontevedra), tenía 32 años y era hija única. Trabajaba en Mayper, la empresa familiar ubicada en Padrón y dedicada a la elaboración y rotulación de uniformes de trabajo. Había aprovechado el descanso de la Semana Santa para viajar a Colombo, donde se había citado con su novio, ALBERTO CHAVES GÓMEZ (véase pág. 178), que trabajaba en la región.

Tanto la Xunta de Galicia como el Parlamento guardaron sendos minutos de silencio en repulsa por los atentados en los que murieron los dos jóvenes. El presidente del Parlamento, Miguel Ángel Santalices, mostró su convencimiento de que «jamás el terrorismo logrará doblegar a las sociedades y a las personas de bien».

ALBERTO CHAVES GÓMEZ, de 31 años, era natural de Rianxo (La Coruña). Tras finalizar el grado de Ingeniería Técnica Industrial en la Universidad de Vigo, se especializó en Ingeniería Química y Bioprocesos en la de Santiago de Compostela.

Durante un tiempo trabajó como responsable de calidad en Central Lechera Gallega y llevaba dos años empleado en la empresa Profand, de procesado y comercialización de productos del mar. Durante su último año de vida estuvo empleado en Profand Vayaland, la filial de la citada empresa en la India.

Alberto y su novia María pasaban sus últimos días de vacaciones en Colombo tras un viaje de dos semanas por la isla. Desayunaban en el hotel The Kingsbury cuando fueron sorprendidos por la explosión provocada por un terrorista suicida que les arrebató la vida.

Las tres localidades gallegas con las que estaban vinculados los jóvenes, Padrón, Pontecesures y Rianxo, celebraron actos de repulsa por el atentado y en solidaridad con las familias de las víctimas.

7

El 11-M en Madrid: los atentados más letales de Europa

Los atentados del 11 de marzo de 2004 golpearon a España y conmocionaron a toda Europa. Lo que pasó aquella mañana en los trenes de Cercanías de Madrid fue una matanza a escala «industrial», como precisó en uno de sus artículos de aquellos días el periodista José María Calleja, con un balance de 193 personas asesinadas y cerca de 2.000 heridos, cientos de ellos con graves secuelas físicas y psíquicas. Fue el mayor atentado terrorista registrado en suelo europeo, solo superado por la explosión de una bomba en un avión de la Pan Am cuando sobrevolaba la localidad escocesa de Lockerbie en 1988, que causó 270 muertos. El impacto de la matanza de los trenes ha llevado a la Unión Europea a declarar el 11 de marzo como Día de las Víctimas del Terrorismo.

Trece mochilas cargadas con explosivos, escondidas en diversos puntos de los trenes (en los convoyes 1, 4, 5 y 6) de la línea Guadalajara-Madrid, desde Alcalá de Henares hasta Atocha, hicieron explosión entre las 07:37 y las 07:40 horas y acabaron con la vida de casi dos centenares de pasajeros.

España, habituada al sobresalto de los atentados de ETA durante décadas, asistió a la dantesca escena del acto terrorista de mayores proporciones de la historia democrática. Este ataque brutal, a solo tres días de unas elecciones generales, desató un cruce de acusaciones desgarradoras sobre la autoría de los crímenes, sobre la supuesta implicación de ETA, que no tuvo nada que ver, y sobre la relación con la guerra de Irak. Estas polémicas tensionaron la convivencia durante mucho tiempo.

Presencia de Al Qaeda en territorio español

Años atrás, y ante el escepticismo mayoritario, algunos periodistas, como José María Irujo *(El agujero. España invadida por la Yihad,* 2005), ya habían advertido de la formidable presencia de Al Qaeda en territorio español, de las conexiones de las células locales con el 11-S y los atentados de Casablanca y, por consiguiente, del riesgo de un atentado terrorista. En sus investigaciones, Irujo fue desgranando cómo Al Qaeda formó en España su base principal en Europa. El lugar de acogida de la inmigración, su proximidad a África y sus puertas abiertas hacia Europa hicieron que nuestro país fuera el elegido por radicales islamistas para asentarse. Algunos eran excombatientes de campos terroristas de Chechenia, Afganistán o Bosnia, y otros adeptos de la corriente salafista, que financiaba las células que iban naciendo alrededor de algunas mezquitas. Según Irujo, la semilla de la *yihad* se sembró al menos una década antes de los atentados de los trenes:

> Cuando en marzo de 2002 publiqué que España era la principal base de Al Qaeda en Europa, un destacado mando policial, adscrito a la Comisaría General de Información, me telefoneó airado para recriminarme lo que, en su opinión, era una información inexacta que podía provocar una alarma innecesaria. Esa misma mañana escuché una frase que jefes de diferentes cuerpos y servicios me comentaron durante varios años en repetidas ocasiones: «España es solo la vanguardia del terrorismo islamista. Aquí no van a actuar». Responsables policiales y observadores periodísticos Pensaban entonces que España «no pasaba de ser un territorio caliente en el que se compraban y vendían pasaportes falsos y se recolectaba el dinero para grupos terroristas», así como otras captaciones de combatientes para luchar en la esfera internacional.

Añade el periodista que, desde los años noventa, la Policía y los servicios de inteligencia seguían a aquellos radicales por mezquitas y locutorios, «pero nunca imaginaron que atacarían al país que los acogió y otorgó una nueva nacionalidad». Las Fuerzas de Seguridad menospreciaron la amenaza. Detuvieron a varias células del Grupo Islámico Armado (GIA) y se condenó a un solo detenido. Pese a los cientos de pinchazos telefónicos realizados y a la vigilancia de cerca de 300 sospechosos, nunca se pensó «que aquel grupo de soldados de Alá que estaban en contacto con Bin Laden» eran peligrosos de verdad. La detención de estos cabecillas tras el 11 de septiembre de 2001

> [...] no acabó con la fiera. De ese mismo tronco surgieron los autores del atentado de Casablanca y de esa misma raíz provenían los autores del 11-M, el mayor atentado de la historia de la Unión Europea, un ataque terrorista que podría haberse evitado si la clase política y los mandos policiales hubieran dado la importancia debida a las numerosas amenazas y señales de alarma recibidas. El agujero fue monumental y la falta de coordinación de los servicios de seguridad, absoluta. No se reforzaron los equipos ni se previó lo que podía ocurrir. Nadie creyó que España pudiera ser blanco de los terroristas, pese a que lo habían sido Reino Unido, Italia, Alemania y Bélgica, desde los años noventa.

En opinión de Irujo, la explicación del 11-M como una consecuencia del apoyo del Gobierno de José María Aznar a la guerra de Irak «es una simplicidad»:

> Las células de radicales islamistas en España preparaban atentados desde el año 2001 y tuvieron una extraordinaria participación en la logística e infraestructura del 11-S, el ataque que provocó 3.000 muertos en el corazón del país más poderoso del mundo; en el 11-A, en 2002, en una sinagoga en Túnez; en la matanza de Casablanca en 2003, y en otras brutales acciones terroristas en diversas partes del mundo. La alianza del anterior Gobierno con George W. Bush añadió, sin duda, más riesgo y nos reforzó como objetivo, pero no fue el factor único y decisivo del atentado. Éramos

> antes y seguimos siendo ahora objetivo de los terroristas islamistas. Sobre todo, después de haber demostrado nuestra vulnerabilidad.

En el mismo sentido se orientan las investigaciones del catedrático Fernando Reinares, que ha estudiado exhaustivamente todo lo concerniente a los atentados del 11-M y cuyas conclusiones se han reflejado en dos libros, *¡Matadlos! Quién estuvo detrás del 11-M y por qué se atentó en España* y *11-M. La venganza de Al Qaeda*. En la primera de estas obras, el catedrático menciona las proclamas y los textos de fundadores de Al Qaeda, como Azzam, Bin Laden y Al Zawahiri, que hacen referencia a España. Azzam publicó en 1987, dos años antes de morir en la ciudad pakistaní de Peshawar, el panfleto *Noticias de Victoria*. Según Reinares, fue uno de los doctrinarios de los miembros de la red del 11-M, que habla de Al-Ándalus como si se tratara de una tierra musulmana bajo ocupación:

> Esta obligación no debe terminar con la victoria en Afganistán, y la *yihad* seguirá siendo una obligación individual hasta que todas las demás tierras que fueron musulmanas regresen a nosotros y el islam reine en ellas de nuevo. Ante nosotros quedan Palestina, Bujará, Líbano, Chad, Eritrea, Somalia, Filipinas, Birmania, el sur de Yemen, Tashkent y Al-Ándalus.

Reinares señala que el propio Bin Laden, en una carta dirigida a la primera autoridad religiosa de Arabia Saudí, apeló públicamente a la *yihad* en 1994 con el fin de recuperar «toda tierra robada desde Palestina hasta Al-Ándalus». Dos meses después, Al Zawahiri, en un manifiesto titulado «Caballeros bajo el estandarte del Profeta», habló también de los «torturados en las tierras del islam, desde el Turquestán oriental hasta Al-Ándalus», y proclamó «una *yihad* cuyo objetivo es liberar Palestina, toda Palestina, y todo territorio que fue musulmán, desde Al-Ándalus hasta Irak».

Tras los atentados del 11 de septiembre de 2001 en Nueva York y Washington, los servicios de inteligencia de Estados Unidos y Alemania constataron que Abu Dahdah, líder de la célula de Al Qaeda en España, mantenía desde 1995 una relación directa con

Mohamed Atta, el egipcio que fue cabecilla de los terroristas suicidas que secuestraron y estrellaron los aviones de pasajeros contra las Torres Gemelas y el Pentágono y que intentó sin éxito hacer lo propio en el Capitolio o en la Casa Blanca. Reinares destaca que Atta viajó en dos ocasiones a nuestro país en 2001 y que actuó desde Europa como administrador y enlace de los demás.

Se dio por hecho que, tras la guerra de Irak (marzo de 2003) y los atentados yihadistas en Casablanca (Marruecos) en mayo de 2003 —que causaron 45 víctimas mortales en edificios frecuentados por occidentales, 19 de ellos en la Casa de España—, España estaba en el punto de mira de las redes yihadistas que operaban por el mundo.

Para analizar por qué se decidió atentar en Madrid, quiénes fueron los instigadores de la matanza y cuáles eran sus conexiones internacionales, el profesor Reinares rastrea los hechos acaecidos años antes, unos hechos que alejan la vinculación de los atentados con una sola causa.

El mismo día de los atentados del 11 de marzo, 24 individuos estaban a punto de ser procesados ante un tribunal de la Audiencia Nacional por pertenecer a una célula de Al Qaeda en España o por colaborar con ella. Pudo resultar una casualidad, pero Reinares subraya que para entender de dónde procede la red del 11-M, por qué se decidió atentar en Madrid y quiénes fueron los instigadores de la matanza y sus apoyos internacionales, «es preciso conocer que, en 1994, una década antes, Al Qaeda, la organización terrorista responsable de los atentados del 11 de septiembre en Nueva York y Washington, había establecido una importante célula en el territorio español». Seis años antes de poner en marcha dicha célula —en 1988—, el saudí Osama bin Laden, el egipcio Ayman al-Zawahiri y el palestino Abdullah Azzam habían fundado Al Qaeda.

Un informe del Real Instituto Elcano firmado por el mismo autor, en colaboración con Carola García Calvo y Álvaro Vicente, titulado «Yihadismo y yihadistas en España. Quince años después del 11-M», da cuenta del desarrollo de los grupos yihadistas y de sus formas de establecerse desde los inicios de Al Qaeda, sobre todo a partir de 1995:

> Entre esta última célula —dirigida desde 1995 por un individuo de origen sirio conocido como Abu Dahdah— y la red del 11-M existe una continuidad fundamental. Algunos de los integrantes de aquella que no pudieron ser detenidos en noviembre 2001 constituyeron, en marzo de 2002, en Madrid, el núcleo inicial de lo que será la red del 11-M. A este primer componente se añadió pronto un segundo, aportado por el Grupo Islámico Combatiente Marroquí (GICM), otra entidad yihadista magrebí creada en 2000 y asociada con Al Qaeda. En el verano de 2003 se sumó el tercero y último, una banda de delincuentes comunes radicalizados. La red del 11-M, compuesta por unos 30 individuos, principalmente de nacionalidad marroquí, estuvo en contacto con el directorio de Al Qaeda a través de Amer Azizi, asimismo marroquí. Este destacado miembro de la célula, liderada por Abu Dahdah, se encontraba en Irán cuando fue desmantelada. Sus conexiones previas le permitieron incorporarse, poco después en Pakistán, al aparato central de Al Qaeda. Él fue quien dio las instrucciones para formar el núcleo inicial de la red del 11-M y era adjunto al jefe de operaciones externas de Al Qaeda cuando se perpetró la matanza en los trenes de Cercanías.

Los tres investigadores del Real Instituto Elcano ofrecen los datos de las operaciones policiales contra el yihadismo realizadas antes y después del 11-M. Entre 1995 y 2003 fueron algo más de 100 los detenidos en España por actividades relacionadas con el terrorismo yihadista. El primer arresto tuvo lugar en Barcelona en 1995. El sospechoso era un ciudadano argelino, miembro, precisamente, del GIA. La media anual de detenidos en este periodo fue de 12. En los ocho años posteriores, entre 2004 y 2011, cuando concluyó la segunda fase del yihadismo global, el número de detenidos superó los 460, elevándose hasta 58 la media anual.

> A lo largo de esos 17 años existió básicamente la misma legislación antiterrorista, puesto que el Código Penal no se reformó, a este respecto, hasta fines de 2010. Por tanto, aun considerando que la lucha contra el terrorismo yihadista se intensificó desde la primavera de 2004 —existiendo a partir de entonces consenso en-

tre jueces, fiscales y policías sobre la conveniencia de anticipar operaciones antiterroristas para evitar atentados cuya preparación no hubiese sido detectada—, los datos de detenciones pueden considerarse un indicador de la medida en que la amenaza yihadista persistió en España después del 11-M.

En este contexto se desarrollaron las andanzas de Abu Dahdah. Según Reinares, ya en el año 1998 Dahdah financiaba el envío de individuos reclutados en España a campos de adiestramiento terrorista en el exterior (Bosnia, Indonesia y Afganistán):

> Uno de los individuos integrados en dicha célula, Jasem Mahboule, tuvo que regresar a España con urgencia cuando en 1998 se encontraba por segunda vez en un campo de adiestramiento terrorista en Afganistán, porque tenía que firmar ante notario los documentos relativos a un piso que le había sido concedido por la Comunidad de Madrid. Este hecho sugiere que los yihadistas asentados en nuestro país, incluso estando sometidos a vigilancia, encontraron maneras de explotar en beneficio propio la ausencia de controles en determinados ámbitos de la Administración.

No eran los únicos grupos. En los años 1996 y 1997 se formó en Valencia una célula, inicialmente integrada en el Grupo Islámico Armado, orientada hacia lo que luego será el Grupo Salafista para la Predicación y el Combate (GSPC), integrado por islamistas fanáticos procedentes de Argelia. Entre los miembros de esta célula se encontraba Allekema Lamari, que fue condenado a 12 años de prisión por terrorismo —y excarcelado en 2002 por un error judicial— y que luego participó en los atentados del 11-M. Lamari fue uno de los terroristas suicidas que fallecieron en Leganés.

Antes del envío de soldados españoles a la guerra de Irak, en junio de 2003, tuvieron lugar los ataques terroristas en Casablanca —con un balance de 45 personas muertas—, cometidos de forma simultánea en cinco lugares de la ciudad. Entre las víctimas mortales hubo cuatro españoles. De los lugares que eligieron los terroristas, el de la Casa de España, dependiente del Centro Cultural Español, tenía una importancia simbólica que iba más allá del ataque a la cultura occidental. Reinares deduce que «parece razonable interpretar[lo] como una acción que iba más allá, como un atentado contra España y un presagio del 11-M».

En su análisis sobre el ataque terrorista en Madrid, el catedrático se pregunta si se decidió la fecha del 11-M en Bruselas, donde Youssef Belhadj (el organizador del grupo) y Hassan El Haski dejaron rastro del Grupo Islámico Combatiente Marroquí (GICM), según la documentación recabada por la Policía belga. Cuando esta detuvo por segunda y definitiva vez a Belhadj en su domicilio de Molenbeek (Bruselas), entre los datos requisados figuraba un documento con una fecha de nacimiento (11 de marzo) que nada tenía que ver con el día en que había nacido.

> Que la fecha del 11 de marzo quedase plasmada por escrito en Bruselas desde el 19 de octubre de 2003 tiene indudable interés [...]. No quiere decir exactamente que la fecha exacta fuera decidida en Bruselas; bien pudo habérsela transmitido a Belhadj alguna otra persona en atención a su militancia y posición respecto a la célula del 11-M.

Por su parte, Mohamed, *El Egipcio,* detenido dos meses y medio después en Italia tras la matanza del 11-M, transmitió a un discípulo los detalles y la autoría de los atentados, tal y como se refleja en las grabaciones de la Policía italiana: «No quiero ocultarte una cosa, la operación de Madrid la hemos hecho nosotros».

De la investigación de Reinares se deduce que el proceso de formación de la red del 11-M se inició en marzo de 2002, dos años antes de los atentados, concluyendo en agosto de 2003

> [...] comenzó casi cinco años después de que en España se desmantelara la primera célula terrorista de orientación yihadista, unos seis meses después de los atentados del 11 de septiembre de 2001 en Nueva York y Washington, o cuatro meses después de que diera inicio la intervención militar estadounidense en Afganistán y, sobre todo, de que en nuestro país comenzara la «Operación Dátil».

Y concluye:

> Asimismo, la formación de la red del 11-M empezó más de un año antes de que se desencadenara la guerra de Irak, 15 meses antes de los atentados de Casablanca y 20 meses antes de anunciarse la convocatoria de elecciones generales en España para el 14 de marzo de 2004.

La posibilidad de que España fuera blanco de Al Qaeda antes del 11 de septiembre enlaza con los testimonios de terroristas —como el de Azizi— propugnando acciones yihadistas «en tierras usurpadas». Así lo expresó a su vuelta a España en verano de 2001 para integrarse en la célula de Abu Dahdah.

Pero Reinares va aún más lejos: «El proceso de movilización terrorista que culminó con la matanza en los trenes de Cercanías no se inició en el barrio madrileño de Lavapiés ni en la periferia de Bruselas. Se inició en la ciudad pakistaní de Karachi».

Sin embargo, aunque Azizi aspirara a preparar un atentado en España incluso antes del 11-S, «lo plausible es que esa acción se precipitase con una intensidad mayor a consecuencia del odio que le suscitó la desarticulación de la célula de Abu Dahdah y el encarcelamiento de su líder, a quien estaba muy unido [...]. En otras palabras, el ánimo de venganza fue esencial». Así resalta el investigador el hecho de que otros tres seguidores de Abu Dahdah —*El Tunecino,* Said Berraj y Zougam— desempeñaran papeles clave en la preparación y ejecución de la matanza en los trenes.

¿Obedecieron los atentados de Madrid a la invasión de Irak? Fernando Reinares responde así a la pregunta:

> Cuando Azizi se encontró con Mourafik en Karachi, a finales de 2001, resuelto a promover un gran atentado en España, faltaban un año y tres meses para el 20 de marzo de 2003 [día en que se inició la intervención norteamericana en Irak] y cayerán las primeras bombas sobre Bagdad [...]. Bien es cierto que ese proceso culminará unos cinco meses después de iniciada la contienda armada en Irak [...], pero aun tomando esto último en consideración [...] una mera cronología de los hechos refuta esa asociación.

Los terroristas se sirvieron de la invasión y ocupación de Irak para justificar su matanza. En esto coinciden los expertos sobre el terrorismo. Después del 11-M, los terroristas intentaron sacar provecho del miedo, y presentaron la matanza como un éxito, alegando el posterior retorno a España de los soldados españoles que habían sido enviados a Irak el año anterior. En definitiva, Reinares concluye:

> Los atentados del 11-M fueron ideados al concluir 2001 como una venganza por el desmantelamiento de la célula que Al Qaeda había establecido siete años antes en España, cuyos ciudadanos y gobernantes son acusados por los principales doctrinarios del salafismo yihadista, desde hace más de tres décadas, de estar ocupando lo que aún consideran el territorio islámico de Al-Ándalus.

Los atentados se prepararon con la participación de dirigentes del GICM que en 2002 optaron por desarrollar su capacidad operativa en países en donde residieran sus miembros. «La guerra de Irak ofreció un contexto favorable para adecuarlos a su estrategia y aprovechar el impacto», añade Reinares. Aunque la red —«un gigantesco puzle», en palabras de José María Irujo— era objeto de seguimiento policial, «los desajustes judiciales, las disposiciones del Código Penal, que no se modificaron hasta después del 11-S y del 11-M, la habilidad de los terroristas para comunicarse entre sí mediante correos electrónicos o telefonía móvil, hasta entonces desconocidos por las policías y los servicios de inteligencia, no solo españoles», hicieron lo demás.

El trabajo de los investigadores responde al empeño en conocer la intrahistoria de las células terroristas, los movimientos de quienes fueron capaces de causar esa tragedia.

La intrahistoria de la red del 11-M

Los tres primeros párrafos del epígrafe correspondiente a los hechos probados que establece la sentencia sobre los atentados del 11 de marzo de 2004 reflejan de manera sintética lo fundamental del episodio terrorista:

> Sarhane Ben Abdelmajid Fackhet, Jamal Ahmidan, alias *El Chino,* Mohamed Oulad Akcha, Rachid Oulad Akcha, Abdennabi Kounjaa, Rifaat Anouar Asrih, Allekema Lamari y una octava persona que no ha sido identificada, junto a otras que se dirán, en la mañana del 11 de marzo de 2004 colocaron, en cuatro trenes de la red de Cercanías de Madrid, 13 artilugios explosivos de iniciación eléctrica compuestos por dinamita plástica y detonador alimentados y temporizados un teléfono celular móvil.
>
> Los nombrados, sobre las 21 horas del día 3 de abril de 2004, ante la inminencia de su detención por la Policía, que les tenía cercados en la vivienda que ocupaban en la calle Martín Gaite, número 40, 1.° A, de Leganés, decidieron suicidarse detonando varias cargas de dinamita de la marca Goma 2 ECO, que, además de causarles la muerte a ellos, mataron al subinspector del Grupo Especial de Operaciones del Cuerpo Nacional de Policía, don Francisco Javier Torronteras.
>
> Los ocho ocupantes del piso, junto con los procesados Rabei Osman El Sayed, Hasan el Haski, Youssef Belhadj, Abdelmajid Bouchar, Jamal Zougam, Basel Ghalyoun, Otman el Gnaoui, Gnaout o Kanaoui, Mohamed Larbi Ben Sellam, Rachif Aglif, Mouhannadh Almallah Dabas, Fouad el Morabit Anghar, Mohamed Bouharrat, Saed el Harrak y Hamid Ahmidan, son miembros de células o grupos terroristas de tipo yihadista que, por lo que ahora interesa, mediante el uso de la violencia en todas sus manifestaciones, pretenden derrocar los regímenes democráticos y eliminar la cultura de tradición cristiano-occidental sustituyéndolos por un Estado islámico bajo el imperio de la *sharía,* o ley islámica, en su interpretación más radical, extrema y minoritaria.

La resolución judicial ponía punto final a un largo periodo de convulsión social en el que ni siquiera la propia investigación policial ni la instrucción de la Audiencia Nacional se vieron libres de las polémicas que se registraron después del 11-M. El sumario se abrió paso entre una maraña de sospechas y de cuestionamiento del trabajo realizado por policías y jueces. Se intentó confrontar la instrucción del juez Juan del Olmo con versiones alternativas que apuntaban a una conspiración política dentro del propio Estado.

Así, el procedimiento se prolongó durante más de dos años, hasta que en junio de 2006 la Audiencia Nacional dictó un auto de procesamiento que desmenuzó los hechos contra 29 imputados entre supuestos dirigentes, autores materiales, colaboradores, miembros de células yihadistas y componentes de la trama que suministró los explosivos.

Estos fueron los 29 procesados y las acusaciones que formuló la Fiscalía durante el juicio:

1. Jamal Zougam: acusado de 191 asesinatos terroristas, otros 1.755 en grado de tentativa, estragos terroristas e integración en banda armada.
2. José Emilio Suárez Trashorras: acusado de los delitos de 191 asesinatos terroristas, 1.755 asesinatos en grado de tentativa y estragos terroristas por cooperación necesaria. También de colaboración con organización terrorista, asociación ilícita, tenencia y transporte de sustancias explosivas con fines terroristas, falsificación de placas de matrícula y robo de uso de vehículo a motor.
3. Rafa Zouhier: acusado de 191 asesinatos terroristas, 1.755 asesinatos en grado de tentativa, estragos terroristas, colaboración con organización terrorista y tenencia y transporte de sustancias explosivas.
4. Fouad el Morabit Amghar: presunto delito de integración o pertenencia a banda terrorista.
5. Basel Ghalyoun: presunto delito de integración o pertenencia a banda terrorista.
6. Mouhannad Almalladh Dabas: presunto delito de integración o pertenencia a organización terrorista.
7. Hamid Ahmidan: acusado de colaboración con banda terrorista y otro delito de tráfico ilícito de estupefacientes.
8. Antonio Toro Castro: colaboración con organización terrorista, asociación ilícita, y tenencia y tráfico de sustancias explosivas.
9. Otman el Gnaoui: 191 asesinatos terroristas, 1.755 asesinatos en grado de tentativa, estragos terroristas, pertenencia a organización terrorista, falsificación de documento oficial con fines terroristas, tenencia y transporte de sustancias explosivas.

10. Abdelilah el Fadoual el Alkil: pertenencia a organización terrorista.

11. Rachid Aglif: pertenencia a organización terrorista islamista, tenencia y transporte de sustancias explosivas.

12. Mohamed Bouharrat: pertenencia a organización terrorista.

13. Saed el Harrak: pertenencia a organización terrorista.

14. Carmen María Toro Castro: tenencia y transporte de sustancias explosivas y asociación ilícita.

15. Iván Granados Peña: asociación ilícita y tenencia y transporte de sustancias explosivas.

16. Javier González Díaz: las acusaciones privadas le atribuyeron un delito de suministro de sustancias explosivas.

17. Emilio Llano Álvarez: tenencias y transporte de sustancias explosivas.

18. Raúl González Peláez: asociación ilícita y tenencia y transporte de sustancias explosivas.

19. Sergio Álvarez Sánchez: asociación ilícita y tenencia y transporte de sustancias explosivas.

20. Antonio Iván Reis Palicio: asociación ilícita y tenencia y transporte de sustancias explosivas.

21. Nasreddine Bousbaa: colaboración con organización terrorista y falsedad documental con fines terroristas.

22. Mahmoud Sleiman Aoun: colaboración con organización terrorista y falsedad de documento oficial con fines terroristas.

23. Rabei Osman el Sayed Ahmed: pertenencia o integración en organización terrorista, y autor por inducción de 191 asesinatos en grado de consumación, de otros 1.755 en grado de tentativa y otros cuatro delitos por estragos terroristas.

24. Hassan El Haski: integración o pertenencia a organización terrorista, autor por inducción de los delitos de 191 asesinatos en grado de consumación y de otros 1.755 en grado de tentativa.

25. Brahim Moussaten: se retiraron las acusaciones durante el juicio.

26. Mohamed Moussaten: colaboración con organización terrorista.

27. Youssef Belhadj: integración o de pertenencia a organización terrorista y autor por inducción de los delitos de 191 asesinatos en grado de consumación, de otros 1.755 en grado de tentativa y otros cuatro delitos por estragos terroristas.

28. Mohamed Larbi Ben Sellam: integración o pertenencia a organización terrorista y conspiración para el asesinato terrorista.

29. Abdelmajid Bouchar: integración o pertenencia a organización terrorista, autor material 191 asesinatos en grado de consumación, de otros 1.755 en grado de tentativa y otros cuatro delitos por estragos terroristas.

Casi tres años después de la matanza, el 15 de febrero de 2007, se inició el juicio en la Casa de Campo de Madrid, en uno de los pabellones municipales designado para albergar a la multitud de asistentes prevista. La expectación ante la vista oral no tenía precedentes en la historia de España: se trataba de desentrañar la implicación de los 29 acusados en el atentado terrorista con mayor número de víctimas en suelo europeo. Más de 150 radios, televisiones, periódicos y agencias se acreditaron para cubrir la primera jornada, incluyendo muchos procedentes de otros países europeos y de Estados Unidos. Casi 30 medios nacionales cubrieron diariamente el desarrollo de la vista oral, con secciones especiales dedicadas al juicio en la mayoría de los casos.

El tribunal, presidido por el juez Javier Gómez Bermúdez y los magistrados Alfonso Guevara y Fernando García Nicolás, fue citando a los procesados, testigos y peritos, durante 57 sesiones de ocho horas diarias, a lo largo de cuatro meses y medio, con una duración aproximada de 450 horas de vista oral.

En representación de las víctimas se presentaron como acusaciones populares tres asociaciones: la presidida entonces por Pilar Manjón, Asociación 11-M Afectados del Terrorismo; la Asociación de Ayuda a las Víctimas del 11-M y la Asociación Víctimas del Terrorismo (AVT). Además, otros 15 abogados representaron como acusaciones particulares a víctimas no integradas en las mencionadas organizaciones. En cuanto a los abogados defensores, la vista oral contó con un total de 26. A la sala acudieron también multitud de peritos que participaron en 60 pruebas periciales, que expusieron los informes sobre todos los aspectos relacionados con los atentados del 11 de marzo de 2004.

Las sentencias de la Audiencia Nacional, primero, y del Tribunal Supremo, en segunda instancia, fijaron los hechos y las responsabilidades penales de un episodio que se inició con la colocación de 13 bombas —tres de las cuales no llegaron a estallar— en varios vagones de cuatro trenes de Cercanías que hacían el trayecto comprendido entre Guadalajara y la estación madrileña de Atocha. Entre las 7:37 y las 7:40 horas se produjeron las explosiones que dejaron el balance ya conocido de víctimas mortales y heridos. Diez años después del atentado, otra víctima, LAURA VEGA GARCÍA (véase pág. 452), falleció sin haber logrado salir del estado vegetativo en el que quedó como consecuencia de las explosiones. Fue la víctima 192, a la que hay que sumar la muerte, unas semanas después del 11 de marzo, del policía FRANCISCO JAVIER TORRONTERAS (véase pág. 444), alcanzado por la bomba que hicieron estallar siete de los autores materiales de los atentados cuando se vieron rodeados en un piso de Leganés.

Fue el atentado más destructor de cuantos se vivieron en España, un país que había sufrido durante más de cuatro décadas el azote del terrorismo de ETA y otros actos terroristas perpetrados por organizaciones de diversas siglas, incluida alguna de corte islamista, como la que llevó a cabo el atentado del restaurante El Descanso en 1985, tratado anteriormente. Pero el daño personal y la destrucción registrados en el ataque del 11-M no tenía precedentes. Los daños materiales directos de la matanza fueron estimados por el profesor Mikel Buesa por encima de los 17,6 millones de euros, y el coste indirecto se calculó en casi 212 millones.

El 31 de octubre de 2007, ocho meses y medio después de que se iniciara el juicio, el juez Javier Gómez Bermúdez, en medio de un espeso silencio, procedió a la lectura del fallo en la sala especial del edificio de la Casa de Campo. La expectación con que se esperaba conocer la sentencia era acorde con la dimensión de las consecuencias de la matanza. El juez leyó un resumen de los más de 700 folios que ocupaba la sentencia.

En el capítulo de hechos probados, la sentencia arranca con los tres párrafos citados al principio y luego pasa a describir el desarrollo de los movimientos de los terroristas para cometer el atentado.

Indica que, a primera hora de la mañana del 11 de marzo de 2004, tres miembros de la célula terrorista, «sin que se tenga la certeza absoluta de sus identidades», se desplazaron hasta Alcalá de Henares en una furgoneta blanca marca Renault, modelo Kangoo, matrícula 0576-BRX. Los tres yihadistas llevaban varias bolsas de deportes y mochilas que contenían artefactos explosivos.

> La furgoneta había sido robada entre las 13:00 horas del día 27 y las 01:00 horas del 28 de febrero de la calle Aranjuez número 15 de Madrid, lugar donde la había dejado estacionada su propietario. Poco antes de las siete de la mañana, los tres individuos estacionaron el vehículo en la calle Infantado de Alcalá, próxima a la estación de Cercanías, donde fueron vistos por el conserje de una finca cercana. Tras bajarse de la furgoneta, se dirigieron a la estación, subieron en los trenes y colocaron en varios de ellos —con destino Madrid— un número indeterminado de bolsas con las cargas explosivas. Simultáneamente, otros terroristas hicieron lo mismo subiendo a los trenes en lugares no determinados del trayecto entre la estación de ferrocarril de Cercanías de Alcalá de Henares y la de Madrid-Atocha.

El Tribunal señala que sobre las 07:45 horas fue visto un individuo cambiándose de ropa entre dos casetas de una obra que había en la Gran Vía del Este, frente a la estación de Cercanías de Vicálvaro. «Entre los perfiles genéticos encontrados en la sudadera está el del procesado Otman el Gnaoui», explica el fallo.

Los terroristas colocaron 13 bombas para que explosionaran simultáneamente. Diez de ellas lo hicieron entre las 07:37 y las 07:40 horas. Ocho cargas explosivas fueron colocadas en los vagones que, según el sentido de la marcha, ocupaban el primero, cuarto, quinto y sexto lugar de los trenes número 21.431 y 17.305, con salida en Alcalá de Henares a las 07:01 y 07:04 horas, respectivamente. Todas, salvo la del vagón número 1 del primer tren, explosionaron: tres en la estación de Atocha de Madrid, a las 07:37 y a las 07:38 horas; dos mientras estaba el tren 21.431 parado en el andén 2, y las otras cuatro a las 07:39 horas cuando el tren 17.305 circulaba a la altura de la calle Téllez (Madrid).

Otras cuatro bolsas o mochilas fueron colocadas en el tren 21.435 con salida de Alcalá a las 07:10 horas, único convoy compuesto por vagones de dos plantas. Dos de ellas, puestas en el piso superior de los vagones 4 y 5, explosionaron a las 07:38 horas en la estación de El Pozo. Las otras dos, dejadas en los pisos inferiores en los vagones segundo y tercero, no llegaron a explosionar. Una fue neutralizada en la estación, y la otra se desactivó en el parque Azorín de Vallecas. La sentencia da por probado que el último artilugio fue colocado por Jamal Zougam en el cuarto vagón del tren 21.713, que salió de Alcalá a las 07:14 horas y explosionó a las 07:38 horas cuando el tren estaba parado en la estación de Santa Eugenia.

En el relato de los hechos probados, el veredicto agrega que sobre las 08:40 horas del día 11 de marzo, al revisar los trenes que había en la estación de Atocha, en el centro del primer vagón un policía encontró una mochila gris con asas negras. Tras tocarla y abrirla unos cinco o seis centímetros, vio que contenía una bolsa azul transparente con una masa blanquecina o color marfil con textura de plastilina, por lo que, al creer que se trataba de un artilugio explosivo, lo sacó del andén y desalojó la zona. Al filo de las diez de la mañana, el agente intentó su desactivación, pero no lo consiguió y se produjo una explosión controlada.

Lo mismo ocurrió con una bolsa hallada sobre las 08:10 horas de la mañana en la estación de El Pozo. Los agentes vieron en su interior una bolsa azul traslúcida con cinta de cierre amarilla que contenía una masa blanquecina de la que salían dos cables rojo y azul sobre los que había un teléfono móvil boca abajo. Un agente intentó desactivar la bomba, pero se produjo una explosión controlada.

La sentencia sitúa a las 10:30 horas la localización de la furgoneta Kangoo gracias al testimonio del portero de la finca situada en el número 5 de la calle Infantado de Alcalá. El hombre vio, a las siete de la mañana, bajar de la furgoneta a tres individuos, por lo que pensó que este hecho podía estar relacionado con los atentados. De ello informó al presidente de la comunidad de vecinos y este a los policías que se encontraban en la estación.

Media hora más tarde llegaron al lugar varios agentes de la Brigada Provincial de Información de Madrid, especialistas en terrorismo. Uno de ellos realizó una inspección ocular exterior de la

Kangoo, incluidos los bajos, con el fin de descartar la presencia de algún artefacto. Miró a través del parabrisas y de los cristales laterales de las dos puertas delanteras, y observó «a simple vista que nada entrañaba un riesgo aparente». Lo mismo hizo el inspector jefe de Policía Científica de la Comisaría de Alcalá, con resultado idéntico. También se desplazó una dotación de perros adiestrados, cuyo rastreo fue igualmente negativo. La sentencia añade:

> Comprobado que se podía mover la furgoneta sin peligro se decidió trasladarla a la Comisaría de Alcalá. Al ver que tenía engranada una marcha, un funcionario provisto de guantes entró por detrás, liberó el seguro de la puerta delantera e introdujo la mano desde el exterior y colocó la palanca de cambio en punto muerto. Sobre las dos y cuarto de la tarde, el comisario General de Policía Científica ordenó que la furgoneta fuera trasladada a las dependencias de Canillas, escoltada por un vehículo de la Policía. La furgoneta llegó al complejo policial en torno a las tres y media de la tarde. Allí, dos agentes hicieron una inspección ocular. Debajo del asiento delantero encontraron una bolsa de basura de color azul semitransparente con siete detonadores industriales eléctricos y un extremo de un cartucho de dinamita plástica de color blanco marfil con papel parafinado. En dos de los detonadores había una etiqueta con la leyenda «UEB detonador eléctrico-Blansting cap-detonateur electrique made in Spain/ce 0163-peligro explosivo-danger explosif». Entre los objetos del interior de la furgoneta se encontró una cinta musical de la Orquesta Mondragón.

El tribunal añadía que todos estos detonadores eran «idénticos» a los que más tarde se descubrieron en un artefacto explosivo en el Parque Azorín (la mochila de Vallecas), en el registro de la finca de Chinchón y, posteriormente, en el desescombro de la calle Martín Gaite de Leganés.

Los magistrados desmentían algunas versiones que cuestionaban la instrucción judicial. Por ejemplo, asegura que en ningún momento se rompió la cadena de custodia de la Kangoo, al igual que la de la mochila de Vallecas. La resolución judicial asegura que desde la Comisaría de Puente de Vallecas se dio la orden de que dos furgonetas se dirigieran a El Pozo para recoger los efectos recuperados, que habían sido metidos en grandes bolsas de plástico. Los policías cargaron entre 12 y 14 bolsones por furgoneta y se les ordenó que las llevaran a la comisaría de Villa de Vallecas, que era la más cercana. Cuando llegaron, «el jefe de guardia se negó a hacerse cargo de los efectos, por lo que, sin solución de continuidad, los dos vehículos, con los cuatro policías y las bolsas, reemprendieron la marcha hasta la comisaría de Puente de Vallecas». Una vez de regreso en el lugar del que habían salido, el comisario jefe, que estaba junto a un inspector, mandó que llevaran los efectos a IFEMA. Allí fueron depositados los objetos en el Pabellón 6, «en un lugar acotado junto a un muro, con un cartel que indicaba su procedencia, quedando bajo la custodia de la Unidad de Intervención Policial».

El fallo judicial explicaba que, esa misma tarde, el comisario de la comisaría de Puente de Vallecas se enteró de que el titular del Juzgado de Instrucción número 49 de Madrid había ordenado que los efectos se depositaran en su comisaría y no en el IFEMA, por lo que de noche fueron devueltos a esa dependencia policial.

> En torno a la 01:30 horas, ya del 12 de marzo, una funcionaria extrajo de una bolsa de deportes que estaba en el fondo de uno de los bolsones de basura un teléfono móvil del que saltaban unos cables. Alarmada, se lo comunicó a la subinspectora de servicio, que suspendió de inmediato el inventario, desalojó la comisaría y avisó a los especialistas. Los Tedax hicieron una inspección técnica de la bolsa y la trasladaron al Parque Azorín para desactivarla. Contenía un mecanismo temporizado y de iniciación eléctrica proporcionado por teléfono móvil marca Mistsubishi Trium con dos agujeros en la carcasa de los que salían dos cables de color azul y rojo que iban a un detonador de cobre que estaba introducido dentro de 10.120 gramos de dinamita plástica. Además, contenía 640 gramos de tornillos y clavos para que actuaran como metralla y un cargador válido para el móvil Trium. Un estudio posterior determinó que no estalló porque uno de los cables estaba desconectado. El artefacto era en su concepción, composición

> y estructura igual a los hallados en el primer vagón del tren de Atocha y en el vagón número 3 del tren de El Pozo. El detonador, por su parte, tenía la misma leyenda que los recuperados en la Kangoo.

La desactivación de esa bomba y la incautación del teléfono móvil abrió una importante línea de investigación para identificar y localizar a los autores del atentado. El veredicto judicial indica que la tarjeta que había en el interior del teléfono, que temporizaba y alimentaba el explosivo, había sido suministrada al grupo por Jamal Zougam, quien la tenía a su disposición en el locutorio Nuevo Siglo, ubicado en el barrio madrileño de Lavapiés. Esta tarjeta formaba parte de un lote de 30 unidades que fueron vendidas el 4 de febrero de 2004 por la empresa Urital 2000 S. A. a Sindhu Enterprise S. L., y que, tras separar los teléfonos de las tarjetas para obtener más beneficio, las vendió a la tienda de Zougam.

Además, el 3 de marzo de 2004, la tienda Decomisos Top vendió a uno de los miembros del grupo terrorista, «que no ha sido suficientemente identificado», nueve teléfonos de la misma marca y modelo que el del artilugio desactivado en el parque Azorín. Tras dar por probado que la empresa Test Ayman fue la que liberó los móviles, la sentencia afirma que la persona que los compró también adquirió en la misma tienda una cinta de vídeo, que luego fue utilizada para reivindicar la matanza.

Según los hechos probados, los teléfonos fueron encendidos, sin que hicieran o recibieran llamadas, entre las 02:24 horas del día 10 y las 02:24 del 11 de marzo bajo la cobertura de la BTS MD30243, situada en Morata de Tajuña. Esta base de telefonía abarca la zona donde está situada la casa de Chinchón, alquilada por Jamal Ahmidan el 28 de enero de 2004 y usada por el grupo para sus actividades delictivas desde octubre de 2003. Según la sentencia, al menos nueve tarjetas de Amena de la partida de 30 que llegaron al locutorio de Zougam fueron usadas por los miembros del grupo que llevó a cabo la matanza.

La sentencia esclarecía además la forma en que los terroristas habían conseguido los explosivos necesarios para realizar los atentados, que procedían de robos cometidos en una mina de Asturias por una trama local encabezada por José Emilio Suárez Trashorras. Rafá Zouhier, que actuaba como confidente de la Guardia Civil, informó a los agentes que le controlaban que, en 2003, los asturianos Antonio Toro Castro, a quien Zouhier había conocido en la cárcel, y Suárez Trashorras tenían a la venta 150 kilos de explosivos. Incluso llegó a conseguir una muestra que entregó a los guardias civiles. Posteriormente, a finales de 2003, Zouhier hizo de intermediario entre el grupo de Jamal Ahmidan y Suárez Trashorras para la compra de los explosivos por parte de los yihadistas, sin que informara de esta actividad a los agentes.

Los explosivos fueron trasladados de Asturias a Madrid en varios viajes, unos realizados a principios de enero de 2004 y otro a finales de febrero.

La investigación policial condujo a la localización de un piso en la población de Leganés en el que se ocultaban ocho terroristas que resultaron ser los autores materiales de la colocación de las bombas. La sentencia indica que la vivienda fue localizada a las 15:15 horas del 3 de abril de 2004 por funcionarios de Policía al mando del comisario Rafael Gómez Menor. El piso había sido alquilado por Mohamed Belhadj, hermano de Youssef Belhadj, siguiendo las instrucciones de Mohamed Afalah.

A las cuatro de la tarde del 3 abril, Abdelmajid Bouchar, uno de los ocupantes del piso, bajó a tirar la basura y se percató de la presencia policial, «por lo que, disimuladamente, y aparentando normalidad, dejó la bolsa de basura en el suelo junto a un contenedor. Tomó entonces una calle distinta de la que le llevaba de vuelta al piso, tras lo cual emprendió veloz carrera, cruzando la vía del tren y despistando a los funcionarios que le seguían». Añade la sentencia que uno de los agentes regresó a las inmediaciones del piso y recogió la bolsa que había dejado Bouchar, de las que sobresalía unas ramas de dátiles. Estas las introdujo en el maletero de un vehículo policial y luego las entregó a la Policía Científica, que identificó restos de ADN de Bouchar en unos huesos de dátil y aceituna.

En el piso quedaron Abdennabi Kounjaa; Rifaat Anouar Asrih; Sarhane Ben Abdelmajid Fakhet, *El Tunecino;* Jamal Ahmidan; Mohamed Oulad Akcha; Rachid Oulad Akcha, y Allekema Lamari, quienes, alertados de la presencia policial, comenzaron a disparar, por lo que el inmueble fue desalojado. Antes de las 18:20 horas, *El Tunecino* llamó a su madre a Túnez para despedirse de ella —tras haber decidido quitarse la vida antes de ser detenido—. Lo mismo hicieron los hermanos Oulad con su familia en Marruecos, y Abdennabi Kounjaa, que llamó a su hermano Abdelkader. La existencia de las dos primeras llamadas fue comunicada por los servicios de información tunecinos y marroquíes al comisario jefe de la Unidad Central de Información de la Policía en la tarde del 3 de abril.

A las 17:45 horas se ordenó a los agentes del Grupo Especial de Operaciones (GEO) que se desplazaran desde su base en Guadalajara hasta la localidad de Leganés. Quince de sus miembros llegaron a la calle Martín Gaite en dos grupos. El primero, compuesto por diez policías, llegó a las 19:00 horas, y el segundo, formado por cinco, 15 minutos después. Tras ser informados de que había entre tres y cinco individuos atrincherados y de que tenían armas y explosivos, descartaron el asalto. Sobre las 20:30 horas, los agentes cortaron la luz, el gas y el agua del edificio y conminaron a entregarse a los ocupantes del piso, sin resultado alguno. Por ello decidieron obligarles a salir, lo que fue autorizado por el subdirector general operativo, con la prohibición expresa de que entraran en la vivienda, pues no se quería correr riesgo alguno. Así lo explica la sentencia:

> A las nueve de la noche, tras parapetarse en el rellano y las escaleras que daban acceso al piso, los GEO derribaron la puerta de la vivienda con una pequeña carga explosiva. Durante dos o tres minutos conminaron hasta en cuatro ocasiones a los ocupantes a salir y estos les respondieron con disparos y frases como «Entrad vosotros, mamones, entrad vosotros…». Ante ello, para obligarles a salir, los GEO lanzaron gas lacrimógeno y segundos después se produjo una gran explosión al detonar los ocupantes unos 20 kilogramos de Goma 2 Eco.

La explosión mató en el acto a los siete ocupantes del piso y al subinspector Francisco Javier Torronteras. Entre los escombros se hallaron fajas y envoltorios de Goma 2 Eco y detonadores idénticos a los de la furgoneta Kangoo. Esparcidos por el lugar se encontraron borradores de los comunicados y reivindicaciones de los atentados del 11 de marzo, un escrito anunciando nuevos atentados y otro sobre la colocación del artefacto explosivo en las vías del AVE Madrid-Sevilla. También se recuperaron vídeos sobre campamentos de Al Qaeda y sobre la organización terrorista Ansar Al Sunnah, en concreto una referida al atentado contra los miembros del CNI en Irak el 29 de noviembre de 2003.

Entre los restos del piso se recuperaron un borrador del fax remitido al diario *ABC* por los yihadistas y otro comunicado en el que se atribuían la colocación de un artefacto en las vías del AVE. Ambos fueron escritos por *El Tunecino*.

La cuestión sobre la autoría de los atentados, que había formado parte de la polémica política tras el atentado, quedó resuelta por el tribunal al establecer que ninguna de las pruebas que habían sido examinadas en el juicio avalaba la tesis de que ETA fuera el grupo terrorista autor de los ataques. La sentencia consideró probado que los atentados fueron perpetrados por una célula yihadista con la ayuda del exminero José Emilio Suárez Trashorras, que les facilitó a los terroristas el acceso a explosivos procedentes de robos cometidos en una mina asturiana con los que se fabricaron las bombas.

El tribunal respaldó la tesis de que los siete miembros del grupo que se quitaron la vida en Leganés en 3 de abril de 2004 pertenecían a la célula islamista autora de los atentados y probablemente eran su núcleo. El Tribunal Supremo, cuando tuvo que resolver los recursos presentados, afirmó lo siguiente:

> Del cúmulo de datos manejados en la resolución aquí impugnada resulta que, al menos algunas de las personas que perdieron la vida en la explosión del piso de Leganés, constituían un grupo organizado, y habían intervenido en la ejecución de los actos terroristas del día 11 de marzo de 2004.

Por su parte, la Audiencia Nacional no entró a determinar si los autores eran o no miembros de Al Qaeda o de otras siglas, sino que consideró que lo penalmente relevante era que constituían un grupo terrorista:

> La existencia o no de un grupo terrorista no depende de que se le pueda asignar o no un nombre, una determinada adscripción geográfica —local, regional, nacional o internacional— o de que tengan un tamaño determinado y una división interna en células, grupos o cuadrillas.

El Tribunal Supremo fue más explícito al mencionar «la dependencia ideológica» de los autores del atentado «respecto a los postulados defendidos por Al Qaeda». El alto tribunal estimaba que dicha dependencia ideológica se apreciaba en el contenido «de las reivindicaciones de la autoría de los actos terroristas y del resto del material incautado».

> [...] no aparece relación alguna de carácter jerárquico con otros grupos o con otros dirigentes de esa organización, lo que permite establecer que la célula que operaba en Madrid, en la medida en que ha sido identificada, no dependía jerárquicamente de otra y, por tanto, puede considerarse a los efectos penales como un grupo u organización terrorista diferente e independiente.

Sin embargo, el Supremo añadía que constataba la vinculación de algunos de los condenados con organizaciones terroristas incluidas en «la órbita ideológica-religiosa de Al Qaeda».

La investigación posterior desarrollada por el catedrático Fernando Reinares a lo largo de varios años estableció esa vinculación directa entre el atentado y sus autores con la dirección del grupo fundado por Bin Laden.

Tres de los terroristas que se sentaron en el banquillo, Rabei Osman el Sayed, alias *El Egipcio,* Youssef Belhadj y Hasan El Haski, habían sido acusados de ser los inductores de los atentados, pero la sentencia les absolvió de esta imputación. Rabei Osman, un islamista de ideas extremistas, estaba acusado por haberse atribuido los hechos en conversaciones mantenidas con sus acólitos en Milán. El tribunal consideró que esa no era una prueba suficiente, y que las presentadas resultaron «escasas», «ambiguas» y «equívocas». Resultó absuelto de todos sus cargos por no considerarse acreditada su condición de dirigente y por estar ya condenado en Italia por delitos de terrorismo. En gran medida, Osman le debió su absolución a la labor de su defensa, que cuestionó unas grabaciones, realizadas en árabe, traducidas al italiano y después al castellano. En el juicio prefirió quedar como un bocazas que se atribuía sin motivo la masacre de Madrid antes de afrontar una condena de miles de años.

LAS CONDENAS DEL 11-M

Los jueces condenaron a 21 de los acusados, dos de ellos como autores materiales. La sentencia impuso las siguientes penas:

Autores materiales

Otman el Gnaoui: responsable en concepto de autor de un delito de pertenencia a banda armada, organización o grupo terrorista; 191 delitos de homicidio terrorista consumados en concurso ideal con dos delitos de aborto; 1.856 delitos de homicidio terrorista en grado de tentativa; cuatro delitos de estragos terroristas, y como cooperador necesario de un delito de falsedad en documento oficial con fines terroristas. Fue condenado a penas que sumaban 42.924 años de prisión. Fue absuelto por el Tribunal Supremo del delito de falsedad en documento oficial, pero se mantuvo el resto de la condena.

Jamal Zougam: considerado responsable en concepto de autor de un delito de pertenencia a banda armada, organización o grupo terrorista; 191 delitos de homicidio terrorista consumados en concurso ideal con dos delitos de aborto; 1.856 delitos de homicidio terrorista en grado de tentativa, y cuatro delitos de estragos terroristas. Las penas sumaban 42.922 años de cárcel.

Cooperador necesario

José Emilio Suárez Trashorras fue considerado responsable en concepto de cooperador necesario de 192 delitos de homicidio terrorista consumados en concurso ideal con dos delitos de aborto;

de 1.991 delitos de homicidio terrorista en grado de tentativa; de cinco delitos de estragos terroristas, y de un delito de falsificación de placas de matrícula de vehículo automóvil, con el atenuante de anomalía psíquica. Las penas impuestas sumaron 34.715 años de prisión.

Otros delitos

Hasan El Haski fue considerado responsable, en concepto de autor, de un delito de pertenencia a banda armada, organización o grupo terrorista, cualificado por su condición de dirigente. Fue condenado a 15 años de prisión.

Hamid Ahmidan fue hallado responsable, en concepto de autor, de un delito de pertenencia a banda armada, organización o grupo terrorista, y de otro contra la salud pública por tenencia preordenada al tráfico, en cantidad de notoria importancia, de sustancias que causan grave daño. Se le condenó a 23 años de prisión y a pagar una multa de cuatro millones de euros.

Rachid Aglif y Abdelmajid Bouchar fueron considerados responsables, en concepto de autores, de un delito de integración en banda armada, organización o grupo terrorista y otro de tenencia o depósito de sustancias explosivas. Fueron sentenciados a sendas penas de 18 años.

Basel Ghalyoun, Fouad El Morabit Anghar, Mouhannad Almallah Dabas, Saed El Harrak, Mohamed Bouharrat, Youssef Belhadj y Mohamed Larbi Ben Sellam fueron hallados responsables, en concepto de autores, de un delito de pertenencia a banda armada, organización o grupo terrorista. Se les impusieron penas de 12 años de prisión. Basel Ghalyoun fue absuelto por el Supremo, al igual que Mouhannad Almallah Dabas.

Rafá Zouhier fue considerado responsable, en concepto de autor, de un delito de tráfico o suministro de explosivos en colaboración con organización terrorista. Fue condenado a diez años de prisión.

Abdelilah El Fadoual El Akil fue encontrado responsable, en concepto de autor, de un delito de colaboración con banda armada, organización o grupo terrorista. Fue sentenciado a nueve años de prisión y, posteriormente, fue absuelto por el Tribunal Supremo.

Nasreddine Bousbaa y Mahmoud Sleiman Aoun fueron considerados responsables, en concepto de autores, de delitos continuados de falsificación de documentos oficiales. Fueron sentenciados a tres años de cárcel.

Raúl González Peláez fue declarado responsable, en concepto de autor, de un delito de suministro de explosivos. Fue condenado a cinco años y, posteriormente, absuelto por el Supremo.

Antonio Iván Reis Palicio y Sergio Álvarez Sánchez fueron hallados responsables, en concepto de autores, de delitos de transporte de explosivos. Fueron sentenciados a penas de tres años de prisión cada uno.

Antonio Toro Castro fue absuelto por la Audiencia Nacional, pero el Tribunal Supremo le condenó a cuatro años de prisión como autor de un delito de tráfico de explosivos.

La sentencia absolvió a Carmen Toro Castro, Emilio Llano Álvarez, Mohamed y Brahim Moussaten, Javier González Díaz, Iván Granados Peña y Rabei Osman El Sayed Ahmed. Como ya se ha señalado, en el último caso, los jueces españoles consideraron que ya había sido condenado por la justicia italiana.

8

LAS VÍCTIMAS DE LOS TRENES

Fueron víctimas anónimas. Ni siquiera tenían interés para sus asesinos. Jóvenes que perseguían sus sueños, adolescentes que veían llegar su mayoría de edad, niños, hombres y mujeres adultos, madres y padres que dejaron a sus bebés en la guardería y a los pequeños en el colegio; novios que murieron juntos en el vagón... Había estudiantes, limpiadores, albañiles, investigadores, ingenieros, sanitarios, maestros, psicólogos, militares, contables, químicos, telefonistas... Hijos, padres, maridos, nietos, amigos... Todos insustituibles. Algunos llegaron de lejanas tierras y soñaban con un mejor futuro en España. Vidas rotas.

Recordar a las 193 víctimas del 11-M es asomarse al agujero que dejaron en sus seres queridos, en quienes las quisieron y conocieron, y reparar en la pérdida que la masacre supuso para toda la sociedad. Hay aún habitaciones de hijos que permanecen intactas, con la misma disposición de muebles y enseres de aquella mañana; familias que conservaron todos los recuerdos de sus hijos. Otras se fueron despojando de los objetos, que entregaron a sus amigos para que recuperaran algo de la vida arrebatada.

Acercarse a las víctimas es volver a sentir el vacío que dejó el estruendo de aquella mañana, el dolor de las mujeres y de los hombres que anduvieron como zombis por el andén, casi muertos, rotas las ropas, envueltos de humo y sangre, en un mar de espanto. Allí donde se pudo rescatar a un crío de cinco años que chillaba bajo las chapas de un tren, donde se quedó en medio una niña de pocos meses en su cochecito de bebé y que solo sobrevivió unas horas.

El caos dejó un universo de secuelas; entre ellas, la orfandad de 97 menores, algunos de ambos progenitores. Fallecieron 193 personas de 17 nacionalidades: 143 de España; 16 de Rumanía; seis de Ecuador; cuatro de Bulgaria, Polonia y Perú; dos de Colombia, República Dominicana, Honduras, Marruecos y Ucrania, y una de Brasil, Cuba, Chile, Filipinas, Francia y Senegal. Hubo heridos argentinos, bolivianos, malienses, moldavos, norteamericanos, congoleños, venezolanos, armenios y nigerianos.

Este es un recuerdo de las víctimas. Ni siquiera es un relato completo de su historia. Son relatos parciales, pinceladas construidas a partir de quienes recuerdan sus gustos, preocupaciones, los triunfos y los fracasos. Son retratos inconclusos, como lo fueron sus vidas. Fragmentos. Ni siguiera fue posible a acercarnos a todas, algunas quedaron preservadas por sus familias en el recuerdo más íntimo.

Víctimas mortales

Eva Belén Abad Quijada

30 años. Madrid. Vivía en Coslada con sus padres y hermano. Trabajaba en una administración de lotería de Chamartín. Quería ser maquilladora.

Como hacía a diario, aquella mañana se levantó muy temprano para arreglarse. A Eva le gustaba salir bien preparada de casa. A menudo cambiaba de imagen, renovaba sus cortes y el color de pelo, y ahora llevaba un *piercing* en el labio. Siempre le atraía la estética y por ello estudiaba un curso de maquilladora. En una de sus últimas fotografías destacaba su original color de pelo, un marcado depilado de cejas y los largos pendientes de bisutería con los que realzaba su estilo. Quería innovar y siempre estaba atenta a las modas.

Año y medio antes, tras una ruptura sentimental, regresó a casa de sus padres. Era la mayor de cuatro hermanos, aunque, según ellos, «no ejercía de tal». Más bien era lo contrario, «su protegida», relataron sus familiares al diario *El País*. La madre de Eva pensaba que había vuelto a encontrar la felicidad y que ya solo deseaba vivir en paz, según explicó al diario *La Vanguardia*. Lo había pasado mal y el hogar familiar fue su refugio. Allí vivía con sus padres y su hermano menor. Los otros dos ya estaban independizados.

Aquel jueves, Eva tomó el tren desde Coslada hacia la estación de Chamartín, como hacía siempre, pero no pudo pasar de la estación de El Pozo.

Eva era una joven divertida. Disfrutaba del cine y de sus amigos. Su hermano Alberto recibió la noticia con furia. Cuando llegó al pabellón de IFEMA, al confirmar la muerte de su hermana se rompió un brazo de un golpe contra la pared. Necesitaba el dolor físico para dejar de sufrir esa angustia. Estaba de guardia como vigilante en su empresa cuando ocurrió el atentado y no pudo salir a comprobar lo que ya temía. «Formábamos una gran familia y su muerte nos ha arrancado algo», declaró a *El País*.

Sus restos se esparcieron en su rincón favorito de cuando era niña: la ribera del Río Bronco (Cáceres). «Llevan las manos manchadas con la sangre de nuestra hija», clamó Ponciano, el padre de Eva, refiriéndose a los autores de la matanza, al diario *20 Minutos*.

Óscar Abril Alegre

19 años. Coslada (Madrid). Estudiaba Educación Física en el INEF. Su novia, Jana, resultó herida en los atentados. Quería ser profesor.

«Óscar era feliz. Realmente feliz», declaró su tía Mari Carmen Alegre a *El Periódico de Aragón*. Aquella mañana se trasladaba con su novia, Jana, desde Coslada hasta la Universidad Politécnica de Madrid, donde ambos estudiaban Educación Física. Les alcanzaron las explosiones de las mochilas bomba en las inmediaciones de la estación de Atocha, a las 07:39 horas. Jana resultó herida de gravedad, pero salvó la vida. Óscar murió en el vagón.

Desde hacía nueve meses, Jana lo era todo para Óscar. Los dos vivían en Coslada y compartían su afición por el deporte. En esos días se registraban paros laborales de profesores en la Universidad, pese a lo cual Óscar y Jana decidieron madrugar para tener sitio en la biblioteca y estudiar allí. Beatriz, la hermana de Óscar, que solía acompañarlos en el trayecto diario hasta la facultad, aquel día tenía otros planes. Los padres llegaron a imaginar el espanto que habría supuesto perder a los dos hijos si aquel hubiera sido un día normal.

La ilusión de Óscar era ser profesor de educación física en un colegio o un instituto —como lo eran sus padres—. Siempre obtuvo muy buenas notas, así que decidió combinar el deporte con la docencia. Le gustaba el mus, el ping-pong, el tenis y el baloncesto. Organizaba partidillos entre sus amigos y se reía cuando le tomaban el pelo porque ganaba siempre. Era algo tímido, no llamaba la atención en clase, aunque todos lo conocían. Era inteligente, constante; un chico inquieto, según contaron familiares y amigos al periodista José Ángel González, del diario *20 Minutos* (13 de febrero de 2007):

> Cuando era un niño, Óscar Abril Alegre pedía a sus padres: «Sacadme de casa, ¿no veis que me pongo nervioso?». Los padres, Jesús y Maribel, tenían una buena solución para aquellos brotes de velocidad. Llevaban a los dos hermanos, Óscar y Beatriz, al aeropuerto de Barajas y los dejaban correr en sentido contrario por las cintas mecánicas hasta que los vigilantes, cansados de aquellos dos balas, los echaban de allí. Óscar no cambió de actitud con la edad. Vivía con premura por comerse el mundo, como un niño con urgencia por aprovechar el recreo hasta el último eco del timbre. «Estar quieto una hora era perder una hora, así era Óscar», dice su amigo Fran (21), novio de Beatriz (21), la hermana que se ha convertido en hija única tras el 11-M.

Jesús y Maribel, los padres de Óscar y Beatriz, proceden de Teruel. Allí estudiaron Magisterio. Durante sus primeros años de casados trabajaron en las escuelas públicas del Maresme, por lo que sus hijos nacieron en Barcelona. A mediados de la década de los ochenta consiguieron el traslado a un colegio de Coslada (Madrid) y se instalaron en la capital de manera permanente. La tía abuela de Óscar, Angelina López, mantenía viva la imagen del niño que recorría la localidad turolense de Alfambra en bicicleta. «Era moreno, alto, guapo, y tenía muchos amigos». Su tía Mari Carmen Alegre lo recordaba en *El Periódico de Aragón* como «un verdadero atleta».

Dos autobuses repletos de vecinos de Alfambra (Teruel) acudieron al funeral por Óscar. Entre ellos, una veintena de jóvenes, amigos de la cuadrilla, con quienes el joven se juntaba en vacaciones. «No se perdía ninguna celebración aquí, incluso llegó a ser "*damo* de honor" en las fiestas de hace tres años», dijo uno de ellos. Para el alcalde, Amador Villamón, fue un duro golpe: «Todo el pueblo lo conocía», declaró a los medios de comunicación.

Entre sus amigos, Óscar era el guapo y el más presumido. Tenía un *piercing* en la lengua que le encantaba enseñar. Sus últimas fotos son del verano anterior, y en ellas aparece con el pelo de punta y abrazado a un amigo. Solo pensaba en sus estudios, en divertirse, en su familia. Él y sus amigos pagaban a escote el alquiler de un local en la Plaza Mayor de Coslada, donde pasaba las horas muertas jugando al Risk y dándole al parchís y al mus.

No le interesaba la política lo más mínimo. Cuando no estaba estudiando, salía de marcha con sus amigos por Coslada, y los domingos solía ir al cine con su chica. Aquel jueves, cuando Jana despertó en el suelo del vagón, supo que Óscar había muerto. Ella pudo superar las lesiones pulmonares y dorsales, pero nunca el impacto psicológico de la masacre.

LILIANA GUILLERMINA ACERO USHIÑA

26 años. Ecuador. Llevaba un año y medio residiendo en Madrid, donde trabajaba como empleada de hogar. Quería estudiar informática, comprar un piso y traer a su madre de Ecuador.

A Liliana le gustaban las canciones románticas, con las que evocaba sus recuerdos en Quito (Ecuador) mientras fantaseaba con el futuro. Llegó a España hacía un año y medio, siguiendo a sus tres hermanos. Era la segunda de siete. Salió de su país con la ilusión de trabajar duro para ayudar a la madre enferma y a los tres pequeños que se quedaron allí. Se asentó en Entrevías con su hermana mayor, su cuñado, su sobrina Liseth, de seis años, y sus otros dos hermanos. «Estábamos todos muy unidos», recordaba su cuñado Jorge en *La Vanguardia.*

Trabajaba como asistenta en una casa del barrio Hispanoamérica de Madrid, donde también estaba empleada su hermana María.

La mañana del día 11, como cada día, salió de su casa algo antes de las 07:30 horas para dirigirse a la estación de El Pozo hacia Atocha, donde haría trasbordo. Murió en el tren que explotó en esta estación a las 07:39 horas.

Su hermana, que empezaba a trabajar más tarde, llamó a sus familiares cuando comprobó que Liliana no había llegado a la casa en la que trabajaban las dos. Entonces comenzó una búsqueda angustiosa. No hubo rastro de Liliana hasta que el domingo, 14 de marzo, los servicios de asistencia les llamaron para identificar sus pertenencias personales. «Entonces supimos que estaba muerta, fue ya cuando perdimos toda esperanza», relató su cuñado a *La Vanguardia*. «Era tan buena para todos nosotros...». Aun así, hasta el martes 16 de marzo Liliana no apareció en el listado de víctimas mortales del brutal atentado. Su cadáver fue identificado por el ADN. El viernes volaron sus restos a Ecuador, donde los recibió su madre.

«Parecía tan feliz en todo que a veces sentía envidia de verla», contó su primo y amigo Carlos Álvaro Ushiña al periódico *20 Minutos* (13 de febrero de 2007). Pero no siempre era así. A veces, y a solas, le embargaban la incertidumbre y la tristeza:

> La noche antes de morir, a Liliana Guillermina Acero Ushiña se le cruzó en el camino el merodeador negro de la tristeza [...]. Liliana lo sobrellevaba sin bajas médicas, sin levantar la voz, sin entrar en la estadística de los hundidos. Su tristeza era de carácter espacial, un desacomodo de sentirse en el lugar incorrecto. No lograba armar el rompecabezas madrileño; la estancia en el paraíso español, que no era tan dorado como parecía desde allá lejos, se alargaba más de la cuenta, y, sobre todo, echaba en falta a mamá Mercedes, que vive en la ciudad más bella de Sudamérica, Quito, donde la luz es tan clara que el mundo parece de harina. Durante la noche del 10 de marzo, atacada por la nostalgia invencible de los andinos y tranquila porque solo los suyos la escuchaban, Liliana confesó: «La mía es una suerte muy mala». No quería estar aquí, no se acostumbraba. [...]. Vivía para regresar, pero el regreso se le iba de las manos, alejándose como se alejan los trenes cuando arrancan, no demasiado rápido, pero sí con constancia. Solo

tenía un trabajo de media jornada y la plata no alcanzaba para estar a la altura del sueño. Su primo y mejor amigo, Carlos Álvaro Ushiña, padece ahora la misma enfermedad: un apremio que no concuerda con el temple sereno de los ecuatorianos. Se echa las manos al pelo lacio y se las cruza ante la cara.

Liliana llevaba poco tiempo en España, pero ya había visitado varias academias para estudiar Informática. Sin embargo, el coste de los estudios le hizo aplazar el proyecto. Su hermana María explicó a *El País* que había sido muy buena alumna en Ecuador: «Siempre destacó en el colegio, porque le gustaban mucho los libros». Así que comenzó a trabajar de asistenta para lograr nuevos objetivos: estudiar, ahorrar dinero. Tenía el apoyo de toda su familia, disfrutaba de los juegos con su sobrina Liseth, a quien ayudaba en los deberes escolares.

Rezaba a diario y animaba a sus cuatro hermanos que vivían en España a que hicieran lo mismo, porque de ese modo le encontraba un sentido a la vida. Los fines de semana, en familia, se recreaban con los platos de su tierra, sobre todo con el sancocho, una sopa de maíz acompañada de yuca y guisantes. Sin embargo, todos sus sueños y proyectos se malograron aquella fatídica mañana del 11 de marzo de 2004.

FLORENCIO AGUADO ROJANO

60 años. Tomelloso (Ciudad Real). Se había trasladado a Madrid hacía más de 30 años. Estaba casado y tenía dos hijos. Trabajaba en la construcción.

Florencio Aguado, el menor de tres hermanos, comenzó a trabajar a los 14 años como ayudante de alicatador y con el tiempo aprendió el oficio. De joven, tras conocer a Vicenta, quien se convertiría en su esposa, dejó su Tomelloso natal para abrirse camino en Madrid. Allí nacieron sus dos hijos, Lorenzo y Vicente, y su nieto David. La familia vivía en San Fernando de Henares. Florencio continuó con su oficio en la construcción, con rango de oficial de primera. «Era un profesional como los de antes, un perfeccionista», explicaron sus compañeros al diario *El País*. A Florencio lo buscaban «porque trabajaba muy bien», y eso corría de boca en boca, de casa en casa. El año anterior dedicó todos los fines de semana a arreglar cuartos de baño. Porque él se ganaba la vida de obra en obra, con su cuñado y a veces con su hijo, y completaba su paga con chapuzas aquí y allá. «Era un magnífico profesional, un gran alicatador», aseguraron.

A veces, después del trabajo, se distraía en el bar Las Alitas con varios amigos, a quienes decía que la vida era algo más que «tener los ojos abiertos» cuando le reprochaban que fumara o que tomara una caña de más. A sus 60 años, Florencio «era un cachondo, siempre te reías con él, por sus frases y por verle el lado positivo a todo», declararon sus amigos. En el barrio se sabía que, en la reforma de cualquier vivienda, Florencio participaría, ya que era conocido por negarse a terminar una obra si las cosas no quedaban a su gusto. Era un currante, pero también le gustaba ver con sus amigos los partidos del Real Madrid.

Florencio había empezado a hacer planes para su jubilación. Pensaba en «juntar las pagas» con su hermano e irse juntos los dos matrimonios a vivir cerca de la playa. De hecho, tenía la intención de ir a Alicante, en el próximo puente de San José, diez días después.

Le entusiasmaba ver crecer a su nieto David, de tres años, hijo de su hijo Loren y de su mujer, Rosa, que vivían dos pisos más abajo y que trabajaba con él en la construcción. El pequeño salón de la casa de Florencio quedó repleto de fotos de los grandes acontecimientos familiares: las de su boda con Vicenta, y las de David, Rosa y Loren. «Las desgracias nunca vienen solas», se lamentaba Vicenta, que en muy poco tiempo tuvo que pasar por la muerte de su madre, la de su hermana y por la de su marido aquel terrible 11 de marzo de 2004. A Florencio no le gustaba viajar en tren y habitualmente se trasladaba con su cuñado a la obra. Sin embargo, aquel día tomó el Cercanías.

En Tomelloso, una rotonda lleva su nombre para honrar su memoria. La memoria de un hombre sencillo y orgulloso de su trabajo.

Juan Alberto Alonso Rodríguez

38 años. Alcorcón (Madrid). Catequista y administrativo en la Tesorería de la Seguridad Social. Su mujer y él acababan de obtener la adopción legal de su hija, de 15 meses.

Juan Alberto conoció a Nieves, su esposa, en la parroquia San Antonio María Zaccaría, en el sur de Madrid, cuando los dos eran unos adolescentes de 18 y 14 años, respectivamente. Él era catequista y ella preparaba su confirmación. Se casaron 12 años después y se instalaron en Alcorcón. Juntos siguieron participando en diversas tareas religiosas, como los grupos de encuentro con otras parejas cristianas. Alberto también impartía cursillos prematrimoniales en la parroquia de la localidad.

Cada mañana tomaba el tren hacia Atocha y, desde allí, a Chamartín para llegar a su trabajo. En los últimos tiempos su vida había dado un giro radical y se encontraba feliz. Él y Nieves, que no pudieron concebir hijos, habían adoptado hacía 15 meses a una niña recién nacida, Sara, que ya era su hija a todos los efectos. Y como si los astros se hubieran alineado, Juan Alberto acababa de ascender a la plaza de administrativo desde su anterior puesto de auxiliar.

La pareja estaba emocionada ante la crianza de Sara, una pequeña con unos enormes ojos verdes, tal y como contó Nieves al diario *El Mundo*. Fue durante su cuarto aniversario, mientras hacían el Camino de Santiago, cuando tomaron la decisión de adoptar. El proceso lo iniciaron en México, luego en Bolivia... Finalmente, fue Sara, nacida en España, la bebé que les propusieron adoptar.

Para Juan Alberto, su vida era el trabajo, la parroquia, la pequeña Sara y su familia, originaria de Extremadura. A él y a Nieves les encantaba ir de *camping* por la costa, hacer senderismo y practicar Thai Chi. «Estábamos celebrando muchísimas cosas», declaró Nieves después del atentado al diario *El País*. La noche anterior compartieron el momento del baño de Sara, soñaron con el hermanito que deseaban darle con una nueva adopción y les pareció que la pequeña ya pronunciaba un sonido parecido a «papá».

MARÍA JOSEFA ÁLVAREZ GONZÁLEZ
48 años. Villasola (Asturias). Vivía en Alcalá de Henares. Funcionaria de la Consejería de Educación de Madrid. Estaba separada y era madre de un hijo.

Josefa Álvarez se crio en Villasola, una pequeña aldea del municipio asturiano de Pola de Lena, próxima al Puerto de Pajares. La familia vivía en una casa que construyeron sus padres, agricultores, muy cerca de las vías de la línea de Renfe Gijón-León. A mediados de los años setenta, con 22 años, dejó el verde de su tierra, a sus padres, hermanos y hermana, y se instaló en Alcalá de Henares (Madrid), donde encontró trabajo, al principio como administrativa en el Ayuntamiento de Alcalá. Unos años después se casó con Gustavo Suárez, con quien tuvo un hijo. Cuando la pareja se separó, Josefa consiguió una plaza de funcionaria en la Consejería de Educación de la Comunidad de Madrid y desde entonces vivió con su hijo Alberto, que cumplía 23 años aquel terrible 11 de marzo de 2004.

Según contó el diario *El Mundo,* Josefa era una madrileña muy asturiana. Siempre que podía volvía a su tierra natal, sobre todo en verano y en Navidad. Era socia del centro asturiano de Alcalá de Henares, donde era muy apreciada. Sus compañeros subrayaban su gusto por la conversación, la ilusión por celebrar cada año la fiesta de «la Santina» y por degustar el sabor de la sidra asturiana cuando se está lejos de la tierra.

Aquella mañana, cogió el tren a primera hora desde la estación de Alcalá de Henares para acudir a la Consejería de Educación. Unos minutos después se convertiría en una de las víctimas de la masacre. Fue la única víctima asturiana de los atentados. Su familia, sus padres y hermanos se temieron lo peor cuando se enteraron de la tragedia, porque sabían que Josefa viajaba en tren todas las mañanas desde Alcalá. La preocupación fue en aumento cuando supieron que no había llegado al trabajo, aunque la esperanza se mantuvo durante toda la jornada al no figurar su nombre en la lista de fallecidos. Pero a la una de la madrugada se produjo la confirmación. Blanca Esther, su única hermana, hizo el viaje más triste de su vida, desde Asturias, para identificar el cuerpo de Josefa.

Militante socialista, Josefa era una de las interventoras del PSOE en la mesa electoral de los comicios que se celebrarían el 14 de marzo. «Le gustaba mucho; disfrutaba de la fiesta electoral», dijeron sus compañeros al diario *El País*. Su silla se mantuvo vacía durante la jornada electoral y sobre su tarjeta identificativa se colocaron unas rosas rojas. Por allí pasaron amigos y vecinos que votaron junto a las flores. «Va por ti, querida amiga. Voto por ti», le dijeron entre la rabia y el dolor.

Trece años después de los atentados, el 19 de marzo de 2017, su hermana Blanca Esther declaraba al diario *La Nueva España* que la familia «ni olvida ni perdona. Algo así no se supera, nunca se olvida. Cuando llegan estos días, estamos mal».

JUAN CARLOS DEL AMO AGUADO

28 años. Madrid. Doctor en Ciencias Químicas. Trabajaba en la Universidad Complutense, donde realizaba un proyecto para la empresa Repsol.

Los éxitos de Juan Carlos eran el orgullo de la familia. Desde muy pequeño tuvo avidez por el conocimiento y todo lo preguntaba. Su madre, empleada de hogar, y su padre, cerrajero, vieron colmadas sus ilusiones con la carrera brillante de su hijo. La familia vivía en Coslada y, además de Juan Carlos, los padres habían tenido a Inés, de 20 años, que, como era habitual, habría podido acompañarle al tren y que aquel día salvó la vida porque había huelga en la universidad.

«Estábamos tan orgullosos de que fuera doctor en Químicas...», expresó Carmen, la madre de Juan Carlos, a la periodista Ana Gabriela Rojas, de *El País*. «Ahora pienso que todos los esfuerzos que hemos hecho no han servido para nada. No he disfrutado de mis hijos y ahora Juan Carlos se ha ido». Sus familiares se referían a él como «el doctor curioso». «Yo le admiraba por lo que logró: era una eminencia», dijo su tío Antonio. Al abuelo *Isio*, que lo recogía en la guardería y lo cuidaba mientras sus padres trabajaban, le volvía loco con sus preguntas. El abuelo lo adoraba y por eso, tras la muerte de su nieto, se volvió «algo hermético».

En el libro *11-M Vivirán para siempre en nuestra memoria,* de la Asociación para la Defensa de la Dignidad Humana (ADDH), de Kepa Pérez, se le define como un joven brillante. Su proyecto de investigación en la Universidad Complutense se centraba en el «área de catálisis y desarrollo de nuevas reacciones». Su director de tesis, Miguel Ángel Sierra, pudo comprobar su calidad humana y profesional, y fue testigo del gran vacío que dejó en el Departamento de Química, al que se había integrado tras obtener un sobresaliente *cum laude* en su doctorado.

Juan Carlos nunca faltaba a la cena en casa y acudía a las celebraciones familiares en Pedraza. Le gustaba la cerveza alemana y coleccionaba latas, botellines, piedras, coches de Scalextrics, revistas de ciencia, discos y libros de historia y filosofía. El tiempo que no dedicaba a sus investigaciones lo repartía entre la lectura y la música de Héroes del Silencio.

Sus éxitos académicos le daban un lugar especial en la familia. «Cuchi», que era como le llamaban en casa, o «Bufa», como lo apodaban los amigos, disfrutaba de sus colecciones, sus pájaros y su tortuga, aficiones que contrastaban con su excelente trabajo como científico. Carmen repartió sus cosas entre sus amigos, salvo la figurilla de un científico de bata blanca que le regalaron en el laboratorio universitario.

Carmen reconoció que sentía «odio y venganza» hacia los terroristas que acabaron con la vida de su hijo. Un sentimiento que hacía extensivo al Gobierno de España, al que atribuía parte de la culpa de los atentados por la presencia de España en la guerra de Irak.

Un año después de la tragedia, Carmen habló con la revista *Interviú*. Se contenía con dolor al referirse a los traumáticos hechos, pero finalmente le pudo la indignación y el llanto. La periodista dijo que el sufrimiento de esa madre le alcanzó «como una lanza». Al menos, Carmen encontró un resquicio de paz en las atenciones que la familia recibió de la Universidad en la que Juan Carlos trabajaba. «Estoy muy agradecida por el cariño que nos dan», declaró.

OSAMA EL AMRATI

24 años. Marruecos. Trabajaba como albañil y tenía planes de boda con su novia española, Beatriz. Sus restos descansan en Tánger, donde nació.

Osama llevaba cinco años en Madrid. Era el pequeño de la familia y en Tánger dejó a sus padres y a sus dos hermanos. Con toda su energía e ilusiones, se cobijó con su tío Ahmed, todo un veterano en Madrid, donde llevaba más de 25 años. Al principio se instaló en una modesta vivienda de Móstoles con sus familiares, aunque desde hacía unos meses vivía en Alcorcón con un grupo de amigos marroquíes.

Quería ser cocinero profesional y así lo hacía constar en su pasaporte cuando llegó a España. Sin embargo, comenzó a trabajar como obrero en una pequeña empresa de construcción junto a uno de sus primos. Así que diariamente tomaba el Cercanías desde Alcorcón hasta el Pozo para ir a trabajar. Osama «era feliz aquí», declaró entre lágrimas una de sus tías a *La Vanguardia* tras constatar que su sobrino se encontraba entre las víctimas de la masacre.

A Móstoles iba de vez en cuando para ver a su familia. Fue allí, en la discoteca Área de Móstoles, donde conoció a Beatriz Chamca, su novia. Se habían comprometido el pasado mes de junio y estaban muy ilusionados con sus planes de futuro. Osama soñaba con tener algún día un BMW, una casa y ser padre de tres hijos. No había impedimentos, a sus 24 años, para desear incluso un banco de musculación, que también lo pretendía. Mientras tanto, se distinguía por su generosidad, rasgo que su tío Ahmed destacaba: «Un chico genial, me prestaba su dinero, nunca se olvidaba de nada».

Cada día, volvía del trabajo y corría hasta la casa de Bea, en el barrio de Villa Fontana de Móstoles, donde dibujaba su nombre en las paredes. Ella deseaba irse a vivir con él. A Bea le chiflaban los dos pendientes que él llevaba en la oreja izquierda y la cadena que rodeaba su cuello. Él le enseñaba árabe y planeaban ir a Marruecos en Semana Santa. Ella suspiraba mientras hablaba con *El País*: «Siempre estaba conmigo, siempre... Venía a mi casa y salíamos o veíamos una película. Cierro los ojos y pienso que está ahí detrás».

Le gustaba el ambiente abierto de Madrid, meterse en el mundo futbolístico, salir con sus amigos españoles y marroquíes. Las bombas le sorprendieron en la estación Atocha cuando se dirigía a coger un tren para ir a una obra en Vallecas. La víspera, a las once y media de la noche, Bea leyó en su móvil las últimas palabras de Osama: «*Habibi* eres mi vida. Te quiero. Hasta mañana».

Sus familiares y amigos le despidieron en la Mezquita de Madrid. Osama era musulmán y ayunaba durante el Ramadán, aunque era poco practicante. Le enterraron en Tánger, donde residían sus padres, Abd el Kader y Malika.

Un año después, el mayor consuelo de sus padres fue el apretón de manos de los reyes de España, en sentido pésame por la muerte de su hijo, y la placa del ayuntamiento de Alcorcón en la que puede leerse su nombre junto al de JUAN ALBERTO ALONSO RODRÍGUEZ (véase pág. 215), otro vecino caído el 11-M, fundiendo sus nacionalidades. El matrimonio, con sus dos hijos, decidió instalarse en Móstoles un año después, en 2005. Los hermanos de Osama, Muna y Mohamed (tres y dos años mayores que él, respectivamente), tenían ya su permiso de residencia. Ellos podrán vivir y sentir el sueño de Osama.

ANDRIYAN ANDRIANOV ASENOV

23 años. Bulgaria. Trabajaba como albañil y estaba a punto de casarse con Kalina Dimitrova, de 29 años, también de Bulgaria. Su historia de amor nació en un tren y acabó en la masacre del 11 de marzo de 2004.

Andriyan Andrianov Asenov había llegado cuatro años atrás a Madrid desde la ciudad búlgara de Lukovit en busca de un trabajo digno, siguiendo los pasos de su padre y su tío. Era el pequeño de tres hermanos y el único varón. Vivía con sus padres, sus tíos y primos en una vivienda de Torrejón de Ardoz y trabajaba con ellos en la construcción.

Desde niño su vida fue muy dura. A los 12 años trabajaba con su abuelo en los bosques de Bulgaria como leñador. «Era fuerte como un toro», contó su amigo Denko Pavof a *La Vanguardia*. Ya en Madrid, encontró pronto trabajos que le permitían enviar dinero a sus hermanas Polia y Albena, de 26 y 27 años, respectivamente, y madres de varios niños, que se quedaron en Bulgaria. Su ilusión era comprar para ellas una vivienda en Lukovit.

Andriyan —Andrés para muchos de los españoles que le conocieron— deseaba quedarse en España. Le gustaba Madrid y comentaba a sus compañeros que en su país no se podía vivir, que «no existía seguridad en la calle», frases que se volvieron absurdas cuando sucedieron los atentados del 11 de marzo de 2004.

Desde muy joven destacó por su carácter decidido. «Quería conocer las cosas por sí mismo», confesó su amiga Feia. Con ese ánimo, cada día tomaba el autobús para ir hacia el madrileño barrio de Salamanca, donde trabajaba en la rehabilitación de un antiguo edificio. Sin embargo, aquella mañana debía arreglar unos papeles y acompañó a su novia, KALINA DIMITROVA (véase pág. 276), a la estación del tren. Murieron juntos.

En su calendario, Andriyan había señalado en rojo el 16 de mayo de 2004, día en el que la pareja tenía pensado contraer matrimonio. Se conocieron en la estación de Atocha hacía apenas un año. Fue un verdadero flechazo y estaban muy enamorados. Kalina dejó su empleo como interna en una casa y pronto se mudó al domicilio de Andriyan en Torrejón de Ardoz. Las hermanas de Kalina habían llegado a Madrid unos meses antes para ultimar los preparativos de la boda, que celebrarían en Carabanchel.

En España, Andriyan se apasionó por el flamenco. Según publicó *La Vanguardia,* lo descubrió en las misas de la Iglesia evangélica, a las que iba con regularidad junto a sus familiares, y llegó a cantarlo y hasta bailarlo. Pasear con su novia, aprender el flamenco, y trabajar y ahorrar para su familia centraban toda la vida de un joven de 23 años al que aguardaba un futuro prometedor.

Tras los atentados, sus hermanas llegaron a Madrid y recorrieron con ansiedad los hospitales. Tras velar a un joven desfigurado, pero con vida, comprobaron que se trataba de Ailin, un chico rumano que sobrevivió. «Nos alegramos por él», dijo el primo Denko. Finalmente, tal y como recogió el diario *El País,* los padres de Andriyan vieron a un joven con el rostro totalmente inflamado en el Hospital Gregorio Marañón. Allí lo reconocieron: «¡Es mi hijo, es mi hijo!», exclamaron.

El cuerpo sin vida de Kalina, sin embargo, yacía en el cementerio de La Almudena. La pareja no pudo celebrar su boda, pero las familias decidieron acudir al entierro de Andriyan vestidos con los trajes que pensaban lucir en la ceremonia. El joven se llevó un secreto a la tumba: el lugar donde llevaría de viaje de novios a su futura esposa.

MARÍA NURIA APARICIO SOMOLINOS
40 años. Guadalajara. Abogada, casada y con dos niños de ocho y cinco años. Trabajaba en la empresa Schweppes.

Nuria había nacido en la localidad de La Bodera, en Guadalajara, pero su familia se trasladó a Azuqueca de Henares cuando apenas tenía dos años. Madre de dos niños, Diego y Javier, de nueve y cinco años, respectivamente, seguía viviendo en Azuqueca y trabajaba como abogada en el departamento de Recursos Humanos de la empresa Schweppes. Hacia allí se dirigía la mañana del 11 de marzo de 2004.

En La Bodera, Nuria disfrutaba de la montaña y de sus familiares y amigos durante los fines de semana, que era cuando solía acudir junto a sus hijos y su marido, Javier Bravo Batista. En Azuqueca de Henares formaba parte de la Peña Alcatraz, la más veterana en la organización de las fiestas de la localidad, famosa por sus vistosos desfiles de carrozas. Tal y como declaró Piedad, prima de Nuria, ella era una abogada muy concienzuda.

En el libro *Cuando la maldad golpea,* de la Fundación Villacisneros, Javier Bravo narró la devastación y el dolor de las víctimas del terrorismo:

> Son solo dos palabras
> tan cortas que, por qué
> andan por mi cabeza,
> por qué, por qué, por qué.

De pronto, su hijo gritó: «Papá, papá, han puesto una bomba». «No cambiéis de canal», replicó Javier. «No lo hemos cambiado», dijeron los pequeños. Él bajó a la cocina y entonces se dio cuenta de la nueva barbaridad que acababan de cometer esa pandilla de asesinos. Rápidamente llamó a su mujer por teléfono para tranquilizarla, y tranquilizarse él, pero ella no respondió. Después de unos pitidos, saltó al buzón de voz. Él dejó un mensaje: «Llámame cuando llegues a la oficina, ha habido un atentado, solo es para saber que estás bien. Un beso». El tiempo pasaba y siguió sin tener noticias suyas. Los nervios comenzaron a aparecer. Javier continuó llamando al móvil de Nuria, que ya no daba señal, y a la oficina, donde le dijeron que le avisarían cuando llegase. No se daba cuenta de que sus hijos observaban atentos cómo aumentaba su nerviosismo.

No podía parar y no sabía qué hacer. Entonces, su hijo le dijo: «Papá, es hora de ir al cole». «¡Es verdad!», exclamó él. «Venga, chicos, que llegamos tarde…». Fue entonces, ya a punto de salir por la puerta, cuando Diego dijo: «Mamá está muerta». La frase le golpeó con fuerza y apenas supo reaccionar. «No, hijo, no, mamá no iba ahí. La estoy llamando porque hoy llegará tarde a trabajar, esta tarde volverá como siempre», logró responder mientras los llevaba de camino al colegio.

Por la tarde, cuando fue a recogerlos, los abrazó con fuerza. Un dolor insoportable en el pecho le obligo a sentarse en el suelo, mientras los pequeños, entre lágrimas, le decían lo mucho que le querían y que a partir de ahora le ayudarían muchísimo.

> Después de dormir toda la noche gracias a los somníferos, el despertar le devolvió a la cruda realidad, un revoltijo de piernas y brazos se entremezclaban entre sí dificultando el poderse levantar. Aún adormilado, empezó a darse cuenta de que no era un sueño, que eran los miembros nerviosos y juguetones de sus hijos. La noche anterior habían decidido dormir juntos; él necesitaba la compañía en la cama de una parte de su vida. Un buen día, el mayor decidió emanciparse (a la habitación de al lado), pero Javier permaneció junto a él durante varios años. Las noches al lado de su hijo fueron una inestimable compañía, a pesar de las patadas futboleras cada vez más fuertes y continuas.

ALBERTO ARENAS BARROSO

24 años. Madrid. Piloto y finalizando sus estudios de Aeronáutica. El 11 de marzo se dirigía al aeropuerto de Barajas, donde trabajaba como becario en Air Europa.

Apenas un año antes, Alberto se había sacado el título de piloto sin demasiada dificultad. Era un buen estudiante y nunca le costó mucho aprobar los cursos. Aun así, su madre le advirtió de la realidad: no habría una segunda oportunidad, porque no se la podrían permitir. No hizo falta. «Os lo pagaré con creces», les aseguró, tal y como contaron los familiares de Alberto al diario *La Vanguardia*. La situación económica de la familia le obligaba a estar entre los mejores, y así lo hizo.

Su sueño siempre fue pilotar aviones y era consciente del esfuerzo económico que eso implicaba para su familia. Ya tenía completadas las 100 horas de prácticas de vuelo en la base de Cuatro Vientos y había conseguido su carné de piloto y un contrato en prácticas remuneradas con la empresa Air Europa. Además, tan solo le faltaban algunas asignaturas para obtener el título de Gestión Aeronáutica en la Universidad Autónoma de Madrid, después de cuatro años de carrera, lo que le facultaría también como piloto comercial.

Aquella mañana salió para su trabajo en Air Europa, en el aeropuerto de Barajas. Cogió el tren en Parla para llegar a Atocha, desde donde partiría hacia Nuevos Ministerios y, por último, Barajas. Una de las explosiones le pilló en la estación de Atocha. Ni siquiera llegó a subir al vagón.

Tenía 24 años y un gran futuro por delante. Pensaba en independizarse y organizar su vida con su novia. «Siempre lo recordaré por su clara vocación, por su madurez y seriedad», comentó a los medios Luis Rubio, profesor y coordinador del curso de pilotaje. «Además de ser muy buen chico, ese alumno con el que soñamos los profesores, siempre me llamó la atención que, en medio de tantas dificultades, él hiciera gala de unas ideas muy claras y de una gran serenidad. Sin duda, habría sido un gran piloto», concluyó.

Su familia nunca le falló. Tanto su hermana —mayor que él—, que daba clases de español en Estados Unidos, como sus padres siempre tuvieron confianza en él. Habría podido elegir cualquier carrera, pero pilotar era su ilusión desde niño. Incluso se llegó a operar de la vista para acceder a las pruebas. Los veranos trabajaba en lo que surgiera y en sus días libres se reunía con sus familiares de Cáceres. Cada vez que volvía de volar a su casa de Parla, la madre le veía una sonrisa cómplice. «He volado por encima del pueblo de la abuela Engracia. ¡Qué bonito es!», le dijo una vez.

Su hermana se enteró de la masacre mientras daba clases en un centro académico en Estados Unidos. Tuvo que coger un avión —uno de los muchos que Alberto podría haber pilotado— para despedir a su hermano.

NEIL HEBE ASTOCONDOR MASGO

34 años. Perú. Vivía en Coslada y acababa de obtener el permiso de residencia en España. Empleado en una empresa de mudanzas. Deseaba traer a sus hijos de Perú.

Neil Hebe llegó a España en la última Navidad, siguiendo los pasos de su mujer, Ivette, que trabajaba como asistenta en el barrio madrileño de Atocha. Aprovechó un contrato en una empresa de mudanzas en Madrid para trasladarse a España con la determinación de asentarse y traer a sus hijos, Mayra y Paolo, de 12 y ocho años, respectivamente, quienes se quedaron con la abuela en Lima. Fue uno de los tres peruanos que perdieron la vida en los atentados del 11 de marzo de 2004.

Neil e Ivette se instalaron en Coslada con todas las expectativas en marcha. En su país, el trabajo de Neil como contable no le permitía forjarse un futuro, así que el día en que obtuvo el visado para España fue uno de los más felices de su vida, tal y como reconocieron sus familiares a la prensa. Antes de llegar a Madrid, Neil había hecho de todo, desde vender piezas para coches hasta recorrer Alemania con un grupo de música andina. Ahora la suerte le sonreía: le gustaba viajar y su trabajo como transportista le permitía desplazarse de un sitio a otro. Su última fotografía fue tomada en Lisboa diez días atrás.

Su semblanza la esbozó su viuda. «Siempre estaba contento», dijo entre lágrimas a los informadores. Y, sobre todo, los últimos días, pues había conseguido arreglar los papeles de residencia y ya tenía convalidado el carné de conducir. Le gustaban los boleros, principalmente *Niña bonita,* de Lucho Gatica, canción que, tal vez, le recordaba a su hija y a todo lo que había dejado atrás en Perú. Venía de una familia de músicos y tenía buena voz. En realidad, «era un cantante frustrado», dijo Ivette al diario *El País.*

Aunque tuvo poco tiempo para conocer España, ya se había aficionado a su gente y a algunos platos típicos, como el codillo y la tortilla de patatas. Sus planes inmediatos pasaban por conseguir un coche de segunda mano, ahorrar y, por supuesto, traerse a los niños cuando fuera posible.

Desde Alemania, su hermano José reconoció aún con vida a Neil en las imágenes de los atentados retransmitidas aquella mañana por televisión. Yacía tendido, con el suero puesto, en el polideportivo Daoiz y Velarde. Parecía que aún tenía fuerzas para hablar. José encontró la imagen en Internet y se la envió a Ivette, que le buscaba por todas partes. Finalmente, lo halló muerto en el pabellón de IFEMA. Las bombas alcanzaron a Neil en la Estación de El Pozo.

«Oí por televisión que el Gobierno español nacionalizará a los familiares de las víctimas. Eso sería el anhelo de mi hermano, que esperaba que sus hijos tuvieran un futuro aquí», declaró a *La Vanguardia* José, que llevaba 15 años en Alemania y tenía dos hijos de la misma edad que los de Neil. Los dos hermanos compartían la ilusión de reunirse y disfrutar de la familia y del futuro.

Los restos de Neil Astocondor fueron sepultados en el cementerio de Santa Fe de Lima.

ANA ISABEL ÁVILA JIMÉNEZ

43 años. Madrid. Educadora en una escuela infantil. Pacifista y apasionada por la cultura árabe. Estaba casada y no tenía hijos.

La vocación por la enseñanza y los niños surgió de manera natural, sin proceso alguno. Tras terminar sus estudios, Ana Isabel comenzó a ejercer como educadora en el mismo colegio en el que había estudiado de pequeña. Allí dio clases durante 17 años, hasta que aprobó una oposición, en 1998, y optó a una plaza en la red pública. Trabajaba en la Escuela de Educación Infantil Rosa, en el Paseo de la Habana. Todos los días viajaba desde Leganés, donde vivía, hasta Nuevos Ministerios, con escala previa en Atocha. Vivía con Ricardo, su marido, y aunque no tenían hijos, sus vidas estaban llenas de planes de futuro. A Ana Isabel, curiosa por naturaleza, le atraía especialmente la cultura árabe —sus paisajes, sus costumbres y sus gentes— y habían viajado a Túnez, Egipto y Turquía,

Le gustaba llevarse a casa los dibujos que sus alumnos hacían en clase para observarlos con calma. Además, Ana Isabel vivía para su familia, sobre todo para su hermano, Pedro José, y para su marido. Le encantaba tomar el sol «como una lagartija», el Atlético de Madrid, el color lila (muchos de sus objetos personales eran de ese color), las canciones de Luis Miguel y las carreras de Fernando Alonso. En una ocasión se puso el despertador de madrugada para verle correr en Australia.

Pacifista convencida, Ana Isabel era «capaz de abrir una ventana para no matar una mosca», aseguró su marido a *El País*. También destacó su presencia en las manifestaciones contra ETA por el asesinato de Miguel Ángel Blanco y en las protestas contra la guerra de Irak, tal y como consta en el espacio *Relatos de Vida,* de RTVE.

De carácter apasionado, Ana Isabel arengaba a su marido cuando corría maratones y le animaba a continuar. Leía un libro tras otro y no se cansaba de escuchar las canciones que más le gustaban. «Luchaba hasta el final por las cosas que creía», declaró su amiga Teresa a los periodistas.

Ana Isabel y Ricardo formaban un buen equipo. «Los 20 años que disfrutamos juntos han sido plenos: no nos hemos dejado nada en el tintero», contó él a la prensa. Ella destacaba por su sinceridad. «Te decía lo bueno y lo malo, pero sin hacer daño», reconoció su hermano Pedro. En unas declaraciones al diario *20 Minutos,* este la definió como «una estrella que iluminaba el lugar donde estaba». Sus amigas dijeron que hablar con ella «servía de terapia. Salías enfadada de casa y volvías con una sonrisa».

«Siempre intenté comprenderla y mimarla», dijo su marido tras conocer la noticia de su muerte. «Pero, lo que son las cosas, en las últimas semanas le hice cinco regalitos. No era la media, ni mucho menos, y ahora me alegro de que ocurriera de ese modo, que nuestros últimos días fuesen especialmente felices».

Las cenizas de Ana Isabel Ávila se fueron al Mar Menor, como ella quería.

MIGUEL ÁNGEL BADAJOZ CANO

34 años. Madrid. Supervisor en una oficina de alquiler de coches en la estación de Chamartín. Se había casado dos años antes y no tenía hijos.

Dicen que Miguel Ángel tenía una sonrisa que «deslumbraba», y así se reflejaba en la única fotografía que se publicó de él. Guapo, alto, delgado y elegante, era el eterno candidato a empleado del mes, el que podía alcanzar los objetivos comerciales con facilidad. Alquilaba coches tras el mostrador de Avia en la estación de Chamartín. Además, su familia añadió que era el hijo volcado con su madre, el hermano cariñoso y el marido dispuesto para las tareas cotidianas.

Se había casado dos años antes con Mari Carmen, a quien conocía desde hacía 12. Y no es que él retrasara la decisión de casarse, dijo ella a *El País,* sino que «él me terminó domesticando a mí». Mari Carmen explicó que lo suyo fue un amor a primera vista y, durante años, se divirtieron por las discotecas de Madrid hasta que compraron juntos, hacía cuatro años, un piso en Vallecas y decidieron casarse. Querían un hogar confortable y tener críos. Miguel Ángel no llegó a poder celebrar el segundo aniversario de su boda en el mes junio. Aún rememoraban su luna de miel en los Fiordos noruegos.

Como todos los días, Miguel Ángel cogió el tren en El Pozo para ir hasta la calle Orense. Su trabajo estaba bien y se sentía satisfecho. Le habían ascendido justo dos años antes, y su don de gentes y su amplia sonrisa le abrieron posibilidades con el público. Con sus compañeros de trabajo mantenía una relación de amistad.

Los sábados y los domingos Miguel Ángel pasaba dos o tres horas leyendo el periódico. «Le encantaba estar informado», decía Mari Carmen. Miguel Ángel, como su hermano José Enrique, heredó de su padre la costumbre de leer las noticias. También en sus horas libres, y durante los últimos años, estuvo muy pendiente de Encarnación, su madre. Su padre falleció apenas un mes después de su boda.

Le gustaban los asuntos culturales, los documentales de La 2 (TVE), pero, sobre todo, los viajes. Las vacaciones las destinaba siempre a lugares distintos. Al principio, él y su esposa buscaban la playa y los lugares cercanos a Madrid. Luego, cuando el dinero y el tiempo se lo permitieron, eligieron Noruega, Egipto y otros destinos más alejados. También estaba su afición al fútbol: la víspera de su muerte acudió al Santiago Bernabéu para ver el encuentro del Real Madrid contra el Bayern de Múnich.

SUSANA BALLESTEROS IBARRA

42 años. Madrid. Trabajaba como interventora en un banco. Vivía en Coslada con su marido y sus dos hijos, de 11 y seis años, y tenía una hermana gemela.

Susana nació unos minutos antes que su hermana gemela, Melania. Las dos fueron uña y carne toda la vida, iguales pero distintas. Emotiva y vital, desde muy joven eligió a Juan como compañero de vida. Lo conoció en los veraneos de El Espinar (Segovia) a los 15 años, aunque hubieron de pasar otros ocho para que comenzaran su noviazgo, más por el comedimiento de Juan, según decía ella misma. Ahora era su marido y el padre de sus dos hijos, Sofía, de 11, y el pequeño Miguel, de seis.

Susana trabajaba como interventora en el grupo Barclays España en Madrid. Salía muy pronto de su domicilio, en Coslada, para llegar a Recoletos, y desde ahí subía andando hasta Príncipe de Vergara. En el banco se había ganado el aprecio de los clientes por su «corrección y respeto», aseguraron a *La Vanguardia* compañeras como Mónica Elgueta, para quien era como una hermana. Le gustaba la gente, la amistad y la justicia.

Era una mujer sentimental y apasionada. Años después del brutal impacto, desde el aula del instituto, su marido, Juan Cordero, profesor de Filosofía, habló con desgarro con un periodista de *20 Minutos* (13 de febrero de 2007) sobre la pérdida de Susana.

> La vida está rota, los esquemas se han caído y uno está desnudo ante las cosas. Lo único que te queda es la intuición. Era muy humana en todos los sentidos, con virtudes muy notables, como el apasionamiento, la vitalidad y la entrega a los demás. Pero también sus puntos sensibles la hacían humana. A veces tenía que luchar contra sí misma. Su sombra era la inseguridad, percibir que los demás no te entienden o te malinterpretan, que se quedan en los gestos y no saben ver el buen fondo.

Susana, una mujer guapa y fotogénica —«enseñaba a posar a su hermana gemela, Melania, que siempre salía peor en las fotos»—, peleaba, como todos, para ser aceptada y comprendida.

> Trabajaba como interventora en un banco, le sacaban de quicio el machismo y la violencia contra las mujeres y estaba sensibilizada con los problemas sociales: cotizaba a Amnistía Internacional, Médicos sin Fronteras, Greenpeace y Aldeas Infantiles. Se habían conocido en pleno pavo, a los 15 años, en un veraneo segoviano. Susana, cuya capacidad de entrega y cariño era más notable, fue a por Juan desde el primer momento, pero él, dubitativo, la hizo esperar ocho años. Tras el noviazgo y el matrimonio, en 1989, tuvieron dos hijos, Sofía (11) y Javier (seis). Aunque ninguno era un nostálgico del pasado, ahora que los chicos estaban más crecidos, querían recuperar el cine, el teatro y los paseos. Han sido los niños quienes han demostrado, otra vez, que pueden ser los padres del hombre. Se supone que son los débiles, como niños que son, que se han quedado huérfanos, pero ha sido sorprendente e inesperado cómo se enfrentan a la dureza de la vida, que sigan jugando, que sigan siendo niños... Desde el primer momento han estado más preocupados por mí que por ellos mismos o por su madre.

Habituado a discutir con sus alumnos más viscerales, como los que defienden la pena de muerte, Juan sabe, porque los profesores también reciben lecciones, que «somos humanos para lo grande y para lo miserable».

Susana había planificado sus vacaciones para el próximo verano en una casa rural en Navarra. Tenía siempre en mente a su familia, a sus padres, a su hermano Miguel y a su gemela. De pequeñas decidieron diferenciarse y, desde los ocho años, «ya nunca jugaron a confundirse», relató su madre. El día de su boda, Susana recibió un regalo especial. Su hermana Melania apareció con un contundente corte de pelo para diferenciarse y brillar con su propio estilo. Pero el lazo entre ambas iba más allá que las apariencias, pues «con una mirada se decían mil palabras», aseguró Juan a *La Vanguardia*.

FRANCISCO JAVIER BARAHONA IMEDIO

34 años. Madrid. Viajaba desde Santa Eugenia a Alcobendas, donde trabajaba como programador informático. Estaba soltero y vivía con su madre viuda.

Francisco Javier había perdido a su padre diez años atrás, y desde entonces vivía con su madre en la vivienda familiar del barrio de Santa Eugenia, en el distrito de Vallecas, según informó el diario *El Mundo*. Desde allí se dirigía a la empresa Toyota de Alcobendas, a 30 kilómetros, donde trabajaba como programador informático. Su única hermana, un año mayor, vivía cerca con su marido y sus dos hijos, con quienes Paco —así lo llamaban los que lo conocían— tenía una especial relación.

En el bloque de viviendas de Santa Eugenia donde residía, la tragedia se multiplicó. Allí vivían 120 familias, y tres de sus vecinos, Francisco Javier Barahona, OLEKSANDR KLADKOVOY (véase pág. 329) y MARÍA SUSANA SOLER INIESTA (véase pág. 431), fallecieron en los atentados del 11 de marzo de 2004. La tragedia tiñó de sangre la escalera. «Yo ya no volveré a ser la misma, pero el vecindario, tampoco: todos estamos rotos», reconoció la madre de Paco, Amparo Imedio, de 60 años. Era un joven casero y familiar. Cuando volvía del trabajo se encargaba gustoso de los juegos y actividades de sus sobrinos, Mario, de nueve años —era su ahijado—, y Álvaro, de tres.

Paco cuidaba a su madre y a su familia, pero también planeaba su propia vida junto a su novia, Lidia Blanco, con quien había decidido comprar un piso en el PAU del Ensanche de Vallecas. Según contó Lidia a *El País*, «habíamos empezado a pagarlo». Incrédula ante la tragedia, intentó transmitir cómo era Paco:

> Cuando me sentía triste, él siempre estaba ahí con sus bromas para hacerme feliz. En verano nos encantaba disfrutar de los paseos por la playa. Algunos fines de semana solíamos ir a Villalba con su primo Candi a tomar unas copas. O los pasábamos en Chapinería, en casa de unos amigos, haciendo barbacoas y bañándonos en la piscina. Siempre será el hombre de mi vida y estará en mi corazón.

Paco seguía perfeccionándose en informática e inglés, aunque no llegó a saber que había aprobado su último examen. Era seguidor del Barça, le encantaban las novelas, el cine, hacer yoga y salir con sus amigos a cenar. Dicen que no se enfadaba nunca. Su familia no quiere que la tragedia se olvide, mientras que su hermana y su cuñado se preguntan por qué siempre se van los mejores. Amparo describió así a su hijo en declaraciones a *La Vanguardia* unos días después de los atentados.

> Mi hijo tenía una dulzura especial, era tan amoroso, estábamos todos tan orgullosos... y no solo nosotros, los amigos le adoraban, sus jefes, sus compañeros... Hemos recibido decenas de telegramas de toda España y del extranjero. Tanto Toyota, donde trabajaba, como la empresa Registro se volcaron con nosotros. [...] Me animaba a salir con mis amigas, le encantaba que me pusiera guapísima, y les decía a todos: «¡Mirad qué madre tengo!». Le han arrancado la vida, estaba lleno de luz... A mí también me la han arrancado, pero hay que seguir adelante, por mi hija, por mis nietos [...]. Viviré recordando los momentos que he pasado con él, que son muchos y muy bonitos.

GONZALO BARAJAS DÍAZ

32 años. Jaén. Empleado de la Tesorería General de la Seguridad Social. Residía en Coslada y estaba recién casado.

Gonzalo había luchado para conseguir la estabilidad y, al mismo tiempo, seguir formándose para nuevos desafíos profesionales. Había dejado atrás la casa de sus padres, en el barrio jiennense del Pilar del Arrabalejo, y tras una estancia temporal en Guadalajara y en Sevilla, donde trabajó en el Instituto Social de la Marina, se instaló junto a su mujer en la población madrileña de Coslada, en un edificio nuevo de viviendas. En Jaén permanecía toda su familia salvo su hermana, que se marchó a Barcelona.

Gonzalo se esforzó por obtener una plaza como funcionario en la Tesorería General de la Seguridad Social en Madrid, y cada mañana se desplazaba en tren a su puesto de trabajo. Había solicitado el traslado a la oficina de Chamartín, próxima a la estación, para ganar tiempo en sus traslados. Recién casado, se había matriculado en Ciencias Políticas en la UNED.

Se encontraba en un buen momento de su vida. Quienes le conocieron lamentaron que su muerte se produjera cuando las cosas le iban mejor. De carácter resolutivo, ejercía de andaluz simpático, extrovertido y algo supersticioso. «Un hombre amable y siempre dispuesto a ayudar», recordaron sus compañeros a *La Vanguardia*. Le gustaba estar en forma y salir a divertirse con sus amigos. Todo lo que tenía lo había conseguido trabajando y seguía luchando para alcanzar una vida mejor. Adoraba a su sobrino de cinco meses y soñaba con ser padre. En Coslada le recordaron como una persona abierta, extrovertida y amable que participaba en las reuniones de vecinos. Un hombre corriente que tenía ilusiones y que acostumbraba a salir a correr para mantenerse en forma.

En su casa familiar de Jaén, aquella mañana todos fueron conscientes de que Gonzalo podía estar en el tren. Los peores temores se confirmaron.

Gonzalo Barajas fue enterrado en el cementerio de San Fernando, tras el acto fúnebre celebrado en la parroquia de Santiago Apóstol de Jaén. Estuvo arropado por su familia y amigos y por las más altas personalidades de la vida pública jiennense.

GLORIA INÉS BEDOYA

40 años. Colombia. Cocinera. Se dirigía a su trabajo en Villaverde Alto. Llegó a España hacía dos años y medio con su marido. Dejó dos huérfanos.

Gloria Inés había conseguido un buen empleo en el restaurante Las Mercedes, en Villaverde Alto, y se trasladaba allí a diario desde

Torrejón de Ardoz, pasando por la estación de Atocha. Estaba contenta. Carlos, su marido, trabajaba en la construcción con una excavadora. Llegaron a España hacía dos años y medio, dejando atrás su tierra, Toro Valle, en Colombia, y a sus dos hijos, de 18 y 15 años, con el afán de labrar un futuro para todos.

Aún no tenían los papeles en regla, pero Gloria se sentía bien en España y vivía con la esperanza de traerse a sus hijos. Su marido, en cambio, sentía más nostalgia de su tierra y acariciaba la idea de volver cuando hubieran reunido el dinero suficiente. Gloria era optimista y atesoraba buen humor. «Ella decía que se sentía "libre" en Madrid», declaró Carlos al diario *El Mundo.*

Desde que se colocó en Villaverde, cada día hacía un largo recorrido. Torrejón, San Fernando, Coslada, Vicálvaro... Antes lo hacía a diario junto a Edilse Bedoya, su prima, pero esta había cambiado de destino. «Su ilusión era traérselos aquí», confesó Edilse, entre lágrimas, al diario *El País,* «porque esa es la esperanza que tenemos todos los inmigrantes». Edilse fue la última en verla aquella mañana del 11 de marzo, cuando salió de su casa. A las 07:00 horas se despidió de su prima con un simple «adiós».

En Madrid, Gloria Inés conoció a otras gentes, como a su amiga Elena, procedente de Rumanía. Ella la recordaba alegre, sobre todo cuando podían salir a bailar, charlar y a mirar escaparates. De momento, el sueldo no les alcanzaba para mucho más.

Durante aquella jornada, Carlos pasó más de 24 horas en el pabellón de IFEMA donde yacían los muertos, hasta que finalmente pudo identificar los restos de su mujer. Horas después saltó la noticia de que España concedería la nacionalidad a todos los colombianos víctimas del atentado del 11-M y también a sus familiares más cercanos. Carlos regresó a Colombia para enterrar a Gloria Inés.

«Queremos que se la recuerde como a una persona trabajadora y alegre, una gran amiga. Pero, ante todo, como ejemplo de gran madre que luchaba cada día por sus hijos», dijeron sus familiares más cercanos.

Aquel 11 de marzo su hijo menor no pudo recibir la llamada de su madre para felicitarle en su 15 cumpleaños. La paradoja fue que Gloria Inés ensalzaba la seguridad que percibía en España en comparación con la situación en Colombia.

SANAE BEN SALAH IMADDAOUAN

13 años. Madrid. Estudiante. Hija única, de origen marroquí, era muy querida por sus compañeros de instituto y una visitante asidua de la mezquita de la M-30.

Sanae, hija de inmigrantes marroquíes, nació en Madrid, en el Hospital Gregorio Marañón. Cursaba 2.º de la ESO en el Instituto Juan de la Cierva, en Lavapiés, y había cumplido 13 años. Jamila, su madre, natural de Tánger (Marruecos), quiso que Sanae naciera y creciera en la tolerancia que ella encontró cuando llegó a España, pero que no olvidara sus raíces. Para ello se ocupó de que Sanae estudiara árabe y escuchara las historias de Tánger. La niña acudía con frecuencia a la mezquita central de Madrid y cubría con orgullo su cabeza con un pañuelo, aunque fuera la única de su clase.

Sanae vivía con sus tíos en Alcalá de Henares, porque su madre no había logrado un sueldo digno con el que alimentarla. Jamila llegó a Madrid después de que el padre de Sanae la abandonara en el cuarto mes de su embarazo y subsistía con empleos precarios, informó *El País*. Así que, cada mañana, Sanae cogía el tren de las 07:10 horas desde Alcalá de Henares hasta la estación de Atocha. Ahí, en el vestíbulo, se solía reunir con sus amigas Carla y Paula para ir hasta la parada de Acacias, en Lavapiés, la más cercana a su instituto. Murió en el tren que explotó en El Pozo.

En la clase de 2.º de la ESO, de unos 30 alumnos, Sanae se sentía adaptada más allá de la procedencia y la religión. En el «insti» le gustaba hacer el bobo con sus amigas y mediar en los conflictos, según explicaron sus compañeras, como con el chaval de 12 años que había sido expulsado por faltas de disciplina y que ella intentaba amansar, relataron al periódico *20 Minutos*.

Sus amigas se comprometieron a no ocupar su pupitre. Andrea, procedente de Ecuador, afirmó que Sanae se encontraba «triste y alejada» durante los días previos a su muerte. «Seguíamos jugando a reírnos y hacer reír a los demás», pero a ella le pesaba tener que vivir con sus tíos en Alcalá de Henares en lugar de hacerlo con su madre en Madrid.

En casa, sus tíos contaron que a Sanae le encantaba hacer los deberes nada más llegar, desayunar cereales y atiborrarse a queso.

Disfrutaba viendo películas de terror, «aunque fueran de Drácula, porque nunca pasaba miedo». Como ya hemos dicho, deseaba vivir con su madre, conocer a sus primas en Ramala y formarse como veterinaria. Tal y como relató Jamila, «le encantaba salir al campo, las excursiones a la sierra del colegio y jugar con los perros abandonados. No me dejaba matar ni una mosca, siempre protegía a los animales». Le encantaban los dibujos animados, pintar, leer libros y era seguidora del Real Madrid. «Zidane era su jugador preferido, aunque nunca llegó a ir a verle». El próximo verano tenía planeado viajar a Palestina. Su cuerpo descansa en Tánger.

ESTEBAN MARTÍN DE BENITO CABOBLANCO
39 años. Santa Eugenia (Madrid). Técnico de Comunicaciones en una empresa de telefonía. Dejó viuda y dos hijas.

En su barrio todo el mundo lo conocía. Se paraba con cada vecino y le gustaba bromear. Además, era un manitas y muchos le buscaban para arreglar cualquier cosa. Entregado a sus hijas, de nueve y cuatro años, a diario las tenía ya en pijama cuando su madre volvía de trabajar. Esteban —«Tebitan» para sus familiares— estaba a punto de cumplir 40 años y entre sus proyectos más inmediatos se ilusionaba con el veraneo en el apartamento de Alicante, unas vacaciones que había organizado con empeño. Esteban y Nieves, su mujer, se conocieron 20 años atrás y crearon su propia familia. Él era huérfano de padre y tenía tres hermanos.

Su casa se encontraba frente a la estación de Santa Eugenia. Aquella mañana se despidió de su mujer con su arte habitual y con un beso. «¡Hala, cuerpo, quédate ahí un poco más!», le dijo. Al poco, según contó Nieves a *La Vanguardia,* ella se levantó y abrió la terraza.

> El suelo tembló y vi el humo. Instintivamente llamé al móvil de mi marido, pero no me contestó. Y entonces el portero desde abajo me preguntó por Esteban y salió corriendo hacia la estación. A mi marido lo mataron en Atocha, él iba en el tren que estalló en el andén.

Esteban se dirigía a Telefonía Madis, donde trabajaba como programador de conexiones entre diferentes centrales telefónicas.

«Era el mejor padre del mundo», reconoció Nieves. En el barrio le recordaban llevando de la mano a las niñas, ya que para él no había nada como estar con Vera y Adriana. Su esposa confesó a *El Mundo* que su momento favorito del día era el de la cena en familia: «Yo trabajo en un despacho de abogados y él recogía a las niñas del autobús, las bañaba y les ponía el pijama. Cuando yo llegaba, cenábamos los cuatro juntos, y era la mejor comida del día».

Esteban tenía un gran sentido del humor y era un apasionado de las motos y del fútbol. Cuando llegaba el buen tiempo, cogía su Honda CBR y se iba a trabajar. Seguidor convencido del Real Madrid, le gustaba discutir con Nieves, que se había hecho del Atlético de Madrid para llevarle la contraria.

> A mí me daba todo lo que quería. Me decía en broma: «Si te portas bien, te lo compro». Le gustaba levantarse tarde los sábados, ver el mar... No sé cómo voy a seguir viviendo sin él. Íbamos a pasar el Día del Padre en Alicante, en la casa entre Santa Pola y Guardamar, y ya ves... Lo hemos pasado en el cementerio.

Diez años después, Francisco Apaolaza publicó los recuerdos de su hija en *El Correo:*

> Vera de Benito recuerda el último beso de su padre, Esteban, la noche del 10 de marzo en el salón. Daban *Crónicas Marcianas*. Aún sabe cómo olía y guarda su tacto en la piel. También recuerda un ruido frente a su casa en Santa Eugenia y a su madre en el salón intentando hablar por teléfono. Más tarde supo que llamaba a su padre, técnico de telefonía, que acababa de subirse al tren. Vera, de nueve años, y su hermana, de cuatro, pasaron a ser dos de los 97 huérfanos de los atentados. «Papá está en el cielo», le dijeron. Sonríe en la Gran Vía ante la cámara de Elvira Megías y la gente le hace bromas. Nadie se imagina por lo que ha pasado.

RODOLFO BENITO SAMANIEGO

27 años. Alcalá de Henares (Madrid). Ingeniero. Trabajaba en el diseño de centrales térmicas. Preparaba oposiciones para profesor de matemáticas.

Rodolfo cogió el Cercanías hasta Atocha desde Alcalá de Henares, como hacía desde sus tiempos de estudiante de Ingeniería Industrial en la Universidad Politécnica de Madrid. Ahora, a sus 27 años, ya era especialista en técnicas energéticas y tomaba el tren en la misma estación para llegar a su puesto en la empresa Gehsa, donde trabajaba en un proyecto de centrales térmicas de ciclo combinado.

Era el pequeño de dos hermanos de una familia originaria de Valencia. Aquella mañana, a las 07:30 horas, Rodolfo —«Rodo», como le llamaban sus familiares— llevaba consigo su carpeta de estudios porque estaba preparando oposiciones para profesor de matemáticas. El tren en el que viajaba explotó antes de llegar a Atocha, en la estación de Santa Eugenia.

Su vida era multifacética: diseñaba centrales térmicas, era cinturón negro de judo, se interesaba por las políticas sociales (le venía de familia), quería ser profesor y disfrutaba de todas las horas posibles con Ana, su novia, con Álex, su hermano, un año mayor que él —eran uña y carne—, y su grupo de amigos del barrio de los Cuatro Puntos de Alcalá, tal y como relató el diario *El Mundo.*

Su nombre le venía de su tío Rodolfo Benito, dirigente del Comisiones Obreras, que le quería como a un hijo. Con él aprendió a mantener la ilusión por cambiar las cosas y a no resignarse. Pero su inquietud también estaba en su carácter, pues no paraba quieto ni en el sofá, según decían. Rodolfo dejó escritas numerosas ideas, proyectos e historias, muchas de las cuales quedaron sin concluir. El año 2004 se presentaba además con el aliciente de ser año jacobeo, según informó *La Vanguardia.* Había recorrido tres veces el Camino de Santiago, pero quería volver.

En las horas que sucedieron a la matanza, Ana necesitó escribir para desafiar a la muerte. Ella, que compartió pupitre con Rodolfo en el instituto y que llevaba siete años de noviazgo con él, dejó escritas unas palabras, a modo de carta, dirigidas a Rodolfo y que el diario *El País* reprodujo:

> Dejas el hueco tan terrible que puede dejar una persona que era el número uno en todo. En tu familia: el niño pequeño, el bromista, el imitador, el malabarista... Con tus amigos: el inventor de palabras, el activo, el del chiste fácil... Con tus compañeros de trabajo: tan correcto, sonriente, educado en las peticiones, trabajador... Conmigo, con tu amor: de los paseos largos y las manos entrelazadas, las caricias tiernas, los cuidados, toda la complicidad de una vida aprendiendo todo juntos...

Ana y Rodolfo habían decidido comprarse una vivienda para ambos en Alcalá de Henares, su ciudad de siempre.

La carta proseguía:

> Trataremos de recordarle imitando a Raphael, corriendo, hablando de su rodilla [le habían operado varias veces], probando un buen vino, dando besos a la abuela, comiendo el bollo de su tía, el sándwich de mamá y hablando tolerante y receptivo con cualquiera.

Sus compañeros de trabajo lo recordaban como un joven vitalista que sacaba tiempo para todo. Sus múltiples planes le fueron arrebatados y un sinfín de proyectos quedaron inconclusos. Sin embargo, años después, Rodolfo Benito Samaniego sigue inspirando numerosas ideas a través de la fundación que lleva su nombre, que otorga premios a la innovación tecnológica y a los valores de la convivencia.

ANKA VALERIA BODEA

25 años. Rumanía. Llevaba menos de tres meses en España. Licenciada en Filología en su país. Trabajaba en Majadahonda como empleada de hogar.

Anka Valeria Bodea llevaba en España poco más de dos meses. Llegó sola desde Oradea (Rumanía), y a través de un amigo se alojó en casa de los hermanos Eugen, Florin y Daniel Terbea en un piso de Guadalajara, según recogió el espacio de RTVE *Relatos de*

Vida. Estudió Filología en su país y trabajó como secretaria durante tres años sin siquiera tener una semana de vacaciones. Esperaba que la vida en España le ofreciera más oportunidades y, tras trabajar impartiendo clases particulares, recaló en una vivienda, a hora y media de su domicilio, en Majadahonda, donde se encargaba del cuidado de unos niños.

Despierta, elegante y atractiva, Anka transitó por las ciudades de San Sebastián y Madrid. En la capital donostiarra acompañó a sus amigos, que fueron contratados durante un tiempo en el montaje de equipos industriales, y disfrutó de una especie de «vacaciones» en la playa de la Concha y en la calle Arrasate, donde se hallaba el piso en el que vivían. «Esa fue su primera impresión de España y el primer lugar en el que disfrutó. Decía que tenía mucha suerte por venir a España a trabajar y disfrutar de la ciudad más bonita del país», dijo Daniel, uno de sus amigos.

Enseguida intimó con uno de ellos, Eugen, y a él le contaba principalmente sus impresiones, como por ejemplo, que en los últimos tiempos tenía el presentimiento de que algo iba a pasar, a lo que Eugen intentaba tranquilizarla. Aquella mañana, a las 06:53 horas, Anka le envió el último mensaje: «Voy a coger el tren y quiero verte». Su amigo Daniel contó a *El País* que en los últimos días Anka intuía que algo malo le rondaba. La noche anterior telefoneó a Rumanía y habló un rato con su hermana Ioana, que la notó inquieta. «Parecía que no quería cortar la conversación», confesó Ioana a los medios rumanos. Le dijo que la echaba mucho de menos, a ella y a sus padres, Joan y Valeria; que estaba bien en España y que tenía incluso «un medio novio», pero que la gente le resultaba fría.

Anka era una joven abierta y dinámica, con ansias de abrirse camino. Hablaba inglés y francés, sabía buscarse la vida y deseaba ejercer su profesión. De momento, debía regresar a Rumanía en unas semanas para renovar su visado.

Habría cumplido 26 años el lunes 22 de marzo, pero hasta el jueves anterior, ocho días después de la tragedia, ni siquiera se sabía si estaba viva. Desde el día del atentado figuraba en la lista de desaparecidos, junto a varios compatriotas rumanos. Su amigo Eugen aseguraba que estaba en el tren y facilitó a los servicios asistenciales algunos objetos personales para su identificación. Fue un proceso complicado. Entre los restos se encontraron su bolso y su documento de identidad. Sin embargo, hasta el último instante todos se aferraron a la posibilidad de que se hubiera salvado. El lunes 22 de marzo de 2004 una multitud acudió a su entierro.

LIVIA BOGDAN

27 años. Rumanía. Llevaba dos años en España, donde trabajaba como cuidadora de niños. Vivía en Coslada. Murió junto a su novio.

La noche anterior al atentado, Livia y JUAN MUÑOZ LARA (véase pág. 369) cenaron en el hogar familiar de los Bogdan, en Coslada, y disfrutaron del partido Madrid-Bayern de Múnich que retransmitían por televisión. Primero llegaron Livia y Juan, cargados de bolsas llenas de comida: gambas, calamares, pescado a la plancha y natillas. Se les hizo tarde viendo el fútbol y la familia invitó a Juan, que vivía en Madrid, a quedarse a dormir. «Así volvemos juntos mañana en el tren», dijo Livia, según contó su padre a *La Vanguardia*. Tomaron juntos el tren de las 07:10 horas, y juntos murieron unos minutos después, cuando llegaron a Atocha.

Aunque Livia fue la última de la familia en emigrar desde Rumanía, fue la que mejor se adaptó a la nueva vida. Llegó a España en 2002 y deseaba regularizar cuanto antes su estancia en Madrid, donde trabajaba como asistenta en un domicilio. Además, llevaba cuatro meses saliendo con Juan, a quien había conocido en Coslada.

Livia había seguido los pasos de sus padres, de su hermano Daniel y de su hermana gemela Elena, que llegó a España unos meses antes que ella. En realidad, todos vinieron siguiendo al padre, Liviu, que se instaló en Madrid en 1998 para trabajar en la construcción. Atrás, en su localidad natal de Ramnicu Sarat, al noroeste de Bucarest, Livia dejó el taller de confección en el que trabajaba, oficio que deseaba recuperar en España cuando las condiciones se lo permitieran.

Arropada en el seno familiar, la joven vivía con esperanza el presente y soñaba con el futuro. «No paraba quieta y salía todos los días», contó su tía Rodica a *El País*. «Era muy presumida. Se compraba lo que podía y siempre se ponía muy guapa, aparte de que lo era». La fotografía que se hizo unos meses antes con su novio mostraba su belleza: ojos negros, pelo negro, labios perfilados y una presencia firme. Se encontraba en un buen momento de su vida y, según su hermano, no lo desaprovechaba: «Vivía al día, no pensaba en lo que iba a hacer mañana. No hacía planes ni de la mañana para la tarde. Hoy estaba aquí y mañana allí». Su tía Rodica apostillaba: «No quería ni pensar en volver a Rumanía».

Todos los días, a primera hora de la mañana, tomaba el tren en la estación de Coslada para trasladarse hasta Nuevos Ministerios. Desde allí iba a pie hasta la vivienda —próxima al estadio Santiago Bernabéu— en la que trabajaba cuidando a unos niños.

Tras su muerte, toda la familia de Livia, que se encontraba en situación irregular, adquirió la nacionalidad española. La madre limpiaba casas; su hermana Elena se encargaba de unos niños, y el padre se había quedado sin trabajo después de haber terminado unas obras. Dos días después del atentado, los Bogdan, que eran una piña, despidieron a Livia en un tanatorio de Madrid. Daniel Bogdan declaró que su hermana era tan sociable que «a veces había que decirle que no hablara tanto con extraños. Si un amigo suyo venía con otros dos, ya era amiga de los tres».

Tres años después del atentado, los padres de Livia seguían buscando respuestas recorriendo el lugar de la explosión. Lo publicó José Ángel González en el diario *20 Minutos* (13 de febrero de 2007):

> Elena Bogdan (49 años) va a la estación de Atocha tres veces a la semana. No sabe a qué va, pero sigue yendo. Si no puede trasladarse a Madrid, se conforma con subirse a una tapia en Coslada y asoma la mirada a las vías del otro lado. También allí pregunta: «¿En qué piedra pudo caer mi hija?». Su marido, Liviu Bogdan (50) —grande, con barba y algunas piezas dentales laminadas en oro—, indaga al modo de los hombres silenciosos y trabajadores: perdido en la monstruosa estepa de las noches. Desde el 11-M no pega ojo. Las preguntas también lo acosan: ¿cómo murió?, ¿por qué?, ¿pudieron salvarla?, ¿dijo algo antes de morir?
>
> La cabeza es como un motor, dice en el castellano exacto de los ciudadanos de Coslada, esa comarca rumana. Estamos en el

cuarto de Livia (27) y nada ha sido tocado: un botellón de Sprite a medio beber; el aparador de los discos compactos sellado con cinta adhesiva, para que nadie turbe el orden en que los mantenía su dueña; la copia de *El padre Manolo,* la película que le había regalado a su madre, entusiasta de las coplas de Manolo Escobar; la procesión de cajas de zapatos; las prendas de vestir que Elena saca del armario con turbadora diligencia, una a una... «Una chaqueta, otra... Una blusa... Este pantalón... No quiero desprenderme de nada, tocar nada. Si regreso a Rumanía, voy a hacer una habitación y tendré todas sus cosas así, igualito a como las dejó Livia». Los padres, buscando realidad, quieren conocer el desarrollo de los minutos finales. Saben que Livia tomó el tren de las 07:10, pero no dónde la sorprendieron las explosiones. Alguien les ha contado que la vieron salir de un vagón en la calle Téllez por su propio pie, andar diez metros y caerse desplomada a las vías, pero no han podido corroborarlo.

No les basta el dictamen forense: politraumatismo y parada cardio-respiratoria. Elena muestra una foto del cadáver en el ataúd: «Ni un rasguño. Tan entera y tan guapa. Parece Blancanieves»... Con Livia murió también su príncipe, Juan Muñoz Lara (32), con quien planeaba una vida en común. Estaba tan contenta... Le gustaba Juan y planeaban irse a vivir juntos a la casa de él en San Agustín de Guadalix, explica la madre. Vestida de un negro riguroso que subraya aún más sus ojos azul pálido, no le alcanza el diccionario para hablar de su Livia —gemela de la otra hija, Elena, y hermana de Daniel, un año mayor—, de su bibiluta, cosita, como la llamaba cuando era bebé.

Florencio Brasero Murga

50 años. Madrid. Jefe de ventas de Michelín. Murió en la estación de El Pozo el día del cumpleaños de su esposa. Tenía dos hijos de 19 y 15 años.

Lo último que Florencio Brasero Murga hizo aquella mañana antes de salir de casa fue felicitar a su mujer, Concha de Cos, y darle su regalo de cumpleaños: una pulsera de oro que ya nunca se quitará. Aún tuvo tiempo de abrir la puerta del cuarto de su hija Laura, que se había quedado estudiando por la noche para preparar sus exámenes de gestión comercial: «Suerte, hija», le dijo. Y se marchó.

Tal y como relataron sus familiares a *La Vanguardia,* Florencio Brasero, *Floro,* era un hombre ordenado y de costumbres fijas. Cada mañana hacía un largo recorrido. Cogía el metro en Rivas, donde vivía, hacía transbordo en Puerta de Arganda y se bajaba en Vicálvaro para tomar el tren a Tres Cantos, a 20 kilómetros de Madrid, hasta la sede de la empresa Michelín, donde trabajaba como jefe de ventas y en la que llevaba más de 25 años. El 11 de marzo murió en la tercera explosión, la que tuvo lugar en la estación de El Pozo.

Florencio tenía dos hijos, Laura, de 19 años, y Alberto, de 15. Miraba ya al futuro con cierta tranquilidad: tenían el piso pagado, acababan de hacer una reforma y pensaba que su vida con Concha podía ser más confortable. Floro y Concha se conocieron 24 años atrás en una discoteca. A ella, que tenía 21, le dijeron en el guardarropa que al local «iban algunos casados», pero enseguida comprobó que el chico en el que se había fijado no respondía a esa descripción. Era un chico «callado pero íntegro», reconoció Concha. Empezaron a salir juntos y cuatro años después se casaron. «Eso sí, me dijo que no se casaba hasta los 30, y lo cumplió», contó Concha al diario *20 Minutos.*

Florencio era un fiel seguidor del Real Madrid. De hecho, fue el socio más antiguo que el club perdió en los atentados del 11-M. Era el tesorero de la peña madridista de Rivas-Covibar y lo tenía todo listo para ver la final de la Copa del Rey una semana después en Montjuïc. En su lugar asistió su hijo Alberto, de 15 años, que dejó una vela encendida sobre su asiento de abonado durante el Real Madrid-Zaragoza que se jugó dos días después de los atentados. Alberto apenas pudo contener la emoción recordando a su padre durante el minuto de silencio que el estadio brindó a las víctimas. Fue «el más impresionante silencio que se había vivido nunca», dijeron. Aquella tarde no hubo gritos.

A Floro le gustaba su vida sencilla, la comida de su esposa (especialmente, la caldereta de ternera), la música de los Beatles, los boleros de Luis Miguel y las baladas de Roberto Carlos, las mismas que ponían en la discoteca en la que conoció a Concha. Es más, la canción *Lady Laura* inspiró el nombre de su hija.

«Lo único que me queda es su beso de aquella mañana cuando me dijo "felicidades"», dijo Concha. «Seguiré entera porque él se lo merecía. Estoy muy orgullosa de haber sido su mujer». Ocho días después de la masacre, Concha y sus hijos celebraron el Día del Padre y llevaron sus cenizas al espigón de la playa de Santa Pola (Alicante). Allí, en el Mediterráneo, que lo dejaba aturdido cuando era niño y se adentraba en el mar de la mano de su padre, se cerró el círculo.

TRINIDAD BRAVO SEGOVIA
41 años. Ciudad Real. Casada y madre de dos hijas. Empleada de la firma de Seguros La Estrella. Residía en Rivas Vaciamadrid (Madrid).

Trinidad Bravo nació en la localidad Malagón (Ciudad Real) el 31 de diciembre de 1963. Vivía con su marido, Pedro, en Rivas. Sus padres, Elías y Teófila, prefirieron no hablar. Al dolor por la muerte de su hija se sumó la confusión inicial de la Policía Científica a la hora de identificar el cadáver. El error provocó que, un día después de la masacre, entregaran a los familiares de BEATRIZ DÍAZ HERNÁNDEZ (véase pág. 271) el cuerpo destrozado de Trinidad Segovia Bravo, algo mayor que ella (la primera tenía 30 años y la segunda 41).

ALINA MARÍA BRYK
39 años. Polonia. Empleada de hogar. Llevaba diez años en España y deseaba regresar a su país para vivir con sus hijas.

Alina tenía dos hijas, Angelica, de 14 años, y Claudia, de 8, que se habían quedado en Kliszowie (Polonia), al cuidado de su abuela. Alina —«Ala» para sus allegados— llevaba una década en España junto a su marido, Juan. El deseo de ambos era ahorrar dinero para poder regresar a su país y reagruparse con sus hijas. Compartían una vivienda con otros compatriotas en Vicálvaro y desde allí se trasladaba a sus quehaceres diarios. Ella limpiaba varias casas en distintos lugares, de la mañana a la noche; él repartía el gas butano. Los lunes y los jueves, Alina tomaba el Cercanías.

Aquella mañana salió tan impecable como siempre: arreglada, maquillada y con las uñas pintadas. «Le encantaban la ropa, las joyas e ir a comprar por los mercadillos», contó Juan a *El País*. En las distintas casas en las que trabajó, Alina siempre dejó una sensación de gratitud. Tras aquella mañana trágica, sus empleadores quisieron escribirle una carta para contar lo «valiente, educada, prudente, lista y buena» que era.

Desde Polonia, su hermano Josef se enteró por la radio local de los brutales atentados de Madrid y, de inmediato, envió un mensaje a Alina, que no obtuvo respuesta. Josef y su otra hermana, Dorota, no encontraban explicación a la masacre. Sabían que Alina deseaba volver a su país para estar con sus hijas, al contrario de muchos compatriotas que optaron por llevarse a sus familias. «Cuando regresaba a España después de las vacaciones, venía cargada de fotos de sus hijas y se las enseñaba orgullosa a todo el mundo», recordaron sus amigas.

Alina no se callaba nunca; siempre tenía algo que decir. Era alegre, positiva, y estaba llena de vida. Deseaba que sus dos hijas fueran a la universidad y se prepararan para el futuro. Lo más inmediato era comprarles un ordenador, y en esas estaban. Ella y Juan ahorraban lo que podían para poder adquirir una «casita con jardín» en Polonia donde poder vivir todos juntos. «No la teníamos elegida todavía, pero ya sabíamos cómo tendría que ser», declaró Juan a *La Vanguardia*.

La familia entera se congregó en la ciudad de Kliszowie para despedir a Alina. Juan se reunió con sus hijas sin saber cómo sería su vida a partir de entonces.

STEFAN BUDAI

37 años. Rumanía. Había llegado a España hacía dos años y medio. Se dirigía a la obra en la que trabajaba como albañil. Estaba casado y tenía una hija.

Hacía dos años y medio que Stefan dejó Ludus, en Transilvania, para trabajar en España, donde en un primer momento vivió con varios compatriotas. En agosto de 2003 regresó a Rumanía para traer a su mujer, Daniela, y a su hija, Ioana, de ocho años, y, de hecho, desde hacía tres meses la familia tenía una vivienda en el centro de Alcalá de Henares, población en la que residían unos 2.000 ciudadanos rumanos.

Stefan era un hombre afanoso y audaz, fuerte y delgado como un junco. Trabajaba con otros seis compatriotas y lo mismo pintaba que soldaba o alicataba, ya que, según dijeron sus compañeros, «sabía hacer de todo, era un manitas». Además, nunca engordaba un gramo y, aunque comiera con voracidad, no pasaba de sus habituales 70 kilos. Su jefe y amigo Mikita Dumitru Tonescu recordaba asombrado el día en el que Stefan les invitó a comer a su casa. Después se fueron a la de otro amigo y la madre de este les dio de comer otra vez, y «al final fuimos todos al Buffalo Grill y se cenó un plato de costillas. Todo en pocas horas. Stefan se inflaba. Era un saco sin fondo», dijo Mikita al diario *El País*.

Aunque aún no tenía el permiso de residencia, su ilusión era tener una casa en España y otra en Rumanía. Stefan nunca perdía el buen humor y se alegraba de lo que ya había logrado: reunir a su familia. Todo un triunfo. En su vida cotidiana conjuraba las dificultades con las bromas. Se pasaba el día gastándolas con los amigos rumanos de su cuadrilla, aunque «luego él las encajaba mal», dijo su jefe. Pese a las dificultades, llevaba una vida apacible.

La mañana del 11 de marzo de 2004 se dirigía en tren desde Alcalá de Henares hasta Aravaca, donde trabajaba en una obra. Había quedado con su compañero, Nelu, en la estación para tomar un café antes de coger el tren. Sin embargo, Stefan prefirió llegar a Aravaca para desayunar allí. Su cuerpo quedó tendido en la estación de Santa Eugenia. Entero, sin apenas heridas, pero inerte. Sin embargo, no pudo ser identificado hasta seis días después.

Mikita se refirió al mayor deseo de Stefan en sus declaraciones a *El Mundo:* «Quería comprarle el mundo entero a su hija». Y, para empezar, pensaba comprarle «un ordenador». Su familia vivió la angustia por la orfandad de Iona, su única hija, por la que Stefan sentía devoción.

TÍBOR BUDI

37 años. Rumanía. Llevaba año y medio en España. Trabajaba como albañil. Murió junto a su amigo Alois Martinas.

Tíbor llegó de Brasov, en el centro de Rumanía, poco antes que su esposa, Simona, con la que llevaba casado 14 años, y se instalaron en San Fernando de Henares. Trabajaba como albañil, pero pensaban regresar a su país y alcanzar un mejor nivel de vida. Aunque no tenían hijos, Tíbor y Simona se adoraban y estaban orgullosos de su relación.

Como la mayoría de sus compatriotas, Tíbor trabajaba en la construcción y Simona limpiando en casas particulares. La vida de la pareja transcurría tranquila en el barrio de San Fernando: salían poco y, cuando lo hacían, quedaban con otros compatriotas y familiares. Les gustaba ir al Parque del Retiro, al zoo y recorrer las calles de la capital. A los dos les encantaba el cine, así que se compraron un reproductor DVD, una televisión y una videocámara. Tíbor tenía conocimientos de electrónica —en su país se graduó en el Instituto Electroprecizia— y no paraba de estudiar el funcionamiento de cualquier aparato hasta dominarlo.

Todos los meses, Tíbor enviaba a su padre una caja con dulces, algo de dinero y una cinta de vídeo con grabaciones caseras. Echaba de menos a su familia y la nieve de Brasov.

En la localidad de Sacele, próxima a Brasov, Tíbor trabajó como fresador y albañil. Allí se casó con Simona, a la que conocía de siempre, y juntos decidieron emigrar para abrirse nuevos caminos. Tíbor recaló primero en Italia, donde tenía una hermana trabajando, y poco después se instaló en España.

Era un romántico empedernido. Su amigo y cuñado Mihai narró a *El País* la secuencia de la fiesta del Día de los Enamorados en casa de los Budi, en San Fernando de Henares, hacía poco menos de un mes. Tíbor se las arregló para llenar toda la cama de rosas rojas —formando un gran corazón con una rosa blanca en el centro— para que Simona se sorprendiera al volver de su trabajo. «Mi hermana no tenía que hacer nada, porque tenía un marido que le resolvía todas las preocupaciones de la vida», contó Mihai. Años después, Simona se lamentaba de su pérdida en el diario *20 Minu-*

tos: «Antes siempre tenía prisa para acabar el trabajo y reunirme con él. Ahora ya no está. A mí me mataron con él».

La mañana del 11 de marzo de 2004, Tíbor y Simona desayunaron juntos en su casa. Después él se dirigió a la estación con su amigo y compatriota ALOIS MARTINAS (véase pág. 351). Los dos trabajaban en una obra en Leganés y murieron juntos en los atentados del 11-M.

Al parecer, algún mal presentimiento le rondaba. A su amigo Mihai le había dicho apenas unos días antes que el fin de semana no pensaba salir de casa «porque iba a haber un atentado de ETA». Tan solo se equivocó en los autores y en la fecha.

A Budi se le dio por desaparecido durante seis días, hasta que las pruebas de ADN le identificaron. En el diario rumano *Monitorul Expres* se contó la odisea de Simona y de su amiga Liliana mostrando su fotografía de calle en calle con la esperanza de encontrarlo con vida. La hermana de Tíbor, Ildiko, llegó desde Italia para colaborar en la identificación del cuerpo. Tan solo quedaron intactos su pasaporte y su móvil.

MARÍA PILAR CABREJAS BURILLO

37 años. Alcalá de Henares. Trabajaba como administrativa en Telefónica. Vivía con su pareja desde hacía diez años.

La pasión de María Pilar era leer y escribir, y sacaba tiempo para ello en los trayectos en tren y cuando terminaba su jornada de trabajo en Telefónica, empresa para la que trabajaba desde hacía 15 años. Cada mañana salía de su casa en Alcalá de Henares, donde vivía con Jesús, su pareja desde hacía una década, hasta las oficinas de la calle Orense. En declaraciones a *El País,* Jesús reconoció que «siempre notaba su beso» a las seis de la mañana, antes de marcharse al trabajo.

La vida de Pilar discurría tranquila, siempre con un libro entre las manos, a pesar de que padecía la enfermedad de Crohn —una dolencia crónica del tubo digestivo—, lo que le obligaba a retirarse algunos periodos para recuperarse. Desde que era niña vivía en el barrio Juan de Austria de Alcalá de Henares, primero con sus padres y sus hermanos, Félix y Francisco, y desde los 26 años con Jesús.

Jesús conoció a Pilar cuando un hermano de esta le retó: «¿A que no te atreves a pedirle salir a Pilar?», declaró él a *El País*. Ella era dos años mayor de él, «una chica seria, organizada, algo así como la profesora de todos nosotros… Me estabilizó. Yo era rebelde, un poco *hippy*», confesó Juan a *20 Minutos*. Aunque de salud algo delicada, Pilar era una mujer fuerte que se encargaba de su padre enfermo y de su madre, que en los últimos meses se había roto varios huesos. Ella misma había sufrido recientemente un agravamiento de su dolencia, pero encontraba apoyo en su «gordito» y en sus libros.

Según publicó *20 Minutos,* Pilar estaba escribiendo una novela, *Pasión virtual,* que quedó inacabada, como los viajes que ella y Jesús tenían proyectados. Le gustaba jugar al mus, tanto que llamó Mus a su perro. Se reía con las pequeñas cosas, como aquella tarde anterior a su muerte, cuando salió a pasear con Jesús, que iba disfrazado con unas mallas y unas zapatillas nuevas, y ella soltó una gran carcajada en cuanto le vio. Él nunca olvidará aquella risa: «Me han robado mi futuro», declaró.

Pilar había vuelto a su trabajo después de una baja por enfermedad de diez días. Jesús, periodista, redactor del área de Internacional de Antena 3, se enteró de su muerte a través de los compañeros que cubrían la tragedia.

RODRIGO CABRERO PÉREZ

21 años. Madrid. Estudiante de 2.º de Informática. Apasionado de los relatos fantásticos y de los juegos de rol. Vivía en Getafe con su familia.

Dulce, callado y ocurrente. Así describieron a Rodrigo quienes más le conocían. Cuando decía algo, siempre era digno de ser escuchado. Él se explicaba ante sus amigos: «No es que no hable, es que hablo cuando los demás calláis». Tenía 21 años, estudiaba 2.º de Informática en el campus madrileño de la Universidad Pontificia de Salamanca y desde niño había destacado por sus inquietudes.

Pronto empezó a leer y a pronunciar las primeras sílabas complejas, como las del rotundo nombre que le pusieron sus padres, Juan Carlos y Marisol. De niño, desde el asiento de atrás en el coche, pronunciaba las primeras palabras con muchas erres. Tal y como los padres relataron a *El País,* el primer día de clase ya quería volar: «Márchate, mamá, estoy bien», dijo. A los ocho años se resistía a leer en clase en voz alta, y tras la riña de la madre le dio un beso en la nariz. A los diez ya leía por su cuenta *El hobbit* y hacía *collages* con su hermano, a quien llevaba 15 meses. A los 20 años, cosió con su madre el disfraz de mago para su grupo de juegos de rol.

Disponía de los libros de rol de sus padres, y en su mundo de aventuras y emociones, batallas y romances, él era *Roltrigo.* Según publicó *La Vanguardia* en su serie «En memoria de las víctimas», publicada unos días después de la tragedia, «era el increíble hombre pájaro/mago al que seguían un centenar de amigos que le despidieron con claveles rojos. La página web de los jugadores de rol "en vivo" estuvo aquellos días repleta de mensajes firmados con nombres fantásticos del mundo de Tolkien y de *Dungeons and Dragons,* e imágenes de caballeros y doncellas».

Rodrigo se reunía con su grupo cada dos o tres meses y pasaban juntos todo un fin de semana en algún sitio al aire libre con albergue y con bosque. Organizaban la comida, el juego, los personajes y los disfraces. A veces se reunían cientos de aficionados de distintas edades. A Macarena, su novia desde hacía un año, la había conocido en esos encuentros. A ella le decía, bromeando, que se operaría para superar la alergia a los gatos y convivir con ella, que tenía tres. En todo lo demás compartían gustos. Los dos rehuían el bullicio nocturno «porque no se puede hablar con el ruido», declaró Macarena. Rodrigo prefería siempre estar con ella y con sus amigos de tú a tú. Escucharlos de cerca.

Aunque la política no le interesaba demasiado, participó en las manifestaciones contra la guerra de Irak junto a su familia. En casa vivieron historias de solidaridad con la llegada de varios niños bielorrusos que padecieron el desastre de Chernóbil de 1986. Le gustaba dar «abrazos de oso» a su madre, a quien llamaba *ancient mummy* (anciana madre) y «antigua momia», una muestra clara de su gusto por la fantasía.

La intensa vida de Rodrigo se truncó en el andén de la estación de Atocha, a donde había llegado desde Getafe. Llevaba a Siniestro Total en el *discman,* y *El Código da Vinci* en la mochila. Había dejado en su cuarto dos entradas: una de *Sit,* de Tricicle, y otra de *Todo porque rías,* de Les Luthiers. Dejó encriptado su ordenador.

La onda expansiva de las bombas lo lanzó por los aires y murió en el acto. Su cuerpo quedó intacto y sus familiares dicen que esbozaba una sonrisa. Para Macarena fue un signo: «Es que ahora no le puedo fallar. Si me ha hecho feliz, ¿por qué no voy a seguir siéndolo como él querría?». Rodrigo era fantástico, singular.

MILAGROS CALVO GARCÍA

39 años. Madrid. Trabajaba como administrativa y compaginaba su empleo con la carrera de Derecho, que finalizaba ese año.

Milagros trabajaba como administrativa en el grupo TPI, y por la tarde estudiaba Derecho en la Universidad Complutense de Madrid. Como la mayoría de sus compañeros de aula —la mayoría, mayores de 30 años—, Milagros no respondía al estereotipo de joven estudiante, pero quería licenciarse en Derecho por vocación personal o, quizá, por inconformismo.

La mañana del 11 de marzo de 2004, Milagros cogió el Cercanías desde el extrarradio de Madrid. Se trataba de una ruta nueva, pues hacía solo cuatro días que había cambiado de trabajo. Poco después de las explosiones, sus compañeros comenzaron a buscar a «Mila», como la llamaban, pues sabían que a esa hora ella debía ir en el tren.

Tras el duro golpe, sus padres y su hermana optaron por la discreción y no quisieron hablar ni expresar su dolor. Después de las identificaciones de las víctimas, en el tanatorio sur de Madrid tan solo se abrazaron al decano de la facultad de Derecho y al profesor de Derecho Procesal Jesús Zarzalejos. De ese modo sellaron la ilusión que sentía Milagros antes de su flamante titulación. De hecho, ya había recibido la orla, que simbolizaba el fin de la carrera, aunque aún no tenía el título de licenciada. En esas estaba.

Probablemente, la mejor semblanza de Milagros la realizó Jesús Zarzalejos en este texto que fue publicado en la Revista *Foro Nueva Época:*

> En el mismo tanatorio, el decano dispuso que Milagros Calvo recibiera la graduación. Las cuestiones de forma ya se resolverían luego. En este caso, había que tener claras las prioridades y el decano las tuvo. Un grupo de alumnos decidió acudir al acto de graduación agrupados como «Amigos de Milagros Calvo» y me pidieron que les apadrinara. Acepté sin dudarlo, no solo por el recuerdo de mi alumna, sino también porque tenía la oportunidad de participar en una manera ejemplar de transformar el recuerdo de la muerte en un acto de amistad.
>
> El acto se celebró el 21 de mayo. En contra de lo anunciado, acudieron los padres y la hermana de Milagros Calvo. Nadie pudo dejar de pensar en el esfuerzo que tuvieron que hacer para asistir a la graduación de los compañeros de su hija, pues ni la mejor de las intenciones iba a colmar su inmenso vacío. Sin embargo, allí estuvieron, primero en la Santa Misa, que se celebró en la capilla de la Facultad y, luego, en el Aula Magna, llena hasta la bandera de padres y alumnos. Había que estar allí, en el instante preciso en que Milagros Calvo fue llamada para recibir su diploma y su beca, y vivir en propia carne el volumen que puede llegar a tener la ausencia de una persona. Los recogió su hermana y a ella le siguieron sus compañeros de graduación, ante los padres de Mila y los padres de todos los alumnos que iban a graduarse. Todos vimos con nitidez que ese no iba a ser el día de los hijos, sino el día de los padres, especialmente de los padres de Milagros.

SONIA CANO CAMPOS

25 años. Coslada. Auxiliar de farmacia. Empleada como administrativa en una residencia de ancianos de Madrid. Por las tardes impartía clases de sevillanas.

A sus 25 años, Sonia vivía apasionadamente. Amaba la música, todas las músicas. Bailaba sevillanas, adoraba salir de marcha y conocer gente nueva. Era una chica alegre y siempre animaba al grupo. Son las palabras de algunas de sus amigas en declaraciones hechas a *La Vanguardia.* Sonia no perdía la esperanza en que las cosas mejoraran y transmitía su optimismo a todo el mundo. Tenía numerosos planes y muchos amigos, y próximamente pensaba ir a un balneario a descansar, porque exprimía la vida.

Desde hacía tres años trabajaba como recepcionista en la residencia de ancianos Santa Matilde, situada detrás de la sede de Cruz Roja en Madrid, en la zona de Cuatro Caminos. Deseaba encontrar otro empleo en una farmacia o en un laboratorio, pero, mientras tanto, intentaba disfrutar de lo que tenía. Después de trabajar, hacía gimnasia, bailaba sevillanas, y marcha, mucha marcha. «La más marchosa del grupo», dijeron sus amigas. Había dado clases de sevillanas a niños de ocho años, y ahora tenía varios grupos de adultos.

Durante los dos primeros años, utilizaba el autobús para ir a trabajar, pero desde hacía un tiempo prefería el Cercanías, pues de ese modo se evitaba los atascos. Con el coche de su padre iba hasta la estación de Coslada, donde cogía el tren hasta Nuevos Ministerios. Y, desde allí, el metro hasta Cuatro Caminos.

La noticia de su muerte destrozó a sus padres y a Marcos, su único hermano. A María José, la madre, la llamaron por teléfono. «Era una amiga para preguntarme si conocía a alguien que fuese en el tren, y le dije: "¡A mi hija me la han matado!". Sabía desde ese momento que mi hija no vivía ya. Su hermano se levantó y me preguntó qué pasaba y yo le contesté que nos habían matado a Sonia», confesó María José a *El Mundo.* Y añadió: «Iba conmigo a todas partes. Su padre siempre decía: "La madre y la hija, todo el día de fiesta"».

La búsqueda del cuerpo duró tres días. La noche anterior, Sonia dijo las que tal vez fueron sus últimas palabras a una amiga y compañera de trabajo: «Es un año surrealista».

La periodista Patricia Ortega, de *El País,* recogió las vivencias de Sonia relatadas por sus familiares.

> «¡Vamos, cuerpos, esta noche triunfamos!», les decía a sus amigas Sonia Cano Campos, de 24 años, «la pelirroja», la más bailonga, la más dicharachera... Su asesinato ha dejado huérfanos a

> sus amigas, Merce, Cris, Ali y Rosi. Ha dejado hueca a su madre, María José, que ahora no sabe qué hacer en su casa. «La relación madre-hija era especial. Iban juntas a todas partes», dicen. Ha dejado roto a su padre, Cecilio Cano, que no sabe cómo va a vivir sin su «chochona», sin la niña de sus ojos, la única que con humor le cantaba las cuarenta. Ha dejado desolado a su hermano Marcos, que la reconoció en la improvisada morgue del IFEMA, después de buscarla por los hospitales y de que su padre dijera que «no era la de la foto» de los forenses. Sí era.

El sábado 13 de marzo la enterraron en el cementerio de Coslada, con el más amargo lamento de su madre: «Mira ¡dónde te vamos a meter, nena!». Con ella se enterró el sueño de tener un novio que le regalara flores o «un amigo con derecho a roce», dicen que decía; un futuro hijo al que cuidar como a su ahijado de Barcelona; la posibilidad de comprarse un Seat León de su color preferido, el amarillo; la lectura del final de *Harry Potter,* el libro que apretaban sus manos ya sin vida; el viaje con sus amigas el próximo verano —«¿A París o a Ibiza?», solía preguntar—; su deseo de ver a David Bisbal y bailar su *Bulería* «con mi cuerpo serrano»; sus clases de sevillanas en la asociación Rosalía de Castro; su deseo de trabajar en una farmacia, con su título de auxiliar. Sus «abuelos» de la residencia Santa Matilde de Madrid recordarán sus atenciones, como también lo hará su cuadrilla: «Pimpina, queremos que sepas que nuestros planes los vamos a realizar y queremos que estés con nosotras», escribieron.

ALICIA CANO MARTÍNEZ

63 años. Cieza (Murcia). Asistenta de hogar. Se quedó viuda a los 36 años y sacó a sus cuatro hijos adelante. Vivía con tres de ellos en Entrevías (Madrid).

A los 28 años, Alicia se trasladó a Madrid desde su Cieza natal. Trabajadora y tenaz, se casó con Ignacio, con quien tuvo cuatro hijos, aunque con solo 36 años enviudó. Alicia siempre mantuvo vivas sus raíces y nunca dejó de ir a su pueblo, donde se hablaba de cómo sacó adelante sola y con mucho trabajo a sus hijos. «Era muy esforzada y todo le parecía poco para ellos», declaró Adela, pariente de Alicia, al diario *La Vanguardia.*

Trabajaba como asistenta en una casa y, según sus empleadores, «era muy positiva y estaba llena de vida». Sus familiares, que compartían con ella el valor del esfuerzo por encima de otras ambiciones, destacaron que sus hijos, a los que crio sola, «le hacían caso en todo. Ella era su referente. Una sola palabra suya bastaba... Su ilusión fue colocarlos a los cuatro y lo consiguió». Cuando Carlos, uno de sus cuatro hijos, se casó, Alicia siguió viviendo con los otros tres.

Nació en el seno de una familia humilde junto a sus seis hermanos. Su historia la conocían bien sus hijos. Así, Gema, de 24 años, contó a *El País* que su madre soñaba de niña con unos tacones altos y que los construía con el alquitrán de la carretera. Y añadió: «Siempre me parecía grandísima, pero luego fui creciendo y se me fue quedando pequeñita».

Siempre que podía, Alicia iba a su pueblo natal y también al de su marido, Las Ventas con Peña Aguilera (Toledo), al que pensaba ir con sus hijos el fin de semana siguiente. Para ella, era importante conocer los orígenes y decía que se acordaba de su marido «un poquito todos los días».

A Alicia le gustaba madrugar. Antes de salir hacia el trabajo dejaba hechos los zumos para Juan Ignacio, Ángel y Gema, que se quedaban en casa. A menudo reñía a su hija por distraerse con el ordenador, aunque luego aceptaba que le pusiera películas que encontrara por Internet. La mañana del 11 de marzo de 2004, antes de salir de casa, entró en su habitación con una lista de tareas. «Y no te olvides de doblar los calcetines», le dijo. Dos días después del atentado, Alicia tenía un bautizo, y apenas un mes después pensaba asistir a la boda de su primo Francisco. Habían decidido que Gema le arreglaría las uñas, aunque «antes quería adelgazar para no comprarse un traje».

Su *hobby* favorito era cocinar, y disfrutaba viendo comer a sus hijos, sobre todo sus famosas croquetas.

José María Carrilero Baeza

39 años. Burdeos (Francia). Conserje. Sus padres, emigrantes en el país vecino, se trasladaron a Madrid siendo él pequeño. Vivía en Parla.

Hijo de emigrantes españoles, José María nació en Burdeos y desde muy pequeño, cuando la familia regresó a Madrid, vivió en el barrio de Carabanchel junto a sus hermanos, José María, Pili y Marino. Más tarde, su padre abrió un bar en Fuenlabrada, localidad en la que crecieron los tres.

José María tenía 39 años y hacía tres que se había casado con su novia de siempre, Lila (María del Castillo), después de 13 años de noviazgo. La pareja vivía en Parla, a 14 kilómetros de Fuenlabrada, desde donde José María se desplazaba cada día a Madrid. Allí trabajaba como conserje en un bloque de viviendas cerca del estadio Santiago Bernabéu. Solía coger el tren en Parla y hacía trasbordo en Atocha, para tomar posteriormente otro tren hasta Nuevos Ministerios.

No llegó a tener hijos, pero sí sobrinos, a los que adoraba, según publicó *La Vanguardia.* De vez en cuando acompañaba al mayor, de 15 años, a pescar en el estanque de Parla. En el bloque de viviendas donde trabajaba, todos los niños le conocían, les hablaba y les entretenía con sus sopas de letras en la portería. Era «amable y extrovertido», dijeron los vecinos del inmueble. Lo que más le divertía era ver los partidos entre el Real Madrid y el Atlético de Madrid, el club de sus amores, con su tío Pepe, con el que rivalizaba.

José María era el típico «conserje puntual», siempre dispuesto a echar una mano y a arreglar lo que hiciera falta. En nombre de los vecinos del edificio, Cristina le escribió una emotiva carta en la que destacaba su «ejemplar forma de trabajar». También mostraba su agradecimiento:

> [...] sobre todo por tu calor y amor hacia todos nuestros hijos y nietos, que tanto querías y cuidabas: Ana y Blanca lloran sin consuelo, Marta pide que seas tú quien la sigas subiendo en el ascensor, Carlitos recuerda tus desvelos cuando se ponía malo y Casilda nunca olvidará las horas que compartisteis haciendo sopas de letras.

Según publicó el diario *ABC,* durante días, vecinos del inmueble y otras personas del barrio llenaron su portal de flores frescas.

ÁLVARO CARRIÓN FRANCO

17 años. Madrid. Vivía con su familia en Santa Eugenia. Dos días después del 11-M, habría cumplido los 18.

Como cada mañana, Álvaro salió el primero de su casa para llegar al instituto. «Hasta luego, mamá», le dijo a su madre, que seguía acostada y que ni siquiera le vio. Vivía con sus padres y su hermano en el barrio de Santa Eugenia, en el distrito de Vallecas, y hacía dos días que había recuperado su rutina después de haber sido operado de apendicitis. Tenía un montón de inquietudes, pero, sobre todo, admiraba a Diego, su único hermano, seis años mayor que él y su modelo a seguir.

Dos días después del 11-M, Álvaro habría cumplido los 18 años y pensaba votar el domingo 14 por primera vez. Lo tenía decidido: se había decantado por Izquierda Unida, como su hermano, según publicó *La Vanguardia*. Le encantaba la música, desde el *rock* duro hasta Jarabe de Palo. Jugaba muy bien al fútbol y le gustaban la bici y el campo. Los fines de semana se reunía con su pandilla de amigos para ir de botellón.

La noche anterior, su hermano le dijo: «Alvarito, mañana nos vemos». No imaginaba que unas horas después, en la Estación de Santa Eugenia, Álvaro encontraría el final. Diego lo buscó durante todo el día y el siguiente, hasta que al final se confirmó la muerte. Así lo recordó en una conversación con Pablo Guimón, del diario *El País,* el 13 de marzo de 2004:

> Era un cacho de pan. Tenía un corazón enorme. Era de esos que, en clase, siempre defienden al chaval con el que todos se meten. El domingo iba a votar por primera vez, le hacía muchísima ilusión. Iba a votar a IU, como yo. Por eliminación. Yo le explicaba las cosas. Quiénes son malos y quiénes son peores. Él me admiraba mucho. Cuando yo me puse un *piercing,* él se puso otro, también en la oreja. Les dio un disgusto a mis padres, pero dijo que al

cumplir los 18 se pondría otro. ¿Lo que más siento? A mí me gusta un montón viajar, y le dije que haríamos juntos un viaje de mochileros por Italia. Le encantaba la música: Limp Bizkit, Linkin Park, Jarabe de Palo... Jugaba muy bien al fútbol. Era un delantero de los de cinco goles por partido. Un *crack.* Era del Real Madrid y yo a veces le llevaba a los partidos. No era de mucho leer. Eso sí, devoraba el *As* de pe a pa. Se llevaba muy bien con mis padres. Nos queríamos mucho. Vivimos en Santa Eugenia, pero teníamos una caravana en un *camping* de la sierra, a donde íbamos todos los fines de semana. Disfrutábamos del campo, montábamos en bici, hacíamos botellón... Su mayor *hobby* era reírse con sus amigos. Tenía montones. Hoy, en el crematorio, había chavales por todas partes. Se parecía muchísimo a mí. Teníamos la misma voz y nos confundían por teléfono. Yo creo que, de tanto estar juntos, nos mimetizábamos un poco.

FRANCISCO JAVIER CASAS TORRESANO

28 años. Getafe. Informático de la empresa química Sika, en Alcobendas. Dibujante y pintor. Pagaba un piso donde pensaba instalarse con su novia.

Javi tenía alma y formación de artista. Había estudiado en la Escuela de Artes y Oficios y pintaba murales, cuadros y obras de Dalí, su gran ídolo, y dibujaba comics e historietas que imaginaba. Aun así, pronto decidió buscar otro trabajo y se graduó en Informática, según explicó Yolanda, su única hermana. Finalmente, se las arregló para combinar el trabajo técnico con sus dos grandes aficiones, el arte y la música de Enrique Bunbury.

Falleció mientras caminaba por uno de los andenes de la estación de Atocha, donde haría el transbordo para trasladarse hasta Alcobendas, localidad en la que se encuentra la empresa química en la que trabajaba.

En el diario *El País,* Amelia Castilla describió la pasión de Javi por la música de Bunbury, el líder de Héroes del Silencio. Una vez coincidió con él en un aeropuerto, tocado con su sombrero, pero no se sintió capaz de abordarle. «No pensarás que iba a comportarme como una quinceañera», le dijo a Sagrario, su madre, cuanto esta se extrañó de que no se hubiera acercado a él. Vivía con su familia en Getafe, y en su cuarto los discos de Bunbury se amontonaban junto a decenas de libros sobre Dalí. Sus dibujos adornaban las paredes de la casa familiar. Su tía Isabel, próxima a su edad, se lamentaba de que no hubiera llegado a ser conocido por sus cuadros, «y mira que pintaba bien», dijo. Unos días antes, Isabel se lo había encontrado y él le reprochó con cariño el tiempo que hacía que no veía a su pequeña prima Sandra.

Javi corría cada tarde, cuando volvía de trabajar, por el parque de Castilla-La Mancha, y también corría de departamento en departamento de su empresa para resolver los problemas informáticos. Allí le llamaban «apagafuegos». Pero las prisas no le cambiaban su carácter de hombre tranquilo y siempre se mostraba feliz y sonriente. También iba al gimnasio para aliviar los dolores de espalda, que le dejó el atropello que había sufrido unos meses atrás. Cuidaba su imagen, moderno y elegante, y era raro que se desprendiera de su abrigo tres cuartos y de sus pantalones metidos entre las botas.

Se pasaba horas dibujando. Llevaba tiempo pagando un piso en Pinto, a 12 kilómetros de Getafe, poco a poco y corre que te corre, según publicó *La Vanguardia*. Allí pensaba irse a vivir con su novia cuando le entregaran las llaves.

CIPRIANO CASTILLO MUÑOZ

55 años. Villamayor de Calatrava (Ciudad Real). Metalúrgico, planificador de obras ferroviarias en TECSA. Estaba casado y tenía dos hijos.

Hacía 25 años que Cipriano dejó atrás los campos de Villamayor de Calatrava (Ciudad Real), donde fue pastor desde su más tierna juventud, para instalarse en la localidad madrileña de San Fernando de Henares. Casi analfabeto hasta los 13 años, se tomó la revancha con avidez y, con el tiempo y devorando libros, se fraguó una sólida formación autodidacta que le permitió trabajar codo con codo con los ingenieros de TECSA en la planificación de obras ferroviarias. Estaba casado con Marian, con quien tenía dos hijos, María y Raúl, de 29 y 27 años, respectivamente.

Cuando salió del campo, Cipriano empezó a trabajar en Agromán y a leer todo lo que caía en sus manos. Según publicó *20 Minutos,* un empresario de la fábrica vio que aquel chico tenía una «mirada tan curiosa que decidió regalarle dos cosas: los estudios, que sufragó hasta la secundaria, y un escritorio que aún conserva la familia». Cipriano pensaba licenciarse en Ingeniería después de jubilarse.

El gusto por la cultura y el conocimiento lo compartía con Marian, empleada de la limpieza, que hablaba de su marido con admiración: «Mi marido era un hombre bueno, disciplinado, responsable y culto. No sabíamos vivir el uno sin el otro». Su hija María añadía: «Nuestra maravillosa familia ha quedado destrozada por vuestra avaricia, prepotencia y sinrazón. Papito, te adoro».

Cipriano era un hombre de izquierdas que disfrutaba de la vida, de la familia y del trabajo, y que se mostraba respetuoso con otras ideas, costumbres y cultos.

Cada día viajaba en tren desde San Fernando de Henares hasta Chamartín, sobre todo porque de ese modo podía leer. En el garaje de su casa dejaba aparcado su Peugeot 306, un coche sencillo, básico, de color blanco, para no llamar la atención, del mismo estilo que los que había usado toda su vida. Llegaba el primero a la oficina, regaba las plantas, ponía algo de música clásica y recibía a los miembros de su equipo con un «buenos días, todo bonito». Llevaba diez años trabajando en TECSA, donde le querían y respetaban. Sus compañeros contaron que Cipriano ponía sosiego y coherencia en los momentos de tensión, siempre con sus buenos modos. «El que más trabajaba y el que menos figuraba. Siempre fue un hombre de base», señaló su hijo Raúl. Le gustaba participar en la vida asociativa y cultural del barrio y en algunas movilizaciones políticas, como las que se sucedieron contra la guerra de Irak.

Como señaló Marian a *La Vanguardia,* cuando regresaba del trabajo solían dar juntos un paseo por el barrio, siempre agarrados del brazo. Era un hombre de gustos sencillos: ir a la sierra los fines de semana y comer con los amigos, y si no había plan de montaña, tomar un vermut en algún bar del barrio. Su vecina Teresa recordaba que siempre le saludaba ceremonioso: «A tus pies, Teresa».

El día de los atentados, su hija María tenía previsto coger el tren, aunque algo más tarde que su padre. Sin embargo, la noticia de la catástrofe cambió los planes. Ella estaba junto a su hermano Raúl, que le dio un puñetazo a una pared porque no encontraba palabras para expresar el dolor. El cuerpo destrozado de Cipriano fue identificado la medianoche del jueves.

Socialista sin carné, maestro sin título. Nada de eso parecía hacerle falta. Su ser lo suplía todo.

MARÍA INMACULADA CASTILLO SEVILLANO

39 años. Madrid. Se quedó viuda a los 29 años. Trabajaba como contable y tenía dos hijos de 19 y 15 años.

Inmaculada se trasladó a Alcalá de Henares cuando, a los 21 años, se casó con Pablo, dejando atrás su Madrid natal. Trabajaba con su marido en una empresa familiar, en la que se encargaba de la administración. Corría el año 1983. Pronto llegaron los niños, Cristina y Pablo, y nada presagiaba una desgracia. Sin embargo, en 1994 su marido, con 31 años, falleció ahogado, según relató su cuñada a *La Vanguardia*. Inmaculada tenía entonces 29, y los niños, nueve y cinco. Desde entonces, luchó sin tregua para sacar adelante a sus hijos, hasta que la terrible mañana del 11 de marzo de 2004 se quedaron solos.

Pese a haber enviudado tan joven, Inmaculada siempre mantuvo el ánimo y la alegría de vivir. Nunca le faltó la sonrisa y el optimismo, y aunque la empresa familiar se disolvió poco después de la muerte de Pablo, ella encontró trabajo en la Confederación de Viudas de Madrid, donde su afán de superación la situó como contable. Se estaba formando para seguir progresando en Recursos Humanos y siempre trabajó sin parar. Sus hijos habían cumplido 19 años (Cristina) y 15 (Pablo), y ya eran más autónomos. Cada mañana se despedía de ellos antes de irse al trabajo.

Solía coger el tren en Alcalá hacia las ocho de la mañana, pero aquel día tenía que asistir a una reunión y se marchó una hora antes. Despertó a Cristina, que había encontrado un empleo eventual, y le pidió que tuviera «cuidado». No imaginaba que aquel sería el último consejo de su madre. Enseguida supo que le tocaría luchar, como había hecho su madre, para protegerse a sí misma y a su hermano menor.

SARA CENTENERA MONTALVO

19 años. Alovera (Guadalajara). Estudiaba primero de Fisioterapia en la Universidad Pontificia de Comillas. Murió en la estación de El Pozo cuando iba a la facultad.

Sara vivía en Alovera (Guadalajara) con sus padres y su hermano, dos años mayor. Tras pasar por el bachillerato y aprobar la selectividad, descubrió que la fisioterapia era su vocación. Era una chica tímida, aunque se comportaba como una «madraza» para sus amigas. Les daba consejos y les echaba una mano «cuando hacía falta». Era su estilo. La amiga en quien confiar.

Cursaba primero de Fisioterapia en la Universidad Pontificia de Comillas. Había estudiado primaria en el colegio Giovanni Antonio Farina, de Azuqueca de Henares, y el bachillerato en los Salesianos de Guadalajara, donde, como publicó *La Vanguardia,* se la recordaba con mucho cariño. Su imagen de chica seria y profunda se difundió por todas las carteleras del centro. Apenas le dio tiempo a aprender lo que quería. Su brillante expediente académico le permitió elegir la carrera que más le gustaba, Fisioterapia, en aquellas promociones solo accesibles para los estudiantes con mejores notas.

El martes anterior, Sara había regresado de un viaje a Granada con varios compañeros de clase. El motivo de la escapada fue la fiesta del patrón de la Escuela de Enfermería y Fisioterapia de la Universidad de Comillas San Juan de Dios. Al viaje también acudieron varios profesores. Ni estos ni los chavales eran capaces de imaginar que dos días después perderían a Sara. Aquella mañana había huelga de profesores en la universidad, pero ella quiso tomar el tren en Azuqueca de Henares, como de costumbre. Murió en la Estación de El Pozo.

OSWALDO MANUEL CISNEROS VILLACÍS

33 años. Ecuador. Albañil. Llevaba tres años y medio en España. No tenía hijos, pero hacía de padre de los de su compañera.

Oswaldo habría cumplido 34 años el 14 de abril, un mes después de los atentados. Era natural de Cuenca (Ecuador), la tercera ciudad más importante del país andino, y, según publicó *La Vanguardia,* llegó a España en el año 2000 junto a su hermana, empujados por el paro y la pobreza de su país natal.

Ya en Madrid, se comprometió con Alicia, también ecuatoriana, con quien compró un piso en la zona de Entrevías, en el barrio de Vallecas. Oswaldo estaba muy ilusionado con la vivienda, y es que las cosas empezaban a funcionar, «porque los dos trabajábamos», explicó Alicia. Se habían conocido tiempo atrás en su país, pero fue en Madrid cuando decidieron empezar a salir como pareja. Alicia explicó su situación en sus declaraciones a *El País:* «No nos casamos porque no lo necesitábamos, aunque Oswaldo tenía esa idea en la cabeza y me lo había planteado en alguna ocasión».

Oswaldo comenzó haciendo trabajos precarios y ocasionales. Primero se empleó con un comerciante de El Rastro; después se asentó en el sector de la construcción con un compañero, de origen rumano, con el que realizaba reformas en las casas. En los tres años y medio que llevaba en España no había regresado a Ecuador.

Aunque no tenía hijos propios, crio a los tres de Alicia como si lo fueran. «Era el padre que a mis hijos les hacía falta. El mayor le adoraba. Oswaldo le animó para que se viniera a España; él le hizo caso y desde entonces trabajaban juntos en la construcción». Según publicó *El Mundo,* a veces le asaltaban dudas sobre el futuro, pues, por un lado, se sentía feliz de tener una casa en Entrevías y vivir en ella con Alicia y sus hijos, pero, por otro, le agobiaba el estrés de una ciudad como Madrid y en ocasiones añoraba su país. En cualquier caso, cuando le alcanzó la muerte acababa de renovar la tarjeta de residencia.

Le gustaban los fines de semana, pasear por los centros comerciales y mirar los escaparates, sobre todo los de las zapaterías, ya que, como recordaba Alicia, solía afirmar que «la elegancia comienza por los pies». Oswaldo nunca se vestía de oscuro y le gustaban los colores claros o pastel, tonos que él asociaba a una actitud positiva ante la vida. También le encantaba comer. *El País* publicó que en su última cena disfrutó de su plato favorito: carne al horno con patatas, lechuga y tomate. «Me gusta cómo cocinas de sabroso», le dijo a Alicia, a quien pidió otro plato para llevárselo al trabajo al día siguiente.

Su cuerpo fue repatriado a Cuenca, su ciudad natal, donde recibió sepultura y donde sus familiares y amigos más cercanos le dieron el último adiós. Por desgracia, Alicia no pudo viajar. Al no haber hecho oficial su relación, no pudo acogerse a las ayudas para las víctimas del terrorismo.

MARÍA EUGENIA CIUDAD REAL DÍAZ

26 años. Madrid. Licenciada en Empresariales. Acababa de conseguir un trabajo en una sucursal del BBVA de la calle Goya. Vivía con sus padres en Leganés.

Eugenia era una chica que a todo decía «bien». De carácter reservado, a sus amigas las «escuchaba siempre; se lo podías contar todo». Siempre sonreía. La querían por esa actitud generosa. «Nunca hablaba de sí misma», declararon sus amigas a *El País*.

Vivía con sus padres, su abuela y su hermano en la localidad madrileña de Leganés. Siempre había destacado por su capacidad de trabajo: terminó Ciencias Empresariales y acababa de comenzar en un contrato temporal en la sede del BBVA de la calle Goya. Según narró esos días *El Mundo,* Eugenia estaba entusiasmada con su nuevo proyecto laboral, que interpretaba como un reconocimiento a su labor en Banesto. Fue precisamente la encargada de esta última entidad quien la recomendó para el nuevo puesto en el BBVA. Por lo general, cogía el tren una hora más tarde, pero un día a la semana los empleados de la oficina rotaban para cambiar el horario y acortar la salida de los viernes.

En su casa se sentían satisfechos por sus logros profesionales. Su padre y su hermano, ambos taxistas, se recorrieron los lugares donde explotaron las bombas para buscar encontrar su rastro después de los atentados del 11 de marzo.

La periodista Ana Alfageme la describió así en *El País* (25 de marzo de 2004):

> Solo había pegado un póster en su habitación. No era el de un actor, ni el de un futbolista. A María Eugenia, la chica enigmática, le gustaba Alexci Nemov, un gimnasta de físico rotundo y mirada infantil. Si veía la tele, era patinaje sobre hielo, gimnasia o el *Pasapalabra.* No fallaba ningún día. Antena 3, a las ocho. «También hablaba por el Messenger. Y leía. Todas las noches leía», dice su her-

mano Francisco, taxista, como el padre. En su biblioteca, mundos fantásticos: los escritos de Rosamunde Pilcher o Barbara Wood.

Sus amigas la recordaron como una chica «callada y sonriente, con una sonrisa muy bonita», que no siempre se animaba a salir los fines de semana porque habitualmente prefería usar el tiempo libre para estudiar. Sus esfuerzos ya habían dado sus frutos, como el viaje a Suiza el año anterior y el plan de adquirir una vivienda para vivir por su cuenta. Se sentía feliz con sus expectativas profesionales. En abril habría cumplido 27 años.

JACQUELINE CONTRERAS ORTIZ

22 años. Perú. Trabajaba como asistenta en una casa de Mirasierra. Herida en la explosión de la estación de Atocha, falleció en el hospital una semana después.

Jacqueline era la penúltima de siete hermanos, todos repartidos entre Perú, Nueva York y Madrid. Nació en la provincia de Chanchamayo, en la selva central peruana. Huérfana de madre, hacía dos años que dejó al padre y al resto de la familia en su país natal para instalarse en Madrid, donde vivía con ella y con sus tíos Santos y Miguel en el distrito de Villaverde, en el sur de la ciudad.

En Perú, había trabajado en un jardín de infancia como profesora de gimnasia y, al poco de llegar a Madrid, encontró un empleo en la vivienda de una pareja de abogados cuidando de sus hijos, primero como interna, pero después como empleada externa para poder matricularse en Derecho en la Universidad Nacional de Educación a Distancia (UNED). Ese era su proyecto. Su situación laboral le permitió establecerse con facilidad y acceder a una vivienda por su cuenta.

Jacqueline era una persona dinámica y positiva a la que le encantaba la música. Sus familiares repetían la idea compartida por muchos inmigrantes que añoran su tierra. «Lo que ella quería era retomar la vida que llevaba en Lima, pero para mejor». Le gustaba estar con sus dos hermanas, sus primos y tíos, todos ellos muy conocidos en la colonia peruana de Madrid.

La mañana del 11 de marzo de 2004, su hermana y su tía debían coger el mismo tren que ella desde Villaverde. Afortunadamente, se retrasaron y lo perdieron. Sin embargo, a Jacqueline las explosiones le afectaron de lleno. Mientras se encontraba en extrema gravedad —con los pulmones destrozados—, sus familiares se aferraron a la idea de que pudiera sobrevivir, pero una semana después, el día 18, se confirmó su muerte en el Hospital Gregorio Marañón. Su padre, desde Perú, y su hermano Antonio, que residía en Estados Unidos, pudieron trasladarse a España y acompañarla en sus últimas horas de vida. «Nos queda el consuelo de que se fue después de que llegaran su padre y su hermano», dijo a *El País* el embajador de Perú en España, Fernando Olivera, que desplegó una bandera para acogerla en su última hora. «Parece mentira lo que ha pasado. Nosotros salimos de Perú buscando un futuro y huyendo del terrorismo de Sendero Luminoso…», acertó a lamentar Antonio, el hermano de Jacqueline. Su cuerpo fue repatriado a Perú y enterrado junto al de su madre, en el cementerio de Fuente Piedra.

Durante días, Jacqueline fue anotada como la última persona fallecida a consecuencia de los atentados de Madrid, aunque posteriormente fue la penúltima, como su lugar en la familia. Mes y medio después de su muerte, un bebé que nació el 8 de mayo falleció dos días más tarde como consecuencia de las graves heridas sufridas por la madre.

MARÍA SOLEDAD CONTRERAS SÁNCHEZ

51 años. Puebla de Almenara (Cuenca). Secretaria del departamento de Recursos Humanos de Siemens. Estaba casada. Murió en la estación de El Pozo.

Marisol era una mujer fuerte y muy responsable de los suyos. Llevaba trabajando en la empresa Siemens desde los 23 años y ahora ejercía como secretaria del director general de Recursos Humanos y jefa de personal. A sus 51 años se encargaba de su madre, Conchi, viuda desde hacía tres, y de su hermano Perfecto, que atravesaba un momento difícil por la enfermedad de su esposa, según publicó Kepa Pérez en el libro *In Memoriam,* de la Asociación para la Defensa de la Dignidad Humana. Para su madre, Marisol era como su «ángel de la guarda».

Nació en la localidad conquense de Puebla de Almenara, pero desde que tenía dos años residía en Madrid. Vivía con su marido, Antonio, en el barrio de Santa Eugenia, desde donde salieron aquella mañana para ir a sus respectivos trabajos. Él se dirigía a Getafe, a las instalaciones de Siemens; ella, a Tres Cantos, a las oficinas de la misma empresa. Poco después de despedirse, el tren estalló en la estación de El Pozo.

El proyecto inmediato de Marisol y Antonio era darse un respiro en la playa en cuanto llegara la Semana Santa, según publicaron *La Vanguardia* y el espacio de RTVE *Relatos de Vida*. En los últimos tiempos vivían ilusionados con su chalé en San Martín de Valdeiglesias, a unos 60 kilómetros de Madrid, adonde iban siempre que podían.

Los compañeros de trabajo de Marisol realizaron una gran contribución en su búsqueda durante los cuatro días que permaneció en paradero desconocido.

En marzo de 2019, con motivo del 15.º aniversario de los atentados, en su Cuenca natal tuvo lugar un homenaje a las víctimas de la masacre. En el acto pudieron escucharse algunas piezas de las bandas sonoras de las películas *La vida es bella* y *La lista de Schindler,* interpretadas por músicos de la Escuela Municipal de Música y Artes Escénicas.

MARÍA PAZ CRIADO PLEITER

52 años. Madrid. Llevaba más de 30 años trabajando en la empresa Michelín. Estaba casada y tenía una hija. Vivía en el barrio de Santa Eugenia.

Mari Paz trabajaba como administrativa en la sede madrileña de la compañía Michelín. Ella y FLORENCIO BRASERO (véase pág. 243), jefe de ventas —algunos días coincidían en el tren hasta Tres Cantos— eran los empleados más antiguos de las oficinas de la empresa. Los dos murieron en los trenes cuando se dirigían a su puesto de trabajo en Tres Cantos.

Vivía en el barrio de Santa Eugenia con su esposo, Andrés Hernández, y su hija Eva, de 22 años, estudiante en la Universidad Complutense. Mari Paz tenía miedo a los coches, así que viajaba en tren todas las mañanas y hacía el mismo recorrido: de Santa Eugenia a Atocha o Nuevos Ministerios, y desde allí hasta Tres Cantos.

Mari Paz había nacido en Jaén, pero su niñez y adolescencia las pasó en Francia, donde le surgió el deseo de formarse como maestra de escuela. Aquel sueño no pudo realizarse, pero cuando se instaló en Madrid, a los 19 años, empezó a trabajar como secretaria de dirección en Michelín. Pronto conoció a Andrés, la persona con la que compartiría el resto de su existencia, que la describió como una mujer extrovertida y alegre. Con el tiempo afianzaron su relación y nació Eva, que un mes después del 11 de marzo cumplía 23 años.

A Mari Paz le gustaba viajar y, junto a su marido, había recorrido toda la costa del Cantábrico. Sin embargo, en los últimos tiempos prefería el descanso semanal. Los domingos por la mañana, Andrés cortaba una rosa de los jardines del barrio y adornaba con ella la bandeja de su desayuno. Ella disfrutaba mucho de esos detalles pues, como contaron sus familiares a *El País,* no todo había sido fácil en su vida. En los últimos meses «llevábamos una buena racha», aseguró Eva. «Teníamos nuestras rencillas, pero siempre nos hablábamos», confirmó Andrés.

En la mesilla de noche, Mari Paz guardaba un cuaderno con varias frases importantes para ella, como «La sonrisa es serenidad, y la serenidad es un excelente hábito». Ella era más de expresión inmediata. Ejercía como cabeza de familia y repartía las responsabilidades entre su esposo y su hija. También en la cocina, contaba Andrés. Salvo cuando ella preparaba platos franceses y los deslumbraba a todos.

La búsqueda de Mari Paz durante y después del día de los atentados se hizo eterna. Todo empezó por la mañana, cuando Andrés se enteró por la radio de las explosiones en los trenes. Como publicó *La Vanguardia,* tras llamar al móvil de su esposa, él y su cuñada, Mariana, iniciaron una búsqueda que se prolongó durante casi cinco días. Cuando se certificó su muerte, todas sus esperanzas desaparecieron.

NICOLETA DEAC

27 años. Rumanía. Llevaba cuatro años y medio en España. Compartía piso en Coslada con unos amigos y trabajaba como asistenta en Madrid.

Unos días antes del atentado, Nicoleta Deac se fotografió con una amiga en el tren que la llevaba a diario desde Coslada hasta Madrid. Aparecía sonriente, con su pelo corto, moreno, una firme sonrisa y unos ojos llenos de ilusión. En la imagen aparece sentada en el vagón, junto a una amiga de pelo largo que asiente con su mirada como si acabaran de compartir una determinación. Sus brazos se entrelazan mientras la vida sigue... Tenía 27 años y había llegado a España, cuatro años atrás, desde la región rumana de Sabaoani-Roman. Vivía en Coslada con varios compatriotas y con el matrimonio Grecea, que eran como una nueva familia para ella. Trabajaba como empleada de hogar en un domicilio de Madrid y estaba ilusionada con el nacimiento del primer hijo del matrimonio, un bebé que llegó al mundo pocas horas después del atentado.

A pesar de su carácter decidido, su vida no había sido sencilla. «Parecía como si presintiera la tragedia», declaró su amiga rumana Amalia Dinescu. Estuvieron juntas la noche anterior, miércoles, y a Amalia le impactaron las palabras que le dijo Nicoleta: «Es mucha la maldad que todos nosotros llevamos dentro y esa maldad acabará matándonos de un momento a otro». La frase adquirió todo su sentido tras los atentados del jueves.

Nicoleta vivía la religión con intensidad, y ese sentimiento le marcó de por vida. Sus padres, agricultores, tuvieron siete hijos y eran católicos ortodoxos. A los 16 años, Nicoleta decidió adoptar la religión adventista, lo que provocó un fuerte enfrentamiento con sus padres que desembocó en la decisión de abandonar a su familia e integrarse en otra adventista con la que vivió hasta que llegó a España. Su hermano mayor, de 34 años, residía en Alcobendas. A veces se veían, pero ella navegaba sola. Hacía apenas dos años, la madre de Nicoleta viajó a España para reconciliarse con su hija y aceptar su decisión.

Era una joven profunda que no se arrugaba ante nada. Le gustaba jugar al fútbol y dar patadas al balón junto a los chicos, según recogió el diario *El Mundo*. Tenía la ilusión de comprarse un coche y se había matriculado en la autoescuela para aprender a conducir. Tras su muerte, sus compañeros de piso buscaron algún signo en sus palabras que explicase el sinsentido:

> Se comportó como si fuera a iniciar un largo viaje. Era más bien desordenada, hacía potingues para comer, pero unos días antes del atentado ordenó todo su cuarto, lavó toda su ropa e hizo una limpieza a fondo de su habitación. La noche del atentado durmió mal, su compañera de cuarto dijo que tuvo pesadillas y la oímos levantarse varias veces. No la volvimos a ver más.

Tal vez Nicoleta pensara en el niño que estaba a punto de nacer, hijo de la dueña de la casa en la que trabajaba y con la que mantenía muy buena relación. En su cuarto quedó un libro de autoayuda sobre cómo ser una buena mamá.

Nicoleta tomaba el mismo tren dos veces por semana. El viernes tenía previsto ir a Marbella a visitar a unos amigos. Finalmente, fueron ellos los que vinieron a verla a ella, ya sin vida. Mientras le daban el último adiós, fantaseaban con la idea de abrir una pizzería que llevara su nombre. «No hay cosas tristes que contar de ella. Lo triste es que haya muerto», dijeron a *El País*.

BEATRIZ DÍAZ HERNÁNDEZ

30 años. Vallecas (Madrid). Gobernanta en un hotel del centro de Madrid. Estaba casada y era madre de un hijo.

Beatriz vivía con su marido, Paco, y su hijo de nueve años, fruto de una relación anterior, en Vallecas, muy cerca de sus padres. En 2003, tras ahorrar durante casi una década, al fin había logrado comprar un piso. Trabajaba como camarera en el hotel Centro Norte de Madrid desde los 20 años, y recientemente la habían ascendido a gobernanta. Se organizaba al milímetro: por las noches dejaba a su hijo en casa de sus padres, después de las tareas escolares, la ducha y la cena. Así podía levantarse temprano y coger el tren en Entrevías hacia Chamartín. La madre de Beatriz, Carmen Hernández, se expresó así en sus declaraciones a *El País:* «Lo último que me dijo fue: "Mamá, luego te bajo al niño"». Beatriz murió en la estación de Atocha.

Habitualmente viajaba en el Cercanías con dos compañeras de trabajo, pero el día de los atentados solo la acompañó una, Raquel, quien, por fortuna, solo resultó herida.

A Beatriz todo le sonreía después de haber rehecho su vida sentimental. Su madre afirmaba que era una mujer dulce y simpática, y que tenía motivos para ser feliz: estaba enamorada y acababa de comprarse una nueva casa. Sus compañeras la recordaron como una chica muy guapa y jovial, entregada por completo a su trabajo. Además, destacaron que el puesto de gobernanta no la había cambiado.

Le encantaban el mar y las olas. Llevaba semanas planeando las vacaciones de verano, esta vez en Cádiz, pero antes llegaría la primera comunión de su hijo, en el mes de mayo. Ya estaba todo organizado, publicó el diario *El Mundo*.

Beatriz era una mujer sensible y tenía una fuerte aversión al dolor físico. El día antes del atentado le contó a su madre que había presenciado un accidente. «He visto sangre y casi me mareo». Aquella noche jugaba el Real Madrid contra el Bayern de Múnich. Los padres de Beatriz le propusieron que llevara el niño a casa de la bisabuela, pues ellos tenían planes para ir al Santiago Bernabéu. A menudo, en el hotel de Beatriz se reunían los jugadores de las categorías inferiores del equipo. Ella los conocía a todos y le tenían gran aprecio. El presidente del Real Madrid envió un telegrama a la familia.

Su muerte fue dolorosa por doble partida. En la convulsión de los acontecimientos, la Policía Científica confundió la identidad del cadáver de Beatriz con el de TRINIDAD BRAVO SEGOVIA (véase pág. 245). Según contó su madre a *La Vanguardia*, aunque advirtió desde un principio de la posible confusión, no le hicieron caso. «Cuando me enseñaron el cuerpo, dije que no era el de mi hija, no eran ni su nariz ni sus pómulos». Pero le explicaron que, al haber quedado la cara destrozada, tuvieron que restaurar el rostro con cera y que, por las huellas, «era mi hija». Carmen pidió ver más detalles, como el tatuaje que Beatriz tenía en el hombro, o alguno de sus numerosos *piercings,* pero los agentes no lo consideraron oportuno. Insatisfecha, terminó reconociendo el cadáver como el de su hija, y lo estuvo velando durante dos días para después incinerarlo. Por su parte, los familiares de Trinidad Bravo también sospechaban que el cuerpo que les habían entregado no era el de su pariente. Seis días después, el 17 de marzo, la misma Policía Científica llamó a Carmen por teléfono para reconocer la confusión. «Entonces tuve que volver a reconocer el cuerpo. Esta vez sí se trataba de mi hija. Dicen que la falta de luz en IFEMA (donde se colocaron los cadáveres) llevó a la confusión de las huellas, así que pasamos dos veces por el mismo horror», declaró Carmen a *El País*.

Beatriz no tenía heridas en el cuerpo: falleció desnucada por la fuerza de explosión. A la confusión de los cuerpos se añadió la de sus pertenencias. Fue un cúmulo de complicaciones. «Ella no tenía por qué estar rodando por ahí con lo llorada y buscada que ha sido», se lamentaba Carmen, que finalmente logró guardar en su casa las cenizas de su hija.

GEORGETA GABRIELA DIMA

35 años. Rumanía. Divorciada. Trabajaba como limpiadora. Desde hacía dos años no veía a su hijo, a quien enviaba a su país buena parte de sus ingresos.

Georgeta Gabriela llegó a Madrid el 5 de abril de 2002, dejando en su ciudad natal, Ramnicu Valcea, a su hijo Adrián, de diez años, que quedó al cuidado de sus abuelos. Divorciada de su marido, no tenía ni dinero ni papeles y no sabía una palabra de español. Fue la decisión más difícil de su vida, pero tenía una determinación: alcanzar una mejor vida para ella y para Adrián en España, cuando fuera posible, según consta en el espacio de RTVE *Relatos de vida*.

Cuando llegó a Madrid, dos compatriotas, Ángela y Sorin Strimbeanu, naturales de su misma ciudad, la acogieron en su casa, en la población de Coslada. «Dormíamos muchos días los tres en la misma cama, hasta que Georgeta comenzó a trabajar y pudo pagarse una habitación», contaron a los medios de comunicación. Georgeta se empleó como limpiadora en diversos domicilios del Corredor del Henares. De cuando en cuando, enviaba dinero a Rumanía.

Siempre se mostraba alegre y hacía que los demás se sintieran bien. Pese a haberse alejado de su familia, se sentía satisfecha de su decisión. En la casa de Ángela y Sorin, Georgeta conoció a Doru Sorim Pascu, su novio. Antes de volver a Rumanía para ver a su hijo debía regularizar su situación legal, y para ello era necesario trabajar muy duro. Días después, el periodista Jesús Rodríguez, de *El País* (16 de marzo de 2004), habló con el novio de Georgeta en el Tanatorio de la M-30 de Madrid:

> Tenía 35 años, era rumana y limpiaba casas. Y con solo contemplar las llaves que llevaba en su bolso en el momento del atentado, retorcidas como un pedazo de goma, se empieza a comprender la violencia de la explosión que destrozó su cuerpo. Mientras el periodista habla con su novio, Doru Sorim Pascu, un amigo llega con sus efectos personales a la sala 19 del tanatorio de la M-30 de Madrid. Se los acaba de entregar la Policía. Entre ellos, el sobre de 2.500 euros que Georgeta iba a ingresar en el banco. No falta ni un céntimo. Doru rompe a llorar. De los españoles solo podemos decir cosas buenas. De la gente del IFEMA, de las psicólogas. Todo lo contrario que el Gobierno de Rumanía. Nos han dejado solos.

Georgeta deseaba traerse a su hijo a España cuando se dieran las condiciones. Su única familia en España eran su novio, con el que planeaba casarse, y sus amigos. Una de ellos, Ángela, la mañana del 11 de marzo de 2004 subió a un tren anterior al que tomó su amiga. Y salvó su vida. Sin embargo, Georgeta murió en el acto.

TINKA DIMITROVA PAUNOVA

31 años. Bulgaria. Desde hacía tres años trabajaba de niñera. Su marido y su hija esperaban reunirse con ella en verano.

Desde Bania, en el centro de Bulgaria, Tinka tomó una decisión difícil: dejar allí a su marido, Valery, y a su hija Paulina, entonces de nueve años, para buscar mejores oportunidades en España. Llegó a Madrid como avanzadilla, en octubre de 2001, para ver si después podía traerse a todos. Fue su hermano Vasile, que ya residía en Alcalá de Henares con su mujer, quien la animó. Con ellos se instaló en su casa y enseguida empezó a trabajar. La vida no le había resultado fácil. según reflejó *La Vanguardia*, Tinka había estudiado Economía Agraria en Bulgaria, pero no tuvo la oportunidad de aplicar sus conocimientos. En su país trabajó en una fábrica de ropa deportiva y su sueldo era precario. Y en España lo hizo como asistenta y cuidando niños.

Llevaba casi tres años en España y aún pesaban sobre ella muchas incógnitas. Su hermano Vasile lo reconocía compungido tras su muerte al diario *El País.* «No sé si estaba bien en España. Es una vida muy difícil la de estar sin papeles y tan lejos de su marido y de su hija». No se quejaba, pero él la conocía. Esperaba que el siguiente verano fuera el último que pasara lejos de los suyos. Paulina había cumplido 12 años, y de vez en cuando enviaba cartas a su madre. La última vez que se vieron fue en agosto del año anterior.

Tinka cuidaba a un niño y realizaba tareas de limpieza. En la casa donde estaba contratada desde hacía casi dos años era muy apreciada —no faltó al trabajo ni un solo día—. Según relató Stefka, su cuñada, Tinka no era muy aficionada a la juerga y prefería quedarse en casa tranquila o cocinando los platos típicos de su país.

Aquella triste mañana, a miles de kilómetros, Valery y Paulina se enteraron del brutal atentado por la televisión búlgara. En un primer momento no pensaron que ella pudiera estar entre las víctimas, pero lo confirmaron tras una llamada. Vasile, el hermano de Tinka, la buscaba sin éxito por las distintas dependencias que las autoridades habían puesto para los familiares de las víctimas.

Tinka era una persona sensible a la que le afectaba mucho dejar al niño que cuidaba en la guardería cuando se ponía a llorar. Todas las mañanas se subía al tren en Alcalá de Henares hasta la estación de Vicálvaro, una rutina que había cambiado en el último mes cuando decidió viajar con su amiga Zonya en el Cercanías hasta Atocha.

Fue una joven luchadora que deseaba una vida tranquila. Vasile y Stefka la acompañaron en su último viaje hasta Bulgaria para que finalmente descansara en su tierra. Allí la esperaban Paulina y Valery.

KALINA DIMITROVA VASILEVA

30 años. Bulgaria. Ingeniera de Telecomunicaciones. Empleada de un hotel en Madrid. Lo tenía todo preparado para casarse con su compatriota Andriyan Andrianov Asenov, que también murió en los atentados.

Kalina vivía en Madrid desde 2001. Decidió abandonar Yambol, su ciudad natal en Bulgaria, tras perder a su marido y a un hermano en un accidente. Ella, que terminó ingeniería, trabajó primero como empleada de hogar en una casa de Madrid, hasta que conoció a ANDRIYAN ANDRIANOV ASENOV (véase pág. 220) y se incorporó a su extensa familia en Torrejón de Ardoz.

Se casó muy joven en Bulgaria, pero un mes después sucedió el mortal accidente de su marido y decidió plantar cara a la desgracia. Vino a España para abrirse camino, siguiendo la estela de una de sus mejores amigas, Carolina, que llevaba ya un tiempo en Madrid. Pasó por diversos empleos y domicilios, añoraba su tierra, pero estaba feliz. Desde hacía varios meses trabajaba como empleada en el hotel Meliá Castilla, donde dejó un gran recuerdo.

Tenía todo listo para su boda con Andriyan, en Carabanchel, y ya habían pagado la mitad del banquete. El vestido de novia colgaba en el armario. La pareja buscaba un piso para ellos solos, mientras compartían la vivienda con tres familias. En Torrejón, Denko Pavof y su mujer, Anuska, prima de Andriyan, la describieron como una persona «maravillosa, pequeña y dulce. Sabía que me encantaban las tartas y hacía unas riquísimas». Kalina y Andriyan también compartían religión. Cada domingo acudían a una iglesia evangelista «para compartir las experiencias de cada uno y rezar», relató Denko a *La Vanguardia*.

En el diario *El País,* la periodista Silvia López contó cómo fue el paso de Kalina por su último trabajo:

> «Siempre estaba dispuesta a ayudar, aunque fuese con una sonrisa», dicen sus jefas. Desde hace unos meses, arreglaba camas en el hotel Meliá Castilla, donde se ganó a todos sus compañeros «con su trabajo serio y su mirada noble». Prueba de ello es que sus dos jefas se transformaron en amigas incondicionales. «Han

> estado desde el primer día ayudando», cuenta Carolina, una de ellas. Kalina era rubia, menuda, de unos 50 kilos y 1,60 metros de estatura. Lo que más le gustaba era bailar. Dejó huella en la gente que trataba. «Cuando ibas a una discoteca con ella, te contagiaba las ganas de divertirte, siempre te hacía sentir a gusto».

Sus padres y su hermana llegaron a España al día siguiente de la tragedia para buscar los restos de su hija.

Kalina era feliz con Andriyan. Vivieron juntos hasta que la muerte les separó. Hoy descansan, amortajados con sus respectivos trajes de novios, en el Cementerio Sur de Madrid.

SAM DJOCO

42 años. Guinea-Bissau. Albañil. En Almería se había ganado la vida trabajando en los invernaderos y, después, en Madrid, como peón de albañil. Dejó viuda y seis hijos en su país.

Sam llegó España en una patera en 1997. Había nacido en Guinea-Bissau, pero sus padres, senegaleses, decidieron volver a su país. En Senegal, en una aldea llamada Boudhiesamine, dejó Sam a su mujer y a sus seis hijos con la promesa de que pronto se reunirían con él en España. Primero trabajó en los invernaderos de Almería, y después se trasladó a Torrejón de Ardoz, donde llevaba ya cuatro años y trabajaba como peón de albañil.

Pocas semanas antes había vuelto de Senegal tras años lejos de su familia. Pudo ver a su esposa, Alauso Correia; conocer a su hijo pequeño, de tres años, concebido en la anterior visita, en el año 2000, y conversar con los demás. El hijo mayor tenía 18 años. Estaba contento, pues había regularizado sus papeles y residía en una vivienda en Torrejón. Consideraba que su trabajo era más estable y soñaba con la pronta reagrupación familiar, relató *La Vanguardia.*

Cualquier otro día, Sam no habría subido a ese tren, pero aquel jueves llegaba su hermano desde Francia y pasarían juntos unos días. Un amigo le dejó su teléfono móvil para que su hermano pudiera localizarle cuando llegara a la estación de Chamartín. Por ello, Sam se levantó más temprano de lo habitual, ilusionado con ver a su hermano y enseñarle los vídeos familiares que había grabado con su mujer y sus hijos en su reciente visita a Senegal. Durante más de una hora, su hermano lo estuvo esperando sentado en un banco en la estación de Chamartín. El cuerpo de Sam se encontraba destrozado en la estación de El Pozo.

En Torrejón de Ardoz, Sam se sentía feliz. Allí había conoció a su amigo Adrián, con quien compartía tardes de futbol y largas charlas en la Plaza de España de la localidad madrileña, donde se juntaban muchos senegaleses e intercambiaban sus vivencias. La última vez que Adrián vio a Sam con vida fue después de la visita a su país. Le habló de su madre, de sus hijos y de su deseo de tenerles con él en Torrejón.

En el periódico *20 Minutos* (13 de febrero de 2007), José Ángel González reprodujo esta conversación con la esposa de Sam:

> No sabe una palabra de español y no entiende del todo por qué merece tanta atención. Quería llegar a España como esposa de pleno derecho de un residente y ha llegado como viuda. «No tengo ganas de hacer nada, solo quiero sufrir», dice.

La colonia senegalesa en Madrid asistió muda al tanatorio. Él era cristiano y parte de sus amigos, musulmanes, unos con papeles y otros sin ellos; manteros, albañiles y fontaneros, una comunidad bien avenida que se reunía a diario. A Sam le gustaba hablar, e incluso algunos le llamaban «parlanchín», porque se tiraba horas conversando con sus compatriotas. La conmoción por el atentado les impulsó a salir a la calle con la pancarta «Senegal por la paz y contra el terrorismo».

Sam no volverá a Senegal. Su mujer no quiso llevar su cuerpo a Boudhiesamine para no extender la tragedia. En su país es costumbre besar a los cadáveres, pero el de Sam estaba destrozado. Ella y su hijo mayor le acompañaron por última vez para enterrarle en el cementerio de Torrejón de Ardoz. Ojalá sus hijos Sandijo, Nchis, Salif, Kabthinaulo, Ablaye y Jean Paul tengan el futuro que su padre soñó para ellos.

MARÍA DOLORES DURÁN SANTIAGO

34 años. Madrid. Administrativa en una aseguradora. Falleció en la estación de Atocha junto a su compañera, Nuria del Río. Estaba casada y era madre de un niño de 17 meses.

Lola Durán Santiago, la menor de seis hermanos, fue la única de una familia procedente de Zafra (Badajoz) que nació en Madrid. Era la pequeña, pero ejercía de mayor. «Era distinta, más decidida, más suelta que nosotros. Cuando teníamos algún problema, se lo contábamos y nos protegía», dijeron sus hermanas, Eva y Fátima, a Charo Nogueira para el diario *El País.*

Tenía 34 años. Había dejado atrás el barrio de Carabanchel, donde creció, y vivía junto a su marido, Fernando, y su hijo Alonso, de 17 meses, en Entrevías. Como cada día, aquella mañana arropó a su bebé, se despidió de su marido y salió de casa con el crío, al que dejó en la guardería de Vallecas. Y tomó el tren rumbo a la estación Asamblea de Madrid. A las ocho de la mañana comenzaba su jornada y salía a las tres de la tarde, tras lo cual recogería al niño para acabar el día junto a su marido. También cada mañana, sobre las diez y media, llamaba a su madre, Antonia, para contarle las últimas novedades del bebé. Tenían planeado ir, apenas unos días después, en el puente de San José, a Benidorm, porque la playa le sentaría bien al pequeño Alonso. Y en verano irán también sus primos, para que crecieran juntos.

Su trayecto era el mismo desde hacía nueve años. Trabajaba en las oficinas del Grupo Reale, ubicadas en la calle de San Bernardo, cercana a Callao. Allí había comenzado como telefonista, pero consiguió ascender al Departamento de Siniestros. Falleció en la estación de Atocha, junto a una de sus compañeras, NURIA DEL RÍO MENÉNDEZ (véase pág. 400), también empleada de la misma compañía. En el tren viajaban junto a la hermana de Nuria MARTA DEL RÍO MENÉNDEZ (véase pág. 399) y el novio de esta, FRANCISCO QUESADA (véase pág. 393). Los cuatro murieron en los atentados.

Lola era una mujer vital y habladora: «Si no la escuchabas mirándola a los ojos, se enfadaba», decía una compañera. Estaba contenta de haber logrado que se prohibiera fumar en una oficina que se quedó fría tras el ataque terrorista. Una de sus compañeras declaró a *La Vanguardia* que Lola estaba «llena de vida», así que «se multiplicaba» para cumplir con su jornada laboral y para ser una perfecta madre. «Y aún tenía tiempo para leer y viajar». Lola soñaba con conocer mundo y ver crecer a su hijo.

Le irritaban las injusticias, aunque parecieran banales. Así que ni se achantaba para reclamar un billete de Metrobús defectuoso ni para dejar un trabajo si consideraba que no estaba bien pagado, aunque ni siquiera tuviera otro a la vista. Poseía un marcado sentido de la ciudadanía. Amadrinó a una niña india, era donante de sangre, le interesaba lo que le rodeaba. Sentía una gran devoción por el Cristo de Medinaceli, a quien encomendó su afán de quedarse embarazada y a quien mostró su bebé cuando nació.

El silencio sacudió a una familia que estaba muy unida y que decidió celebrar una misa en la iglesia de Jesús de Medinaceli. Tal y como contó *La Vanguardia,* la empresa aseguradora Reale creó una beca de estudios para los hijos de las víctimas del 11-M.

Sara Encinas Soriano

26 años. Salamanca. Trabajaba como teleoperadora y le faltaban cuatro asignaturas para acabar Derecho. Acababa de comprar un piso con su novio.

Sara nació en Yecla de Yeltes (Salamanca) y residía en Vicálvaro (Madrid). Tenía 26 años, un trabajo, se hallaba en la recta final de su carrera de Derecho y acababa de firmar la compra de una vivienda con su novio Óscar en Madrid. El piso se lo entregarían tres años después, en 2007. Ella desprendía alegría, según contaron sus amigas y compañeras de trabajo a *La Vanguardia.*

Estudiaba en la Universidad Autónoma de Madrid y le faltaban cuatro asignaturas que pretendía aprobar en la convocatoria de junio. Sacaba tiempo para el estudio tras su jornada laboral como operadora telefónica en Conecta, en el municipio de Alcobendas, adonde se dirigía aquella mañana desde Vicálvaro, al sureste de la capital.

Según publicó *El País,* aquel día su compañera Marta colocó en la silla de Sara un gran lazo negro con un poema escrito para que nadie ocupara su sitio. Le martilleaba la última conversación que mantuvieron el día anterior. A otra de sus compañeras, Raquel, se le atragantaban los cruasanes a la plancha, los que Sara pedía todos los días para desayunar. Trabajaba de nueve de la mañana a tres y media de la tarde, atendiendo las llamadas de los cientos de clientes que pedían información financiera.

Su manera de ser hacía que se preocupara por todos. En los últimos tiempos lo había hecho por su abuelo, enfermo de Alzheimer, hacia el que había volcado toda su atención «para que no se olvidara de leer». Finalmente, en el mes de enero, el abuelo falleció, lo que causó una honda impresión en Sara. Fue ese el motivo por el que declinó examinarse en febrero de las asignaturas pendientes.

Solidaria hacia las personas de su entorno, Sara contagiaba su vitalidad. Disfrutaba de sus amigos y de Óscar, su novio desde hacía seis años. «Estaban muy ilusionados tras haberse *metido* en un piso. Esperaban que no les timaran esta vez, como ya les había pasado con otra cooperativa que se quedó con todo su dinero», contaron sus amigas a Jesús Ruiz Mantilla, del diario *El País*.

A Sara le gustaban el aire fresco del campo, como el de la comarca salmantina de Vitigudino, de donde procedía, y los productos vegetarianos. Se relacionaba sin pedir nada a cambio. La tristeza se instaló en su lugar de trabajo, donde sus compañeras también perdieron a MARÍA DOLORES FUENTES (véase pág. 288) en los atentados del 11-M.

CARLOS MARINO FERNÁNDEZ DÁVILA

39 años. Perú. Administrativo. Llevaba menos de un mes en Madrid y había conseguido empleo en la construcción. Pensaba traer a su mujer y a sus dos hijos.

Tan solo hacía 24 días que Carlos Marino Fernández, de 39 años, había llegado a España desde Perú, su país natal. Tardó en decidirse y pensaba en esperar hasta que su hija mayor cumpliera unos años más. Desde España, dos de sus nueve hermanos le animaron. «Le dijimos que la gente aquí nos trata bien y que cuando llegas documentado es fácil encontrar trabajo». Así que cuando Carlos Marino aterrizó en Madrid, su hermano Walter y su cuñada Carmen le acomodaron en una habitación de su casa en el barrio de Entrevías y le buscaron un trabajo. En Perú, Carlos tenía un empleo estable como administrativo en un ministerio, pero «su sueldo no le alcanzaba para alimentar a su familia», señaló Walter al diario *El País*. Junto a su hermano, Carlos comenzó a trabajar como albañil en una obra en la calle Ramón y Cajal. Todas las mañanas tomaba el tren para llegar a la hora.

Hasta hacía tres semanas, Carlos siempre había vivido en Lima, donde dejó a su mujer, Neli Rosario Carrera, a sus dos hijos, el pequeño, de cinco años, y a ocho hermanos. Con discreción y sin prisas, Carlos se dispuso a aprender la rutina diaria de los desplazamientos en la red de transportes madrileña. La empresa constructora donde trabajaba junto a su hermano tenía la sede cerca de la calle Téllez, así que Carlos cogía el Cercanías para llegar a tiempo a su trabajo.

Sus dos mayores aficiones eran la salsa y el fútbol, tal y como se contó en el libro *In memoriam,* de Kepa Pérez, pero en la pista de baile se movía aún mejor que bajo los palos. Había jugado como portero en su país natal y también en la liga de peruanos del barrio de Palomeras.

Además del apoyo de sus hermanos, Carlos contaba con la ayuda de varias amigas peruanas, Enma, Elisabeth y Magali, que hablaron con *El País* cuando conocieron la tragedia. Contaron que el proyecto más inmediato de Carlos era sacarse la tarjeta de residencia. «Tenía cita a las doce del mediodía de hoy [sábado 13 de marzo]», contó Enma. Tan solo le faltaba «poner la huella» para la identificación oficial.

Sus amigas destacaban su faceta de «bailador por excelencia, un salsero. En Perú lo hacía, pero aquí no le dieron tiempo». Tampoco pudo disfrutar de la noche madrileña. «De la obra venía a casa y no ha tenido más opción», contó su hermano. La mañana del 11 de marzo, Walter y Carmen no se despidieron de Carlos, porque «él era el primero que salía de casa y a esa hora nosotros dormíamos».

«Ha vuelto a Lima en un ataúd», se lamentaba su hermano. Y añadió: «A Carlos también le habría hecho fuerte, como a nosotros. Así que tenemos que salir adelante, y ayudaremos a su viuda y a sus hijos, que han quedado en una situación desesperada. Sin nada». En los trenes murieron cuatro peruanos aquella terrible mañana: NEIL HEBE ASTOCONDOR MASGO (véase pág. 225), de 34 años, que dejó dos hijos de 12 y ocho años; JUAN ANTONIO SÁNCHEZ QUISPE (véase pág. 416), que llegó a España, como tantos otros, en busca de mejor suerte, y JACQUELINE CONTRERAS ORTIZ (véase pág. 266),

MARÍA FERNÁNDEZ DEL AMO

26 años. Azuqueca de Henares (Guadalajara). Estudiaba 5.º de Ingeniería Industrial. Optaba a una beca Erasmus en París para hacer el último curso.

«Chicas, este es el último fin de semana que me como la cabeza con esto», les dijo a sus amigas de la facultad unos días antes de la tragedia. María Fernández, de 26 años, estaba volcada en la tramitación de las cartas de recomendación de sus profesores para optar a una beca Erasmus en París. Conocía bien el francés y su plan era hacer allí el último año de Ingeniería Industrial.

La noche anterior al atentado envió varios correos a sus amigas para organizar la fiesta del patrón de la facultad, prevista para el mes de abril. En otro *e-mail* le proponía a su amiga María aprovechar las horas libres de aquel jueves para comer tortitas con nata, su postre favorito.

En realidad, María Fernández del Amo fue una de las pocas alumnas de la Universidad Politécnica de Madrid que tomó aquel día el tren para ir a clase. La huelga de profesores que había entonces hizo que muchos alumnos se quedaran en casa. Sin embargo, María estaba en pleno papeleo por la beca y acudió a la estación de tren a primera hora, como cualquier otro día. Vivía con sus padres y sus dos hermanos pequeños en Azuqueca de Henares. Las semanas anteriores a la tragedia se sentía más feliz que nunca: le habían concedido un piso de protección oficial y acababa de pagar, junto a su novio, Julián, la entrada de la que sería su nueva vivienda, tal y como informó *El Mundo*. París y la compra de la casa eran sus proyectos inmediatos. Estaba de racha. Tras los exámenes de febrero había disfrutado de un viaje a la ciudad de Orleáns con Julián.

Su cara dulce, tierna, ocultaba una vis cómica que atraía mucho a sus amigas. Todo el mundo la conocía en clase. Simpática y sonriente, se sentaba siempre en la primera fila, junto a su amiga María.

«Siempre estábamos de risas», dijeron los miembros de su grupo de amigos. Muchos la recordaron con una lata de Coca Cola en la mano y bromeando. «Yo me quedo con su cara, con su entrada en clase y con verla sonreír con sus ojos enormes, de un color difícil de describir, verdes y marrones», explicó una de sus amigas más cercanas a *El País*.

María tenía numerosos proyectos, uno de los cuales era dedicarse a la investigación cuando volviera de Francia. Ahora estaba inmersa en la lectura de *El Código da Vinci*. Le entretenían los dibujos animados de Shin Chan y la comida japonesa. Cantaba en el coro de su antiguo colegio, el Giovanni Antonio Farina, y todos sus vecinos la consideraban una joven angelical.

REX FERRER REYNALDO

20 años. Filipinas. Camarero. Residente en España desde 1999. Ahorraba para comprar una casa en Madrid. Residía en Torrejón de Ardoz.

Rex era hijo de un matrimonio filipino que emigró a España en la década de los años ochenta en busca de trabajo. El padre y la madre encontraron trabajo en el servicio doméstico en una acomodada familia madrileña. Tras pasar la primera infancia con sus padres, Rex se quedó en Filipinas con sus abuelos y su hermana. Tenía 14 años cuando volvió a Madrid, y desde entonces residía con sus padres en Torrejón de Ardoz. Allí cursó la ESO y al poco tiempo comenzó a trabajar como camarero en un restaurante al tiempo que estudiaba Informática.

Casi a diario, antes de ir al trabajo, acudía a los oficios religiosos en la iglesia evangélica de Cristo de Pentecostés, a la que pertenecía toda la familia. Sobre todo lo hacía los días que tenía ensayo del coro en el que cantaba. La mañana del 11 de marzo de 2004 salió muy temprano de casa, hacia las siete de la mañana, pero se le olvidó el mechero y regresó a por él. Minutos después volvió a dirigirse a la estación de tren. Murió en la estación de Atocha. *El País* (22 de abril de 2004) contó así las circunstancias: «Minutos antes de la explosión, habló con su hermana Leizie, de 17 años», a la que le unía un especial cariño. «Ella es quien peor lo va a pasar», dijo Evaristo Alonso, jefe de Rex durante un tiempo, quien lo definió como «serio, trabajador y poco hablador».

La música era su mundo. Cantaba y tocaba la guitarra, pero, «sobre todo, diga por favor que era muy bueno, alegre y piadoso», señaló su amiga Estela, también filipina. Rex llevaba seis años en España y trabajaba en un restaurante de la calle Ponzano, en Madrid. Sus padres, Anita y Arturo, le habían ayudado a ahorrar para uno de sus mayores sueños: comprarse una vivienda.

Joel Malayao, uno de sus mejores amigos, relató cómo ambos miraban ya viviendas de la zona de Méndez Álvaro, en el sur de Madrid. «Queríamos ser vecinos», precisaba. A Rex nunca le faltaron amigos y muchos de ellos viajaron desde Barcelona para darle el último adiós y acompañar a la familia. Arturo, su padre, habló de él con emoción: «Era alegre y le gustaba comprarse ropa. A su madre le alegraba la vida».

Aficionado al deporte rey de su país, el baloncesto, que practicaba siempre que podía, era hincha del Real Madrid y seguía los partidos por televisión. Era un chico hogareño, callado, al que le encantaba la música. Le gustaba llevar al cine a su hermana Leizie y comprarle regalos. Como destacó *El Mundo,* estaba completamente entregado a su familia y a su fe evangelista.

En el pabellón de IFEMA, los padres de Rex reconocieron el cuerpo de su hijo gracias a un tatuaje. Aquel año tenían previsto viajar juntos a Filipinas, en el mes de septiembre. Se trataba de una fecha especial: Rex cumpliría 21 años, «y en nuestro país es un importante aniversario para un varón. Ahora ya no tiene sentido», dijo el padre a distintos medios de comunicación. Sus restos fueron enterrados en el cementerio de Santiago City, de donde era originaria toda la familia.

HÉCTOR MANUEL FIGUEROA BRAVO

34 años. Chile. Trabajaba como maestro yesero en la construcción. Vivía en Vallecas junto a su esposa, su hijo y su suegro. Llevaba un año en España.

Héctor Manuel Figueroa nació en la ciudad de Puerto Montt (Chile), pero llevaba un año instalado en Madrid junto a su esposa, su hijo y su suegro. Un día, mientras trabajaba en Santiago de Chile con su amigo Carlos Jeria, yesero como él y unos años mayor, nació una amistad entre ambos que marcaría el rumbo de sus vidas. De ello habían pasado ya diez años. Una tarde, Carlos invitó a Héctor a su casa para disfrutar de un partido de fútbol. Fue entonces cuando conoció a Angélica, hija de Carlos y cinco años menor que Héctor. Conectaron al instante. Él era cristiano evangélico, y ella, católica convencida. Años después se casaron en Santiago, donde nació el pequeño Ignacio Isaac.

La relación con Carlos se hizo aún más estrecha. Carlos se había trasladado a España en varias ocasiones para trabajos puntuales. Lo hizo en 1991, en 1997 y en 2003, un año antes de los atentados de Atocha, que fue cuando se trajo a su familia: su hija Angélica, de 28 años, su nieto Ignacio Isaac, de siete, y su yerno, Héctor, que trabajaba con él en la construcción. Se instalaron en el barrio madrileño de Vallecas, donde, tal y como informó *La Vanguardia,* se reunieron con una veintena de miembros de la familia Jeria que habían llegado a Madrid en distintas épocas.

Héctor llevaba un año residiendo en España y ya planeaba formar una empresa de construcción. Las cosas iban bien. Tan solo «pensaba en trabajar para mejorar. Era hiperactivo», contó su suegro a *El País.* Su gran ilusión era sacar a su familia adelante y lo que más le llenaba era jugar con su hijo en el parque. En Chile, en Puerto Montt, había dejado a su padre y a su único hermano. Su madre había fallecido unos años atrás.

Suegro y yerno salían juntos todas las mañanas para para ir a trabajar a la obra. Tomaban el tren de las 07:30 horas en la estación de El Pozo. Carlos Jeria se bajaba en Atocha y Héctor continuaba una estación más. Sin embargo, aquel día Carlos cogió antes el tren, por lo que Héctor se encontraba solo en el tren cuando las bombas estallaron.

Justo cuando Carlos Jeria subía las escaleras de la estación de Atocha, escuchó el sonido de la primera explosión, a la que siguieron otras dos, las que se produjeron en el último vagón. Llamó inmediatamente a su hija y supo que su yerno había salido de casa y que otra bomba había estallado en la estación de El Pozo. Comenzaron los primeros recuentos de fallecidos y pensó: «Mi yerno está ahí». A medianoche y tras recorrer todos los hospitales de Madrid, confirmaron su muerte. «Debió de morir del impacto; su cuerpo estaba intacto», señaló cuando lo identificó.

Carlos describió así a su yerno y a amigo: «Era bueno, sano, extraordinaria persona». En aquel momento, Héctor trabajaba como maestro enyesador en una obra cerca del Paseo de Recoletos.

Tras su muerte, sus familiares obtuvieron la nacionalidad española. Su padre, Valdemar Figueroa, honró a su hijo muerto en España, donde fue incinerado antes de que sus cenizas fueran trasladadas a su país. Fue la única víctima de nacionalidad chilena de los atentados de Atocha.

JULIA FRUTOS ROSIQUE

44 años. Madrid. Vivía en Salamanca, pero se trasladó a Madrid por el trabajo de su marido. Trabajaba como cuidadora de ancianos a domicilio.

Julia vivía en Torrejón de Ardoz, aunque de manera temporal, pues su domicilio habitual estaba en Salamanca. Fue el traslado de su marido, Dámaso, que trabajaba en la construcción, lo que les hizo abandonar por unos meses la capital castellana, donde llevaban 16 años. Aun así, Julia no se sentía extraña en Madrid: había nacido en el barrio de Tetuán y allí vivía buena parte de su familia. Pero, como informó *La Vanguardia,* odiaba los largos desplazamientos y el tiempo que perdía en llegar de un lugar a otro.

Celosa de su privacidad, su mayor deseo era tener una casa en el campo para que danzaran libres sus perros y sus gatos. Tenía mucho carácter y siempre le gustaba llevar la razón. Pintaba, cuidaba las plantas, recibía cursos para parados y buscaba empleos aquí y allí. Para su madre, Juliana, su hija era una «soñadora, y desde muy pequeña». Tenía dos hijas, Susana, de 28, y Mónica, de 26, y un hijo menor, Dámaso, de 15 años, de su actual matrimonio.

En Madrid, Julia encontró trabajo como cuidadora de ancianos por cuenta del Gobierno de la Comunidad de Madrid. Había realizado un curso de geriatría y le agradaba conversar con los ancianos. Solo ponía una objeción: los «malditos» transportes. «Es que era una mujer de genio», contó su hermana Susana.

Su vida no había sido sencilla. La madre habló de ella con desgarro. Tenía otros tres hijos, pero a Julia siempre la defendió «a capa y espada». Así lo contó el periodista José Ángel González en su crónica publicada en *20 Minutos* (14 de febrero de 2007):

> Juliana es una de esas mujeres que no están acostumbradas a expresar las emociones. Prefiere guardarlas en un baúl del que solo ella tiene llave. Un baúl que ya guarda demasiados cadáveres. Uno de sus cinco hijos murió en 2001, con 29 años, de un cáncer de piel. Su marido no pudo aguantar aquella pérdida temprana y la diabetes se le disparó. Murió el año pasado. «Y ahora Juli... No me entra en la cabeza la muerte tan mala que ha llevado».

Cuidar a los ancianos en sus domicilios fue todo un descubrimiento para Julia. «Siempre fue muy resuelta», contó su hermana Susana, aunque «también tenía un mundo propio que no conocíamos muy bien», concluyó su hermana Rosa.

En su casa de Salamanca compartía el espacio con dos gatitas y un perro husky siberiano, Niebla, que se llevó con ella a Torrejón. Le costaba exteriorizar sus sentimientos y tal vez por ello se sentía más libre en la naturaleza y en el ambiente luminoso de las noches salmantinas. Por eso pintaba, se movía y mimaba las plantas y flores como le había enseñado su padre, que fue jardinero. Había trabajado en viveros, coloreaba acuarelas con soltura y se marchaba a la costa siempre que podía. Le gustaba la música de los Beatles y de los Rolling Stones.

Pocos días después de la masacre, la hija mayor de Julia, Susana, supo que estaba embarazada. Ella, que siempre hizo gala de su independencia para valerse sola, murió sin conocer a su nieto.

MARÍA DOLORES FUENTES FERNÁNDEZ

29 años. Móstoles. Trabajaba como administrativa en una empresa financiera de Alcobendas. Estaba reformando un piso con su novio y tenían planes de futuro.

A Loli la querían todos por su sonrisa, que anunciaba grandeza y ganas de vivir. De golpe, la ausencia de esa luz causó perturbación en todo su entorno. Su novio, Óscar Tejedor, lo contaba a su manera: «Tenía una imagen tan dulce… A veces creo que todo esto no es verdad, no puede ser verdad».

Vivía en Móstoles con sus padres, aunque Óscar y ella estaban terminando de reformar el piso en el que pensaban instalarse. Tenía 29 años y muchos proyectos. Llevaban juntos cuatro años y Loli estaba muy enamorada, según confesaba a su hermana y confidente, Belén, cuatro años menor. Su otro hermano, Juan Carlos, de 33 años, entregó a Óscar el recuerdo de una tarjeta del regalo de Loli el día de San Valentín: un viaje a Ávila para decirle que su amor era tan grande como aquellas murallas.

Ahora trabajaba como administrativa en la empresa de información financiera Conecta, con sede en Alcobendas, adonde se dirigía aquella mañana junto a su compañera SARA ENCINAS SORIANO (véase pág. 280), que también falleció en los atentados. Antes había ejercido como auxiliar de clínica en la atención de ancianos y enfermos a domicilio, a los que contagiaba su optimismo. En la vida de Loli no figuraba la queja, dijeron sus familiares. Tras su muerte, su hermana Belén destacó la inmensa suerte de haberla tenido, y dejó escritas unas letras que publicó *La Vanguardia:*

> No quiero que esta carta sea triste. Mi hermana nos ha enseñado mucho a todos, y es que hay que vivir y ser felices con el detalle más ínfimo, y no comerse la cabeza por cosas que no tienen importancia. No puedo creer que Loli no esté ya entre nosotros. Hay que ser feliz y sonreír como hizo ella porque nunca podemos saber qué puede ocurrir mañana. Era bella en todos los sentidos.

Le gustaba la lectura; acababa de terminar *El Código da Vinci* y estaba con otro sobre la figura de Napoleón, aunque, al parecer, este último no le estaba entusiasmando.

«Loli siempre sonreía», dijeron sus compañeras en su despedida final. «Estaba cambiando completamente a mi hermano, lo hacía mejor persona», contó Susana Tejedor, la hermana de Óscar. Él se encogía ante Loli: «Soy burro por naturaleza y a veces hablo muy mal, y ella me daba pescozones para corregirme… Era tan dulce… Esto no puede ser verdad».

José Gallardo Olmo

33 años. Sant Feliú de Llobregat (Barcelona). Militar de carrera y condecorado con la Cruz del Mérito Militar. Estaba casado y vivía en Azuqueca de Henares (Guadalajara).

José descubrió su vocación haciendo la mili. Tras pasar varios años por la brigada paracaidista, los últimos cuatro estuvo destinado en el Regimiento Inmemorial del Rey, número 1, de especial significación en el Ejército, pues en él sentaron plaza todos los príncipes de Asturias. El cabo primero José Gallardo hacía honor a su apellido por su propensión a ayudar allí donde fuera necesario. También lo hizo en el brutal atentado que le causó la muerte: bajo su cadáver fue encontrado con vida otro viajero, Francisco Javier Fernández. Como publicó *El Mundo,* el cuerpo de José —era corpulento— sirvió de escudo protector y le salvó la vida.

Nació en el barrio de La Falguera de Sant Feliú de Llobregat, donde pasó toda su infancia. Sus padres, andaluces —José Gallardo, técnico de Enher, y Rafaela Olmo, ama de casa—, llegaron en 1969 a esta localidad, en el cinturón industrial de Barcelona, con sus dos hijas, Dolores y Manoli, cogidas de la mano, y con José en el vientre de la madre. El pequeño se crio como un chico «tranquilo y sanote». No le atraían los estudios y Rafaela lloró cuando se fue a Madrid para ingresar en el Ejército a los 23 años.

Su vida discurrió tranquila. Se casó con María Guadalupe Ponce, una joven de origen ecuatoriano, licenciada en Ciencias Económicas, y se establecieron en Azuqueca de Henares (Guadalajara). Estudiaba las oposiciones para sargento. En 2001 le concedieron la Cruz del Mérito Militar tras haber salvado la vida a un niño que se tragó una moneda. «Lo sacudió hasta que se la sacó», recordó su hermana Manoli en una conversación con *El País*. Medía 1,90 metros, tenía cuerpo de atleta y le gustaba mantenerse en forma. Pero era un «buenazo», recordaron sus familiares. «Había que recordarle que es necesario tener un poco más de picardía en esta vida».

Un plan de viaje a Barcelona para visitar a la familia hizo que el 11 de marzo de 2004 fuera a trabajar en tren desde Azuqueca hacia Atocha, trayecto que diariamente hacía en su propio coche.

Previsor como era, el día antes lo había dejado en el taller para ponerlo a punto.

Le atraían las misiones humanitarias y había estado en Turquía para ayudar a las víctimas del terremoto que asoló el país en 2003. También le habría gustado ir a Irak: «Lo suyo era ayudar: llevar alimentos y medicinas allí donde se necesitaran», dijeron sus allegados.

A Sant Feliú de Llobregat, donde fue enterrado el sábado 13, iba de vacaciones y allí se casó con María Guadalupe. Querían tener hijos, pero aún les quedaban deudas que pagar. Esta fue la crónica de su funeral en *La Vanguardia,* firmada por Joaquim Roglan:

> Su funeral tuvo lugar en Sant Feliú de Llobregat, en el mismo templo donde lo bautizaron hace 33 años. Allí hizo la primera comunión y allí se casó. Ayer entró y salió por última vez a hombros y en un féretro. Sobre su ataúd, una bandera, un ramo de rosas y su gorra de «paraca» con el galón de cabo primero [...].
>
> «Hijo de mis entrañas, me lo han matado, lo han matado, criminales, criminales...», gritaba su madre, mientras sus familiares la sostenían porque ya no podía ni caminar. Su padre, electricista jubilado, se mantenía más o menos firme, llorando calladamente, como lloran los padres de los soldados. Su viuda era la viva y negra imagen de la pena y el desconsuelo mientras avanzaba por el mismo pasillo que un día recorrió vestida de blanco.
>
> Su familia, sus amigos y sus vecinos aplaudieron. Se cuadraron sus compañeros de armas. Se cuadró su cuñado, que trabaja de policía en Sant Feliú de Llobregat. Se cuadraron los demás ciudadanos uniformados. Y las autoridades se mantuvieron firmes y cabizbajas con un nudo en la garganta.

JOSÉ RAÚL GALLEGO TRIGUERO

39 años. Getafe. Trabajaba como montador de parqué y tarima flotante. Estaba soltero y vivía con su madre y dos de sus tres hermanos.

Raúl aprendió el oficio a los 19 años y desde entonces trabajaba como colocador de tarimas y parqué. Ahora lo hacía para la empresa Radisan. Estaba soltero y residía con su madre y dos hermanos en la localidad madrileña de Getafe, donde nació y pasó toda su vida.

De carácter reservado, en el barrio lo apodaban «el abuelo», por su naciente calva y su barba prominente, pero también por su carácter reservado, que cambiaba cuando se encontraba entre amigos. En casa, su renuencia al ruido y a la notoriedad hacía discreta su estancia. Su madre (Alicia) y sus hermanos (Ángel y Pilar) tenían que llamarle para que sentara a la mesa, pues, cuando llegaba la hora de comer, casi siempre estaba leyendo o comiendo pipas en el salón. «Desde niño era callado; había que preguntarle mucho para que te contara algo», dijo Pilar a *El País.*

Raúl comenzó a trabajar desde muy joven, tras acabar el servicio militar. En el ayuntamiento de Getafe realizó cursos de carpintería y ebanistería y allí aprendió el oficio. Le gustaba construir objetos de madera e hizo algunos para su casa, como varias cajitas y baúles. Era minucioso y perfeccionista. Sus jefes no le buscaban por la rapidez, sino por la finura, y en ocasiones para rematar el trabajo de otros compañeros. Aquella mañana debía asistir a la obra que se estaba haciendo en Telecinco, en la zona del barrio de Fuencarral, por lo que debía hacer trasbordo en Atocha.

Tan solo soportaba el ruido en los estadios de fútbol. Fue un buen jugador y participó en varios torneos locales, siempre con la camiseta del equipo del Disco Pub Faisán, su bar de siempre, donde se reunía por las noches con su cuadrilla. «A todo el mundo le caía bien», dijo su amigo Juan a *El País*. «Raúl no era egoísta y no dudaba en hacer un favor».

Le gustaba la tranquilidad, pasear por el campo y las montañas, y aprovechaba los puentes largos para viajar con los amigos. «Elegíamos los paisajes más perdidos buscando en guías y suplementos», contaron. Le encantaban las casas rurales con chimenea y ya pensaba en la que disfrutarían en Cuenca durante la Semana Santa, a la vuelta de la esquina.

MARÍA DEL PILAR GÁMIZ TORRES

40 años. Madrid. Trabajaba en Siemens España, en Madrid.

Pilar Gámiz Torres nació en 1964 y trabajaba como administrativa en la delegación de Siemens en Madrid. Su familia procedía de la localidad jienense de Cambil, aunque se trasladaron a Madrid en la década de los años sesenta. Aun así, Pilar siempre mantuvo vínculos con su tierra y visitaba el pueblo de su familia cuando tenía vacaciones para ver a sus tíos y primos y participar de las fiestas locales. Para Semana Santa tenía previsto hacerlo una vez más, según publicó *La Vanguardia.*

ABEL GARCÍA ALFAGEME

27 años. Parla. Mecánico de ascensores. Murió en Atocha el día de su cumpleaños. Desde hacía dos años vivía con su novia en Parla (Madrid).

Abel cumplió 27 años aquel 11 de marzo de 2004. Acababa de recibir la felicitación de Marisol, su madre, la última voz cercana que escuchó. Abel García Alfageme —«Alfa» para los amigos— era un joven inquieto que participaba como actor aficionado en una compañía de teatro de Parla (Madrid), donde vivía. Repartía su tiempo entre conferencias de jóvenes filósofos, películas, la guitarra y el jazz. Trabajaba como mecánico de ascensores y llevaba cinco meses en su último empleo.

Vivía en la casa de su novia, Miriam, trabajadora social en una ONG, y con ella había empezado a pagar una hipoteca desde hacía un año, porque «quería vivir en una casa con ascensor», como los que él reparaba. Su empresa le enviaba cada vez a un punto distinto del norte de la Comunidad de Madrid y salía muy temprano de casa. Hacía trasbordo en Atocha.

«Alfa» y Miriam formaban parte de la compañía de teatro Samsara y en esas fechas ensayaban *El gran teatro del mundo,* de Calderón de la Barca. Agraciado y despierto, Abel interpretaba el papel de un arcángel de Dios. Según informó *La Vanguardia,* sus compañeros de reparto decidieron estrenarla el día que estaba previsto, el 2 de abril, en la sala Jaime Salom de Parla.

No se perdía un concierto de jazz y era un gran aficionado a la filosofía. Se colaba en las clases de la Universidad Autónoma, contó Miriam a *20 Minutos.* Tenía en su casa libros de todo tipo, especialmente de ciencia ficción. Le encantaba *Solaris,* de Stanisław

Lem, y su película favorita era *2001, Una odisea del espacio,* de Stanley Kubrick. «Él siempre nos decía que montáramos una versión de esa película para el teatro y esa va a ser la próxima obra que hagamos», dijeron sus amigos. Su padre recordaba que, cuando Abel era pequeño y recibía su paga semanal, siempre volvía cargado de libros que había comprado en El Rastro.

Medio Parla acudió a su entierro; una avalancha de amigos le despidieron y en su casa se amontonaron los telegramas de cariño. Los amigos catalanes de Abel le recordaron exhibiendo una pancarta en la final de la Copa del Rey.

Al verano siguiente pensaba ir a Ámsterdam. «Le encantaba el espacio, los planetas, las cosas de la NASA... Quería que un amigo le pintara un cuadro de la superficie de Marte», evocaba Rivas, uno de sus íntimos.

JUAN LUIS GARCÍA ARNAIZ

17 años. Madrid. Vivía en Parla y acudía cada mañana a una escuela taller de Fuencarral. Allí aprendía el oficio de pintor de brocha gorda.

«Juanlu» —así lo llamaban en su barrio de la localidad de Parla— deseaba ser independiente y a los 17 años ya tenía prisa por ganarse la vida. Por eso se matriculó en un curso de pintor de brocha gorda en la escuela taller de Fuencarral, en Madrid. Medía 1,90, y era un chico guapo y alegre. Salía muy temprano de casa para ir a la escuela y, a veces, como aquella mañana, le acompañaba su padre hasta la estación.

Vivía con sus padres y su hermano de ocho años. «Era un chico rebelde y maravilloso», de enorme bondad, que se ganaba a todo el mundo, contaron sus familiares y amigos a *El País.* Le gustaban los *piercings* y los aros, aunque Mari Mar, su madre, le pidió que aplazara los primeros hasta ser mayor de edad.

Estaba convencido de que quería trabajar, ganar su propio dinero y en el futuro, quizá, montar una empresa de pinturas. También quería sacarse el carné de conducir y comprarse un coche, aunque reconocía que en el transporte público se «iba muy bien».

Los coches le gustaban tuneados, con gigantescos alerones y cuanto más llamativos, mejor. Y las chicas. Era el guapo del barrio y cuidaba mucho su imagen cuando salía, siempre con su gomina o con su gorra. Era un chico muy popular.

Como contó *El Mundo,* unos meses antes quiso demostrar a sus padres que el dinero empleado para el curso de pintor había estado bien empleado y pintó las paredes de su habitación de amarillo brillante. Luego colocó sus carteles con las chicas más sexys y los coches deportivos. Fue su primer trabajo como pintor.

Aquella mañana, Luis, su padre, le despidió en la estación de Parla a las 07:00 horas. Allí le esperaba su amigo y compañero Adrián y juntos emprendieron viaje hasta Atocha, donde cambiaron de tren para ir hasta Fuencarral. En el segundo trayecto les alcanzó la explosión. Juan Luis murió y Adrián resultó herido. En Parla, en su luminosa habitación, quedaron sus pósteres preferidos, su colección de mecheros, su carpeta de dibujos de héroes de animación japoneses, sus zapatillas del 48 y su gorra.

Noble y servicial, en ocasiones Juanlu cuidaba a su hermano Jorge sin poner pegas. Dejó huérfana a toda la familia, sobre todo al pequeño, cuando su vida apenas había comenzado a despegar.

BEATRIZ GARCÍA FERNÁNDEZ

27 años. San Fernando de Henares. Trabajaba en campañas publicitarias en Internet para una empresa de Telefónica. Llevaba un año casada.

«¡Solo llevábamos un año de casados!», clamó Daniel horas después de confirmar la muerte de Beatriz. Se conocieron diez años atrás, cuando los dos celebraban el aprobado de sus exámenes de fin de curso. El 11 de marzo de 2004 se cumplía un año y diez días de su matrimonio, tal y como publicó *La Vanguardia*. Beatriz trabajaba en una empresa comercial afín a Telefónica, y Daniel era ingeniero. Ganaban lo suficiente para comprarse una casa con piscina en San Fernando de Henares, entre Guadalajara y Madrid, para lo cual pidieron una hipoteca. Cada mañana se despedían en la estación de San Fernando de Henares. Después él partía en coche.

Beatriz realizó estudios de Educación Infantil y pretendía ampliarlos en la formación de discapacitados psíquicos. Finalmente se decantó por Secretariado e Informática, lo que le abrió nuevos campos, primero como administrativa en una escuela de cocina y después en una compañía, dependiente de Telefónica, en la que se ocupaba de los anuncios en Internet.

El 1 de marzo de 2003, Daniel y Beatriz se casaron en San Fernando de Henares, ante varias pancartas de «No a la guerra» como decorado. «En casa estábamos todos en contra de la guerra», declaró Rosi, la madre de Beatriz, a *El País,* que reconoció también que su hija era la más combativa. Horas después del brutal atentado, Rosi pensaba en voz alta: «Lo que son las cosas. Cuando murió Mariam, la hija del presidente Adolfo Suárez, mi hija lloró y me dijo que no había derecho a que una persona muriese con 41 años. Y fíjese, lo decía mi hija, que apenas tenía 27 años cuando falleció. Le dijimos entonces que al fin y al cabo ella había muerto luchando».

Porque entonces Beatriz no podía sospechar que le arrebatarían la vida. Tenía una casa con espacio suficiente para una mesa de ping-pong, que se le daba muy bien, y para que su perra, Trufa, correteara a su gusto. Le gustaba ir de compras —sentía pasión por los bolsos— y viajar. En su viaje de luna de miel, Daniel y ella fueron a Italia, y en las vacaciones visitaron Gandía y Tenerife. Para celebrar su primer año de casados pensaban ir a Granada. Su marido se lamentaba: «El viernes 12 (un día después de los atentados) quería reunirnos a todos para celebrar que llevábamos diez años juntos. Y lo consiguió, vaya si lo consiguió... Teníamos comprados los billetes del AVE para irnos de viaje. Era la primera vez que viajaría en ese tren y estaba tan ilusionada... ¡Solo llevábamos un año de casados!».

Beatriz llegaba a casa a las cuatro, salía de compras, paseaba sola o con Trufa, y leía *La isla del tesoro.* Solían ver juntos *Los Lunis.* «No teníamos niño aún, pero a nuestro perro le encantaban los muñecos», relató Daniel.

En la misa funeral, la hermana pequeña de Beatriz, Silvia, leyó una carta que tituló «Vivir sin verte».

MARÍA DE LAS NIEVES GARCÍA GARCÍA-MOÑINO

46 años. Madrid. Casada y con dos hijos. Trabajaba como camarera en la cafetería del Teatro Marquina. Tras una baja laboral de diez días pidió incorporarse el 10 de marzo.

Lo último que le dijo su hija Sara a Nieves la noche anterior fue que tenía mucho sueño y que al día siguiente le contara quién había ganado el concurso *La selva de los famosos,* tal y como relataron sus familiares a Francisco Perejil, del diario *El País.* Nieves García García-Moñino vivía con su marido, José, y sus dos hijos, Sara, de 22 años, y César, de 16. Muy cerca, en la misma colonia de Santa Eugenia (Madrid), vivía también su madre, viuda, a la que estaba muy unida.

Trabajaba en la cafetería del Teatro Marquina y le gustaba soñar. De hecho, contagiaba a los demás con sus ensoñaciones. Un amigo de Nieves contó que «hace unos años estuvimos varios amigos presenciando la lluvia de estrellas hasta las seis de la mañana, tapados con unas mantas». Su ilusión les había llegado a todos. Aquella noche arrastró también a su madre, a su marido y a unas amigas. Todos estuvieron «horas y horas mirando al cielo». Tenía fama de alegre en su barrio y en la urbanización de la sierra de Madrid a donde iba a descansar. Siempre estaba dispuesta para las cosas cotidianas, como cortar el pelo a toda su familia, comenzando por su marido.

La madre de Nieves (78 años) gritaba entre lágrimas que le habían matado a su hija. Para su jefe en el teatro Marquina, «Nieves era como una hija». Todos los días, un poco antes de las 07:30 horas, cogía el tren en la estación de Santa Eugenia para ir a trabajar.

En aquel momento, Sara, su hija mayor, buscaba trabajo, mientras el menor estudiaba en el instituto. «Mi madre era muy fuerte y muy creyente. Tenía como un sexto sentido a la hora de ayudar a la gente. Estaba llena de vida». Nieves se había apuntado a clases de baile de salón con su marido; le encantaba leer y era una forofa del Real Madrid. Su marido había sido jugador del Totana, en Murcia, y fue compañero de Chendo, exjugador durante muchos años del equipo blanco. También jugó en equipos en las categorías inferiores del club madridista.

Su belleza no pasaba desapercibida. Le apasionaba el baile y en los últimos años se había iniciado en la salsa y las sevillanas. «Tenía el ritmo en el cuerpo», decía su profesor. «Y mucho arte». Le divertía su trabajo en la cafetería del teatro, donde se hacía fotos con los actores. Por ejemplo, en una aparece radiante con Gonzalo de Castro, Javier Cámara y Blanca Portillo. Para ellos, los postres de Nieves eran «los mejores». Recientemente, había estado de baja por enfermedad, pero ya había solicitado el alta para volver a su puesto. El jueves era su segunda jornada tras su reincorporación. Viajaba en el cuarto vagón procedente de Santa Eugenia y murió en la estación de El Pozo.

Durante 21 horas, sus familiares y amigos la estuvieron buscando por los hospitales de Madrid y el recinto ferial de IFEMA. A las cinco de la madrugada supieron que estaba muerta. Nieves «soñaba con hacerse viejecita y sentarse a leer libros en el porche del chalé», contó Marisa, su prima, al periódico *20 Minutos*. Su vida siempre estuvo enlazada con los sueños.

ENRIQUE GARCÍA GONZÁLEZ

29 años. República Dominicana. Electricista. Testigo de la primera explosión, murió cuando estalló una segunda bomba y él socorría a los heridos. Estaba casado y tenía tres hijos.

Enrique nació en Santo Domingo, de madre dominicana y padre español. Pronto quiso abrirse camino en España, donde llevaba ya 13 años. Trabajador tenaz, desde hacía seis años tenía casa propia, en Móstoles. Poseía la nacionalidad española, pero se seguía sintiendo dominicano.

Era un hombre valiente y no dudó ni un segundo: tras la primera explosión, que le sorprendió en el andén de Atocha mientras esperaba el tren de Aranjuez, se tiró a las vías para ayudar a los heridos que seguían en el vagón. Como informó *La Vanguadia,* «allí estaba, ayudando a la gente, sacando a los heridos, cuando estalló la segunda bomba que acabó con su vida», contaron los supervivientes. Murió en el acto. Sus compañeros le recordaron como «un auténtico héroe, un valiente que mereció un homenaje. Podría haber salido corriendo, pero su generosidad estuvo por encima de cualquier otra cosa».

Enrique dejó huérfanos a tres niños, de dos, cuatro y seis años, de distintos matrimonios. Su esposa Jessica no encontraba consuelo. Recordaba sus bromas, a veces sombrías, como cuando le decía al mayor que creciera rápido para ayudarle en el trabajo. «Le reñí por hablarle así al niño, pero de la misma él me sacó a bailar. Era el hombre de mi vida».

Trabajaba con su hermano y su primo en una empresa de instalaciones de calefacción y aire acondicionado, un día en Parla, otro en Callao, otro en Algete... Aquel día tocaba Pinto y hacia allí se dirigía desde Móstoles. Le apasionaban el fútbol y el baile: la bachata, la salsa o el merengue. Y las canciones de su compatriota Eddy Herrera, que le traían recuerdos y emociones de su país. A veces soñaba con volver.

Manuel, primo y compañero de trabajo, recordaba a Enrique como un hombre dinámico y sincero, y con una gran capacidad de trabajo. «Era un latino auténtico, le encantaba bailar, tomar un trago, y en cuanto observaba unos minutos a cualquier persona, lograba imitarla de una manera increíble... Ahora hay tres niños pequeños que necesitan el apoyo de todo un país», dijo a *El País*. Y concluyó: «Nunca pretendió otra cosa que proporcionarles una infancia mejor que la que él había tenido».

Jessica contó cómo su marido, tras viajar a República Dominicana el diciembre anterior, le expresó su deseo de volver para quedarse. Su féretro fue repatriado seis días después del atentado. Murió ayudando en su segundo país. Socorriendo a los heridos.

CRISTINA AURELIA GARCÍA MARTÍNEZ

34 años. Madrid. Trabajaba como supervisora de una empresa de telemarketing, pero soñaba con ejercer como psicóloga. Estaba casada y era madre de un niño de tres años.

Cristina vivía en Carabanchel con su marido Antonio, y su hijo, que en el mes de marzo de 2004 cumplía tres años. A diario, Cristina cruzaba Madrid para acudir a su trabajo como supervisora en una empresa de telemarketing en Alcobendas, aunque antes dejaba a Toñín, su pequeño, en una guardería de Carabanchel Alto. Cristina se encontraba en la estación de Atocha cuando explotaron las bombas.

Aunque padres y suegros se habían ofrecido a cuidar al niño, Cristina y su marido decidieron que lo mejor era llevarlo a la guardería antes de irse a trabajar, tarea de la que solía encargarse ella. Cristina había estudiado Psicología y no renunciaba a ejercer su profesión algún día. Pero en ese momento estaba centrada en su familia y soñaba con tener una hija.

Según contó Lucía Abellán en *El País,* Cristina siempre asumió sus responsabilidades familiares. Antes de casarse, ya ejercía como la mayor de cuatro hermanos y se encargaba de cuidar a los más pequeños, ya que sus padres trabajaban fuera de la casa. Su nombre completo era Cristina Aurelia, por la fascinación que sentía su madre, Margarita, por el Imperio romano, un sello que también quedó estampado en los nombres de los demás. Como contaba su hermano Marco Antonio, siempre la llamaron Cristina, a secas, e incluso Cris, destacando que ella «siempre se ocupó de todos».

Aprovechaba para leer en el tren durante el largo trayecto que hacía a diario. Acababa de apuntarse a clases de aerobic y tenía sin estrenar un nuevo equipo informático. Era una persona inquieta, «la que se encargaba de todo», señaló su marido. La pareja —que se conoció en el colegio— decidió vivir cerca de sus respectivos padres y hermanos en Carabanchel, de su barrio de toda la vida, del centro educativo en el que se conocieron, del bar de toda la vida donde tomaban el aperitivo y de la peluquería de Margarita, a la que Cristina iba desde que era una niña.

Profundamente abatido, Antonio se trasladó a la casa de sus padres para esquivar el vacío. Todo quedó en suspenso salvo las preguntas sin respuesta del pequeño Toñín, que acababa de quedarse sin su madre. Ella soñaba con la «parejita» y con darles a sus hijos una buena educación.

Carlos Alberto García Presa
24 años. Coslada (Madrid). Licenciado en Administración de Empresas. Trabajaba como administrativo en el Instituto Español de Comercio Exterior (ICEX).

Carlos Alberto vivía con sus padres y sus hermanas gemelas, nueve años mayores que él. Licenciado en Administración de Empresas en la Universidad Carlos III, en 2003 había accedido a una plaza de administrativo por oposición en el ICEX. Tenía solo 23 años, pero logró una de las diez plazas que se ofertaban para 900 candidatos. Murió en el tren que lo llevaba desde Coslada hasta Recoletos.

Era un joven metódico y meticuloso. Según le contaron sus hermanas a Patricia Ortega, de *El País,* le gustaba pasar inadvertido y disfrutaba de las cosas sencillas y hogareñas, como visitar a los abuelos en Madrid. Los martes y domingos hacía vida familiar; los sábados los reservaba para estar con los amigos, y dos días por semana se llevaba al trabajo la comida de casa. Aquella mañana su padre se temió lo peor: «En cuanto vi las imágenes supe que lo habíamos perdido». Vivían en Coslada y siempre se subía al mismo vagón, a la misma hora. No había duda, «con Carlos, no». A su madre, Maribel Presa, no la abandonaba una idea: si se hubiera dormido aquella mañana, quizá su hijo se habría salvado. Pero ella nunca se dormía, «eso era imposible», y Carlos era tan meticuloso como su padre —topógrafo— «y no consentía el error». En su habitación, todas sus cosas quedaron ordenadas: los viejos tebeos de *Mortadelo y Filemón,* con los que aprendió a leer, los vídeos de *Los Simpson* y las fotos de sus vacaciones veraniegas en Laredo.

Para su familia, Carlos «era un *crack*». Tenía «una memoria prodigiosa, unas notas sobresalientes, era amante del saber». Le atraía la historia, y su padre recordaba su carácter cuando le corregía algún error: «¡Pero, qué dices, viejo!». Su personalidad reservada le volvía reacio a adquirir el menor protagonismo. Sus hermanas, Ana y Gemma, se lamentaban de la popularidad adquirida a raíz de su trágica muerte. Era especial, «el niño bueno de la casa y el ojo derecho de la familia», dijeron las gemelas. Ana —un modelo de entereza— leyó un manifiesto en Coslada en memoria de las víctimas.

La madre de Carlos Alberto tenía 55 años y trabajaba como conserje en un instituto de secundaria. Meses después de la tragedia intentaba mitigar su dolor con lecturas complejas, como el *Libro de buen amor* o *Cantar de mio Cid.* «Necesito tener la mente ocupada al máximo», confesó a la revista *Interviú* un año después de los atentados. «Desde que lo engendré, mi hijo me llenaba la vida», dijo. El dolor y el desconcierto le hicieron desconfiar de la política. «No volveré a votar en mi vida. La mala política ha matado a mi hijo».

Un año después, en abril de 2005, la Universidad Carlos III rindió un homenaje al joven y le puso su nombre a un aula —donde se descubrió una placa con su nombre— en el edificio Campomanes de la Facultad de Ciencias Sociales y Jurídicas. Allí estudió Carlos de 1997 a 2001. El rector, Gregorio Peces-Barba, presidió el homenaje.

JOSÉ GARCÍA SÁNCHEZ

45 años. Madrid. Subdirector de una sucursal bancaria. Tres meses antes había cambiado de oficina y trabajaba en la calle Goya. Estaba casado y era padre de dos hijos.

«Siempre íbamos juntos. Éramos como la familia Telerín», dijo Conchi, la mujer de José, al diario *El País.* Era un hombre muy hogareño, pero le encantaba su trabajo. Llevaba 25 años empleado en la banca y planeaba viajar a Nueva York con su mujer y sus dos hijos: Laura, de 17 años, y Marcos, de 14. Hacía poco, los cuatro habían estado en Londres para celebrar el Día de los Enamorados.

José empezó a trabajar en el sector bancario a los 20 años, primero como administrativo, hasta llegar a ser subdirector de la sede de Bankinter de la calle Goya de Madrid, a donde se dirigía desde la estación de El Pozo, próxima a su domicilio, hasta el centro de la ciudad. Llevaba solo tres meses en esa sucursal, ya que anteriormente trabajaba en una oficina de la misma entidad en Torrejón de Ardoz.

Era un defensor de tomar decisiones «no solo acertadas, sino también las más justas». Así lo contaron sus compañeros y jefes.

José supo adaptarse a los cambios del sector, hasta el punto de que su sucursal fue elegida como modelo de gestión ese mismo año.

El tiempo libre lo pasaba con sus hijos, a quienes acompañaba a las clases de kárate o natación. Le gustaba hacer deporte y a menudo se le veía en el polideportivo o en la piscina de la urbanización en la que vivía con su familia. También disfrutaba jugando a las cartas con los amigos.

La noche anterior al atentado tuvo que preparar una ponencia para un cónclave del banco, pero en un momento dado cerró el ordenador y dijo: «Venga, vámonos a ver el partido, desconectamos y mañana seguimos».

Su hija mayor, Laura, estaba a punto de cumplir los 18 años y se preparaba ya una fiesta familiar en casa. Según contaron los amigos de José, a este le impresionaba la mayoría de edad de su hija, que se había decantado por seguir sus estudios en la rama social. Y se lamentaba de que, al haber sido designado presidente de mesa en la jornada electoral del domingo, no podría acudir a la competición de kárate de su hijo. Cuando llegó el día, el chaval no tenía fuerzas para competir, pero al final sus familiares y amigos lo convencieron con el argumento de que a su padre le habría gustado verlo. Consiguió dos medallas, que, emocionado, le dedicó.

JOSÉ MARÍA GARCÍA SÁNCHEZ

48 años. Madrid. Empleado de mantenimiento en una empresa de ascensores. Estaba casado y tenía dos hijos. Murió en la estación de Atocha.

A José María, 48 años, padre de dos hijos, Daniel y Luis, de 16 y siete años, respectivamente, le interesaba todo lo que le rodeaba. Como publicó *El Mundo,* tenía inquietudes políticas y le apasionaban la ciudad de Madrid y su equipo de fútbol preferido, el Atlético de Madrid. Su intensa vida social y sus aficiones deportivas llenaban gran parte de su vida, más allá de su trabajo como reparador de ascensores para la empresa Otis Zardoya, en la que llevaba 20 años.

Madrid era su mundo. De hecho, cuando por razones de espacio —ante el nacimiento de su hijo Luis— la familia tuvo que trasladarse a Fuenlabrada, para él fue una contrariedad. Así lo contaba su esposa, Matilde, quien destacaba que a José María le costó mucho dejar el barrio de su niñez, Plaza España, y el ambiente del centro de la ciudad. No muy lejos de ese barrio, en un pub de Argüelles, se conocieron hacía 25 años. José María tenía un carácter abierto y campechano. «El simple hola y adiós no existía para él; tenía conversación para todos», recordó su mujer.

José María vivió la Transición española con la ilusión de la recuperación de las libertades. Se identifica con la izquierda e idealizaba al Che Guevara, cuya foto conservaba. En los últimos años, su referente había sido Julio Anguita (líder de Izquierda Unida) «porque no se dejaba manejar», decía. Su compromiso social le llevó a fundar la Asociación de Vecinos Palacio y a implicarse en cualquier emergencia en el barrio, como la de apagar el fuego que se declaró en el garaje comunitario de un edificio de Fuenlabrada antes de que llegaran los bomberos. Después tuvo que ser atendido en una ambulancia. Era su estilo.

Le gustaba la política, su *Atleti*, los toros en San Isidro y los encierros de Fuenlabrada. Pero, por encima de todo, las competiciones de judo a las que acudía para ver a su hijo Daniel, de 16 años, que llegó a ser campeón de la Comunidad de Madrid. Se sentía orgulloso y cada sábado le acompañaba al polideportivo. Le atraían las ciudades, hasta el punto de que «una vez fuimos a Sevilla y terminamos en Ceuta», contó su mujer a *El País*. Y le apasionaba el mar, que era lo único que no tenía Madrid. Los veranos los pasaban en Ciudad Real, la tierra de su mujer, «pero antes siempre tenía que ir unos días a la playa a mojarse los pies». Le gustaba la buena mesa y disfrutaba cocinando los platos típicos de Madrid, como los callos. Su trabajo le obligaba a comer fuera de casa, pero aquella mañana se preparó la tartera para llevarse el cocido del día anterior. «No quería despertarte, lo siento», le dijo a Matilde poco antes de salir de casa al ver que esta se levantaba. Fueron sus últimas palabras.

JAVIER GARROTE PLAZA

26 años. Madrid. Economista. En su empresa le acababan de anunciar que le hacían fijo de plantilla. Vivía con su novia, con quien tenía planes de boda.

Javier se había licenciado en Ciencias Económicas a los 23 años y llevaba tres adquiriendo experiencia profesional. Al fin había conseguido su primer contrato importante y dos días antes de morir le anunciaron que pasaba a ser fijo. Vivía con su novia en el barrio de Santa Eugenia y proyectaban casarse en fechas próximas. Se encontraba en los vagones del tren hacia Atocha de camino a su lugar de trabajo, en el Campo de las Naciones, en el distrito de Barajas.

Se sentía satisfecho porque las cosas marchaban según sus planes. Como informó *La Vanguardia,* ahora ya podría afrontar el pago del pequeño piso que había comprado con su novia. Era un hombre dinámico y comunicativo al que le entusiasmaban los deportes y los viajes. Unas semanas antes había estado en Turquía y tenía previsto viajar a Francia.

Aunque ya no vivía con sus padres, a menudo aprovechaba la hora del almuerzo para comer con ellos, como había hecho dos días antes de los atentados. En aquel encuentro les contó que próximamente le harían un contrato indefinido en la empresa. Estaba contento. Fue la última vez que lo vieron.

PETRICA GENEVA

34 años. Rumanía. Obrero de la construcción. Cogió el tren en Coslada y la explosión le pilló en Santa Eugenia. Perdió la vida junto a su primo Ionut Popa, de 23 años.

Hacía solo un año que Petrica dejó Rumanía para instalarse en España, pero ya se manejaba en un correcto castellano. Pronto destacó como un gran profesional del sector de la construcción: «No había obra que se le resistiera: sabía resolver todas las chapuzas de pintura, fontanería, de electricidad o de construcción», declaró Álvaro, su jefe de obra y amigo, a *La Vanguardia.* Trabajaba con su primo IONUT POPA (véase pág. 388), diez años menor que él, a quien sus compañeros de trabajo llamaban Juan. A Petrica lo llamaban Pedro. Los dos murieron el 11 de marzo de 2004 en la estación de Santa Eugenia.

Además de Ionut, en España vivían su hermano Valerica y su novia, Virginia, con quienes Petrica compartía piso en Coslada (Madrid). Aunque ni Ionut ni él tenían papeles de residencia, encontraban trabajo con facilidad. Eran inseparables. En algunas fotos aparecen juntos en El Retiro, sonrientes, con el Palacio de Cristal al fondo, o en el piso, abrazados y riéndose a carcajadas. La periodista Elsa Fernández Santos relató en *El País* que los primos, que siempre estaban juntos y que murieron juntos, ponían baldosas, azulejos, yeso... Trabajaban en demoliciones, quitando escombros en los pisos antiguos de Madrid. Le gustaban las ferias ambulantes y los chiringuitos, «por el ambiente, la música y la gente».

Cada mañana, Petrica conducía la furgoneta de su jefe para ir a trabajar. La mala suerte hizo que el vehículo sufriera una avería, 20 días atrás, por lo que Ionut y él llevaban unas semanas cogiendo el tren hasta el centro de Madrid. En las últimas semanas había estado trabajando en una obra en Burgos, pero pidió regresar a Madrid para estar con Virginia y su gente. En Coslada se sentía mejor. La víspera del atentado se reencontró con todos ellos y vieron en un bar el partido entre el Real Madrid y el Bayern de Múnich. Se sentía feliz. El jueves, como siempre, se levantó muy temprano para ir a trabajar.

Petrica era un hombre fuerte que no ponía peros a ninguna tarea, por dura que fuera, ni siquiera a dormir al raso si tocaba montar una feria. Nunca faltó a su trabajo, ni siquiera cuando las cosas vinieron mal dadas, reconoció su jefe. Días después del atentado, su féretro, junto al de su primo Ionut, fue trasladado a su pueblo natal, cerca de Bucarest.

ANA ISABEL GIL PÉREZ

29 años. Almadén (Ciudad Real). Técnica de telecomunicaciones. Estaba embarazada de siete meses.

Ana era una chica alegre. Tenía 14 años cuando su familia, sus padres y hermanos menores, dejaron Almadén y se instalaron en Torrejón de Ardoz. Se adaptó fácilmente a la nueva ciudad y a los nuevos amigos. En la localidad madrileña, en el instituto León Felipe, conoció a Jesús Patiño, con quien se casó en 2001.

Trabajaba como técnica de telecomunicaciones en British Telecom, donde tenía grandes amigas. Esperaba un bebé para el mes de mayo y ya había decidido cómo se llamaría: Samuel, «el hijo de Ana», según el relato bíblico.

Ana y Jesús —informático en una empresa auxiliar de Telefónica— estaban muy ilusionados. El año anterior ella había sufrido un aborto, por lo que ahora la pareja estaba radiante. Según relató su amiga Yolanda al periodista Octavio Toledo, de *El País*, les gustaba salir a cenar, ir al teatro y al cine, viajar…, aunque sabían que muy pronto, con la llegada de Samuel, tendrían que cambiar de vida.

Yolanda y Ana vivían muy cerca. Dentro de poco, Claudia, la pequeña de Yolanda, tendría un nuevo compañero de juegos. El verano anterior habían pasado juntas las vacaciones en Mallorca. Mientras Yolanda velaba el cuerpo de su amiga en el tanatorio, le pedía al periodista que tomaba notas: «Por favor, no te olvides de Samuel…».

Aquella mañana, Ana cambió su turno de trabajo —en la empresa electrónica YEM— porque por la tarde tenía cita con el ginecólogo. Jesús la acompañó a la estación. Allí se besaron y se despidieron. «A las cinco te vemos», le dijo Ana a su marido. Estaba guapa y sonriente, como siempre. Según sus familiares, llevaba puesto su abrigo azul, un jersey verde, unos pantalones claros, y en la mano, una bolsa de Harrod's con las judías que le había preparado Jesús la noche anterior.

Las coronas que cubrieron su féretro mencionaban a Ana y a Samuel. Tras las explosiones, Ana fue trasladada al Hospital de la Paz, donde murió después de varios paros cardíacos. Los médicos intentaron salvar al bebé, pero no fue posible. Su hermana Mari Carmen, un año menor, en declaraciones a *La Vanguardia* contó que tenía pensado casarse antes de que Samuel naciera. Todo quedó en suspenso.

Tres años después, Jesús Patiño expresó sus sentimientos a José Ángel González, de *20 Minutos:* «Vacío, muy vacío… Con la sensación de no saber hacia dónde caminar. Es irreal, un mal sueño…

Mirar hacia el futuro tan oscuro, tan sin ellos». Eran un trío. Él, Ana, a quien Jesús escribía poemas, como el titulado «Lo dulce de tus ojos», y el bebé. Ante el gran vacío, Jesús ansiaba conocer cómo fue «el último segundo de la vida de los dos. Quiero recuperar ese tiempo, encontrar a quién los vio, quién los atendió. Poseer la parte de la historia que me falta».

El nombre de Ana Isabel Gil Pérez quedará no solo entre los suyos. Su pueblo, Almadén, la rememora en una de sus calles.

ÓSCAR GÓMEZ GUDIÑA

24 años. Madrid. Trabajaba como repartidor en una empresa de cafés. Vivía en Vallecas con sus padres y hermanos. Apasionado del fútbol y de las carreras de motos.

Apasionado, simpático, loco por la velocidad y por el fútbol, por los planes con sus amigos fuera de Madrid, por su novia Ana, por su familia... A sus 24 años, Óscar había vivido siempre en Vallecas con sus padres, sus dos hermanos mayores y otro menor. Estudió en la Escuela de Artes Gráficas del Instituto Tajamar. Después se colocó en una rotativa y, posteriormente, como comercial de una empresa de café.

Era el típico chico de barrio: «El más chulo, un chulo elegante, y así le gustaría que le recordáramos», afirmó su prima tras el atentado. En alguna ocasión, Óscar les había dicho a sus amigos que «si un día me muero, no quiero que nadie esté triste: que me pongan la camiseta del Real Madrid». Así se lo contaron a Rodrigo Sosa, de *El País*. Era el centro de los amigos, «el motor que los movía, capaz de llevarlos a todos de viaje con una tienda de campaña». Era raro el fin de semana que no hiciera planes para salir de Madrid.

Le gustaba tanto el Real Madrid que empapeló toda su habitación con pósteres, banderines y bufandas. Contaban que atravesaba el mejor momento de su vida: había encontrado una novia estable tras muchas relaciones complejas, y un empleo repartiendo café en el que se sentía a gusto, aunque ganara menos dinero que antes. Le encantaba reír y se hacía querer. En todas partes se acuerdan de él.

Su novia, Ana, no era futbolera, pero compartía su devoción por las excursiones en el campo y las carreras de coches y motos. A Óscar le chiflaba la velocidad. «Ya teníamos planificado ir en mayo a Jerez, a ver el Gran Premio de motociclismo». Fueron las únicas palabras de Ana.

Tal vez, su afición por el fútbol influyó en su desgracia. Óscar solía ver los partidos del Real Madrid por la televisión con su grupo de amigos en un bar situado a 50 metros del Santiago Bernabéu. La noche anterior, Óscar celebró por todo lo alto la victoria de su equipo sobre el Bayern de Múnich y regresó a casa de madrugada. Al día siguiente se despertó algo más tarde de lo habitual y su madre le acercó en coche a la estación de El Pozo. Allí murió.

La familia de Óscar se sintió confortada por las numerosas personas que los acompañaron en esos momentos. «Vino tanta gente al cementerio que casi no entrábamos en la iglesia». Sus amigos llenaron la casa durante todo el fin de semana.

Como informó *La Vanguardia,* seis días después del atentado, el miércoles 17 de marzo, en el fondo del estadio de Montjuic donde se ubicaba la afición del Real Madrid se podía ver una pancarta que decía: «Óscar Gómez Gudiña. El más chulo. Sin palabras. Nunca te olvidaremos». La colocó su hermano David, de 17 años, el más pequeño, que fue al estadio con la localidad que había comprado Óscar. «Lo hice en su honor, aunque estuve todo el rato llorando, incapaz de ver el partido».

FÉLIX GONZÁLEZ GAGO

52 años. Guaza de Campos (Palencia). Subteniente del Ejército del Aire y padre de dos hijos de 11 y nueve años.

A Félix González le apasionaba su trabajo. Llevaba en las Fuerzas Armadas casi tres décadas y había ascendido a subteniente del Ejército del Aire. De espíritu apacible y solidario, participó en numerosas misiones humanitarias: fue miembro del primer contingente español de cascos azules en Namibia y, durante años, trabajó en la embajada de Chile. Había sido condecorado en una decena de ocasiones.

Nació en un pequeño pueblo de Palencia, Guaza de Campos, desde donde partió para abrirse a otros mundos. Recorrió numerosos países y llevaba solo un año en Madrid —desde 2003—, en el Mando de Personal del Cuartel General del Ejército del Aire, en Moncloa. Vivía en Alcalá de Henares con su esposa, María José, y sus hijos, Marcos, de 11 años, y Mariano, de nueve. Solía ir en autobús al cuartel, pero, cuando lo perdía, tomaba el tren. Murió en un andén, frente a la calle Téllez, a las 07:39 horas del 11 de marzo de 2004.

Le apasionaban los libros, afición que compartía con su esposa, María José Salazar, periodista, quien definió a su marido como un hombre «progresista y solidario». Las múltiples condecoraciones, incluida la de Naciones Unidas tras su participación, en 1989, en la misión de paz de Namibia, son solo una muestra de su carácter generoso y su bondad. Además, le fueron otorgados el distintivo de Mérito en Operaciones de Paz, la Cruz del Mérito Aeronáutico con distintivo blanco, y la Placa de la Real y Militar Orden de San Hermenegildo.

Había regresado a un destino en Madrid, donde había recalado tras pasar por la Agregaduría de Defensa en Santiago de Chile. A este país le acompañó María José, que entonces renunció a su trabajo como periodista en el periódico *El Caso*. En Chile fueron muy felices y nacieron sus dos hijos. De su estancia allí quedaron un sinfín de recuerdos y la fotografía de un sonriente Félix, vestido de civil, en el Lago Esmeralda, al sur de la cordillera andina.

Ya de vuelta en Madrid, lo que más le ocupaba eran sus hijos. El 11 de marzo de 2004, el pequeño cumplía nueve años y todo estaba preparado para la celebración, que sería por la tarde. «Transcurría el día y Félix no llamaba para felicitar a nuestro hijo», contó María José a *El País*. Félix solía coger el autobús, así que en un primer momento no se temió lo peor. Pero el silencio le hizo sospechar. Al fin llegó la comunicación oficial. «No me siento como una viuda, sino como una huérfana. Nos han dejado huérfanos a mis dos hijos y a mí, dijo María José. «Él me ayudaba a escribir, me recomendaba relatos, siempre estaba ahí».

María José se consolaba pensando que Félix murió sin sufrir: «Estoy segura de que ni se enteró; debía de estar leyendo, como siempre». En aquel momento tenía entre manos la biografía del pintor Cristóbal Toral.

Le gustaban las tareas sociales y le divertía el fútbol. A su funeral acudieron gentes «de todas partes» y bastantes «merengues», como él. En aquellas horas trágicas, María José hizo gala de la misma entereza que había conocido en su marido. Tres años después conversaba con el diario *20 Minutos* (14 de diciembre de 2007):

> «Era un camaleón de los sentimientos. Con los niños, se hacía niño. Conmigo, un hombre amante y tierno», dice su viuda, que lleva al cuello, colgada de una cadena, la alianza de matrimonio de Félix, recuperada del cadáver y convertida por las bombas en un círculo imperfecto. Esa dualidad fue depurada por María José cuando decidió qué hacer con las cenizas. Las repartió en dos mitades. La primera fue enterrada al lado de los restos del padre de Félix, en su pueblo natal, Guaza de Campos (Palencia). La segunda tuvo un destino de cuento. Ya tenían comprado el regalo para el Día del Padre, una vela en forma de barco de papel. «¿Qué hacemos con esto?», preguntó a los niños. «Poner ahí las cenizas de papá», dijo Mariano, el pequeño. El deseo, como en los cuentos, se hizo realidad. El barquito-vela, encendido, fue botado por la familia en la playa murciana de Águilas.
>
> María José no se siente capaz de explicar en qué aguas navega su estado de ánimo. «Tengo el alma dividida. La parte dura predomina y la blanda se ha quedado dentro, asfixiándose». Tres días después de la muerte de su marido, María José le escribió una carta. Incluía la promesa de escribir el cuento que nació en el sur lejano de Chile, en el Lago Esmeralda, teñido de verde por los sedimentos de cobre. Quiere que sea un cuento que incluya todos los cuentos: una amalgama de historias reales y prodigios imaginarios, porque, como confesaba a Félix en la carta, «hace falta mucha fantasía para soportar la realidad».

Angélica González García

19 años. Alcalá de Henares. Estudiaba Filología inglesa y tenía planeado pasar el verano en Dublín. No llegó a votar en las que habrían sido sus primeras elecciones generales.

Angélica estudiaba 2.º de Filología inglesa en la Universidad Complutense y proyectaba sumergirse en la Filología clásica y combinar ambas materias. Pero antes tenía otros planes. «Esta semana terminábamos de cerrar un curso de dos meses en la Universidad de Dublín. Ya teníamos los papeles y el cheque», informó su madre a *El País*. Vivía en Alcalá de Henares, con sus padres, su hermano Abraham y su gata Truchi.

La mañana del 11 de marzo de 2004, aunque había huelga en la universidad —lo que salvó de la muerte a su hermano Abraham, un año menor que ella, y a otros muchos estudiantes—, madrugó como siempre para ocupar sitio en la sala de estudio de la Biblioteca. Tenía avidez de saber. Sus profesores y conocidos afirmaban que poseía unas extraordinarias capacidades intelectuales.

Su padre le acostumbró a leer los periódicos cuando solo tenía tres años, y ella convirtió la lectura en una forma de vida. En los estantes de su habitación se asomaban Esopo, Ovidio y Aristófanes, entre los libros del curso, y lecturas diversas. En clase la describieron como «alegre, sensible y de gran madurez vital e intelectual».

Aquella mañana, en el tren, iba leyendo *A sangre fría,* de Truman Capote, autor que le habían recomendado al explorar la literatura norteamericana contemporánea. En esas páginas, como destacó *El Mundo,* pudo observar la presencia obsesiva de la violencia, una violencia que ella no comprendía.

Sus ojos grandes, curiosos, contrastaban con su aire tierno, aspecto este que se destacó desde su primer momento de vida. «Parecía un angelito y por eso le pusimos Angélica», recordaba su madre. Florentina y Ángel, ambos de 45 años, desgranaban la historia de su hija. Fue una niña «muy deseada. Los 19 años y dos meses que he pasado con Angélica han sido todo felicidad. No tengo ni un mal recuerdo de ella», dijo la madre. La ternura de Angélica se mostraba también con su gata, una siamesa de seis años, rolliza y despierta, adornada con una corbata, que aparecía junto a Angélica en diversas fotografías.

Angélica deseaba ampliar sus estudios, reforzar el inglés, leer, votar por primera vez en las elecciones generales del domingo 14 de marzo. En su cuarto había una fotografía de Trinidad Jiménez, que había sido la candidata del PSOE a la alcaldía de Madrid en 2003. Le habría gustado conocerla. Tenía inquietudes políticas, «quería cambiar las cosas e íbamos juntas a todas las manifestaciones», contó su madre a *El País.*

Aquella mañana, el tren no iba tan lleno como de costumbre. Ni su hermano Abraham ni sus amigos Carlos y Antonio la acompañaban. Sí lo hizo Antonio Miguel Utrera, que resultó herido de gravedad.

En la facultad de Filología se leyeron poemas de sus autores preferidos y se recitaron versos en castellano, catalán, euskera, inglés, alemán y árabe. Palabras contra la barbarie y versos como los de Miguel Hernández en «El tren de los heridos»:

> El tren lluvioso de la sangre suelta,
> el frágil tren de los que se desangran,
> el silencioso, el doloroso, el pálido,
> el tren callado de los sufrimientos.
>
> Silencio.
>
> Tren de la palidez mortal que asciende:
> la palidez reviste las cabezas,
> el ¡ay! la voz, el corazón, la tierra,
> el corazón de los que malhirieron.
>
> Silencio.
>
> Van derramando piernas, brazos, ojos.
> Van arrojando por el tren pedazos.
> Pasan dejando rastros de amargura,
> otra vía láctea de estelares miembros.
> [...]

Su madre, Florentina García, escribió en el número 3 de la revista *11Magina. Afectados por el Terrorismo* el siguiente texto dirigido a su hija y a todos los jóvenes que perdieron la vida en los atentados:

> Tardes de verano en la playa con tus padres y hermano, exámenes en la facultad de Filología de la Complutense; la idea de hacerse pastora en el futuro; la pregunta a sus amigos: «¿Te pones

primero el zapato izquierdo o el derecho?». Las clases de latín, que se pasaban volando; paseos con helado y algún tropezón en el Retiro porque a veces iba con la cabeza en las nubes... Las risas con su abuelo, que estudiaba inglés con un pequeño diccionario; los ladrillos de regaliz que tanto le gustaban, su ternura hacia los gatos, en especial hacia su gatita Truchi [...], aquel viaje a La Coruña tan especial con su padre y el orgullo reverente que sentía por él; esos pantalones de dos colores que ella diseñó y que su abuelita le cosió; el gesto veloz con que se apartaba el flequillo de los ojos, su chaqueta de cuero [...].

Aquella mañana no eras la única persona maravillosa que viajaba, la única que llenaba la vida de alegría e ilusión a sus familias [...]. Poco a poco fui conociendo la historia de algunos de tus compañeros de viaje: supe de Daniel, que compartía contigo conciertos de Ismael Serrano; de Jorge, que compartió contigo colegio y el instituto y quizá alguna tarde de juegos en el parque de los Nogales; de Óscar, un muchacho deportista, comprometido con la vida y muy enamorado de su novia, con la que viajaba cada mañana; de Pilar, que dejó a su madre, y anteriormente muy golpeada por el dolor [...]; de Sergio, que había entregado orgulloso a su madre su primer sueldo; de Cristina, que mimaba a sus padres; de Álvaro; de Juan Carlos, y de tantos y tantos...

TERESA GONZÁLEZ GRANDE
36 años. Madrid. Empleada de limpieza. Trabajaba limpiando las aulas de la Universidad Complutense de Madrid. Acababa de comprar una vivienda en Vallecas.

La jornada de Teresa era muy apretada. Comenzaba a las nueve, y durante cuatro horas limpiaba las aulas de la Universidad Complutense de Madrid. Salía de Vallecas muy temprano y cada día iba a una facultad, pues hacía suplencias y no tenía un destino fijo. A veces, cuando terminaba, se acercaba hasta la casa de su madre a comer algo, siempre con el tiempo justo porque a las tres de la tarde debía incorporarse a su otro trabajo, también limpiando, pero este en una empresa en la que tenía una serie de horas fijas contratadas. En las fotografías aparecía con su pelo largo ondulado, sus gafas modernas, siempre sonriente.

A las nueve de la noche terminaba de trabajar y se reunía en su casa con Gregorio Mejías, su compañero de vida. Se habían inscrito legalmente como pareja de hecho y vivían juntos en la casa que acababan de comprar unos meses antes en el barrio madrileño de Vallecas. Vivían con austeridad para afrontar los pagos y, como publicó *El Mundo,* ni él ni ella rechazaban hacer horas extras. Uno de los pocos caprichos de Teresa en los últimos tiempos había sido el viaje a Tenerife que hizo con Gregorio y unos amigos dos años antes.

El 11 de marzo de 2004 le tocaba limpiar las aulas de la Facultad de Físicas, donde coincidían muchos de los investigadores y profesores más notables del país, todos ellos conocedores de la importancia para su propia tarea de la labor de personas como Teresa. Sus compañeros de trabajo la recordaban risueña y optimista. Según publicó *La Vanguardia,* la Universidad Complutense le reconoció la condición de universitaria y le ofreció, junto a las otras víctimas de la institución, un sentido homenaje. Aquella tarde se leyeron poemas y el coro de estudiantes rompió el silencio. El rector, Carlos Berzosa, clamó ante un auditorio lleno de gente: «Aunque haya actos que nos dejen sin palabras, la palabra no puede cesar».

ELÍAS GONZÁLEZ ROQUE

30 años. Madrid. Trabajaba de contable en la cadena Aldeasa. Seguidor del Atlético de Madrid. Le apasionaban las bromas y la música. Estaba casado y no tenía hijos.

El 8 de junio de 2002, Elías se casó con Ana Cristina en el Sanatorio del Rosario (Madrid). Vivía en Coslada. Desde los 21 años trabajaba en Aldeasa, la cadena de tiendas de los aeropuertos, en la sede situada entre las calles Ayala y Velázquez, en pleno barrio de Salamanca. En los últimos tiempos ejercía como contable y responsable de contratos en el departamento de administración de la empresa.

Bromista y muy ocurrente, Elías era miembro del trío que formaban Lorenzo, Javi y él mismo. Eran la piña que constituía el Departamento de Recursos Humanos de la empresa. Tenía 30 años y le encantaba hacer reír a sus compañeros. Años atrás había sido madridista, ahora era seguidor del Atlético de Madrid. La tarde anterior a la tragedia, los tres amigos bromearon con la derrota que el Bayern de Múnich le infligiría al Real Madrid. «Le llamábamos *Roni* últimamente. Estaba cogiendo kilillos, así que le picábamos diciéndole que se parecía a Ronaldo», contó Lorenzo a *El País*

Eran más que compañeros de trabajo, y a menudo Lorenzo y Javi lo acompañaban a casa para comer con Ana, su mujer. Después de los atentados, ella pidió intimidad y declinó hablar de su vida, aunque reconoció no sentir ni odio ni interés por saber quiénes fueron los asesinos. Quienes conocían a la pareja dijeron que eran un matrimonio feliz. Los dos mejores amigos de Elías contaron que Ana «era el perfecto complemento» para él y hablaron de las apuestas que los tres hacían sobre quién se decidiría primero a tener un bebé. Lorenzo apostaba por Elías, pues él y Ana «tenían mucha ilusión por un hijo».

Elías era casero y le bastaban las cosas sencillas. Le costó aceptar cambiar la pequeña televisión por otra más grande. Le interesaban los viajes y los últimos los hizo con Ana a Praga y a Suiza. En la oficina programaban una escapada a Sevilla, quizá para el mes de mayo.

También le gustaba el baloncesto y la música, que disfrutaba en sus ratos libres, aunque intentaba repartir su tiempo con su familia, especialmente con su padre, su abuelo de 96 años, sus seis sobrinos y los allegados de su mujer. Para su suegro, no había dudas: Elías era un ser extraordinario, más hijo que yerno. Fue un católico practicante que disfrutaba de estar con los suyos.

Desde hacía cinco años realizaba la misma ruta para ir de Coslada a Recoletos. Aquella mañana cogió el tren a las 07:20 horas, pero no pasó de El Pozo. Murió mientras leía.

JUAN MIGUEL GRACIA GARCÍA

53 años. Madrid. Técnico del aeropuerto de Barajas. Casado y padre de un hijo. Dejó su coche la tarde anterior para ver el partido del Real Madrid en el Bernabéu y el 11 de marzo tomó el tren.

Su cara redonda, sonriente, irradiaba satisfacción. Celebraba todos los acontecimientos deportivos, sobre todo los del Real Madrid.

Tras los partidos se zambullía en las tertulias para comentar las jugadas y, en ocasiones, discutir con los otros miembros de su peña. Pertenecía a la de «Los primeros de Fuenlabrada» y organizaban viajes para ver en directo los partidos que se celebraban en otras ciudades. El último fue a Santander, donde, como recordaba el presidente de la peña, Agustín López, «cenamos una buena mariscada y Juan Miguel me dijo: "Este es uno de los placeres de la vida, y hay que aprovecharla, que son dos días"».

Tenía 53 años y residía en Fuenlabrada con Laura, su mujer, y su hijo Ignacio, de 26 años. Trabajaba en el control de calidad de la nueva pista 15 del aeropuerto de Barajas como técnico de obra, con OHL. Juanmi —así lo llamaban los más cercanos— no solía coger el tren para ir al trabajo pues siempre usaba el coche de la empresa. Sin embargo, el miércoles 10 de marzo lo dejó aparcado en el aeropuerto para ir al Bernabéu a ver el encuentro que enfrentaba al Real Madrid con el Bayern de Múnich. Volvió a casa en el autobús de la peña, y el jueves 11 de marzo se levantó a las seis para tomar el tren hacia Atocha. Desde allí iría hasta Nuevos Ministerios y luego cogería el metro hasta Barajas. La explosión le alcanzó en Atocha.

Como contaron sus familiares a *El País,* Juan Miguel era tierno y coqueto, y sus arranques de genio no ocultaban su bondad. «¿Gordo yo? ¡Pero si estoy estupendo!», decía cuando se presentaba la ocasión. Le gustaban los chocolates, las cervezas y el marisco, y no empezaba el día sin leer el *ABC.* Le encantaba charlar y buscaba siempre la conversación. Su amigo Carlos recordaba los encuentros en la calle, cuando «nos parábamos en una esquina y ya era nuestra».

También le gustaba bailar, aunque lo hiciera mal. Coleccionaba llaveros, nuevos o repetidos, y disfrutaba leyendo novelas policíacas. A menudo iba con su mujer al pueblo de esta, Puerto Lápice (Ciudad Real), donde se olvidaba de todo.

Su familia tardó en saber que se encontraba entre las víctimas. No era su trayecto rutinario. «Empecé a sospechar algo malo —dijo Laura— cuando pasó el mediodía y no me había llamado. Él era muy achuchón, muy considerado». Su cuerpo, ya sin vida, se encontraba en el Hospital Gregorio Marañón.

El 23 de abril de 2004, la peña de Fuenlabrada celebró su 25 aniversario. No faltó el homenaje a Juan Miguel.

JAVIER GUERRERO CABRERA

25 años. Madrid. Estudiaba Informática de gestión y trabajaba como programador en el Palacio Real. Fue una de las últimas víctimas mortales identificadas.

Desde muy joven, Javier empezó a trabajar mientras estudiaba. Vivía en Vicálvaro (Madrid), al sureste de la capital, y era el mediano de una familia de tres hijos. Su padre regentaba una frutería en la calle Fuencarral. Aquel era su último curso de Informática de Gestión en la Universidad Complutense de Madrid, y alternaba sus estudios con un trabajo como becario programador en el Palacio Real. Durante los últimos cuatro años había compaginado sus estudios con las prácticas en una empresa de Informática.

Era divertido, carismático y emprendedor, dijeron sus familiares. Un joven de alta estatura, atractivo y deportista —era segundo Dam en taekwondo— y el orgullo familiar. Rufo Guerrero, su padre, se temió lo peor cuando, desde su frutería, escuchó por la radio la noticia de la catástrofe. Horas después, como publicó *El Mundo,* albergó esperanzas al no encontrarse ni rastro de Javier. Más tarde apareció su DNI.

Durante días, los familiares de Javier lo buscaron por todos los hospitales de la capital. Su fotografía y sus datos personales se colocaron en diferentes calles de Vicálvaro y de Madrid, y se enviaron miles de mensajes por Internet: «Varón de 25 años, 1,85 metros de estatura, 80 kilos de peso, aproximadamente, complexión atlética, pelo castaño (quizá lo llevaba engominado), cejas pobladas, ojos de color marrón con pestañas largas, marcas de acné en la cara, labios gruesos, cara delgada, calza un 46 de pie». Finalmente apareció su huella. Y se esfumó la esperanza

Probablemente, aquella mañana Javier viajó desde Vicálvaro hasta Atocha junto a uno de los explosivos. Cuando llegó la confirmación de su muerte, el mundo se desplomó bajo los pies de sus padres, de su hermano y su hermana, de su novia, Ana, y de una veintena de amigos que ya no pudieron ir con él a la Feria de Sevilla ni a las Fallas de Valencia. «Él era quien se encargaba de las fiestas y reuniones familiares. Nos han quitado la vida. La vida entera», se lamentaba su padre tras recordar la búsqueda de su hijo en una conversación con *20 Minutos* (14 de febrero de 2007):

Pasquines con la foto de Javier Guerrero Cabrera (25 años) brotaron por centenares en el Madrid consternado por la catástrofe. «¿Has visto a este chico?», preguntaban desde farolas, marquesinas y paredes. Toda la tropa de amigos del muchacho, y tenía muchos, se movilizó: intervinieron en programas de televisión y radio, buscaron por donde pudieron, agarrándose siempre a la esperanza de que hubiese sufrido amnesia a consecuencia de las bombas. Pero el padre, Rufo Guerrero (52), que lo había visto desayunar el 11-M en la casa familiar de Vicálvaro, era pesimista. Cuando llegó de amanecida al puesto de frutas que atiende desde hace treinta años, en una galería de la calle Fuencarral, escuchó en la radio los primeros avances.

«Vi claro que mi hijo iba en uno de los trenes. Lo supe desde el primer momento», dice bajo los fluorescentes que pintan brillos en las piñas, los limones y los tomates en rama. A los seis días de los atentados, finalmente, la espera se convirtió en luto y los pasquines que los amigos habían repartido dejaron de tener sentido. Los forenses determinaron a ciencia cierta el día 17 que uno de los cuerpos del tren de la calle Téllez pertenecía a aquel chico simpático y de irresistible carisma. «No le alcanzarían las páginas de ese cuaderno para anotar cómo era mi hijo. Era abierto, expansivo, de los que dejan huella por donde van», dice el frutero, que da la espalda para sacarse los lentes y esconder las lágrimas.

Sí. Era posible pensar que, quizá, se había salvado. Tan solo se había encontrado su DNI en la calle Téllez, pero ni rastro de sus objetos personales, como el reloj de titanio y las llaves de acero. Su familia se aferró a la idea de que hubiera salido del vagón en Puerta de Arganda y que anduviera perdido por Madrid, tal vez traumatizado. Por desgracia, la realidad fue mucho más cruel.

BERTA MARÍA GUTIÉRREZ GARCÍA

39 años. Villanueva de Gómez (Ávila). Funcionaria en la Consejería de Hacienda de la Comunidad de Madrid. Estaba casada y era madre de una hija de seis años.

La mañana en que Berta murió en la estación de El Pozo, ni su marido, Jesús, ni su hermana, María José, la acompañaban, como era su costumbre. Iba hasta la Consejería de Hacienda de la Comunidad de Madrid, en Vallecas, donde trabajaba como administrativa. Aquella mañana viajó sola y la familia no tuvo que sufrir más pérdidas.

Berta vivía con la ilusión de reformar la casa que había comprado con su marido hacía diez años y adecuarla para su maravillosa niña, Sara, de seis años, a quien leía un cuento todas las noches.

Su cara era dulce y serena. Berta disfrutaba de la vida y de su familia. Le gustaba estar en forma y dos días a la semana —como poco— asistía a clases de aerobic. Como contó *La Vanguardia,* en aquel momento le estaba dando vueltas a la idea de sacarse el carné de conducir para tener mayor movilidad.

Estaba muy unida a su hermana, María José, que era una de sus principales confidentes. Vivían muy cerca y «nos entendíamos solo con mirarnos a los ojos». En los últimos tiempos, Berta ayudaba a María José a preparar una oposición de la Comunidad de Madrid y la acompañaba a sus prácticas en una escuela de peluquería. «Esos días realizaba un curso y se ofreció para que practicara con ella. El martes la peiné y le puse mechas». El jueves perdió la vida en la estación de El Pozo.

Las dos hermanas nacieron en la localidad de Villanueva de Gómez (Ávila), adonde iban siempre que podían. Concha García, su madre, tan solo pudo decir estas palabras a *El País:* «No solo la han matado a ella. Nos han matado a todos».

Le faltaban unos meses para que llegara el undécimo aniversario de su boda. Berta y Jesús se conocieron en la Consejería de Hacienda y se compraron un piso en Vallecas, al lado de la casa en la que vivían sus padres. Por las tardes llevaba a su hija Sara a la piscina y a clases de inglés. Y los fines de semana iban al zoo, al parque de atracciones o al pueblo. La niña era el centro de su vida.

Decían que le gustaba sentarse en la parte trasera del vagón porque así se aislaba más para poder leer. Las novelas de Isabel Allende y de Gabriel García Márquez eran sus favoritas. Tras el atentado, María José relató a *El País* la conversación de su hija Andrea, de diez años, con su prima Sara de seis. «Mi hija Andrea comentó que malditos los trenes que tienen bombas, y mi sobrina contestó que malditas las personas que las ponen». No cabe duda de que Sara demostró ser, «muy madura para su edad». Aun así, la realidad resultaba imposible de aceptar. «Me cuenta Sara —dijo María José— que todas las noches lee un libro con su mamá». Jesús y María José, que aquel día no acompañaron a Berta en el tren, pudieron ver crecer a Sara y recordar a su madre.

SERGIO DE LAS HERAS CORREA

28 años. Iriepal (Guadalajara). Ingeniero aeronáutico y empleado en Airbus. Vivía en Alcalá de Henares. Tenía novia y planes de boda.

Sergio tomó el tren minutos después de las 07:00 horas en Alcalá de Henares, donde residía, para llegar puntual a su empleo en Construcciones Aeronáuticas (Casa) en la localidad madrileña de Getafe, donde trabajaba en el proyecto Airbus.

Por lo general, utilizaba el coche para ir a trabajar, aunque, como publicó *La Vanguardia,* llevaba dos semanas tomando el tren para evitar los atascos y revisar sus papeles.

Era ingeniero aeronáutico y vivía concentrado en su trabajo y en sus planes de boda. Los que más le conocían destacaron que tenía un carácter discreto y, aunque había sobresalido por sus estudios y su profesión, «no era nada presuntuoso. Nunca le gustó *fantochear* de sus éxitos ni presumir de nada», afirmó con orgullo Gregorio, su padre, al diario *El País.*

Ya había elegido el piso en el que viviría con Águeda, en Guadalajara, la ciudad donde nacieron sus padres y a donde iba fines de semana. Gregorio recordaba la última conversación que mantuvo con su hijo: «Papá, he visto un buen piso —le dijo—. Ya me puedes dar el dinero que me prometiste». Ante el vacío provocado por la tragedia, el padre confesó que «uno nunca termina de conocer a su propio hijo. Siempre lo ves aquí en casa, contigo, y no cuando trabaja o cuando sale con los amigos. Pero ahora que han venido sus compañeros, los que trabajaron con él en Construcciones Aeronáuticas y Airbus, es cuando me he dado cuenta de hasta qué punto lo apreciaba todo el mundo».

Sergio residía en Alcalá, aunque los fines de semana solía ir a Iriepal, una pedanía de Guadalajara de apenas medio millar de habitantes, donde su familia era muy conocida. Allí vivía su novia, Águeda, sus padres y su tío, el del Bar Ramos. Con su habitual modestia, a menudo relataba que no consiguió entrar en Medicina por faltarle unas décimas en la nota del Bachillerato y que fue por eso por lo que se decantó por una ingeniería. El dibujo lineal no se le daba bien, pero su tenacidad pudo más. De hecho, esa fue la primera asignatura que aprobó en la carrera.

Practicaba el tenis, el ciclismo y el esquí. No le gustaba señalarse y por eso su hermana y sus padres desecharon la invitación de publicar su fotografía en los medios nacionales: tan solo consintieron hacerlo en el diario local de Alcalá, donde se publicó una única imagen. «Queremos respetar su forma de ser hasta el final», sentenció su padre. En la foto se veía a un joven de sonrisa contenida, inteligente y humilde. Su familia tampoco quiso asistir al funeral de Estado que se celebró en la catedral de la Almudena, al que acudieron numerosas autoridades y varios jefes de Estado. Prefirieron despedirlo en la intimidad.

No fue fácil encontrar su cuerpo. Águeda, su novia, y una compañera dejaron sus puestos de trabajo cuando comprobaron que, minutos después del atentado, Sergio no contestaba al teléfono. Fueron de hospital en hospital hasta que llegaron al pabellón de IFEMA, ya convertida en la morgue del 11-M. Los amigos del pequeño pueblo de Iriepal recordaron a Sergio como un joven divertido, generoso, buen jugador de cartas y, sobre todo, lleno de vida y de planes de futuro. Así lo destacó *La Vanguardia*. Sin más aderezos.

PEDRO HERMIDA MARTÍN

51 años. Seseña (Toledo). Empleado de Caixa Catalunya y miembro de la UGT. Estaba casado y era padre de tres hijos.

Pedro Hermida nació en Seseña (Toledo), aunque, siendo niño, su familia se trasladó al barrio madrileño de El Carmen. No muy lejos de allí, en Pueblo Nuevo, vivía María Antonia, a la que conoció cuando tenía 17 años. Después de unos años de noviazgo, se casaron y tuvieron tres hijos. Vivían en Rivas Vaciamadrid, a 15 kilómetros de la capital. La mañana del 11 de marzo de 2004, Pedro tomó el tren para ir a las oficinas de Caixa Catalunya, en el Paseo de Recoletos, donde trabajaba en el departamento de extranjeros para las oficinas de Madrid. Además, era representante sindical de la UGT en el Banco. María Antonia le despidió en la estación: «Ya sé que hoy saldrás tarde, pero no te preocupes, luego nos vemos», le dijo, tras lo cual le dio un beso. La explosión le alcanzó en la estación de Santa Eugenia.

La víctima había realizado estudios financieros y, como dijeron sus compañeros a *La Vanguardia,* se tomaba muy en serio su trabajo. «Le conocíamos todos porque siempre le consultábamos nuestras dudas. Sabía muchísimo». De carácter discreto, en varias ocasiones le pidió a Paco Úbeda, responsable de la UGT en la entidad, que no le colocara arriba en las listas, porque «yo solo quiero poner mi granito de arena».

Sus compañeros destacaron la integridad moral y la actitud responsable de Pedro. También lo hizo María Antonia, quien contó al *El País* que jamás usó el teléfono móvil del trabajo para hacer una llamada personal. Ella elogió sus profundas creencias «en la convivencia y en la democracia». María Antonia admiraba a su marido. «Desde el mismo día que nos presentaron, empezamos a salir» y, desde entonces, siempre juntos. Les gustaba pasear, compartir el tiempo libre con sus tres hijos y conversar. «Era una persona totalmente normal —dijo su esposa—. Algo exigente con los chicos en cuanto a los estudios y el trabajo».

Pedro se interesaba por todo lo que ocurría en el mundo y, como señaló su mujer, pensaba que «ninguna línea divisoria entre países justifica que se pierda una vida humana». Además, era de la opinión de que «detrás de todos los conflictos siempre hay intereses económicos y políticos, y estos no pueden estar por encima de las personas, que son lo único importante». Después de los atentados, María Antonia pidió que las aspiraciones de Pedro quedaran como un legado para la colectividad.

ALEJANDRA IGLESIAS LÓPEZ

28 años. Torrejón de Ardoz (Madrid). Un día después de los atentados tenía previsto firmar la compra de una vivienda con su novio. Trabajaba como secretaria.

Para Alejandra aquel mes de marzo estaba sembrado de ilusiones. El viernes 12 era el día de la cita en la inmobiliaria para firmar el contrato de compraventa de una vivienda. Iría con su novio, Andrés. El piso estaba en Torrejón de Ardoz, de donde era originaria. De carácter abierto, Alejandra valoraba las cosas pequeñas y la lealtad hacia sus amigos. Llevaba cinco años empleada en una empresa constructora, como secretaria, y siempre usaba el transporte público para ir a trabajar.

En una entrevista con Lola Galán, de *El País,* la hermana de Alejandra, María del Val, reconoció que se preguntaba con frecuencia cómo fueron sus últimos minutos de su vida, aunque a renglón seguido rectificaba y prefería «no saberlo». «Cuando nos enteramos del atentado, no quisimos ni ver la televisión», dijo. Ni ella ni su padre, de 67 años, antiguo empleado de Iberia, ni Pilar, su madre, de 65. Los tres optaron por recordarla como era: una chica normal a la que le gustaba la música, el cine y la vida en general.

Su sentido del humor atraía a sus familiares y amigos, especialmente a sus sobrinos pequeños. Como publicó *El Mundo,* le había prometido a su ahijado, Andrés, que por su cumpleaños, en el mes de abril, le regalaría un perrito. Aunque le gustaba ir de compras, últimamente ahorraba todo lo que podía para la nueva casa. Había apadrinado a un niño peruano y acababa de conocer su nombre.

Pese a su juventud, sabía que había que aprovechar la vida al máximo, pues todo puede desaparecer en un instante. Lo aprendió desde muy joven, a los 15 años, cuando perdió a Pili, su hermana mayor, en un accidente de tráfico.

Todas las ilusiones de Alejandra se esfumaron con el atentado del 11-M. Fue enterrada en Ambite, la localidad madrileña en la que había nacido su madre y donde también descansan los restos de su hermana.

MOHAMED ITAIBEN

27 años. Marruecos. Licenciado en Letras. Llevaba dos años en España. Trabajaba como obrero en la construcción e impartía cursos de árabe y francés.

Mohamed Itaiben vivía con dos de sus hermanos, Chovaib y Farid, su cuñada y su primo Jamal en Azuqueca de Henares (Guadalajara). Llevaba dos años en España. Era el pequeño de los cinco hermanos de una familia campesina de Imzouren, en Alhucemas, y el único que tenía formación universitaria.

Sus inquietudes intelectuales lo llevaron a Fez, donde se licenció en Lengua y Literatura, según publicó *El País*. Con ese bagaje llegó a Madrid y se instaló junto a sus hermanos mayores, que ya llevaban diez años en España. Anhelaba encontrar un trabajo acorde a su preparación, «pero para nosotros no es nada fácil, sobre todo si no tienes papeles, aunque seas tan culto y trabajador como él», se lamentaba su primo, que añadió: «Él valía más que todos nosotros juntos, era el orgullo de nuestra familia y de nuestro pueblo».

Dos semanas antes de los atentados, el 25 de febrero de 2004, un terremoto arrasó la zona de Marruecos de donde él y su familia eran originarios, causando centenares de muertos. La casa de su familia quedó reducida a escombros, de manera que sus padres recibieron la noticia de los atentados del 11-M mientras se encontraban en un campo de refugiados.

Mohamed pensaba obtener los papeles para abrirse camino en España, aunque a menudo le embargaba la tristeza. «Veía a sus paisanos durmiendo a la intemperie, la destrucción de las casas que recordaba, veía la falta de diligencia para aliviar la situación... y se desesperaba», contó su primo Jamal. Deseaba encontrar un empleo mejor y comprarles una casa a sus padres. Mientras esto llegaba, trabajaba en la construcción y enseñaba árabe y francés a los hijos de inmigrantes en la mezquita de Azuqueca. Como contó su cuñada a *El País*, «le gustaba leer los libros de nuestra religión islámica, quería mantener nuestras tradiciones, nuestra lengua».

La mañana del 11 de marzo, Mohamed se levantó muy temprano —antes de las 06:00 horas—, rezó con su cuñada y su hermano, y a las 07:00 horas tomó el Cercanías hasta Atocha, desde donde iría a pie hasta la obra, cerca de la Gran Vía, en la que trabajaba.

Mohamed no pudo cumplir sus sueños. El día de la tragedia, la pequeña tienda que alojaba a sus padres a las afueras de Imzouren se convirtió en lugar de peregrinación para todos los que querían a su familia. Su primo describió la rabia de quien sufre una pérdida irreparable al tiempo que recibe algunas miradas de sospecha entre sus convecinos. «Pensaba en los asesinos, que no son personas, pero no me atreví a entrar en un bar. Noté que la gente me miraba raro, como si fuera culpable», dijo.

Familiares y compatriotas de Mohamed le dieron el último adiós en la madrileña Mezquita de la M-30. Sus posesiones se enviaron a Marruecos y su ropa fue repartida entre los pobres. Fue enterrado en la ciudad de Alhucemas.

PABLO IZQUIERDO ASANZA

42 años. Membrillera (Guadalajara). Trabajaba como operador de maquinaria de vías en la unidad de mantenimiento de Renfe. Estaba soltero y vivía con su madre.

En realidad, Pablo pasaba buena parte de su tiempo en las vías del tren, ya que trabajaba como operador de mantenimiento e infraestructura de Renfe, lo que a menudo le obligaba a pasar varias noches al mes en unos vagones especiales equipados para los trabajadores.

Tenía 42 años, estaba soltero y vivía con su madre en Vallecas. Era el tercero de los cuatro hijos de la familia. A veces iba con su madre, Inocencia, de 76 años, a Membrillera, su aldea natal en Guadalajara, que abandonaron tras morir el padre de Pablo. Se sentía vallecano por los cuatro costados. Pablo había logrado que lo destinaran a Madrid y casi nunca cogía el tren tan temprano. Aquella mañana debía reunirse con uno de los encargados de mantenimiento, motivo por el cual se subió al Cercanías en la estación de Sierra de Guadalupe hasta Chamartín.

Pablo manejaba la máquina más compleja de la unidad: sabía de mecánica, de hidráulica, de informática y de electrónica. «Si no le hubiera apasionado este oficio, hace años que se hubiese ido», dijo su encargado, Jacinto Quero, a diversos medios de comunicación. Delegado del Sindicato Ferroviario, Pablo llevaba 24 años en Renfe, por lo que podría decirse que los trenes eran algo más que su modo de vida.

De carácter callado y tímido, se transformaba cuando pensaba en el fútbol. Y que no le hablaran de política... Según publicó *La Vanguardia,* prefería los temas familiares y deportivos, y evitaba las discusiones. Seguidor del Rayo Vallecano, le gustaba ir al estadio Teresa Rivero a ver jugar a su equipo. Le encantaban las canciones de Joaquín Sabina, los libros de Miguel Delibes y era aficionado a la fotografía.

Sus familiares ni siquiera supieron en qué tren encontró la muerte, si en el que estalló en Atocha, en el de la calle Téllez o en el de El Pozo. Su madre no empezó a preocuparse hasta mediodía, pues no era habitual que su hijo realizara ese trayecto. Pero algo encendió las alarmas cuando, tras insistir varias veces, Pablo no respondió a sus llamadas. Sus hermanos emprendieron la búsqueda y por la noche pudieron confirmar su muerte en el pabellón de IFEMA. Su sobrina pequeña denunció en un escrito, recogido por *El País,* que «por culpa de estos fanáticos, ya no podrá volver a mirarme con esa cara tan especial que tenía».

María Teresa Jaro Narrillos

32 años. Madrid. Se trasladaba desde Coslada hasta su trabajo como teleoperadora en Alcobendas. Murió en El Pozo. Estaba casada y era madre de una hija de tres años.

El viudo de Maite Jaro, José, desplegó su manto de protección hacia su hija Andrea, de tres años recién cumplidos. Le dijo que su mamá estaría en una nube y que desde allí la miraría. María Teresa Jaro Narrillos, de 32 años, empleaba una hora de trayecto cada día desde su domicilio en Coslada hasta su puesto de trabajo en el departamento de atención al cliente del grupo Logista, en Alcobendas. Desde hacía cinco meses, su horario le permitía pasar las tardes con la pequeña Andrea, su *pitufina*. «Me acuerdo de lo que me dijo cuando la niña nació: "Ya puedes hacer lo que quieras, como si te vas"», contó Pepe al recordar el carácter, «de armas tomar» de su mujer. Recordaba con claridad el día que se conocieron y cuando empezaron a salir: «La estoy viendo en la escalera de la empresa en la que trabajábamos los dos, preguntándome a voz en grito: "Pepe, ¿tú me quieres?". Y yo le respondía: "¡Más de lo que tú piensas!"», le contó a Patricia Ortega, de *El País*. Maite deseaba que su hija fuera como ella, «alegre, enérgica, independiente, reivindicativa, estudiosa y, a poder ser, ginecóloga, para que ayudase a otras mujeres», detalló Pepe, abrumado por el reto que ahora tendría que asumir solo. «Ella lo haría mucho mejor que yo», se lamentó.

Maite habría cumplido 33 años dos semanas después de los atentados. Encontró la muerte en la estación de El Pozo, y aquella trágica mañana el teléfono de su casa no sonó, como sucedía siempre a las 08:40 horas. Era una mujer organizada y firme, de facciones dulces y pelo rojizo, según informó *La Vanguardia*. Ese verano tenía previsto viajar a Galicia junto a su marido y su hija. La despidieron en la playa de la Lanzada, en Pontevedra, un lugar especial para la pareja. Allí se esparcieron sus cenizas.

NICOLÁS JIMÉNEZ MORÁN

48 horas. Madrid. Su madre resultó herida de extrema gravedad en los atentados.

Nació dos meses después del atentado terrorista, en el que su madre, Laura Jiménez, sufrió gravísimas heridas que le causaron múltiples traumatismos y parálisis en las piernas. Nicolás, que falleció 48 horas después de nacer, está reconocido como víctima del terrorismo por la Audiencia Nacional.

Laura Jiménez, que entonces tenía 28 años, desde hacía cinco trabajaba en un banco en el Paseo de Recoletos, adonde se dirigía la mañana del 11 de marzo de 2004. Se había licenciado en Ciencias Actuariales y Financieras y en Administración y Dirección de Empresas, y, además, tenía un posgrado en Dirección de Aseguradoras. Había tomado el tren en Alcalá de Henares, pero no pudo pasar de la estación de Santa Eugenia.

La vida de Laura cambió radicalmente aquella mañana. Cinco meses después conversaba con el diario *El País:* «Me gustaría concentrarme en lo que puedo hacer, no en lo que no puedo hacer». Afrontaba, entonces, las dificultades que se le planteaban, como la de estrenar su nueva casa, donde temía que «con la silla de ruedas no cabré en el baño». Se esforzaba en sus nuevos planes de vida, como aprender a caminar. «No os dais cuenta de lo difícil que es andar; yo le pregunto a mi madre cómo tengo que poner el pie en el suelo, porque se me ha olvidado». Tras varios meses en el Hospital Gregorio Marañón, al fin miraba al futuro con esperanza. «Al menos ahora soy independiente; sobre ruedas, pero autónoma». Los médicos le auguraron una larga recuperación y a los pocos meses comenzó a mover las piernas. No había un diagnóstico definitivo pues la dificultad de extraer la metralla incrustada en su espalda impedía practicar otras terapias.

Laura sabía que su vida nunca sería la misma. Apenas dos días antes del atentado, tuvo la confirmación de su embarazo. Solo lo sabía su novio, Gabi, y su familia. Sus padres, Paquita y Alejandro, buscaron a Laura en la morgue durante toda la noche. Finalmente, su hermana Elena la reconoció en un hospital por la alianza —deformada por la onda expansiva—, pese a tener la cabeza cubierta de sangre. Gabi, que se encontraba de viaje de trabajo en Indonesia, no pudo llegar hasta dos días después. Él fue el último que recibió un mensaje de Laura, tan solo diez minutos antes de la explosión.

OLEKSANDR KLADKOVOY

56 años. Ucrania. Llevaba dos años en España y trabajaba como albañil. Estaba divorciado y soñaba con una dacha en su Crimea natal.

Oleksandr era un hombre fuerte al que le encantaba recorrer Madrid en su flamante bicicleta. Se consideraba un verdadero «superviviente». Había nacido en la población ucraniana de Kerch, donde trabajó como técnico de frigoríficos. En 2002 vino a España con su hija Olga, de 32, y su hermana Tatiana. Se había divorciado dos veces y tenía cuatro hijos.

Trabajaba esporádicamente en la construcción. En la obra casi todos sus compañeros le llamaban «Alex», y aunque todavía no tenía los papeles de residencia, nada le arredraba. Dormía cada noche en una cama plegable en la salita de estar de la casa de su hermana, en el barrio de Santa Eugenia, siempre junto a su bicicleta. «La limpiaba todos los días», contaron sus familiares a *El País*. Su sobrino Vsevolod admiraba su fuerza: «No se quejaba nunca, siempre se mostró positivo», y, según informó a *La Vanguardia,* le gustaba retarle a un pulso cuando volvía de trabajar.

Oleksandr ahorraba lo que podía y vivía de manera austera. Añoraba su tierra y su familia, pero disfrutaba de su nueva vida. Con su primera mujer, Larisa, tuvieron a Olga (32), y del segundo matrimonio nacieron Oleksandr (24), Denis (21) y Kiril (17). Sin embargo, no los veía, porque su segunda mujer, Tatiana, se los llevó consigo a Polonia cuando se divorciaron. Su sobrino y confidente creía que Oleksandr «no sabía dónde estaban» y que «solo quería hablar con ellos porque temía que se hubieran olvidado de él».

Tenía una salud envidiable y un ánimo incombustible. Pertenecía a la minoría rusa de Ucrania y acariciaba la ilusión de construirse una pequeña *dacha,* con vistas al mar Negro, en Crimea. En sus trayectos solitarios en su bicicleta fantaseaba con una plácida jubilación y con reunir a la familia.

Cada mañana se dirigía en tren hasta Atocha, desde donde iba a la estación de Méndez Álvaro Y de allí, a Navas del Rey, donde estaba la obra en la que trabajaba.

Vsevolod participó activamente en la búsqueda de su tío tras las explosiones. En un primer momento, su nombre no figuraba en las listas de las víctimas, ni entre los heridos ni entre los fallecidos. Tres días después la familia recibió la confirmación de su muerte.

Otros dos inquilinos del edificio en el que vivía Oleksandr también perdieron la vida aquel 11 de marzo de 2004. Quizá él era el menos conocido de la escalera, pues tan solo llevaba residiendo allí un par de años, aunque lo más probable es que los vecinos recuerden a un hombre fuerte, discreto y callado, siempre con su bicicleta reluciente.

LAURA ISABEL LAFORGA BAJÓN
28 años. Valladolid. Profesora de español en un colegio de Vallecas. Vivía en San Fernando de Henares.

Desde muy pequeña, la ilusión de Laura era ser maestra. Lo pensaba ya mientras estudiaba en el colegio Amor de Dios de Valladolid, ciudad en la que nació. Años después, Laura cursó Psicopedagogía y Magisterio y buscó trabajo en Madrid.

Su vocación la llevó a ocuparse de los más vulnerables. Por eso daba clases de español a niños de familias inmigrantes, sobre todo procedentes de China y Rumanía, en un colegio de Vallecas. Su trabajo era «algo más que un medio de vida», dijeron sus familiares a *El País*.

Vivía en San Fernando de Henares —con varias compañeras—, aunque estaba pensando en trasladarse a una zona más próxima a su trabajo, en concreto al barrio de Príncipe Pío, donde pensaba mudarse con su amiga Laura Rodríguez, prima de su novio Ángel. De hecho, las dos «Lauras» hablaron dos días antes del 11 de marzo, y decidieron que firmarían el contrato de su nueva casa el 1 de abril. «Nos venía muy bien a ambas el sitio para ir al trabajo. Ella estaba muy emocionada por la casa nueva, ya que se evitaría utilizar la línea de Cercanías, donde encontró la muerte».

En los últimos meses, Laura tenía una nueva emoción: su sobrina recién nacida, y, además, le ilusionaba poder ver más a menudo a Ángel, su novio, con el que salía desde los 16 años. Según publicó *La Vanguardia,* Laura era prima del exportavoz del Gobierno Miguel Ángel Rodríguez.

Se inició como maestra en una guardería de Coslada; sin duda, lo suyo era vocación. Sus compañeros coincidían en que «estaba enamorada de su trabajo y era muy cariñosa». Los niños rumanos y chinos del colegio de Vallecas se quedaron huérfanos de su profesora de español.

La despedida de Laura se celebró en la Iglesia de Santa Clara de Valladolid, uno de los templos más antiguos de la ciudad. Fue el primer sepelio del 11-M celebrado en Castilla y León, y muchos familiares y amigos tuvieron que seguir la ceremonia desde el exterior.

MARÍA VICTORIA LEÓN MOYANO
30 años. Cuevas Bajas (Málaga). Auditora en el Banco Santander. Planeaba casarse ese verano en Córdoba.

María Victoria era una chica brillante y con un futuro prometedor. Residía en Torrejón de Ardoz y trabajaba en el departamento de Auditoría Interna del Grupo Santander. Había estudiado Derecho y tenía un doctorado y un máster en Dirección de Empresas. Conoció a Fabián, su novio —de nacionalidad argentina— mientras los dos estudiaban, y pensaban casarse el próximo 31 de julio. El vestido de novia ya colgaba en el armario de su casa y en pocas semanas recibiría los muebles de su nueva vivienda. Victoria quería que todo estuviera a punto e incluso había convencido al párroco de la ermita de Jesús de las Penas (Córdoba), el pueblo de su madre, para que oficiara la ceremonia. Asimismo, mantenía un vínculo muy estrecho con Cuevas Bajas (Málaga), de donde era originaria y donde pasaba los veranos.

Por lo general, Victoria iba a trabajar en su viejo coche. Sin embargo, la mañana del 11 de marzo, el vehículo estaba en el taller y tuvo que coger el tren. Fabián la acompañó hasta la estación de Torrejón de Ardoz y allí se despidieron. En su familia se sentían orgullosos de los éxitos de Victoria. Su padre solía advertir entre risas que, como el presidente del banco, Emilio Botín, se descuidara, su hija le quitaría el puesto. Y ella encajaba las bromas con un gran sentido del humor. Por su parte, la coordinadora del máster en Dirección de Empresas, Marisa González, aseguró que a Victoria la seguían recordando «por su gracia y su don de gentes».

Su hermano Antonio, dos años menor que ella, la adoraba. «Era preciosa, guapísima. Cuando me casé, echaba de menos las películas de terror que veía con ella. Mi hermana no era capaz de verlas sola. Y yo tampoco. Pero juntos sí. Apagábamos las luces y nos encantaba pasar miedo», contó a diversos medios de comunicación. A menudo le hacía rabiar y le decía que era «muy pija» con la ropa. Según contó a *El País,* «tenía mucho genio, pero también era muy asustadiza. La gente creía que ella no lloraba, pero lloraba. La suerte es que lloró poco... Nunca tuvo enfermedades. La mayor alegría que me queda es saber que ha vivido 30 años con mayor intensidad que otros cien. Tuvo todos los caprichos del mundo, disfrutamos los dos de una niñez preciosa, una juventud magnífica. Y ahora... Tenía ilusión por conocer a mi hijo en noviembre y quería ser su madrina. Era la niña mimada que nos daba ánimos a todos en la familia».

Sus compañeros la retrataron como una mujer vital, «un ejemplo de eficacia, una referencia cuando había que afrontar la tarea». Ejercía de malagueña y era extrovertida en general, pero muy reservada en su vida personal. «Apenas unos pocos sabíamos que estaba preparando su boda», confesó su jefe en el banco, mientras observaba su mesa y sus efectos personales.

María Carmen Lominchar Alonso

34 años. Corral de Almaguer (Toledo). Programadora informática. Estaba embarazada de tres meses.

Carmen vivía en Leganés con su marido, José Antonio Alcázar, con quien llevaba un año y medio de casada, pero 13 de novios. Los últimos meses fueron muy alegres para la pareja: Carmen estaba embarazada de tres meses y se había tomado tiempo para asegurarse su futuro laboral. Era programadora informática y esperaba con ilusión la próxima entrega de un piso en el barrio madrileño de Carabanchel.

Carmen y Josean, Policía Municipal de Madrid, nacieron en Corral de Almaguer (Toledo) y se llevaban pocos días. Según publicó *El País,* las madres de ambos, que eran amigas, bromeaban, mientras empujaban los respectivos cochecitos de bebé, con la idea de que algún día sus hijos se casarían. Y así fue. A Carmen le gustaba la pintura y la fotografía, y practicaba *footing* y natación. Su trabajo como programadora en Alcobendas resultó ser su mejor opción, aunque seguía aspirando a un empleo como asistente social, que era para lo que se había formado.

Como siempre, aquella mañana se levantó temprano. Ella y Josean tan solo se veían unos minutos al comienzo del día y por la noche, pues tenían horarios opuestos. Desde el trabajo, ella lo llamaba a él sobre las nueve para despertarlo, aunque aquel día no pudo hacerlo. Carmen murió en la estación de Atocha, donde debería haber hecho trasbordo hasta Alcobendas.

Josean deseaba ser padre y ya habían elegido nombre para el bebé: Alba, si era niña, y, Bruno, si era niño. Aunque, a diario, sus respectivos horarios les impedían coincidir, los fines de semana los pasaban siempre juntos, viendo películas en versión original o decidiendo qué plantas pondrían en su nueva casa, que disponía de una gran terraza. A Josean le encantaba verla cantar temas de Pablo Milanés y de Silvio Rodríguez mientras iba de un lado a otro de la casa.

A los dos les gustaba pasear por el campo, reunirse con los amigos y vivir en un lugar tranquilo. No descartaban la idea de trasladarse al pueblo, lejos de las aglomeraciones y del ritmo intenso de la gran ciudad. «Éramos totalmente complementarios —contó José Antonio a *El País*—. Nos reencontramos con 21 años. Desde entonces, todos los días juntos. Parecía que estábamos predestinados. Su madre la tuvo cuando la mía me acababa de tener a mí».

MYRIAM LÓPEZ DÍAZ

31 años. Muñogrande (Ávila). Trabajaba de administrativa en Alcatel. Murió en Santa Eugenia, después de dejar a su hija en la guardería.

La vocación de Myriam era la enseñanza de los niños. Para eso se había formado como maestra —estudió Magisterio y Psicopedagogía—, aunque encontró un trabajo como administrativa en la empresa Alcatel. Llevaba cinco años casada y era madre de una niña de 22 meses, Paula, el centro de su vida. Como todas las mañanas, la dejó en la guardería y se dirigió a la estación de San Fernando de Henares para ir a trabajar.

Era natural de Muñogrande (Ávila), a 20 kilómetros de Salvadiós, el pueblo de su marido, Ángel. Residían en San Fernando, aunque les encantaba ir los fines de semana a sus pueblos de origen. De hecho, tras el nacimiento de la pequeña Paula, Myriam estrechó aún más el vínculo con sus padres, Rosario y Pedro, y con su hermana Ana, con quienes tenían previsto pasar las vacaciones. Ana vivía con su hijo David en Valladolid, pero los fines de semana solía ir al pueblo a reunirse con la familia. «De pequeñas, nos levantábamos y nos íbamos a la habitación de mis padres a meternos en la cama con ellos. Y ya mayores, y con hijos, lo seguíamos haciendo. Era como volver a la infancia», contó a *El País*.

Según sus familiares, Myriam era sentimental y generosa; le brotaban las lágrimas con los libros, las películas e incluso con los documentales de televisión. Y cuando se trataba de elegir un regalo, todo le resultaba escaso para sus seres queridos. Tenía una gran sensibilidad. El día de su boda eligió el «Himno al amor», la primera carta de san Pablo a los corintios: *«El amor es paciente, es servicial; el amor no es envidioso, no hace alarde, no se envanece [...] no se irrita»*.

La mañana del 11 de marzo de 2004 fue para Myriam tan tierna como todas las que pudo vivir con su hija. Tras darle el desayuno y vestirla, la dejó en la guardería por unas horas. Los terroristas impidieron que volviera a recogerla. A Myriam la enterraron en Muñogrande, cerca de su familia.

José María López-Menchero Moraga

44 años. Daimiel (Ciudad Real). Subteniente del Ejército de Tierra. Llevaba 17 años viviendo en Alcalá de Henares. Estaba casado y era padre una hija.

José María ingresó en la Academia General de Suboficiales del Talarn (Lérida) a los 18 años y se especializó en veterinaria y cría caballar, su auténtica vocación, en la que llegó a ser considerado uno de los grandes expertos del país. Estaba casado y tenía una hija de 17 años. Vivía en Alcalá de Henares.

Nació en Daimiel (Ciudad Real) en 1959, en el seno de una familia en la que fue el único varón entre cuatro hermanas. Su vida giraba en torno a su mujer, su hija y su pasión por los caballos y la informática. De talante tranquilo, José María se interesaba por los deberes de su hija Pilar para ayudarle en lo que podía. La víspera del 11 de marzo se comprometió a sacarle unas fotocopias de sus apuntes. Fue la última conversación que mantuvieron.

Como uno de los responsables del Fondo de Explotación de los Servicios de Cría Caballar, era el encargado de los libros genealógicos de todos los caballos de pura raza española, puesto que todas las yeguadas y el registro de libros y depósitos de sementales dependen de este organismo del Ministerio de Defensa desde 2002. Como declaró el general Heredero, jefe del servicio, al diario *La Vanguardia,* «era un gran experto en caballos, un buen soldado, un hombre muy querido y una excelente persona».

Sus familiares dijeron a El País que José María era «un luchador», un hombre que miraba de frente las dificultades de la vida. Cada mañana compartía con dos de sus compañeros, EDUARDO SANZ PÉREZ (véase pág. 422) y Beatriz, los trayectos de ida y vuelta de la línea Guadalajara-Atocha para acudir a su destino, en el organismo autónomo de Cría Caballar y Remonta, en las afueras de Madrid. Aunque partían de estaciones distintas, se ponían de acuerdo para tomar el mismo tren.

Aquella mañana, José María se subió al Cercanías de las 07:10 horas, procedente de Guadalajara, para encontrarse con Eduardo, que salía de Azuqueca de Henares. Beatriz se adelantó y cogió el tren anterior, gracias a lo cual salvó su vida. José María y Eduardo iban sentados juntos en el vagón del tren posterior y murieron juntos en la estación de Atocha.

En su tiempo libre, salía a pasear con su mujer y su hija, a quienes protegía por encima de todo. Le gustaba navegar por Internet, escuchar música, buscar documentales y jugar con su perro Lemonn, un cocker negro que también captó la tristeza desde aquel aciago día.

Su hija Pilar, en conversación con Borja Zugadi, de *El País,* hizo gala del valor que José María le infundió: «No soy consciente de lo que me está pasando. Pero prefiero que hables conmigo y no con mi madre, porque soy más fuerte. Fue mi padre quien forjó mi carácter. Él insistía en que hay que estar muy preparado para afrontar los golpes de la vida [...]. Era un luchador».

MARÍA CARMEN LÓPEZ PARDO

50 años. Mula (Murcia). Trabajaba limpiando naves industriales. Le encantaba bailar salsa y rumba.

En la última nave industrial del barrio de Fuencarral (Madrid) que le tocaba limpiar cada mañana, Mari Carmen era la única mujer de entre todos los empleados y se hacía notar. A menudo los reñía y les decía: «Por aquí no se puede pasar, que está recién limpio». Y después se reía con ellos. Llevaba 25 años trabajando en la empresa de mantenimiento IMES.

Nació en Mula (Murcia), pero siendo muy joven se trasladó a Madrid en busca de un empleo. Pronto comenzó a trabajar, se casó y se divorció. No tuvo una vida fácil hasta que se asentó en la que sería su empresa para el resto de su vida. La «tía Mari», como la llamaban sus sobrinos —sus «siete soles»—, vivía sola en un piso de Vallecas, pero siempre estaba rodeada de sus seres queridos. Su tía Juana y Cloti, su fiel compañera de faenas, residían en el edificio de al lado, mientras que Encarna, su hermana mayor, vivía a diez minutos de su casa, en el mismo barrio. A Dolores, su otra hermana, también la veía a menudo. Con las cuatro se iba de compras, al cine, al teatro y, cuando surgía, a bailar salsa y rumba. Porque, cuando sonaba la música, Mari Carmen enseguida se soltaba. «Echémonos un bailecillo», le decía a su sobrino Juanma, con quien trabajaba en IMES.

Le faltaba un mes para cumplir 51 años y estaba llena de planes de futuro. Se levantaba muy temprano para ir desde Vallecas hasta Fuencarral, pero a media mañana ya estaba llamando por teléfono a Encarna, su hermana, para planificar la tarde: pasearían juntas por el barrio o quedarían en casa para charlar mientras ella cocinaba, cosía o bordaba. Lo que más le gustaba era ir de compras. Como contaron sus hermanas, «le encantaba comprar ropa y después de un tiempo terminaba regalándola a la gente que quería».

Siempre risueña, con sus hermanas y amigas iba al cine o al teatro a ver obras de humor. *Los Serrano* era su serie favorita y le gustaba comentar los capítulos con sus amigas. «Siempre estaba a nuestro lado y nos alegraba el día», dijeron quienes más la conocían.

María Cristina López Ramos

38 años. Madrid. Administrativa. Falleció junto a su marido, Domnino Simón, dejando dos niños huérfanos.

Cristina tenía 23 años cuando conoció a Domnino Simón González (véase pág. 429) y, desde entonces, nunca se separaron. De modales sencillos y elegantes, era una mujer muy querida por sus vecinos del barrio de Santa Eugenia. La ilusión de su vida eran sus dos hijos: Alberto, de diez años, y Eduardo, de tres.

Nació y vivió siempre en Madrid. En la capital conoció a Domnino, natural de Palencia y estudiante en la Universidad de Salamanca. Se volvieron inseparables e incluso a diario iban juntos a sus respectivos trabajos. Ella trabajaba desde hacía ocho años como administrativa en el Colegio de Abogados de Madrid, donde era muy apreciada.

Tenía la tez blanca, el pelo rubio y unos inmensos ojos azules. Aquella mañana cambiaron su rutina —solían ir en coche— y fueron en tren desde Santa Eugenia hasta la estación de El Pozo. Allí estaban a las 07:41 horas, cuando el convoy explotó.

Con motivo del 12.° aniversario del 11-M, en el diario *El Mundo* (11 de marzo de 2016) se recordó a la pareja y a sus dos hijos:

> Alberto Simón López, de 22 años, y su hermano pequeño, Eduardo, de 15, se quedaron huérfanos el 11 de marzo de 2004. Las estadísticas de los atentados recogen la cifra de 97 menores de edad huérfanos. La mayoría (92) perdieron a su padre o a su madre, pero solo ellos dos y otros tres niños —hijos de los hondureños Saúl Valdés y Laura Ramos— perdieron a ambos progenitores.
>
> De Alberto y Eduardo se hicieron cargo sus tíos maternos, Mercedes y José Miguel, quienes nunca han querido exponer la historia de los niños a los medios de comunicación. «Nunca tendré palabras para agradecerles a mis tíos lo que han hecho por nosotros, nos lo han dado todo. También se portaron muy bien los vecinos del barrio de Santa Eugenia, donde vivíamos».
>
> Alberto ya es mayor de edad, por lo que es él mismo quien aporta su testimonio y una lección de vida. No tiene reparos en volver a aquel tantas veces contado 11 de marzo, pero vamos a situarlo en el día siguiente, cuando supo que sus padres, Domnino, 45 años, y Cristina, de 38, no regresarían a casa. Era viernes. Él tenía 10 años; Eduardo, tres. «He debido de llorar dos veces, cuando me lo dijeron y poco más. El lunes siguiente cogí mi mochila y me fui al colegio. Decidí mirar hacia adelante, no estancarme en el dolor, voy a reponerme. Cuando la psicóloga del colegio

me llamaba, yo me ponía a jugar con la pelota, "ahora voy", me hacía el distraído... Fui solo unos días a verla, porque me veía capaz de tirar para adelante yo solito».

Toreando con esta maestría el papel dramático que le repartió la vida, ha llegado el niño hasta este día. Aún lleva una mochila, pero esta debe de contener los apuntes de Derecho Internacional, asignatura de la que se examina hoy al mediodía. Nos ha citado el día antes del aniversario —jueves 10— en Rivas Vaciamadrid, la localidad donde se trasladó a vivir con su tía, en la cafetería de un centro comercial cercano de la biblioteca donde prepara los exámenes.

Miguel de Luna Ocaña

36 años. Madrid. Ingeniero topógrafo. Trabajaba para la empresa Serynco en el PAU de Sanchinarro.

A sus 36 años, Miguel soñaba con irse a vivir a una isla. De vez en cuando lo decía. El hombre sensible que días antes lloró por entregar en adopción a un perro que había recogido abandonado quería una isla «soleada» para vivir de otro modo. Sin embargo, pasaba las horas en el PAU de Sanchinarro, pues era el encargado de controlar las obras de edificación y urbanización en uno de los tres grandes barrios que se construían en las afueras de Madrid.

Había nacido en Parla, donde vivía con sus padres, Francisco y María Luisa. Era el segundo de tres hermanos y todo lo que tenía lo consiguió gracias a su esfuerzo. Recientemente se había comprado un piso, aunque aún no se lo habían entregado. Quizá por eso no se quedó con la galga de raza afgana que se encontró en la obra, muy enferma y descuidada. Sus padres ya tenían dos gatos (uno de ellos rescatado), «pero si le hubieran entregado su casa, seguro que se la habría quedado», aseguró su hermano Jaime a *El País*.

José María siempre fue de «ciencias puras» y por eso se orientó por el estudio de la topografía. Era paciente y discreto, y le gustaba ir en coche al trabajo, escuchando la música de Frank Sinatra —tenía todos sus CD—, aunque debía estacionar en Chamartín para ir en tren hasta Tres Cantos.

En su tiempo libre, Miguel buscaba el mar, la montaña y el campo, donde se explayaba con su bicicleta de montaña. Le apasionaban los relojes y los coches, y no especialmente los más caros, como destacó el espacio de RTVE *Sus vidas*. No le atraía el lujo y, según relataron sus íntimos, «le gustaban las cosas por lo que eran, no por lo que costaran». Quizá por eso encaprichó de un Fiat Panda 1000 descapotable con el que circulaba por un Madrid atosigado del que quería salir para vivir «a su manera».

No tenía novia. Su amiga Mari Carmen decía que Miguel se quejaba «medio en broma» de que las «buenas chicas de su edad ya estaban todas ocupadas, y le decíamos que el problema era que buscaba algo muy especial». Además, su amiga le reprochaba en broma que no tenía ni idea de cocinar.

El barrio de Sanchinarro fue su último escenario laboral. Quería vivir a su aire, pero, por desgracia, encontró la muerte en un andén repleto en la estación de Atocha.

MARÍA JESÚS MACÍAS RODRÍGUEZ

30 años. Madrid. Estudió Psicología y Dirección de Empresas. Trabajaba en el departamento de Recursos Humanos en Vodafone. Vivía con su marido en Coslada.

María Jesús llevaba cuatro años casada con José Antonio y aún no tenían hijos. Así que, cuando le hacían la pregunta de siempre, ella contestaba: «Ahora me toca vivir». Estudió Psicología en la Universidad Autónoma de Madrid y Gestión y Dirección de empresas en ICADE. Se había forjado profesionalmente en varias empresas, como Ericsson y el Banco Zaragozano, y llevaba dos meses en el departamento de Recursos Humanos de Vodafone. «Después de tantos años estudiando y realizando cursos, tenía un trabajo que le gustaba y prefería esperar», explicó su madre, Amelia, que reconoció sentirse muy orgullosa de su hija. Aun así, sus amigas contaron a *20 Minutos* que últimamente «quería quedarse embarazada y anunciarlo en la boda de una amiga».

María Jesús tenía una única hermana, Ana, cuatro años menor, a la que estaba muy unida. Su padre, Jesús, procedía de Cáceres, pero se trasladó a Madrid para ampliar horizontes. En la capital se casó con Amelia y nacieron sus dos hijas.

Era de talante optimista y siempre buscaba el lado bueno de la vida. «Nunca fue rencorosa. Si hablabas con ella, siempre sabía perdonar», contó su amiga Sose a *20 Minutos*. Le gustaba el mar y solía pasar las vacaciones en Cartagena, donde hacía submarinismo. Pese a su apretada agenda, sacaba tiempo para practicar aerobic y, sobre todo, para leer. Su padre le construyó una biblioteca de madera que estaba repleta de libros. «Leía cuanto caía en sus manos —contó su marido—. Le gustaba toda la obra de Lucía Etxebarria». Quizá por eso había elegido el tren para ir desde Coslada hasta Fuencarral, donde estaban las oficinas de Vodafone.

FRANCISCO JAVIER MANCEBO ZÁFORAS

38 años. Madrid. Auditor en el Tribunal de Cuentas. Estaba casado y tenía dos hijos.

Francisco Javier era un deportista vocacional que desafiaba la fragilidad humana. El hecho de llevar un marcapasos en el corazón no le impidió vivir el deporte apasionadamente. Era alto y fuerte, y entrenaba dos o tres veces por semana. La mañana del 11 de marzo de 2004 iba en el tren con su hijo Jaime, de 4 años, que resultó herido grave, pero logró recuperarse.

Todos los días, antes de acudir a su trabajo como auditor en el Tribunal de Cuentas, él y Jaime tomaban el Cercanías en la estación de El Pozo hasta Atocha, para desde allí dirigirse al colegio Ramiro de Maeztu, en la calle Serrano, donde Javier también había estudiado de niño. Después él se iba a su oficina en el Tribunal de Cuentas, de la que salía a las tres para recoger a Jaime del colegio. Seguramente, la última conversación de padre e hijo fue sobre alguna de las gestas del Estudiantes, sobre Pau Gasol o sobre el golazo que Zidane metió en el partido de la noche anterior.

Tal y como relató *El País,* el pequeño Jaime adoraba a su padre. La pequeña de la familia, Ana, que tenía solo dos años, en aquel momento hacía piña con su madre, Alicia, de manera que la complicidad entre los dos varones era más que obvia. Tras los atentados,

Jaime fue trasladado al hospital con fractura abierta de tibia y peroné y quemaduras en un 12 % del cuerpo. Estaba solo en la Unidad de Quemados del hospital de Getafe cuando llegó su abuela para acompañarle.

Javier, que habría cumplido 39 años en septiembre de 2004, no quiso cambiar su vida de siempre pese a la dolencia cardiaca que padecía. De pequeño jugó en el equipo de baloncesto del instituto, el Estudiantes, del que seguía siendo forofo. Y su hijo Jaime había heredado esa pasión. No bebía y entrenaba asiduamente. También hizo sus pinitos en la música, con el grupo Los Enemigos, aunque el balón le tiraba más. Le gustaba pasar las vacaciones en la costa de Vizcaya, de donde procedía su esposa, Alicia Damborenea.

Afable y respetuoso con sus compañeros, Javier será siempre recordado como un atleta infatigable y un trabajador excepcional. El mayor hueco lo dejó en su familia, su esposa, sus dos hijos y su hermano Juan José, director de la empresa editora del diario *Cinco Días*. Tres días después del atentado, la peña La Demencia dejó vacío su asiento en el partido que el Estudiantes jugó contra el Fuenlabrada en el estadio de Vistalegre. Así lo contó el diario *El Mundo* (14 de marzo de 2004):

> La Demencia calla para homenajear a un socio muerto en los atentados. La conmoción que vive Madrid después del 11-M envolvió el *derby* más sombrío que pueda recordarse en la capital de España. Antes del inicio del encuentro entre el Estudiantes y el Fuenlabrada, se guardó un minuto de silencio en memoria de las víctimas de los atentados y se depositó un ramo de flores en la localidad que solía ocupar Francisco Javier Mancebo Záforas, socio y exjugador de las categorías inferiores del Estudiantes, que perdió la vida en uno de los trenes.
>
> Los jugadores lucieron crespones negros y la peña estudiantil La Demencia dejó vacíos sus asientos, cubiertos con bolsas negras en señal de duelo. En una nube de ecos sordos, en una atmósfera irreal, teñida de pesar y sin ruido en la grada, el silencio invadió el terreno de juego. Ni aplausos, ni gritos, ni silbidos. En todo el pabellón de Vistalegre solo se oía el bote del balón, más atronador que nunca, más incómodo y doloroso.

ÁNGEL MANZANO PÉREZ
42 años. Ambato (Ecuador). Carpintero. Llevaba diez meses en España con su hija mayor. En su país se quedaron su esposa y tres hijos pequeños.

No hacía ni un año que Ángel Manzano había salido de su tierra, Ambato, en la provincia de Quisapincha (Ecuador), para ir a trabajar a España. Llegó con su hija mayor, Patricia, de 21 años, dejando temporalmente en su país a su esposa y a otros tres hijos pequeños. No tuvo tiempo de adaptarse a la nueva vida ni de alcanzar sus sueños. Perdió la vida en Atocha, camino de una entrevista de trabajo. Vivía en Fuenlabrada rodeado de amigos y numerosos miembros de su familia, entre otros, seis primos y sus esposas. En Madrid vivía también su hermano Antonio.

Todavía no había conseguido el permiso de residencia en España y buscaba trabajo en la construcción mediante contactos y entrevistas. En los últimos meses trabajaba como carpintero en una fábrica de muebles de madera. Le resultaba difícil acostumbrarse a Madrid. Extrañaba mucho a su esposa, Teresa, y a sus tres hijos, a quienes mensualmente enviaba dinero. Como publicó *La Vanguardia,* la nostalgia y la dificultad para abrirse camino le habían persuadido de regresar el próximo 20 de mayo a su país.

«Él estaba aquí para ayudar a los suyos y por ellos hacía grandes sacrificios. No iba a ninguna parte, no gastaba nada, y todo lo que podía ahorrar lo enviaba a su esposa», contó su amigo Neil. Los fines de semana se reunía con sus compatriotas en el Retiro o en la Casa de Campo, y allí hablaban de sus familias, se contaban sus problemas y disfrutaban de los platos típicos que preparaban al instante.

Escuchaba continuamente música de su país, «para estar más cerca de allá», dijeron sus amigos. «Era muy romántico, buscaba la música *rocolera,* en especial las de Rosendo Balero y Julio Jaramillo», relató su prima Lourdes a *El País.* Parecía que estaba más allá que acá. Cuando escuchaba los sones de *Nuestro juramento,* de Julio Jaramillo —el himno de los ecuatorianos que residen en el extranjero—, se le llenaban los ojos de lágrimas. Había algunas cosas que le alegraban, como su equipo de fútbol, el Técnico Universitario de Ambato, del que recababa información a diario, y seguía muy de cerca la Copa Libertadores.

Todas las mañanas se trasladaba desde Fuenlabrada hasta Atocha y volvía ya vencida la tarde. Los primos con los que compartía piso se dirigieron a él en el tanatorio ante su cuerpo sin vida. «Desde donde te encuentres, dale valor a tu esposa e hijos para que puedan salir adelante». El ataúd con los restos mortales de Ángel Manzano llegó a Quito el jueves 18 de marzo, acompañado de su hija Patricia.

VICENTE MARÍN CHIVA

37 años. Madrid. Consultor. Falleció en Atocha. Estaba casado desde hacía dos años.

«Nunca había penas cuando él estaba en casa», sentenció Fausto Marín, padre de Vicente, cuando el dolor acabó inundando la casa familiar. Era el tercero de cuatro hermanos. Había dejado Carabanchel Alto, su barrio de toda la vida, y ahora vivía en Vallecas, en el barrio de Palomeras-Entrevías, tras casarse con Milagros dos años atrás.

Vicente «era un *dandy*», contó Milagros a *El País,* y obsesivamente puntual. Se levantaba a las seis de la mañana y a las siete y media en punto estaba en la estación Asamblea-Entrevías para tomar el tren con destino a Atocha. Trabajaba en una consultoría en la Torre Valencia, en El Retiro, y siempre iba muy bien vestido: el traje impecable, los zapatos brillantes y una «camisa bien cara», recalcaba su mujer.

Empezaron a tontear cuando él hacía la mili y ella aún estaba en el colegio. «Pasaba con su uniforme azul, porque era voluntario del aire, y me saludaba medio chulo, con su gorra y un "qué hay"». Se casaron después de 15 años de noviazgo.

Era forofo del Atlético de Madrid y un maniático del orden. Sus hermanos Janyn, Antonio y Fausto recordaban su espléndida vitalidad, que le dio el título de «la alegría de la casa». Corría maratones los fines de semana y desde hacía tiempo soñaba con hacer la San Silvestre. «Por suerte, la corrió ese mismo año. Llegó en el puesto 2.437, pero se dio el gusto de la vida», contaron sus familiares a *20 Minutos.*

En conversación con *La Vanguardia* (29 de marzo de 2004) para el especial titulado «En memoria de las víctimas», su padre describió así su dolor:

> «El lunes vino a casa a recoger a su mujer, Milagros, y nos dijo a su madre y a mí que el viernes vendría a comer con nosotros. Pero no pudo ser». Vicente llevaba dos años casado con Milagros y no tenían niños. Vivían, como muchas parejas, en el barrio de Palomeras en Entrevías. «Les casé yo porque soy diácono permanente. Hace unos días su mujer nos contaba cómo la hacía rabiar cuando eran novios, y no me extraña, porque era muy bromista. Su madre y yo estamos destrozados, su muerte nos ha paralizado una parte del corazón, pero tenemos fe y sé que nos está esperando en el cielo. Yo no rezo, yo hablo con mi hijo y le digo lo mucho que le echo de menos».

Sociable como pocos, Vicente sabía que *entraba* bien a todo el mundo. En la consultoría, «lo mismo conseguía los papeles ilocalizables como una mesa en cualquier restaurante, aunque estuviera repleto». Tenía el callejero de Madrid en la cabeza y «habría sido un gran taxista», le gustaba decir de sí mismo, bromeando, porque no tenía el carné de conducir.

Le apasionaba la música de Joaquín Sabina: se sabía las letras de todas sus canciones e iba a todos sus conciertos. Al enterarse, el cantante envió a Milagros un enorme ramo de flores blancas y parte de la letra de una canción. Francisco Chacón lo contó así en *El Mundo:*

> El músico, además, se puso en contacto con ella para transmitirle su solidaridad, para conocer de primera mano hasta dónde alcanzaba la adicción del chico a sus peculiares letras. «Más triste que un torero/ al otro lado del telón de acero», parte de una de las estrofas de su canción «Así estoy yo sin ti» (incluida en su álbum *Hotel, dulce hotel).* «Siempre con vosotros, Joaquín Sabina», concluye el breve mensaje reconfortador.

ANTONIO MARÍN MORA
43 años. Madrid. Trabajaba en Telefónica. Estaba soltero y vivía en Entrevías.

Antonio era un hombre reservado, de pocas palabras, y muy buena persona. Era un soltero tranquilo, con la vida oscilando entre su trabajo en Telefónica y la mesura en el tiempo libre. «Entre el cine y los libros escondía su timidez. Prefería la tranquilidad del hogar, en Entrevías, al ocio estresado que apasiona a la sociedad actual», escribió Jaime Rodríguez en *El Mundo*.

Entró en Telefónica a los 18 años y compaginaba su trabajo con su constante interés por el saber. Iba a su ritmo y sin la presión del tiempo. A sus 43 años tan solo le faltaba el proyecto fin de carrera para obtener el título de ingeniero de telecomunicaciones. «No tenía ambiciones —dijo Tomasa, su madre, al diario *El País*—. Sabía que podía cambiar a otro trabajo mejor, pero no quería, porque hubiera tenido que irse a vivir lejos de mí». Madre e hijo vivían en una casita baja, aunque él se había comprado un piso en Leganés y estaba terminando de amueblarlo. Pero tampoco en eso tenía prisa. A Tomasa le tocó volver a llorar por la pérdida de un hijo. Diez años atrás, otro de sus seis vástagos, Salvador, falleció de un ataque cardiaco.

Antonio siempre fue brillante en los estudios. Consiguió becas por sus buenas calificaciones y obtuvo seis matrículas de honor en el instituto, sobre todo en las asignaturas de ciencias. Aunque no quería ir deprisa, empezó a trabajar a los 18 años.

En su habitación se mezclaban los libros técnicos con las novelas, sobre todo los clásicos, entre los que se encontraba una bonita edición del *Quijote* encuadernada en piel. Sentía devoción por la Virgen y por Bruce Lee, y en las paredes de su cuarto se exhibían estampas del maestro del kárate y del kung-fu. No se cansaba de ver sus películas.

El tiempo libre lo repartía entre sus hermanos y amigos. Se vestía con cualquier ropa que su madre le comprara, pues le aburrían las tiendas. «Había que tirarle el vestuario viejo porque a él le daba lo mismo», contó su madre a *El País*. En Entrevías quedó sola su perra pastor, Susi, a la que paseaba a diario. No era muy sociable, pero tenía su grupo de amigos y cada día, «según llegaba, se iba derechito a casa de su amigo Esteban». No llegó a ver su título de ingeniero, pero sí saboreó su carrera, aunque a su propio ritmo.

BEGOÑA MARTÍN BAEZA

25 años. Madrid. Vivía en Alovera (Guadalajara). Llevaba nueve meses casada. Trabajaba como administrativa en San Sebastián de los Reyes.

Había dejado recientemente el hogar familiar en San Sebastián de los Reyes (Madrid), donde vivían sus padres, Javier y María José, para instalarse con su marido, David, en Alovera (Guadalajara). Era hija única y aprovechaba su trabajo como administrativa en San Sebastián de los Reyes para comer con su padre a diario.

Perfeccionista y ordenada en extremo, desde pequeña le encantaban las cajitas, ya fueran de cartón, de madera o de latón, que decoraba y clasificaba. También coleccionaba pendientes, figuras, y empleaba un tiempo diario para la lectura. «Se ilusionaba con todo. Siempre, siempre, la vamos a ver joven, guapa y bonita. Nunca la veremos vieja», le contaron sus familiares a Cruz Blanco, del *El País*. Begoña tenía un firme posicionamiento político de izquierdas y un día antes de la matanza terrorista habló con su padre sobre las elecciones generales que se celebrarían cuatro días después.

Estaba «profundamente enamorada —dijo su madre—. Cuando conoció a David no tuvo demasiadas dudas. Llegó a casa y exclamó: "Mamá, he conocido al hombre de mi vida"». Acababan de iniciar su vida juntos y le encantaban los domingos en su casa viendo películas con su marido.

Begoña murió en la estación de El Pozo. El diario *El Mundo* informó que tenía previsto pasar el puente de San José —diez días después del atentado— en Béjar (Salamanca), en el monte de Castañar. Le entusiasmaba ese lugar, donde pasó sus mejores veranos de adolescente y a donde se escapaba cuando podía. Era el pueblo de su padre. Y allí, ese mismo día de 19 de marzo, fueron enterradas sus cenizas.

ANA MARTÍN FERNÁNDEZ

43 años. Madrid. Secretaria del departamento jurídico de la Asociación de la Prensa. Licenciada en Psicología. Estaba casada y era madre de una hija.

Tipi tapa. Siempre deprisa con sus tacones... Ana era una mujer pequeñita y se desplazaba ágil para llegar a todo. Acababa de dejar en el colegio a su hija Paula, de cuatro años, y se dirigía en tren desde el barrio de Santa Eugenia, donde vivían, hasta Atocha. Allí tomaría el autobús para llegar al trabajo. Pero le alcanzaron las explosiones en la calle Téllez, antes de entrar en la estación.

Llevaba 14 años trabajando en la Asociación de la Prensa de Madrid (APM), en el gabinete jurídico, y al tiempo había cursado la carrera de Psicología, su verdadera vocación. Ana, muy querida en su trabajo —una pequeña familia de 18 trabajadores—, vivía para todos, para Paula, su pequeña, y para su madre, a la que atendía después de su operación de corazón. Le gustaba cuidarla y llevarla al cine cuando podía.

Ana ansiaba crecer. Y no solo con sus tacones desde su metro cincuenta y pico, sino desde su puesto de secretaria hasta un trabajo de psicóloga clínica. Se había colegiado un mes antes y proyectaba montar su gabinete. «Si hubiera estado ella aquí, estaría ayudando a las víctimas», aseguró su hermana Carmen. Ayudar a la gente le salía de forma natural.

Era menuda, pero podía con todo. Así resumió *El País* su vida diaria: se levantaba temprano, dejaba a Paula en la escuela, tomaba el tren con un libro, llamaba a la madre, se ocupaba de las gestiones familiares, de lo que fuera necesario. A mediodía se tomaba un café con leche sin azúcar, porque evitaba engordar. «Era una mujer feliz. Tenía problemas, como todo el mundo, pero creo que era feliz», dijo su amiga y compañera María, con quien solía ir de compras. En su mesa de oficina resaltaban las fotografías de la pequeña Paula.

Aquella mañana pensó que se encontraría en el tren con su compañero Esteban Lizana, como era habitual. «El destino nos separó para siempre —dijo él después de los atentados—. Ese día decidí coger el autobús porque había muchísima gente, y volví a nacer». Se quedaron sin su sonrisa, «que era como un soplo de aire fresco para los que trabajábamos con ella», contó Esteban a *La Vanguardia*. Y qué decir para su hija, su marido, su madre y sus hermanos.

Fue difícil localizarla después de la catástrofe. Familiares y amigos de la APM la buscaron de hospital en hospital, de morgue en morgue. Como informó *El Mundo,* hacía solo unos días que Ana y su marido habían pedido una semana de vacaciones para disfrutar de la playa y descansar de una vida tan dedicada a los demás.

LUIS ANDRÉS MARTÍN PACHECO

53 años. Madrid. Pintor y decorador. Había enviudado recientemente. Su hija Maite tuvo que afrontar la pérdida de sus padres en menos de dos años.

Cuando a las diez y media de la mañana los compañeros de Luis Andrés avisaron a su jefe de que no había llegado al trabajo, este se inquietó. «Nunca llegó tarde en 37 años. Un cuarto de hora después me llamó su hija, Maite. Quise animarla, pero presentí lo peor», contó a *La Vanguardia*.

Luis Andrés trabajaba desde los 16 años en Wenceslao García: Pintura y Decoración, y formaba parte del grupo especializado que se encargó de renovar edificios tan emblemáticos como el de Patrimonio Nacional o el Palacio Real. En ese momento remozaban el Congreso de los Diputados, en la calle Cedaceros. Luis Andrés era especialista en revestimientos, fibra de vidrio y papeles pintados. Sus compañeros y jefes elogiaron su trabajo. «Era de lo mejorcito, difícil de sustituir. Y como persona, aún mejor». Le llamaban *El Bigotes,* y pese a cierto aire tosco, se distinguía por su estilo educado y su gran facilidad para hablar de lo que fuera.

Aquella mañana tomó el autobús en Entrevías hasta la estación de la Asamblea de Madrid. Las explosiones en la calle Téllez le alcanzaron antes de llegar a Atocha, que era su destino.

No hacía ni dos años que su esposa, María Teresa, había fallecido, lo que le sumió en un profundo pesar. Sus compañeros destacaron que, durante su larga dolencia, se entregó a ella. «Si alguna vez se pidió un rato libre, fue para llevarla al médico o acompañarla en su dolorosa enfermedad. Y ahora esto», se lamentó su jefe. Su única hija, Maite, de 29 años, se convirtió entonces en su asidero. «Él sabía que María Teresa le estaba esperando en el cielo y deseaba más que nada reunirse con ella», expresó la joven después de perder a su padre.

Luis Andrés tenía tres hermanos y dos hermanas. Jesús, el mayor, lo describió como «una persona sencilla, humilde, que vivió para su mujer y su hija. Llevaba consigo las fotografías de ambas a todas partes, en su cartera, para tenerlas siempre con él». A María Teresa la conoció cuando tenía 12 años y desde entonces nunca se separaron.

Le gustaba el campo, la pesca y «levantar el ánimo a quien veía algo triste», destacó su hija. El novio de esta, Alfonso, lo describió en *El País* como «un currante que nunca descuidó a los suyos». La tarde anterior asistió a una asamblea de trabajadores para negociar el convenio colectivo, y después continuaron la charla en un bar. Siempre decía su opinión y le gustaba contar algún chiste para desafiar las penas.

Maite se mostró orgullosa por los valores que su padre le inculcó, como «la responsabilidad en el trabajo, la lucha por lograr las cosas y el mirar el lado positivo de todo». La noche antes de perderlo, su padre la llamó porque quería escuchar su voz y le dijo que la echaba de menos y que la quería mucho. Posteriormente, esas palabras adquirieron el valor de una despedida.

María Pilar Martín Rejas

50 años. Vivía en el barrio de Santa Eugenia.

María Pilar Martín Rejas tenía 50 años y era funcionaria en el Parque Móvil del Estado. Residía en el barrio de Santa Eugenia, donde cada día laborable cogía el tren para desplazarse hasta el centro de la capital. Fue reconocida con la Medalla de Oro al Mérito en el Trabajo por el Consejo de Ministros mediante el Real Decreto 1305/2004.

ALOIS MARTINAS

27 años. Rumanía. Albañil. Murió junto a su amigo y compatriota Tíbor Budi.

Alois nació en la provincia rumana de Neamt, en la localidad de Sabaoni, y llevaba tres años en España. Aunque no todos los días tenía trabajo, se encontraba feliz en Madrid y hasta convenció a tres de sus siete hermanos para que le siguieran. Aquella mañana, Alois cogió temprano el «tren de los rumanos», como hacía cuando tenía trabajo. Le acompañaba su amigo y compatriota TÍBOR BUDI (véase pág. 248). Lo tomaron en Torrejón de Ardoz y juntos perecieron en el tren que explotó en la calle Téllez, a las 07:39 horas.

Alois no había conseguido aún los papeles de residencia, pero mantenía intacta la ilusión. Trabajaba, tenía amigos y había decidido casarse con su novia, Eva Rodica, en el mes de junio. Ella también tomó el tren con Alois y Tíbor, pero se apeó en Vicálvaro, desde donde escuchó la explosión que mató a ambos.

En el periódico *20 Minutos* se relató así la vida y el carácter de Alois:

> Alois Martinas caminaba en busca del futuro. Estaba dispuesto a ir allá donde fuese necesario. Primero dejó el pueblo natal; Sabaoni, en el norte de Rumanía, para trabajar en la capital, Bucarest. Después fue inmigrante en Turquía y Hungría. Finalmente, hace tres años, vino a España. No había distancias con tal de mandar dinero a casa. Era el primogénito de los ocho hijos, tres hombres y cinco mujeres, de Emil (51) y Carolina (52), pobres de solemnidad y enfermos impedidos para trabajar. Alois no rehuyó la responsabilidad.

Su hermana pequeña, Claudia, de 19 años, viajó a España para acompañar el féretro hasta Rumanía. Después regresó a la vivienda de Torrejón de Ardoz que Alois compartía con sus compatriotas. Desde la pequeña estancia (tres sillones de polipiel, una mesa, una cama en el salón, un balón del Real Madrid y una televisión encendida), Claudia contó a *20 Minutos* que «Alois era un chico muy bueno. Cuidaba de mí, me protegía. No le gustaba verme enfadada.

Fue siempre el mejor de la familia. Mi pobre madre decía que, más que un hijo, era como una hija para ella».

Aunque se sentía a gusto en la capital, como casi todos los rumanos planeaba regresar a su pueblo y construirse una casita. Eva y él eran del mismo pueblo y se conocían desde niños, pero fue en Madrid donde se enamoraron. Alois ya le había regalado un anillo bañado en oro con una piedra blanca en forma de corazón. Eva lo llevaba puesto cuando se subió al tren.

Tres años antes, unos amigos de Zaragoza le prestaron 1.400 dólares para pagarse el visado y el billete a España. Con el tiempo, a base de chapuzas como obrero sin contrato, canceló la deuda y ya podía enviar dinero a su familia.

Su amigo Florin narró a Pablo Ximénez de Sandoval, de *El País,* que a Alois «lo que más le gustaba era el fútbol. Los sábados nos íbamos todos al Parque Ocio a jugar, y luego a tomar cervezas. Él no quería volver».

En su Rumanía natal, Alois estudió francés e inglés y trabajó en la construcción en Bucarest. Muchos de sus compañeros emigraron a Italia, pero él y su cuadrilla recalaron en España, donde, después de tres años, la vida le sonreía. Cómo iba a pensar lo que sucedió.

CARMEN MÓNICA MARTÍNEZ RODRÍGUEZ

31 años. Madrid. Estaba casada y era madre de una hija de cuatro años. Trabajaba como administrativa en la Concejalía de Medio Ambiente del Ayuntamiento de Madrid.

Cuando Mónica salía de su casa, en el barrio de Santa Eugenia, para ir al trabajo, dejaba a su hija Verónica, de cuatro años, con su padre, José Luis. Le gustaba llegar puntual a su puesto de administrativa en el Ayuntamiento de Madrid, e incluso, si podía, algo antes de la hora. Así lo hizo aquella mañana. Trabajaba en la Concejalía de Medio Ambiente, en Parques y Jardines, y aprovechaba el camino en el tren para escuchar música en su *discman.* Le encantaba todo tipo de música y, como informó *El País,* a menudo compraba algún CD a los vendedores ambulantes del barrio, que ya la conocían.

Había nacido en Madrid y le faltaba poco más de una semana para cumplir 31 años. Su hija era el centro de su mundo, y a ella se dedicaba en cuerpo y alma. Gracias a su marido, también se sentía muy vinculada a Zamora, pues José Luis era originario de un pueblecito llamado Lanseros, cerca de Puebla de Sanabria, donde pasaban buena parte de los veranos.

Todos los días iba desde Santa Eugenia hasta la oficina, en el Paseo de Recoletos, y por la tarde, ella y José Luis recogían a Verónica y abordaban las tareas domésticas. Como contaron sus compañeros a *El Mundo,* Mónica nunca faltó a su puesto de trabajo en el departamento de Patrimonio Verde del Ayuntamiento de Madrid.

Aunque tenía poco tiempo libre, había decidido empezar a asistir a clases de sevillanas. Los viernes por la tarde, la rígida rutina se relajaba y la familia había adquirido la costumbre de reunirse alrededor de una gran tortilla de patatas, ya fuera en su casa o en la de sus padres, Juan y Carmen, con su inseparable hermana Susana y su cuñado Juan. Los domingos también se juntaban para la comida familiar.

Se sentía muy unida a su hermana, con quien salía a pasear y a mirar escaparates. «Tenían pasión por ir de compras —dijo su cuñado Juan—, aunque no compraran nada». Su prima Eva dejó escritas en la estación de Atocha unas emotivas palabras amorosas para Mónica: «Ahora que estás llena de luz, tu alma es la esencia del amor, porque el alma eres tú».

Las próximas vacaciones de verano pensaba pasarlas en Canarias, donde la pequeña Verónica podría disfrutar del mar. Y, por supuesto, unos días en Lanseros para disfrutar de la naturaleza y de los días de calma.

MIRIAM MELGUIZO MARTÍNEZ

28 años. Madrid. Vivía en Coslada con su marido y su bebé, Lucía, de nueve meses. Trabajaba en el departamento financiero de Iberdrola.

«Te quiero mucho y ten cuidadito». Estas fueron las últimas palabras que Miriam le dirigió a David, su marido, antes de que el tren en el que viajaba explotara. Se había casado dos años antes y vivía en Coslada, cerca de sus padres y de su única hermana. Aquella mañana preparó a su bebé, Lucía, de nueve meses, para dejarla al cuidado de sus abuelos mientras David y ella iban a sus respectivos trabajos. Ocho horas después la recogería.

Se dirigía al departamento financiero de Iberdrola, donde llevaba cuatro años trabajando como administrativa. Cuando Lucía nació, se acogió a la jornada intensiva para conciliar el trabajo con la crianza de la niña, de modo que adelantaba su horario por la mañana para disponer de más tiempo por la tarde.

A sus 28 años, se encontraba en un momento de plenitud y disfrutaba intensamente de la maternidad. Le gustaba su empleo y, como informó *La Vanguardia,* se disponía a aprender a conducir para ganar algo de tiempo al volver a casa desde el trabajo. Tenía especial habilidad para la electrónica: en su casa le decían que conocía las máquinas como si las hubiera creado, que era especialmente «manitas». Sus compañeros la recordaban amable y con una magnífica disposición al trabajo. Para su madre, Miriam irradiaba felicidad, mientras que su padre, asintiendo, señalaba que «siempre estaba pendiente de nosotros».

Según relató *El País,* David y Miriam se conocieron un verano cuando ella tenía 15 años y veraneaba en Gárgoles de Arriba (Guadalajara), de donde era originaria su familia. Él vivía en Alcalá de Henares y Miriam en Coslada, pero los pueblos de ambos estaban a pocos kilómetros. En aquel verano sonaba en las plazas la música de Alergia, un grupo de la pandilla de Miriam. Antes de los conciertos, David hacía de telonero contando chistes. Y ella se fijó en él.

La noche anterior a los atentados, Miriam llamó a una amiga para hablarle de sus planes de verano con la niña y con David. Sin embargo, aquel jueves no pudo ir a recoger a Lucía a casa de sus abuelos.

JAVIER MENGÍBAR JIMÉNEZ

43 años. Alcalá de Henares. Profesor y funcionario del Ministerio de Educación. Estaba casado y tenía dos hijas de cinco y dos años.

Javier nació en Lima (Perú) en el seno de una familia española ilustrada, pero pasó prácticamente toda su vida en España. El ambiente que le rodeó fue proclive a su formación intelectual. Era culto, bilingüe, lector empedernido de periódicos, siempre interesado por la actualidad. Ejerció durante muchos años como profesor de instituto y después como técnico de Educación. Vivía en Alcalá de Henares con su mujer, Soledad, y sus dos hijas, Irene y Sara, de cinco y dos años, respectivamente.

El jueves 11 de marzo hizo lo de todos los días: salió de casa hacia la estación y subió al vagón número uno del tren que llegaba hasta Atocha. Él optaba por ese medio de transporte para evitar los atascos. Se dirigía al Ministerio de Educación, en Madrid, en la sede de la calle Alcalá. Trabajaba en la planificación pedagógica, en el Departamento de Cooperación internacional.

Durante el tiempo que dio clases de inglés en el instituto Alonso de Avellaneda, en Alcalá de Henares, ocupó la dirección del centro durante un período de tres años. En su etapa como docente también impartió algunos cursos en California como profesor invitado. Como informó *El Mundo,* coincidiendo con la llegada de su primera hija en 1998, Javier cambió las aulas por un trabajo técnico en el Ministerio.

Le interesaba la política y estaba afiliado al PSOE. El día de las elecciones generales —se celebraban tres días después— actuaría como interventor de su partido en el colegio Juan de Austria. En la durísima jornada electoral del 14 de marzo, Javier estuvo más presente que nunca en una mesa vacía, con su fotografía y su nombre.

No siempre fue el hombre tranquilo que conocieron sus alumnos y del que hablaban sus amigos. Cuando llegó de niño a España, sus primos destacaban que Javier era un torbellino y rebosaba imaginación. Ya en su primera juventud fantaseaba con el éxito con las chicas, y parecía creérselo, aunque sus amigos le desmentían. Su vida dio un giro radical cuando conoció a Sole y se casaron. «Con ella se transformó a la serenidad —aseguraron sus familiares—. Estaba profundamente enamorado».

Sus más allegados lo recordaban alegre, locuaz y algo despistado. Entre sus aficiones preferidas estaba la bicicleta, con la que recorría las riberas del río Henares y el Parque Natural de los Cerros. Allí reposan hoy sus cenizas, en el Cementerio Jardín.

Era un hombre jovial, sin creencias religiosas, y militante pacifista. Además, sus amigos señalaron que era un «manitas» que tenía siempre a mano la herramienta precisa para arreglar cualquier cosa. «Cuando salíamos a pedalear, si Javier venía, ya estábamos tranquilos; él lo solucionaba todo», dijeron.

ÁLVARO DE MIGUEL JIMÉNEZ

26 años. Madrid. Trabajaba como administrativo en Fomento de Construcciones y Contratas. Era socio del Atlético de Madrid y un gran jugador de billar americano.

Desde niño, Álvaro siempre fue un chico tranquilo. En el colegio nunca hizo travesuras. Su madre, Margarita, destacó su carácter pacífico: «Era algo tímido, pero lo superó», y logró tener una legión de amigos de distintos lugares a los que se sentía muy unido.

Cuando terminó el colegio, pronto descubrió que no le atraían los estudios universitarios, así que no quiso perder tiempo. «Era un chico práctico», dijeron sus familiares al diario *El País*. Se formó enseguida como administrativo y se puso a trabajar. Aquella mañana del 11 de marzo se dirigía a su puesto de trabajo.

A sus 26 años, Álvaro ya tenía una vida estable. Nació en Madrid y vivía con sus padres y dos hermanos en Santa Eugenia, su barrio de toda la vida, salvo por los cinco años que la familia pasó en Ávila cuando él tenía 15. Allí se hizo árbitro de fútbol de primera regional. Le habría gustado prepararse para policía, pero una miopía se lo impidió.

Los fines de semana se relajaba por las calles y rincones de Torrubia del Campo (Cuenca), el pueblo donde nació su madre y que él adoptó como propio. Allí vivían varios parientes, y la familia disponía de una casa en rehabilitación. Formaba parte de la Comisión de Fiestas del pueblo y organizaba campeonatos de mus con su pandilla de amigos y partidas de billar americano, que, como dijo su hermano José a *La Vanguardia,* «se le daba muy bien». Álvaro repartía sus vacaciones entre Torrubia y Guardamar (Alicante).

No tenía tiempo para el aburrimiento. Su madre explicaba que, si no tenía prevista una partida de billar era porque se iba a esquiar, o bien tenía partido con su Atlético, o estaba en el cine, o había salido de marcha con su pandilla. El próximo plan que tenía era alquilar con unos amigos una casa rural en el puente de San José. No había un hueco libre en su agenda.

Su cuerpo fue enterrado en Torrubia del Campo.

MICHAEL MITCHELL RODRÍGUEZ

27 años. Cuba. Trabajaba en la construcción y vivía en Vallecas. Su ilusión era montar una nueva instalación de agua en su casa de La Habana.

Siempre con sus auriculares. Dos días antes del atentado asistió a un concierto de charanga habanera y ya tenía previsto ir a otro el siguiente jueves. Michael llegó a España a principios de 2001. Fue aprovechando un viaje desde Cuba a Moscú —que hizo escala en Madrid— cuando pidió asilo a la Guardia Civil. Alegre y decidido, siempre les decía a los amigos: «Tenemos una sola». «Una sola ¿qué?», le preguntaban. «Una sola vida, y hay que disfrutarla».

Tardó dos años en conseguir los papeles y hacía poco que tenía regularizada por completo su situación. Ahorraba todo lo que ganaba para traerse a España a parte de su familia y ayudar a la que le quedaba en Cuba. Trabajó como socorrista, como camarero en un bar asturiano, como limpiacristales y ahora hacía de ayudante de albañil por las mañanas y de relaciones públicas en un bar latino por las noches. Lo aderezaba todo a ritmo de salsa isleña para vivir «a tope».

Michael llevaba Cuba en el corazón y, singularmente, su barrio de Marianao, en La Habana, en el que pasó la mayor parte de su vida. Allí permanecía su padre, con quien mantenía una relación muy estrecha. Su madre vivía en Canadá con su hermana Alba, y deseaba traerla a Madrid porque, según decía, «el clima no es tan frío». Como informó *El Mundo,* esperaba conseguir pronto una vivienda adecuada para ellas e instalar agua corriente en la casa familiar de La Habana

Añoraba el Malecón y soñaba con viajar libremente a su país, donde conoció a su primera novia. Y así, colgado de los andamios y con sus auriculares puestos, animaba a sus compañeros. «Hablaba mucho, contaba las películas y casi las llegabas a ver», dijeron estos. Le encantaba *El señor de los anillos,* las artes marciales de Jet Li, la PlayStation y la música, siempre la música. Desde Benny Moré hasta Orishas o Nino Bravo.

Aquel día se levantó algo más tarde de lo habitual y llegaba tarde a la obra en la que estaba trabajando, en el centro de Madrid. Le faltaban tres meses para cumplir 28 años. Su padre se lo llevó a La Habana en un ataúd.

STEFAN MODOL

46 años. Rumanía. Albañil. En su país había trabajado como policía. Llevaba dos años en España y tenía tres hijos.

Stefan llegó a Madrid en 2002. Dejó atrás Transilvania, la región rumana en la que nació. Había trabajado durante años como policía supervisor en los trenes de su país. En Rumanía se quedó su familia, y sus tres hijos, Magda, Alexandru y Bogdan, de 15, 18 y 21 años, respectivamente, a quienes enviaba dinero todos los meses. Soñaba con proporcionarles una sólida formación y tenía previsto viajar a Rumanía el próximo verano para verlos.

Vivía con otros siete compatriotas en un pequeño piso en Vallecas. «Fane», como le llamaban sus amigos, cogió aquel día el tren que hacía el recorrido Alcalá de Henares-Atocha para tomar después el metro hasta Embajadores, que era donde estaba la obra en la que trabajaba junto a su cuadrilla. Se dedicaban a aislar terrazas, azoteas y fachadas.

«Era tan bueno y cariñoso...», dijeron sus más cercanos. Tuvo una vida difícil y padeció escaseces, pero luchó por salir adelante y disfrutar de la vida. A Stefan le encantaban los toros y era un brillante jugador de tenis, uno de sus deportes preferidos.

Estaba a punto de obtener los papeles de residencia. Los ocho compatriotas rumanos con los que compartía el piso quedaron desolados, en especial su amigo Mariu, con el que, según relató *El País,* parecía tener un vínculo especial. Compartían su particular lenguaje en clave: cuando, delante de otros, Stefan le decía: «¿Te apetece mover el mueble?», en realidad le preguntaba si le apetecía salir a tomar algo.

«Era un fortachón, pero también un tipo sensible, cabal, honrado. De los que van de frente; era así de bueno», destacó Liviu, uno de sus compañeros de trabajo, quien señaló también que Stefan era como un padre comprensivo con los rumanos jóvenes «de cabeza un poco loca». «Recuerda que tú también fuiste un chaval», les decía a los mayores. Sus compañeros de piso se sentían animados cuando él llegaba a casa. Le gustaba bailar la danza típica de su región, Alba Iulia, y se le daba bastante bien.

El periodista Juan C. de la Cal hizo en su Rumanía natal esta semblanza de la esposa e hijos de Stefan para *El Mundo* (11 de abril de 2004):

> Stefan y los trenes. Una vida detrás de una locomotora. Una muerte escrita sobre dos railes. La primera estación, Teiuss, un pequeño pueblo en el corazón de la Transilvania rumana. La última, Atocha, la gran estación Termini en el corazón de la capital española. Allí nació. Aquí murió. Allí vive su familia, mujer y tres hijos. Aquí sus últimos amigos, inmigrantes rumanos como él. Allí pasó cinco años patrullando como policía ferroviario por los trenes de toda Rumanía. Aquí llevaba dos cogiendo todos los días el tren de cercanías desde Alcalá de Henares hasta Atocha. Allí trabajó como bombero en una fábrica de armas. Aquí murió abrasado por un arma explosiva. En Israel sufrió su primer atentado. En Madrid, el último. Stefan Modol y los trenes. Stefan y las paradojas del destino.
>
> La casa de los Modol es la primera en un camino de tierra que sale a la entrada de Teiuss, un pueblo situado 20 kilómetros al norte de Alba Iulia. Es una construcción baja; en otro tiempo hasta bonita, con maderas blancas y una pequeña parcela de terreno vallado con una vieja cerca de madera. A un lado está el gallinero, la sala de aperos y los sacos con el maíz de este año. Detrás, el campo labrado. El interior es humilde: tres habitaciones y un salón. Hay que descalzarse para entrar a las estancias, bien alfombradas. Pocos muebles. No hay fotos en las estanterías. No hay mucho que ver.
>
> Ángela Ilana, la viuda de Stefan, nos invita a sentarnos en una pequeña mesa en el pasillo de entrada, junto a la ventana. Hace

frío. La calefacción está apagada. Como las vibraciones de toda la familia. Un pañuelo negro cubre su cabeza. Un chaleco de plumas negro cubre su jersey negro holgado sobre un pantalón negro. Su castigado rostro de 42 años brilla lánguidamente entre toda esa negrura. El jarrón con flores rojas sobre la mesa blanca reluce como una vela en este gélido ambiente. Su hija menor, María Magdalena, 15 años, saluda tímida. «Hola», susurra. Apenas sabe decir nada más en español.

Su madre la manda a la cocina y María camina triste por el pasillo para prepararnos la cena. Por el extremo opuesto aparece Alexandru, 18 años, alto, delgado, el segundo hijo del matrimonio. Estudia informática en la universidad y el pasado verano estuvo en Madrid un mes con su padre. Vacaciones entre obras, bloques, yeso, cemento, paleta y pintura. Alexandru pronuncia de carrerilla estas palabras en castellano. Aprovechó para ganar 36 euros al día ayudando a su viejo, de 46 años, a ganarse la vida. «Pero me lo pasé muy bien. Me llevó incluso a conocer Atocha. Porque a mi padre le gustaban mucho las estaciones». Fue la última vez que le vio.

SEGUNDO VÍCTOR MOPOCITA

37 años. Ecuador. Albañil. Dos semanas antes había estrenado casa en Vicálvaro. Dejó viuda y tres hijos en Ambato (Ecuador).

Segundo Víctor Mopocita era el segundo de los cuatro hijos de la familia, de ahí su primer nombre, explicaba con cierta ironía. Decidió viajar a España en 2000 y ya había conseguido regularizar su situación. Trabajaba en Madrid como instalador de tela asfáltica en los tejados. En su pueblo natal (Quisapincha, Ecuador), en el cantón Ambato, quedaron sus dos hijos y su mujer, embarazada de una hija que Víctor no llegó a conocer.

Tenía buen humor. La mayor parte del dinero que obtenía se lo enviaba a su mujer, sus hijos, su madre y sus tres hermanos. Él se quedaba con lo justo y, aun así, se sentía privilegiado por tener ya en regla los papeles. Desde que llegó a España trabajó en diferentes lugares, e incluso llegó a pasar una temporada en Oporto (Portugal).

Finalmente decidió quedarse en Madrid. Desde hacía 15 días vivía con cinco compatriotas en un piso en Vicálvaro (Madrid), por lo que el trayecto hasta Atocha ni siquiera era aún una rutina.

Murió en la calle Téllez. Sus compañeros oyeron la explosión y pudieron salvarse. Pero él estaba dentro de los trenes.

En sus pocos ratos libres, Segundo Víctor disfrutaba de las pequeñas cosas. Se le daba bien la cocina y le gustaba preparar los platos de su tierra. Según relató *El País,* eran célebres su pollo con arroz y sus chicharrones, que repartía entre sus compatriotas, bien en casa, bien en El Retiro o en la Casa de Campo. Gozaba de la amistad de todos ellos. Ayudaba a los nuevos que venían y oían juntos la música chicha, que les traía recuerdos de su país.

«Trabajaba duro —dijo Rodrigo, uno de sus compañeros de piso— porque quería que sus hijos estudiaran para no tener que emigrar y pasar sus mismas penalidades». Segundo Víctor acariciaba un proyecto que le impulsaba sobre todos lo demás: culminar la construcción de su casita en Ambato, aunque le quedaban al menos dos años más de trabajo en España para poder regresar junto a su mujer y sus hijos.

Entre sus escasas pertenencias destacaba la fotografía de María, su esposa, con esta dedicatoria: «Amor, cariño, consuelo de mi corazón. Te amo con todo mi corazón. Sin ti no soy nadie. De María, para Víctor».

Para Segundo Víctor, sus amigos ecuatorianos eran su otra familia en España. En Vicálvaro, su compañera de colegio en los tiempos de Quisapincha, Delia María, le realquiló una habitación. Se encontraron en El Retiro y ella le hizo un hueco. Delia dijo que «era bien bueno y trabajador».

ENCARNACIÓN MORA DONOSO

63 años. Granátula de Calatrava (Ciudad Real). Empleada de hogar. Divorciada y madre de tres hijos. Viajaba desde Torrejón de Ardoz con su pareja, Rafael Serrano. Ambos fallecieron.

Desde hacía un año y medio, Encarnación, una inquebrantable mujer de 63 años, tenía una nueva vida. El azar le brindó el feliz encuentro con RAFAEL SERRANO LÓPEZ (véase pág. 425), un viudo de 66 años con el que inició una relación de amor. Los miércoles solían quedar y volvían a primera hora del jueves desde Torrejón de Ardoz a sus quehaceres en Madrid. Esa mañana también lo hicieron. Murieron juntos en el tren.

«Era un torrente de alegría, nunca paraba de trabajar», dijeron de ella sus familiares tras el atentado. Nació en el seno de una familia de labradores en Granátula de Calatrava (Ciudad Real), donde trabajó en el campo cuando terminó los estudios primarios. Y, después, nunca dejó de trabajar. Le gustaba ir impecable, pintada, muy guapa. Encarna, que era madre y abuela, cosía «como los ángeles» y cocinaba con mucho arte, contaron sus más allegados a *El País*. Desde hacía varios años trabajaba como empleada del hogar en Madrid.

Hija de Resurrección y de Matías, Encarna contrajo matrimonio siendo muy joven con Marcelino Delgado, con quien tuvo tres hijos: José Antonio (36 años), María Dolores (33) y Marcelino (28). Al poco de casarse, emigraron a Australia, donde permanecieron dos años. Cuando regresaron a España nació el primer hijo, José Antonio. Después probaron suerte en Alemania, y llegaron Lola y Marcelino.

De nuevo en España, y con el paso del tiempo, Encarnación y Marcelino se divorciaron, pero ella no se vino abajo. Siguió con su vida, su trabajo, sus hijos, su cocina y su costura. «Ha sido una madre extraordinaria, hacía lo indecible por los hijos», aseguró su hermana Carmen. Como contaron sus familiares a *La Vanguardia,* le encantaba preparar pisto manchego, asadillo, migas, gazpacho y gachas. Su hija Loli destacó la fuerza y la alegría de su progenitora. Loli vivía también en Torrejón de Ardoz y le había dado uno de sus cuatro nietos.

Sus familiares pensaban que Encarna no llegó a jubilarse porque su vitalidad se lo impedía. «Disfrutaba con su trabajo y con todo lo que emprendía». Desde siempre trabajó como empleada del hogar en la capital madrileña.

Desde que el menor de sus hijos se casó, vivía sola en Torrejón de Ardoz, aunque sus vecinos eran como su familia. Como ya se ha dicho, aquella mañana tomó el tren con su compañero, con quien estaba viviendo una historia de amor. Se encontraba en unos de los momentos más dulces de su vida. Su cuerpo fue enterrado en Granátula de Calatrava.

MARÍA TERESA MORA VALERO

37 años. Operadora informática. Tenía previsto casarse en noviembre con José Ramón Moreno, que también perdió la vida en los atentados.

El trabajo de María Teresa estaba vinculado a las Fuerzas Armadas, pues trabajaba desde 1997 en el Cuartel General del Ejército del Aire como empleada de la consultora informática Cibernos Consulting. Su familia también estaba relacionada con el Ejército: su padre era capitán en la reserva, y su hermano, cabo primero. Era muy reconocida en su trabajo, donde sus compañeros pensaban que «era responsable, puntual, seria y siempre dispuesta a ayudar».

Se licenció en Historia y dejó huella como operadora informática en el Mando Logístico del Ejército del Aire. Vivía en Alcalá de Henares y se trasladaba a diario a su trabajo en Madrid. Lo hacía con su pareja, JOSÉ RAMÓN MORENO ISARCH (véase pág. 366), con quien llevaba diez años de relación. Tenían previsto casarse en noviembre. Él se dirigía hacia la Consejería de Familia y Asuntos Sociales de la Comunidad de Madrid, donde trabajaba; ella, al Cuartel General del Ejército del Aire. Sus compañeros destacaron la calidad humana de ambos. «Eran cultos y sensibles, a los dos les gustaba la música clásica y las películas antiguas». Murieron juntos en el tren. Sus respectivas familias decidieron enterrarlos juntos en el Cementerio Sur de Madrid.

JULIA MORAL GARCÍA

53 años. Milagros (Burgos). Ama de casa. Trabajaba de forma esporádica como monitora en un autobús escolar. Estaba casada y era madre de dos hijas.

Julia cambió su vida tranquila en su pueblo natal, Milagros (Burgos), por el ajetreo y las posibilidades de la gran ciudad. Desde hacía cuatro años, vivía en el barrio de Santa Eugenia con su marido y sus dos hijas. Sin embargo, cuando tenía un día libre viajaba hasta su pueblo, de apenas 500 habitantes, para recuperar la tranquilidad. Siempre la acompañaba su marido, Francisco García, y juntos disfrutaban de los hermosos paisajes burgaleses. Julia amaba la naturaleza sobre todas las cosas, como quedó reflejado en la semblanza que publicó *El Mundo.*

Tenía dos hijas, Raquel y Patricia, de 19 y 17 años, respectivamente. Buscaba trabajos y actividades que fueran con su carácter: museos, teatro, libros... Últimamente se había inscrito en talleres de literatura y arte. Ese mismo verano, como era habitual, se habría encargado de organizar el festival de teatro de Milagros, a 150 kilómetros de Madrid. Sus aficiones culturales las combinaba con trabajos temporales, como el que debía realizar aquel 11 de marzo. Esa mañana esperaba el tren en el andén de Santa Eugenia para dirigirse a su puesto como monitora de un autobús escolar.

Según publicó *La Vanguardia,* Julia era dinámica y polifacética. Para sus más allegados, poseía el don natural de la elegancia. A sus 53 años, «daba igual lo que se pusiera», porque siempre se mostraba atractiva y juvenil. Era guapa, delgada y su fina piel llamaba la atención. Su belleza se veía aumentada por la expresión extrovertida y su deseo de agradar.

Julia se rendía ante los parajes del río Riaza, las rutas medievales, los senderos de las riberas y el refugio de aves rapaces de la comarca de Ribera del Duero. Y deseaba transmitir su pasión a sus hijas. El 13 de marzo, después de largas horas de espera hasta que su cuerpo sin vida fue identificado, un millar de personas acudió a Milagros para despedir a Julia, una mujer amante de la ética y de la estética. No faltaron en su funeral las rosas, sus flores favoritas.

FRANCISCO MORENO ARAGONÉS

56 años. Madrid. Administrativo. Vivía en Coslada. El 11 de marzo iba a Madrid a una entrevista de trabajo. Estaba casado y tenía tres hijos.

Francisco Moreno conoció a su esposa, Dolores, a los 13 años. Comenzaron a salir a los 15 y desde entonces siguieron juntos. Él procedía del barrio madrileño de Arturo Soria; ella, del de Ventas. Hijo único, Francisco se trasladó a Coslada cuando se casó, al barrio obrero conocido como Ciudad Setenta, en el Corredor del Henares. Allí nacieron sus tres hijos: dos chicas y un chico.

Contable de profesión, en los últimos tiempos se encontraba parado. Por eso salía cada mañana muy temprano a buscar trabajo. Su sencillez fue el rasgo que más destacaron sus familiares. Elena, su hija menor, declaró a *La Vanguardia* que la suya era «una familia humilde que nunca pudo permitirse lujos». Su esposa relató a Lola Huete, de *El País,* que a Francisco «no le gustaba airear o exagerar la vida privada, que ella habla ahora porque no quiere que su marido quede reducido a una cifra: "Que se sepa lo que nos han quitado". Y recordó que, siendo jóvenes, Francisco le regaló la medalla del amor con un poema: "Hoy y siempre, amor, contigo, no me dejes de querer, que este lazo que nos une, que nos vea envejecer"».

«Soñábamos con un apartamento en Cullera (Valencia), nuestro segundo pueblo, donde íbamos cada verano, y retirarnos allí los dos. Allí hemos esparcido sus cenizas, como él quería», declaró Dolores. Francisco era rubio, de ojos azules, «cara tierna» y «daba todo lo que tenía», añadió. Dolores relataba sus paseos con Francisco por el lago, por la rambla de Coslada, siempre juntos. Y los enfados domésticos, que le duraban muy poco. Su marido era de gustos sencillos. El paseo del domingo, la caña en El Tulipán (cerca de casa), e ir al supermercado y curiosear entre los estantes.

Francisco soñaba con la próxima graduación de su hijo Marcos como ingeniero agrónomo. «Le hacía tanta ilusión que fuera licenciado...», recordó Marcos, algo que él nunca pudo conseguir. En su vida trabajó en distintos empleos para salir adelante. Fue botones y estudió contabilidad, pero a los 56 años se encontraba sin trabajo.

La mañana del 11 de marzo de 2004, tras alcanzarle las explosiones en la estación de El Pozo, Francisco aguantó el primer envite. Luchó durante tres días en el Hospital Doce de Octubre, pero no pudo resistir. Sus órganos fueron donados. Su madre, que vivía en el mismo inmueble, sus tres hijos y su querida Lolita perdieron a un ser tierno que no pudo conocer a sus nietos.

José Ramón Moreno Isarch

37 años. Irún (Guipúzcoa). Trabajaba en la Consejería de Familia y Asuntos sociales de la Comunidad de Madrid. Murió junto a su novia, María Teresa Mora.

José Ramón trabajaba en la Consejería de Familia de la Comunidad de Madrid y había decidido adquirir una vivienda, junto a María Teresa Mora (véase pág. 363), en Alcalá de Henares, pese a que ambos trabajaban en el centro de Madrid.

Llevaban juntos más de diez años y tenían prevista su boda para el mes de noviembre. Alcalá fue una elección muy pensada, una hermosa ciudad donde adquirir una casa era mucho más fácil que en Madrid. Ahora la compartían mientras preparaban los últimos detalles para la celebración de su boda.

Juntos tomaron el tren para acudir a sus respectivos trabajos en Madrid.

En la Consejería de Asuntos Sociales, a José Ramón se le recordaba como un eficiente funcionario que se implicaba en el lado humano de los expedientes: «Detrás de cada uno había a veces casos desesperados, familias que necesitaban ayuda y que no habían tenido oportunidades en la vida». El departamento donde se tramitan las ayudas y prestaciones económicas era ideal para sus inquietudes.

Compartía con María Teresa el interés por la cultura, especialmente por el cine y la música. Estuvieron unidos hasta la muerte y juntos fueron enterrados en Madrid.

Eugenio Moreno Santiago

56 años. Cadalso de los Vidrios (Madrid). Casado y padre de dos hijos. Le quedaban tres meses para prejubilarse y dejar su puesto en el BBVA.

«Mi padre era de los que disfrutaba con las pequeñas cosas, y ahora, con la jubilación a la vuelta de la esquina, le hubieran sabido incluso mejor». Su hijo Eduardo describió a *El País* el proceder sencillo de Eugenio Moreno, de 56 años, a punto de prejubilarse del BBVA. Las dos primeras propuestas de jubilación que había recibido las había rechazado, pero le convencieron a la tercera, publicó *El Mundo.*

El mejor estímulo de su retiro era la casa que se estaba construyendo en su pueblo, Cadalso de los Vidrios, para disfrutar de sus viñas y compartir una vida tranquila con su mujer, María Luisa, madre de sus dos hijos, Eduardo y María, de 26 y 27 años, respectivamente. Pero, mientras tanto, vivían en el barrio de Santa Eugenia, donde tenían numerosos amigos.

Cada mañana, Eugenio se dirigía desde el barrio madrileño hasta la oficina de Chamartín. Aquel jueves no llegó a tomar el enlace desde Atocha. La explosión de las bombas le alcanzó en la calle Téllez.

Parecía serio, pero su aparente severidad contrastaba con una fina ironía que le hacía divertido. Según contaron varios compañeros de trabajo a *La Vanguardia,* le gustaba expresarse con bromas y coplas: «Yo tengo mucho arte, déjame que te diga», solía decir. Se tomaba la vida con cierta distancia. Si en el teatro la obra no le convencía, se echaba una cabezada. Si la película del cine le aburría, pues lo mismo. Sin embargo, la lectura le despejaba y no soltaba el libro tan fácilmente. Hogareño y familiar, en los últimos tiempos se adentró en los textos de la Guerra Civil española.

El deporte le entretenía, sobre todo el baloncesto. Tenía solo 56 años y ya había rechazado dos veces la prejubilación que la entidad le proponía como apoderado del banco, pero ya no quedaba mucho margen para pensarlo. En junio empezaría una nueva vida en Cadalso de los Vidrios, a unos 80 kilómetros de Madrid. Era un proyecto muy pensado: pasaría allí mucho tiempo entre pinares, olivos, viñedos y campos de secano, mientras que el piso de Santa Eugenia, en el distrito de Vallecas, lo usarían principalmente sus hijos, María y Eduardo, ambos solteros.

Le gustaban los pueblos. También el de Valverde de Mérida (Badajoz), donde nació María Luisa y a donde iban los veranos y los puentes, sobre todo en San Isidro.

En su querido Cadalso hoy se le recuerda en una de sus calles, que lleva su nombre.

JUAN PABLO MORIS CRESPO
32 años. Alcalá de Henares. Traductor. Estaba terminando Ingeniería de Caminos. Había realizado un estudio sobre el trasiego de viajeros en Atocha en hora punta.

Juan Pablo alternaba su trabajo como traductor técnico de inglés con su carrera de ingeniero de caminos, que terminaba ese año. Natural de Alcalá de Henares, vivía en el barrio Juan de Austria junto a su familia. Era el menor de tres hermanos. Su padre procedía de Guarromán (Jaén).

Siempre fue un hombre inquieto. Vivió en Estados Unidos, donde realizó diversos trabajos mientras continuaba sus estudios, hasta que encontró uno que le interesó especialmente: una empresa de traducción técnica en Madrid. Decía que el tiempo se le pasaba volando. En su trabajo combinaba los dos ámbitos que le interesaban: el inglés y la obra civil.

Entre sus amigos, era célebre su entusiasmo por las presas. Las fotografiaba, analizaba su estructura y la explicaba a sus colegas. Ellos le contaron a Lola Huete, de *El País,* cómo había recorrido media España, de pantano en pantano, por pura devoción. Le atraían las obras de ingeniería, los puentes, las carreteras, «todo lo que tuviera que ver con el dominio del hombre sobre la naturaleza», y los compañeros, sugestionados con su curiosidad, tomaban fotos para él de las diversas infraestructuras que encontraban a su paso.

Juan Pablo conservaba los amigos del instituto, para quieres ya era un chico brillante desde la adolescencia y al que le interesaban múltiples cosas de la vida. Tenía un humor fino y le gustaba reunirse con su pandilla ante una mesa con patatas y salsas. Llevaba varios meses entrenándose para correr la San Silvestre vallecana.

Era un joven comprometido, sobre todo contra el terrorismo, y en alguna ocasión se trasladó al País Vasco para participar en las manifestaciones. Su hermana mayor recordó que en cierta ocasión le costó convencer a sus padres, «porque les daba miedo que [mi hermano] fuera allí, y mira ahora…». Su familia tuvo especial interés en destacar este aspecto en su charla con el equipo de redactores de *La Vanguardia.*

La estación de Atocha sirvió como motivo para uno de sus trabajos universitarios —resultó premiado—, que versó sobre el trasiego de viajeros en hora punta. Se trataba de un cálculo sobre el número de personas que podían acoger los andenes de Atocha a esa hora, entre las ocho y las nueve de la mañana.

JUAN MUÑOZ LARA

32 años. Guadalcázar (Córdoba). Técnico de telefonía. No solía coger el tren, pero ese día acompañó a su novia, Livia Bogdan. Ambos perdieron la vida en Atocha.

Juan habría cumplido 33 años en unos meses. Él y su novia, LIVIA BOGDAN (véase pág. 241), acariciaban la idea de vivir juntos, aunque solo llevaban cuatro meses de relación.

Trabajaba como técnico en redes de telefonía. Si algo caracterizaba a este cordobés de Guadalcázar, criado entre los barrios de Vallecas y Chamartín, era su generosidad: compartir lo que tenía le producía bienestar. Como su casa de San Agustín de Guadalix, en la sierra madrileña, que estaba reformando en esos meses y en la que pensaba vivir con Livia, la chica rumana con la que había empezado a salir.

Miembro de una familia de tres hermanos, Juan se alistó en el Ejército nada más cumplir los 18 años, pero cuando llegó a cabo primero rompió filas y empezó a trabajar en Adatel, una empresa del grupo Jazztel. Persona extrovertida y alegre, últimamente había sufrido un accidente de moto que le forzó a permanecer de baja laboral. Para andar debía apoyarse en dos muletas, aunque, como señaló *El País,* pasara lo que pasara nunca perdía el buen humor.

Deseaba seguir aprendiendo y por ello realizaba cursos sobre las materias relacionadas con su trabajo. También le gustaba ir al gimnasio. «Era muy generoso», destacó su compañero José Manuel. Su padre, Juan Muñoz, subrayaba igualmente este rasgo de su carácter: «Si alguien le pedía algo, lo sacaba incluso de lo que no tenía».

Era seguidor del Atlético de Madrid. «Supongo que sería para llevarme la contraria, porque yo soy del Madrid», ironizaba su padre. La noche del día 10 se fue a casa de la familia de Livia, en Coslada, para ver el partido de la Liga de Campeones, y se quedó a dormir. Al día siguiente, temprano, subieron al Cercanías, que ella cogía todos los días para ir a trabajar. Los dos murieron en los atentados. Como informó *El Mundo,* esa no era la rutina diaria de Juan, que casi nunca viajaba en tren. Su padre intentó buscar consuelo en la idea de que a cada uno le llega «su día, su hora y su lugar», como confesó al diario *El País.* Juan Muñoz Lara descansa ahora junto a su madre en el cementerio de Guadalcázar (Córdoba). La localidad le ha puesto su nombre a una de sus calles.

En su última fotografía aparece con Livia en San Agustín de Guadalix, abrazados, el fin de semana anterior. Están enterrados a 4.000 kilómetros de distancia: ella, en Ramnicu Sarat (Rumanía); él, como ya hemos dicho, en Guadalcázar.

FRANCISCO JOSÉ NARVÁEZ DE LA ROSA

28 años. Natural de La Carlota (Córdoba) Soltero. Vivía en casa de sus padres en Madrid. Estaba empleado en Caja de Seguros Reunidos.

Francisco José fue el creador de una base de datos que permitió realizar un estudio científico sobre la efectividad de un programa de rehabilitación respiratoria. Se trataba de observar la calidad de vida de pacientes con enfermedad pulmonar obstructiva crónica (EPOC). Los investigadores que desarrollaron el estudio lo dedicaron a la memoria de este joven cordobés, «por su generoso esfuerzo y enorme entusiasmo en todo momento».

MARIANA NEGRU

40 años. Rumanía. Trabajaba en el servicio doméstico. Adoraba el mar y, siempre que podía, viajaba con su esposo a la costa. Vivía en Torrejón de Ardoz.

Mariana llegó a España hacía algo más de tres años con su marido, Ioan, con el que llevaba casada 22 años. Venía de la región de Cluj Napoca, en Transilvania, donde dejó a sus padres y a sus dos hermanos. Deseaba ampliar horizontes y encontrar oportunidades. Se instalaron en Torrejón de Ardoz.

En Cluj Napoca, Mariana Negru estudió hasta los 14 años y luego trabajó, durante 18 años seguidos, en un comercio de electrodomésticos. Un día decidió con Ioan tomar la gran decisión de emigrar, a España o a Alemania, y pensaron que en España se adaptarían mejor, porque, como decía Ioan, rumanos y españoles «somos parecidos, países latinos». Como informó *La Vanguardia,* en Madrid se sentían bien. Mariana trabajaba limpiando oficinas en la zona de Cuzco y en la casa de una ejecutiva que le firmó un contrato laboral. Él también tenía un trabajo.

Residían en un modesto piso de alquiler en Torrejón, un bajo del antiguo barrio de los soldados americanos, y ya habían conseguido comprar un Ford Mondeo de segunda mano —por 3.500 euros— para hacer las excursiones que a Mariana le encantaban: la costa de España, siempre el mar. En su coche recorrieron Benidorm, Marbella y Mazarrón. Les gustaba especialmente Marbella y Puerto Banús, que a Mariana le traían los buenos recuerdos de sus viajes anteriores.

Había decidido quedarse en España y su siguiente proyecto sería adquirir una vivienda en Coslada. Acababa de cumplir 40 años, en febrero, y la pareja celebró una fiesta que grabaron en vídeo, según publicó *El País.* Mariana hablaba cada dos semanas con su familia, pero aseguraba que nunca volvería a Rumanía. En los últimos tiempos había descubierto el placer por la lectura y en su trabajo conseguía prestados los libros que devoraba en el tren.

Siempre viajaba a primera hora de la mañana. Murió en el tren que explotó en la estación de Atocha. Entre los objetos personales de Mariana se encontró su alianza de boda. Era un anillo ancho, liso y dorado, que quedó retorcido por la explosión. En su cara interior permanecía grabado «Nelu», apelativo cariñoso de Ioan en rumano. El anillo fue clave para identificar su cuerpo.

ISMAEL NOGALES GUERRERO

31 años. Madrid. Empleado de una papelería. Acababa de ser padre de una niña a la que quería enseñar a cantar coplas.

Ismael era un gran dibujante. Ilustraba con graciosos comics los acontecimientos familiares y las reuniones de amigos, y con estos adornaba la casa familiar. Hacía un mes y medio que comenzó a trabajar en una papelería en el distrito de Nuevos Ministerios y hasta allí se desplazaba en tren desde la estación de Entrevías (Vallecas). Tenía un bebé de cuatro meses, Lucía, y para verla realizaba cuatro viajes desde su casa al trabajo hasta finalizar su jornada.

Llevaba tres años casado con Mari Carmen, aunque estuvieron nueve de noviazgo. Se conocieron a los 19 años en la discoteca Titanic, y lo suyo fue un amor a primera vista. «Para mí fue un flechazo», contó Mari Carmen a *El País* al recordar la primera vez que se vieron. Ismael tardó algo más en decidirse. «Se le olvidaba mi nombre y trataba de aparentar», añadió. Al final se hicieron pareja y les duró para siempre. En la fotografía que difundió Mari Carmen tras los atentados le escribió: «Me has enseñado lo que es el amor».

El 5 de noviembre de 2003, Ismael asistió al parto para recibir a la pequeña Lucía. Ahora la pareja vivía un torrente de emociones y hacían multitud de planes: las vacaciones de verano, guardería, mobiliario para la niña... Por las tardes, Mari Carmen caminaba con el cochecito de la niña hasta la estación de Cercanías para esperar a Ismael, y desde allí volvían los tres juntos a casa.

Ismael dibujaba con mucho arte. Y escuchaba música durante horas, en especial, copla y otros géneros tradicionales españoles. Para su familia, y aunque era algo tímido, su presencia siempre era motivo de alegría: amenizaba las reuniones y establecía lazos de afecto con facilidad. Le gustaba imaginar el día en que pudiera enseñarle a su hija las coplas que tanto le gustaban. «Cuando [ella] las cante, se me pondrán los pelos de punta», reconoció su mujer en *El País*.

La última mañana que pasaron juntos, Mari Carmen salió de casa una hora antes de lo habitual. Él solía hacerlo sobre las 07:15 horas. Tras los preparativos cotidianos, dejó a Lucía al cuidado de su madre. Luego, mientras esperaba el tren, llamó a Mari Carmen para intercambiar los detalles del día. Ella ya estaba ocupada en el trabajo. «Hablamos hoy por la noche», le dijo antes de colgar. Pero no pudo ser.

INÉS NOVELLÓN MARTÍNEZ

30 años. Madrid. Enfermera. Tenía turno de tarde, pero el 11 de marzo cambió su horario con una compañera. Vivía con su novio en Alcalá de Henares.

Inés cumplió 30 años el 5 de febrero de 2004. Enfermera de carrera y vocación, residía en Alcalá de Henares junto a su novio, Víctor, en el ensanche de la ciudad complutense. Era su ciudad de siempre: allí nació y vivió, junto a la estación, con sus padres, José y Puri, y sus tres hermanos, José Leandro, Elena e Iván. Era la segunda de los cuatro y quería mantenerse cerca de su familia.

Su vocación de servicio a los demás destacó desde muy pronto. A Inés le gustaba la gente, «sentirse cerca de ella y no verla como números», explicó su hermana Elena a los medios de comunicación. Por ello, cuando obtuvo la plaza en un hospital, a los 23 años, renunció para desarrollar su profesión en un ambulatorio de la calle Párroco Julio Morate, en Madrid. Pensaba que en un centro pequeño mantendría un trato más cercano con los pacientes.

Por lo general, acudía por la tarde a su trabajo. Aquel jueves cambió su turno con una compañera para hacerle un pequeño favor, así que madrugó para coger el tren.

Según contó Víctor, su pareja, a María López Vivas, de *El País,* aquella mañana se despidieron y ella salió rumbo a la estación. Él también trabajaba en Madrid, pero entraba algo más tarde. Llegó a la vía 15 minutos después para tomar la misma línea que había cogido Inés, pero ya estaba todo parado. Detrás de ella, sus hermanos también hacían el mismo trayecto.

A Inés le encantaba bailar. Iba al gimnasio casi a diario y de vez en cuando ayudaba a dar clases como profesora en la escuela de baile Max Latino, en la calle Diego Torres de Alcalá. Cristina Martínez, redactora de *El Diario de Alcalá* y amiga íntima de Inés, recordó «sus pupilas destellantes» y la manera en que divertía a sus alumnos cuando les enseñaba «la técnica del contoneo de caderas que manda en la danza del vientre, y que tan bien le salía». El mayor de sus hermanos aseguró que a su familia le quedaba la tranquilidad de saber que ella «supo vivir su vida, vivirla bien, al máximo. No paraba de hacer todo lo que le gustaba». Y esa certeza les consolaba: «Eso es lo importante», dijo.

El hermano pequeño, Iván, contó que el fin de semana anterior Inés se acercó a la casa familiar por última vez. Desde entonces no había hablado con ella. Solo su madre lo hizo el miércoles, la noche anterior.

Inés era una joven sociable, cariñosa y tierna. Leía uno de los libros de la saga de *Harry Potter* en el primer vagón del tren que estalló.

MIGUEL ÁNGEL ORGAZ ORGAZ

34 años. Madrid. Mecánico en la fábrica central de Deutz Iberia. Vivía con su madre y dos hermanos, pero tenía planeado independizarse con su novia.

Miguel Ángel vivía con su familia en Valdilecha, en el sureste de Madrid. Todos los días se desplazaba en Cercanías hasta su empresa, en Tres Cantos, al norte de la ciudad. A sus 34 años, era un mecánico «cualificado y valioso», dijeron sus compañeros de Deutz Iberia. Vivía tranquilo con una ilusión al alcance de su mano: ya estaba a punto de independizarse e irse a vivir con Silvia, su novia, al piso que habían comprado. Llevaban 16 años de relación.

Mientras tanto, residía con su madre y dos hermanos, Rosendo y Teodoro, en la pequeña localidad en la carretera de Valencia. Sus compañeros de trabajo le veían consultando constantemente revistas especializadas «para seguir formándose», una cualidad que a todos les llamaba la atención. Miguel Ángel se dedicaba a los motores diésel de tractores, pero, como informó *El Mundo,* seguía apuntándose a diferentes cursos y se especializó en otras funciones.

El mismo 11 de marzo sus familiares recibieron por teléfono la trágica noticia: Miguel Ángel se encontraba en el primer listado de fallecidos. Pasaron los años y la familia seguía recibiendo muestras de condolencia y afecto de la legión de amigos que tenía. Para su hermano Rosendo, Miguel Ángel siempre fue un ejemplo de nobleza. En Valdilecha le honraron con una calle que lleva su nombre.

ÁNGEL PARDILLOS CHECA

62 años. Manchones (Zaragoza). Le quedaban unos meses para jubilarse de su empleo en el Banco de España. Estaba casado y tenía tres hijos y tres nietos.

Acababa de dejar a su nieto de cuatro años en el colegio público Ciudad de Valencia, en el barrio de Santa Eugenia, donde residía con su familia. Como cada mañana, Ángel se lo entregó a la cuidadora que se hacía cargo de los pequeños en el horario matinal y a las 07:15 se dirigió a la estación para coger el tren y llegar a las ocho al Banco de España.

Murió por los efectos de la misma explosión que dejó huérfanos a diez niños del colegio. La bomba le alcanzó de lleno, de forma que le dieron por desaparecido durante horas ante la dificultad de identificar su cuerpo. Solo quedó intacto el reloj que le regaló el Banco de España al cumplir 30 años en la entidad. Trabajó en el servicio de mantenimiento del Economato y en el Departamento de Reclamaciones.

Natural de Manchones (Zaragoza), Ángel hacía gala de ser de su tierra. Miembro de una familia de nueve hermanos, esperaba con ilusión regresar a su pueblo ante su inminente jubilación y establecerse en la antigua vivienda paterna, un casón de arrieros que compraban fruta en la Ribera del Jiloca para enviarla a Madrid, según publicó *20 Minutos:* «Quería restaurarlo con sus mañas habilidosas y dedicarse a vivir con tranquilidad; ir de pesca, jugar al subastado, escuchar coplas de Machín...», contaba su hermano Luis, un año menor. O al menos pasar más tiempo en su tierra natal de lo que había hecho hasta entonces, porque, en cualquier caso, seguiría dedicándose a sus nietos.

Cada tarde recogía a los mayores (de diez y seis años) del colegio, los llevaba a sus partidos de fútbol, a alguna clase de informática o a los entrenamientos. «Mi padre era muy cariñoso, con un pronto de mal genio, y muy cabezón», contaban sus hijos Fermín y Miguel Ángel. Fue en la boda de su hija Pili, que se había casado seis meses antes en Manchones, donde proclamó solemne su inminente jubilación: «Cuñado, este año me jubilo».

SONIA PARRONDO ANTÓN

28 años. Madrid. Trabajaba cuidando niños y hacía un año que se había casado con Roberto Pellicari. Ambos fallecieron en la estación de El Pozo.

Tan solo había pasado un año desde que Sonia Parrondo, de 28 años, contrajo matrimonio con ROBERTO PELLICARI LOPEZOSA (véase pág. 382), de 31. Se conocieron en una discoteca hacía siete años y ahora vivían en el barrio de Santa Eugenia, donde habían adquirido una vivienda. Atrás dejaron sus emblemáticos barrios: ella, el de Fuencarral; él, el de Vallecas.

A Sonia le daba cierta fobia tomar el tren todos los días para ir a trabajar a la casa en la que cuidaba a unos niños, en el sur de Madrid. Por eso Roberto, que entraba algo más tarde en la mensajería de reparto en la que estaba empleado, la acompañaba casi todos los días. Los dos murieron por las bombas que estallaron en la estación de El Pozo.

A Sonia le encantaban los niños. Adoraba a sus sobrinos y disfrutaba cuidando a los de la familia para la que trabajaba. Era la pequeña de siete hermanos, «aguda, sensible, guapa y coqueta», dijo su hermana Pilar. Según *El País,* a veces la llamaban *moñiguita,* por haberle tocado en suerte ser la última de la prole. Pero era también la más irónica y la más fuerte. Lo demostró cuando tuvo que encarar la enfermedad de uno de sus hermanos. Era muy sensible, pero tomaba el mando en las situaciones difíciles.

Sonia estrenaba una nueva vida. Tan solo llevaba ocho meses fuera de su familia. Roberto le había contagiado su pasión por el fútbol y su «militancia» atlética. Sin embargo, sus grandes aficiones seguían siendo el baile y la música. Tenía devoción por Alejandro Sanz y colgaba sus fotografías en las paredes de su cuarto de soltera. También le gustaba mucho Bustamante y toda la música que le hacía bailar. Ella se movía de un modo especial. «Llamaba la atención su manera de andar», dijeron quienes más la conocían.

Para su marido, ella era la más lista e incluso bromeaba con hacerle un test de inteligencia: le parecía que siempre tenía la palabra justa para calibrar una situación. Según contó su hermana a

El País, Sonia era muy coqueta, aunque no de mucho pintarse, y cada día sorprendía con sus cambios de estilo.

JUAN FRANCISCO PASTOR PÉREZ

51 años. Madrid. Técnico de telefonía en el Palacio de Congresos. Estaba casado, tenía dos hijos y acababa de ser abuelo.

De carácter bonachón, a Juan Francisco Pastor lo conocían todos. Especialmente, los periodistas, que reclamaban sus servicios cuando se les caían las líneas telefónicas en la transmisión de sus crónicas por averías en la red. Responsable de los servicios técnicos del Palacio de Congresos y Exposiciones, en esos días doblaba su turno de trabajo para que todo estuviera a punto para la noche electoral.

Faltaban solo tres días para las votaciones y Juan Francisco había instalado ya 180 líneas telefónicas. Los periodistas recurrían a él a sabiendas de que aparecería con una broma y el destornillador en la mano para solucionar cualquier incidencia. «Era un vacilón, a todo le sacaba punta», recordaron sus compañeros.

En los últimos tiempos, a Juan Francisco se le veía pletórico. A sus 51 años, casado y con dos hijos, de 28 y 25 años, hacía nueve meses que era abuelo. Su nieta Eva le había transformado. «A Juan se le caía la baba cuando la cogía en brazos», aseguraron sus hijos. Sus compañeros, según contaron a *El País,* le tomaban el pelo: «Se te ha puesto cara de abuelo», le decían.

La noche anterior al 11-M disfrutó en familia del encuentro del Real Madrid contra el Bayern y gastó alguna que otra broma a costa del «golillo» de Zidane. Sus amigos siempre recordarán los chistes que contaba cuando iban a pescar, una de sus mayores aficiones, o cuando jugaban al mus en el Cerro de la Paloma. En los bares Reverte, Ángel y Ramos, de su barrio de Palomeras, en Vallecas, eran conocidas sus chanzas y su bonhomía.

«El mejor marido», contó Rosa, su mujer, a *La Vanguardia*. En junio cumplirían 30 años de casados. «El mejor padre y amigo», dijeron sus hijos. «Tenía muy pocas cosas. Ahora llevo el reloj que se olvidó en casa ese día», reconoció uno de ellos. La verdad es que nunca lo sintieron muerto. «Creíamos que no atendía el teléfono por ayudar a la gente», contó su hijo a *El País*.

DANIEL PAZ MANJÓN

20 años. Madrid. Estudiante de 2.º de Educación Física. Jugador de fútbol y aficionado a la guitarra. Los meses de verano trabajaba para costearse sus gastos.

Daniel tenía 20 años y estudiaba 2.º de Ciencias de la Actividad Física y del Deporte (INEF). Aquella mañana se dirigía a la universidad. Era alto, fuerte y algo tímido. El prototipo del atleta. «Mami, esta tarde no regreso, que tengo hockey», dijo al salir. Su madre, Pilar, tenía ese día una reunión del sindicato y por eso estaba aún en casa. Le preparó el desayuno, el *tupper* con su comida, y le despidió con un beso. Serían las 07:25 horas. Unos minutos después murió en la estación de El Pozo, junto a otros 67 estudiantes y trabajadores. Su madre y su hermano Iván, dos años mayor que Daniel, recorrieron las estaciones después de la masacre. Once años y medio después, en diciembre de 2015, Pilar Manjón rememoraba aquellas horas trágicas con el periodista Henrique Mariño en el diario *Público*.

> Todo se truncó brutalmente. Desde entonces todo ha sido un sin vivir. Levanté a mi otro hijo y le dije: «Vamos a la universidad a buscar al niño». Pese a la insistencia de ir a buscarlo, ella «sabía», dice, que a su hijo le había cogido de lleno el atentado. Cuando llegaron a la estación de El Pozo, la situación era indescriptible, me cuenta. Un caos de gente vagando de un lado a otro; ambulancias, sirenas y gritos. «Vamos a casa, por si llama el niño», decía a su hijo para apartarse de aquella dantesca visión [...]. «Mi hijo y la novia de Daniel no me dejaron sola ni un momento, pero necesitaba andar y ver lo que me rodeaba. Les dije: "Dejadme, voy a dar una vuelta"».

Su deseo era acreditarse como profesor deportivo. Había nacido en Vallecas Villa, y su inclinación por la Educación Física se manifestó siendo alumno en el Centro Cultural Palomeras, antes de acceder a la universidad. El Parque del Alto del Arenal fue testigo de sus intensas charlas sobre fútbol con sus colegas. Con el tiempo, Daniel adoptaría la disciplina del deporte y llegó a jugar en el Club Deportivo Colonia Moscardó. Sus compañeros le definieron, sobre todo, como «un magnífico amigo», dijeron a *El Mundo.*

De crío fue algo travieso, decían sus profesores, «pero, en realidad, los rebeldes resultaron los mejores», defendió su madre, según recogió *El País*. En casa, el pequeño de los dos hermanos «era un pegajoso cariñoso». Jugaba bien al fútbol, pero deseaba estudiar para ser profesor. Porque el deporte, que adoraba, no lo era todo. «Era un humanista», dijo su padre, al que le gustaban los libros y la música. Sobre la mesilla de noche dejó *El proceso,* de Franz Kafka, con una marca azul al final de sus páginas. Anteriormente le había impresionado *El jugador,* de Fiódor Dostoievski.

Daniel entraba en clase cantando y a veces recorría con su guitarra pequeñas tabernas de cantautores. No le gustaba gastar, y de los 20 euros que le daba su padre para salir, «volvía con las vueltas de 15». Los dos últimos veranos trabajó como jardinero y trasladando a personas dependientes a centros de ocio para hacer frente a sus propios gastos.

También le interesaba la política y en aquellos días colocó en el enrejado de su terraza un cartel contra la guerra de Irak. Uno de sus mejores amigos procedía del Magreb y creía necesario defender la convivencia entre distintas culturas. Su música, sus libros, su deporte, y sus ideas políticas le ayudaron a superar la abrupta muerte de un íntimo amigo en un accidente de tráfico ocurrido en el mes de febrero.

Según publicó *La Vanguardia,* durante el homenaje que le brindaron sus compañeros en la entrada del Instituto Universitario de Educación Física (INEF), estos escribieron mensajes de admiración: «Quererte ha sido fácil, olvidarte, imposible»; «Un placer conocerte en Grecia, mayor placer va a ser recordarte. Seguirá siendo especial. Te quiero, Dani». Entre todos recordaron el viaje a Grecia y el próximo que preparaban a Italia. Sus amigos imaginaban que a Daniel le habría gustado que sus cenizas quedaran en un campo de fútbol o, tal vez, en Grecia, un país que amaba.

MARÍA JOSÉ PEDRAZA PINO
41 años. Madrid. Vallecana de pura cepa, trabajaba como auxiliar en la Consejería de Sanidad de la Comunidad de Madrid. Estaba soltera.

El siguiente objetivo de María José consistía en superar una oposición en la Comunidad de Madrid que le permitiría ascender desde su puesto como auxiliar administrativo en la Consejería de Sanidad y Consumo. Por eso, la noche anterior repasó algunos de los temas de la oposición. La fecha de la primera prueba estaba a la vuelta de la esquina, el 28 de marzo. Quedaban menos de 20 días.

No era la primera vez que María José, de 41 años, trabajaba y estudiaba al mismo tiempo. Había nacido en el barrio de Vallecas y vivía con su hermana, con quien se repartía el cuidado de la madre. Tenía estudios de Magisterio y emprendió la carrera administrativa, aunque quién sabe si algún día llegaría a sentir la llamada de las aulas. De momento, estaba destinada en el Servicio de Ordenación Farmacéutica de la Consejería de Sanidad y Consumo de la Comunidad de Madrid y quería prosperar. «Y eso que ya tenía un puesto fijo...», destacaron sus familiares a *El País*.

Era la segunda de seis hermanos (cuatro chicas y dos chicos) y un pilar para toda la familia. Siempre dispuesta, ahora se sentía ilusionada por la expectativa de estrenar una casa de su propiedad en el ensanche de Vallecas. Le gustaba vivir, leer, recorrer Europa los veranos y estar con su gente. Después de la tragedia, sus compañeras de trabajo escribieron estas letras:

> María José se ha marchado. Cinco años fue nuestra compañera, nuestra María José, en la Consejería de Sanidad y Consumo de Madrid, pero la barbarie y la injusticia se ha encargado de truncar a los 41 años todas sus ilusiones. Hoy su silla está vacía, y nadie se atreve a ocuparla. El recuerdo de su presencia, de su buen humor y su bondad ha impregnado nuestros corazones.

Dos semanas después de los atentados, entre las sillas de los exámenes de la oposición, sus compañeros dejaron una vacía que denunciaba su ausencia. En su casa quedaron inertes sus libros de texto, subrayados y memorizados.

«Siempre escuchaba, ayudaba. Nunca salía un "no" de su boca», dijo Loli, su hermana menor, a *El País*. Para sus cuatro sobrinos era como «una segunda madre», señaló su cuñado.

María José estacionaba su coche en la estación de El Pozo para tomar después el Cercanías e ir al trabajo. Siempre cogía el mismo tren. En los últimos meses, «se le iluminaba la cara cuando hablaba de su nuevo piso, le hacía una ilusión increíble», contaron sus hermanos. Se había esforzado mucho para ello.

MIRYAM PEDRAZA RIVERO

25 años. Madrid. Había estudiado Delineación y llevaba la contabilidad en una gestoría. Tenía muchos proyectos en marcha, como su traslado de vivienda.

Miryam era hermosa y desprendía alegría. Le gustaba cuidar los detalles más nimios. Mimaba sus ropas, sus zapatos y hasta el vaso que elegía para beber agua. Tenía 25 años y llevaba tres casada con Óscar Hernández. «Estaba muy enamorada», dijeron sus más allegados a *La Vanguardia*. Siempre inquieta, cada día programaba un plan. Derrochaba juventud.

Vivía con su marido en Entrevías, justo debajo de su madre y de su hermano menor, de 21 años, así que subía a menudo a estar con ellos. María Ángeles, la madre, comentó a *El País* esa manera especial de ser de Myriam:

> Siempre estaba organizando cenas, cumpleaños, viajes. El año pasado en Semana Santa (2003) nos fuimos 13 de la familia a Lanzarote: hermanos, tíos, etc. Todos comentábamos que era «glamourosa». A veces, aunque se tratara de un simple regalo, montaba la parafernalia del envoltorio para realzarlo. Todas las noches preparaba su bolso y sus zapatos. Le decíamos de broma que era como Imelda Marcos. Hasta le habían hecho en su nueva casa el cuarto de baño de Ágata Ruiz de la Prada, el salón, de color malva, su habitación, azulona.

La víspera del 11-M subió a casa de su madre a por una maleta para irse a Londres. Se disponía a pasar cuatro días con su marido aprovechando el fin de semana. A ella se le quedaron grabadas sus últimas palabras: «Me dijo: "Mañana vengo a despedirme"».

Gozaba de su libertad antes de que llegaran los niños. Disfrutó preparando el viaje a Londres y quería ver a Fernando Alonso el 1 de mayo en el Gran Premio de Fórmula 1 en Montmeló (Óscar le había regalado las localidades el día de su cumpleaños, el 30 de enero). Pero lo que más ilusión le hacía era el pago de la entrada para el chalé en el que ampliarían la familia. «Era muy maternal —dijo su madre—. Y como tantas otras cosas que no pudieron llegar».

Había estudiado Delineación y trabajaba como contable en una gestoría en la céntrica calle madrileña de Cea Bermúdez. Sus primeros estudios los cursó en el colegio Santo Ángel, en Entrevías, y después en un Instituto de Vallecas. Le gustaba hacer aerobic, yoga y bailar sevillanas, donde brillaba con su arte. Su ascendencia andaluza por parte materna le salía por los poros. «Bailaba sevillanas como nadie —dijo su marido—. Tenía duende, eso que casi nadie sabe lo que es». Myriam iba a menudo a Montilla (Córdoba), la tierra de su madre y sus abuelos.

Todos los días cogía el tren en la estación de la Asamblea de Madrid hasta Nuevos Ministerios, cerca de su lugar de trabajo. Como de costumbre, la acompañaba una amiga que resultó herida por la explosión.

Cuando hacía planes, Miryam tenía presente a todos. «A quien más quería en el mundo era a su sobrina de siete años, Andrea, y a mí —contó su madre—. Fueron las únicas de la familia que salieron rubias y con los ojos azul intenso. Andrea le llamaba "Tata", y así se quedó para nosotros [...]. Era tan perfeccionista...».

Miryam soñaba con tener una casa en el campo rodeada de árboles. Y con ser feliz junto a sus familiares. En Montilla fue inaugurada una plaza que lleva su nombre.

ROBERTO PELLICARI LOPEZOSA

31 años. Madrid. Empleado de mensajería. Acompañaba a su esposa en el tren. Hicieron juntos su último viaje.

Roberto nació en Vallecas y llevaba poco tiempo en el barrio de Santa Eugenia, donde él y su mujer, SONIA PARRONDO ANTÓN (véase pág. 376), compraron una vivienda después de siete años de relación. Llevaban diez meses casados. Roberto trabajaba en la empresa de mensajería MRW y, a menudo, como ese jueves, solía acompañar a Sonia en el tren. Ambos murieron en la estación de El Pozo.

No le importaba madrugar un poco más para acompañar a Sonia. De natural cariñoso, siempre fue, según sus íntimos, «un niño grande». Y si Sonia sentía pasión por las canciones melódicas y el baile, él, lo sentía por el fútbol y por su Atlético de Madrid. Era tanta su afición que tenía, en realidad, dos amores: Sonia y su equipo. Su habitación de soltero seguía presidida por la cabeza de un indio (símbolo de los atléticos) y por una foto dedicada de Fernando Torres: «Para Roberto, de MRW, con mucho cariño de su amigo Fernando Torres».

Estudió Psicología, pero pronto quiso encontrar un empleo y nunca llegó a ejercer. Estaba conforme con su trabajo estable y con Sonia a su lado. De niño había conocido en su barrio lo que es vivir y superar momentos difíciles, así como lo que significa el refugio familiar. En su habitación de soltero seguía uno de los regalos que le hizo Sonia: un símbolo indio con plumas para robar los malos sueños, un «atrapasueños».

Su pasión futbolera la compartía principalmente con su único hermano, Sergio, menor que él, y con su madre, Reme. Veían los partidos por televisión y, al parecer, Roberto no movía un músculo. «El domingo le encantaba tragarse todo el deporte que se transmitía. También le gustaba mucho la Fórmula 1. Yo iba con Schumacher y él con Fernando Alonso, y nos picábamos», contó su madre a *El País.* Su padre, Mario, contemplaba la escena.

Entre todos bautizaron al perro de la familia como Sacchi, en honor del entrenador italiano del Atlético de Madrid en 1998. Roberto lo tenía todo de su club y hasta coleccionaba cuencos con el escudo. Tras la tragedia, su primo consiguió que los jugadores del equipo colchonero firmasen una camiseta en su honor.

Sus compañeros destacaron su alegría contagiosa. Era fan de la música española, de Estopa, y lector asiduo de Stephen King. Moreno con ojos azules, Roberto madrugaba un poco más para estar con Sonia, con quien murió aquel fatídico 11 de marzo de 2004.

MARÍA DEL PILAR PÉREZ MATEO

28 años. Coslada (Madrid). Estaba soltera y trabajaba como teleoperadora en la Agencia Tributaria.

María Pilar residía en Coslada (Madrid) con su madre, Concha, y su hermano Ángel. Sentía un vínculo muy especial con su sobrino Jorge, hijo de su hermana Concepción. Hacía apenas un mes que había conseguido trabajo como teleoperadora en el Departamento de Información de la Agencia Tributaria. Era funcionaria interina y preparaba oposiciones para optar a una plaza fija.

FELIPE PINEL ALONSO

51 años. Fuenlabrada (Madrid). Trabajaba en ADM Interiores.

Felipe, de 51 años, vivía en la localidad de Fuenlabrada. En la Plaza de la Constitución de la localidad madrileña se instaló la escultura, de Juan Asensio y Adrián Carrá, titulada *Metáfora del fuego,* que lleva inscritos los nombres de los seis fuenlabreños que perecieron en los atentados.

MARTHA SCARLETT PLASENCIA HERNÁNDEZ

29 años. República Dominicana. Llevaba cuatro años en Madrid, donde trabajaba como empleada del hogar. Estaba casada y no tenía hijos.

Martha nació en Jarabacoa, una localidad situada en la Cordillera Central de República Dominicana. Había dejado su país en el año 2000 para trabajar en España, con el apoyo de dos de sus cinco hermanos, que ya residían en Madrid. Estaba casada pero aún no se había decidido a ser madre.

Trabajaba como interna en una casa y había obtenido recientemente la nacionalidad española. Cuando tenía el día libre, lo aprovechaba para estar con su familia: con su hermana Josefina, su cuñado Roberto y sus sobrinos, en el barrio madrileño de Villaverde. «Era muy guapa. Siempre iba muy bien vestida y le encantaba la ropa», contó su amiga Nani a *El País.* Se sentía contenta en

Madrid. Echaba de menos Santo Domingo, pero tenía trazados sus objetivos.

La víspera de la masacre, Martha pasó su día libre con su hermana y su cuñado en Villaverde. Por la mañana temprano salió con Francisco, el cuñado de su hermana, con quien había viajado el pasado febrero a Jarabacoa en la última ocasión que vio a toda su familia. «Nos despertamos a la vez y fuimos juntos a la estación. Tomamos el tren hasta Atocha. Durante el trayecto hablamos del viaje a Santo Domingo, en el que le habían extraviado una maleta», narró Francisco. Martha le explicó que tenía que tramitar la reclamación a la compañía aérea. «Cuando llegamos a Atocha, nos separamos para ir cada uno a su trabajo en diferentes trenes», añadió. Él tomó el tren de los «supervivientes», en dirección a Guadalajara, que le dejó a 50 metros de la estación de El Pozo, donde acababan de estallar dos artefactos. Martha no llegó a salir de Atocha.

Era una joven muy alegre y tenía mucho sentido del humor. La familia para la que trabajaba en Madrid la adoraba. Ellos recorrieron todos los hospitales para encontrarla aquel terrible día.

Josefina y Roberto reconocieron el cadáver de Martha. Al día siguiente no se sintieron con fuerzas para acudir al tanatorio. Noches después acompañaron en el avión al féretro con los restos mortales de Martha, que regresaba definitivamente a Santo Domingo.

ELENA PLES

33 años. Rumanía. Empleada doméstica en Majadahonda. Soñaba con rehabilitar una cabaña en los Cárpatos (Transilvania). Estaba casada.

Elena llegó a Coslada desde los Cárpatos (Rumanía) con su marido, Ionel, hacía ya un año y medio. Todos sus esfuerzos se centraban en la idea de volver con los medios suficientes para rehacer la casa que quedó allí: una cabaña en el monte Cioclovina, en la provincia de Hunedoara, en Transilvania.

Tenía ocho hermanos, tres de los cuales (David, Marius y Ioan) estaban ya en España cuando ella llegó. Los demás se repartieron por Alemania e Italia. Era fuerte, curtida en el trabajo de campo en su país natal. A los 17 años ya empuñaba la hoz con soltura para cortar la hierba. Después trabajó como mecánica en una fundición. En Majadahonda encontró un trabajo como empleada doméstica, y hasta allí se dirigía aquel día desde su domicilio en Coslada.

Elena había sufrido tres abortos, pero esperaba lograr tener hijos y criarlos en la casita de sus sueños en Rumanía. El día del atentado, su marido, albañil, se encontraba en Rumanía preparando las obras que con tanta ilusión ella deseaba comenzar. Allí conoció Ionel la noticia de la masacre.

Se había ganado el afecto de la familia para la que trabajaba en Majadahonda, y les divertían los juegos de palabras que utilizaba para aprender el idioma. Cada día asimilaba algo nuevo y volvía diciendo: «Ya sé una palabrita más», contó su primo Daniel a *La Vanguardia.*

Su marido deseaba volver a Rumanía para abrir un taller de cristalería en la localidad de Calan, donde estaba la casa que estaban habilitando para vivir. Entretanto, en Coslada, a Elena le gustaba ir a ver tiendas, aunque no se decidía a comprar casi nada. Tras el atentado, Ionel decidió arreglar la casa de ambos en los Cárpatos, como ella quería. Y construyó un pequeño santuario junto a la cabaña.

María Luisa Polo Remartínez

50 años. Ateca (Zaragoza). Llevaba un mes trabajando como ayudante en la Biblioteca Nacional. Estaba casada y era madre de una hija.

Hacía un mes que Luisa acababa de conseguir un empleo en la Sección de Depósito de la Biblioteca Nacional, tras haber trabajado durante unos meses en el guardarropa de la institución. Este fue su primer empleo fuera de casa. Cuando su hija Soraya alcanzó la mayoría de edad, decidió apuntarse a las listas del paro. Vivía en el barrio madrileño de Aluche con su marido y su hija.

Nació en Ateca (Zaragoza) y allí pasó la mayor parte de su vida hasta que se casó. En el pueblo le esperaba siempre su familia: su madre, María Luisa Remartínez, de 80 años, y su hermana gemela Mari Ángeles, a la que estaba muy unida.

De vida y modos sencillos, Luisa sintió el impulso de trabajar, «aunque no le hacía falta —precisó su madre al diario *El País* tras la masacre—. Pero, claro, su hija Soraya era ya mayor y a ella el trabajo le servía de distracción y para hacer amistades. Luisa tenía inquietudes, le gustaba el arte, la música, la gimnasia rítmica y deseaba ampliar horizontes».

La mañana del 11 de marzo de 2004, tomó el tren en la estación de Aluche para llegar a su trabajo, próximo a Atocha. Se sentía cómoda en Madrid, pero le gustaba ir al pueblo siempre que podía, los bailes en la plaza, la cercanía de los vecinos y pasear por las calles de su infancia.

Su hermana gemela, Mari Ángeles, confesó que aquella mañana sintió un escalofrío inexplicable, un estremecimiento. La familia tardó en darse cuenta de que Luisa se encontraba entre las víctimas. «Yo me resistía a creerlo, pero ya presentía que algo le había pasado», contó Mari Ángeles. Lo cierto es que su hermana no solía coger el tren, y eso era lo que le repetía Soraya, su sobrina e hija de Luisa, en las horas de zozobra. «No te preocupes, tía, que mi madre no coge esa línea».

Las dos gemelas eran uña y carne. «No discutían nunca, eran muy *apañadicas* las dos», recordó la madre. La última vez que las dos hermanas hablaron largo rato fue el 3 de febrero, el día que cumplieron 50 años. «Yo le dije que lo llevaba muy mal, y que iba a empezar a quitarme años. Ella, en cambio, dijo estar en lo mejor de la vida. Estaba muy contenta y feliz», contó Mari Ángeles a *La Vanguardia*.

También pensaban eso los primos y vecinos de Ateca, que la vieron el septiembre anterior en las fiestas del pueblo. Luisa vivió y estudió allí hasta bien entrada su juventud. Se trasladó a Madrid cuando se casó, hacía 20 años, con Emilio, un madrileño que trabajaba como administrativo en una gestoría. La vida del matrimonio, especialmente la de Luisa, estuvo centrada en el crecimiento y los estudios de Soraya, que estaba a punto de cumplir 19 años. El pasado curso no pudo presentarse al examen de Selectividad a causa de una mononucleosis que le obligó a ausentarse durante varias semanas. Por eso, ese año estaba haciendo un ciclo superior de Formación Profesional mientras esperaba acceder a la universidad en junio.

Luisa fue enterrada en Ateca, arropada por sus paisanos.

IONUT POPA

23 años. Rumanía. Albañil. Vivía en Coslada con su novia Katia, con la que tenía planeado casarse en primavera. Perdió la vida junto a su primo, Petrica Geneva.

Ionut (*Juanito* en España), nació en un pequeño pueblo a 120 kilómetros de Bucarest. Hijo único de una modesta familia, llegó a España en 2003, a los 22 años, junto a su inseparable primo PETRICA GENEVA (véase pág. 305). Trabajaba en la construcción y, aunque no tenía los papeles en regla, se sentía feliz. Todo lo hacía rápido: hablar, trabajar, ayudar... Y para el mes de mayo tenía proyectada su boda con Katia, también compatriota, en su país natal.

Cuando llegó a España se estableció en Coslada (Madrid), municipio que ese año albergaba una colonia de 7.000 ciudadanos rumanos. Junto a su primo, trabajaba de obra en obra para hacer realidad sus planes de futuro. Como informó *El Mundo,* los más inmediatos eran tomarse unas vacaciones en su país y, dos meses después, casarse allí con Katia.

Sus compañeros de trabajo le recordaban siempre alegre. «De chapuza en chapuza, y siempre de buen humor; con su risa contagiosa», contaron a Elsa Fernández Santos, de *El País*. Pronto conoció las costumbres y las comidas de España. Al principio, el marisco le producía aversión, pero cada vez le gustaba más. Le encantaban las costillas de cerdo de Ribs. Cuando salía del trabajo, y si Katia estaba libre (ella trabajaba como empleada de hogar), le gustaba escuchar música rumana, tirarse en el sofá y tomar refrescos, ganchitos y patatas. En la salita de estar que compartían en Coslada ocupaba un gran espacio el radiocasete. Música, radio y televisión: todo a un tiempo. Les gustaba el bullicio.

A Ionut le atraía España, su gente y sus costumbres. Como relató *El País,* hacía poco tiempo que descubrió El Rastro en Madrid y siempre quería volver. Le cautivaba el ambiente y la oferta de productos. Su jefe de obras, Álvaro, que se definió más como amigo, le llamaba «Juan» para evitar confusiones. Decía que era serio y «con mucha cabeza», a pesar de su juventud.

Le gustaba la moda y disfrutaba mirando los escaparates de Coslada. A veces se gastaba lo que podía en ropa, más bien clásica:

pantalón de pinzas, cinturón y camisa. Decía que no se iría nunca de España, aunque viajó a Rumanía el verano anterior para ver a su familia.

Ionut y Petrica, siempre juntos, solían desplazarse en la furgoneta de su jefe, pero los últimos días tomaban el tren porque el vehículo estaba siendo reparado en el taller. Los dos primos encontraron la muerte el 11 de marzo en la estación de Santa Eugenia. La búsqueda de Ionut fue angustiosa. Hasta el lunes 15 de marzo, cuatro días después de que familiares y amigos recorrieran todos los hospitales de Madrid, no se identificó su cuerpo. Los restos de Ionut regresaron a Bucarest.

EMILIAN POPESCU

42 años. Rumanía. Encargado de pintura en una empresa de construcción. Estaba casado y tenía dos hijos virtuosos del violín.

«Nos enseñó que lo importante es ser amable con la gente». David Lucian, de 15 años, estudiante de 4.° de Primaria y de música, hablaba así del legado de su padre, Emilian Popescu, un trabajador rumano que llegó a España para abrirse camino. David estudiaba violín, al igual que su hermano, Alin Emil, de 19 años, «como él quería». Ambos daban conciertos en Madrid.

En España, Emilian Popescu, de 42 años, era jefe de varias cuadrillas de obreros de la construcción. Se encargaba de los trabajos de pintura en una empresa constructora. También remozaban establecimientos hosteleros y conocidas franquicias de cafeterías. «Casi todos los hemos reformado nosotros», recordó Antonio, uno de sus compañeros, que habló con *El País* sobre su compañero: «Emil hablaba muy despacio, nunca una mala palabra, ni una voz más alta que otra».

Trabajaba todo el día y llegaba a casa a medianoche. «Solo descansaba los sábados», explicó su hijo Alín Emil. Salió el primero de Bouza (Rumanía) hacía ocho años, y dos años después lo hicieron los demás: su mujer, Corina, y sus dos hijos. Se instalaron en Coslada, pero estaban decididos a luchar para adquirir una vivienda en propiedad. Corina, de 38 años, pronto encontró trabajo como empleada del hogar, mientras los chicos continuaban sus estudios y sus clases de violín en las que ya se habían iniciado en Rumanía.

Madrugaba a diario para tomar el tren desde Coslada hasta Atocha y enlazar después con el Cercanías hacia Getafe. Tenía poco tiempo, pues echaba muchas horas diarias en el trabajo, pero le gustaba la montaña, visitar los Pirineos y viajar por el país. La fotografía difundida por sus familiares reflejaba el aire sobrio de un hombre enjuto, concentrado en sus quehaceres.

Trabajo y trabajo, salvo el sábado. Ese día, los fieles de la Iglesia Adventista del Séptimo Día lo dedican al descanso y la oración. «Se echará de menos su voz en el coro», se lamentó un amigo. Sus hijos, en cambio, siguieron tocando sus violines en la iglesia gracias también al empeño del padre, que les inculcó el amor por la música clásica. Habían comenzado dando conciertos en solitario en la iglesia adventista de Coslada, y sus padres se esforzaron para que cursaran violín en el Conservatorio de Arturo Soria. «Son muy buenos», resaltaron todos. Corina añadió orgullosa: «Van a trabajar tocando el violín, como músicos, como quería mi esposo», afirmó a *El País*.

Aquellas horas les quedarán grabadas. Como ocurrió con tantas otras víctimas, la peregrinación por los hospitales madrileños fue triste y larga, hasta que hallaron su cuerpo en el pabellón de IFEMA.

Su hijo David recordó a *La Vanguardia,* con serenidad y precisión, los últimos minutos con su padre: «Le vi aquella mañana y me despedí de él como todos los días. Fue mi mejor ejemplo».

El periodista Pedro Simón, de *El Mundo,* publicó esta semblanza de la familia Popescu, a los diez años de la desaparición de Emilian:

> «Quiero besarte otra vez, cariño, porque no sé cuándo voy a regresar».
>
> No es Bogart ni estamos en *Casablanca.* Es Emilian Popescu y estamos en Coslada. Es Emilian, que sale del ascensor como si hubiera olvidado la escena del beso. Y se acerca a Corina, que aguarda en el umbral de la puerta. Y la abraza como lo hacían los galanes de cine de los 50. Si hubiera llevado puesto un sombrero

negro de ala ancha, imaginemos, este habría caído al suelo en el trance del contacto.

Habría quedado bien que David hubiera sacado en ese instante este violín que su padre le regaló en el 94, cuando era un niño que empezaba a descifrar la armonía. Porque al rato todo estalló y nos quedamos sordos.

Cuando explotó aquel tren de El Pozo, el hijo llevaba meses con la Sonata número 1 de Brahms para violín y piano. El padre regresaba de su trabajo como jefe de obra y se quedaba allí embobado escuchando al hijo, sin quitarse la ropa, curándose, mientras sonaba la banda sonora de Dios por el pasillo.

Así como oyen: David saca el violín, lo acaricia, lo afina, interpreta aquella pieza para nosotros. El periodismo te regala cosas de estas: Corina se toca la cara.

«Le costó mil dólares. Se lo compró a los niños en Buzau, a 100 kilómetros de Bucarest, en 1994. Siempre quiso que sus hijos estudiasen música, aunque él nunca pudo hacerlo». Si aquel día hubiera hecho lo de siempre (ir con su esposo en el tren), en vez de haberse citado con el dentista, esta historia tendría dos asientos vacíos y no uno.

La paradoja es que todos han terminado cogiendo el tren. Corina, que trabaja en una casa, y toca la mandolina. David, que terminó sus estudios en el Conservatorio Superior. También su hermano Alin, que se fue a Brasil, donde es profesor de violín.

La vida gira hoy a 33 revoluciones por minuto. La vida es el vinilo roto de Emilian, el disco rayado de su ausencia. Si hubiera visto su obra, habría aplaudido a rabiar.

Miguel Ángel Prieto Humanes

37 años. Villaluenga de la Sagra (Toledo). Ingeniero de telecomunicaciones. Se trasladaba a diario a Madrid. Casado y padre de dos niñas de dos años y tres meses.

Miguel Ángel vivía con su familia en Villaluenga de la Sagra, un pueblo de 3.000 habitantes situado en la provincia de Toledo. Allí había nacido, allí se casó y allí deseaba vivir y criar a sus hijas, de dos años y tres meses. Trabajaba como ingeniero de telecomunicaciones en una empresa ubicada en la Plaza de Castilla, en el norte de Madrid, por lo que recorría a diario 100 kilómetros desde su pueblo hasta el trabajo.

Habitualmente, se trasladaba en coche desde el pueblo toledano hasta la localidad madrileña de Villaverde, a unos 30 kilómetros, junto a su única hermana, y allí tomaban el Cercanías para llegar a sus distintos destinos en Madrid. Aquella mañana iba solo y no llegó a subir al tren. Murió en la estación de Santa Eugenia. Todos sus amigos lamentaron el vacío de su muerte: «Era ejemplar y un gran amigo, entrañable, muy casero. Cuando hacía buen tiempo, se le veía pasear con la familia y cuidar durante horas de su jardín. Esto es un golpe terrible para todos».

Miguel Ángel fue enterrado en su pueblo.

Le segaron la vida cuando más la sentía, en el cuidado primoroso de sus dos hijas. Nada era comparable. El padre de Miguel Ángel trazó su semblanza un día después de los atentados en conversación con el periodista de *El País* Francisco Peregil:

> Su padre, Juan, reconoce que a veces le enervaba la aparente falta de ambición de su hijo. «Yo creía que tenía pocas ambiciones, pero ahora me he sentido muy orgulloso de él porque me he dado cuenta de que fue capaz de elegir y hacer lo que realmente quiso: estar con su familia». El padre intentó convencerlo alguna vez de que estudiase inglés y prosperara en su trabajo. Pero él regresaba a las siete de la tarde a casa y solo quería revolcarse en la alfombra con las hijas. Le encantaba bañarlas y vestirlas. «Todas las horas que hubiese perdido estudiando para sacar más dinero no habría disfrutado de su familia ni sus hijas de él», reconoce el padre. Solo se compró un coche cuando se casó, hace tres años.
>
> «En política, en principio pensaba de una forma, cuando era estudiante, y luego de otra. Y al final se estaba desengañando de todos. A él le daba la impresión de que los políticos nos estaban pidiendo mucho a cambio de subirse a un sillón. Pero habría ido a votar». Le encantaba la jardinería y tenía un patio lleno de flores.

«Esta es la época en que solía cambiar las macetas», recuerda el padre. En su casa se han quedado los regalos que le habían comprado para el Día del Padre: un disco de los Rolling y un libro sobre la historia de Roma.

FRANCISCO ANTONIO QUESADA BUENO

44 años. Madrid. Administrativo en el Instituto Español de Comercio Exterior (ICEX). Padre de dos hijos, murió junto a su novia, Marta del Río, la hermana de esta y una compañera de la última.

Francisco llevaba 20 años trabajando en el ICEX, pero la vida le proporcionaba ahora nuevas ilusiones. Hacía un año y medio que había rehecho su vida con MARTA DEL RÍO MENÉNDEZ (véase pág. 399), su compañera de trabajo, tras la separación de Toñi, la madre de sus hijos, Sonia y Mario, de 11 y ocho años, respectivamente. Se sentía animado y tenía previsto casarse de nuevo. Al mismo tiempo, en su trabajo disfrutaba de su ascenso profesional. Trabajó como auxiliar y ahora era jefe administrativo y responsable de la distribución de publicaciones de comercio exterior.

Mantenía una relación estrecha con sus padres y hermanos, y conservaba buenos amigos de la infancia. Residía en Móstoles, pero los martes y los jueves solía recoger a su novia, en el barrio de Santa Eugenia, para hacer juntos el trayecto hasta el trabajo. Allí, en la misma oficina, sus compañeros fueron testigos de su historia de amor. Como Marta, él tenía dos hijos y ambos se esforzaban por sacarlos adelante. Era un padre «detallista y amoroso», según dijeron quienes más lo conocieron.

Con sus compañeros se mostraba extrovertido, «simpático y bueno». Bromista desde niño, como cuando imitaba junto a Pepillo, su amigo de siempre, al pato Donald. En sus ratos libres se dedicaba a su gran *hobby,* que era el deporte. Pertenecía a la Peña Ciclista de Parque Rivas, afición que compaginaba con el fútbol sala. Era el número 17 y jugaba de portero. Colaboraba en la celebración de festivales benéficos. Después de los atentados, sus compañeros colocaron el *coulotte* verde, el color del equipo, como homenaje a José Antonio junto a la estación de Santa Eugenia.

Sus padres, Juan y Dolores, enfermos del corazón, se preguntaban cómo soportar el golpe de perder a «un fuera de serie». Su hermana Mari Luz recordaba su infancia en conversación con Octavio Toledo, de *El País:* «De pequeño, era un bruto y se hacía muchas heridas». Ella misma le aguantaba las gafas y el reloj cuando se peleaba con otros chiquillos.

En su funeral se percibió el calor de los amigos. Pepillo, que le acompañó siempre, bombero de profesión, se temió que entre los cadáveres sin identificar aquel 11-M se encontrara el cuerpo de Francisco.

JOHN JAIRO RAMÍREZ BEDOYA

37 años. Colombia. Empleado en una empresa de limpieza. Llevaba cinco años en España. Residía en Torrejón de Ardoz. No llegó a saber que su esposa estaba embarazada.

John Jairo nació en Pereira (Colombia), una región montañosa del oeste del país, donde sus habitantes conocen la destrucción y la muerte causadas por los terremotos. Sin embargo, a él le tocó morir en España, a donde había llegado cinco años atrás con el objetivo de regresar a su país en mejores condiciones.

Vivía en Torrejón de Ardoz con su esposa, María Teresa, también colombiana, y trabajaba en una empresa de limpieza que daba servicio a diversos establecimientos e instituciones. En aquel tiempo se desplazaba a Madrid para limpiar las aulas de la universidad. Aquella mañana, viajaba en el tren con un amigo boliviano que resultó gravemente herido. Él murió en el tren que explotó en El Pozo a las 07:41 horas.

El primer empleo que encontró en España fue en Turégano (Segovia), en las granjas de cría porcina. Allí comenzó a salir con María Teresa Pérez, a quien, pese a haber nacido en la misma demarcación colombiana de Pereira, no había conocido en su país. Enseguida iniciaron una relación que los llevó a casarse y a compartir sus proyectos de vida.

Era un hombre alto y delgado al que sus amigos le decían que era «igual que NN (Ene Ene)», un conocido personaje de la televisión colombiana. Soñaba con tener un hijo, y no llegó a saber que su mujer estaba embarazada de pocas semanas. «Siempre me decía que es lo más grande que le puede pasar a una persona. Teníamos muchísima ilusión en tener un hijo», contó María Teresa a *La Vanguardia.* John Jairo quería montar una floristería en su país y regresar cuanto antes. No paraba quieto y compartía «hasta la barra de pan».

En la granja de Segovia lo recordaban con afecto, hasta el punto de que cada año, en diciembre, regresaba para celebrar la Navidad asando el cerdo y regándolo después con algo de aguardiente. Un compañero peruano con el que se reunía en la granja le recordó así en *El País:* «Era amoroso y romántico con su señora». Ella llegó al velatorio abrazando la bandera de su país. John Jairo deseaba regresar a Colombia, «pero no metido en una caja —clamó desgarrada su viuda—. No los perdonaré. Son unos canallas». María Teresa no sabía aún que estaba embarazada y, después de unos meses de ilusión por llevar en su vientre un hijo de John Jairo, perdió la criatura.

El periodista José Ángel González esbozó así la historia de John Jairo y María Teresa para el periódico *20 Minutos:*

> La noche antes, cuando ella llegó a casa tarde, bromearon con la picardía de los colombianos serranos, gente crecida en valles donde se cultiva el mágico café: «Usted estaba preocupada porque creía que yo estaba con otra mujer», dijo John Jairo Ramírez Bedoya (37 años). «Si lo veo con otra, lo mato», dijo María Teresa Pérez Acosta (31). «Yo lo que quiero es dejarla sola, mi Gorda. Yo lo que quiero es morirme», siguió él. «El día que tengamos un hijo, seguro que no me dice lo mismo». Ninguno de ambos presentía que, al día siguiente, la conversación en tono de chanza sería un recuerdo con regusto macabro. Tampoco sabían que ella estaba embarazada desde el 6 de marzo, fecha en la cual, según han dicho los médicos, María Teresa fue fecundada por John Jairo. La mujer se enteró de que estaba encinta en Pereira, el pueblo colombiano en el que habían nacido los dos y al que ella fue acompañando al ataúd de John Jairo, muerto el 11-M en la estación de El Pozo. Las familias recibieron la noticia como una casi milagrosa compensación al dolor. Deseaban que fuera un niño y

llegara con lo mejor del padre, un hombre incapaz de decir no, caballeroso y noble hasta el punto, como dice su mujer, de «repartir la única barra de pan que tenía».

María Teresa volvió a la casa de Torrejón de Ardoz, siguió trabajando siete días a la semana —limpiando de lunes a viernes y despachando pizzas los fines de semana—, saliendo a las seis de la mañana y regresando a las diez de la noche, intentando recomponer un orden que quizá nunca regrese. Sueña a menudo con John Jairo, con el que vivió los dos mejores años de su vida. En uno de esos encuentros le vio vestido de blanco. «Está usted muy lindo, parece un palomo», le dijo. En otro, se encontraron en la cama donde dormían y ella le dio la noticia del embarazo. Querían tener un niño este año, ahorrar hasta lo imposible y regresar a Colombia para montar un negocio modesto y vivir en su tierra.

A pesar de proceder del mismo lugar, se habían conocido, hace cinco años, en Turégano (Segovia), donde trabajaban en granjas de cría porcina. Fueron amigos durante un tiempo y se enamoraron perdidamente. Vinieron a Torrejón porque él encontró empleo en una empresa de limpieza, la misma que ahora ha dado trabajo a la mujer. «Estaba siempre pendiente de mí, me llenaba de detalles de amor y ternura. Me gustaba lo hombre que era conmigo, nunca me dejó sola». Hace trece días, tras dos meses y medio de gestación y mucha ropita de bebé comprada, María Teresa sufrió un aborto. «No aguanté la angustia, el dolor, la tensión de no tener una respuesta para la pregunta que no dejo de hacerme y que nunca va a tener una respuesta: ¿por qué? El bebé tampoco aguantó. Era mi alivio, mi ilusión y perderlo fue como revivir la muerte de John Jairo, como si él hubiese muerto dos veces».

LAURA RAMOS LOZANO

38 años. Honduras. Esposa de Saúl Valdés, que la acompañó en su último viaje, y madre de seis hijos. Trabajaba como limpiadora.

Laura llegó a España en 1994 para reunirse con su marido, SAÚL VALDÉS RUIZ (véase pág. 450), que llevaba dos años en Madrid. Tenían nueve hijos entre ambos y en poco tiempo pudieron traer a cuatro de ellos a España. Laura cambió La Lechuga, una pequeña aldea de la provincia hondureña de Choloma donde conoció a Saúl, por el barrio de Vallecas. Desde allí recorría distintas zonas de Madrid limpiando oficinas, bancos y empresas. Trabajaba sin descanso.

En un primer momento se instalaron en la casa de su suegra, una mujer que abrió camino a la diáspora hondureña en el Madrid de los años setenta. Poco después, como informó *El País,* accedieron a una de las viviendas de Vallecas que Saúl había ayudado a construir. Allí residían junto a cuatro de sus hijos: Saúl, de 21 años, aprendiz de electricista, hijo del primer matrimonio del padre; Kennia, de 16, futura esteticista; Nixma, de 14, y Saúl, de 12. En Honduras quedarían otros cinco hijos, tres de Laura y Saúl, y otros dos del matrimonio anterior de él.

A veces no le llegaban las horas del día para el trabajo, ni siquiera los festivos, y además organizaba su casa para los chicos. Allí se metía en la cocina para preparar las comidas y la intendencia del hogar.

Laura cogía el Cercanías cada mañana temprano para ir al trabajo, mientras que su marido solía utilizar el coche para llegar a la obra. Aquel día pensaba regresar a mediodía, porque tenía un montón de cosas que hacer. Sin embargo, el azar quiso que todo saltara por los aires, que viajara junto a su marido en el vagón —el coche estaba en el taller— y que el tren estallara en El Pozo.

La mujer de pelo negro y ojos brillantes, que estaba siempre pendiente del bienestar de sus hijos, lo que más deseaba era que estos se formaran para el futuro, para lo cual intentaba ganar todo el dinero posible, tanto para sacar adelante a la familia de aquí como a la de allí. En Honduras tenían otros cinco hijos, y cada cierto tiempo les enviaban dinero. Laura y Saúl tenían problemas económicos, aunque no parasen de trabajar, «pero eso los unía, les hacía tener metas juntos», contó José, tío de Saúl, a *El País.*

Antes de salir de casa, Laura hablaba con su hija mayor, Kennia, de 16 años y estudiante de peluquería, y le pedía que se hiciera cargo de las tareas domésticas: «Pórtate bien y cuida a tus hermanos», le decía. Los ojos de Kennia son los de Laura, aunque se ensombrecieron por el brutal impacto de la tragedia. La chica solía experimentar con el cabello de su madre: «Mamá lo tenía moreno, largo, rizado. Precioso».

En La Lechuga fue velado el cuerpo de esta mujer luchadora, mientras que el de su marido se trasladó al velatorio de la colonia Fe y Esperanza. Después fueron enterrados juntos en un «cementerio neutral», según publicó el diario hondureño *La Tribuna*. Fueron despedidos con todos los honores y con el apoyo especial de la primera dama hondureña, la sevillana Aguas Ocaña, quien, nada más conocer la noticia de la tragedia, ofreció a sus familiares todo su cariño y solidaridad.

MIGUEL REYES MATEOS

37 años. Alcalá de Henares (Madrid). Administrativo en el Departamento de Emigración del Ministerio de Trabajo. Estaba soltero.

Miguel conocía bien los problemas de los inmigrantes que murieron con él en el tren que iba desde Alcalá de Henares hasta el centro de Madrid. Desde hacía 14 años formaba parte del personal laboral del Ministerio de Trabajo y Asuntos Sociales y les atendía en el Departamento de Inmigración y Extranjería. Sabía bien en qué consistían los procesos que debían atravesar y les indicaba los trámites y requisitos necesarios para regularizarse en España u obtener un permiso de trabajo.

En pocos meses —el 2 de mayo— habría cumplido 38 años. Era el único soltero de los cuatro hijos de Emilio y de María Antonia. Salía con una chica desde hacía seis meses y comenzaba a buscar una casa propia —acabó encontrándola en la misma urbanización de sus padres—. «Estaba siempre con nosotros. Era de esos hijos excepcionales que nunca acaban de marcharse. Siempre andaba detrás animándome a preparar bizcochos o ayudándome en la casa», contó su madre a *El País*. Miguel siempre tuvo un gran vínculo con su familia. Había nacido al tiempo que un hermano gemelo que falleció dos días después.

Cada tarde, cuando volvía del Ministerio, acompañaba a su madre a recoger a su sobrina de siete años en el colegio. La niña estaba al cuidado de los abuelos hasta que sus padres regresaran del trabajo. Esa era la vida familiar que le gustaba: disfrutar de los detalles cotidianos. Ya tenía elegida una bicicleta estática que pensaba regalar a su padre el Día del Padre unos días después.

No le gustaba estar fuera de casa hasta altas horas. De estilo perfeccionista y tranquilo, llevaba una vida sana, no acostumbraba a beber y hacía deporte en un gimnasio de Alcalá, según publicó *El Mundo.* Y animaba al Real Madrid. Prefería lo ordenado y lo previsible, la ropa de marca y la vida de siempre. Veraneaba con sus padres en Guardamar del Segura (Alicante) y se ocupaba de ayudarles en las tareas domésticas. En una fotografía de la recién inaugurada casa de Miguel, se le veía delgado y sonriente junto a sus hermanos.

La suya fue una vida apacible aderezada con música clásica, cine y ocio en Internet. El 11 de marzo varió su rutina: le habían concedido una rotación de horarios y entraba a trabajar media hora más tarde. Se encaminó desde Alcalá hasta Nuevos Ministerios y murió en El Pozo.

MARTA DEL RÍO MENÉNDEZ

40 años. Madrid. Divorciada y madre de dos hijos. Trabajaba de administrativa. Iba al trabajo con su novio, su hermana y una amiga. Los cuatro murieron en la calle Téllez.

Marta tenía 40 años y muchísimas ganas de vivir. Había estado casada y era madre de dos hijos: una niña de 11 años y un niño de seis, a los que adoraba. Ahora, desde hacía un año y medio, se sentía ilusionada ante la nueva relación con su compañero de trabajo, FRANCISCO QUESADA (véase pág. 393), con quien viajaba en el tren. Los acompañaban NURIA DEL RÍO MENÉNDEZ (véase pág. 400), hermana de Marta, y su compañera, DOLORES DURÁN (véase pág. 279).

Trabajaba como auxiliar administrativa en el ICEX, donde era muy apreciada por su carácter alegre y leal. Algunas mañanas, ella y su novio tomaban el Cercanías juntos. Según relata el libro *11-M Vivirán para siempre en nuestra memoria,* de la Asociación para la Defensa de la Dignidad Humana (ADDH), salían siempre de casa con las manos entrelazadas en dirección al trabajo. Marta se desvivía por sus dos hijos y solo pensaba en hacerles felices. A ellos les transmitió su amor por el cine y el cuidado de los animales.

El 11-M fue una de esas mañanas en las que coincidió con su hermana Nuria y su amiga Dolores Durán en el mismo vagón en la estación de Santa Eugenia. Desgraciadamente, los cuatro dejaron su vida en la calle Téllez.

Para su familia, Marta era una mujer decidida, alegre y una buena madre. La muerte de Marta y de Nuria supuso un cataclismo emocional para su familia, sus hijos, sus parejas, sus padres y sus tres hermanos. También lo fue para quienes los conocieron en Salamanca y Asturias, de donde eran sus padres. «Las hermanas Del Río Menéndez llevaban con orgullo el apellido de una de las familias más emprendedoras de Masueco (Salamanca) con las que estaban unidas en parentesco», rezaba una publicación local. Según el diario *La Vanguardia,* también eran conocidas en Asturias, la tierra de donde procedía la madre, a donde se desplazaban a menudo a pasar días de descanso y a ver a sus familiares en Avilés y Luanco.

Su hermano Carlos, que protagonizó una dura protesta contra el presidente del Gobierno en el funeral de Estado, relató diez años después sus sentimientos en el artículo titulado «El puñal cruel y helado», del que el diario *El Mundo* recogió este retazo (11 de marzo de 2014) en la crónica de Joaquín Manso:

> La vida sigue sin Nuria y sin Marta. La piña que antes eran los cinco hermanos la forman ahora sólo tres después de que la dinamita traída desde el pueblo de su madre, maldita casualidad, se llevase su sonrisa. «Mis hermanas no necesitaban que yo les demostrase cuánto las quería haciendo algo así. Pero me habían respaldado. Estarían orgullosas de mí. Seguro».

NURIA DEL RÍO MENÉNDEZ

38 años. Madrid. Licenciada en Ciencias de la Información. Trabajaba en una empresa de seguros. Casada y madre de una hija de cinco años, murió junto a su hermana, el novio de esta y una compañera de oficina.

Nuria no tenía descartado iniciar nuevos recorridos profesionales como periodista. Era su vocación y para la que se había preparado, aunque lo veía difícil. Además, tenía un trabajo que le interesaba, una hija de cinco años a la que adoraba, una vida con su marido y la ilusión de tener más hijos.

Como hacía a diario, tomó el tren en Santa Eugenia con su compañera de trabajo y vecina del barrio, MARÍA DOLORES DURÁN (véase pág. 279). Allí se encontraron con su hermana, MARTA DEL RÍO MENÉNDEZ (véase más arriba), a la que estaba muy unida, y con el novio de esta, FRANCISCO QUESADA BUENO (véase pág. 393). Juntos tomaron el tren y los cuatro murieron.

Casi siempre, a esa primera hora del día, Nuria iba un poco apurada, pues aprovechaba hasta el último segundo para estar con su marido y su hija, como destacó *La Vanguardia*. Tampoco iba sobrada de tiempo su hermana Marta para llegar a esa hora a la estación. Últimamente, las dos hablaban de su próxima reunión familiar, que tendría lugar en Avilés, donde viven su única tía carnal y sus primos. La familia quedó desolada. Como informó *El Mundo,* de los cinco hermanos, Carlos escribió un duro alegato contra el presidente del Gobierno, José María Aznar, durante los funerales de Estado por las víctimas del 11-M:

> A sus 38 años, Nuria era una mujer emprendedora, le apasionaba leer, viajar y conocer mundos. Nacida en Madrid y de orígenes asturianos por parte materna, y salmantinos por la paterna, en su trabajo supervisaba la asistencia a conductores. Estaba muy unida a su hermana Marta, con la que se llevaba dos años; habían crecido juntas, asistido al mismo Colegio y compartido amigas y aficiones, como el amor por los animales. Tenían mucho en común. Nada hacía presagiar que en aquel viaje juntas fuera el último de sus vidas. Sus compañeros de trabajo la recordaron como una mujer amable, culta y generosa.

JORGE RODRÍGUEZ CASANOVA

22 años. Alcalá de Henares (Madrid). Estudiante de Electrónica. Madridista apasionado y viajero. Iba con su padre en el tren en el que los dos perdieron la vida.

Jorge estudiaba Electrónica en el colegio de los Salesianos de Madrid. Tenía ilusión por ser jefe de mantenimiento en una empresa, pues creía que eso le proporcionaría «un buen sueldo». Así se lo había comunicado a sus hermanos. Se orientó hacia las tareas de mantenimiento tras haber obtenido la graduación en soldadura en la Formación Profesional.

Su padre, FRANCISCO JAVIER RODRÍGUEZ SÁNCHEZ (véase pág. 406), le acompañaba a diario hasta Atocha. Allí ambos tomaban un café antes de que cada uno se dirigiera a su destino: él, a su trabajo; Jorge, a sus estudios. El chico tenía una especial relación con su padre, ya que desde niño lo había acompañado en algún viaje por el desierto de Marruecos y, además, compartían aficiones, como el piragüismo, la escalada y el senderismo.

Cuando sus padres se separaron, Jorge se fue a vivir con él, junto a su hermano Javier y el pequeño Diego, nacido de la nueva relación paterna. La madre, Isabel Casanova, también se casó de nuevo, y compartía la casa con la hermana de Jorge, Carolina, y su nueva hermana, Silvia. Por eso, en aquellas horas, Javier, el mayor de todos, exclamó: «¡Tres familias, un barrio entero!».

Jorge tenía un montón de amigos. Los del barrio de los Nogales en Alcalá, donde vivió durante años, lloraban entre los soportales del cementerio jardín de la localidad. Algunos le contaron a Lola Huete, de *El País*, que el madridismo era su pasión. Nunca se perdía un partido del equipo. «Jorge amaba a Zidane por encima de todas las cosas», señaló uno de ellos. Por eso, la camiseta con el número del jugador del Real Madrid se colocó junto al féretro cuando fue enterrado.

Su hermano Javier, de 29 años, repartidor de bebidas, intuyó la desgracia desde el principio. «Escuché la noticia desde el camión», contó. De inmediato sintió una punzada de angustia, y no solo por la suerte de su hermano, sino también por la de su padre. Ninguno contestó a sus llamadas al móvil y sabía que hacían juntos el mismo trayecto. La madre de Jorge, se enteró por la llamada de su hijo mayor. Años después declaró que seguía sin poder recordar qué hizo cuando se enteró ni cómo pudo llegar a la casa de su madre.

Tiempo más tarde, en la revista de la Asociación de Víctimas *11Magina,* Isabel describió un evento que le hizo recuperar la ilusión: la celebración de un memorial de fútbol sala Jorge Rodríguez Casanova en los Salesianos, todos los 31 de enero, día de san Juan Bosco, el fundador de la congregación religiosa.

Cuando me contaron los profesores y tutores que vinieron a verme cómo se iba a organizar, volvió a nacer en mí la ilusión, pues a Jorge se le iba a recordar todos los años con un gran maratón de fútbol en el que participarían cientos de chicos y chicas [...]. Gracias al director del colegio, a los profesores y a todos los que participan en este gesto, ¡mi hijo vive!

LUIS RODRÍGUEZ CASTELL
40 años. Madrid. Funcionario de la Comunidad de Madrid. Estaba casado y tenía dos hijas.

Luis tenía 40 años; estaba casado con María Eugenia y tenían dos hijas: Sandra, de nueve años, y Elena, de tres años. Poseía una licenciatura de Derecho, un puesto en la administración autonómica de Madrid y la determinación de seguir estudiando para prosperar. También atendía a sus dos padres mayores, de 84 y 81 años, que tuvieron tres hijos. Uno murió siendo un niño. Después del atentado de Madrid, ya solo les quedó Carmen, la mayor.

La suya es una biografía marcada por sucesos trágicos. Sus abuelos maternos perecieron abrasados en un grave accidente de autobús y la muerte de su hermano siempre planeó sobre la historia familiar. Y, sin embargo, «te partías de risa con él», evocaba su cuñada Pilar y asentían los demás, tal y como informó *El País*. Sobre todo «en las fiestas familiares, las Navidades, o los fines de semana». Entre sus compañeros de trabajo también destacaban su sentido del humor. Su única hermana lo adoraba: «Luis era de ese tipo de personas que te hace seguir adelante por su ilusión, por su propia concepción de la vida». Se había casado 12 años antes con María Eugenia Cobo de Guzmán y vivían en el barrio de Santa Eugenia.

A Luis le gustaba superarse. Lo aprendió desde crío en su faceta de deportista. Jugó en los juveniles del Real Madrid, su equipo preferido, hasta los 18 años. Después fichó por el Daimiel durante una temporada, y por el Carabanchel, durante dos. Luego cambió el balón por los estudios, hasta que terminó Derecho y empezó a trabajar en la Consejería de Asuntos Sociales de la Comunidad de Madrid. No se paró nunca. Ahora le faltaba un mes para examinarse de unas oposiciones de promoción interna —previstas para el 14 de abril— en la administración madrileña.

Con sus niñas, a las que llevaba cada día al colegio, repasaba las lecciones del cole. Después de dejarlas, tomaba el tren a las 07:30 horas en la estación de Santa Eugenia para llegar a tiempo a su trabajo en la calle Alcalá, según informó *La Vanguardia.*

Luis irradiaba optimismo. A sus 40 años, disfrutaba viendo fútbol y analizando las jugadas. También le gustaba ver películas antiguas en blanco y negro, y las coleccionaba.

MARÍA SOLEDAD RODRÍGUEZ DE LA TORRE
42 años. Madrid. Informática. Apasionada de la egiptología. Estaba casada y era madre de un hijo. Vivía en Alcalá de Henares.

Informática de profesión, al igual que su marido, Marisol era la madre de Ángel, un chaval de 13 años. Su casa de Alcalá de Henares se erigió en el centro de las celebraciones familiares al aire libre, siempre con sus dos perros moviéndose alrededor. Tenía sus ilusiones repartidas entre su vida familiar y sus viajes experimentales.

Llevaba 17 años tomando el tren a primera hora desde la estación de Alcalá de Henares hasta Atocha para acudir a su trabajo. Dirigía los proyectos de Informática y Comunicaciones Avanzadas (ICA), una alta responsabilidad que contrastaba con su actitud sencilla. De hecho, combinaba su posición de jefa con la de delegada sindical. Era metódica y cuidaba la organización en su trabajo, pero en la vida aplicaba su frase preferida: «Vive y deja vivir».

«Solo creía en la vida», contó su marido, Rafael Cortabitarte, informático como ella, con quien llevaba casada 20 años. Habían compartido el mismo lugar de trabajo durante un tiempo en el servicio de sistemas del diario *El País.* Además de su profesión, Marisol se interesaba por los asuntos sociales y políticos, y era una persona militante contra la pena de muerte. Rafael desgranó estas ideas y sentimientos a Javier Vilella, de *El País:* «Mi mujer era propalestina, sufría mucho con este conflicto y opinaba que a un pueblo no se le puede arrancar de su tierra».

Pero, sobre todo, lo que más le gustaba era viajar con lo puesto y conocer mundo. «Hemos recorrido juntos medio mundo. No éramos turistas, solo viajeros a los que nos gustaba sacar los billetes para un destino y después marchábamos a la aventura», contó Rafael. De este modo conocieron China, India, Nepal, Indonesia, Tailandia y Egipto. El último país lo visitaron hacía apenas un año: «Marisol disfrutó muchísimo. Estaba aprendiendo a descifrar jeroglíficos, era su pasión». Después del viaje, Marisol promovió, junto a otros entusiastas, la creación de un foro en Internet llamado «Aquí y ahora, Egipto». Ya pensaban en volver.

Era una mujer moderna y polivalente que siempre encontraba tiempo para los demás. En casa atesoraba sus lecturas preferidas, libros de ensayo y otros de historia y filosofía. Allí se reunían ella, Rafael y su hijo con su hermano Miguel, sus cuñados, otros dos hermanos y cinco sobrinos. Con su madre mantenía una especial relación, de «amigas y confidentes», contó Miguel. «Era el motor de unión de nuestra familia. A mí me ha enseñado tanto...».

Por su casa danzaban «a su aire» los dos pastores alemanes que llegaron después de un dálmata. Había sitio para todos.

Rafael tenía un sueño. «Después de jubilarnos fantaseábamos con irnos al norte de la isla de Bali, en Indonesia, comprarnos una casita y pasar allí el resto de nuestra vida». Esos eran también los sueños de Marisol.

ÁNGEL LUIS RODRÍGUEZ RODRÍGUEZ

34 años. Madrid. Informático en la aseguradora Caser. Alternaba el coche con el tren para ir al trabajo.

Sus hermanas, Maite y Angelines, definieron a su hermano pequeño, Ángel, como una persona inquieta que no se acomodaba a las cosas. Tenía un trabajo estable como informático en la aseguradora Caser, un salario seguro, un coche nuevo, un montón de amigos y de planes, pero buscaba algo que no hubiera logrado. Por eso había empezado a estudiar Empresariales en la Universidad Nacional de Educación a Distancia (UNED).

Nació en Vallecas y su familia procedía de la localidad de Valdeverdeja, en Toledo, a donde se escapaba siempre que podía. No paraba quieto. Alto y robusto, Ángel cogía su bicicleta de montaña, jugaba al tenis y al baloncesto, iba al gimnasio y quedaba con los amigos. «Había que hacer cola para estar con él», señaló Angelines a *El País*. Victoriana, su madre, contó que Ángel tenía varios grupos de amigos: los del gimnasio, los del trabajo, los del barrio... Y ahora había complicado su agenda para estudiar en el tren los apuntes de la UNED, al menos dos o tres días por semana. Los demás días se desplazaba al trabajo en su vehículo.

Tampoco elegía viajes «normales». Nunca los programaba en agosto, porque de ese modo podía moverse a sus anchas y todo era más barato. Con la mochila al hombro había recorrido media Europa: Austria, República Checa, Hungría, Noruega, Francia, Alemania, Suiza... Le gustaba probar los platos especiales de cada país, e incluso la cerveza la seleccionaba de importación.

Sus hermanas recordaban que se esmeraba en la cocina cuando invitaba a sus amigos. «Era un sibarita», dijeron a *El País*. A veces se explayaba más de lo habitual en la casa familiar, en Valdeverdeja, donde preparaba muy ricas barbacoas. Después se tumbaba en una hamaca para leer y descansar. El pueblo era su hogar. «Allí se quedaba mirando las estrellas», contaron. Hablaba por los codos y le encantaba ver una y otra vez su película preferida, *Matrix*.

La mañana del 11 de marzo de 2004, Ángel se distraía en el tren escuchando música en el *discman* que las pasadas Navidades le habían regalado y que apareció entre los objetos personales de las víctimas. La música de Hevia amenizaba su trayecto desde El Pozo hasta Atocha. Quizá pensara en los caminos de tierra y barro que hay en el valle del río Jerte. El verano anterior había descubierto una ruta que bautizó como «Vía verde de la Jara». Un paisaje en paz.

FRANCISCO JAVIER RODRÍGUEZ SÁNCHEZ

52 años. Alcalá de Henares (Madrid). Trabajaba en la Confederación Española de Cajas de Ahorros. Tenía cuatro hijos. Acompañaba a su hijo en el tren en el que ambos murieron.

Francisco Javier era el padre, el monitor, el amigo. Experto en métodos de seguridad y riesgos laborales en el sindicato UGT, nunca rehuía la aventura porque, para él, la seguridad y el riesgo formaban parte de la vida. Del mismo modo que se explayaba hablando sobre salud laboral y prevención de accidentes, hacía *rafting* en los Pirineos. Trabajaba en la Confederación Española de Cajas de Ahorros (CECA), en la calle Alcalá, desde hacía tres décadas y formaba parte del comité de empresa. Sus compañeros le recordaban estudiando normativas de seguridad y preparando cursillos que impartía por toda España sobre accidentes laborales.

Tenía tres hijos de su primer matrimonio, Javier, Jorge y Carolina. Cuando se divorció, vivió con los dos chicos durante ocho años, hasta que inició una nueva relación sentimental con Maribel, a quien había conocido en el sindicato y con quien tuvo a Diego, su cuarto hijo.

En una semblanza de Francisco Javier firmada por Lola Huete, de *El País,* Javier, el mayor de sus hijos, afirmó que «siempre estuvo encima de nosotros. Si salíamos de copas y regresábamos de madrugada, ahí estaba él, esperándonos, con el vaso de leche en la mano». Era un hombre de convicciones y los fines de semana movía a sus hijos de aquí para allá con el *rafting,* el barranquismo o el piragüismo, o con diversas manifestaciones políticas y de carácter laboral.

Medía más de un metro ochenta, pero «también era grande en lo mental», dijeron sus amigos de Alcalá. Centenares de compañeros de UGT y de otros sindicatos arroparon a su familia y abarrotaron el entierro. En el homenaje, amigos y familiares tan solo esperaban que Francisco no hubiera sido consciente de que su hijo, JORGE RODRÍGUEZ CASANOVA (véase pág. 401), había muerto.

Las cenizas de Francisco Javier fueron esparcidas en el Alto Tajo, uno de sus lugares preferidos. Esa misma mañana, su hijo Jorge era enterrado en el cementerio de Alcalá de Henares.

AMBROSIO ROGADO ESCRIBANO

56 años. El Campo de Peñaranda (Salamanca). Casado y padre de dos hijos. Trabajaba en la compañía de seguros RGA.

Con su habitual buen humor, aún le quedaba el regusto de la fiesta de su cumpleaños celebrada tres días antes. Ambrosio estiraba los buenos ratos y reproducía las chanzas. Era el bromista, «a veces pesado», decía cariñosamente su hermana Araceli, y por eso temía que las guasas se las devolvieran con creces. Como en aquella ocasión en que un amigo le propuso entrar a trabajar en la entidad aseguradora de las Cajas Rurales (RGA), y creyó que se estaba «cobrando» una broma. Pero era cierto. Ese trabajo le dio estabilidad y, de hecho, ya llevaba 14 años en la misma compañía.

Estaba casado con Asunción Galán y tenía dos hijos: Ruth, de 25 años, y Rubén, de 20. Él se encargaba de los nombres de la familia, pero no solo de los de sus propios hijos. Su hermana reconoció que su hija se llamaba Sandra por la canción *Manda rosas a Sandra,* que a él le gustaba.

Pronto salió de su pueblo, en El Campo de Peñaranda (Salamanca), primero para estudiar Maestría Industrial en Salamanca, en la especialidad de fresador, y después en Madrid, donde se afilió a UGT y se distinguió por su natural cercanía con sus compañeros. *El País* recogió el testimonio de su hermana Araceli, que aún recordaba haberle visto llorar por los problemas de uno de ellos en la empresa. Pero tenía el don de sacudírselos y de dar vuelta a las cosas. Su familia resaltaba la tendencia de Ambrosio de provocar la risa a pesar de los contratiempos.

Asunción lo imaginaba aquella mañana sentado en el andén, leyendo el *Marca* y comprobando los últimos movimientos del Real Madrid, tal y como recogió *El Mundo.* Salía de Coslada, donde residían, y se dirigía a su trabajo en la oficina en la aseguradora.

Tenía facilidad para estar con jóvenes y mayores. Ambrosio se sentía cómodo en la comunicación espontánea. Le gustaba viajar cuando podía, como hizo una semana antes del brutal atentado, a un balneario en Zaragoza. Su vida era lo que surgía, como salir a cenar con Asunción y con otros matrimonios amigos, bailar o ver un partido. El buen rato siempre estaba asegurado en su compañía.

CRISTINA ROMERO SÁNCHEZ

34 años. Madrid. Prestaba servicios sociales dentro de un programa de ayuda a domicilio. Todos los días realizaba un largo trayecto desde Vallecas a Orcasitas.

Cristina llevaba pocos meses en un trabajo que le gustaba: atender a personas mayores en su domicilio, dentro del programa de servicios sociales de la empresa Quevitae. Lo hacía en siete domicilios de la zona sur de Madrid. Dependiendo de los casos, Cristina atendía sus necesidades básicas: el aseo, el acompañamiento al médico, la compra y las tareas domésticas. Pero, sobre todo, tenía una tarea especialmente importante: escuchar a las personas a las que asistía.

Había estudiado un módulo de formación profesional de Jardín de Infancia y consiguió un empleo de asistente. En realidad, prefería desempeñar esa función en los domicilios que en las residencias. Decía que, en sus casas, el trato con los mayores era «más directo y mejor», recogió *La Vanguardia*. Al domicilio de Pilar, de 75 años, en Orcasitas, solía llegar a las once de la mañana, y tenía el tiempo justo de limpiar el baño en profundidad, recoger la cocina, pasar la fregona y quitar el polvo. A veces la anciana la seguía por la casa y le contaba sus historias, mientras Cristina la animaba: «Acompáñeme a la cocina y así me sigue contando». Pilar tenía Parkinson y una descalcificación de huesos que le limitaba el movimiento. Con Cristina compartía su pena por la pérdida de su hijo y por su soledad. «¿No piensas que a veces Dios está perdido?», le preguntó un día Pilar. Y mientras limpiaba el polvo, Cristina le respondió con su frase preferida: «Acompáñeme a la cocina, y así me sigue contando». Así lo relató *El País* en su especial «11M. Vidas rotas».

Ella también correspondía en el trato de confianza y les contaba a sus «amigas» mayores sus planes cotidianos. Tenía 34 años, igual que su novio, Víctor, y pensaban casarse pronto. Ya habían iniciado el pago de una vivienda en construcción. Su hermana contaba que «pedía que le tocase la lotería para regalarle algo a mis hijos».

Su padre la vio por última vez a través de la puerta entreabierta de la cocina. Aún no habían dado las siete de la mañana. Cristina preparaba el desayuno antes de irse a trabajar. Su trayecto era el habitual de cada día: en autobús desde su casa en Vallecas hasta la estación de Cercanías del barrio, y desde allí, hasta Atocha. Luego, en otro tren, iría a Orcasitas. Sin embargo, murió frente a la calle Téllez.

PATRICIA RZACA

Siete meses. Madrid. Extraviada de sus padres en medio del caos, falleció 24 horas después de las explosiones. Solo su madre sobrevivió tras varios meses de hospitalización.

Herida de muerte en su cochecito de bebé, sola y perdida en el caos. Así se hallaba la pequeña Patricia cuando alguien reparó en ella en medio de la destrucción. Un médico pediatra realizó los primeros auxilios desde el andén antes de organizar su traslado al hospital. Así, sin filiación ni reclamación alguna, la pequeña pasó las horas siguientes en el quirófano y en la UCI del Hospital del Niño Jesús. El milagro esperado no se produjo: solo vivió 24 horas. Fue identificada por su tía Katerina. Su padre ya había muerto y su madre yacía en otro quirófano de Madrid. La explosión de las bombas alcanzó a los tres y la pequeña quedó extraviada en medio del caos. Tenía heridas profundas en el tórax y, tras superar la operación, falleció al día siguiente.

Javier Maestro, narró aquellas intensas horas en *La Vanguardia:*

> El Defensor del Menor de la comunidad de Madrid, Pedro Núñez Morgades, comunicaba que a esa hora se estaba atendiendo a 15 menores y a dos adolescentes en los distintos centros médicos y hacía mención especial a una «niña blanca, de unos ocho meses y ojos azules que nadie ha reclamado». Esa niña estaba en el Hospital del Niño Jesús y había llegado muy grave. Nadie sabía nada de ella y Núñez Morgades quería que los medios comunicaran la noticia para que algún familiar se pusiera en contacto con el citado hospital. A todo el mundo se le hizo evidente que si la niña estaba sola era porque sus padres más que probablemente habían fallecido en uno de los tres atentados. Pasaron las horas y nadie la reclamaba. Finalmente, a media tarde se conseguía a través de las huellas dactilares del pie de la niña descubrir que se trataba de Patricia Rzaca, una niña de seis meses y medio de nacionalidad polaca (y española). Su madre, Yolanda, estaba en el Hospital Clínico San Carlos con heridas en una pierna y llorando por su marido, del que nadie sabía nada.

Apenas había comenzado a vivir. De fino pelo rubio, fue un bebé grande al nacer. A los siete meses, sus grandes ojos se posaban en los colores, los sonidos, las caricias y las sonrisas. Y ella respondía con sus ruidos y sus risas. Le encantaban los peluches y los zarandeos de sus primos. Ya se sentaba en la cuna y en el suelo para jugar. Había nacido en España, pues sus padres, WIESLAW RZACA (véase pág. 411), de 34 años, y Yolanda, de 28, dejaron atrás su país, Polonia, para mejorar sus vidas. Vivían en el barrio madrileño de Entrevías.

La pequeña se criaba apaciblemente y había sido bautizada en la iglesia Nuestra Señora de la Paz de Madrid. «Nunca lloraba, era tan tranquila que nadie habría dicho que vivía en esa casa una niña tan pequeña», dijeron sus familiares a *El País*. Cada mañana, los dos la llevaban dentro de su cochecito en el tren desde Entrevías, para dejarla al cuidado de su tía Katerina, mientras asistían a sus respectivos trabajos en Madrid: él en la construcción, y ella como asistenta de hogar.

Su muerte hizo derramar muchas lágrimas en Madrid; la esperanza de su salvación se alzó como metáfora de un país roto. Tras varias horas sin ser reclamada ni identificada, su tía Katerina la encontró, después de recorrer varios hospitales en busca de los tres. La madre de la pequeña, Yolanda, salvó la vida tras ser operada en el intestino, en la cara y en la mano. El padre, Wieslaw, había muerto, aunque su cuerpo no fue identificado hasta pasados varios días.

WIESLAW RZACA

34 años. Polonia. Albañil. Ocho años atrás, junto a su pareja, llegó a España en busca de una vida mejor. Pensaban volver a su país en unos meses. Su hija de siete meses no logró sobrevivir al atentado.

Wieslaw tenía planes inmediatos. El nacimiento de su hija, que entonces tenía siete meses, le había llevado a él y a su esposa a tomar una decisión muy deseada: volver a Polonia para que la pequeña creciera junto a su familia.

Había llegado a Madrid hacía ocho años, uno antes que su mujer. Se instalaron en Alcalá de Henares, donde se casaron. Ambos trabajaban: él en la construcción, y ella como asistenta de hogar. Al cabo de un tiempo cambiaron su domicilio a Entrevías, cerca de la estación. Llevaban años intentando ser padres hasta que por fin nació Patricia, una niña rubia de enormes ojos azules que reía constantemente. Los tenía encandilados. Los tres iban aquella mañana en el tren. PATRICIA RZACA (véase antes), de siete meses, resultó herida de muerte. Wieslaw falleció en la explosión. Su esposa quedó inconsciente y gravemente herida, aunque pudo salvar la vida tras varios meses en el Hospital Clínico de Madrid.

A sus 34 años, Wieslaw era un hombre directo, de esos que dicen siempre lo que piensan sin andarse con rodeos. Según publicó *El País,* su experiencia para ganarse la vida no le daba margen para mostrarse delicado: «A lo mejor hablaba solo de un par de cosas, pero lo que decía era lo que pensaba y punto», contó su cuñada, Katerina, hermana de su mujer.

Siempre fue un joven activo, tanto en su trabajo como en casa. Le gustaba la cocina y mandaba en los fogones. A decir de su familia, eso «lo hacía muy bien»: era él quien iba al mercado a elegir los productos y los condimentos para sus recetas. Wieslaw disfrutaba comiendo, preparando platos diversos y haciendo postres. Cuando llegó a España, descubrió el marisco y el jamón.

Wieslaw y su mujer contaban los meses y el dinero para instalarse en Polonia. Habían conseguido liquidar la hipoteca de una casa con jardín muy cerca de Varsovia, pero, mientras llegaba el momento de regresar, la pareja madrugaba a diario para tomar el Cercanías hasta Atocha. Dejaban a la pequeña en casa de su tía Katerina y seguían la ruta hasta sus respectivos trabajos.

ANTONIO SABALETE SÁNCHEZ

36 años. Madrid. Funcionario en el Instituto Social de la Marina. Estaba casado y era padre de un hijo. Había estudiado Económicas y era escritor vocacional.

Cumplidos los 18 años, Antonio accedió a una plaza de funcionario en el Instituto Social de la Marina. Hijo de una familia modesta, alternó su trabajo con el estudio de la carrera de Económicas.

Se crio en Entrevías y eligió seguir viviendo en el mismo barrio con su mujer y su hijo, de siete años, cerca de sus padres y su hermano.

Se decantó por el cálculo y las matemáticas, aunque lo que de verdad le atraía era escribir. Ya desde crío se pasaba las horas pegado a un lápiz y un papel, dibujando o escribiendo, y nunca dejó de hacerlo. En su casa se fueron acumulando textos con las vivencias que Antonio redactaba. «Lo escribía todo», contó Juana, su madre.

A los 25 años se casó con Mari Carmen y se fueron a vivir cerca de la casa de la madre de Antonio. «Venía a comer a menudo y yo aprovechaba para cocinarle lo que más le gustaba: potaje y arroz con conejo», contó ella a *El País*. Mari Carmen dijo de su marido que era «un hombre fácil de querer». Su relación se fortaleció con los años, sobre todo tras la insuficiencia renal que él padeció antes de ser trasplantado de riñón. Después de aquello, el futuro parecía despejado. Antonio vivía al día y se cuidaba mucho. Aprovechaba los fines de semana para salir con su mujer y su hijo Fernando a Sigüenza, donde vivían sus familiares. Allí encontraba la tranquilidad que los médicos le habían recomendado.

En el Instituto Social de la Marina fue pasando por distintos departamentos hasta que terminó su licenciatura en Económicas. Hacía dos meses que había ascendido a una plaza como jefe de sección. Sus compañeros destacaron que era culto y resolutivo, y que podía aplazar sus tareas si alguien le demandaba algún favor. Era frecuente verle ayudando a los compañeros más veteranos en la declaración de la renta.

Uno de sus compañeros, Andrés, dijo a *La Vanguardia* que lo pillaron en los trenes por ser un «buen funcionario» y querer llegar al trabajo algo antes de la hora. Aquella mañana, tras conocer la masacre, su jefa no podía articular palabra. Todos hablaron de él y de Mari Carmen como de dos novios que se enviaban mensajes, que iban juntos al gimnasio y que quedaban para comer. Mari Carmen miraba después a su hijo de siete años: «Este niño que me dio Antonio es el que me dará fuerzas».

Amaba la palabra y la escritura, lo opuesto a quienes colocan bombas y destrozan vidas. Era entusiasta del sentido que toman las palabras según se ordenen, como las que tuvieron que inventar ese día para explicar a Fernandito la ausencia de su padre.

BALBINA SÁNCHEZ-DEHESA FRANCÉS

47 años. Orgaz (Toledo). Delineante. Estaba casada y era madre de dos hijos. Disfrutaba del tiempo libre en su casa de la sierra de Madrid.

Balbina se levantaba muy pronto para desplazarse hasta Azuqueca de Henares (Guadalajara) desde su domicilio en el barrio de Santa Eugenia, en el distrito de Vallecas. Su vida la tenía organizada al milímetro para llegar a todo. Entraba temprano en la empresa Vicasa, donde trabajaba como delineante, y se encargaba de llevar su hogar y de organizar la familia. Tenía dos hijos de 19 y 16 años. Era el eje de la familia.

Procedía de Orgaz (Toledo). Dejó el pueblo cuando terminó sus estudios y se trasladó a Madrid. Entró a trabajar en Vicasa con apenas 18 años y llevaba casi 30. Se casó a los 27 años con José Alonso Robledo, y de la unión nacieron sus hijos Sara y José Carlos. En el pueblo seguía viviendo su madre, a quien visitaba a menudo. Como informó *La Vanguardia,* su hermana pequeña, Conchi, decía que Balbina era la responsable de la familia, su mejor confidente y su punto de apoyo en los momentos difíciles.

Recientemente, ella y José habían viajado a Roma y aún revivían las sensaciones de aquellos días. Para José no podía existir mejor compañera y madre de sus hijos. En realidad, Balbina se ocupaba de todo.

Murió mientras esperaba el tren en la estación de Santa Eugenia. La madre de Balbina se trasladó a su domicilio para intentar suplir el vacío. «El que peor lo lleva es el niño», contó una amiga de Orgaz. «Ahora su familia está rota. Su marido e hijos no quieren ni pueden hablar; el dolor es demasiado grande», reconocieron sus familiares a *La Vanguardia.*

Balbina nunca había dejado de trabajar y logró comprarse una casa en Los Molinos, en plena sierra madrileña. Allí, cuidando el jardín de su casa, pasaba feliz la mayor parte de su tiempo libre. Hoy es recordada en Orgaz con una calle que lleva su nombre.

SERGIO SÁNCHEZ LÓPEZ

17 años. Fuenlabrada. Madrid. Dejó los estudios y llevaba un mes trabajando en una obra. Le apasionaba la domótica y tenía madera de inventor.

Sergio siempre obtuvo muy buenas notas en el Instituto, pero quería volar. Se aburría con las clases y le gustaba la tecnología aplicada. Así que, tras terminar la ESO, se matriculó en un curso de domótica del Instituto Nacional de Empleo. Y se puso a trabajar. A sus 17 años, vivía en su mundo, imbuido en el *rap* y el *hip hop,* enfundado en sus pantalones chándal, su camiseta, sus deportivas y su gorra.

Llevaba un mes trabajando para una empresa de pinturas en una obra de Vicálvaro. Antes se había empleado en trabajos ocasionales y le entregaba a su madre el sueldo para que ella lo administrara. Vivía en Fuenlabrada con sus padres y su hermana. A Sergio le fluían las ideas; pasaba horas dibujando complejos caracteres orientales y quería inventar algo para hacer más confortable la vida en las casas. Sus padres y su hermana le seguían embelesados cuando hablaba del baño «inteligente» en el que actuarían unos sensores de luz y otros sistemas automáticos en distintos lugares de la casa, «y a todos nos hacía mucha gracia imaginarnos bailando para que no se apagara la luz», contaron sus familiares a *El País.*

Iba a su aire. Los «inventos» le abstraían cuando salía a la calle con su visera siempre hacia arriba, sus deportivas del 46 magulladas en la punta y sus camisetas preferidas. Y luego, sus canciones de letras rebeldes. Casi siempre iba con su mejor amigo, Iván —«Zipi y Zape», los llamaban—, y solían terminar en la taberna de Moe. Los dos tenían «bula» hasta las dos de la madrugada para regresar a casa. Algo antes de la hora se encerraban en el coche del padre de Iván para escuchar música a toda mecha, sabiéndose bajo el control de sus padres, que les vigilaban desde la ventana de casa.

Según publicó *La Vanguardia,* el 11 de marzo de 2004, Sergio esperaba en el andén de la estación de Atocha a que llegase el tren de Vicálvaro para llegar al trabajo. Llevaba consigo el código de circulación, ya que quería sacarse el carné de conducir en cuanto cumpliera los 18 años, en el mes de junio.

El día del funeral, sus padres y su hermana recibieron a una multitud de jóvenes que se acercaron a darle el último adiós. Era una persona introvertida y celosa de su intimidad que tenía infinidad de amigos. Aunque siempre fuera a lo suyo. Su madre, María López Camacho, solo le sobrevivió siete años. Entregó lo que le quedó de vida a su familia y a la Asociación 11-M.

MARÍA ISABEL SÁNCHEZ MAMAJÓN

37 años. Madrid. Trabajaba como administrativa en la empresa de alquiler de vehículos Hertz. Estaba casada y tenía un hijo de siete años.

El diario *La Vanguardia* (27 de marzo de 2004), bajo el epígrafe «Memoria de las víctimas», publicó que Isabel estaba entusiasmada con el chalé que ella y su marido se estaban construyendo en la sierra, en un pueblo de Guadalajara. El matrimonio llevaba años ahorrando y estaban a punto de ver los frutos junto a su hijo de siete años.

«Hablaba de ese proyecto con mucha ilusión», recordó Cristina, compañera de trabajo en Hertz, en declaraciones a *La Vanguardia.* Había empezado a trabajar en la empresa con tan solo 20 años y allí seguía, a punto de cumplir los 38. «Era muy tranquila, no se enfadaba fácilmente. En todos estos años no le conozco ningún conflicto —añadió—. En los últimos tiempos, Isabel trabajaba en el departamento de contabilidad, pero había estado en las secciones de informática y de flota».

JUAN ANTONIO SÁNCHEZ QUISPE

45 años. Perú. Llevaba 11 años viviendo en España junto a su mujer y sus dos hijos. Trabajaba en una empresa de limpieza.

Juan Antonio dejó Perú y su trabajo en Lima como árbitro de fútbol a los 34 años y llegó a España con su mujer y sus dos hijos pequeños para mejorar sus vidas. Aquel marzo de 2004, los chicos ya habían cumplido 16 y 14 años. Juan Antonio trabajó en lo que pudo en

Madrid: frutero, mensajero, ayudante de cocina, y ahora limpiacristales. Paso a paso, con su sueldo y el de su mujer, Paula, que encontró trabajo en la churrería Emilita, en Vallecas, lograron comprar un piso en el barrio mediante una hipoteca para varias décadas.

Su afición por el balón la cambió en Madrid por la hinchada del Barça. Por suerte, no tenía miedo a las alturas para repasar los cristales y, además, se encargaba de la casa y la familia, sobre todo los fines de semana, que era cuando más trabajo tenía Paula en la churrería. «Fue un hombre maravilloso, que se ocupaba de la limpieza y de los niños», contó ella a *El País*. A Juan Antonio no le gustaba quejarse; incluso pensaba que había tenido suerte en la vida. Así lo contaba cuando ganó, dos semanas antes de los atentados, una quiniela de 350 euros.

Estaba a punto de obtener la nacionalidad española y ya se sentía más de Vallecas que del barrio de Playa Rima de Lima, donde lo conocían con el mote cariñoso de «monstruo» por las palabras que inventaba. Paula decidió enterrarlo en Madrid. En Lima había dejado su vida anterior y a una parte de la familia, sobre todo a su hermano Julio, con quien hablaba todos los meses. «Para mí, era más que un hermano, crecimos juntos y compartimos aventuras. Él seguía siendo un punto de referencia», declaró en aquellos días, muy preocupado por la situación económica en la que quedaba su familia.

Paula y Juan Antonio formaban un equipo. Afrontaban juntos los gastos de la hipoteca y proyectaban comprar una furgoneta. Al fondo de la fría soledad de la muerte asomaba el desasosiego por las deudas. Porque Juan exprimía la vida, y así lo recordaban quienes lo conocieron

El periodista Jason Lloyd Sinclayr glosó así su perfil en *El País* (15 de marzo de 2004):

> En realidad, era presumido y, a sus 45 años, un día apareció en casa con un pendiente en la oreja. Inventaba palabras (tal era su ánimo para los demás). Si algo le gustaba, eso estaba «paquín», y si no, «moncada», y frases que se incorporaban al argot de la familia. Cuando le preguntaban algo que no quería contestar, res-

pondía: «Perdona, ¿qué hora es?...». Si salía en la tele Loreto Valverde le decía a su hijo que esa era su madre.

Con los hijos tenía fama de ladrador poco mordedor. «Como yo me amargue...», les amenazaba. Pero era siempre Paula la que regañaba. Luego se hacía el dormido viendo la tele cuando Paula llegaba a la casa para que se acercara a darle un beso. Teatrero, cada vez que bebía lloraba diciendo: «Abuelo, no te marches», y terminaba gimiendo: «Abuelo, llévame».

DAVID SANTAMARÍA GARCÍA

23 años. Guadalajara. Había conseguido un empleo en prácticas en la empresa Alstom. Falleció en El Pozo junto a su amigo Guillermo Senent.

David llevaba dos semanas de contrato en prácticas para la empresa Alstom, como técnico de mantenimiento de los trenes AVE. Aquella mañana, tomó el tren a las 06:50 horas desde Guadalajara —donde residía con su familia—, junto a su amigo y compañero GUILLERMO SENENT PALLAROLA (véase pág. 423). Aquel día tenían una protocolaria revisión médica en la empresa. Los dos murieron en la explosión.

Todo parecía irle bien en su nueva vida: su trabajo, su familia —sus padres, su hermana y su cuñado—, el fútbol y Noemí, su novia desde hacía tres años. Había encontrado al fin su vocación. David empezó Ciencias Económicas, pero dejó la carrera por una formación técnica de grado superior en mantenimiento industrial. Sus amigos y familiares, como su prima Miriam, declararon que además le encantaba arreglarse y salir a la calle como un pincel. «A mi hermano siempre le decía que le iba a enseñar a vestirse», contó a *El País*.

Alegre y extrovertido, otra de las pasiones de David era el fútbol. Ahora le entusiasmaba el Real Madrid, aunque de pequeño había jugado en las categorías inferiores de los Manantiales y, cuando pasó a Salesianos, terminó en el equipo promesa del Deportivo Guadalajara. La afición le venía de casa: su padre era monitor de fútbol en un centro escolar y le había pegado el gusanillo. Ahora seguía entrenando habitualmente y también jugaba al frontón. Sus compañeros de partidos recordaron su pasión y su deportividad.

David era un chico casero. Le encantaba la tortilla de patatas, sobre todo la de sus abuelas, y estar junto a Noemí. El sábado anterior alquiló una casa rural con ella y unos amigos para un próximo viaje. Viajarían en su Fiat Punto morado, regalo sorpresa de sus padres hacía dos años. Al parecer, ese día sus padres le llevaron al concesionario «y allí estaba el coche, con un lazo», contó su cuñado, Sergio, el marido de su hermana, al evocar la emoción del momento. «Sus padres le adoraban; es una familia de las que todos se llevan bien», concluyó. Su madre, Claudia, dijo sencillamente que «era un hijo maravilloso».

Tardaron un día entero en dar con él, porque, como recogió *La Vanguardia,* su cuerpo quedó muy dañado por la onda expansiva.

SERGIO DOS SANTOS SILVA

29 años. Brasil. Albañil. Viajaba al lado de una de las mochilas bomba. En Paraná quedaron su viuda y su hijo de cuatro años.

Sergio tomó su primer avión seis meses antes de los atentados de Madrid cuando, aún con 28 años, dejó a su familia —su mujer y su hijo— en Sao Tomé, el pueblo de 5.000 habitantes donde vivía en Brasil. Voló a Madrid decidido a buscar mejor suerte. En su país natal, del que no había salido nunca, había trabajado como operario de industria química por un sueldo que no le permitía tener una casa. Su amigo Miguel, también brasileño, contó a *La Vanguardia* que Sergio «decidió emigrar para ahorrar y cumplir el sueño de tener su casa propia en su Paraná natal, un estado sureño empobrecido».

Llegó a Madrid con la idea fija de ahorrar 7.000 euros y regresar con su esposa, Sara, de 21 años, y su hijo Miquela, de cuatro. Se instaló en una vivienda de Vallecas con otros cinco compatriotas. Tímido y trabajador, en Madrid llevaba una vida ascética: apenas salía de casa y casi nunca iba al cine o a tomar algo a un bar. Ni siquiera el fútbol le interesaba, aunque fuera la devoción de sus paisanos. Es posible que, además, le retrajeran sus fuertes convicciones religiosas: era devoto de la Iglesia Evangélica.

Pero trabajando en la colocación de tarimas y en otras chapuzas por distintas zonas de la Comunidad de Madrid tampoco ganaba lo suficiente como para enviar dinero a su familia y pagar algunas deudas. «Eso le generaba sufrimiento», contó su compañero Luis a *El País.* Sergio deseaba volver a Sao Tomé cuanto antes y comprarse una furgoneta para llevar a los trabajadores a las fábricas y así lograr otro medio de vida. Esta era su idea, tal y como declaró a los periódicos locales el alcalde de su pueblo, Arlei Hernandes.

Los domingos, tras salir de misa en Vallecas, llamaba a su familia. Él no se quejaba, pero la familia percibía su sufrimiento. Así lo contó su suegra, Isabel Alves, que vivía con su hija, ambas costureras, y con su nieto. «No conseguía un trabajo fijo, hacía algunas chapuzas y solo logró enviarnos 1.000 reales para pagar sus deudas».

Sin embargo, tan solo un mes antes de los atentados llamó a su familia para comunicarles que sus «oraciones habían sido atendidas». Al fin había conseguido un trabajo como capataz de obra con un salario de 800 euros mensuales. El domingo anterior al 11 de marzo les llamó dos veces, «como si fuera a despedirse». Le dijo al pequeño Miquela que, cuando volviera, le llevaría un camión de juguete.

Sus compañeros de piso también hablaron de un cierto «presentimiento», o al menos de una extraña coincidencia. La noche anterior, Sergio se fue a dormir con la Biblia entre sus manos y entonó un canto brasileño. Le preguntaron si no era aquello una música para muertos y él respondió bromeando que se «preparaba para morir». Trágico azar.

Apenas pudo disfrutar de España ni vio cumplidos sus sueños. El martes, 17 de marzo, un avión voló desde Madrid a São Paulo transportando el cuerpo sin vida de Sergio dos Santos.

JUAN CARLOS SANZ MORALES

33 años. Madrid. Trabajaba como informático en Azertia. No conoció a su hijo Alberto, que nació tres meses después de los atentados del 11-M.

A los cuatro meses de gestación de su pareja, y tras salir de la consulta del médico, Juan Carlos exclamó eufórico: «¡Ya soy medio padre!». Él y Rosana se concentraban en la espera de su bebé, y ya solo faltaban tres meses. Acababan de estrenar una vivienda en Vicálvaro con un pequeño jardín, pensando en el pequeñín que estaba a punto de llegar.

Licenciado en Químicas y experto en informática, llevaba siete años trabajando en Azertia, una multinacional del sector de las tecnologías de la información. Últimamente estaba pletórico: además de la espera del nacimiento de su hijo, acababan de anunciarle una mejora profesional. Era meticuloso en el trabajo y los clientes le buscaban por su amabilidad. Según publicó *El País,* su jefe, José Manuel de Miguel, señaló que «Juan Carlos era una persona excelente» y un trabajador «excepcional, puntual, metódico y exigente con su labor. En la empresa sabemos que la vida sigue, pero va a resultar muy difícil sustituirle», contó a *La Vanguardia.*

Su único hermano, Jesús, también lamentaba que los elogios sonaran retóricos, «pero es que era así: alegre, bueno, jovial». Conoció a Rosana cuatro años antes, y a los tres meses se le declaró con un mensaje de móvil. «Creo que mi corazón se quedó en Asturias», les dijo a sus compañeros de trabajo nada más conocerla en Gijón. Con ella compartía el entusiasmo por los viajes, los restaurantes o las películas. Desde una mesa de comida india hasta una película de ficción o la compra de una lámpara para la habitación del bebé. Y aún podían hacer escapadas: hacía dos semanas que se tomaron unos días en Ibiza.

En el fútbol era algo más «sufridor», según decían. Nació colchonero, aunque también animaba al Real Madrid de Baloncesto. En todo lo demás, su vida fue previsible hasta el final. Su piso en Vicálvaro, cerca de la estación y de la casa de sus padres... Todo pensado para que el pequeño creciera feliz.

Aquel jueves se dirigía al trabajo. Sus familiares pasaron horas de angustia hasta que se confirmaron sus peores temores. Su hermano Jesús viajó rápidamente a Madrid desde Alicante, donde vivía desde hace años, para identificar el cuerpo. El único alivio de la familia era pensar que no habría sufrido.

Tres meses después, llegó al mundo Alberto, su hijo.

EDUARDO SANZ PÉREZ

31 años. Cocinero del Ejército. Vivía en Azuqueca de Henares. Estaba casado y era padre de un hijo y de otro a punto de nacer.

Eduardo nació accidentalmente en Zúrich (Suiza), donde sus padres, trabajadores procedentes de Guadalajara, habían emigrado. Pertenecía al personal laboral del Ministerio de Defensa —aunque no era militar de carrera—, donde había trabajado primero en la cocina y, posteriormente, en los servicios de mantenimiento.

Vivía en Azuqueca de Henares (Guadalajara) con su mujer, Susana, y su hijo de dos años, que llevaba el nombre de su padre. Su vida transcurría entre el trabajo, la familia y el fútbol sala, deporte en el que se entrenaba asiduamente cuando terminaba su jornada laboral. Su mujer estaba a punto de dar a luz al segundo hijo. El parto estaba previsto en unas pocas semanas.

Con tan solo tres meses, los padres de Eduardo, Nicolás y Mercedes, decidieron enviarlo a Guadalajara con la abuela, quien se encargó de su crianza hasta que regresaron a la capital alcarreña. Allí creció junto a sus hermanos, Ana Isabel y David, y pronto despuntó como deportista, siempre vinculado a los equipos de fútbol locales. Su afición la conservó incluso cuando se trasladó a Azuqueca después de casarse, con 25 años. En esta localidad y en la vecina Villanueva de la Torre entrenaba cada semana y competía en pueblos de los alrededores. Eduardo vivía el fútbol con vocación y tenía partido todos los domingos. Según informó *El País,* era su manera de distraerse, jugar y ver los partidos. La tarde del 11 de marzo de 2004 tenía previsto entrenar con su Deportivo de Azuqueca y la noche anterior se acostó tras ver el Real Madrid-Bayern de Múnich.

Cada día realizaba un viaje largo desde Azuqueca hasta Atocha, para luego enlazar con el metro y llegar a la Avenida de América, donde está situado el cuartel del Ejército de Tierra. Su vagón estalló en Atocha. Iba sentado junto a su amigo y compañero JOSÉ MARÍA LÓPEZ-MENCHERO MORAGA (véase pág. 335), con quien solía quedar para hacer juntos el trayecto. Los dos murieron.

Su vida era apacible y tenía un talante abierto y agradable. Eduardo y Susana vivían a mitad de camino de sus lugares de origen, entre Alcalá de Henares, la ciudad de ella, y Guadalajara, el lugar de la infancia y juventud de él.

GUILLERMO SENENT PALLAROLA

23 años. Guadalajara. Técnico en electrónica industrial en la firma Alstom. Murió junto a su amigo y compañero de trabajo David Santamaría.

Guillermo tomó esa mañana el tren de las siete menos diez en Guadalajara, una hora inusual para él, pero ese día tenía revisión médica en la empresa de mantenimiento industrial Alstom, donde trabajaba como técnico en prácticas. Iba con su amigo y compañero DAVID SANTAMARÍA GARCÍA (véase pág. 418). Estaba convencido de que los dos pasarían el período de prueba y obtendrían el contrato para trabajar en los trenes lanzadera entre Madrid y Guadalajara.

La noche anterior, tras pasar un rato con Almudena, su novia —salían juntos desde hacía un año—, regresó a casa temprano, pues tenía presente que a la mañana siguiente debía madrugar más que de costumbre. En el salón de su casa saludó y se despidió de sus padres con un «buenas noches, que mañana madrugo».

Estaba contento. Era su primer trabajo estable como técnico de electrónica industrial y, además, le acompañaba David, un amigo de la infancia, de cuando los dos estudiaban en el colegio de los Salesianos en Guadalajara. Guillermo era de Cabanillas del Campo; David, de Iriepal, dos pueblos de la Alcarria. Murieron juntos en la estación de El Pozo.

«Se le veía verdaderamente ilusionado y concentrado», aseguró su padre, Javier Senent, presidente de la Cruz Roja de Guadalajara, a *El País.* Su madre, Araceli, contó que «Willy se traía los apuntes a casa, decía que estaba aprendiendo mucho». Por lo demás, en su vida lo que le apasionaba era la música. «Tenía las maletas repletas de música, y el ordenador lleno de las canciones bajadas de Internet». Su hermano mayor, Javier, disfrutaba viéndolo pinchar música en algún pub de la capital alcarreña.

Tocaba la guitarra, rebuscaba canciones antiguas y les mostraba a sus padres algunas de su época, como las del Dúo Dinámico.

Le gustaban todos los estilos, desde los Beatles hasta la música tecno. Guillermo se distinguía por su simpatía, pero también por su actitud sincera. «Era muy responsable», destacó su padre. Con él solía ir a pescar, y también con su amigo Johnny. Su padre recordó el día que, pescando truchas cerca del río Guadiola, llegó la Guardia Civil y los reprendió porque estaban en una zona vedada. Todo se aclaró después. «Teníamos las licencias para pescar en esa zona, pero nunca olvidaré la mirada de reproche de Guillermo».

Una foto de Guillermo cuelga ahora en el patio del colegio de los Salesianos, junto a la de su amigo David y a la de SARA CENTENERA (véase pág. 263), los tres alumnos del centro que murieron en la estación de El Pozo.

MIGUEL ANTONIO SERRANO LASTRA

28 años. Leganés. Trabajaba como fontanero en la empresa de su cuñado. Vivía con su madre y dos de sus cinco hermanos.

Miguel Antonio estaba muy apegado a su familia. Vivía con su madre y dos de sus cinco hermanos en Leganés. Había dejado los estudios siete años atrás, a los 21, y desde entonces se preparó para trabajar como fontanero con su cuñado, el marido de su hermana Alicia. Aquella mañana se dirigía a una obra en Alcobendas tras hacer parada en Atocha. Su vida se quedó en el andén.

Estaba satisfecho con su trabajo. Le atraía la pesca y era forofo del fútbol, como la mayoría de sus amigos. «Algunos domingos se quedaba en casa, compraba pipas y veíamos el partido», contó Flora, su madre, de 64 años, quebrada por la tristeza. Añadió que solo deseaba que «el mundo se contagie de la mitad de su humanidad, generosidad, bondad, nobleza y sentido del humor». En su casa, Miguel Antonio era bromista, todos se divertían con sus imitaciones animadas con acordes de guitarra.

Aquella mañana, ninguno de sus familiares contempló la posibilidad de que Miguel Antonio hubiera muerto. Unos a otros se convencían de que, aunque no respondiera al móvil, estaría ayudando a los heridos, «echando una mano, claro», dijeron sus hermanos, Ángel y Susana, a J. A. Hernández, de *El País*. Pero, tras varias horas recibiendo cientos de llamadas, el móvil dejó de sonar. Entre tanto, la familia visitó varios hospitales, esperando el milagro de que estuviera en alguna sala de urgencias.

En su casa vieron en televisión, casi en directo, las imágenes de la matanza. Así que Susana, al no localizarle, le dejó una nota escrita que pretendía desafiar los malos augurios, «para que cuando llegara nos avisara». Pero nunca volvió. «¿Cómo íbamos a pensar que ya llevaba dos horas muerto?», contaron a *La Vanguardia*.

Su madre y sus hermanos explicaron a diversos medios de comunicación cómo era Miguel Antonio. «No se merecía esto. Él nunca hizo daño a nadie, si hasta cuando iba a pescar devolvía a veces el pez al agua porque le producía pena», dijeron. «Fue un chico honesto, cariñoso y fiel a sus amistades», reconoció la madre. Aun así, quiso aferrarse a la dicha de haberlo tenido: «He de dar gracias a Dios porque yo al menos he visto a mi hijo, y no dejo de pensar en otras madres como yo que ni siquiera habrán tenido ese consuelo». Los hermanos agradecieron la solidaridad recibida y, en nombre de todos, Susana pidió «que se mantenga viva la memoria de este horror». La madre completó el sentimiento: «Al principio sentí rencor, ahora ya solo lástima. Tendrían que reflexionar y pensar en sus familias. A la nuestra la han reducido a cenizas».

RAFAEL SERRANO LÓPEZ

66 años. Madrid. Jubilado. Viudo, con tres hijos. No solía coger el tren. Había ido a Torrejón de Ardoz a visitar a su novia, y ambos murieron en uno de los convoyes.

Rafael era un hombre «tozudo, responsable y fuerte, alegre, noble, amigo de sus amigos… En fin, era mi padre», escribió su hijo Rafael Serrano Manjón en *El País*. Nació en los campos de Córdoba, en Aguilar de la Frontera, y allí pasó su vida hasta que formó su propia familia. Tuvo tres hijos, Otilia (nombrada como la madre), Cristina y Rafael. Había enviudado siete años atrás, pero sacó entonces toda su entereza para seguir luchando por sus hijos y por sí mismo. Luego, tan solo hacía tres años, encontró de nuevo el amor con ENCAR-

NACIÓN MORA (véase pág. 361), una gran mujer que sentía la dicha de trabajar y luchar por sus sueños. Iban juntos aquella mañana en los trenes.

Estaba jubilado y había conocido a Encarnación en un baile. Según contó su hija Lola, Encarna tenía una cita con un apuesto caballero que no se presentó, y ese mismo día, en esa misma fiesta, a Rafa le había pasado lo mismo con una guapa mujer que tampoco apareció. Ante el plantón compartido, se consolaron mutuamente y surgió una relación que les unió durante casi tres años, hasta la mañana del 11 de marzo de 2004. En los últimos tiempos, Rafael solía visitar a Encarnación los miércoles, porque había fútbol, y los jueves madrugaban para que Encarni llegara a su trabajo como asistenta de hogar en una casa de Madrid.

La semblanza de Rafael Serrano López la trazó en *El País* días después su hijo Rafael Serrano Manjón:

> Mi padre tenía 66 años. Pasó su juventud en Aguilar de la Frontera (Córdoba), trabajando en el campo. Allí conoció a Otilia, mi madre: rubia, guapa, elegante, excelente modista. Para verla tenía que recorrer 20 kilómetros en bicicleta. Tras hacer 19 meses de mili en el Sahara, trabajó en Madrid para ahorrar y poder formar una familia. Al año se casaron. Vivieron en una chabola del barrio de Tetuán hasta que les realojaron en la zona de Hortaleza, donde pasó su vida y aún vivo yo. Tuvieron tres hijos: Otilia, Cristina y yo. Mis padres nos lo dieron todo.
>
> A pesar de lo que le costó sacarse el carné de conducir, mi padre era un manitas del coche. Tuvo un Simca y un Lada que siempre andábamos arreglando.
>
> También le encantaban las bicicletas. Tenía una de carretera, dos de campo y todos los accesorios. Su otra afición era caminar por la playa cuando íbamos a Mazarrón en verano. Pese al machismo de la época, mi padre era un hombre de familia y no frecuentaba bares. Dedicaba su tiempo libre a cuidarnos y ayudar en casa. Siempre recordaré el sabor de las migas que nos hacía. Mi padre era tozudo, responsable, fuerte, muy fuerte, alegre, amigo de sus amigos, noble... En fin, era mi padre.

En 1996 mi madre contrajo una grave enfermedad. Tras un año muy duro, falleció, dejándonos un gran vacío. Tengo que destacar la entereza de mi padre para salir de esa situación y volver a ser feliz. Años después conoció a Encarna (Encarnación Mora Donoso, también fallecida en el atentado de El Pozo), con quien rehízo su vida. El resto, ya se sabe.

El mundo no es el mismo sin ellos. Pero seguiremos adelante, ya que para nosotros no se han ido, están en el corazón y en la memoria. Lo que nos duele es no poder abrazarlos, verlos, llamarlos...

PAULA MIHAELA SFEATCU

27 años. Rumanía. Hacía nueve meses que había llegado a Madrid con su novio Mihael Enache, y vivían en Entrevías. Trabajaba en el servicio doméstico.

Paula Mihaela Sfeatcu no tuvo más opción que abrirse camino fuera de su país. En Alexandria, en el sur de Rumanía, donde nació, todos los miembros de su familia estaban en paro. Solo entraba en su casa el subsidio de desempleo del padre, mientras que ella y sus tres hermanos veían con frustración la imposibilidad de prosperar.

Según relató *La Vanguardia,* lo había intentado todo. Primero quiso acceder a un trabajo como enfermera en el hospital de su ciudad natal, capital de la región de Teleorman, pero, como publicó la prensa rumana, para conseguirlo debía pagar un soborno. Algo inalcanzable para su familia. Después logró entrar como dependienta en una tienda de ropa y, dado el escaso salario que percibía, tomó la decisión de salir del país para ayudar a su familia.

Había cumplido 27 años en enero de 2004 y llevaba nueve meses en España, a donde llegó junto a su novio, Mihael Enache, de 24 años. Se habían conocido en su país tres años atrás y residían en un piso de alquiler en Entrevías. Paula trabajaba en varias casas como asistenta doméstica; de ese modo conseguía alrededor de 600 euros, de los que 100 enviaba a Rumanía. En España comprobó que el trabajo al que podía optar se centraba exclusivamente en el servicio doméstico, y se dispuso a ello.

No era una vida fácil, pero en Madrid salía del paso. Engalanó su casa de Entrevías de plantas y flores que cuidaba con mimo. Las tenía de todos los tipos y colores, y por todas las esquinas. Posaba con ellas en las fotografías, y en alguna parecía acariciarlas. Según dijo Mihael a *El País,* «les tenía tanto cariño que cuando las veía tristes las acurrucaba y las cuidaba como a personas». También adoraba a sus peluches, que llenaban su hogar. Por el momento, no podía plantearse tener hijos: ella y Mihael querían casarse primero en su país por el rito ortodoxo y aún no sabían si podrían sobrevivir con cierta holgura.

La primera casa en la que entraba a trabajar estaba en Majadahonda, por lo que debía tomar el tren a las 07:20 horas desde la estación de Entrevías. Iba decidida con su rotunda presencia: pelo moreno, ojos negros y facciones suaves. Las familias para las que Paula trabajaba coincidieron al señalar que era una empleada estupenda, muy dispuesta hacia el trabajo. Parecía animada y en los últimos meses había adquirido un equipo de música en el que hacía sonar canciones latinas. Como contó su amiga Mónica Dragnea, su sueño seguía siendo casarse en Rumanía y seguir el ritual: intercambio de anillos y coronas, y tres vueltas al altar.

Federico Miguel Sierra Serón

37 años. Alcalá de Henares. Comandante de Infantería del Estado Mayor. Condecorado por su participación en misiones de paz de la OTAN. Estaba casado y era padre de un hijo.

Federico Sierra Serón, comandante de Infantería, diplomado de Estado Mayor, había vivido situaciones difíciles durante sus destinos como voluntario en diferentes misiones de paz en Bosnia. Desde hacía solo tres meses, para tranquilidad de los suyos, se incorporó a una plaza más apacible en el cuartel general del Ejército de Tierra. Vivía con su familia en Alcalá de Henares.

Nacido en 1966 en Zaragoza, estaba casado con una joven bosnia de Gorazde, con quien tenía un hijo de tres años. Tras su experiencia en las misiones humanitarias, pensó que España ofrecía a su familia una mayor seguridad y, a él, la posibilidad de dejar atrás los horrores de la guerra. Su capacidad y acierto en el trabajo en equipo le valió un puesto de responsabilidad en el cuartel general de la fuerza multinacional en Sarajevo, donde recibió una medalla de la OTAN. Además, tenía los títulos americano, francés y alemán de paracaidista.

Ya en su nueva misión en Madrid, Federico utilizaba el tren para trasladarse a su puesto en la Dirección del Mando de Personal del Ejército de Tierra. Sus compañeros afirmaron que su celo profesional, que le llevaba a tomar todos los días la línea Guadalajara-Madrid para llegar una hora antes de lo que le correspondía, le costó la vida. La vocación de servicio le venía de cuna: su padre, el general José Sierra Tabuenca, fue gobernador militar de Navarra.

Como especialista en carros de combate y miembro de misiones humanitarias, el comandante Sierra estuvo en la operación Alfa Kilo en el Kurdistán, Turquía, en 1991, y en los Balcanes en dos ocasiones: en 1996 como componente de la Spabri II, y en 1999, en la Spabri X. En territorio nacional participó en unidades paracaidistas como la bandera Roger de Flor, perteneciente a la Bripac, según informó *ABC*.

Quienes le conocían aseguraron que irradiaba simpatía y lealtad, y que lograba conectar con personas de todo tipo. Como militar, sus compañeros —jefes y subordinados— lo definieron como un gran soldado que siempre quiso estar entre los mejores, sin darse cuenta de que era él, con su presencia, quien hacía mejor a su unidad. No ahorraron elogios para definirle como «el compañero ideal».

Su padre fue el primero que se temió lo peor. Conocía bien sus rutinas y pronto supo que no había llegado a su puesto a la hora acostumbrada. Fue el instinto de los buenos soldados.

DOMNINO SIMÓN GONZÁLEZ

45 años. Guardo (Palencia). Licenciado en Biología. Trabajaba en Seguros. Viajaba en el tren con su mujer, Cristina. Los dos murieron. Tenían dos hijos de 11 y cuatro años.

Dos niños, Alberto y Eduardo, quedaron huérfanos de madre y padre de golpe. El diario *La Vanguardia* narró así la tragedia en su edición del 15 de marzo de 2004:

Modesto Prado, director del colegio público Ciudad de Valencia, de Santa Eugenia, se restriega los ojos y con un nudo en la garganta dice: «Cuando tienes que comunicar a dos niños de tres y once años que se han muerto sus padres, no encuentras las palabras. ¿Cómo les puedes explicar que no volverán a verlos, que esa tarde no vendrán a recogerlos? No encuentras palabras. Al final, se derrumban los niños y te derrumbas tú».

Domnino Simón González y María Cristina López Ramos, los padres de esos niños, viajaban a Madrid habitualmente en coche, pero ese día, después de dejar a los niños en el colegio, cogieron el tren porque en el taller de Santa Eugenia aún no habían reparado la avería. Domi, como le llamaban sus amigos, era natural de Guardo (Palencia) y había nacido en 1959. Trabajaba en una compañía de seguros, y su mujer, Cristina, era secretaria en el Colegio de Abogados.

«Domi nunca será para nosotros un héroe anónimo», afirmaba un compañero en el entierro. No se dieron cuenta de su ausencia hasta avanzada la mañana. Aquella fue la primera noticia de padres fallecidos que llegó al colegio. Modesto Prado explica que cuando conocieron la muerte del matrimonio decidieron esperar a que llegaran los parientes más próximos, «para que los niños tuvieran un punto de referencia al darles a conocer la tragedia». Los familiares se han hecho cargo de los niños y el director del centro confía en que puedan seguir asistiendo a ese mismo colegio «para que se mantenga en lo posible su entorno habitual». Los profesores ya están preparados para recibirlos hoy (lunes, 15), conscientes de que «los niños necesitan un punto de referencia y en estos momentos es fundamental conservar la serenidad y saber estar en tu sitio, aunque para ninguno es fácil». Todos los compañeros de Alberto, el mayor de los dos hermanos, le hicieron el sábado un homenaje en el polideportivo y a gritos le dijeron: «Alberto, Alberto, ¡somos tus amigos! ¡No te dejaremos!».

Domi —o Nino, como lo llamaban sus familiares— volvía siempre que podía a Guardo, donde nació hacía 45 años. Le conocían todos los vecinos del pueblo, «era un guardense de pura cepa». Aprovechaba las fiestas y los fines de semana para disfrutar del lugar donde creció y cursó sus primeros estudios. De joven se marchó a Salamanca y se matriculó en la facultad de Biología. Allí permaneció hasta terminar sus estudios. Después se trasladó a Madrid.

Era un hombre bromista y alegre. Estaba casado con MARÍA CRISTINA LÓPEZ RAMOS (véase pág. 337) y tenía dos hijos, Alberto y Eduardo, de 11 y cuatro años, respectivamente. Le gustaba hacer planes con ellos. Cada verano iban a la playa. Domi trabajaba en la Mutua Madrileña y vivía en el barrio de Santa Eugenia, desde donde se trasladaban a diario, él y su mujer, a sus respectivos trabajos. Llevaban una vida tranquila y grata. Él irradiaba siempre buen humor.

Habitualmente, Domi y Cristina iban en coche a trabajar, pero ese día una avería en el vehículo les jugó una mala pasada y tomaron uno de los trenes que les condujo a la muerte en la estación de El Pozo.

Aquella amarga jornada fue muy larga para sus familiares. Pasaron 12 horas hasta que los tres cuñados de Domi pudieron identificar su cuerpo.

MARÍA SUSANA SOLER INIESTA

46 años. Madrid. Recepcionista. Estaba casada y era madre de un niño de ocho años.

Susana vivía en la calle Zazuar, en el barrio de Santa Eugenia, y trabajaba como recepcionista en una empresa de contadores de líquidos. Quienes la conocían destacaban que era una excelente «relaciones públicas». Según relató *El Mundo,* llevaba 20 años casada con Mariano y hubo de esperar 12 hasta la llegada de su único hijo. Incluso llegó a renunciar a la maternidad tras haberse sometido a tratamientos de fertilidad que resultaron fallidos. Finalmente, el niño, Rodrigo, que tenía ocho años cuando se produjeron los atentados, llegó cuando ya no lo esperaban. Como contó Amalia, su madre, Susana se quedaba ensimismada mirando al pequeño mientras dormía. Era feliz, «una madraza que vivía para su hijo».

Antes de vivir en el barrio de Santa Eugenia, donde llevaba 15 años, Susana ya vivía en Vallecas. A Mariano lo conoció a los

23 años en un pub de Madrid: ella estaba con un grupo de amigas con las que preparaba oposiciones, y allí estaba él con sus amigos. Tres años después se casaron.

Susana era muy sociable, de gustos sencillos, que hablaba con todo el mundo, ya fueran vecinos o compañeros de trabajo. Solía ir a trabajar en autobús y todas las mañanas atravesaba toda la capital para llegar a Las Rozas, donde se encontraba la oficina en la que estaba empleada. Mariano se ocupaba de llevar al niño al colegio, antes de acudir a la tienda de fotografía que regentaba en el barrio de Moncloa. Aquel día, Susana se retrasó unos minutos y pensó que en tren tardaría menos que en autobús. Sin embargo, murió antes de llegar a Atocha.

La escalera de su portal se convirtió en un trágico velatorio: tres de los vecinos perdieron la vida en los atentados. El portero del edificio decía que siempre se van los mejores: «Muchos días los veía salir por la puerta. No había tiempo para mucha conversación, pero siempre caía un saludo, alguna bromita o cualquier comentario para hacer más llevadero el madrugón». En apenas 300 metros alrededor de la calle Zazuar, hasta una docena de personas murieron por las bombas.

Tres años después de la tragedia, Mariano habló con la dignidad de los humildes en el periódico *20 Minutos:* «No hay vuelta de hoja. Este es el futuro que nos toca vivir». En crónica de José Ángel González (13 de febrero de 2007), el diario narró la primera conversación que Mariano tuvo con su hijo aquella negra jornada:

> Lo primero que hizo el padre al conocer la noticia fue pensar en el niño, que estaba en el colegio. Y allí, esa tarde, en el despacho del director, le contó todo. «Le dije que había ocurrido un accidente y que su mamá había fallecido. Algo presentía porque había visto los corrillos de las cuidadoras. No quise ocultarle nada. No quería engañarle y que se hiciera una falsa película. De vez en cuando el niño piensa que su madre le mira cuando se queda dormido».

CARLOS SOTO ARRANZ

34 años. Quintanilla de Onésimo (Valladolid). Soldador de profesión. Vivía en San Sebastián de los Reyes. Acababa de tener una hija.

Aquella madrugada del jueves 11 de marzo, Carlos estuvo trabajando en la carpintería metálica para terminar un encargo. A las 07:40 horas llamó a su mujer, Eva, para contarle que a esa hora cogía el tren en Alcalá de Henares para llegar a casa, en San Sebastián de los Reyes, antes de que los niños salieran para el colegio. Poco después murió en el tren.

Su vida no había sido fácil. Nació en 1970 en Quintanilla de Onésimo (Valladolid), y a los 14 años se quedó huérfano de padre y madre. Tenía dos hermanos mayores, Óscar y Roberto, pero pronto tuvo que dejar de estudiar para ganarse la vida. El diario *El País* relató el encuentro que daría un vuelco a su vida: a los 30 años conectó con Eva Girón, a través de Internet, que se convirtió en la mujer de su vida. Se conocieron en un *chat* en mayo de 2001, y Eva tuvo que investigar quién era el hombre que estaba bajo el seudónimo de Wallace. Carlos, que había residido y trabajado casi toda su vida en Valladolid, decidió trasladarse a San Sebastián de los Reyes, localidad en la que ella vivía.

Eva —su primera y única novia— estaba divorciada y tenía dos hijos pequeños a su cargo, Darío y Lucas, a los que Carlos trató como un padre. Cuatro meses antes de los atentados, nació Laura, «una preciosa niña de ojos azules», como él le había prometido a Eva. Y así fue. Laura nació con los ojos «infinitamente azules», como los de su padre. La quería con locura.

En San Sebastián de los Reyes encontró trabajo como soldador en una carpintería metálica. Sus familiares se lamentaban de las dificultades por las que Carlos tuvo que pasar hasta encontrar la felicidad: «Tuvo que pasar de los 30 para empezar a vivir bien». Le gustaba jugar a los dardos con los hijos de Eva, que siempre le ganaban. «Fue el único hombre que supo cómo tratarme», contó ella.

Tras muchos agobios económicos, Eva y Carlos estaban a punto de comprarse su primera casa. Estaban en su mejor momento. Los atentados del 11 de marzo de 2004 impidieron que Carlos viera crecer a la pequeña Laura.

MARIYA IVANOVA STAYKOVA

38 años. Bulgaria. Ingeniera industrial en su país, pero en Madrid trabajaba en un locutorio y cuidando niños. Llevaba tres años en España. Estaba soltera.

En 2001, Mariya dejó la ciudad de Karlovo (de unos 30.000 habitantes), en el corazón de Bulgaria, donde había nacido, para instalarse en Madrid. En su país trabajaba como ingeniera industrial, pero sacrificó su estabilidad laboral y su puesto en un ministerio para ayudar a su familia, especialmente a sus dos sobrinas, y que pudieran estudiar en Alemania, como querían, y a su hermana y su cuñado, que se encontraban en paro. Mariya era la única soltera, así que acordó con su hermana que sería ella quien se trasladaría a España para trabajar y enviar dinero.

En España, pese a que sus trabajos —asistenta, cocinera y teleoperadora— no respondían a su cualificación profesional, Mariya «se sentía feliz». Así lo afirmaron sus familiares. Era una mujer elegante y tenía criterio. Con sus compañeros se mostraba «habladora», y todos coincidían en que era «muy inteligente. ¡Una brava mujer!», resaltaron. Solía tener un cigarrillo en la mano, siempre dispuesta a un café y a charlar con los amigos que iba haciendo. Desde que llegó a España trabajó cuidando niños. «Mis hijos la adoraban», contó el padre de la familia para la que trabajaba al diario *ABC*. Pronto alternó ese trabajo con algunos contratos eventuales en una empresa de catering. Primero vivió en el barrio de Usera y después se mudó con unas amigas a Ascao, en el este de Madrid. Buscaba trabajos para obtener más ingresos, y un día, en el mismo locutorio desde el que mandaba dinero a su familia, le pidió al dueño que le aceptara una demanda de empleo. Él le hizo una prueba y ya se quedó a trabajar. Desde hacía cinco meses tenía un contrato indefinido y seguridad social. Sus expectativas se iban cumpliendo.

En Madrid tan solo tenía una prima lejana, pero pronto amplió sus relaciones. Conoció a Vladimir, también búlgaro, con quien planeaba irse de crucero en verano. La noche anterior se citaron para celebrar el Día de la Mujer Trabajadora (8 de marzo), ya que no habían podido hacerlo tres días antes, y se quedó a dormir en

Santa Eugenia, el barrio de Vladimir. A la mañana siguiente, el 11 de marzo, por primera y última vez cogió el tren.

Los fines de semana le gustaba ir con Vladimir a bailar a alguna discoteca, y cuando tenía ratos libres los aprovechaba para leer y cocinar en el piso de Ascao que compartía con tres mujeres. En declaraciones a *La Vanguardia,* ellas destacaron de Mariya su gran generosidad.

MARION CINTIA SUBERVIELLE

30 años. Francia. Trabajaba como intérprete en la Biblioteca Nacional. Estaba casada y tenía una hija de diez meses.

Cuando terminó sus estudios, Marion dejó Mourenx (en los Pirineos atlánticos), una pequeña población francesa cercana a Pau, para viajar por todo el mundo y aprender idiomas. Tenía poco más de 20 años. Amaba Francia, pero su espíritu aventurero dominaba. Después de pasar varios años por Estados Unidos e Inglaterra, donde aprendió inglés y cursó estudios de traducción e interpretación, recaló en España, en 1996, para recibir clases de español en la Universidad de Alcalá de Henares. Allí conoció a su novio, José Luis Sánchez San Frutos, con quien después vivió en uno de los barrios más antiguos y típicos de Alcalá.

Aunque, en un primer momento, su proyecto era regresar a Francia en cuanto finalizaran los cursos de la universidad, con el tiempo cambió de planes. Su relación con José Luis y el nacimiento de su hija Inés —tenía diez meses cuando Marion murió— la vincularon para siempre a España. Su bebé, a la que hablaba en francés, era *«mon bijou»* (mi joya).

Marion vivía con plenitud sus 30 años. Desde hacía tres trabajaba en la Biblioteca Nacional, y atendía a los usuarios que necesitaban un intérprete. Allí, al Paseo de Recoletos, se dirigía el jueves 11 de marzo cuando murió en la estación de Santa Eugenia. Esa mañana tenía prisa y no pudo despedirse de su marido. Ella estaba terminando de vestirse y él la sintió desde la ducha. Según relató *El País,* él le dijo: «Espera un poco antes de marcharte, que quiero darte un beso». Pero Marion salió corriendo para tomar el tren.

«Estaba entusiasmada con su nena. Antes de carnaval pasó un par de días pensando en el disfraz de Inés, y nos enseñaba encantada las fotos de la niña disfrazada de Minnie, la novia de Mickey», contaron sus compañeras de trabajo. Era feliz. La fotografía de su pequeña decoraba la pantalla de su ordenador en la Biblioteca Nacional, donde se movía —siempre con una sonrisa— entre las plantas baja y segunda para orientar a los visitantes extranjeros hacia las salas correspondientes.

«Marion era francesa, muy francesa, algo que se notaba en su elegancia a la hora de vestir —relató su cuñado, Jesús—. Pero sin dejar de ser muy francesa, amaba España y pensaba quedarse a vivir aquí para siempre». Ana, una de sus compañeras en la Biblioteca Nacional —la institución perdió a cuatro trabajadores aquel día—, destacó la sencillez y la generosidad de Marion: «A mí me ayudó en los momentos difíciles. Ella siempre estaba alegre. No paraba de tararear canciones españolas, le gustaban La Unión y Radio Futura».

Ella, José Luis y la pequeña Inés viajaban con frecuencia a Pardies, un pueblo cercano a Pau (en el suroeste de Francia), para que los abuelos de la niña la fueran conociendo. Los vecinos de Mourenx rindieron un homenaje a Marion en las calles de la localidad.

Alexandru Horatiu Suciu

18 años. Rumanía. Cerrajero. Había llegado a España seis meses antes desde su pueblo natal, Blaj, en Transilvania, para reunirse con su familia en Madrid.

Horatiu había estado trabajando durante toda la noche como cerrajero en Alcalá de Henares, por lo que tomó temprano el tren para regresar a casa, en San Agustín de Guadalix, donde vivía con María, su madre, y su hermano mayor, Emiliano, de 23 años. Alexandru Horatiu apenas llevaba siete meses en España, pues esperó a ser mayor de edad para venir siguiendo los pasos de su madre, viuda, que trabajaba como limpiadora, y de su hermano.

La tardanza de Horatiu en llegar a casa inquietó a los dos. «No era normal en él un retraso así», dijeron. Se dirigía a la estación de

Atocha para desplazarse a la Plaza Castilla, en la otra punta de la ciudad, y tomar después un autobús que le llevara a San Agustín de Guadalix, a 30 kilómetros de distancia. Solía hacer largos recorridos según los trabajos que surgían. Con su familia coincidía solo a mediodía, en el almuerzo. Aquella mañana, Horatiu no iba solo en el tren; le acompañaba un compañero de trabajo, que también falleció en los atentados.

Había estudiado Formación Profesional en Rumanía, y esperó a tener el título para reunirse en España con su familia. Primero trabajó en Cataluña y Valencia, hasta que al fin encontró empleo como cerrajero en una empresa de Algete (Madrid).

Pese a su juventud, Horatiu tenía bien definido su proyecto de vida: quería regresar a Rumanía cuando pudiera rehabilitar la casa familiar de Blaj (Transilvania) y montar su propio taller mecánico. Le volvían loco los coches y le encantaba la música. Tenía toda la vida por delante.

Su madre y su hermano acompañaron el féretro hasta Rumanía. Allí enterraron a Horatiu, junto a su padre y su abuelo. Después, con gran pena, regresaron a España. A seguir trabajando.

DANUTA TERESA SZPILA

28 años. Polonia. Modista. Trabajaba en Madrid como empleada de hogar y vivía en Alcalá de Henares. Ahorraba para regresar a Polonia.

Danuta era una mujer decidida y abierta que aprovechaba la vida. Morena, de aspecto mediterráneo, nació en la ciudad de Grodzisko Dolne (Polonia), en una zona castigada de Nueva Sarzyna, cerca de la frontera con Ucrania. De allí salió cinco años atrás para instalarse en Alcalá de Henares. Tenía dos hermanas y un hermano menor, Andrej, que siguió sus pasos y se instaló con ella en la ciudad complutense.

Todos los días realizaba el mismo trayecto. Danuta abandonó su oficio de modista en Polonia para cuidar de dos niños en una casa de Madrid. Era tan puntual y metódica que incluso tenía su asiento «fijo» en el tren. Así lo resaltó la presidenta de la asociación de polacos Águila Blanca. En los últimos tiempos estaba viviendo una botita historia de amor con Krysztof, un compatriota al que conoció en un encuentro de amigos junto al río Henares. Su proyecto era formar una familia y regresar a su país.

Lola Huete, en *El País,* acudió a la vivienda donde Danuta residía y en la que sus amigos se reunieron para recordarla:

> Un piso alquilado en un bloque de ladrillo con muebles añejos y bodegones en las paredes. Ocho amigos polacos se reúnen. Hay bebidas y dulces sobre una mesa. Sucedió ayer y no fue una fiesta, ni una cena como de costumbre. Todos eran jóvenes, vestían de colores oscuros y ninguno reía. Ayer se citaron en casa de Danuta para recordar a Danuta, que no estaba. Cerró hace cuatro días la puerta de su vivienda, bajo dos tramos de escalera de terrazo, anduvo apenas cien pasos y se subió a un tren rojo en dirección a Nuevos Ministerios. Allí cuidaba a dos niños de ocho y seis años en casa de un médico, una familia que la quería e ignoraba que un día se pasarían horas buscándola, esperándola sin éxito en un improvisado tanatorio madrileño.
>
> Por las tardes, Danuta regresaba a Alcalá y limpiaba aquí y allá por horas. Eran, dicen todos, una mujer reservada, amable, cuidadosa, a la que nunca oyeron una crítica sobre otra persona, ni una mala palabra. Había estudiado costura y le gustaba salir, bailar, leer novelas románticas, cocinar recetas polacas. Sus amigos y su hermano Andrej —que se había instalado recientemente en Alcalá animado por ella— se pasaban ayer de mano en mano como una reliquia el álbum de fotos de la última fiesta, celebrada hace apenas diez días. En las imágenes se ve a una Danuta relajada, morena, con aspecto de española y sonrisa franca. Ayer, todo lo que Danuta fue un día esperaba en el Tanatorio Sur de Madrid a que la burocracia permita su regreso a Grodzisko Dolne, el pueblo donde nació en Polonia y de donde partió ilusionada hace cinco años. La comunidad polaca en Alcalá es muy extensa, tiene ya tradición y solera. Se conocen, se visitan, organizan comidas y barbacoas.

Normalmente, Danuta hacía el recorrido en tren con dos amigos, pero aquella mañana solo coincidió con uno, que estaba sentado a su lado cuando la bomba estalló y que resultó herido.

JOSÉ LUIS TENESACA BETANCOURT

17 años. Ecuador. Estudiante. Tímido e introvertido, su sueño era ser director de cine. Vivía en Torrejón de Ardoz.

«Yo vine a España por él, para que pudiera hacerse un futuro», contó su padre a *La Vanguardia*. Y añadió: «Ahora que me lo han quitado, no me queda nada, ya no sé para qué estoy, no sé qué tengo que hacer». José Luis tenía 17 años y quería ser actor y guionista de cine. Era hijo único. Luis Alberto Tenesaca, mecánico de maquinaria pesada, emigró desde Quito (Ecuador) seis años atrás y consiguió un empleo en Madrid. Hacía solo tres años que se trajo a su mujer y a su hijo. Todos residían legalmente en España.

En la calle y en las aulas, José Luis era más bien tímido, vergonzoso, según sus profesoras. Un chico bajito que se sonrojaba a menudo y se guarecía entre sus mejores compañeros de clase. Un excelente estudiante, como se certificaba en sus notas, amante de los libros, que apenas salía de fiesta. En casa, sin embargo, era el animador. A sus padres les ponía las películas que seleccionaba y les contaba las historias.

Durante años, la familia vivió en Carabanchel, donde José Luis fue al colegio, pero apenas 15 días atrás se habían mudado a Torrejón de Ardoz. Tardaba más de una hora en llegar al instituto. Aquel día tenía previsto ir a IFEMA a visitar el stand de Educación, porque quería recabar información sobre los centros que ofrecieran formación para ser guionista de cine. Por desgracia, horas antes una explosión acabó con su vida, y su cuerpo, gran paradoja, terminó llegando al pabellón de IFEMA.

El cine era su pasión, especialmente las películas de Arnold Schwarzenegger. Las había visto todas. «Tenía muy claro que el primer dinero que ahorrase lo emplearía en viajar a California para visitar a su ídolo —contó su madre a *El País*—. Ahora que él no puede hacerlo, seré yo quien cumpla su promesa. Viajaré a Los Ángeles con las cenizas de mi hijo para decirle cuánto le admiraba».

En su cuarto, decenas de DVD, revistas de cine, carteles de *Spiderman,* de *Terminator,* de Angelina Jolie y varios puzles adornaban sus estanterías. Justo antes de salir de casa, su madre le bendijo, como es costumbre en Ecuador. Tenesaca —así le llamaban en el colegio— se levantó a las seis menos cuarto y, como siempre, pasó una hora acicalándose. Le gustaba salir impecable.

Fue el ecuatoriano más joven de los que murieron en los trenes. Su padre estrechó contra su pecho el paquete gris que le dieron, una bolsa de plástico con los pocos objetos personales de su hijo.

El periodista Pedro Simón reflejó la pasión cinéfila de José Luis en el suplemento de los atentados titulado «10 Años» que publicó el diario *El Mundo* (11 de marzo de 2014):

> Cada noche, antes de la oscuridad, José Luis cogía a Spiderman y a Alien y los ponía a pelear. Hay gente que entra en el sueño como en un cine, pero a él no le hacía falta; ya traía del día la imaginación puesta. A sus 17 años, en medio de una ecuatoriana adolescencia de inmigración, José Luis Tenesaca Betancourt tenía la vida rodeada de personajes, una pandilla para comerse el mundo con Batman, Godzilla, Correcaminos, Gandalf y Hulk. Los que ahora escoltan en la estantería la urna con sus cenizas.
>
> José Luis quería ser guionista de cine, pero andaba pendiente de la realidad. «Él nos cuidaba a nosotros», cuenta Luis Alberto, como si fuera un padre al revés.
>
> Igual por eso, la víspera del The End, el chaval sacó del armario de su boca otro abrigo de los suyos. «Hacía unos días que habían detenido a unos tíos con una furgoneta cargada de explosivos. Estábamos cenando y José Luis me dijo: "Papá, anda con cuidado que hay unos pendejos sinvergüenzas poniendo bombas"». Y en eso se puso a instalar una tele con *home cinema* para los tres. «Papá, mamá, ustedes siéntense y miren».
>
> Y ahí andaba, mirando al niño adulto que siempre fue, el hombre de los deberes del cole, la puntualidad y el cuidado, como cuando iba a los centros comerciales y compraba comida para perros y la mandaba a Ecuador, donde se había quedado Junior, un perro que se murió sin saber que José Luis se murió.
>
> Luis Alberto y Rita pensaban que IFEMA era otro hospital, el enésimo de aquel día con madrugadas que todavía no terminan. Cuando alguien descorrió la cortina y vieron un ataúd, ella se desmayó. «Yo me abracé a él, le toqué las manos y las piernas, vi que estaba entero y le di un beso».

Hoy se lo siguen dando cada mes con unas flores en los bordes de Téllez. Y con una casa llena de puzles, de muñecos y de dibujos, una casa poblada por héroes y monstruos de plástico que, cuando nadie les mira, se van al cine con José Luis.

IRIS TORIBIO PASCUAL

20 años. Madrid. Trabajaba como comercial de telefonía móvil, pero sus aficiones se orientaban hacia el fútbol y la música.

Iris era hijo único. A sus padres, Pablo y María, les parecía un nombre especial, muy *hippy*. «Era un niño precioso —contó su madre a *La Vanguardia*—. Un muñeco. Las enfermeras decían que era uno de los bebés más guapos que habían visto. Las seducía a todas desde que nació, a las grandes y a las pequeñas. Así que ha tenido novias a punta pala. Tenía un gran *sex appeal*».

Era un chico rápido, listo y muy querido por su legión de amigos. Desde niño mantuvo dos grandes aficiones: el fútbol y la música. Terminó el bachillerato, inició algunos estudios de FP y de informática con su padre y se puso a trabajar. Dejó el fútbol a la vez que los estudios, ya que le absorbían demasiado, y alternó su trabajo con la pasión por la música. Pronto iba a debutar como *disc-jockey,* su gran ilusión.

Desprendía una gran energía. A los seis años ya jugaba en equipos de fútbol sala (siempre con el 14 a la espalda) que su padre entrenaba y enseguida se vio que tenía aptitudes. Le seleccionaron para jugar por el Rayo Cota. Luego pasó por el Roma y por el Nueva Castilla, donde jugaban grandes amigos suyos. El naranja le chiflaba: zapatillas, sudaderas, *piercing* naranjas... Para sus compañeros, «era un jugador de una calidad increíble». Su padre los había entrenado a todos.

Pero a Iris lo que le gustaba ahora era salir, pinchar *bakalao* y los videojuegos. Podría pasarse la tarde hasta la madrugada en el bar Patpalo, jugando con sus amigos a los dardos o a las cartas. Finalmente, se decantó por la música. «Tenía una izquierda maravillosa, pero lo dejó todo por la música y las chicas», contaron en su casa. Su padre tocaba el saxo en un grupo de *reggae,* pero a él le iba más el *bakalao.* Aprovechó una estancia de sus padres en vacaciones —«fíjate si era pillo», contó su madre a *El País*— para instalar en su cuarto una mesa de mezcla, como en una discoteca. Acababa de terminar el curso de *disc-jockey.*

Para llegar a su trabajo en la empresa de telefonía móvil, situada en el Paseo de Recoletos, a veces iba en coche, otras en metro y, en ocasiones utilizaba el tren, como aquella mañana. Quedó con su amigo Marcos en el apeadero del barrio (Vallecas), aunque este decidió esperar el tren siguiente para acabar su cigarrillo. Iris sí se subió y dijo que lo esperaría en Atocha tomando un café. Su amigo pudo oír la explosión de Santa Eugenia y, pocos segundos después, la de El Pozo.

Su padre se enteró de la tragedia cuando llegó a su trabajo y, tras constatar que él se libró por los pelos, comenzó a pensar que quizá su hijo no había tenido la misma suerte. De inmediato, familiares y amigos se movilizaron en su búsqueda hasta que lo localizaron en el Pabellón de IFEMA. A los amigos les explicaron que la onda expansiva destrozó su cuerpo en la estación de El Pozo. Allí se quedaron todos sus proyectos y sus ganas de vivir.

Más de 300 chavales se concentraron en el tanatorio para despedirle. La misa de su funeral fue multitudinaria. En El Rayo Vallecano le hicieron un homenaje. Sus padres no eran conscientes de que su hijo tenía semejante multitud de amigos ni de lo mucho que le querían.

Neil Fernando Torres Mendoza

35 años. Guayaquil (Ecuador), pero español nacionalizado. Trabajaba como albañil. Su esposa resultó herida. Era padre de una niña de un año.

Neil Fernando llevaba nueve años viviendo en España. La mañana del 11 de marzo de 2004, viajaba con su esposa, Lourdes Pinargote Beltrán, de 33, también de origen ecuatoriano, en uno de los trenes que explotaron al llegar a la estación de Atocha. Según declararon sus familiares a *El Universo*, de Quito, él iba de pie en el vagón y su esposa iba sentada. «El estallido expulsó a mi hermano del vagón y a la esposa le produjo un estado de coma que pudo superar por la noche».

La noche anterior a la tragedia estaba eufórico. Se había reunido toda la familia para disfrutar del encuentro Real Madrid-Bayern de Múnich, así que se puso su camiseta merengue. Neil Fernando tenía en Madrid a tres de sus hermanas, Isabel, Diana y Mary, y, en total, se reunieron unas 20 personas. Además, quería celebrar que había conseguido un puesto de oficial en la construcción, que acababa de comprar un piso en Vallecas, en la zona de Sierra Guadalupe, y que su hija Neidi ya había cumplido el año y medio.

Todas las mañanas cogía el tren en la estación de Vallecas para ir al trabajo. La periodista Ana Alfageme lo describió así en su crónica para el diario *El País:*

> Cenó demasiado la noche del miércoles: pollo seco en gallina y helado de fresa. En cantidades desmesuradas. Platillos de su país de origen, Ecuador, para celebrar, de lejos, el cumpleaños de su madre, que vive en la ciudad de La Floresta. «Párese, que le va a sentar mal», le gritó su sobrino Carlos Tantos. [...] «Y disfrutó. Parecía que supiera que era una despedida», contó Carlos. «Lo que no sé», dijo emocionado, «es cómo se va a pagar ese piso». Una vivienda de tres habitaciones, un baño y una cocina en Vallecas.

Junto a su mujer, Lourdes Pinargote, solían tomar el tren para ir a sus respectivos trabajos. Se bajaban en El Pozo y, desde allí, iban a Alcobendas: él, a subirse al andamio; ella, a limpiar.

Deseaba mejorar el nivel de vida de su familia. Su padre había muerto y en Ecuador estaban su madre y varios hermanos. Ahora las cosas le iban bien, y su puesto de oficial le permitía enviar cada mes algún dinero a casa y pagar en Vallecas una pequeña hipoteca. Él y Lourdes se habían conocido en Guayaquil siendo críos y hacía 20 meses había llegado la pequeña Neidi.

A Neil le identificó su propio jefe en la estación de El Pozo, mientras su familia lo buscaba por diversos centros asistenciales. Su esposa acabó en el Hospital Gregorio Marañón, herida de gravedad, pero los médicos pudieron certificar horas después que su vida no corría peligro. Como contó a *El Universo* Roxana, la hermana de Neil que vivía junto a la madre, esta conoció la tragedia por sus otras tres hijas, residentes en España, y por dos hermanos que, desde Nueva York, facilitaron fotografías a los médicos madrileños para poder reconocer el cadáver.

FRANCISCO JAVIER TORRONTERAS GADEA

41 años. Madrid. Subinspector del Cuerpo Nacional de Policía, adscrito al Grupo Especial de Operaciones (GEO). Falleció en la operación policial de Leganés en la que se inmolaron siete terroristas. Estaba casado y era padre de dos hijas.

Francisco Javier Torronteras se encontraba el 3 de abril disfrutando de su día libre con su esposa y ultimando los detalles de la casa que acondicionaban en Guadalajara, donde vivían con sus dos hijas.

A las 18:30 horas, la Policía se enfrentó a tiros con unos terroristas islamistas en un piso de Leganés. Estos amenazaron con volar el edificio si entraban a detenerlos. Entonces Torronteras recibió una llamada del comisario jefe de su unidad: debía ponerse en marcha de inmediato. Era la hora de los GEO, el cuerpo de élite de la Policía, y el jefe de guardia se vio en la obligación de convocar a los efectivos de la unidad que estaban de vacaciones o de permiso. Al final se formó un grupo de 13 personas.

Torronteras, como le llamaban en la base, se trasladó lo más rápido que pudo al acuartelamiento de los GEO. Su esposa lo dejó en la puerta y este salió disparado hacia Madrid con otros 12 compañeros. Aún desconocían que habrían de enfrentarse a un grupo de terroristas yihadistas en un piso de Leganés, aunque ninguna de las operaciones en las que había participado había sido fácil. Ni las misiones antiterroristas en Argelia y Chile, ni la detención de los miembros del comando Donosti de ETA, de varios terroristas del GRAPO…, por no citar las operaciones contra bandas de extorsionadores y narcotraficantes en distintos puntos de España. Tenía un amplio historial de servicios y numerosas condecoraciones.

La operación comenzó dos horas después, a las 20:30 horas. Ya en Leganés, el grupo de los GEO hubo de esperar a los Tedax para valorar los riesgos de explosivos en el escondrijo terrorista. Cuando los agentes entraron en el primer piso del número 40 de la calle Carmen Martín Gaite vieron que era posible no volver a salir. Dentro aguardaba un grupo provisto de armas de repetición y con la suficiente dinamita como para no dejar a nadie vivo. La acción costó la muerte de Javier Torronteras y heridas a otros 11 agentes, alguno de los cuales no pudo continuar en su unidad a causa de las secuelas.

Fue Torronteras quien subió al piso y explotó una carga controlada para abrir la puerta. Después bajó y avisó a sus compañeros de que ya podían subir. El compañero que iba a hacer de escudo, debido a su complexión y al equipo que llevaba, tuvo algún problema con el casco, lo que motivó que Torronteras se adelantara y tomara su puesto. Tras los requerimientos protocolarios a los terroristas, estos, al ver el asalto inminente, activaron los explosivos. Se inmolaron, pero la onda expansiva alcanzó a Torronteras. Una tremenda explosión antecedió al silencio.

Fue el primer agente muerto en acto de servicio de este cuerpo de élite que en sus 26 años de existencia había liberado a unos 400 rehenes y protegido delegaciones diplomáticas españolas en 28 países. La operación suscitó dudas y algunas críticas internas, por haberse actuado deprisa y a pesar de que los terroristas disponían de una gran cantidad de explosivos, tal y como publicó el diario *La Vanguardia* en la edición del 5 de abril de 2004.

Francisco Javier Torronteras nació en Madrid en 1962 e ingresó en el Cuerpo Nacional de Policía (CNP) en 1987. Tres años después realizó el curso de los GEO y quedó destinado en la unidad. En 2000 ascendió a subinspector y jefe de subgrupo operativo del grupo de élite.

Murió protegiendo a la sociedad. Fue enterrado en el Cementerio Sur de Madrid. Contaba con la Cruz al Mérito Policial con distintivo rojo, y el presidente del Gobierno en funciones, José María Aznar, le impuso en Guadalajara la Medalla de Oro al Mérito Policial, máxima condecoración reservada a los agentes.

A la desgracia de la pérdida de la vida de este subinspector, esposo y padre de dos niñas, se unió la ignominia de la profanación de su cadáver 15 días después. Según publicó *El Mundo* (20 de abril de 2004), el cadáver fue sacado de su nicho y quemado con gasolina, en un acto que pudo ser una venganza de los terroristas yihadistas.

CARLOS TORTOSA GARCÍA

31 años. San Fernando de Henares (Madrid). Químico en la sede de Repsol de Puertollano (Ciudad Real). Hacia allí se dirigía, pero no llegó a coger el AVE en Atocha.

Todos los días se levantaba a las seis y media de la mañana, se preparaba para ir a trabajar, se subía a su coche, lo aparcaba frente a la estación de San Fernando de Henares y tomaba el tren de cercanías hasta Atocha. Allí cogía el AVE en dirección a Puertollano, donde trabajaba como ingeniero químico en la factoría de Repsol. Hijo de un veterano sindicalista de la Transición, Pablo Tortosa, Carlos era un orgullo para la familia por su buena preparación académica, su empleo en la refinería y su manera de ser sencilla y pacífica. Comenzaba a obtener los frutos de años de esfuerzo y se sentía satisfecho.

Carlos admiraba muchísimo a su padre. Aquella mañana, como cada día, Carlos y Pablo Tortosa desayunaron juntos sobre las siete de la mañana. Después se despidieron, como siempre, antes de que Carlos cogiera el coche para ir a la estación. Desde allí le aguardaban 200 kilómetros en poco más de una hora de trayecto, primero hasta Atocha y después en AVE hasta Puertollano. Según relató *El País,* la noche anterior, su íntimo amigo, Alejandro Cartón, le llamó por teléfono para ver juntos el partido del Real Madrid contra el Bayern. Una propuesta tentadora que tuvo una clara respuesta: «No, tío, que luego me lías y mañana tengo que coger el tren».

Carlos Tortosa era el mayor de cinco hermanos, «el centro de la familia. Un buen hijo, el que siempre nos protegía», informaron al unísono sus hermanos Ernesto y Roberto, de 28 y 30 años, respectivamente. Fueron los únicos de los cuatro que articularon palabra en el velatorio del cementerio jardín de Alcalá.

El diario *La Vanguardia* publicó cómo el azar le había salvado el año anterior del trágico accidente en la refinería que costó la vida a nueve trabajadores y heridas de consideración a otras 17 personas. El accidente, que ocurrió el 14 de agosto de 2003, mantuvo en vilo la localidad durante días por el riesgo de que la nube tóxica alcanzara otras áreas. Para su familia, aquel accidente fue como un fatal vaticinio de lo que estaba por venir. «Es como si estuviese escrito», contó su padre a *La Vanguardia.*

Carlos vivía sencillamente y se proponía ahorrar para independizarse, ahora que ya llevaba dos años de relación con su novia. Le gustaba cuidarse y hacer deporte. Ya no jugaba al fútbol americano, como cuando era más joven, pero acudía al gimnasio con frecuencia. De ideales pacifistas, en aquellas fechas se había manifestado contra la guerra de Irak. Leía mucho, le gustaba el cine y disfrutaba de la compañía de su novia y de sus amigos. «Nos ha dejado un gran vacío», se lamentó uno de ellos.

María Teresa Tudanca Hernández

49 años. Madrid. Administrativa en un banco. Falleció tras 18 días en coma en el Hospital Doce de Octubre. Casada y con un hijo, residía en Alcalá de Henares.

La vida de Teresa pendió de un hilo durante 18 días. Estuvo en coma inducido tras dos operaciones. Su hijo, su marido y otros seres queridos fueron turnándose en el Hospital Doce de Octubre, y de este modo, sin pretenderlo, fueron adaptándose a su pérdida. Finalmente, fue inscrita como la víctima mortal número 190 de los atentados del 11 de marzo de 2004. Su imagen se convirtió en icono de la masacre y fue difundida por los medios: sentada y malherida mirando al frente, con su abrigo negro y un jersey color pistacho, apoyada en una pared de la estación de Atocha mientras alguien le sujetaba la cabeza. Parecía entera, sin cortes ni quemaduras, pero padecía un traumatismo encefálico que resultó mortal.

Desde hacía 30 años, Teresa trabajaba en la central madrileña de la Banca Nazionale del Lavoro. Era la responsable de la Secretaría Legal y una referencia para todos sus compañeros. «No conocía la maldad», aseguraron sus compañeros al diario *El País,* y eso que tenía carácter y decía lo que sentía. «Sabía mucho de todo y no presumía de nada: era perfecta. Emanaba luz». Sus compañeros Visitación, César, Miriam y Charo dijeron que a veces era demasiado buena. De ahí que, en broma, la llamaran «Santa Teresa».

Licenciada en Historia, nació en Madrid y fue la única chica de los cuatro hijos que tuvieron sus padres. Mujer de su época, creció en plena Transición y en el sueño de la liberación de la mujer. Siendo joven se labró su independencia económica y su propio criterio. El año anterior al atentado se reunieron antiguas alumnas del colegio y todas se felicitaron por su autonomía personal. «Creíamos en muchas cosas. Mis hijas se ríen de mí cuando les hablo de John Lennon, pero ¡creíamos en tantas cosas! Se nos notaba lo que éramos», dijo una de las amigas de juventud de Teresa.

Llevaba años viviendo en Alcalá de Henares con sus dos «ramones»: su esposo, mecánico de una empresa aeroportuaria, y su hijo de 26 años, con el que pasó tantas noches pendiente de su respiración asmática.

Le encantaba cuidar del pequeño huerto que tenía en Alcalá. Disfrutaba viendo crecer sus tomates, patatas y judías, y hacía patés y mermeladas. Sacaba tiempo para leer y aún le quedaba energía para diseñar sus propias joyas con piedras que pulía y engarzaba. También le gustaba viajar y organizar reuniones familiares. Para ir a trabajar prefería el tren, porque de ese modo podía leer.

JESÚS UTRILLA ESCRIBANO

44 años. Madrid. Operador gráfico. Estaba casado y era padre de un hijo. Tenía dos grandes pasiones: viajar y los conciertos de música pop y rock.

A Jesús le gustaba leer cuentos a su hijo Víctor, de seis años, hasta que se quedaba dormido. Muchos viernes, al terminar su trabajo como operador gráfico, acompañaba a su madre —que estaba viuda— a pasear. Según contó *La Vanguardia,* participaba en las fiestas del barrio y en las actividades del colegio de Víctor. «Tenía una sonrisa pegada a la cara», dijo su hermano mayor, Aurelio. Y añadió:

«Era de esas personas que no se le conocen enemigos: encantador, amable y simpático».

Trabajaba en la empresa IMES como proyectista gráfico. Y aunque su vida le había cambiado con la llegada de Víctor, su pasión por la música y por los viajes seguían formando parte de su manera de ser. Se entusiasmaba con los grandes de su generación: Bruce Springsteen, Rolling Stones, Van Morrison... En su familia recordaron que el día del concierto de Paul McCartney en Madrid, en 1989, fue uno de los mejores de su vida. Jesús y su mujer, María del Mar Boix, compartían aficiones y disfrutaron juntos de aquella noche memorable.

A los dos les encantaba viajar. Para su viaje de novios eligieron Cuba, pero después recorrieron Tailandia, México, Argentina y los países nórdicos, según informó *El Mundo.* A Jesús le interesaba la actualidad y últimamente había participado en las manifestaciones contra la guerra de Irak.

Sus compañeros de IMES destacaron su capacidad de trabajo y su gusto por la limpieza y el orden. Estaba volcado en las actividades del colegio del pequeño Víctor, a quien cada noche leía un cuento antes de dormirse.

José Miguel Valderrama López

25 años. Madrid. Economista empleado en Caja Madrid. Vivía en Coslada con sus padres y su hermano.

José Miguel desbordaba alegría y compromiso con las causas cívicas. A punto de cumplir los 26, las cosas le iban bien. Llevaba casi cinco años en Caja Madrid y tenía por delante una carrera prometedora. Vivía en Coslada junto a sus padres y su hermano, en el mismo barrio donde conoció a su novia, Rocío, empleada de *marketing* en una empresa editorial.

«Era un chico feliz que hacía felices a los demás», dijeron sus múltiples amigos y colegas. «Un niño grande» que, en vísperas de su muerte, leía el último libro de la saga de *Harry Potter* «como un poseso». Estaba muy implicado en diferentes causas sociales se presentó candidato en las últimas elecciones sindicales por Comisiones Obreras— y esperaba con interés la próxima jornada electoral del 14 de marzo. *La Vanguardia* también contó que, dos años atrás, José Miguel acudió como voluntario a limpiar la costa gallega tras el desastre del Prestige.

Aunque seguía viviendo en Coslada, había dado la entrada —con su novia Rocío— para comprar un piso en Alcalá de Henares y esperaba la apertura de la estación de La Garena para irse a vivir allí. Pero su Vallecas natal seguía siendo especial para él. Allí era «Josito», y «a Josito le gustaba ir a Vallecas al sitio más cutre, donde mejor se comía», dejó escrito su amigo Monti. Una semana después del atentado habría sido su cumpleaños, que pensaba celebrar con su novia, su familia y sus amigos.

El miércoles 10 de marzo hizo una promesa: «Elenita, este es mi último cigarro», dijo, y apagó la colilla en el cenicero con varios compañeros de Caja Madrid como testigos. Según contaron estos a *El País,* José Miguel «era muy cañero, de dar caña y de tomarlas en los bares. Un progresista que se metía en todos los charcos». Al tanatorio de San Fernando de Henares acudieron dos autobuses con más de 100 compañeros que quisieron darle el último adiós.

Aquella mañana tomó el tren de las 07:30 horas en la estación de Coslada hacia Atocha. Seguramente pensaría en su trabajo o en sus planes para el puente del 1 de mayo. Se iría con Rocío a Lanzarote. Ya tenía los billetes y la oferta de un hotel de cinco estrellas. Actualmente, una convocatoria de Bankia lleva su nombre y recuerda a José Miguel Valderrama. El Consejo de Administración de Caja Madrid aprobó por unanimidad la propuesta a instancia de Comisiones Obreras.

Saúl Valdés Ruiz

45 años. Honduras. Albañil. Llegó a España en 1992, y su mujer y cuatro de sus nueve hijos le siguieron poco después. Murió junto a su esposa.

Saúl llevaba 13 años en España. Dejó atrás su localidad natal de San Pedro Sula (Honduras) a cambio de un futuro para toda su familia. Trabajaba a destajo como albañil tras aprender el oficio con su tío.

Dos años después de llegar a España, ya había conseguido el dinero suficiente para pagar el billete de su esposa, LAURA RAMOS LOZANO (véase pág. 396). Poco a poco pudieron traer a cuatro de sus hijos, con los que vivían en el barrio madrileño de Vallecas. Otros tres hijos en común y dos más de un matrimonio anterior de Saúl esperaban en Honduras a que llegara el día del reagrupamiento. Al principio se instalaron en la casa de Juana, la madre de Saúl, la primera del clan que cruzó el charco a finales de los años setenta. Después se trasladaron a una casa en Vallecas en cuya construcción había participado Saúl, según relató *El País.* Allí vivían tres «Saúles»: el padre, el hijo mayor, de 21 años, de su primer matrimonio, y el pequeño Saúl, de 12, hijo de Laura. Con ellos vivían también otras dos hijas del segundo matrimonio.

A base de trabajo y esfuerzo, Saúl consiguió ser autónomo y regularizar su situación. Trabajaba 12 horas diarias, incluidos domingos y festivos. Hacía de todo un poco: instalaba el gas, ponía pavimentos, levantaba paredes o enyesaba. Solo paraba para comer y descansar. Laura trabajaba dentro y fuera de casa.

Era alto y fibroso, y, como destacaron sus familiares a *El País,* tenía los dientes muy blancos: «Se le veían mucho porque sonreía siempre». Le gustaba nadar con sus hijos en la piscina municipal y en su escaso tiempo libre bailaba la bachata que le traía tantos recuerdos. No había más lujos. Aún quedaban varios años para terminar de pagar la hipoteca y había que mandar dinero a Honduras para el resto de la familia. Allí, en San Pedro Sula, aguardaban cinco hijos y varios nietos que Saúl no llegó a conocer. Laura y él ya habían planeado un viaje para verlos en el mes de junio.

Saúl no solía tomar el tren, pero el día anterior tuvo que llevar el coche al taller porque le habían forzado la cerradura. Cogió el mismo tren que su esposa y juntos murieron.

Los hijos de Saúl y Laura viajaron a Honduras para enterrar a sus padres. Después volvieron a España y se quedaron a cargo de la abuela Juana, una pensionista de 69 años que no sabía cómo encajar un golpe como aquel. Fue ella quien tuvo que reconocer a su hijo y a su nuera en el pabellón de IFEMA.

Laura Vega García
26 años. Auxiliar administrativa en Randstad. Su cerebro quedó irreversiblemente dañado y permaneció en estado vegetativo hasta que falleció una década después.

Su familia localizó el cuerpo de Laura en el Hospital Doce de Octubre a la una de la tarde del 11 de marzo, según informó Europa Press. Por desgracia, nunca se despertó y se mantuvo en coma durante una década. Aquella mañana se dirigía a la empresa Randstad Empleo, en el norte de Madrid. Estaba en la estación de Atocha cuando la explosión la alcanzó.

En 2017, coincidiendo con el 10.º aniversario de los atentados, el periódico digital *El Español* reconstruyó la agonía de una década por la que pasó Laura: «Nunca se despertó de lo que ocurrió aquella mañana». Había tomado el tren en Getafe y fue alcanzada por la explosión en el andén de Atocha. Eran las 07:37 horas y ya habían explotado las primeras bombas en la estación de El Pozo. En un primer momento, los médicos lograron mantenerla con vida, pero advirtieron de lo difícil que sería que saliera del coma. Durante la mayor parte del tiempo en el que estuvo en estado vegetativo, tras abandonar el hospital, Laura fue atendida en la Fundación Instituto San José, de la orden hospitalaria de los Hermanos de San Juan de Dios, en el barrio madrileño de La Fortuna, especializada en procesos clínicos complejos.

El tribunal de la Audiencia Nacional que juzgó los hechos en 2007 mostró una especial sensibilidad hacia la familia de Laura a la hora de fijar las indemnizaciones por las secuelas del atentado, dictando la más alta compensación por una víctima del terrorismo, según destacó aquellos días el diario *ABC*. Se tuvo en cuenta la juventud de Laura y los incalculables esfuerzos para su cuidado. No podía ni moverse ni hablar; le faltaba parte de la cara y necesitaba un tubo para respirar. Su madre hubo de abandonar su trabajo y el padre «nunca volvió a ser el mismo», se lamentó su hermano Álvaro en las sesiones del juicio celebradas en la Casa de Campo de Madrid.

En la vista —apenas tres años después de los atentados—, aún seguían padeciendo lesiones 1.841 heridos por los atentados terroristas, según destacó *El País.* Pero el caso de Laura era el más conmovedor. Su hermano sacudió a la audiencia con su testimonio desgarrador: «Laura sufre», aseguró, y describió las muecas de dolor que mostraba ante cualquier movimiento exterior o durante las convulsiones por las toses o los vómitos sobrevenidos.

La mañana del 11 de marzo de 2004, a Laura le arrebataron su capacidad de movimiento y de voluntad. Diez años después, la vida. Fue condecorada por el Consejo de Ministros con la Medalla de Oro del Mérito al Trabajo, junto a otras personalidades notables. Tan solo tenía 26 años y, como todos los días, se dirigía a su trabajo. «Ya nada es lo mismo —dijo su hermano Álvaro en el juicio—. Se terminó la alegría».

MARÍA MERCEDES VEGA MINGO

45 años. Madrid. Trabajaba como teleoperadora. La mañana del 11 de marzo acudía a una entrevista de trabajo. Dejó dos hijos de 21 y 18 años.

Mercedes vivía en Fuenlabrada y trabajaba como teleoperadora en Atento, una filial de Telefónica. Tenía dos hijos, Mario y Silvia, de 22 y 18 años, respectivamente, y aquella mañana acudía a una entrevista de trabajo en las oficinas de la Comunidad de Madrid. Según *El País,* había intentado que la cita fuese por la tarde, pero no pudo ser.

La expectativa de ese nuevo empleo era importante para ella. Pensaba en los estudios de sus hijos: Mario cursaba Ingeniería Informática, y Silvia aún no había acabado la ESO. Quedaba mucho por andar. De momento, Mercedes participaba por medio de su empresa en las campañas telefónicas para captar fondos para los niños del Tercer Mundo, para los afectados del SIDA o para diversas causas. Detrás de los números que aparecían en las pantallas para invitar a los participantes solía estar Mercedes Vega. Le encantaba colaborar en las galas benéficas.

Era alegre y disfrutaba de la libertad. María José Pino, cuñada y compañera de trabajo, relató a *El País* algunas de las aficiones que compartían, como el de irse juntas alguna noche para evadirse de las obligaciones cotidianas, tomar una copa o bailar sevillanas. Se reían de sus planes y guardaban su «secreto»: ahorrar cada día dos euros para juntar una suma y decir a sus maridos que la habían obtenido en una gala benéfica.

Aquella mañana soñaba simplemente con un mejor empleo tras la entrevista concertada con la administración madrileña.

Quienes la trataron de cerca afirmaron que en los últimos tiempos Mercedes había encontrado la tranquilidad interior y pasaba por un buen momento. «Vivía para sus hijos y lo daba todo por los demás. Cuidaba de sus tías viudas y siempre tenía un minuto para todos, no sé qué vamos a hacer sin ella», dijo su cuñada María José a *La Vanguardia.* Fumadora incorregible y aficionada a la costura y el ganchillo, Mercedes era considerada una mujer habilidosa y despierta.

Estuvo cinco días en coma antes de fallecer. «Lo único que nos había pedido era que la enterráramos junto a su madre. La verdad es que este sitio estaba reservado para su tía, pero ella lo deseaba con toda su alma, lo había repetido varias veces y parece que se le adelantó para conseguirlo», declararon sus familiares a *La Vanguardia.*

El hermano de Mercedes, Javier Vega, reclamó que se le concediera a su hermana, a título póstumo, el puesto al que optaba en la Comunidad de Madrid «para ayudar a sus hijos».

DAVID VILELA FERNÁNDEZ

23 años. Alcalá de Henares. Trabajaba en el Archivo de la Biblioteca Nacional. Murió en el tren, al igual que dos de sus compañeros y el hijo de un tercero.

Su padre, José Luis describió a su hijo en una conversación con Lola Huete para *El País:*

> Ya sé que todos los hijos son buenos, pero este desbordaba, nos besaba a su madre y a mí cuando se iba o volvía, siempre que salía de casa; solo cursó hasta BUP —estudiar se le hacía cuesta arriba—, trabajó de carnicero y luego hizo un curso en la Biblioteca Nacional, en la carretera de Meco, y por eso lo contrataron

luego en la sede de Recoletos, adonde iba en tren, y como era inquieto y voluntarioso, se buscaba la vida ya para cuando se le acabara el contrato. Y ese día tenía una entrevista en un hipermercado para vendedor de libros o de carnicero.

David compartía con su madre ilusiones y ocurrencias: los músculos que se le formaban tras las primeras sesiones de gimnasio, los montoncitos de dinero que separaba «para ahorrar y para gastar», los coches que miraba para comprarse uno en algún momento... Vivía sin agobios buscando empleo y sabía buscarse la vida. Animoso, como cuando era crío, nunca pasaba desapercibido. Su padre mostraba con ternura sus distintos carnés: los del colegio, el de «parlamentario» infantil, las fotografías de cuando tocaba la guitarra en la parroquia... Se quedó en el cuarto curso de solfeo y ahora aprendía acordeón.

Vivía en Alcalá de Henares con sus padres y su hermana pequeña, y en los dos últimos años había encadenado dos contratos en los servicios de Documentación y Archivo de la Biblioteca Nacional. Aprendió el oficio en la Escuela Taller de la Universidad de Alcalá, y lo completó con un curso en la Biblioteca Nacional. Así que cogía todos los días el tren hasta la estación de Recoletos. Como informó *El Mundo,* deseaba reunir el dinero suficiente para comprar un coche y no depender del tren.

David había dejado atrás la difícil época de la adolescencia —«la edad tonta», dijo su padre—, en la que le cambió el carácter. Con el paso del tiempo se había hecho un hombre, había madurado y se tomaba menos en serio. Se veía en la risa que provocaba en su madre y en los gestos que dirigía a su padre. Hacía poco que los dos proyectaban ir a Italia por sus 25 años de casados y David les sorprendió con una cámara de vídeo para grabar el viaje. Les asombraba con detalles, como el de recopilar para el aniversario del padre los periódicos del 18 de febrero de 1951, el día en que nació en Yebra (Guadalajara): «Mira, papá, lo que pasó ese día».

Entraba y salía, y les besaba antes y después. David fue enterrado en Yebra, donde tenía amigos y recuerdos de todos los veranos. «Somos creyentes, optimistas —dijo el padre—. Vamos a tirar para adelante con todo lo bueno que nos ha dejado».

JUAN RAMÓN ZAMORA GUTIÉRREZ
29 años. Trabajaba en FIATC Mutua de Seguros. Vivía en el barrio de Santa Eugenia. Estaba casado y no tenía hijos.

YAROSLAV ZOJNIUK
48 años. Ucrania. Exmilitar. Trabajaba en un taller de reparación de electrodomésticos en Torrejón de la Calzada. Estaba casado.

Yaroslav había sido sargento del Ejército soviético, pero tuvo que dejar su país para sobrevivir. La ínfima pensión que le fue asignada (300 grivnias al mes, unos 48 euros al cambio) después de más de 20 años de servicio, le llevó a España en 2003. Se ganaba la vida reparando electrodomésticos en Torrejón de la Calzada, a 25 kilómetros de Madrid. No tuvo tiempo para aprender español ni para conseguir los papeles. El azar quiso que, habiéndose salvado de la muerte en operaciones militares y policiales arriesgadas, un masivo ataque terrorista en Madrid pusiera fin a su vida.

Según informó *La Vanguardia,* poseía una extensa hoja de servicios, pues había servido en las tropas del Ministerio del Interior de la desaparecida Unión Soviética. Así, por ejemplo, le enviaron a custodiar la central nuclear de Chernóbil tras el accidente de 1986, y a controlar el Alto Karabaj (territorio disputado por Azerbaiyán y Armenia) y Najicheván (enclave azerbaiyano fronterizo con Armenia e Irán). En los años noventa, como policía ucraniano, participó en la fuerza de interposición entre los secesionistas de Transnistria y el Ejército de Moldavia.

Yaroslav hizo caso a su excompañero de las tropas soviéticas, Nikolai Deduj, y emigró a España. Se instaló con él y con su mujer en un piso de Azuqueca de Henares, y, gracias a sus habilidades, encontró trabajo como reparador de electrodomésticos en un taller de Torrejón de la Calzada. Para llegar hasta allí debía tomar un tren en Atocha.

En la periferia de Leópolis, capital de Ucrania occidental, le esperaba su mujer, Valentina. Yaroslav había tomado la decisión de reinventar su vida a los 48 años, y según *El País,* cuando su esposa le rogaba que regresara pronto a su hogar, le contestaba: «Cuando reúna algún dinero».

El 22 de marzo de 2004, los restos de Yaroslav fueron sepultados en Rokiti, su pueblo natal. Desde España acompañó el féretro su amigo Nikolai Deduj, que antes tuvo que identificar su cadáver.

Además de militar, Yaroslav era un «manitas», y fue este don el que le brindó una nueva oportunidad. Podía arreglar una grabadora, un coche o un televisor. La mañana del 11-M llamó a Valentina: «Ve pensando en lo que te quieres comprar», le dijo. Seguramente, comenzaba a ver un horizonte más despejado.

CSABA OLIMPIU ZSIGOVSKI

26 años. Rumanía. Debía incorporarse a una cuadrilla de albañiles en Santa Eugenia, donde encontró la muerte. Llevaba cinco meses en Madrid.

Csaba Olimpiu había hecho estudios de química y electrónica en Ludus, su pequeña ciudad natal en Transilvania, donde trabajaba en una fábrica de artículos de plástico, pero el sueldo no le llegaba para cubrir sus necesidades básicas. Su novia desde hacía tres años, Elena Calugar, finalizaba los estudios de Derecho y juntos, apenas cinco meses atrás, llegaron a España en busca de una vida mejor.

Se instalaron en un piso del barrio madrileño de Moratalaz junto a otros compatriotas. Csaba encontró trabajo en la construcción, siempre en compañía de rumanos, por lo que apenas hablaba español, aunque se defendía. Elena trabajaba limpiando casas en Madrid.

De padre húngaro y madre rumana, Csaba había sido «un niño guapísimo y un joven divertido y hablador», contaron sus familiares a *El País*. Deseaba ahorrar lo suficiente para regresar a Ludus y construirse una casa con jardín y «con flores». Necesitaba recuperar el contacto con la naturaleza y disfrutar de aquellos bosques como cuando era niño. Deseaba formar una familia, pero antes aspiraba a legalizar su situación. Su hermana pequeña, Olimpia, licenciada en Derecho en su país había llegado a España con la misma ilusión que él. Se habían reunido en Madrid apenas una semana antes de los atentados.

Diariamente, Csaba llegaba muy temprano a la estación de Atocha para ir a la de Santa Eugenia, donde le esperaba su jefe para llevarle en coche hasta la obra. Aquella mañana cambió su itinerario habitual porque un amigo le sugirió que era más corto el trayecto desde Vicálvaro. De modo que fue en metro desde Moratalaz a Vicálvaro para luego coger el tren. No pasó de la segunda estación.

«Los que le mataron son unos criminales odiosos», dijo entre lágrimas su madre, Victoria, a la prensa rumana, según recogió el diario *La Vanguardia,* al tiempo que denunciaba al Gobierno de su país por expulsar a sus jóvenes:

> Esta es la suerte de los jóvenes rumanos que se tienen que marchar, por lo «bien» que les va en su país, para ganarse la vida en el extranjero. Su hermana pequeña se ha graduado en la universidad, pero ella también ha tenido que marcharse al extranjero para conseguir algo en la vida, porque aquí se están burlando de la gente.

Csaba acababa de iniciar una nueva vida y, mientras recordaba los paseos por el bosque con el perro de su abuela, tan solo pensaba en trabajar.

Su novia y su hermana pasaron dos días dramáticos buscando a Csaba, foto en mano, entre los hospitales y el pabellón de IFEMA. «Mantuvimos la esperanza hasta el final», dijeron a *El Mundo.* Finalmente lo encontraron en el Instituto Anatómico Forense. Una semana después, Elena y Olimpia, junto a otras 600 personas, acudieron a su funeral en Ludus. No había consuelo posible. Elena ni siquiera pudo obtener la nacionalidad que concedió el Gobierno a las víctimas extranjeras al no tener oficializada su unión con Csaba.

EPÍLOGO

Un total de 300 personas han perdido la vida como consecuencia de atentados yihadistas cometidos en España o contra españoles en el extranjero. La mayoría de las víctimas se concentran en tres actos terroristas llevados a cabo en territorio nacional: los ataques contra el restaurante El Descanso, contra los trenes del 11-M y los perpetrados en Barcelona y Cambrils.

Los atentados mortales sin la necesaria reparación de justicia son quizá el culmen del terrorismo; permiten que se impongan, por falta de verdad y reparación, sus rasgos de destrucción. Es lo que ocurrió en los inicios del terrorismo de etiología yihadista en España con el atentado del restaurante El Descanso, en Torrejón de Ardoz, que costó la vida a 18 personas e hirió a decenas, en abril de 1985. El sistema de protección a las víctimas falló, y también el amparo de la administración de justicia: no se llegó a celebrar juicio alguno por aquel atentado. Las víctimas quedaron a la intemperie, sumidas en sus particulares historias de dolor y de pérdida. A esa desolación se sumó la falta de reconocimiento social. La reacción institucional al traumático atentado fue insuficiente.

Aunque no se apreciara en aquel momento, el terrible ataque al restaurante El Descanso llevaba el sello de lo que dos décadas después se convertiría en una de las preocupaciones prioritarias de los gobernantes, y no solo de España, sino de toda Europa.

Asomaba así el terrorismo yihadista con acciones despiadadas por la total indefensión de las víctimas y por las pérdidas humanas masivas que provocarían. El hecho de atacar a personas inocentes en cualquier lugar y circunstancia, en clubes culturales, hoteles, rutas turísticas, discotecas, restaurantes, calles, festivales populares, estaciones de metro o en trenes de pasajeros en hora punta identificaría el carácter del terrorismo yihadista. Entre sus objetivos, causar un terror indiscriminado e intentar domesticar a las potenciales víctimas, es decir, a sociedades enteras. La vulnerabilidad de las sociedades abiertas de corte liberal quedó a flor de piel. El equilibrio entre la necesidad de seguridad y el ejercicio de las libertades se impuso como objeto de debate y, desde el 11 de septiembre de 2001, fue replicado en los países que sufrieron el zarpazo del terror yihadista. Uno de los retos que se planteaba tras cada atentado era seguir viviendo como hasta antes del mismo, con libertad, sin plegarse a los designios de organizaciones totalitarias. A la cobardía de los que atacaban a personas inocentes en lugares comunes y corrientes había que replicar con la irrenunciable libertad lograda en las democracias occidentales. Sin ella, la vida de sus ciudadanos no tendría el mismo sentido.

En el año 2004, los atentados de los trenes en Madrid supusieron el paradigma de lo que ha sido el terrorismo yihadista del siglo XXI en los países europeos: ataques contra ciudadanos en lugares públicos. Las víctimas del 11-M —193 asesinados y más de dos millares de heridos— conforman una radiografía de la ciudadanía española de principios de siglo, con nacionalidades, ocupaciones y aspiraciones diversas. Fue el mayor atentado terrorista de todos los tiempos en Europa, tras el realizado contra un avión de la Pan Am que estalló sobre Lockerbie (Escocia) en 1988, causando 270 muertos, en el vuelo entre Fráncfort y Detroit.

En 2004, los atentados de Madrid hicieron patente la vulnerabilidad de toda una sociedad y cierto grado de impotencia de las instituciones, que no lograron evitar la tragedia, como también ocurriría en otros países europeos, que no pudieron neutralizar la delirante decisión de los terroristas, determinados a destruir y a matar al mayor número de personas posible.

El yihadismo es un fenómeno de violencia global. España está involucrada —como sus socios europeos y del sistema de defensa occidental— en operaciones de mantenimiento de la paz, así como en programas de instrucción de funcionarios en países que tratan de superar conflictos bélicos severos. En varias de esas misiones, comandadas por la ONU o la OTAN, desde Afganistán hasta el Líbano, pasando por Irak, hombres y mujeres de nuestro país —la mayoría jóvenes— han perdido la vida en atentados mientras cumplían diversas tareas de seguridad.

La mayoría de las víctimas españolas del yihadismo tenían entre 30 y 50 años, el tiempo en que la vida eclosiona. A todas esas personas les arrebataron vidas posibles al quitarles el aliento, y sumieron a sus familiares en esa tristeza con la que han de batirse el resto de sus días. Su pérdida supone un daño incalculable para la sociedad española. Los retratos de las personas a las que el terrorismo yihadista asesinó sirven para desvelar la iniquidad de dos realidades contrapuestas, la de los perpetradores, que emplearon su tiempo en preparar los atentados hasta el momento de su ejecución, y la cotidianidad de las personas que vivían sus insustituibles vidas, ajenos a la perversa maquinación de quienes, aun sin conocerlos, preparaban su fin.

Valga la denuncia pública de los terroristas realizada por el hermano de una de las víctimas como conclusión de esa doble faz del hecho terrorista en la que están perpetradores y víctimas: «Mi hermana tenía 20 años y no odiaba a nadie. Estaba llena de vida y esperanzas. Ya ve usted, 15 kilos de explosivos y muerta. ¡Son unos asesinos y unos cobardes que no dan la cara! ¡Cobardes, cobardes!».

AGRADECIMIENTOS

Queremos dar las gracias a todos los familiares de las víctimas del terrorismo, así como a sus amigos y conocidos que, a pesar de la desolación provocada por las vidas destruidas, transmitieron la memoria de sus seres queridos con generosidad, haciendo posible reconstruir sus semblanzas.

También a todos los periodistas de una larga lista de medios que, tras cada atentado, contribuyeron con sus crónicas y entrevistas a levantar acta de lo ocurrido. Su labor fue siempre crucial, especialmente tras la masacre del 11-M, al posibilitar que los familiares de las víctimas pudieran dar detalles de sus vidas, y aportar así sentido a modo de respuesta a la barbarie.

Asimismo, para la elaboración de las semblanzas nos han sido útiles los escritos, realizados por familiares y colegas de las víctimas, publicados en diversos periódicos, medios digitales y páginas web corporativas.

Sin las aportaciones de todos ellos —familiares y periodistas— no habría sido posible la elaboración de este libro, que pretende ser una contribución a la memoria social de las víctimas españolas del yihadismo.

LAS AUTORAS

TABLAS Y GRÁFICOS

Tabla 1. Asesinatos por años *

AÑO	Núm. de fallecidos
1984	2
1985	19
1994	5
2001	1
2003	13
2004	194
2006	2
2007	17
2008	2
2009	1
2010	5
2011	4
2013	1
2015	7
2017	18
2019	3
2021	3
2023	3
Total	**300**

* Víctimas mortales de atentados cometidos en España o contra españoles en el extranjero.

Tabla 2. Distribución geográfica de los asesinatos

Comunidad autónoma	Núm. de víctimas
Andalucía	3
Cataluña	16
Madrid	212
Murcia	1
Total España	**232**
Otros países	**Núm. de víctimas**
Afganistán	21
Argelia	2
Burkina Faso	3
Estados Unidos	1
Egipto	1
Francia	2
Gran Bretaña	1
Irak	11
Israel	2
Líbano	6
Marruecos	6
Sri Lanka	2
Túnez	2
Yemen	8
Total extranjero	**68**

Fuente: elaboración propia.

Tabla 3. Víctimas por tipo de atentado

Tipo de atentado	Núm. de víctimas mortales
Atropellos	16
Avión estrellado	1
Bombas	246
Arma blanca	3
Disparos	34
Total	**300**

Fuente: elaboración propia.

Gráfico 1

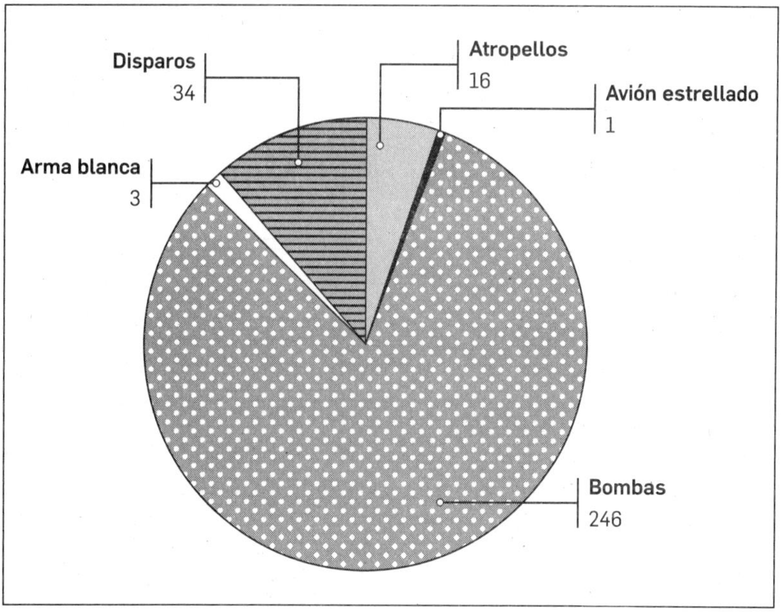

Tabla 4. Atentados en territorio nacional

Provincia	Núm. de víctimas
Barcelona	15
Cádiz	1
Málaga	2
Murcia	1
Madrid	212
Tarragona	1
Total	**232**

Fuente: elaboración propia.

Tabla 5. Atentados en localidades españolas

Localidades	Núm. de víctimas
Algeciras	1
Barcelona	15
Cambrils	1
Madrid	194
Marbella	2
Torre Pacheco	1
Torrejón de Ardoz	18
Total	**232**

Fuente: elaboración propia.

Tabla 6. Nacionalidad de las víctimas

Nacionalidad	Núm. de víctimas
Afganistán	2
Alemania	1
Arabia Saudí	1
Argentina	1
Australia	1
Bélgica	1
Brasil	1
Bulgaria	4
Canadá	1
Chile	1
Colombia	7
Cuba	1
Ecuador	7
España	223
Estados Unidos	1
Filipinas	1
Finlandia	1
Francia	1
Gran Bretaña	1
Guinea Bissau	1
Honduras	2
Irán	1
Italia	3
Marruecos	2
México	1
Pakistán	1
Perú	6
Polonia	4
Portugal	2
República Dominicana	2
Rumanía	16
Ucrania	2
Total	**300**

Fuente: elaboración propia.

Tabla 7. Procedencia de las víctimas de nacionalidad española

Comunidad Autónoma	Núm. de víctimas
Andalucía	16
Aragón	3
Asturias	4
Canarias	1
Castilla-La Mancha	23
Castilla-León	18
Cataluña	13
Comunidad Valenciana	3
Extremadura	3
Galicia	6
Islas Baleares	1
La Rioja	1
Madrid	116
Murcia	3
Navarra	1
País Vasco	7
Extranjero	4
Total	**223**

Fuente: elaboración propia.

Tabla 8. Condición de las víctimas

Condición	Núm. de víctimas
Civil	262
Guardia Civil	3
Militares	32
Policía Nacional	3
Total	**300**

Fuente: elaboración propia.

Gráfico 2

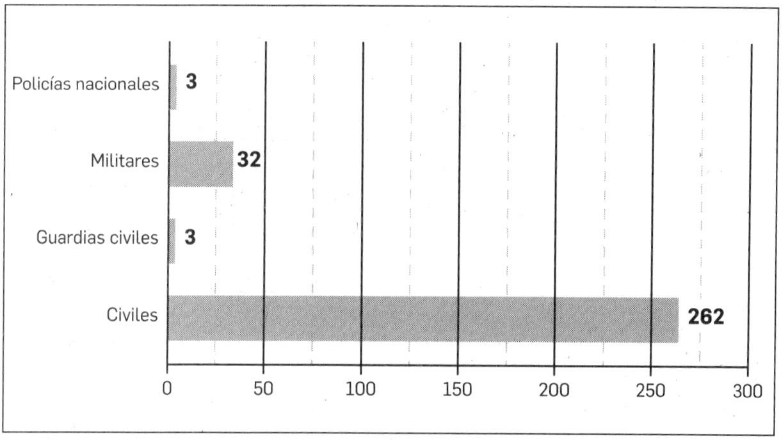

Tabla 9. Víctimas por sexo

Sexo	Núm. de víctimas
Mujer	119
Hombre	181
Total	**300**

Fuente: elaboración propia.

Gráfico 3

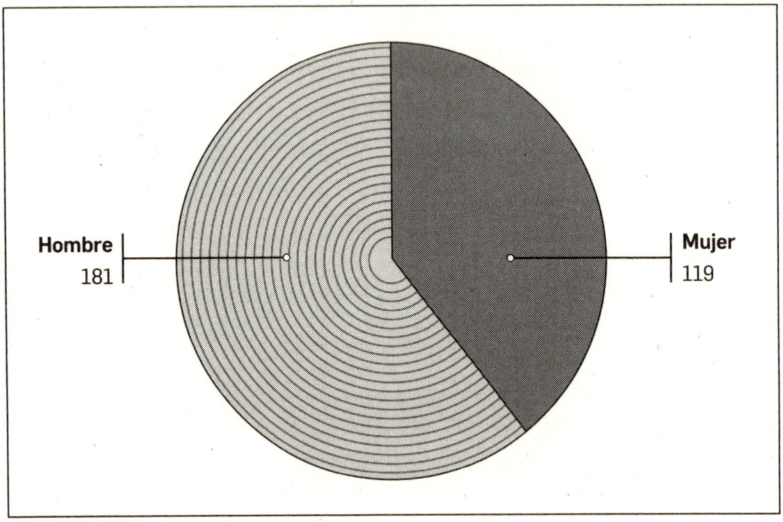

Tabla 10. Víctimas mortales por tramos de edad

Edad	Núm. de víctimas
Menores	11
Adultos	289
Total	**300**

Fuente: elaboración propia.

Gráfico 4

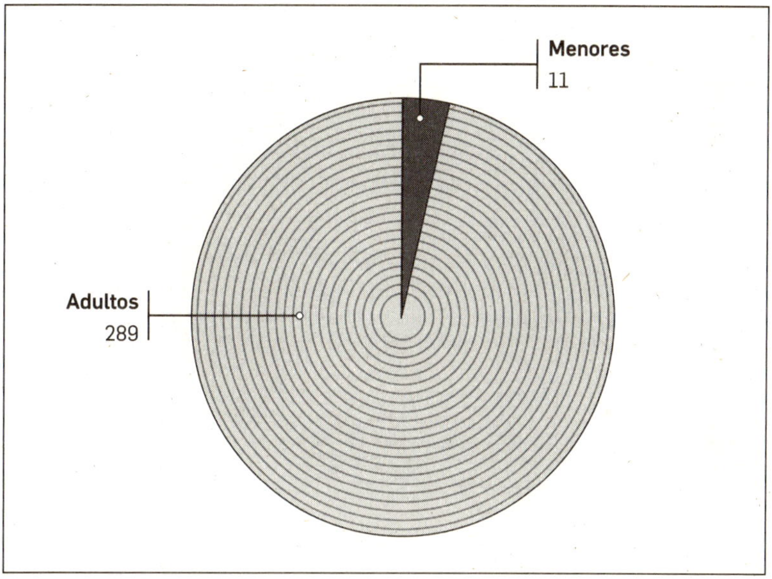

Tabla 11. Víctimas por tramo de edad

Franjas de edad *	Núm. de víctimas	%
De 0 a 18 años	11	3,89
De 19 a 30 años	92	32,39
De 31 a 50 años	140	49,29
De 51 a 80 años	41	14,43

* No consta la edad de 16 víctimas adultas.
Fuente: elaboración propia.

Tabla 12. Autoría de los atentados yihadistas

Organización	Núm. de víctimas
Actor individual	2
Al Assirat Al Mustaquin	4
Al Qaeda	202
Daesh-Estado Islámico	21
Grupo Islámico Armado (GIA)	2
Grupo Islámico	1
Hamás	2
Hezbolá	6
Insurgencia iraquí	11
JNIM (Al Qaeda)	3
Movimiento de la Juventud Islámica de Marruecos	2
Okba Ibn Nafa (AQMI-Al Qaeda)	2
Organización de los Oprimidos	1
Talibán	21
Yihad Islámica	20
Total	**300**

Fuente: elaboración propia.

Bibliografía y fuentes

ALONSO, Rogelio, DOMÍNGUEZ IRIBARREN, Florencio y GARCÍA REY, Marcos, *Vidas rotas. Historia de los hombres, mujeres y niños víctimas de ETA,* Espasa, Madrid, 2010.

ALONSO, Rogelio y GARCÍA REY, Marcos, «The Evolution of Jihadist Terrorism in Morocco», *Terrorism and Political Violence,* vol. 19, núm. 4, 2007.

AMESTOY, Ignacio, *et al., Once voces contra la barbarie del 11-M,* Iberautor Promociones Culturales, Madrid, 2006.

ASOCIACIÓN DE VECINOS Y AMIGOS DEL POZO DEL TÍO RAIMUNDO, *Palabras para el recuerdo,* Suma de Letras, Madrid, 2004.

AVILÉS FARRÉ, Juan, *El terrorismo en España: de ETA a Al Qaeda,* Arco Libros, Madrid, 2010.

— *Historia del terrorismo yihadista: de Al Qaeda al Daesh,* Síntesis, Madrid, 2017.

BALLESTEROS, Miguel Ángel, *Yihadismo,* La Huerta Grande, Madrid, 2016.

BUESA BLANCO, Mikel, VILARIÑO CASTRO, Aurelia, HEIJS, Josef Johannes, BAUMERT, Thomas y GONZALEZ GÓMEZ, Javier, *Evaluación del coste directo de los atentados terroristas del 11-M para la economía de la Comunidad de Madrid,* Instituto de Análisis Industrial y Financiero, Universidad Complutense, Madrid, 2005.

BURGOS, Adán R. y David R., *Madrid in memoriam,* B&B Ediciones, Madrid, 2005.

CABRERA, Mercedes, *11 de marzo de 2004. El día del mayor atentado de la historia de España,* Taurus, Madrid, 2020.

CORTE IBÁÑEZ, Luis de la, «La Yihad de Europa. Desarrollo e impacto del terrorismo yihadista en los países de la Unión Europea (1994-2017)», Informe del Centro Memorial de las Víctimas del Terrorismo, núm. 4, Vitoria, 2018.

— *Historia de la yihad. De los orígenes al fin del primer emirato talibán,* Libros de la Catarata, Madrid, 2021.

CORTE IBÁÑEZ, Luis de la y JORDÁN, Javier, *La yihad terrorista,* Síntesis, Madrid, 2007.

DESDEDENTRO, *Red ciudadana tras el 11-M. Cuando el sufrimiento no impide pensar ni actuar,* Acuarela Libros/Antonio Machado Libros, Madrid, 2008.

ELORZA, Antonio, *El círculo de la yihad global,* Alianza, Madrid, 2020.

ELORZA, Antonio y REINARES, Fernando, *El nuevo terrorismo islamista. Del 11-S al 11-M,* Temas de Hoy, Madrid, 2004.

FERNÁNDEZ, Norman, *et al., 11-M. En esos trenes viajábamos todos,* Ayuntamiento de Gijón-Semana Negra, Gijón, 2009.

FERNÁNDEZ SOLDEVILLA, Gaizka, *El terrorismo en España. De ETA al Dáesh,* Cátedra, Madrid, 2021.

FERNÁNDEZ SOLDEVILLA, Gaizka y JIMÉNEZ RAMOS, María (coords.), *1980. El terrorismo contra la Transición,* Tecnos, Madrid, 2020.

GÁLVEZ, Pepe, *et al., 11-M. La novela gráfica,* Panini Comics, Girona, 2009.

GARRIDO LÓPEZ, José A., *La vida en un viaje. Una mirada al 11-M,* La Esfera de los Libros, Madrid, 2015.

GONZÁLEZ CALLEJA, Eduardo, *El laboratorio del miedo. Una historia general del terrorismo, de los sicarios a Al Qa'ida,* Crítica, Barcelona, 2013.

IGUALADA TOLOSA, Carlos, *Los atentados de Cataluña un año después. Reconstrucción de los acontecimientos, interrogantes y lecciones por aprender,* Covite, San Sebastián, 2018.

IRUJO, José María, *El agujero. España invadida por la yihad,* Aguilar, Madrid, 2005.

JIMÉNEZ MARTÍN, Domingo, «Acciones de grupos terroristas del Próximo Oriente en España, 1975-1985», *Espacio, Tiempo y Forma,* serie V, *Historia Contemporánea,* núm. 17, 2005, págs. 325-344.

JIMÉNEZ RAMOS, María y MARRODÁN CIORDIA, Javier, *Heridos y olvidados. Los supervivientes del terrorismo en España,* La Esfera de los Libros, Madrid, 2019.

JUAN, Ana, *et al., 11-M. Once miradas,* Edicions de Ponent, Alicante, 2005.

LÓPEZ ROMO, Raúl (ed.), *Memorias del terrorismo en España,* Los Libros de la Catarata, Madrid, 2018.

MANCHÓN CAMPILLO, Felipe y MARTÍNEZ SOLANA, Yolanda, *Los atentados del 11-M. Cuatro días que cambiaron la historia de España,* Ediciones Complutense, Madrid, 2022.

MARLASCA, Manuel y RENDUELES, Luis, *Una historia del 11-M que no va a gustar a nadie,* Temas de Hoy, Madrid, 2007.

MATEO SANTAMARÍA, Eduardo, «La contribución del movimiento asociativo y fundacional a la visibilidad de las víctimas del terrorismo en España», *Revista de Victimología,* núm. 7, 2018, págs. 9-46.

OIET (Observatorio Internacional de Estudios sobre Terrorismo), Anuario del Terrorismo Yihadista, 2019.

PAZ, Eulogio, *11-M. Palabras para Daniel,* Ayuntamiento de Rivas Vaciamadrid, Madrid, 2006.

PEDRAZA, Ángeles y RUIZ FUENTES, Gabriel, *Miryam fue uno de ellos,* Ediciones Letra Clara, Madrid, 2008.

PÉREZ URBANO, Marisol, *Dinos dónde estás y vamos a buscarte. Intrahistoria del atentado del 11-M. Duelo y denuncia de las víctimas,* Indicios, Madrid, 2019.

PÉREZ VENTURA, Óscar, «La organización Abu Nidal», Documento de Investigación del IEEE, núm. 4, 2014.

RAPOPORT, David C., «The Four Waves of Modern Terrorism», en KURTH, Audrey y LUDES, James M. (coords.), *Attacking Terrorism: Elements of a Grand Strategy,* Georgetown University Press, Washington, 2004, págs. 46-73.

REINARES, Fernando, *¡Matadlos! Quién estuvo detrás del 11-M y por qué se atentó en España,* Galaxia Gutenberg, Barcelona, 2014.

— «Avatares del terrorismo yihadista en España», *Claves de razón práctica,* núm. 250, 2017, págs. 24-31.

— *11-M. La venganza de Al Qaeda,* Galaxia Gutenberg, Barcelona, 2021.

REINARES, Fernando y GARCÍA-CALVO, Carola, *Estado Islámico en España,* Real Instituto Elcano, Madrid, 2016.

— «Atentados en Barcelona y Cambrils: (I) formación de la célula de Ripoll, radicalización de sus miembros y preparación de unos actos de terrorismo a gran escala», documento de trabajo 3/2022, 1 de agosto de 2022, Real Instituto Elcano, Madrid, 2022.

— «Atentados en Barcelona y Cambrils: (II) célula de Ripoll, enlace con el aparato de seguridad exterior de Estado Islámico y combatientes terroristas extranjeros», documento de trabajo 4/2022, 12 de agosto de 2022, Real Instituto Elcano, Madrid, 2022.

REINARES, Fernando, GARCÍA-CALVO, Carola y VICENTE, Álvaro, *Yihadismo y yihadistas en España. Quince años después del 11-M,* Real Instituto Elcano, Madrid, 2019.

SÁNCHEZ-CARRETERO, Cristina (ed.), *El archivo del duelo. Análisis de la respuesta ciudadana ante los atentados del 11 de marzo en Madrid,* CSIC, Madrid, 2011.

SÁNCHEZ MANZANO, Juan Jesús, *Las bombas del 11-M. Relato de los hechos en primera persona,* J. J. Sánchez, Madrid, 2013.

TEIXIDOR, Anna, *Los silencios del 17-A. La investigación sobre los atentados yihadistas de Barcelona y Cambrils,* Dièresis, Barcelona, 2020.

TORRES, Pablo, MINAYA, Francisco y BENITO, Pilar, *11-M. Homenaje a las víctimas. Testimonios de vida,* Ediciones Martínez Roca, Madrid, 2004.

VV. AA., *¡Pásalo! Relatos y análisis sobre el 11-M y los días que le siguieron,* Traficantes de Sueños, Madrid, 2004.

VV. AA., *Homenaje a las víctimas 11-M,* Ediciones GPS, Madrid, 2005.

VV. AA., *Cuando la maldad golpea. Testimonios de superación personal de víctimas del terrorismo,* Fundación Villacisneros, Barcelona, 2013.

WRIGHT, Lawrence, *La torre elevada. Al-Qaeda y los orígenes del 11-S,* De Bolsillo, Madrid, 2009.

FUENTES

AGENCIAS DE NOTICIAS:
EFE
Europa Press

CADENAS DE RADIO:
Catalunya Radio
esRadio
Onda Cero
Radio Nacional

CADENAS DE TELEVISIÓN:
http:www.bbc.co.uk
TVE

DIARIOS Y REVISTAS:
20 Minutos
ABC
Diario de Córdoba
Diario de Mallorca

Diario de Navarra
El Correo
El Correo Gallego
El Mundo
El País
El País (Colombia)
El Tiempo (Colombia)
El Universo (Ecuador)
Estrella Digital
Europa Sur
Il mattino di Padova
Interviú
La Croix
La Nueva España
La Provincia
La Vanguardia
La Voz de Galicia
Libération
Público
The Washington Post
www.diarioarea.com
www.diariT21
www.elpais.com.co
www.jotdown.es
www.larepublica.com.pe
www.leonoticias.com
www.iltalehti.fi

DOCUMENTACIÓN JUDICIAL:

Sentencia número 64 de la Sección Primera de lo Penal de la Audiencia Nacional del 22 de junio de 1985.

Sentencia 65/2007 de la Sección Segunda de lo Penal de la Audiencia Nacional del 31 de octubre de 2007.

Sentencia 15/2021 de la Sección Tercera de lo Penal de la Audiencia Nacional del 27 de mayo de 2021.

Sumario 65/1986 del Juzgado Central de Instrucción número 2 de la Audiencia Nacional sobre el atentado contra el restaurante El Descanso.

Sumario 20/2004 del Juzgado Central número 6 sobre los atentados del 11-M.

DOCUMENTALES:

Cari y Esther: mártires de vida, realizado por la Orden de los Agustinos Recoletos.

11-M, Documental de Netflix sobre los atentados de Madrid.

Los 8 de Irak, serie de Movistar Plus+ dirigida por Fátima Lianes sobre el atentado contra los agentes del CNI en Irak.

Djihad sur l'Europe, documental de la cadena ARTE.

POSCAST:

— CENTRO MEMORIAL DE LAS VÍCTIMAS DEL TERRORISMO, «Los 8 de Irak. El asesinato de los agentes del CNI», testimonio de José Manuel Sánchez, el agente del CNI superviviente del atentado de Irak del 29 de noviembre de 2003.

— SIERRA DELTA CONTRA NÚMERO 22, «Atentados terroristas en misiones de España en el extranjero», testimonio del brigada de la Guardia Civil Javier Peñalver sobre el atentado de Qala-I-Naw del 25 de agosto de 2010.

WEBS Y BLOGS:

http:www.crisisgroup.org

http://blogs.periodistadigital.com/periodistalatino

https://ejercitotierra.wordpress.com/2019/01/06/no-queda-mucho-para-que-den-las-cuatro-de-la-tarde/

ÍNDICE DE VÍCTIMAS MORTALES DE LA YIHAD*

* Este índice recoge la página donde comienza la sección dedicada a cada una de las víctimas mortales de la yihad de nacionalidad española. Cualquier otra mención a ellas, así como a todas las personas que aparecen en el libro, se incluyen más adelante en el «Índice onomástico».

ÍNDICE ONOMÁSTICO*

* Se recogen también organizaciones armadas islamistas, grupos terroristas europeos de etiología marxista o nacionalista, agencias gubernamentales que luchan contra el terrorismo, organizaciones internacionales de asistencia para la seguridad y asociaciones de víctimas del terrorismo.

Primera parte

SUPERESTÍMULOS ALIMENTARIOS

I

EL PESO DE LA MODERNIDAD

Vivimos en un momento histórico de crisis de la salud pública.

Puede que no le demos gran importancia en nuestra vida cotidiana. Es comprensible, porque nos cuesta muy poco acostumbrarnos a lo que nos rodea, pero imaginemos que viajamos al pasado, ciento cincuenta años atrás, y traemos a unas cuantas personas muy confusas. Los viajeros del tiempo se quedarían alucinados ante el mundo actual: los coches de las carreteras, los aviones del cielo, la abundancia de comida en los supermercados... Pero también se darían cuenta enseguida de que las personas son diferentes. Somos más altos que en sus tiempos, pero también más anchos. Y no solo un poquito más.

No es que el sobrepeso, incluso la obesidad, no existieran en el pasado, pero eran muy poco corrientes. Lo sabemos gracias a los libros de la época, los cuadros, la ropa, incluso por las medidas concretas. Algunos de los primeros datos recopilados sobre la altura y el peso de diferentes personas nos llegan de la Gran Bretaña de mediados del siglo XIX. Las medidas son sobre todo de soldados, pero también de prisioneros antes de enviarlos a Australia, y contamos con estudios sobre la salud en las diferentes clases sociales. De cualquier manera, tener información sobre la estatura y el peso es interesante desde el punto de vista científico, porque son los dos datos que nos permiten calcular el el índice de masa corporal (IMC), que es el método más habitual para determinar si una persona tiene sobrepeso. El IMC cuenta con detractores y es criticable en algunos aspectos (más adelante hablaremos de eso), pero antes comparemos a los seres humanos de hoy en día con los del pasado.

A mediados del siglo XIX, un varón español medio de unos treinta y cinco años tenía un IMC de alrededor de 23.[1] Hoy en día, el varón español medio de la misma edad tiene un IMC de 27.[2] A primera vista no parece una diferencia enorme, pero si la convertimos en peso real es abrumadora. Para un hombre que mida entre 170 y 190 centímetros, este incremento de IMC equivale a engordar entre 14 y 18 kilos. Es como cargar constantemente con un sabueso o con un microondas de tamaño medio.

Los que critican el IMC podrían hacer aquí una objeción: solo tiene en cuenta el peso, ¡no en qué consiste ese peso! Si el peso se debe al exceso de grasa, es motivo de preocupación, claro. Pero también es posible que se trate de músculo. Es legendario el IMC de Arnold Schwarzenegger, que era de 31 en su mejor momento. Un IMC de más de 25 se considera sobrepeso, y si supera el 30 se clasifica como obesidad. Pero el mejor Arnold Schwarzenegger no tenía nada de obeso, claro.

Una persona normal que frecuenta el gimnasio no tiene un cuerpo del nivel del de Arnold, pero sí es cierto que los músculos desarrollados pueden hacer subir el IMC por encima de lo que sería deseable. Lo que pasa es que solo el 12,5 por ciento de los españoles va al gimnasio,[3] y los datos que los científicos han recopilado sobre el porcentaje de grasa indican que el IMC no sobreestima el número de personas con sobrepeso. Lo subestima.[4] Esto se debe a que es más habitual el fenómeno contrario al de Arnold Schwarzenegger: mucha gente tiene poca masa muscular, de modo que pueden cargar con mucha grasa sin pesar demasiado. Alguien puede tener un IMC de 25, con lo que su peso se considerará normal, pero no porque esté delgado, sino por la falta de músculo. Son los llamados «gordos delgados».

De manera que sí, es cierto, el IMC puede equivocarse a nivel individual, pero, cuando hablamos de la población en general, es muy preciso a la hora de calcular la grasa en el cuerpo, y puede que incluso subestime el problema. Por tanto, nuestro estado de salud actual es aterrador. Según el IMC, el 60 por ciento de los adultos españoles tiene sobrepeso.[5-7] Y es posible que estas cifras se queden cortas.

En el mundo moderno, las personas tienden a ganar peso a medida que cumplen años, con lo que los más jóvenes son también los más delgados. Si nos centramos solo en la gente de mediana edad, entre los cuarenta y cinco y los sesenta y cinco años, la cifra se acerca al 70 por ciento.[8] Detengámonos a pensar en esto un momento. Estamos hablando de un problema que solo consigue evitar una de cada cuatro personas. Pero aun así la situación sigue empeorando. Cada año necesitamos tallas más grandes.

Para evaluar hasta qué punto el problema puede ir a peor, solo tenemos que echar un vistazo al mundo, porque la epidemia de obesidad no es un fenómeno exclusivo del primer mundo. Hay países de Oriente Medio, como Egipto, Catar o Kuwait, donde ahora hay más sobrepeso que en Estados Unidos. Y la lista la encabezan las pequeñas naciones isla del océano Pacífico. La expresión «islas del Pacífico» solía evocar imágenes paradisíacas de playas de arenas blancas, altas palmeras y llamativos arrecifes de coral, pero la verdad es que el paraíso se ha cubierto con los nubarrones de problemas de salud de los isleños. Apenas queda ninguna isla del Pacífico donde el peso medio sea normal, en la mayoría de ellas el 80 por ciento de la población tiene sobrepeso, y el récord se lo lleva Nauru, con un 90 por ciento.[9]

Estas islas paradisíacas son gigantescas señales de alerta para el resto del mundo: «Puede que tus problemas de salud ya sean graves, pero aún pueden empeorar».

Y eso es precisamente lo que está pasando, miremos hacia donde miremos. No falta mucho para que la población mundial cruce la línea divisoria entre una mayoría de la población con sobrepeso y una minoría dentro de los límites normales. La lista de países que luchan contra la obesidad abarca el planeta entero: Turquía, México, Arabia Saudí, Chile, Bahamas, Irak, Belice, Malta, Israel, Hungría...[10]

Es una lista que incluye todas las etnias, religiones y zonas climáticas. El exceso de grasa se está volviendo habitual hasta en la zona más pobre del mundo, el África subsahariana. Quedan regiones que aún se enfrentan al hambre y la desnutrición, como ha ocurrido históricamente, pero en muchas partes de África ya hay más personas con sobrepeso que por debajo del peso deseable.[11-13] Y los países más afectados, como Sudáfrica, superaron hace mucho los niveles del mundo desarrollado y se encaminan hacia los datos de Estados Unidos.[14]

Así que es imprescindible que nos planteemos esta pregunta: ¿qué está pasando? ¿Hemos perdido todo interés por nuestra salud? No, claro que no. De hecho, todo lo contrario. A los viajeros del tiempo que hemos conocido antes les parecería que estamos obsesionados con el peso. Nos pasamos la vida hablando de calorías y suplementos alimenticios, saltando de una dieta excéntrica a otra. Según los estudios, la mitad de los adultos intenta perder peso todos los años.[15] Pero no sirve de nada. Hasta los que consiguen quitarse unos kilos suelen acabar recuperándolos. Tras una dieta en la que consiguen sus objetivos, como promedio recuperamos la mitad del peso antes de dos años. En cinco años, la cifra se acerca al 80 por ciento.[16]

Es imposible no tener la sensación de que algo va mal, muy mal.

Hace unas pocas generaciones, teníamos los mismos genes que nuestros antepasados delgados, así que la genética no está en la raíz de la epidemia de obesidad. Y hay países que se las han arreglado para pasar de la delgadez al sobrepeso de la mayoría en una sola generación.

De manera que, si no es culpa de la naturaleza, tiene que ser culpa de la crianza. Hay algo en nuestro entorno o en nuestra forma de vida que ha cambiado de manera drástica en las últimas décadas.

«Hombre, claro», pensará el lector. En el pasado, la mayoría de la gente tenía un trabajo diario físicamente exigente, mientras que ahora estamos delante de un escritorio, entre papeleo digital. Eso implica quemar menos calorías que antes, lo que explicaría el aumento de la talla.

Para poner a prueba esta teoría, vamos a dar una vuelta por el norte de Tanzania. Aquí conoceremos a los hadzas, un grupo étnico que debe de estar entre los más activos del mundo. Los hadzas son cazadores-recolectores, de modo que su forma de vida es semejante a la que fue la nuestra antes de que se extendiera la agricultura. No tienen cosechas ni ganado, sino que cada mañana salen a la sabana en busca de alimento. Los hombres cazan animales salvajes y trepan para recolectar miel, mientras que las mujeres cavan para extraer tubérculos, cogen bayas, frutas y semillas.

Dicho de otra manera: la actividad física de los hadzas es muy superior a la de los occidentales de hoy en día. El occidental medio da al día unos 5.000 pasos,[17] mientras que los hombres hadzas dan 19.000, y las mujeres, 13.000. Una parte de estos pasos los dan mientras cargan con el fruto de su trabajo de vuelta a la comunidad, ya sean tubérculos, pintadas o una cebra entera, por lo que no es de extrañar que estén en muy buena forma. Como ya hemos visto antes, el español medio tiene un IMC de 27, con lo que entran de cabeza en la categoría del sobrepeso, y lo mismo sucede con los canadienses, australianos y neozelandeses. En cambio, el IMC del hadza medio es de 21, y eso con un estilo de vida muy activo, lo que indica que tienen más masa muscular que el español medio de su mismo peso.

De modo que la explicación parece sencilla a primera vista: los occidentales, sedentarios, queman menos calorías y, por tanto, tienen sobrepeso, mientras que los hadzas, activos, queman muchas calorías y por tanto son delgados y están sanos.

Pero es una conclusión incorrecta. Los científicos han hecho cálculos y los hadzas no queman más calorías al día que los occidentales, pese a ser muchísimo más activos.[18]

¿Sorprendido, lector? No me extraña. Yo también me quedé así cuando me enteré, pero es cierto. Los hadzas no queman más calorías que los occidentales.

De hecho, si analizamos las cifras, el occidental medio quema al día más calorías que el hadza medio. Esto se debe a que un cuerpo más voluminoso requiere más energía, y los occidentales tienden a ser más corpulentos que los cazadores-recolectores africanos. Pero, si sacamos el tamaño de la ecuación, los resultados son similares: los individuos de un grupo de occidentales y hadzas de tamaño similar queman más o menos las mismas calorías al día, aunque los occidentales sean oficinistas siempre detrás de un escritorio y los hadzas sean cazadores-recolectores activos, en constante movimiento.

El autor de los estudios que arrojaron estos sorprendentes resultados fue el biólogo evolutivo Herman Pontzer, junto con sus colegas. Utilizaron un método muy avanzado, el «agua doblemente marcada», para medir el gasto de energía en humanos y animales. No hace falta entrar en detalles: baste saber que es la manera más precisa de calcular el gasto de energía, mucho más que las pulseras de actividad y cualquier otro instrumental que asegure hacer lo mismo.

Herman Pontzer y sus compañeros utilizaron el método del agua doblemente marcada para medir el gasto de energía en diferentes grupos de población del mundo, desde los cazadores de renos en Siberia a los agricultores en Latinoamérica. En todos los casos, resultó que el gasto de energía era muy similar, al menos a nivel poblacional.[19] Había diferencias entre individuos, porque unas personas queman más calorías que otras aunque tengan el mismo tamaño; pero, en cuanto a población general, los resultados son muy similares, incluso en el caso de poblaciones muy activas y poblaciones que se pasan el día en una silla.

Uno de los mejores ejemplos de la investigación de Pontzer es el estudio comparativo del metabolismo de dos grupos de niños ecuatorianos. Unos vivían en tribus amazónicas, mientras que los otros eran urbanitas modernos. En las ciudades de Ecuador, casi un tercio de los niños tiene sobrepeso, y el primer instinto es pensar que no se mueven suficiente y por tanto no queman muchas calorías (porque de eso no cabe duda: los niños urbanos son menos activos que los que viven en la selva tropical).

Pero los científicos hicieron las comprobaciones necesarias, y resultó que los niños urbanos quemaban tantas calorías al día como los niños amazónicos.[20] Y la misma cantidad que los niños occidentales, por cierto. De hecho, Pontzer y sus colegas han descrito el mismo fenómeno entre los animales: los chimpancés, canguros y pandas de los zoos queman las mismas calorías diarias que sus congéneres en libertad, aunque los animales del zoo son mucho menos activos.[21-23]

Comprendo perfectamente que el lector estará ahora mismo un tanto confuso. ¿Cómo es posible que los occidentales sedentarios y los activos hadzas quemen al día el mismo número de calorías? La actividad física requiere energía, eso lo sabemos bien. Entonces, ¿por qué no se detecta eso?

Al parecer, el motivo es uno al que vamos a hacer referencia muchas veces a lo largo de este libro. Nuestros cuerpos son dinámicos. Son máquinas que se adaptan, que responden constantemente al entorno. En este caso, de una manera un tanto molesta.

El organismo ha evolucionado en un entorno de constante escasez. Está programado para conservar energía. Esto quiere decir que si incrementamos el gasto diario, con ejercicio, por ejemplo, el cuerpo lo compensará reduciendo la cantidad de energía que invierte en otras cosas.[24] Un ejemplo claro de esto son los atletas de élite que practican especialidades de resistencia: suelen tener niveles más bajos de hormonas sexuales, como la testosterona y el estrógeno, en comparación con individuos que no hacen tanto ejercicio.[25] Esto se debe a que los atletas de élite con especialidades de resistencia dedican tanta energía a la actividad física que sus cuerpos reducen la prioridad en otros aspectos, como la reproducción. En el caso de las atletas más activas, esto significa que pueden dejar de tener la regla.

El mismo fenómeno se detecta entre las comunidades de cazadores-recolectores. No en el caso de la desaparición de la menstruación (los cazadores-recolectores no tienen problemas para reproducirse), pero, al igual que les pasa a los atletas, suelen tener un nivel más bajo de hormonas sexuales que los occidentales sedentarios.[26] A primera vista no parece muy atractivo, pero recordemos que hay tipos de cáncer muy relacionados con las hormonas, como el de mama y el de próstata, que son dos de las formas más habituales de esta enfermedad en el mundo desarrollado, donde tenemos unos niveles hormonales mucho más altos de los requeridos por la evolución.

De todos modos, la reproducción no suele ser lo primero de lo que echa mano el cuerpo a la hora de ahorrar energía. Lo más habitual es que la reducción de gasto energético se centre en temas menos importantes, como el movimiento innecesario, en primer lugar. Tras hacer ejercicio, solemos estar menos activos el resto del día: no nos levantamos tanto, nos sentamos o tumbamos más, jugueteamos menos, no hacemos movimientos nerviosos como sacudir la pierna, como es tan habitual en muchos de nosotros.[27]

Todo esto significa que las calorías que quemamos mediante la actividad física no se corresponden directamente con un gasto más alto de energía al día. Puede que al correr hayamos quemado 400 calorías, pero si luego el organismo reduce la energía dedicada a otras cosas, al final el gasto total a lo largo del día solo será de 250 calorías más que en una jornada más sedentaria.

Precisamente esto es lo que hemos visto en los estudios con personas que hacen ejercicio con el objetivo de perder peso. Un estudio estadounidense pidió a unos cuantos jóvenes con sobrepeso que salieran a correr para perder unos kilos. El programa de ejercicio se diseñó para que los participantes quemaran entre 286 y 430 calorías en cada sesión. Pero, pese a seguir el programa de entrenamiento, su gasto diario de energía solo subió unas 220 calorías. Y, aunque perdieron peso, fue menos del esperado.[28]

Es una pena, pero esto es habitual en todos los estudios sobre el ejercicio como método para la pérdida de peso. Al principio, los participantes tienden a quemar las calorías diarias que era de esperar, pero, a medida que pasa el tiempo, el cuerpo aprende a compensar el incremento de actividad física. Es probable que por eso los hadzas no quemen más calorías que los occidentales: su organismo ha tenido toda la vida para aprender a compensar el estilo de vida activo.

No quiero que se me entienda mal, no estoy diciendo que el ejercicio no sirva de nada a la hora de perder peso. Como hemos visto en el estudio estadounidense, los corredores incrementaron un poco su gasto diario de energía. Pero, como dice la máxima y confirman los datos, no se puede compensar una mala dieta con actividad física.

Si nos empeñamos, podemos hacer tanto ejercicio que el organismo no sea capaz de compensarlo, claro. Si el lector se entrena como para hacer el Tour de Francia, quemará tantas calorías que el cuerpo no podrá contrarrestarlo por completo reduciendo el gasto de energía en otros aspectos. Y, más aún, la investigación sobre la pérdida de peso indica que, aunque el ejercicio a veces sea un método decepcionante, sí es un factor decisivo a la hora de no recuperarlo. Por no mencionar que es una de las cosas más saludables que se pueden hacer: los lectores de mi libro *La medusa inmortal*, por ejemplo, saben bien que la actividad física es una de las mejores maneras de prolongar la esperanza de vida, ralentiza el declive físico de la edad y reduce el riesgo de enfermedades relacionadas con el envejecimiento.

Pero, con todas estas salvedades, sigue en pie la pregunta inicial. Hemos visitado a los hadzas para saber si los occidentales han ganado peso por su vida sedentaria. Y la respuesta es que no, porque quemamos tantas calorías como los grupos de población mucho más activos. Lo que subyace tras la epidemia de obesidad es otra cosa.

Si alguien necesita más pruebas, lo cierto es que tenemos datos fiables sobre los niveles de actividad física de las décadas anteriores. Hay muchos estudios de los años ochenta y noventa del siglo pasado que se centran en el nivel cotidiano de actividad física de la gente corriente. Y estos estudios demuestran que eran menos activos de lo que lo somos hoy en día.[29] Pero estaban mucho más delgados.

Tenemos que replanteárnoslo todo.

2

EL CONTROL DEL HAMBRE

Ya hemos descartado la genética como explicación de la epidemia de obesidad, porque ha quedado claro que la nuestra es muy similar a la de nuestros esbeltos antepasados, y nosotros somos cada vez más corpulentos. Pero eso no quiere decir que los genes no puedan proporcionarnos indicios sobre el tema de la obesidad. Al fin y al cabo, todos vivimos en el mismo entorno que favorece la obesidad, sea cual sea la causa, pero no a todos nos afecta de la misma manera. En el pasado, no nos habría costado nada estar delgados, pero, con el paso a la modernidad, algunos nos hemos vuelto obesos; otros, tienen sobrepeso, mientras que unos pocos siguen tan esbeltos como nuestros antepasados. Esta diferencia sí tiene un componente genético. Tomemos como ejemplo a los hijos adoptivos: se crían con su familia de adopción, pero su peso corporal cuando son adultos tiene mayor correlación con los miembros de su familia biológica. Es decir, sus genes parecen predisponerlos (o no) a ser sensibles a nuestro entorno, que fomenta el sobrepeso, con independencia de cómo se hayan criado.[1] El mismo fenómeno lo vemos con los gemelos idénticos. Nacen de un único óvulo que se divide en las primeras etapas del desarrollo, de modo que tienen la misma genética. Se podría decir que son clones genéticos. En raras ocasiones, los gemelos idénticos acaban adoptados por familias diferentes, lo que significa que esa misma genética se ve expuesta a dos entornos; pero, pese a la crianza en familias distintas, los gemelos idénticos acaban siendo muy parecidos, y lo mismo se puede decir de su estructura corporal.[2]

Para entender mejor esto, los científicos han llevado a cabo lo que se denomina estudios de asociación de genoma completo (GWAS, por sus siglas en inglés). Hay estudios muy extensos en los que los investigadores examinan los genes de cientos de miles de personas y los correlacionan con diversas características. Por ejemplo, si hay variantes genéticas más comunes entre las personas altas que entre las bajas, puede deberse a que estas variantes incrementan la altura. De la misma manera, si unas variantes genéticas se encuentran a menudo en personas obesas, pero no en las delgadas, puede ser porque incrementan el riesgo de obesidad.

Los grandes estudios de asociación de genoma completo han descubierto muchas variantes genéticas que incrementan el riesgo de obesidad en el mundo moderno.[3] Pero no se encuentran en la clase de genes que a primera vista cabría esperar: sin más datos previos, cabría suponer que los genes más importantes relacionados con el incremento de peso tienen relación con los tejidos grasos, o tal vez con el metabolismo o el almacenamiento de energía. Sin embargo, no es así: las variantes genéticas que incrementan el riesgo de obesidad tienen que ver sobre todo con el cerebro. Estas variantes afectan a características como el procesamiento de la recompensa, el apetito y el control de los impulsos.

El motivo es que los seres humanos no somos tan diferentes de nuestros viejos amigos, el ostrero y el papamoscas cerrojillo, a los que conocimos al principio de este libro. Sí, tenemos un cerebro más grande y somos más inteligentes, pero caemos en la misma trampa: los superestímulos. A los pájaros los engañan con superestímulos de huevos, es decir, versiones exageradas de sus propios huevos, mucho más grandes o coloridas de lo que sería natural. A los humanos, con superestímulos alimentarios: comida artificial cuidadosamente diseñada para pulsar las teclas exactas en el sistema de recompensa, la parte del cerebro que refuerza comportamientos provocando sensaciones placenteras. La susceptibilidad que tengamos dependerá de nuestra configuración genética individual. Un trozo de chocolate nos puede recompensar a los dos, pero si mi cerebro reacciona con más fuerza que el del lector, tendré mayor riesgo de comer demasiado y ganar peso. De la misma manera, una recompensa alta al consumo de alcohol implica un mayor riesgo de beber más, lo que puede llevar a la adicción.

¿Cuánto comemos?

Los científicos han utilizado diferentes maneras de calcular lo que comemos como media hoy en día. Por ejemplo, se puede estudiar la producción total de alimentos y luego restar lo que se pierde o desperdicia.[4,5] Este método nos dice que es evidente que hoy comemos por término medio mucho más que en el pasado. De hecho, la ingesta media de calorías es tan alta que sorprende que la epidemia de obesidad no sea mucho peor. Ya con esto bastaría para explicar que cada vez usemos tallas más grandes.

Imagínate a ti mismo sentado en el sofá, una noche de un martes cualquiera. De pronto, tienes ganas de algo. ¿No hay una bolsa de patatas fritas en la despensa? Y una chocolatina también... Pero no, esta noche, no. ¿O sí?

Podrías pensar que se trata de una sencilla batalla que tienes contigo mismo. Por un lado, están el raciocinio y la fuerza de voluntad, y, por otro, ese deseo de consumir 600 calorías vacías en dos minutos. Es una pelea dura, pero al menos es justa: tú contra ti mismo.

Lo cierto es que este conflicto no tiene nada de personal. Hay miles de personas implicadas y, por desgracia para ti, todas están en el otro bando.

Esto se debe a que la empresa que fabrica las patatas fritas y las chocolatinas tiene un único objetivo: que abras esa bolsa que tienes en la despensa. Los fabricantes de alimentos funcionan según las mismas leyes económicas que cualquier otra compañía, y solo existen para ganar dinero para sus accionistas. Eso quiere decir que tu raciocinio, tu fuerza de voluntad y la sensación de estar lleno son los peores enemigos del fabricante: si no abres esa bolsa de la despensa, pasará más tiempo antes de que compres otra, y lo mismo pasará si la consumes muy poco a poco porque te llenas, o porque tu fuerza de voluntad interviene para detenerte cuando vas por la mitad. Por tanto, si quiere ganar tanto dinero como sea posible, el fabricante de las patatas y las chocolatinas necesita eludir tu capacidad de autocontrol y la de sentirte lleno.

A lo mejor te parece que estoy exagerando un poco, pero no te imaginas hasta dónde son capaces de llegar los fabricantes de comida con tal de alcanzar sus objetivos de ventas. Los más importantes tienen centros de investigación por todo el mundo, contratan a ejércitos de investigadores de alto nivel y dedican miles de millones de su presupuesto para optimizar las patatas fritas, las galletas y los platos precocinados para el microondas como si fueran medicinas vitales o armas tácticas.

Entre las preguntas que estos científicos de la alimentación tratan de responder hay cosas como: ¿cuál es el equilibrio perfecto entre grasas y azúcares? ¿Se puede cambiar la estructura cristalina de la sal para proporcionar el máximo placer? ¿Resultará más atractiva una galleta si es un 2 por ciento más blanda o más crujiente? ¿Qué estimula más el apetito, el E620 o el E621? ¿El amarillo de esas patatas fritas debería ser un tono más intenso?... Y muchas más por el estilo.

Estas compañías fabrican a veces miles de variantes del mismo producto y utilizan métodos científicos avanzados para estudiar la reacción ante ellos de ratones y de seres humanos. Algunos han llegado incluso a utilizar escáneres cerebrales para analizar cómo afectan sus productos al sistema de recompensa.[6]

Es una imagen que puede llevar a la risa: imaginemos un laboratorio lleno de científicos, todos con su bata blanca y la cara muy seria, con equipamiento de alta tecnología, concentrados en crear la pizza congelada perfecta. De acuerdo, más que divertido puede que sea tragicómico. Porque, aunque la descripción parezca ridícula, lo cierto es que la optimización científica de los alimentos funciona exactamente como quieren sus fabricantes. Seguro que el lector lo ha experimentado en su propio cuerpo: es esa sensación de coger un puñado de patatas fritas y ser incapaz de parar. No es casualidad: están diseñadas para eso.

Lo que están haciendo las compañías es idear superestímulos. Se trata de disponer los ingredientes de manera que un producto nos enganche. Por ejemplo, la manzana es el fruto del manzano. El filete de carne es el tejido muscular de una vaca. Pero una galleta Oreo es una suma de ingredientes procedentes de continentes dispares que se han combinado con la intención de provocar la máxima sensación en el sistema de recompensa del cerebro. La Oreo contiene azúcar refinado de caña, harina blanca molida de trigo, aceite de palma extraído de los árboles, cacao en polvo de las habas de cacao, lecitina de soja para emulsionar la mezcla, varios jarabes elaborados a partir del maíz, mucha sal y un puñado de aditivos que determinan el color y la fecha de caducidad, y mejoran el sabor.

Cada ingrediente de la galleta Oreo se ha procesado de una manera u otra, y la Oreo solo existe gracias a un largo proceso industrial. Por este motivo, una Oreo es también lo que se denomina un «alimento ultraprocesado». Los reconocemos por lo general gracias a su fecha de caducidad muy lejana, el etiquetado y paquete de colores, el nombre y la larga lista de ingredientes incomprensibles para el común de los mortales. Son, entre otros, los caramelos, las patatas fritas, el chocolate, el helado, los refrescos, las bebidas energéticas, la comida rápida, los platos precocinados, las salchichas y los cereales para el desayuno.

Es posible que el lector haya escuchado ya la expresión «alimentos ultraprocesados» en las discusiones sobre la causa de la epidemia de obesidad. Este tipo de alimentos está cada vez más en el punto de mira, y con razón, pero hay que señalar que los «alimentos ultraprocesados» no son el cien por cien del problema al que nos enfrentamos. No se trata de que la comida deje de ser sana o engorde automáticamente por haber estado en contacto con una máquina o por haber sufrido cualquier otro tipo de proceso. Es perfectamente factible procesar un alimento sin convertirlo en un superestímulo. De hecho, podríamos procesar alimentos para hacerlos más sanos, por ejemplo, eliminando las grasas más dañinas o incrementando el contenido en fibra o en proteínas. Ya conocemos alimentos ultraprocesados así, como los que contienen suero de leche, muy habitual en los batidos de proteínas. El suero es un componente de la propia leche, de la que se separa en un proceso industrial. Luego se le añaden endulzantes y saborizantes, de manera que no cabe duda de que se convierte en un alimento ultraprocesado, utilicemos la definición que utilicemos. Pero los estudios demuestran que incorporar suero de leche a la dieta tiene efectos positivos en una serie de marcadores de la salud, como la masa muscular y la ósea, incluso en las personas de edad avanzada. Así que el problema no es el procesamiento en sí, sino convertir los alimentos en superestímulos, procesarlos con el objetivo específico de activar al máximo el mecanismo de recompensa del cerebro y hacer que comamos tanto como sea posible. Comer demasiado provoca un aumento de peso, y lo que nos causa la mayor parte del daño es este incremento de peso, no el alimento en sí.

Si a alguien le interesa saber hasta qué punto son eficaces en su misión las empresas que fabrican alimentos, Kevin Hall, investigador estadounidense especializado en la obesidad, nos proporciona junto con su equipo un ejemplo excelente.

En un detallado estudio, los científicos reclutaron a ciudadanos estadounidenses normales para que se pasaran cuatro semanas en un centro de investigación donde los investigadores les iban a servir todas las comidas, de manera que se pudieran tener datos precisos sobre la ingesta de cada persona. Se dividió a los participantes en dos grupos. A uno le dieron alimentos ultraprocesados, como platos prefabricados congelados, cereales de desayuno y aperitivos comerciales. Al otro grupo, alimentos no procesados, como carne fresca, fruta, verduras y arroz.

Los científicos trataron de preparar las comidas de los dos grupos de la manera más parecida posible. En los platos había más o menos la misma cantidad de calorías, y trataron de que hubiera también la misma cantidad de proteínas, carbohidratos, grasa, sal, azúcares, fibra, etc. La única diferencia entre los dos tipos de alimentación fue que un grupo recibió platos ideados por científicos de la alimentación mientras que el otro recibió alimentos no procesados.

Durante cuatro semanas los científicos estadounidenses se dedicaron a analizar con detalle los hábitos de alimentación de los sujetos de estudio, y los pesaron y tomaron muestras de sangre de manera regular. Los resultados fueron muy reveladores para comprender por qué nos encontramos inmersos en una epidemia de obesidad. A todos los participantes se les dijo que podían comer hasta que estuvieran saciados, y llevaban ropa holgada para que no les resultara fácil ver si ganaban peso. Pero el grupo que consumió la comida diseñada por científicos de la alimentación ingirió 500 calorías diarias más que el grupo que al que se le sirvieron alimentos no procesados.[7] Un estudio japonés posterior de diseño similar mostró un resultado todavía más desolador: los participantes que tomaron alimentos ultraprocesados consumieron 800 calorías más cada día.[8] Esto significa que los que comían lo diseñado por científicos de la alimentación hacían una comida completa más al día antes de sentirse tan saciados como los que tomaban alimentos no procesados. No es de extrañar que el grupo que consumió los alimentos ultraprocesados ganara peso en ambos experimentos.

En el estudio estadounidense, cabe destacar que el grupo que consumió alimentos no procesados perdió peso durante el experimento. Tiene todo el sentido del mundo, ya que se trataba de personas de un país que, como sabemos, consume una gran cantidad de ultraprocesados en su dieta cotidiana. Podemos dar por hecho que todos empezaron en un punto medio entre los dos extremos. Cuando los participantes pasaron a comer solo alimentos no procesados, su apetito se empezó a normalizar, cosa que se reflejó no solo en el peso, sino en los análisis de sangre: bajó el nivel de grelina, la hormona del apetito, mientras que subió el del péptido PYY, la proteína que regula el apetito y el control de peso. Esto deja muy claro cómo afectan al organismo los alimentos ultraprocesados. Las empresas de la alimentación han conseguido diseñar productos que manipulan el funcionamiento interno de nuestro cuerpo.

Veamos cómo lo hacen.

A las ratas también les gustan las galletas

En los primeros tiempos de la epidemia de obesidad, los investigadores decidieron utilizar ratas y ratones de laboratorio para estudiar lo que estaba sucediendo, pero se encontraron con un problema: ¿cómo hacer que un roedor ganara peso? Por lo general, estos animales consumen las cantidades que necesitan y se mantienen delgados de manera natural. Los científicos tuvieron que hacer experimentos para provocarles obesidad. Al principio, trataron de alimentarlos por la fuerza. Esto dio resultado, pero llevaba mucho tiempo y era cruel, por motivos obvios. Luego, probaron a dar a los animales alimento en pastillas con un contenido de grasa muy elevado. Funcionó mejor que la alimentación forzada, pero seguía siendo un proceso muy largo. Al final, dieron con una solución muy sencilla: empezaron a darles de comer nuestros aperitivos favoritos del supermercado, como galletas, patatas fritas, golosinas, salchichas y galletitas saladas. En los círculos científicos, esta alimentación pasó a denominarse «la dieta de cafetería», y ha resultado tan eficiente que la mayoría de los animales de laboratorio no pueden dejar de comer y se vuelven obesos en unas pocas semanas.

3

ORO BLANCO

En marzo de 1493, dos barcos maltratados por las tormentas llegaron a puerto en Palos de la Frontera, en el sudoeste de España. A bordo iban Cristóbal Colón y una andrajosa tripulación de españoles que volvían con el botín de su primera expedición a las Américas. En la cubierta, en silencio, estaban los indígenas cautivos, un presagio de la sangrienta historia que se avecinaba. Y en las bodegas había plantas y animales exóticos que los españoles habían recogido a lo largo de sus exploraciones. Cuando el barco atracó, la emoción se palpaba en el aire. Los orgullosos marineros saltaron a tierra para mostrar aquellos seres extraños a la gente que se había congregado. Traían piñas, loros de muchos colores. Seguramente también pavos, que más de un mirón debió de temer que fueran el demonio en persona disfrazado de ave.

Los viajes de Colón marcaron el comienzo de la colonización de las Américas por parte de Europa, con todo lo que eso conllevó: exploraciones, guerra, emigración, esclavitud y el nacimiento de naciones. Mucho menos se ha hablado del impacto de aquellos otros pasajeros, las plantas y animales que también empezaron a cruzar el Atlántico. El «intercambio colombino», como se denominó este proceso, llevó animales europeos al continente americano.

En las llanuras del norte, las tribus de nativos americanos antes sedentarias se familiarizaron con el caballo y con esas cabalgaduras se convirtieron en los icónicos cazadores de bisontes. Mientras, las ovejas, cerdos, vacas y conejos se extendieron por todo el continente. Destaca sobre todo el caso de los cerdos, con tendencia a escapar y facilidad para adaptarse. Eso ha llevado a que hoy haya millones de cerdos salvajes en América.

En el Viejo Mundo, el mayor impacto del intercambio colombino fue la llegada de nuevos productos agrícolas, que en pocos siglos puso patas arriba las cocinas nacionales de Europa, Asia y África. Los indios empezaron a incorporar chiles a sus curris. Las islas británicas se obsesionaron con la humilde patata. Otros ejemplos de estos nuevos productos americanos son el maíz, el pimiento, el aguacate, el cacahuete, la calabaza y la vainilla, así como la piña, que ya hemos mencionado. Todos eran completamente desconocidos en Europa, Asia y África hasta hace unos cientos de años.

El árbol de la coca no se popularizó demasiado en Europa al principio, pero eso era lo habitual. Los tomates se consideraron venenosos, e hizo falta mucha presión y el apoyo explícito de la realeza para que los campesinos empezaran a cultivar patatas. Pero, con el tiempo, las plantas americanas se hicieron un hueco en las mentes y corazones del Viejo Mundo. El gran cambio para la coca llegó en 1855, cuando unos químicos alemanes empezaron a hacer experimentos con las hojas y consiguieron aislar el principio activo, es decir, descubrieron qué elemento químico era el responsable del efecto que producía la planta, el incremento de energía, y lograron extraerlo.

Estos científicos bautizaron la sustancia como cocaína por proceder de la coca y, como todo el mundo sabe, en este punto la historia se aparta un poco de la trayectoria de las patatas y los tomates.

Porque, al principio, los químicos alemanes tenían en mente un uso médico de esta nueva sustancia. Y sí, en aquellos primeros tiempos la cocaína pasó a formar parte de diferentes medicamentos, pero pronto se descubrieron otras aplicaciones. Resultó que la cocaína pura era un estimulante muchísimo más potente que el que se obtenía de las hojas de la planta, y esto era por dos motivos: el primero es que las hojas de la coca solo tienen un 1 por ciento de cocaína, así que haría falta una hoja gigantesca para acercarse siquiera a la ingesta que se puede conseguir con cocaína pura; el segundo, que la cocaína pura tiene un efecto más potente que las hojas de coca, debido a que tarda menos en llegar al cerebro. Cuando se mascan hojas de coca, no solo se consume cocaína, sino también mucha fibra y agua, lo que retrasa la absorción. Esta demora hace que tarde más en llegar al cerebro, y esto tiene gran importancia, porque sabemos que las sustancias cuentan con un mayor nivel de recompensa (y, por tanto, son más adictivas) cuanto más deprisa llegan al cerebro.[1] Por ejemplo, los cigarrillos son más adictivos que los chicles de nicotina, porque la nicotina llega antes al cerebro cuando se fuma. Con los cigarrillos, la nicotina se absorbe a través de los pulmones, lo que es más rápido que su absorción a través de las membranas mucosas de la boca, como se hace con los chicles. Por esta misma razón, la cocaína es todavía más adictiva cuando se convierte en crac, que no se inhala, sino que se fuma.

El lector se estará preguntando qué tiene que ver la cocaína con las cosas de las que hemos estado hablando hasta ahora. No quiero asustar demasiado a nadie acerca de la comida que tenemos en la nevera, pero existe un paralelismo importante con los superestímulos alimentarios. Los fabricantes utilizan exactamente el mismo truco para generar superestímulos alimentarios que los químicos alemanes para desarrollar la cocaína: identificar el principio que provoca placer, aislarlo y añadirlo a paletadas, concentrado. El mejor ejemplo de este proceso lo vemos en el polvo blanco que cruzó el Atlántico, pero en la otra dirección.

Antes de llegar al Nuevo Mundo, los exploradores españoles, y sobre todo los portugueses, se habían pasado un siglo navegando distancias cada vez más largas. Los marineros se aventuraron a lo largo de la costa oeste de África y acabaron por salir al océano Atlántico. Durante estos viajes, los españoles y los portugueses descubrieron varias islas, muchas de las cuales al principio estaban deshabitadas: Madeira, las Canarias, las Azores, Cabo Verde y Santo Tomé y Príncipe. Los respectivos monarcas se apresuraron a reclamar cada uno para su corona estas islas y enviaron colonos para hacerlas rentables. Probaron diferentes estrategias, pero los recién llegados no tardaron en descubrir que las islas del Atlántico eran ideales para el cultivo de la caña de azúcar, que luego se procesa para producir azúcar refinado.

Los europeos conocían la caña de azúcar desde los tiempos de las cruzadas, cuando los soldados volvieron de Oriente Medio y hablaron a todo el mundo de la deliciosa «sal dulce». Pero el cultivo de la caña de azúcar requiere un clima cálido, de modo que la producción estaba limitada en Europa por la naturaleza: solo se podía dar en unas pocas zonas muy restringidas en el sur del continente, y el azúcar refinado era tan caro que se ganó el sobrenombre de «oro blanco».

Por lo tanto, cuando los españoles y los portugueses

utilizaron estas islas recién descubiertas para cultivar caña de azúcar, el beneficio estaba asegurado; subió el volumen de producción de azúcar en Europa, pero dado que ninguna de las islas era muy grande, siguió siendo un producto de lujo que solo las élites podían permitirse.

Todo esto cambió cuando Colón y su tripulación atracaron en Palos de la Frontera con las noticias del Nuevo Mundo. Los europeos tenían de repente tierras ilimitadas para el cultivo de la caña de azúcar, y los colonos no tardaron en dirigirse hacia allí. Todos habían escuchado historias sobre fortunas amasadas gracias a este cultivo en las islas del Atlántico, y querían su parte del botín. Incluso algunos emigrantes llegaron de esas mismas islas con la esperanza de que en las Américas les fuera todavía mejor. Y así, apenas nueve años después de que Colón llegara de vuelta, se cosechó por primera vez caña de azúcar en el continente americano, y el azúcar no tardó en convertirse en una de las principales exportaciones. Durante los siglos siguientes tuvo lugar una verdadera batalla para incrementar la producción y controlar el mercado. El cultivo de la caña de azúcar es peligroso y muy laborioso, lo que implicaba que los colonos tenían dificultades para contratar mano de obra, y para satisfacer la demanda y llenarse los bolsillos, recurrieron a la esclavitud. Es una práctica atroz en cualquier circunstancia, pero especialmente siniestra en el caso de la caña de azúcar. Los esclavos de estas plantaciones eran los que sufrían el peor destino de entre todos los que llegaban al continente. Cada año moría entre el 5 y el 10 por ciento de los trabajadores, y las espantosas condiciones obligaban a renovar constantemente la mano de obra.

Para abaratar costes todavía más, aparte de utilizar esclavos, los dueños de las plantaciones inventaron nuevos métodos y tecnologías para mejor la producción y extraer el máximo azúcar posible de la caña. La optimización de los procesos llevó a una caída drástica del precio del azúcar, y de pronto pasó a ser más asequible, con lo que más gente tuvo acceso a él. Llegó un momento en que estos precios se desplomaron cuando unos investigadores alemanes cultivaron lo que ahora conocemos como remolacha azucarera. Era mucho más fácil conseguir azúcar refinado de estas remolachas que de la caña de azúcar, y además no requerían temperaturas tropicales, sino que se podían cultivar en Europa, más cerca del mercado de consumo. El azúcar pasó de ser «oro blanco» para convertirse en una de las fuentes de calorías más baratas, y así ha seguido siendo hasta hoy. Puede que en algunas zonas haya alimentos básicos como el arroz o la harina que sean algo más baratos, pero casi todos los demás alimentos actuales tienen un precio por caloría superior al del azúcar refinado.[2] Esto, junto con lo atractivo de su sabor, ha llevado a que lo consumamos en grandes cantidades. El español medio ingiere al día 75 gramos de azúcar,[3] lo que corresponde al 15 por ciento de las calorías diarias consumidas, y equivale a comerse 18 cucharaditas de azúcar puro.

Los humanos no son los únicos animales que adoran el azúcar. Otros, como los delfines y algunos gatos, no perciben el sabor dulce porque carecen de los receptores, pero, aparte de esos, la mayoría de los animales son golosos. El motivo es que el azúcar es una fuente de calorías accesible, que no requieren mucha digestión. Por ejemplo, 1 gramo de azúcar tiene 4 calorías, igual que 1 gramo de proteína, pero digerir y utilizar la proteína requiere un gasto energético que se lleva entre el 15 y el 30 por ciento del contenido calórico.[4] En cambio, el azúcar no requiere tanta digestión, por lo que es una fuente de combustible rápido. Por eso, cuando los atletas necesitan energía, consumen azúcares simples.

Hay otro motivo para que a los humanos en particular nos gusten los sabores dulces, y es nuestra larga historia evolutiva como simios en las selvas tropicales, con una alimentación basada en la fruta. En la fruta, la dulzura es una señal de madurez, y también indica que no es venenosa. Por tanto, nuestros antepasados simios de hace millones de años eran golosos: esto los ayudaba a elegir los alimentos más seguros y en mejor estado.

Hoy en día, la fruta sigue siendo popular, como vemos en cualquier supermercado moderno. Pero son frutas muy diferentes de las que consumían nuestros antepasados. Tomemos como ejemplo los melocotones. Hace miles de años, los melocotones no eran las frutas jugosas del tamaño de una manzana que conocemos hoy en día: eran poco más grandes que las bayas y tenían un sabor seco, soso, semejante al de las lentejas. Pero, en el oriente de China, los agricultores empezaron a cultivar melocotoneros, y con la selección los melocotones fueron cada vez más adecuados para los gustos de los que los cultivaban: fueron cada vez más grandes, jugosos y dulces.[5-7] Lo mismo se podría contar de casi todas las frutas actuales. Por ejemplo, el predecesor de la sandía que conocemos hoy era una fruta pequeña de pulpa verde y amarga,[8] y los plátanos silvestres no son ni remotamente parecidos a los que compramos en el supermercado, sino pequeños y amargos, llenos de pepitas duras.

No quiero que se me entienda mal: el hecho de que nuestra fruta sea más dulce que la «natural» no hace que no sea sana. Todo lo contrario, la fruta es excelente para el ser humano: es una estupenda fuente de vitaminas y minerales, y contiene fibra saciante, pero es el primer ejemplo de lo que vamos a ver una y otra vez en los siguientes capítulos: las personas cambiamos los alimentos para adecuarlos a nuestro gusto. Y es una tendencia que empezó bien, pero luego se salió de madre.

En el mundo moderno, utilizamos azúcar refinado para hacer que la comida sea más dulce. Eso nos ha permitido incrementar el dulzor hasta niveles nunca vistos. El ejemplo más sencillo es disolver un poco de azúcar en agua y luego añadirle sabores: no hace falta más para crear una industria milmillonaria como la de los refrescos, los tés helados, los zumos y las bebidas energéticas. El español medio bebe 276 litros de estas bebidas al año,[9] y es la mayor fuente de azúcar añadido en su dieta. Es un problema que quita el sueño a los dentistas, pero no solo eso: las bebidas azucaradas son también una de las herramientas más eficientes para engordar al ser humano.

Estas bebidas no generan apenas saciedad.[10] Como ya hemos visto, a nuestro organismo se le da bien equilibrar la ingesta de calorías: el apetito natural controla lo que has comido y ajusta el hambre en función de eso, de manera que, si a la hora de almorzar consumes más de lo normal, por lo general cenarás menos. Pero las bebidas azucaradas van por su cuenta. Hay experimentos en los que a los sujetos les ofrecen una bebida azucarada y ello no reduce la cantidad que comen después.[11] La bebida se limita a aportar calorías adicionales. No entendemos bien por qué es así, pero hay varias razones posibles: en primer lugar, el alto contenido en azúcar del refresco lo convierte en un superestímulo que hace que el sistema de recompensa del cerebro pida más, aunque el resto intente echar el freno; en segundo lugar, la mayoría de los refrescos no contienen las sustancias que por lo general nos hacen sentir llenos, como fibra y proteínas, y, en tercer lugar, los líquidos pasan por el estómago más deprisa, y es ahí donde tenemos ciertos receptores que calculan la dilatación para indicar si se ha llenado: cuando ya no queda sitio, envían señales nerviosas al cerebro para que dejemos de comer. Pero, aunque el líquido llena el estómago, también se vacía muy deprisa hacia los intestinos, con lo que la sensación de saciedad desaparece enseguida.

Sea cual sea el motivo, las personas tenemos tendencia a incrementar la ingesta de calorías cuando tomamos bebidas azucaradas. Esto lleva obviamente a que ganemos peso. Lo contrario también está demostrado: las personas que dejan de tomar refrescos suelen perder peso. En ambos casos se observan también los efectos previsibles en la salud, como el nivel de colesterol y la tensión arterial. Por ejemplo, en un estudio suizo, los investigadores pidieron a un grupo de personas que por lo general no tomaban refrescos que empezaran a consumirlos, y les hicieron análisis de sangre con regularidad. Tras dos o tres semanas, detectaron que varios marcadores de salud habían cambiado para mal: subieron los niveles de colesterol, y también la tensión arterial y los marcadores de inflamación.[12]

Nadie se sorprenderá de saber que el azúcar es la piedra angular de otros superestímulos alimentarios. El helado, las golosinas y el chocolate deben buena parte de su atractivo al hecho de que incluyen grandes cantidades de azúcar añadido. Pero lo interesante es que esto no se limita a las comidas dulces. El azúcar no es solo el secreto del encanto de los postres y caramelos, sino que lo encontramos incorporado a casi todo lo que hay en el supermercado.

Cuando doy una charla, suelo presentar a los asistentes un pequeño cuestionario, y una de las preguntas es:

¿Cuál de estos productos no contiene azúcar?

- Fiambres
- Pan integral
- Alubias en conserva
- Cigarrillos
- Pasta

Nadie acierta. La respuesta más habitual es «cigarrillos», pero puedo garantizar que si hay una industria que sabe cómo explotar todas y cada una de las debilidades de la mente humana es la del tabaco. La industria del tabaco aprendió hace mucho a añadir azúcar a los cigarrillos para hacer que el tabaco sepa mejor. Eso hace que la gente fume más y llena las arcas de las empresas tabaqueras.

No, la respuesta correcta a la pregunta es «pasta». El resto de los productos tienen azúcar añadido, aunque por su sabor no lo parezca. Esto se debe a que lo que contiene una comida no se detecta solo por el sabor, en la boca. La mayoría de los animales poseen unas células nerviosas especiales en los intestinos para monitorizar los alimentos que pasan por ellos. Algunas de ellas detectan los azúcares e informan al cerebro:[13] «Eso que has comido antes era bueno; si puedes, vuelve a comerlo». Vemos este mecanismo en acción en los estudios con roedores: si se suministra a una rata líquidos infusionados directamente al estómago, es obvio que no detectan el sabor, pero al final acaban mostrando preferencia por los que contienen azúcar añadido.[14]

La pequeña cantidad de azúcar que hay en una rebanada de pan integral o en algunas latas de alubias no debería preocuparnos. No es mucho, y se trata de alimentos que aportan abundante fibra, proteínas, vitaminas y minerales.

Pero es un ejemplo claro de la capacidad del azúcar para estimular el apetito. Es tan inmensa que los fabricantes de alimentos casi no pueden evitar añadir un poquito a sus productos. El resultado es que nos encontramos grandes cantidades de azúcar en alimentos que no son dulces, y habría que reducirlo. Las cadenas de comida rápida, por ejemplo, son muy conscientes de cómo actúa el oro blanco sobre el apetito, y añaden azúcar a prácticamente todo lo que sirven en sus menús. Hay azúcar añadido en la masa de la pizza y en la salsa de tomate, en el panecillo de la hamburguesa, en el aliño, en el arroz para sushi, en la comida tailandesa, en los curris indios... Hay un ejemplo tragicómico: el Tribunal Supremo de Irlanda ha dictaminado que el pan de molde que sirve Subway, la cadena de comida rápida, lleva tanto azúcar que ya no entra en la definición legal de pan.[15]

Azúcar de incógnito

Hay empresas que incluyen «azúcar» en la lista de ingredientes, pero no es la mejor táctica desde el punto de vista comercial, así que la mayoría tratan de esquivar el problema utilizando otros cuyo nombre suena diferente pero en realidad son solo azúcar: dextrosa, glucosa, sacarosa, fructosa, néctar de agave, jugo de caña evaporado y diferentes siropes.

El truco más astuto para no incluir el azúcar en la lista de ingredientes es utilizar diferentes tipos de «concentrados». Por ejemplo, si en una lista de ingredientes vemos «concentrado de fruta», no le daremos mucha importancia, pero el concentrado de fruta es básicamente azúcar. Se consigue pelando la fruta, con lo que esta pierde la mayoría de las vitaminas y la fibra, y extrayendo el zumo de lo que queda para luego quitarle la pulpa, con lo que se elimina también la fibra restante. Luego se evapora el agua, de tal modo que queda el azúcar y poco más. Es un truco que se utiliza a menudo en el empaquetado de aperitivos y tentempiés destinados a consumidores preocupados por la salud, porque decir «concentrado de fruta» suena más sano que «azúcar».

Hay diversas enfermedades relacionadas con el consumo de azúcar. Una de las cosas que sabemos bien es que el azúcar provoca la aparición de caries en los dientes. Esto se debe a que el azúcar alimenta a la bacteria *Streptococcus mutans* que tenemos en la boca, y esta produce un ácido que desgasta los dientes. Además, el azúcar conocido como fructosa es dañino para el hígado en altas dosis, como las que ingerimos con las bebidas azucaradas. Pero la mayoría de los efectos adversos del azúcar sobre la salud llegan de manera más indirecta. Nacen de un hecho muy sencillo: el azúcar sabe demasiado bien. No hay nada que estimule tanto el apetito del ser humano como añadir azúcar a un alimento, y eso nos lleva a comer en exceso y por tanto a ganar peso, y el exceso de grasa corporal es responsable de muchos problemas de salud derivados de la ingesta de azúcar: riesgo superior de diabetes y enfermedades cardiovasculares, inflamación crónica y síndrome metabólico. Así que el veneno en realidad no es el azúcar, sino el exceso de calorías que nos hace consumir. Y puede que eso tenga remedio.

Ya en 1879, Constantin Fahlberg, un químico ruso, se pasó una mañana en el laboratorio trabajando con derivados del alquitrán de hulla. A la hora de comer, sacó el sándwich que había traído de casa, y se quedó muy desconcertado al descubrir que tenía un sabor inesperado. El sándwich era dulce. Fahlberg cogió una servilleta y se limpió los labios, pero la servilleta le supo todavía más dulce. Entonces cayó en la cuenta de que se le había olvidado lavarse las manos. El sabor dulce procedía de uno de los compuestos químicos con los que había estado trabajando. Como es natural, volvió corriendo al laboratorio y empezó a probar uno a uno todos los reactivos, y por suerte para su salud no tardó en dar con la fuente: una molécula que ahora llamamos «sacarina», y que fue el primer edulcorante artificial.[16]

Suena a locura, pero más o menos así se descubrieron todos los edulcorantes artificiales. Es el caso de los más habituales hoy en día, por ejemplo, el aspartamo y el acesulfamo potásico: el aspartamo lo descubrió el químico estadounidense James Schlatter, que estaba haciendo un experimento y, sin darse cuenta, se lamió un dedo para pasar la página de la libreta del laboratorio; el acesulfamo potásico lo descubrió Karl Clauss, un químico alemán que, estando en el laboratorio, se vio una mancha en el jersey y se lamió un dedo para intentar quitarla.[17]

Todas estas moléculas tienen en común el hecho de que no son azúcar, pero tienen un sabor dulce. Esto se debe a que activan los receptores de la lengua que perciben el dulzor. Se podría decir que estos receptores gustativos son como cerraduras que se abren con ciertas llaves, los azúcares, y los edulcorantes artificiales son moléculas que por casualidad encajan en esa cerradura, aunque en principio no estaban diseñadas para eso. Viene a ser como probar millones de llaves en la puerta de casa hasta dar con una que la abre por pura casualidad.

En ambos casos, la activación de los receptores gustativos provoca un impulso nervioso que viaja de la lengua al cerebro, donde lo identificamos como dulzor. Pero aquí viene lo mejor: los edulcorantes artificiales tienen pocas calorías; algunos, ninguna. Muchos son sustancias que no podemos metabolizar, lo que quiere decir que atraviesan el organismo sin sufrir alteraciones y sin proporcionar energía. Otros sí se metabolizan, pero se utilizan en cantidades tan minúsculas que las calorías que aportan son insignificantes. Esto es muy interesante, porque el exceso de calorías es la causa de muchos de los efectos adversos del azúcar. En el estudio suizo que vimos antes, la diferencia era clara: recordemos que los investigadores buscaron a personas que no bebían refrescos y les pidieron que empezaran a hacerlo, y en dos o tres semanas los marcadores de salud fueron a peor. Hubo un estudio muy parecido en el que los investigadores pidieron a personas que no bebían refrescos que empezaran a tomarlos, pero sin azúcar, con diferentes edulcorantes artificiales. El resultado fue muy diferente. Los marcadores de salud de estos últimos no cambiaron. En realidad, ningún otro parámetro cambió, y sus datos fueron comparables a los de aquellos que habían seguido bebiendo solo agua durante todo el experimento.[18] En otros estudios, los investigadores también intentaron averiguar lo que pasaba si los bebedores habituales de refrescos pasaban a beber la versión sin azúcar: los marcadores de salud mejoraron y bajaron de peso. La mejora fue tan grande como cuando los bebedores de refrescos pasaron a beber solo agua.[19, 20]

Es evidente que estos estudios no bastan para llegar a la conclusión de que los refrescos sin azúcar son tan saludables como el agua, pero sí apuntan a que son mucho más saludables que la versión con azúcar. Ha habido objeciones, por supuesto: ¿no tienen muy mala prensa los edulcorantes artificiales? Es cierto. A menudo se han puesto bajo la lupa, sobre todo el aspartamo, pero esto es resultado de una mala interpretación de la ciencia, y con frecuencia se basa en estudios sobre cultivos de células o roedores, y con cantidades enormes.[21]

Pero vamos a estudiar lo que sucede cuando ingerimos aspartamo; por ejemplo, en un refresco sin azúcar. La primera interacción del aspartamo con el organismo se produce en la boca. Como ya hemos comentado, esto activa los receptores gustativos de la lengua y provoca el sabor dulce. Cuando tragamos, pasa por el estómago y llega a los intestinos, donde las enzimas lo digieren, como sucede con la mayor parte de lo que comemos. La digestión convierte el aspartamo en tres moléculas diferentes: ácido aspártico, fenilalanina y metanol.[22] Estas son las moléculas que absorbe el cuerpo, no el aspartamo en sí. Por tanto, y teóricamente, este solo podría causar problemas en el tracto digestivo, y cualquier efecto adverso en el organismo se debería al ácido aspártico, la fenilalanina o el metanol. Veamos uno por uno qué pasa cuando entran en el organismo.

Empecemos por el ácido aspártico. Es un aminoácido que el cuerpo es capaz de producir y que encontramos en casi todos los alimentos. El aspartamo de una lata de refresco sin azúcar aporta unos 80 mg de ácido aspártico. En un día normal, el ser humano promedio consume en torno a 6.500 mg, con lo que el refresco sin azúcar es poco más del 1 por ciento. Así que es imposible que el ácido aspártico del aspartamo nos cause el menor problema.

Luego está la fenilalanina, otro aminoácido, solo que el cuerpo no es capaz de producirlo, de manera que es lo que denominamos un «aminoácido esencial». El organismo tiene que obtenerlo a través de la dieta para sobrevivir. Por suerte, no existe el menor problema, ya que hay abundante fenilalanina en casi todo lo que comemos. Una lata de refresco sin azúcar aporta 100 mg de fenilalanina, pero lo normal es una ingesta diaria de 3.400 mg procedentes de otros alimentos, así que la que procede del refresco es en torno al 3 por ciento de esa cantidad. De nuevo vemos que no puede causar problemas de salud. Por si hicieran falta más pruebas, un vaso de leche contiene trece veces más ácido aspártico que una lata de refresco sin azúcar, y seis veces más fenilalanina.

Eso nos deja con el último producto de la descomposición: el metanol. Es el único compuesto que, sobre el papel, podría ser dañino para el organismo. El metanol es un alcohol y, como sucede con su primo, el etanol, en grandes cantidades resulta tóxico. El peligro estriba en cómo se descompone en el hígado: se convierte en formaldehído, que puede causar daños en las proteínas, el ADN y otras moléculas. Pero la cantidad de metanol que aporta una lata de refresco sin azúcar es muy pequeña, unos 20 mg, mientras que un vaso de zumo de naranja contiene el doble o el triple. Hasta una manzana tiene más. La mayoría de las frutas y verduras contienen un poco de metanol, y no pasa nada: el hígado puede funcionar con esas cantidades sin el menor problema. Para consumir la cantidad de aspartamo que podría causarnos daños por el contenido en metanol, habría que beber al menos 14 latas al día, y es una cifra con un margen de seguridad conservador, de modo que el límite es, seguramente, más alto.

El caso del otro edulcorante artificial habitual, el acesulfamo potásico, es aún más sencillo. No se digiere, sino que pasa tal cual al organismo y circula por el torrente sanguíneo hasta que se excreta en la orina. No parece tener ninguna interacción, o al menos no surte efecto alguno en los marcadores de la sangre.

Muchos de los edulcorantes artificiales funcionan de la misma manera, aunque no todos. Los hay que no se asimilan en absoluto, con lo que llegan al colon, donde se encuentran la mayoría de las bacterias intestinales. Esto puede provocar cambios en la abundancia de las diversas especies de bacterias, un efecto nocivo que en ocasiones causa problemas estomacales.[23] Pero, incluso en estos casos, todas las pruebas apuntan a que los edulcorantes artificiales son preferibles a las grandes cantidades de azúcar refinado a las que sustituyen. Por supuesto, el agua sin edulcorantes es, en la mayoría de los casos, la mejor opción.

Según mi experiencia, este hecho provoca una ira irracional en algunas personas. Puede que sea lo de «artificiales» lo que hace que haya quien presuponga de inmediato que estos edulcorantes son malos. Pero, aunque no siempre es correcto equiparar lo natural a lo saludable, lo que sí puedo garantizar es que tomar azúcar líquido no tiene nada de natural.

La aversión a los edulcorantes artificiales puede deberse también a ese puritano que llevamos dentro, el que nos dice que las cosas agradables son malas para nosotros. Pero, en ocasiones, hay cosas que solo contienen elementos positivos, y es algo que debemos recordar durante la lectura de este libro. No se trata de que el placer sea siempre malo y nos vaya a matar si sucumbimos a él, no. El problema que quiere destacar este libro es que las sustancias que provocan un alto nivel de recompensa tienden a imponerse a los mecanismos naturales de control y llevan a un consumo excesivo. Si conseguimos evitar este consumo excesivo, no pasa nada. La otra posibilidad es identificar las consecuencias negativas del consumo excesivo y eliminarlas.

La confusión sobre las calorías

La caloría es una medida de energía: según la definición científica, una caloría es la cantidad de energía necesaria para elevar la temperatura de 1 gramo de agua en 1 °C a presión atmosférica. Pero la manera en que utilizamos el término en este libro es errónea desde el punto de vista técnico, igual que su uso en la vida cotidiana. Las «calorías» de las etiquetas de los alimentos y las de estas páginas son, en realidad, «kilocalorías», es decir, miles de calorías, de la misma manera que los kilómetros son miles de metros. Por tanto, una manzana no tiene 80 calorías, sino 80.000. Pero da igual, porque el requerimiento energético del organismo no son 2.000 o 3.000 calorías, sino 2 o 3 millones.

Hay quien intenta atajar el malentendido escribiendo «kcal», mientras que otros autores escriben Calorías, con mayúscula, para indicar que son conscientes del problema. Yo he optado por mantener la confusión y hablar simplemente de «calorías» con la esperanza de que el mundo sepa perdonarme.

4

LA INANICIÓN DEL CONEJO

Durante la Segunda Guerra Mundial, el ejército de Estados Unidos distribuyó entre sus pilotos una guía de supervivencia en la que se incluía la siguiente advertencia: «Bajo ningún concepto comas solo carne de conejo aunque sea lo que más abunde en la región donde hayas caído; una dieta prolongada de conejo provoca la llamada «inanición del conejo»: en menos de una semana empieza la diarrea y, si se sigue igual, PUEDE CAUSAR LA MUERTE.[1]

«Murió de inanición del conejo» no queda muy épico en la lápida, así que podemos darnos por avisados.

A ver, no hay que tener miedo si nos ofrecen conejo guisado. La carne de conejo no es venenosa ni poco saludable. Pero no se puede vivir solo de conejo. Esto se debe a que necesitamos una cierta cantidad de grasa, y el conejo es demasiado magro.

Al igual que sucede con otros animales, los conejos no tienen ningún interés en que los devoren, pero carecen de cuernos, garras afiladas o un tamaño imponente que disuada a los depredadores. En lugar de eso, su estrategia de supervivencia consiste en que resulte muy difícil capturarlos. Para eso tienen los ojos a ambos lados de la cabeza, que les permiten un campo de visión de casi 360 grados, orejas grandes que registran hasta los sonidos más ligeros y muy móviles para detectar la procedencia exacta, y son más rápidos y ágiles que la inmensa mayoría de los animales. Pueden cambiar de dirección al instante y saltar a una altura de varias veces la longitud de su cuerpo. Estas habilidades requieren que el conejo sea muy delgado: cada gramo de grasa puede suponer la diferencia entre escapar por los pelos y ser la cena. Por eso, la carne de conejo tiene 1 o 2 gramos de grasa por ración de 100 g. Esto lo convierte en uno de los animales más magros del mundo, pero hay otros animales salvajes que también son sorprendentemente delgados. Por ejemplo, alguien que se alimente en exclusiva de carne de reno en ciertas épocas del año también puede contraer la inanición del conejo.

Los animales salvajes son muy diferentes de los que consumimos de manera cotidiana. Puede que no salte a la vista, pero nuestro ganado es muy grueso. A veces se debe a una dieta poco saludable y a unas malas condiciones de vida, pero ese mismo ganado, criado al aire libre y con espacio abundante para moverse, sigue teniendo mucha más grasa corporal que sus antepasados salvajes. El cerdo, por ejemplo, incluso el que se cría en semilibertad,[2] es más gordo que el jabalí, y desde luego las vacas tienen más grasa corporal que su pariente cercano, el bisonte.[3]

Esto nos suena de algo, ¿verdad? ¿O no? Venga, una pista: melocotones.

Nuestro gusto por lo dulce ha transformado los melocotones, que han pasado de ser como lentejas a convertirse en frutas grandes, jugosas y dulces; y, de la misma manera, nuestras preferencias innatas han dado forma al ganado que criamos. Desde el momento en que empezamos a domesticar a diferentes especies de animales, comenzamos también a seleccionar a los individuos que tenían las características más atractivas para nosotros. Esto ha hecho que nuestros animales sean mucho más tranquilos y fáciles de controlar que sus primos salvajes. Solo hay que pensar en la diferencia entre un dócil cerdo y un jabalí agresivo. Pero el proceso de domesticación también cambió el aspecto físico del ganado para adecuarlo a nuestros gustos; en este caso, a nuestro gusto por la grasa.

Tenemos debilidad por la grasa porque es la fuente de energía más concentrada de los tres macronutrientes que componen nuestra dieta: grasa, proteína y carbohidratos. Los carbohidratos y las proteínas contienen 4 calorías por gramo, mientras que la grasa contiene 9. Eso hizo que la grasa tuviera mucho valor para nuestros antepasados, que vivían constantemente amenazados por el hambre. Imaginemos por ejemplo a dos personas de la Edad de Piedra. A una le encantan los frutos secos, mientras que la otra adora el apio. Los frutos secos tienen un alto contenido en grasa y, por tanto, son una fuente concentrada de calorías, al contrario que el apio: hace falta comer un kilo de apio para obtener las mismas calorías que aporta un puñadito de frutos secos. Por tanto, en la Edad de Piedra es una auténtica desventaja preferir el apio a los frutos secos, ya que incrementa el riesgo de inanición, de modo que los descendientes que heredaran esta característica no tendrían mucho futuro. Por el contrario, la preferencia por la concentración más alta de calorías era una estrategia ganadora para nuestros antepasados: además de evitar la inanición, les proporcionaba calorías adicionales para cosas útiles como desarrollar un cerebro enorme. Así que por eso hemos llegado a adorar el queso (igual que otros animales, por cierto).

El mecanismo fisiológico que subyace al gusto por la grasa es un poco más opaco que el que interviene en nuestra afición por lo dulce. La «grasa» no es uno de los cinco sabores oficiales (dulce, salado, amargo, ácido y umami), pero estudios recientes sugieren que puede que también tengamos receptores gustativos para ella.[4] Sea como sea, los científicos de la alimentación coinciden en que también detectamos la presencia de grasa en un alimento gracias a lo que se denomina «sensación en boca». Solo hay que pensar en la diferencia entre las gachas de avena preparadas con leche y las preparadas con agua. Las que están preparadas con leche tienen una textura más rica y cremosa que nos resulta más satisfactoria, pero aún no tenemos del todo claro por qué.

Pero la atracción hacia la grasa no es solo cuestión de lo que sucede en la boca. Tal como hemos comentado en el caso del dulzor, tenemos neuronas en los intestinos que perciben la presencia de grasas en lo que comemos e informan al cerebro.[5] Por eso resulta tan difícil engañar al cuerpo con productos bajos en grasas. A los fabricantes no les cuesta demasiado imitar la «sensación en boca» de la grasa con ingredientes que tienen una textura similar, pero las neuronas de los intestinos no son tontas y se dan cuenta de que la versión *light* tiene menos grasa y calorías. Cuando transmiten esta información al cerebro, el resultado es que acabamos prefiriendo la versión con grasa, incluso aunque los dos platos tengan un sabor idéntico.[6]

La grasa aparece en la mayoría de los superestímulos alimentarios, pero lo primero que nos viene a casi todos a la mente cuando hablamos de ella es la comida rápida. Solo hay que pensar en las hamburguesas: carne grasa, queso graso, beicon graso, salsas grasas...

No voy a defender en este libro las cadenas de comida rápida: sin duda, son ejemplos excelentes de la utilización de la ciencia de la alimentación para manipular a los consumidores y hacer que coman en exceso. Pero la obsesión en ciertos círculos por la comida rápida ha hecho que otros campos de la industria alimentaria pasen relativamente desapercibidos cuando en realidad utilizan las mismas técnicas. Por ejemplo, se llevó a cabo un estudio muy amplio en el que un grupo de investigadores internacionales compararon el contenido calórico de la comida rápida y la comida normal de los restaurantes, esos en los que te sientas a una mesa y te sirve un camarero. La mayoría de la gente da por hecho que la comida de los restaurantes es más sana que la de las cadenas de comida rápida. Eso mismo pensaba yo. En el restaurante suelen servirte una guarnición de verdura y la comida tiende a parecer menos grasa. Pero, aunque parezca irónico, el estudio internacional demostró que la mayoría de los menús de restaurante tenían más calorías que el menú típico en una cadena de comida rápida.[7]

Esto se debe a que los restaurantes, igual que las cadenas de comida rápida, compiten a muerte unos con otros, y no es fácil ganar esta competición si te niegas a utilizar todas las armas que hay a tu alcance. Si un restaurante quiere que volvamos, tiene que competir en todos los aspectos del gusto, incluso los «baratos», como utilizar grasa en grandes cantidades. Quien conozca a algún chef le puede preguntar cuánta mantequilla utiliza para preparar un bistec. Por eso saben mejor que en casa. Y, por supuesto, también añade azúcar para dar mejor sabor a los alimentos, pero resulta que lo más astuto es emplear grasa adicional. Los estudios han demostrado que, en catas ciegas, se nos da bastante bien calcular el contenido en azúcar de lo que comemos, pero que nuestra evaluación del contenido en grasa suele distar mucho de la realidad.[8] Los investigadores consiguen duplicar la cantidad de grasa en un plato sin que los participantes en el estudio noten la diferencia... al menos de manera consciente. Como ya hemos comentado, los intestinos llevan la cuenta y hacen que nos atraiga más el plato con más grasa.

Además, añadir grasa y añadir azúcar son trucos complementarios. Cuando se añade azúcar a un alimento sin alterar el nivel de grasa, la gente considera que es menos graso que antes.[9] Es decir, se puede hacer que una comida se perciba como menos grasa con solo añadir azúcar. Este truco es útil también porque la combinación de grasa y azúcar es muy placentera para humanos y animales. De hecho, es la fórmula mágica que hay detrás de nuestras golosinas favoritas. El helado, por ejemplo, además de azúcar, contiene la grasa de la nata. El chocolate contiene grasa gracias a las habas del cacao. Una tarta lleva ingredientes como aceite o mantequilla, y así todo. No sabemos a ciencia cierta qué hace tan irresistible la combinación de grasa y azúcar; de hecho, rara vez se encuentra en la naturaleza. Hay alimentos naturales con elevado contenido en azúcar, como la miel, y otros con mucha grasa, como los frutos secos, pero no las dos cosas a la vez.

Si esta combinación funciona tan bien puede deberse sencillamente a que a los humanos nos encanta combinar los diferentes estímulos placenteros. Comemos golosinas mientras vemos una película, bebemos alcohol mientras bailamos al ritmo de la música, centramos nuestras actividades sociales en torno a una buena comida. Pero hay otra explicación posible para que nos guste combinar la grasa y el azúcar. Lo siento, igual con esto dejan de gustarte tus golosinas favoritas, pero cuando he dicho que no hay alimentos naturales que combinen altos niveles de grasa y azúcar a la vez, no era del todo cierto. Hay uno que lo hace.

La leche materna.

En la leche materna, el 55 por ciento de las calorías vienen de la grasa; el 40 por ciento, de los carbohidratos (en forma de lactosa, el azúcar de la leche), y el 5 por ciento restante, de las proteínas.[10] Esto es un reflejo sospechosamente parecido de los tentempiés comerciales.

Veamos unos cuantos ejemplos junto con su contenido en grasa/carbohidratos/proteínas:

- Leche materna 55/40/5
- Chocolate 50/45/5
- Helado 50/45/5
- Bollería 50/45/5
- Dónuts 50/45/5
- Ganchitos y similares 55/40/5
- Patatas fritas 55/40/5

En algunos casos, la fuente de carbohidratos es sobre todo el azúcar, como en la leche materna, pero en otros es el almidón —por ejemplo, en las patatas fritas— o una mezcla, como sucede con diversas tartas. En cualquier caso, esta proporción concreta del reparto de calorías no se encuentra en la naturaleza más que en la leche materna. Sin ir más lejos, en las alubias es 5/70/25, y en un bistec, 50/0/50.

No estoy sugiriendo que los científicos de la alimentación hayan intentado imitar la proporción calórica de la leche materna. Solo han optimizado la palatabilidad de los alimentos, cada uno por su lado, y han llegado a la misma conclusión. Es lo que, a la hora de diseñar superestímulos, se denomina la «búsqueda del punto perfecto»: la combinación que proporciona el máximo placer a los animales de laboratorio o al humano que participa en la investigación. Apartarse del punto perfecto en cualquier dirección (más grasa y menos carbohidratos o menos grasa y más carbohidratos) hará que el alimento sea menos atractivo. Sobre el motivo de que esta proporción funcione tan bien solo podemos especular, pero aventuraré una posibilidad: ¿en qué momento de la vida un apetito voraz es lo más beneficioso? No cuando somos adultos, etapa en que almacenamos en forma de grasa el exceso de calorías, sino cuando somos bebés, cuando el apetito es imprescindible. Proporcionalmente, los bebés queman un 50 por ciento más de calorías que los adultos.[11] Esto se debe a que un cuerpo pequeño pierde calor con más facilidad, y a que los bebés necesitan crecer. En cualquier caso, los bebés tienen que comer proporcionalmente más, de modo que no es de extrañar que nuestro cerebro esté configurado para responder con un incremento del apetito a la composición calórica de la leche materna. Esto se convierte en un problema más adelante, cuando el exceso de calorías solo contribuye al crecimiento de la talla de la ropa.

5

LO QUE TIENEN EN COMÚN EL PARACAIDISMO Y LA SAL

Es una cálida mañana de febrero en la ciudad namibia de Swakopmund. El sol del desierto hace brillar una diminuta cinta de asfalto mientras una destartalada avioneta de hélice acelera para despegar. El aparato está en malas condiciones. Le falta la puerta derecha y la mayoría de las ventanillas se sujetan solo con cinta adhesiva. Y, por inexplicable que parezca, en la avioneta viajan dos jóvenes daneses: uno disfrazado de mono y el otro, de jirafa.

El mono soy yo y mi amigo Lars es la jirafa. Estamos de viaje por África y nos hemos retado el uno al otro a saltar en paracaídas, y ahora mismo estamos aprendiendo lo larga que se puede hacer una hora y media. Porque resulta que la avioneta de hélice tarda mucho en ascender.

Antes del vuelo, éramos de lo más valientes (de ahí los disfraces ridículos), pero, a medida que Swakopmund desaparece bajo nosotros, se hace el silencio en la cabina. Al menos, las vistas son estupendas. Bajo nosotros, las dunas de arena anaranjada del desierto de Kalahari van al encuentro del Atlántico a lo largo de lo que se conoce como la costa de los Esqueletos, o «la tierra que Dios hizo airado», según los san, que habitan la zona.

Me olvido por unos momentos de la caída libre que nos aguarda, pero las ensoñaciones no duran mucho. Un fuerte acento a lo Arnold Schwarzenegger se impone sin esfuerzo al estruendo del motor.

—*Dosh minuts.*

Repasamos los protocolos de seguridad por última vez.

Lars está más cerca de la puerta y mira hacia abajo, hacia la tierra, a kilómetros de distancia.

—*¿Prepa-rrado?*

No llego a escuchar la respuesta. En una fracción de segundo, un corpulento adolescente danés sale disparado por el hueco de la puerta de la avioneta como una mota de polvo ante una aspiradora.

Y llega mi turno.

—*¿Prepa-rrado?*

Hoy día sigo sin saber si tuve ocasión de responder.

Ya hemos conocido a dos componentes de la santísima trinidad de los superestímulos: la grasa y el azúcar. El último, el que nos falta, es la sal. Se podría decir que, en los alimentos precocinados, la sal se lleva la palma. Se puede adquirir comida de este tipo sin azúcares añadidos. La hay que no tiene demasiada grasa. Pero es muy difícil encontrar alimentos precocinados que no tengan suficiente sal como para quitar el hielo de una carretera escandinava en pleno invierno.

A los fabricantes de la industria alimentaria les encanta la sal porque es un ingrediente milagroso para ellos. Prolonga la fecha de caducidad, mejora el aspecto y la textura de los alimentos, y, lo más importante, hace que sepan mejor y que la gente compre más.

El motivo de que nos guste la sal se remonta a los primeros animales que salieron del océano para vivir en tierra firme. Durante nuestra larga historia evolutiva en el mar, la sal siempre estuvo a nuestro alcance. Los animales utilizaron este recurso incorporando la sal a muchas funciones fisiológicas importantes, como la transmisión de impulsos nerviosos y la contracción de los músculos. Pero, al salir a la tierra, de pronto ya no tenían tanta sal ni tan a mano. En ese momento, los procesos fisiológicos que requerían sal ya eran tan cruciales que no había manera de rediseñarlos para prescindir de ella, así que los animales terrestres tuvieron que buscarla si querían sobrevivir. Para fomentar esta búsqueda de la sal, desarrollamos un gusto por los sabores salados que hace que disfrutemos de los alimentos que la contienen. A los herbívoros les gusta todavía más porque las plantas contienen menos sal que la carne. Por eso, los animales que comen plantas, desde las ovejas a los elefantes, se comen con entusiasmo la sal pura. Los seres humanos no llegamos a ese punto, pero sentimos una atracción instantánea hacia los alimentos salados que hacen que nuestro cuerpo siga funcionando.

¿Significa eso que los fabricantes de alimentos nos están haciendo un favor al añadir sal a toneladas a sus productos? Bueno, desde el punto de vista físico, necesitamos más o menos medio gramo de sal al día para sobrevivir. Nuestros antepasados cazadores-recolectores solían ingerir 1,7 gramos al día.[1] Pero la ingesta actual en Occidente es en torno a 9 gramos,[2,3] y no es raro encontrar gente que consume el doble de esa cantidad. En otras palabras, el occidental medio toma una cantidad de sal que bastaría para cubrir las necesidades fisiológicas de una familia numerosa. Pero esta enloquecida ingesta de sal no viene de que la gente haga bíceps sacudiendo el salero. En la inmensa mayoría de los casos, la sal con que nosotros, en persona, condimentamos los alimentos es una pequeña parte del total que consumimos. No, la mayoría de la sal en la dieta actual procede de los alimentos procesados, y una vez más las fuentes no son nada obvias. Recordemos que el azúcar añadido no estaba solo en los dulces, y lo mal que se nos da calcular la cantidad de grasa que hay en un plato. La sal añadida no se encuentra solo en la comida que tiene sabor salado: puede haber tanta o más en los quesos, fiambres y aliños como en las patatas fritas. Hasta los alimentos apenas procesados suelen tener sal añadida. Tenemos, por ejemplo, la pechuga de pollo. En el supermercado, un paquete de pechugas parece simple carne cortada y empaquetada para su transporte y comercialización, pero los productores industriales utilizan una técnica conocida como «hinchado» en la que inyectan solución salina en la carne para darle un aspecto más jugoso y pesado. Lo que pasa es que esto también mejora el sabor, porque, al cocinar el pollo, el agua se evapora y solo queda la sal.

Como el lector habrá imaginado, llegué a tierra vivo tras el salto en paracaídas. Más tarde, fui a hablar con el instructor y le pregunté qué sentía él al saltar.

—Hace mucho que no noto esa sensación en el estómago —me dijo—. Para mí, ahora, saltar del avión es tan aterrador como meterme en el coche.

Parece una locura hablar de una manera tan natural de una caída de varios kilómetros, pero no es extraño ni inesperado. Ya hemos visto que el cuerpo se adapta muy bien, y esto se aplica sobre todo al cerebro, capaz de amoldarse a cualquier estímulo, hasta a los más demenciales, como saltar de un avión.

La primera vez que saltas, el cuerpo produce una descarga de adrenalina en cuanto se da cuenta de lo que está pasando. También hay una subida de endorfinas en el cerebro que se suman a la sensación de euforia. Pero, si saltas una y otra vez, como mi instructor, la respuesta del cuerpo se ralentiza, y llega un día en que comparas los saltos con ir a trabajar por la mañana.

Este fenómeno se conoce como desensibilización, y es uno de los conceptos más importantes que nos vamos a encontrar a lo largo de estas páginas. Básicamente, se trata de la pérdida de sensibilidad ante un estímulo repetido. La desensibilización es el motivo de que los hombres y las mujeres de negocios se suelan aburrir de sus mansiones y supercoches, mientras que los demás están en el séptimo cielo en su primer apartamento diminuto o con un Opel Corsa nuevo. Es la razón de que los buscadores de emociones vayan siempre en pos de aventuras más espectaculares, y también es un fenómeno habitual entre los drogadictos: puede que al principio consuman cantidades pequeñas de una droga, que les provoca un subidón fantástico. La dosis funciona unas cuantas veces, pero al final entra en juego la desensibilización y el drogadicto tiene que incrementar la dosis o pasarse a una sustancia más fuerte para recuperar las sensaciones de la primera vez.

La desensibilización tiene mucho que ver con la epidemia de obesidad. Tomemos por ejemplo el helado. Antes lo había de sabores simples, como vainilla, chocolate o fresa. Pero, hoy en día, se puede comprar un helado como los de Ben & Jerry's, que ya no son solo de vainilla, sino de vainilla con caramelo líquido, trocitos de chocolate o masa de galleta; o con trozos de brownie, mantequilla de cacahuete o nubes de azúcar. Y son bombas de superestímulos. El helado de vainilla ya es de por sí un superestímulo, con su gran concentración en azúcar y grasas, pero se queda pequeño en comparación con la variedad y densidad calórica de una tarrina de medio litro de Ben & Jerry's. Enseguida detectamos la técnica que ya conocemos bien: primero llega el helado, que activa el sistema de recompensa del organismo. Puede que incluso se convierta en una de nuestras comidas favoritas. Pero, con el tiempo, empezamos a acostumbrarnos a los superestímulos y deseamos un poquito más.

¿Qué tal echarle chocolate líquido por encima?

Perfecto.

Vuelve la recompensa importante.

Pero no dura mucho.

A medida que nos desensibilizamos, hay que seguir subiendo, y por ahora la cosa termina con bombas de superestímulos como las que fabrica Ben & Jerry's, pero solo hasta que alguien descubra cómo crear un superestímulo más potente.

Es cierto que no todo el mundo sigue este camino ascendente, igual que no todos los que consumen drogas acaban siendo adictos. Pero, si eres propenso a la desensibilización, corres un peligro mayor de convertirte en obeso en un mundo que siempre tiene a mano para ti el siguiente superestímulo.

Estoy de acuerdo, suena deprimente, pero también hay buenas noticias: el cerebro no solo se desensibiliza. También puede ir en dirección contraria, hacia la resensibilización. Como sugiere el nombre, es un proceso en el que recuperamos la sensibilidad hacia una recompensa. Y aquí es donde entra en juego la sal.

Como ya hemos dicho, el occidental de hoy en día consume sal como para hacer que una sirena se sienta en casa. Eso se debe a que la gran cantidad de sal que llevan los alimentos ultraprocesados nos desensibiliza ante el sabor salado. Es una especie de círculo vicioso en el que los fabricantes adelantan a sus competidores añadiendo un poquito más de sal, que hace que sus productos sepan mejor. Pero la exposición a la sal acaba por hacer que perdamos la sensibilidad, con lo que los fabricantes de alimentos tienen que seguir subiendo la apuesta.

Por suerte, los científicos americanos han descubierto que podemos recuperar la sensibilidad a la sal. Los investigadores hicieron un estudio con personas que llevaban una dieta estadounidense normal, con más sal todavía que la española, y los ayudaron a reducir el consumo de sal. Luego les hicieron un seguimiento de cinco meses y de cuando en cuando les pidieron que probaran sopas y galletas con diferentes cantidades de sal añadida.

A los participantes en el estudio no se les dijo el contenido de sal de cada alimento, pero al principio preferían los más salados. Sin embargo, con el tiempo, el grupo que redujo la ingesta de sal empezó a recuperar la sensibilidad. Los productos más salados pasaron a ser demasiado salados para ellos, y comenzaron a calificar los alimentos como salados más que antes.[4]

En otras palabras: habían recuperado la sensibilidad natural y eran capaces de disfrutar de los alimentos con menos sal. Al principio, seguramente les parecían insípidos, pero lo importante es que, a largo plazo, la desescalada es posible. Si sobrevivimos al periodo de abstinencia, recuperaremos la sensibilidad a los sabores salados, y disfrutaremos de la comida tanto como antes.

La sensibilidad a la sal no es lo único que se puede recuperar si nos abstenemos de superestímulos. Podemos volver a ser sensibles a todo tipo de experiencias gustativas. Otro excelente ejemplo es el azúcar. En un estudio que recuerda mucho al que acabamos de describir sobre la sal, los científicos ayudaron a la mitad de los sujetos a reducir la ingesta de azúcar. A lo largo de tres meses, se les pidió que probaran postres con diferente cantidad de azúcar y que evaluaran el dulzor. Al final, daban una puntuación de un 40 por ciento más alta en dulzura que los sujetos que habían seguido con su dieta anterior.[5] Este tipo de experimento se puede probar en casa; de hecho, yo lo he hecho muchas veces. No lo recomiendo desde el punto de vista social y no hace falta eliminar por completo el azúcar para estar sano, pero sí es interesante fijarse en lo deprisa que vuelve la sensibilidad. Tras unas semanas sin azúcar añadido, nos damos cuenta de que la fruta de todo tipo sabe mucho más dulce que antes. Y, si volvemos a los superestímulos azucarados, como los caramelos, nos resultan empalagosos, casi desagradables.

Esto no se debe solo a que el sabor sea más marcado, sino al principio de tolerancia. La tolerancia es otra forma de desensibilización, pero solo a los efectos negativos de un estímulo. Cuando desarrollamos tolerancia, perdemos la sensibilidad a las consecuencias dañinas de una sustancia. Puede que al lector le suene de la primera vez que probó el alcohol. En aquel momento, seguramente no le hacía falta mucho para emborracharse. Tal vez le hizo sentir mal, y acabó en una situación no deseada. Pero, cuando se bebe alcohol de manera repetida, el cuerpo empieza a desarrollar tolerancia, y los efectos secundarios desagradables son menos intensos. Por eso los alcohólicos pueden seguir bebiendo mientras los demás ya estamos destrozados, y también es la razón de que nuestra tolerancia al alcohol cambie según lo que hayamos bebido en un periodo determinado.

Otros que desarrollan tolerancia son los fumadores, capaces de inhalar humo tóxico sin ponerse enfermos. Cuando alguien da la primera calada a un cigarrillo, por lo general tose muchísimo, pero pasa como con el alcohol: la exposición repetida incrementa la tolerancia. Es importante señalar que los efectos nocivos del alcohol o el tabaco no desaparecen. Todo lo contrario: la primera reacción nos indica cómo afectan estas sustancias al organismo. De la misma manera, la reacción al azúcar antes de desensibilizarnos es más reveladora que la que experimentamos tras la exposición repetida. De modo que la desensibilización y la tolerancia multiplican los efectos adversos de los superestímulos. Cuando consumimos superestímulos alimentarios, poco a poco nos desensibilizamos a la recompensa que proporcionan las grandes cantidades de azúcar, grasa y sal, lo que nos hace querer todavía más; la tolerancia desarrollada hace que perdamos la sensibilidad a los efectos negativos de la escalada.

Superestímulos en todo el mundo

Es habitual denominar «dieta occidental» a la comida llena de superestímulos de sal, azúcar y grasa. Esto se debe a las hamburguesas, patatas fritas, pizza y similares, que nacen en Occidente y han conquistado el mundo.

Pero los superestímulos alimentarios no tienen nada de occidental. Lo que pasa es que Occidente fue la primera zona del mundo con riqueza suficiente para desarrollar la tecnología necesaria para elaborar a gran escala superestímulos alimentarios. Con el tiempo, el resto del mundo ha seguido la senda del desarrollo económico, y otras cocinas nacionales han evolucionado en el mismo sentido.

En la India, ahora se consume una tonelada de sal, azúcar y grasas cuando se pide un pollo a la mantequilla (que lleva mantequilla, nata, mejorantes del sabor y colorantes artificiales) con un pan naan (que contiene azúcar refinado y mantequilla) y un lassi de mango, una especie de batido indio.

En China, podemos pedir unos rollitos de primavera fritos en muchísimo aceite, y luego platos como el cerdo agridulce, que contienen sal, azúcar, aceite y grasas saturadas en cantidades inmensas. Y, para bajarlo todo, un té de burbujas, que contiene tanta azúcar como cualquier refresco.

Los superestímulos alimentarios son tan buen negocio que

van a surgir en todas partes, en cuanto un país alcance el nivel necesario de riqueza y desarrollo. Y, cuando aparecen, los problemas derivados de la obesidad vienen detrás.

La desensibilización no solo se da tras un largo periodo de tiempo. Existe un fenómeno relacionado que se da cada vez que comemos. El primer bocado siempre sabe mejor, y luego el nivel de recompensa se va reduciendo hasta que dejamos de comer.

Esta desensibilización a corto plazo no es permanente, claro. Cuando vuelvas a tener hambre, el primer bocado te sabrá de nuevo igual de bien. Pero, para entender la epidemia de obesidad, tenemos que comprender cómo funciona la desensibilización a corto plazo.

Ya sabemos que la sensación de saciedad viene condicionada físicamente en parte por los receptores de dilatación del estómago, que advierten de hasta qué punto estamos llenos. Pero imaginemos que unos amigos nos han invitado a cenar. Han preparado nuestro plato favorito, y el primer bocado sabe genial. Aun así, por bien que sepa la comida, llega un momento en que no nos cabe más: el estómago está lleno y grita «¡Basta!».

Lo malo es que, entonces, el anfitrión trae el postre...

Y de pronto vuelve el apetito, y tenemos hueco para unos cientos de calorías más.

Este fenómeno se denomina «efecto postre» o saciedad sensorial específica, por decirlo de una manera más científica. Los dos conceptos indican que la sensación de estar lleno no es solo física, sino también mental, y depende de lo que estemos comiendo. La saciedad física que envía la señal sobre la ingesta de proteínas y la dilatación del estómago no se detiene cuando llega el postre, pero la parte mental de la saciedad, sí. Es lo que se conoce como «efecto bufet libre», porque la gente tiende a comer más antes de alcanzar el punto de saciedad en un bufet que cuando se le sirve a la carta.

Debido a la evolución, el cerebro busca que los alimentos sean variados. Los seres humanos necesitan nutrientes diversos, y hay pocas comidas que, por sí solas, puedan satisfacer todas nuestras necesidades. Por eso el instinto nos lleva a buscar variedad.

Como ya vimos en nuestros amigos los hadza, este deseo tenía sentido en el caso de nuestros antepasados. La dieta de los cazadores-recolectores era necesariamente monótona, estaba limitada a la carne a la que tenían acceso en un radio de unos pocos kilómetros. Vemos un buen ejemplo en la tribu namibia de los !kung. Al igual que sucede con los hadzas, suelen tener una condición física excelente, pero la dieta a la que se lo deben no es precisamente envidiable. Más o menos la mitad de las calorías que consumen los !kung viene de la misma fuente: el mongongo.[6]

El mongongo es un fruto seco y estoy seguro de que sabe de maravilla. Hay quien dice que su sabor es similar al de los anacardos, mientras que a otras personas les recuerda a un buen queso. Pero el sabor da igual: sea el que sea, te acabará aburriendo si es lo que te aporta la mitad de las calorías año tras año. Además, supone un riesgo de déficit en los micronutrientes de los que esta semilla carezca, de modo que tiene sentido que el cerebro esté diseñado para entrar en acción en presencia de otros alimentos, y nosotros para buscar la variedad de manera instintiva.

Hoy en día, este deseo de variedad se ve por doquier en el panorama alimentario. En algunos casos es beneficioso. Los estudios demuestran que los niños comen más fruta y verduras cuando tienen delante una selección más amplia, aunque la alternativa sea darles solo su fruta o verdura favorita.[7]

Pero lo más frecuente es que ese gusto por la variedad lo exploten para llevarnos a comer en exceso y cosas que no debemos. Por ejemplo, los caramelos. No es de extrañar que vengan en bolsas con surtidos y, hasta cuando no es así, se les añaden variaciones superficiales de color, como en el caso de los ositos de gominola o los M&M's.

O tomemos de nuevo el ejemplo de los helados de Ben & Jerry's. Digo que se trata de bombas de superestímulos porque todos los ingredientes que contienen —el helado, la masa de galleta, el chocolate, etc.— son ya de por sí superestímulos. Pero van un paso más allá, porque para pulsar la tecla de la variedad combinan varios superestímulos en uno.

¿Son malos los aditivos alimentarios?

Los fabricantes de alimentos no se limitan a optimizar el sabor de la comida. Lo optimizan todo, desde el sonido (como en el caso del crujido de las patatas fritas) hasta la textura, el olor y el aspecto. Para conseguir estos objetivos, las compañías utilizan diferentes aditivos a los que se ha acusado a menudo de ser nocivos para la salud.

Conviene recordar que los aditivos alimentarios no son productos químicos elegidos al azar: tienen que pasar por muchas pruebas que garantizan que, en la dosis que se van a utilizar, no son dañinos. Y lo de la dosis es importante: como descubrimos en el caso de los edulcorantes artificiales, a veces los titulares negativos se deben a estudios con cultivos de células o ratones, y con cantidades completamente antinaturales. Porque hasta el agua es «tóxica» si se bebe muy deprisa.

Así que no, no todos los aditivos son malos. Es irónico, pero algunos se comercializan como suplementos alimenticios. No cuesta nada imaginarse a alguien que denuncia con horror el E300 (también llamado ácido ascórbico) o el E306 (también llamado tocoferol), y al mismo tiempo defiende las vitaminas C y E. Pero da la casualidad de que son lo mismo.

Dicho esto, aunque muchos aditivos no tienen un efecto secundario negativo, es importante que no olvidemos para qué se utilizan: para hacer que comamos más. Por ejemplo, los potenciadores del sabor no son tóxicos, pero sí dañinos para la salud si nos llevan a comer en exceso y engordar. Lo mismo pasa con los colorantes artificiales: se añaden a los alimentos para manipularnos, porque los colores vivos atraen al ser humano. Si la comida tiene mejor color, más gente la comprará. Al final no somos tan diferentes de aquellos pobres pájaros engañados.

6

CONSEJOS DE SALUD DESDE EL AMAZONAS

A estas alturas ya ha quedado muy clara la causa de la epidemia de obesidad: hemos ganado mucho peso porque los alimentos que consumimos están diseñados para que comamos en exceso. Los fabricantes hacen todo lo que está en su mano para manipular la regulación del apetito: se aprovechan del deseo de azúcar, grasa y sal, de variedad y de la tendencia a buscar estímulos cada vez más potentes. Todo está optimizado, hasta el color, la textura y el sonido de los alimentos. El resultado es que nos enfrentamos a una crisis sanitaria global que ha llegado a los rincones más recónditos del planeta. Pero ¿y si pese a la agresión de los superestímulos alimentarios has conseguido mantener un peso adecuado? ¿Deberías prestar atención al problema de todos modos?

En lo más profundo de la selva amazónica de Bolivia viven varias tribus, los tsimanés. Su hábitat es uno de los lugares más remotos del planeta, y viven de cosechas sencillas, la pesca y la caza en la selva circundante.

Esta manera de vivir tan próxima a la naturaleza hace de los tsimanés uno de los pocos ejemplos que quedan de pueblos con costumbres más «ancestrales» o «naturales» que las nuestras. Por eso, como nuestros amigos los hadzas, estas tribus amazónicas son de gran interés para los investigadores y reciben con frecuencia la visita de académicos de todo el mundo.

Los científicos han estudiado todo lo relativo a los tsimanés, desde la vida social que llevan a las pautas de sueño, la dieta y la salud en general. Así descubrieron enseguida que lo más habitual es que los adultos de la tribu tengan una infección parasitaria intestinal crónica. Es lo que tiene vivir en el equivalente a un hotel de cinco estrellas para bichos de todo tipo, pero la infección crónica quiere decir que muchos tsimanés tienen un sistema inmune en constante actividad, combatiendo los parásitos, con unos niveles de inflamación elevadísimos.

En el mundo desarrollado, los marcadores de inflamación disparados se relacionan con diferentes enfermedades, entre ellas la arteriosclerosis. Se trata de una placa grasa que se adhiere al interior de las arterias a medida que envejecemos. Es como una cañería que se va atascando poco a poco. En un sistema arterial sano, la sangre circula con facilidad, pero cuanto más se acumula la placa, más difícil es el flujo. Esto provoca coágulos que pueden bloquear el flujo sanguíneo, con lo que mueren los tejidos a los que no llega la circulación. Esto es muy peligroso si se da en uno de los dos órganos más importantes, el corazón (provocando un ataque cardíaco) o el cerebro (provocando un accidente isquémico).

De modo que, si vivieran en el mundo occidental, los médicos les dirían a los tsimanés que hay que tratar las causas de la inflamación. Por supuesto, este tipo de alternativa no se suele dar en la selva amazónica. Pero los científicos que hicieron análisis de sangre a los tsimanés empezaron a preocuparse y decidieron estudiar la salud cardiovascular de la tribu, por si acaso. Por suerte, no había motivos de alarma. Los tsimanés no tenían obstrucciones arteriales. La arteriosclerosis era inexistente o casi hasta en los miembros más viejos de la tribu, así que no conocían las enfermedades cardiovasculares ni de oídas.[1]

Para comprender lo asombroso de este dato, hay que saber que una tercera parte de las muertes a nivel mundial se debe a enfermedades cardiovasculares.[2] Hablamos de cientos de millones de personas, y solo durante el lapso de nuestra vida. Cientos de ellas desde que el lector empezó este capítulo. Y las enfermedades cardiovasculares afectan a tantas personas porque es muy difícil evitar la arteriosclerosis, al menos en el mundo moderno. Lo descubrimos ya durante la guerra de Corea, en los años cincuenta del siglo pasado: cuando los médicos estadounidenses practicaron la autopsia a los soldados caídos, descubrieron que el 80 por ciento tenía arteriosclerosis. Y muchos de estos soldados eran jóvenes, de veintipocos años y en buena forma física antes de morir, pero los primeros indicios de la enfermedad cardiovascular ya se estaban presentando en ellos. Si no hubieran sufrido aquel destino, habrían regresado vivos, pero con una bomba de relojería dentro. La arteriosclerosis se habría seguido desarrollando hasta que, un día, les habría costado la vida a muchos de ellos.

Para comprender por qué una tribu aislada del Amazonas no desarrolla arteriosclerosis, debemos seguir el desarrollo de la enfermedad.[3]

Lo primero es que algo daña o irrita la pared interna de las arterias. Pueden ser las toxinas del tabaco o la contaminación que inhalamos y llega a la sangre. También puede ser una tensión arterial alta, que fuerza las arterias.

Una vez que la película protectora de la arteria está irritada o dañada, las lipoproteínas de baja densidad (LDL, por sus siglas en inglés) se quedan ahí atrapadas. El LDL es lo que solemos llamar «colesterol malo». Esto se debe a que la función habitual de esas partículas consiste en transportar el colesterol por el torrente sanguíneo. Por tanto, cuando las partículas de LDL quedan adheridas a la pared interna de la arteria, empiezan a aparecer cadenas grasas de colesterol. Esta placa de colesterol da la alarma al organismo, que envía células inmunitarias para arreglar el lío. Las células inmunitarias devoran el colesterol, pero, si hay demasiado, acaban muriendo de agotamiento antes de terminar la tarea. Así que ahora en la placa tenemos un caos de colesterol y células muertas. En su intento por eliminar la placa, el organismo envía más células inmunitarias, con lo que la zona se convierte en un cementerio y, a todo esto, el colesterol no para de crecer. Al final, el organismo opta por una solución de urgencia: encapsula la placa, le pone una especie de tapa para que, al menos, no siga creciendo.

Esto salva la arteria, pero no es buena solución a largo plazo. La arteria ha quedado estrechada y tiene dentro una bomba de relojería. Si las paredes arteriales se siguen deteriorando, solo es cuestión de tiempo que la tapa se abra y toda la basura que había debajo salga al torrente sanguíneo y se forme un trombo, y así llegamos al gran problema: el bloqueo de la arteria.

Igual son demasiados detalles y cuesta comprenderlo todo, así que vamos a resumir: la arteriosclerosis es una afección en la que se acumula placa grasa dentro de las arterias. Comienza cuando algo daña o irrita el recubrimiento de la arteria, y después se empieza a acumular el colesterol.

La progresión de la enfermedad nos plantea dos posibilidades para evitar el problema: impedir la lesión inicial o prevenir el depósito del colesterol.

Como ya he mencionado, una causa habitual del daño en la pared arterial es tener la tensión alta, lo que se denomina hipertensión. Un tercio de la población mundial padece hipertensión, pero la mayoría no lo sabe. No les sale humo por las orejas; de hecho, la mayoría no tiene ningún síntoma. Pero sigue siendo igual de peligroso. La hipertensión es el principal factor de riesgo prevenible de muerte prematura, y cada año mata a más personas que el tabaco, la obesidad y el alcohol.[4]

Se pueden hacer muchas cosas para prevenir la hipertensión, pero una de las más importantes es controlar la sal que tomamos. Ya hemos descubierto que la sal hace que se incremente el factor de recompensa de los alimentos y nos lleva a ganar peso, pero esta subida de peso no es el único riesgo que conlleva. Una ingesta elevada de sal incrementa también el riesgo de que aparezcan cálculos renales, de desarrollar muchas enfermedades autoinmunes y, sobre todo, de que nos suba la tensión.[5-7]

La relación con la tensión alta se ha demostrado gracias a estudios en los que los científicos alteran la ingesta de sal de los sujetos. Cuando una persona empieza a comer más sal, la tensión arterial sube, y baja cuando limita el consumo. No sucede solo con los humanos, también se ha demostrado que les pasa a los chimpancés, nuestros parientes más cercanos.[8] Así que, aunque parezca que no pasa nada por consumir un poco más de sal, a nivel global incrementa el peligro de muerte. Se calcula que el consumo excesivo de sal mata a entre uno y cinco millones de personas al año, debido a su relación con la tensión arterial elevada.[9]

Como ya hemos comentado, la mayoría de nosotros no consumimos mucha más sal que nuestros antepasados porque nos pasemos el día sacudiendo el salero. Tenemos una ingesta de sal más alta debido a los superestímulos alimentarios. Y, como los tsimanés y otras tribus no consumen este tipo de alimentos, su ingesta de sal es mucho más baja y no sufren de tensión arterial alta.[10] En Occidente damos por hecho que la hipertensión es consecuencia de la edad, pero no tiene por qué ser así: los problemas de tensión se deben a nuestro estilo de vida.

El otro villano importante en el relato de la arteriosclerosis es el colesterol LDL que ya hemos mencionado. Esto se puede ver en una enfermedad que es la pesadilla de los correctores ortográficos: la hipercolesterolemia familiar. Vamos a llamarla «HF» para abreviar. Los que padecen HF tienen un nivel de colesterol LDL mucho más elevado de lo normal en la sangre; en algunos casos es tan alto que les salen depósitos de colesterol amarillo en torno a los ojos, los nudillos o diversos tendones. Los niveles altos de colesterol LDL implican que las personas tienen un riesgo muy superior de padecer enfermedades cardiovasculares: la mitad de los hombres afectados tendría una enfermedad cardiovascular antes de los cincuenta años si no lo controlaran con medicación específica, y lo mismo les pasaría a un tercio de las mujeres antes de los sesenta.

Por suerte, la mayoría no padecemos hipercolesterolemia familiar, pero la pauta es la misma: cuanto más colesterol LDL tengamos en la sangre, más estamos expuestos a él y mayor es el riesgo de que aparezca placa grasa en los vasos sanguíneos y, por tanto, de morir de una enfermedad cardiovascular.[11] Y aquí es donde entra en juego el otro gran secreto de los tsimanés: como media, tienen un colesterol LDL muy bajo comparado con el de los occidentales.[12] Sus niveles son tan bajos que no sufren arteriosclerosis. Lo sabemos porque los occidentales que, gracias a la genética o a sus costumbres, tienen un nivel de colesterol semejante tampoco sufren enfermedades cardiovasculares. Pero, aunque los tsimanés son una minoría desde el punto de vista global, no tienen nada de anormal. La anomalía somos nosotros. El nivel de colesterol de los cazadores-recolectores es parecido al de los recién nacidos y muchas especies animales.[13] Es la cantidad natural, y si las personas del mundo actual nos hemos salido de esa tendencia es debido a la dieta que llevamos. Es una pena, pero esto se deja sentir también en la selva: en la última década, los tsimanés se han hecho con motores de gasolina que utilizan para ir en barco a los centros de comercio de la selva tropical, donde se venden superestímulos alimentarios. Por naturaleza, son tan vulnerables como nosotros y, en los últimos años, han empezado a consumir más alimentos ultraprocesados, por lo que su nivel de colesterol LDL está subiendo.[14]

Para resumir, esto se debe a que muchos superestímulos alimentarios son la tormenta perfecta para la subida del nivel de colesterol. Ya hemos mencionado que las bebidas azucaradas, como los refrescos con gas, lo provocan en cuestión de semanas. Lo mismo sucede con las dietas de grasas saturadas.[15] Además, los superestímulos alimentarios tienen menos fibra, la cual reduce el colesterol de manera natural.

La fibra alimentaria es un término genérico para denominar los diferentes tipos de plantas que no digerimos. Se obtiene de casi todas las frutas y verduras, así como de los cereales integrales y las legumbres. Una vez en el intestino, la fibra se hincha con el agua, con lo que ocupa espacio y nos hace sentir llenos. Pero a los fabricantes de alimentos no les interesa que nos sintamos llenos, así que eliminan la fibra de sus productos, y el resultado es que ingerimos mucha menos que nuestros antepasados. El occidental consume de media entre 16 y 22 gramos de fibra al día, mientras que los pueblos tradicionales como los hadzas consumen entre 80 y 150.[16-18] Esto contribuye a que los cazadores-recolectores estén delgados, ya que facilita la saciedad. Esta delgadez es beneficiosa porque el exceso de grasa corporal, sobre todo la que recubre los órganos, estimula al hígado a producir más colesterol LDL. Además, la fibra tiene otro mecanismo que contribuye a reducir los niveles de colesterol.[19-21] Es un poco complicado, pero funciona de la siguiente manera: el intestino emplea unas moléculas denominadas «sales biliares» para absorber la grasa de los alimentos. Las sales biliares se fabrican en el hígado y se almacenan en la vesícula. Cuando comemos, se excretan a los intestinos, donde las sales biliares se combinan con las moléculas de grasa para facilitar su descomposición y absorción. Como ya sabemos, el cuerpo prefiere conservar energía y recursos, de manera que, una vez que cumplen su función, el organismo reabsorbe las sales biliares para reutilizarlas en el futuro, cosa que no siempre es posible si consumimos mucha fibra: si hay una cantidad alta de fibra en los intestinos, parte de las sales biliares quedan atrapadas y no se reabsorben, sino que se expulsan del cuerpo junto con el resto de los residuos de la digestión. Igual en principio no parece algo bueno, pero las sales biliares se fabrican a partir del colesterol, así que, cuando las perdemos, el organismo tiene que fabricar más. El organismo se encarga de eso absorbiendo partículas LDL de la sangre como materia prima.

Los huevos están muy bien

En los años noventa, un médico estadounidense se tropezó con un hombre que padecía demencia y tenía una costumbre muy peculiar: desde hacía años, apenas había comido otra cosa que unos 25 huevos pasados por agua al día. Los huevos tienen colesterol, de modo que es una ingesta desmesurada. ¿Se le bloquearon las arterias? No. Pese a consumir colesterol en cantidades altísimas, los resultados de los análisis de sangre fueron completamente normales.[22] Esto se debe a que, para la mayoría de las personas, el colesterol de nuestra dieta solo tiene un impacto mínimo sobre el colesterol en sangre.[23] Nuestro organismo fabrica su propio colesterol, así que, por lo general, si consumes más colesterol, lo que hace el cuerpo es detener la producción propia y absorberlo de la dieta. También funciona al revés: si consumes muy poco colesterol, se incrementan la absorción y la producción locales. En otras palabras: aunque los huevos tengan mucho colesterol, en circunstancias normales no incrementan demasiado el nivel de colesterol LDL. Sí les sucede a algunas personas, los denominados hiperrespondedores, pero, para la mayoría de nosotros, los huevos son saludables.

Existe el riesgo de pensar que, para estar sanos, hay que vivir como los cazadores-recolectores. No cabe duda de que las diferentes tribus que hemos conocido hasta ahora poseen un metabolismo muy saludable y un riesgo muy bajo de sufrir enfermedades como la diabetes, el ataque al corazón o el accidente cerebrovascular, pero esto probablemente se opone a todo lo que sabíamos. ¿No es bien sabido que, en la Edad de Piedra, el ser humano vivía como media unos cuarenta años? Choca un poco con lo de estar tan sanos.

Es cierto que la media de vida de nuestros antepasados era baja, y lo mismo se puede decir de los cazadores-recolectores actuales. La esperanza de vida de un hadza al nacer es de tan solo treinta y cuatro años.[24] Pero esto no quiere decir que la mayoría de los hadzas muera a los treinta y pocos por enfermedades relacionadas con la edad. No, la mayoría de las sociedades de cazadores y recolectores tienen un índice altísimo de mortalidad infantil. Cuatro de cada diez hadzas mueren antes de cumplir quince años. Esto baja mucho la media. En un grupo de cuatro, si dos mueren apenas recién nacidos y otros dos a los ochenta años, la esperanza media de vida es de cuarenta años.

Pero, si sacamos de la ecuación la mortalidad infantil, la esperanza de vida de los cazadores y recolectores se parece mucho a la nuestra. Entre los hadzas que viven más allá de los quince años, la esperanza de vida media es de setenta y seis años, y de setenta y ocho para los tsimanés.[25] Es muy alta, considerando que no tienen acceso a la medicina moderna ni ayuda tecnológica.

La causa de muerte más habitual entre los hadzas, tanto en niños como en adultos, son las enfermedades infecciosas. El 70 por ciento de todas las muertes en las poblaciones actuales de cazadores-recolectores se debe a virus y a bacterias. Así que se podría decir que la persona más sana del mundo sería una mezcla: un hadza con seguridad social.

Por supuesto, no es realista esperar que vivamos como los hadzas. Los vecinos nos mirarían raro si empezáramos a cazar ardillas para comer. Pero sí hay un movimiento de alimentación que trata de combinar la vida moderna con lo mejor de llevar una existencia de cazador y recolector: es la «paleodieta».

Esta dieta prescinde de todos los alimentos a los que no habrían tenido acceso nuestros antepasados: féculas como el pan y el arroz, algunos tipos de legumbres, los lácteos y prácticamente todos los ultraprocesados, y es rica en carne, pescado, frutas y verduras. No cabe duda de que es una dieta más sana que la occidental habitual, pero la realidad es que la paleodieta, pese a su nombre, no tiene nada que ver con lo que comían los seres humanos del Paleolítico. Investigaciones recientes han demostrado que los cereales no son un descubrimiento tan reciente como creíamos. Los arqueólogos han descubierto pruebas de la fabricación de pan que datan de miles de años antes de que empezáramos a cultivar la tierra. Esto indica que hace más todavía que consumimos diversos tipos de hierbas, precursoras de los cereales.[26-28]

Por otra parte, muchos alimentos que la dieta paleo recomienda eran desconocidos para nuestros antepasados. Por ejemplo, los tomates, chiles y patatas son muy recientes, a no ser que desciendas de los nativos americanos. Estos alimentos no salieron del Nuevo Mundo hasta hace unos siglos, y los europeos han estado comiendo alimentos «prohibidos», como el trigo o los lácteos, mucho más tiempo que tomates y patatas.

Más aún, ya hemos visto que los alimentos que comíamos en el pasado han sufrido grandes modificaciones desde entonces. Las frutas son mucho más grandes y dulces, y la carne tiene más contenido en grasa. Nuestro organismo tampoco es el mismo. Las poblaciones de Europa y Asia, que llevan más tiempo practicando la agricultura, han sufrido cambios genéticos desde la Edad de Piedra para adaptarse a digerir mejor las féculas, como el pan y el arroz. Y en Europa, y en algunas zonas de la India y África, vemos adaptaciones genéticas para el consumo de lácteos.

Pero no pasa nada, porque tampoco tenemos que remontarnos al Paleolítico para inspirarnos. Buena parte de las comunidades agrícolas primitivas actuales son tan sanas como los cazadores-recolectores. Por ejemplo, nuestros amigos amazónicos, los tsimanés, cazan en la selva, pero el grueso de las calorías que consumen las obtienen de las cosechas, como las de plátano macho, arroz, yuca y maíz.

Así que la búsqueda de una vida más saludable no tiene por qué hacernos retroceder miles de años. Bastará con mucho menos.

Vamos a ello.

7

LA DIETA DE LA PATATA

«Que tu comida sea aburrida y tu vida, interesante» fue el lema de Andrew Taylor cuando se embarcó en la misión de bajar de peso.[1]

Taylor es de Melbourne, Australia, y antes pesaba 151 kilos. Al igual que otras muchas personas, comía lo que no debía, pero no podía evitarlo. Al analizar su relación con la comida, Taylor llegó a la conclusión de que era muy semejante a la adicción: no solo le gustaba el helado y la comida basura, los deseaba hasta casi necesitarlos. Así que decidió utilizar el sistema más antiguo que existe para curar una adicción: pasar por el mono.

El problema de este tratamiento es que la privación de comida no es una solución a largo plazo. Tarde o temprano hay que comer algo. Para no morir de hambre, Taylor decidió que podía imitar los efectos del mono sin evitar la comida por completo, sino solo la parte placentera. Tenía que dar con la dieta más aburrida posible y seguirla de manera estricta.

Todos estaremos de acuerdo en que hay unos cuantos firmes candidatos, pero al final Taylor optó por una dieta exclusiva de patatas. Y no iba muy desencaminado. Al principio, intentó limitarse a una dieta estricta de patatas durante unas semanas; pero, cuando empezó a perder kilos, decidió mantenerla más tiempo. El organismo necesita nutrientes que las patatas no pueden aportar, así que Taylor introdujo algunas modificaciones para conservar la salud. Las patatas no tienen suficiente vitamina A, cosa que Taylor compensó incluyendo en su dieta boniatos; también carecen de sal y vitamina B12, de modo que les incorporó sal y empezó a tomar complejos vitamínicos.

Pero, aparte de esos ajustes, Andrew Taylor se alimentó exclusivamente de patatas. Comía en cuanto tenía hambre y tantas patatas como quería, de modo que el hambre nunca fue un problema. Esto es una enorme ventaja si se compara con la mayoría de las dietas para la pérdida de peso. Pero, aunque no pasó hambre en ningún momento, terminó con un déficit calórico: era imposible comer tantas patatas para mantener el peso. El experimento se mantuvo un año entero y, para cuando terminó, Taylor había perdido 53 kilos. También había recuperado los niveles normales de colesterol y tensión arterial.

Desde los días de la patata, Taylor ha pasado a llevar una dieta más variada. Como él dice, el objetivo del experimento no era dar con la dieta óptima para mantenerla a largo plazo, sino salirse de una relación poco sana con la comida. Y dio resultado. Desde entonces, Taylor ha conseguido mantener el peso, cosa que, como ya hemos visto, es rara.

¿Cuál es su secreto? Siguen siendo las patatas. Cuando hablé con él, le pregunté acerca de lo último que había comido, y la respuesta fue que una buena ración de patatas, sin más, como en los viejos tiempos.

A ver, es obvio que una dieta tan monótona como esta no es saludable a largo plazo, pero sé por experiencia que, por mucho que tras contar estas cosas repita «por favor, no lo hagáis en casa» o «no es buena idea, de verdad», siempre habrá gente que lo lea y diga: «Oye, pues tiene gracia, vamos a probar». Así que se me ocurrió probar en persona la dieta de la patata para ver a qué tortura iba a someter a mis pobres lectores. Vale, también un poco por lo excéntrico de la idea, para qué negarlo. El caso es que convencí a mi hermano para que se apuntara, y un domingo tomamos nuestra última comida normal y empezamos a preparar varios tipos de patatas para los siguientes cinco días.

Lección número uno: la gente de la cafetería de tu lugar de trabajo te mira mal cuando tu plato parece que lo ha llenado un campesino irlandés del siglo XIX.

Lección número dos: comiendo solo patatas es completamente imposible consumir suficientes calorías. O yo no fui capaz.

Porque las patatas son uno de los alimentos más saciantes que conoce el ser humano. Lo pude confirmar mientras trataba de comerme a la fuerza la tercera patata asada, pero también lo confirman estudios científicos: un grupo de investigadores australianos ha creado lo que denominan «índice de saciedad», una lista de cuánto sacian ciertos alimentos por cada caloría que aportan.[2] Por ejemplo, te dice hasta qué punto te sentirás lleno tras comer 100 calorías de manzanas, en comparación con 100 calorías de naranjas.

Para elaborar este índice de saciedad, los investigadores australianos reclutaron a un montón de estudiantes a los que les sirvieron 240 calorías de un único alimento. Luego, cada quince minutos durante las dos horas siguientes, se preguntó a los estudiantes cuánta hambre tenían. A continuación se les permitió acceder a un bufet, y los científicos registraron en secreto cuánto comía cada uno.

Se podría pensar que todos iban a estar igual de llenos, fuera lo que fuera lo que habían comido antes, porque habían ingerido el mismo número de calorías, pero los niveles de hambre fueron muy dispares. Algunos participantes estaban llenos cuando llegó el bufet, mientras que otros se lanzaron de cabeza a comer.

Ninguna sorpresa sobre los alimentos menos saciantes: las galletas, las chocolatinas y otros superestímulos alimentarios que, como ya sabemos, no están diseñados para llenarnos. Un poco más arriba en la lista se situaron alimentos como las legumbres, la carne y la fruta. Pero el que más alto puntuó en el índice de saciedad, el que dejó a los estudiantes más llenos que ningún otro, fueron..., redoble de tambores..., las patatas cocidas. Y con mucho. Otras fuentes de féculas, como el pan, el arroz o la pasta, resultaron mucho menos saciantes.

Cuando leí este estudio, me sorprendió la discrepancia. ¿Por qué iban a ser las patatas más saciantes que otras féculas? Pero, tras experimentar con la dieta de la patata, ya no me cupo duda. En los cinco días que pasé comiendo solo patatas no tuve hambre ni una sola vez. No quiero decir que fuera una experiencia muy grata. La verdad, todo lo contrario, no se la recomiendo a nadie. Pero no tuve hambre. No se sabe bien por qué, pero podemos aventurar algunas suposiciones.

En primer lugar, las patatas contienen fibra, que como ya sabemos es saciante. Pero hay otros muchos alimentos que también la contienen, e incluso en mayor cantidad, así que no puede ser la explicación. Además, buena parte de la fibra de las patatas se encuentra en la piel, y en la dieta de la patata es importante consumirlas peladas: la piel tiene compuestos que, en general, no causan problemas, pero sí pueden causarlos cuando es lo único que comemos.

En segundo lugar, la patata contiene una proteína denominada «inhibidor de la proteasa II». Los experimentos con ratones han demostrado que esta proteína reduce el apetito, y lo mismo podría aplicarse a los humanos.[3,4]

Tercero, el aspecto hedonístico. En mi opinión, la patata cocida es uno de los alimentos más aburridos que existen. Se podría decir que son antisuperestímulos: insípidas, fibrosas y monótonas.

Cuarto, la densidad energética de las patatas sorprende por lo baja que es. Esto quiere decir que contienen muy pocas calorías en relación con su tamaño. Una patata parece pesada, pero buena parte de ella es agua, y 100 gramos apenas aportan 77 calorías. Por tanto, un kilo tiene 770 calorías, y habría que comer varios para ingerir suficientes calorías y mantener el peso corporal. No es fácil.

En el experimento australiano, la baja densidad calórica de las patatas quería decir que los participantes tenían que consumir 300 gramos de patata cocida para obtener las mismas calorías que quien se comía una chocolatina Mars, así que no sorprende que se sintieran más llenos: tenían más volumen de comida en el cuerpo. Es una norma general que vale la pena recordar: los alimentos con baja densidad calórica son más saciantes que los alimentos con alta densidad calórica.[5] Así que lo que conviene es elegir alimentos que produzcan toda la saciedad posible con el mínimo aporte calórico.

Si quitamos los frutos secos y las semillas, la mayoría de los alimentos no procesados encajan en esta descripción. Por ejemplo, 100 gramos de fresas solo tienen 32 miserables calorías, de modo que podemos comer 75 gramos (40-60 fresas) para consumir las mismas calorías que aporta una sola chocolatina Mars.

A estas alturas probablemente ya hemos advertido que el mundo de las dietas es una selva. En internet hay verdaderas guerras sobre cuál es mejor. Hay quien confía ciegamente en las dietas bajas en carbohidratos, en las que se renuncia a la pasta, el pan, el arroz y esas cosas. Otros optan por la dieta baja en grasas, que es todo lo contrario. Hay quien pierde peso optando por una dieta vegetariana y dejando de comer carne, mientras que otros comen casi exclusivamente carne. Y la lista sigue con la dieta mediterránea, la dieta de la patata que hemos visto, y otras aún más extravagantes, como la de los ositos de gominola o la dieta del algodón.

Pero la realidad es que se trata de un tema menos complejo de lo que parece. Va un secreto: casi todas estas dietas funcionan, pero no por lo que cree la gente. Quieren echar la culpa a los hidratos de carbono, al azúcar y a las grasas, pero lo cierto es que las dietas restrictivas funcionan porque hacen que comer sea más aburrido.

Y lo dice uno que las ha probado todas: la recompensa de comer se reduce si eliminamos un grupo entero de alimentos. Por muy delicioso que digan los autores de los libros sobre dietas que puede ser comer sin carbohidratos o sin grasa, el pan y la pasta saben bien. La carne y el pescado saben bien. El beicon y el queso saben bien. De modo que eliminarlos de la dieta hace que esta sea menos interesante, por no decir menos variada, y ya hemos dicho que la variedad nos lleva a comer más.

Este fenómeno de la recompensa cada vez más baja lo vemos en los estudios con veganos y vegetarianos. Cuanto más se acercan las personas al veganismo, menos calorías consumen.

Los que consumen más calorías son los omnívoros.

Luego vienen los pescetarianos, que prescinden de la carne pero consumen pescado, marisco, huevos y lácteos.

Luego, los vegetarianos que no toman pescado ni marisco, pero sí huevos y lácteos.

Y, por último, los que consumen menos calorías son los veganos, que prescinden de todos los productos de origen animal.[6]

Por tanto, como norma, cuantos más alimentos eliminamos, cuanto más restrictiva sea la dieta, menos calorías se consumen. Esto suele reflejarse en el IMC de los grupos que siguen la dieta: los veganos tienen como media el IMC más bajo, seguidos por los vegetarianos, los pescetarianos y los omnívoros.[7, 8]

La dieta de la patata lleva este principio al extremo al restringir aún más el veganismo. Un grupo de gente que se alimentara exclusivamente de patatas tendría una ingesta de calorías y un IMC más bajo que los demás.

De modo que, resumiendo, las dietas restrictivas funcionan porque, cuando la comida tiene un nivel de recompensa más bajo, comemos menos. Lo mismo vemos en nuestros amigos los hadzas, así como en otras poblaciones de cazadores y recolectores. Los investigadores que estudian estas poblaciones siempre cuentan cosas agradables sobre ellos: son amistosos y cálidos, cuidan bien de sus invitados, son divertidos y buena compañía. Pero algunos admiten que, si tuviesen que quejarse de algo, sería de la comida. Les resulta muy insípida.

Como dice Herman Pontzer, el antropólogo del que ya hablamos, en su libro *Quema. Los descubrimientos revolucionarios sobre el metabolismo, el peso y la salud*:

> La comida de los hadzas no es nada interesante. Si quitamos la miel y algunas frutas ácidas, todo es bastante insípido. No conocen más condimentos que alguna pizca escasa de sal, y casi toda la comida la sirven sola, ya sea cruda, asada o hervida. No es lo que los occidentales describirían como sabrosa, ni siquiera atractiva. No hay nada demasiado sanguinolento, demasiado viejo o demasiado antiestético. Si alguna vez has abierto la barbacoa tras una fiesta y te has encontrado un muslo de pollo olvidado y una patata renegrida y solitaria en la rejilla, ya sabes cómo es la cocina de los hadzas.[9]

La descripción de Pontzer nos da una idea de lo que comieron nuestros antepasados durante millones de años.

No disfrutaban de platos deliciosos con muchos ingredientes ni tenían acceso a una gran variedad, sino que comían lo mismo una y otra vez, y casi siempre preparado de la misma manera. Y conseguir alimentos requería un gran esfuerzo, así que aceptaban comer cosas que en el mundo moderno no tocaríamos ni en broma. *Bon appétit*.

Pero, para ser justos, no está claro que los propios cazadores-recolectores consideren que su comida carece de atractivos. ¿Se aburren de comer carne de caza y tubérculos fibrosos una y otra vez? No lo parece. La mayoría de los hadzas mencionan la comida entre las cosas que los hacen más felices, y celebran banquetes. Tiene todo el sentido cuando recordamos que nuestro cerebro es una máquina que se adapta. Si te has pasado la vida expuesto a superestímulos alimentarios, al final te desensibilizas y los alimentos «naturales» te resultan poco atractivos. Pero, si no conoces más comida que esta, tus preferencias se moldean a su alrededor. Es muy perspicaz: cuanto menos desensibilizado estés, menos azúcar, grasa, sal y demás necesitas para que te guste lo que comes. Y, como ya hemos dicho, por suerte la resensibilización es posible, al menos hasta cierto punto. Ninguno de nosotros vamos a disfrutar tanto como un hadza de una fruta ácida, claro. Pero, aunque nunca podremos imitar a los hadzas con precisión, sí podemos obtener ciertos beneficios reduciendo un poco la variedad en nuestra dieta, aunque sea de cuando en cuando.

¿Por qué es tan aburrida la comida del avión?

Colorado es el estado de Estados Unidos más elevado del país, a unos 2.100 metros sobre el nivel del mar. También es el que tiene la población más delgada, y puede que ambas cosas estén relacionadas. Porque hay un fenómeno generalizado, y es que la altitud protege contra la obesidad.[10,11] Un estudio que hizo un seguimiento al personal militar estadounidense descubrió que los que estaban destinados en zonas más elevadas tendían a ganar menos peso.[12] Puede que se deba a que la comida es menos atractiva cuando la presión atmosférica es más baja. Cualquiera que haya intentado comer en un avión habrá notado que no es precisamente una experiencia culinaria maravillosa: de hecho, un estudio llevado a cabo por las líneas aéreas Lufthansa descubrió que la sensibilidad de las papilas gustativas a los alimentos dulces y salados llega a ser un 30 por ciento más baja durante el vuelo.[13] Además, la baja presión y la humedad reducen el sentido del olfato.

Tal vez los que viven en las montañas no tienen tantos problemas para mantener el peso porque el entorno los hace menos vulnerables a la manipulación de los superestímulos alimentarios.

8

DE LA DINAMITA A LAS PASTILLAS PARA ADELGAZAR

Unas semanas después de comenzar la Primera Guerra Mundial, las tropas alemanas se adentraron por el norte de Francia con la intención de llegar a París y tomar la ciudad. El destino de la República Francesa estaba en juego, y el ejército francés se enfrentó a los alemanes con una resistencia feroz en algunas de las batallas más sangrientas que ha conocido Europa.

Entre bambalinas, los trabajadores de las fábricas francesas de bombas trabajaron veinticuatro horas al día para producir explosivos. Los estándares de seguridad en estas fábricas ya eran bastante bajos antes de la guerra, pero cayeron todavía más cuando la supervivencia de la nación estuvo en juego. Lo único que importaba era que los explosivos llegaran cuanto antes al frente. Por tanto, los trabajadores a menudo entraron en contacto con los productos químicos que se utilizaban, los inhalaron y los tocaron, y, con el tiempo, muchos empezaron a presentar síntomas extraños.

Sudaban mucho, sobre todo de noche, estaban agotados y perdían peso a gran velocidad. En algunos casos, los síntomas fueron tan graves que los condujeron a la muerte. En tiempos de guerra, había otros problemas más acuciantes, pero cuando terminó, los científicos se concentraron en aquel problema. ¿Qué había causado las dolencias de los pobres empleados de las fábricas? Empezaron a estudiar los diferentes productos químicos y a explorar sus efectos en animales de laboratorio y seres humanos. Tras años de investigación, llegaron a la conclusión de que los síntomas los causaba un producto conocido como dinitrofenol (DNP, por su nombre en inglés).[1]

El DNP se utiliza para la fabricación de explosivos. Si se compacta a presión y se utiliza el detonador adecuado, se convierte en una bomba muy potente. Pero resultó que el DNP tenía otro efecto cuando un organismo biológico lo inhalaba o lo ingería. Los científicos demostraron que el DNP afecta a una estructura especial de las células, la mitocondria. Si nada más leer la palabra te ha venido a la cabeza la expresión «¡el generador de energía de la célula!», igual te conviene pasar menos tiempo en internet, pero no te faltará algo de razón. Las mitocondrias son lo que se denomina orgánulos u organelos, algo así como órganos de la célula. Les pusieron el apodo de «generadores» porque son los responsables de la última etapa de la extracción de energía de los alimentos. Este proceso concluye con la producción de unas moléculas, el adenosín trifosfato (ATP, por sus siglas en inglés). El proceso es el siguiente: primero, ingerimos alimentos. Los alimentos se digieren en el estómago y los intestinos, y después el cuerpo absorbe los nutrientes, que acaban en el torrente sanguíneo. A partir de ahí, las células se apoderan de los nutrientes y empiezan a extraer de ellos la energía. En la mayoría de los casos, los primeros pasos tienen lugar en el componente principal de la célula, el citoplasma, pero la mayor parte de la extracción de la energía se da en la mitocondria. La energía resultante no se utiliza de inmediato, sino que se almacena en unas moléculas, el ATP, que podríamos decir que son como pequeñas pilas. Al fabricar ATP, la célula está guardando energía para utilizarla más tarde en diversas tareas que la requieran: por ejemplo, una célula muscular puede necesitar ATP para contraerse, o una célula inmunológica para combatir una infección.

Venga, basta de biología molecular. Lo importante que hay que recordar es que las mitocondrias, los generadores de energía de las células, extraen esta energía de los alimentos que luego guardan para utilizarla más adelante mediante la fabricación de ATP. Este es el fenómeno fundamental que nos mantiene con vida y permite todas las funciones del organismo. Pero el DNP (dinitrofenol) interfiere con la mitocondria, hace que la energía que se extrae de la comida se queme en forma de calor, en lugar de conservarse en forma de ATP. Viene a ser como poner el coche en punto muerto y pisar el acelerador: no avanza, pero el motor se calienta. Es decir, cuando los trabajadores de las fábricas francesas inhalaron el DNP de los explosivos, empezaron a quemar energía en lugar de fabricar ATP. Por eso tenían tanto calor y sudaban. Además, el bajo nivel de ATP provocó que les faltara energía para la actividad celular, lo que explica la sensación de fatiga extrema. Y cuando el organismo de los trabajadores trató de compensar la falta de energía quemando grasa corporal, esta energía también se transformó en calor, con lo que los sudores empeoraron y perdieron peso muy deprisa.

Estos síntomas no parecen precisamente agradables, pero a nadie le extrañará lo que sucedió a continuación: al ver que algunos trabajadores habían quemado el 50 por ciento más de calorías que de costumbre al estar expuestos al DNP, no faltaron emprendedores astutos que quisieron comercializarlo como un modo fácil de «fundir la grasa». En pocos años, más de 100.000 personas habían empezado a tomar DNP con la esperanza de perder peso. Se había convertido en la primera «pastilla para adelgazar». Pero el nombre no bastaba para hacer seguro el DNP, claro. La gente seguía muriendo de la peor manera. Un médico recordó el ingreso de un consumidor de DNP que, antes de morir, tenía una temperatura de 45 °C. También descubrieron efectos secundarios no descritos hasta entonces, como erupciones cutáneas, visión borrosa o directamente ceguera.[2,3] No es de extrañar que creciera la preocupación. Al final, el DNP se declaró ilegal (cosa que sucedió en cuanto las autoridades sanitarias tuvieron poder para prohibir determinadas sustancias). Esto hizo que el consumo de DNP bajara de manera drástica, pero nunca ha desaparecido del todo del mercado negro. Lo utilizan entre otros los culturistas para perder peso antes de una competición, y, como en los viejos tiempos, sigue costándole la vida a más de uno.

Pese a todo el dolor y problemas que causó, la historia del DNP fue el punto de partida de la búsqueda de tratamientos médicos contra la obesidad. Porque, al fin y al cabo, quitando los espantosos efectos secundarios, el principio básico era muy prometedor. Si fuera posible desarrollar medicamentos seguros que aceleraran el metabolismo, sería una solución sencilla y satisfactoria: come lo que quieras y luego acelera el consumo de energía con una pastillita para no engordar.

Lo malo es que la idea ha resultado mucho más complicada de lo que cabía esperar. Los investigadores de la obesidad han descubierto muchos medicamentos aparte del DNP que aceleran el metabolismo, pero parece que todos tienen efectos secundarios graves, y la mayoría acaban por provocar problemas cardíacos. Por lo tanto, la ciencia se ha concentrado en el otro lado de la ecuación: buscar medicamentos que disminuyan el apetito para que comamos menos.

Una de las inspiraciones más importantes para la supresión médica del apetito viene de los fumadores de cannabis. Se sabe que el cannabis provoca una sensación de hambre que se caracteriza por el antojo de dulces y tentempiés. En ese sentido, surte el efecto contrario al que buscan los investigadores de la obesidad, un aumento del apetito, y esto los llevó a pensar: ¿y si se pudiera desarrollar un «anticannabis»? ¿Algo que provoque «antihambre»?

Una empresa farmacéutica francesa empezó a buscar una sustancia así, y descubrió una que afecta al cerebro de manera opuesta al cannabis. La denominó «rimonabant», y los ensayos demostraron que generaba algo muy semejante al «antihambre». Los participantes en el estudio tuvieron menos apetito que de costumbre, comieron menos y acabaron perdiendo peso.[4] Todo apuntaba a que el «anticannabis» iba a ser el primer producto farmacéutico para el tratamiento de la obesidad, y hasta se aprobó en Estados Unidos. Los médicos lo recetaron a miles de personas. Pero los problemas aparecieron en el último ensayo clínico; puede que, en retrospectiva, fueran muy evidentes.

El cannabis se utiliza sobre todo porque produce una sensación de bienestar, aunque sea temporal, de manera que era de esperar que el «anticannabis» tuviera un impacto negativo en el estado de ánimo. Los científicos descubrieron que hasta un 10 por ciento de los consumidores de rimonabant cayeron en la depresión, y todas las pruebas finalizaron bruscamente cuando dos de ellos se suicidaron.[5] La autorización para la comercialización en la Unión Europea se suspendió de inmediato.

Este fracaso supuso un golpe desmoralizador para la investigación de la obesidad. Una vez más, tan cerca pero tan lejos... Empezaba a parecer que nunca se iba a dar con un tratamiento médico. El DNP dejaba ciegos a los pacientes o los abrasaba por dentro. El rimonabant los deprimía. Y el resto de las pruebas también estaban fallando.[6,7]

Todo este calvario queda bien ejemplificado en un producto para perder peso llamado Olestra. Se trataba de un ingrediente alimentario experimental que los investigadores querían que fuera como los edulcorantes artificiales, pero para la grasa en vez de para el azúcar: algo que provocara las mismas sensaciones gustativas que la grasa, pero con muchas menos calorías. Aunque funcionó muy bien en los ensayos clínicos, en los que la gente consiguió limitar la ingesta de calorías gracias a que sustituyeron las grasas por Olestra, cuando el ingrediente llegó al mercado y la gente lo empezó a utilizar en casa, se presentaron efectos secundarios nada deseables. Resulta que las personas no se comportan igual en un entorno clínico que en la intimidad de su hogar. En el ensayo, ante los investigadores, los participantes en el estudio se comían una galleta de Olestra o dos y ahí lo dejaban. Pero en casa, cuando no se sentían juzgados, la cosa cambiaba. Todos sabemos lo fácil que es comerse un paquete entero de galletas en lugar de un par de ellas, y cuando lo hicieron con productos que llevaban Olestra, algunos se empezaron a encontrar mal. Los síntomas iban del dolor de estómago a diarrea explosiva. Al final, la mayoría de los fabricantes de alimentos lo retiraron de sus productos.

Los investigadores de la obesidad de la época debían de sentirse como si los estuvieran vigilando con una cámara oculta: los índices de obesidad se habían disparado y ellos lo único que conseguían era provocar problemas cardíacos y diarrea.

Pese a los muchos reveses, el destino de la medicina de la obesidad no era un fracaso perpetuo. En 2021, Novo Nordisk, una compañía farmacéutica, anunció los resultados de un ensayo clínico para tratar la obesidad con un medicamento denominado «semaglutida», que se conoce más por los nombres comerciales de Wegovy y Ozempic. En las pruebas de Novo Nordisk, se aconsejó a los participantes que hicieran dieta y ejercicio para perder peso. Luego administraron el medicamento a dos terceras partes de ellos, mientras que los otros recibieron un placebo. La media de peso de los participantes al principio del ensayo era de 105 kilos. Tras un año y cuatro meses, los que solo recibieron orientación sobre dieta y ejercicio habían perdido 2,6 kilos; los que además recibieron el tratamiento con Ozempic habían perdido 15 kilos, o el equivalente al 15 por ciento de su peso original.[8,9] Es un nivel de adelgazamiento sin precedentes, y los efectos secundarios, limitados a náuseas y estreñimiento, fueron, por lo general, transitorios. Cuando se dio la noticia, el mundo entero se volvió loco. Las acciones de Novo Nordisk subieron tanto que se convirtió en la compañía más valiosa de Europa. Hubo un momento en el que su valor era equivalente al PIB danés. Ni los inversores más expertos habían esperado una reacción así, y para la gente de a pie, al menos para la mayoría, el Ozempic había aparecido de la nada. Pero la historia empezó hace ya décadas.

A finales de los años ochenta del siglo pasado, Jens Juul Holst, un investigador danés, estaba haciendo con sus compañeros una serie de experimentos con órganos de cerdo para estudiar una hormona, la GLP-1.[10] Lo sé, es como una de esas contraseñas que el departamento de informática te obliga a cambiar cada noventa días, pero en realidad se trata de una hormona que ciertas células del intestino liberan después de que comamos. Holst y sus colegas demostraron que la GLP-1 a su vez estimula la liberación de otra hormona, la insulina. Esto era de gran importancia porque, en aquel momento, la insulina era la hormona más valiosa del mundo (tiene gracia que ahora sea la GLP-1).

La insulina es vital porque se utiliza para tratar a las personas que sufren de diabetes tipo 2. Funciona de la siguiente manera: en cualquier momento, tenemos en la sangre el equivalente a una cucharadita de sangre, de la que las células echan mano para conseguir energía. Pero, después de comer carbohidratos como el pan, el arroz o las patatas, la digestión libera un montón de azúcar. Parece cosa de miedo, pero no. La subida de azúcar en la sangre hace que el cuerpo segregue insulina, que a su vez hace que los músculos, la grasa y el hígado se apoderen del exceso de azúcar y lo quemen para conseguir energía o lo almacenen para más tarde. Esto es normal y sucede cada vez que comemos. Los problemas aparecen cuando el mecanismo falla: una persona que padece diabetes tipo 2 va perdiendo poco a poco la respuesta a la insulina y, con el tiempo, la producción también desciende. Al final acabas con niveles de azúcar muy altos en las venas, cosa nada recomendable. El azúcar en exceso es tóxico para los vasos sanguíneos y, en las etapas más avanzadas de la diabetes tipo 2, los daños pueden ser tan grandes que los pacientes se quedan ciegos o tienen que sufrir amputaciones. Por tanto, es vital ayudar a los diabéticos tipo 2 a mejorar su control del azúcar, y la GLP-1 parecía una manera nueva y prometedora de hacerlo.

No tardaron en darse cuenta de que la GLP-1 no se limitaba a regular el nivel de azúcar en sangre. Los científicos vieron que los roedores a los que se administraba GLP-1 durante un periodo de tiempo prolongado empezaban a perder peso.[11] Visto en retrospectiva, esto es aún más interesante que sus efectos sobre el azúcar en sangre, pero no nos olvidemos del historial de los medicamentos diseñados para la pérdida de peso: para la mayoría de las empresas farmacéuticas, buscar el tratamiento para la obesidad era la mejor manera de perder dinero, así que se concentraron primero en aplicar la GLP-1 para el tratamiento de la diabetes.

En este proceso, los investigadores se tropezaron con un problema específico: si se inyecta a una persona GLP-1, la hormona desaparece en cuestión de minutos.[12] Esto se debe a que la GLP es tan pequeña que los riñones la filtran, y una enzima de los vasos sanguíneos también la destruye. Estas enzimas vienen a ser unas tijeritas que no van a cortar una molécula cualquiera, sino que están diseñadas para unas pocas muy concretas, entre ellas la GLP-1. El caso es que una molécula que desaparece de inmediato no sirve para ningún tratamiento, de modo que las empresas farmacéuticas empezaron a hacer experimentos.

La primera solución llegó de la mano de una pequeña compañía estadounidense, Amylin Pharmaceuticals. Sus científicos descubrieron la respuesta en el lugar más evidente: la saliva de un lagarto venenoso del desierto, el monstruo de Gila. Se trata de un reptil nativo de la zona oeste de Estados Unidos que produce en la saliva (no venenosa) un péptido similar al GLP-1.[13] Hoy en día aún no sabemos por qué. Pero lo importante es que ese péptido se parece tanto a la GLP-1 que funciona de la misma manera cuando se inyecta a un ser humano, y al mismo tiempo no es igual, ya que no desaparece de los vasos sanguíneos. Así pues, el péptido del monstruo de Gila se utilizó para crear un nuevo medicamento contra la diabetes, la exenatida. Pero este medicamento distaba mucho de ser perfecto. Las enzimas no lo atacaban y los riñones no lo filtraban de inmediato, pero seguía desapareciendo a las pocas horas. Es decir, hacía falta algo mejor.

En mayo de 1994, una joven investigadora entró en el despacho de su jefe con un artículo recién publicado sobre un experimento. Lotte Bjerre Knudsen trabajaba como química en Novo Nordisk; el artículo que llevaba en la mano tenía como coautor a Jens Juul Holst, y demostraba que las inyecciones de GLP-1 ayudaban a los diabéticos tipo 2 a normalizar el nivel de azúcar en sangre. Novo Nordisk se había especializado en la medicación contra la diabetes, de modo que esto entraba de lleno en su campo de interés, y así empezó el viaje hacia el Ozempic.[14] Se le encomendó a Bjerre Knudsen que diera con la manera de hacer que la hormona GLP-1 sobreviviera en el cuerpo durante 24 horas. Sus colegas y ella no lo consiguieron gracias al monstruo de Gila, sino combinando la GLP-1 con una molécula grasa. Es una idea muy inteligente debido a cómo se transporta la grasa por el organismo. Cualquiera que estudiara química en el colegio sabe que la grasa no se disuelve en el agua: por ejemplo, si echamos aceite en un vaso de agua, no se mezclan, sino que el aceite forma una capa bien diferenciada. Este fenómeno nos ocasiona problemas a la hora de transportar grasas de un punto a otro del organismo, ya que la mayor parte de nuestra sangre es agua, y por tanto no puede llevar las grasas tal como son. Lo que hacemos es echar mano de varias moléculas diferentes. Una es la albúmina, una proteína que abunda en la sangre. Esta proteína se puede enlazar con las moléculas de grasa y arrastrarlas. Digamos que es como un pequeño autobús que va recogiendo y dejando gotitas grasas y otras moléculas. Al combinar la GLP-1 con una molécula de grasa, Bjerre Knudsen consiguió que se uniera a los pequeños autobuses, la albúmina. Eso además protegía a la molécula GLP-1 de las enzimas y se aseguraba de que los riñones no la filtraran, de manera que siguieran presentes durante días enteros. Novo Nordisk denominó a este nuevo medicamento «liraglutida», y consiguió que se aprobara su uso, primero para el tratamiento de la diabetes y luego para la pérdida de peso.

En el último ensayo clínico, los participantes pesaban 106 kilos y perdieron 5,6 kilos más que los que se limitaron a comer mejor y hacer ejercicio.[15]

Para fabricar el Ozempic, Novo Nordisk alteró la liraglutida utilizando otro tipo de molécula grasa, y también hizo pequeños cambios en la propia molécula GLP-1. El medicamento pasó a ser más eficaz porque permanecía más tiempo en el organismo, y la gente perdió el 15 por ciento de su peso corporal en lugar del 5 por ciento que perdían con la liraglutida. Poco después, Eli Lilly, una empresa farmacéutica estadounidense, presentó otro medicamento basado en la GLP-1, la tirzepatida, que combinaba este efecto con la imitación de otra hormona intestinal que, además, suprimía el apetito. El resultado fue que los participantes en el ensayo clínico definitivo perdieron el 21 por ciento de su peso.[16] Novo Nordisk respondió con su versión del medicamento doble que superaba esa cifra, y en estos momentos no hay compañía farmacéutica que no esté preparando algo para competir.

Pero sigue en pie una pregunta: ¿cómo funcionan estos medicamentos? ¿Por qué hacen que perdamos peso? Al principio se pensó que el efecto adelgazante de la GLP-1 se debía a que ralentizaba el paso del alimento por los intestinos. Al fin y al cabo, provoca cierto estreñimiento, así que se pensó que hacía que los consumidores se sintieran más saciados más tiempo por este motivo. Pero los estudios con animales de laboratorio demostraron hace mucho tiempo que el efecto en los intestinos no es necesario para la pérdida de peso. No, estos medicamentos adelgazantes funcionan porque afectan al cerebro.[17] Para ser exactos, afectan a las zonas del cerebro que tienen que ver con la regulación del apetito y el sistema de recompensa, de manera que el mecanismo consiste en hacer que la gente tenga menos ganas de comer, reduzca su ingesta de calorías y adelgace.

Este efecto parece más pronunciado en el caso de los dulces y los aperitivos salados, es decir, los superestímulos alimentarios.[18] Y el efecto se ha dejado sentir en el mundo real. El presidente de Walmart ha informado de que se han reducido las ventas de superestímulos como las patatas fritas y las chocolatinas, y los datos que llegan de Estados Unidos demuestran que los índices de obesidad han caído un poco por primera vez desde que se empezaron a llevar registros.[19]

Más calorías también podrían ser para bien

En este libro nos centramos en el hecho de que los superestímulos alimentarios nos hacen consumir demasiadas calorías, cosa que a la larga tiene todo tipo de efectos negativos. Pero también habría que analizar el problema desde otra perspectiva. Se podría decir que nuestro organismo se está pegando un tiro en el pie. Almacenar en forma de grasa el exceso de calorías tenía sentido en nuestro pasado evolutivo: tenemos un cerebro muy grande que requiere un montón de energía, y eso no es posible pasarlo por alto; por tanto, si vives en un entorno donde la comida escasea, es una buena estrategia guardar para más adelante parte de la energía procedente de los alimentos. Lo que pasa es que ahora esta estrategia de almacenamiento solo sirve para hacernos enfermar. En un mundo perfecto, el organismo utilizaría para algo el excedente de energía disponible, y las posibilidades son infinitas: podríamos tener energía ilimitada para llevar a cabo actividades, o un cerebro más grande, o huesos más fuertes, o lo que fuera. En comparación con otros animales, el ser humano es débil, seguramente porque el cerebro nos cuesta tanta energía que tenemos que ahorrarla bajando el índice de masa muscular. Pero, en el mundo actual, podríamos tener las dos cosas. Seguro que a nadie le importaría tener que comerse un helado más para estar más guapo en la playa. Pero, por el momento, es un sueño imposible, y lo importante son los medicamentos supresores del apetito, cada vez mejores. En la actualidad, no hay manera de forzar el organismo para que haga una inversión más productiva de la energía. Veremos qué pasa en el futuro.

Segunda parte

SEXO, DROGAS Y SUPERESTÍMULOS

9

EL SEXO Y EL HECHIZO DE LA BOTELLA

La zona oeste de Australia es famosa por el *bush*, un icónico paisaje de tierras rojizas y matorrales dispersos, muy reconocible. Pero, para las plantas y animales, el *bush* no es precisamente un paraíso: es una zona seca, calurosa, y la tierra es de las más pobres en nutrientes de toda la Tierra. El resultado es que esta área de Australia no rebosa vida salvaje. Hasta los seres humanos escasean: el 80 por ciento de la población australiana vive a lo largo de la costa este, más fértil, y la única ciudad grande del oeste de Australia, Perth, es una de las más aisladas del mundo.

Aunque parezca irónico, la falta de seres humanos no quiere decir que los animales del *bush* se hayan librado de los problemas propios de la civilización. Tomemos como ejemplo al escarabajo joya. Hay que ser entomólogo para bautizar a este insecto como si fuera una valiosísima piedra preciosa: para la mayoría de la gente es más bien una cucaracha, con el cuerpo oblongo y la cabeza negra. Pero, aunque no vaya a ganar ningún concurso de belleza, el escarabajo joya es un excelente ejemplo de adaptación: se camufla de maravilla en el paisaje pardo rojizo del oeste de Australia y así consigue pasarse la mayor parte de la vida sin que nadie lo moleste mientras se alimenta de diferentes plantas en el paisaje reseco.

Sin embargo, una vez al año, su monótona vida se ve interrumpida por la temporada del apareamiento, cuando el escarabajo joya macho emprende el vuelo en busca de hembras. Las hembras no vuelan, así que el macho enamorado zumba entre los arbustos en una búsqueda frenética de una pareja parduzca. Y aquí empiezan los problemas causados por el hombre. Los australianos sedientos dejan a su paso botellas vacías de cerveza, y para el pobre escarabajo joya es amor a primera vista. Las botellas vacías de cerveza son grandes, brillantes y marrones, igual que las hembras de su especie. Son, de hecho, más grandes y brillantes de lo que una hembra de escarabajo podría soñar ser jamás. Son un superestímulo sexual.

De modo que, si el escarabajo joya macho divisa una botella vacía, baja zumbando y trata de aparearse con ella. Si se le acerca una hembra de verdad no le hace ni caso. La hembra no puede competir con el hechizo de la botella. De hecho, no hay prácticamente nada que consiga que el escarabajo joya macho renuncie a sus adoradas botellas, hay que apartarlo por la fuerza para detener sus intentos desesperados de cópula. Sin la intervención del investigador, el escarabajo macho suele acabar muriendo deshidratado bajo el sol ardiente o devorado vivo por las hormigas, porque se niega en redondo a abandonar a su amada.[1,2]

No es de extrañar que a los animales los engañen los superestímulos sexuales. De hecho, es de esperar, porque en el mundo natural hay dos objetivos fundamentales: comer y reproducirse. Y la comida solo hace falta para tener energía y vivir para el sexo y la procreación.

Los seres biológicos han evolucionado así porque los que consiguen procrear conforman la siguiente generación. Para ilustrar esto, vamos a hacer un pequeño ejercicio mental. Imaginemos dos versiones de un animal. A la primera no le interesa el sexo, sino que se pasa el día buscando comida, durmiendo y explorando el entorno. Cuando este animal muere, no ha copulado, y por lo tanto no deja descendencia, no le sucede una generación que herede su bajo impulso sexual.

Por el contrario, la segunda versión del animal es un obseso sexual. También tiene que obtener alimento, dormir y reconocer su entorno, no se puede pasar todo el tiempo e invertir toda la energía buscando la ocasión de aparearse, pero sí dedica una buena parte de sus recursos a la «misión: reproducción», y es obvio que va a dejar más descendencia que el animal que no tuvo relaciones sexuales. Por tanto, y dado que el impulso sexual es en parte hereditario, como tantas otras características, la próxima generación tendrá más individuos obsesos sexuales. Y así ha funcionado la evolución desde que aparecieron la vida multicelular y la reproducción sexual.

Los millones de generaciones de selección que favorece el deseo sexual nos han proporcionado un cerebro optimizado para reaccionar a los estímulos relacionados con el sexo, de la misma manera que nos atraen los estímulos relacionados con la comida que favorecieron la supervivencia de nuestros antepasados. Para un escarabajo joya, esto quiere decir que las superficies marrones pulidas y brillantes son atractivas; para un babuino macho, los culos grandes y rojos, y para los humanos pueden ser un millón de cosas, desde un cuerpo bonito o una cara atractiva hasta cualidades más abstractas, como la prudencia, la confianza o el poder.

En cualquier caso, el primer paso en esta búsqueda congénita del sexo es localizar a un individuo con el que tener relaciones sexuales. Para los humanos, es un poco más complicado (o avanzado) que para el escarabajo joya. A los escarabajos más o menos les basta con identificarse mutuamente y manos a la obra. Los humanos en cambio tenemos rituales de cortejo, a veces muy largos, durante los que creamos el vínculo y nos evaluamos el uno al otro. Y esto no ha supuesto un inconveniente para la especie, como queda claro por los 8.000 millones de personas que hay en el planeta. Pero sí hay indicios de que estamos perdiendo habilidad a la hora de emparejarnos. El número de adultos solteros nunca ha sido tan alto, igual que el número de adultos que viven solos,[3] y es así en casi todos los países desarrollados. Pero ahora viene el giro inesperado: en mi Dinamarca natal, las cifras revelan que la soltería no va en aumento en todos los grupos de edad. En las generaciones de edad más avanzada, el número de solteros está decreciendo porque hoy en día la gente vive más, así que hay menos viudos.

Pero entre los menores de cincuenta años, la soltería bate récords todos los años. Las razones pueden ser muy diversas, claro. Para empezar, hoy en día somos más ricos que en ningún otro momento de la historia, así que es más fácil vivir solo si es lo que quieres. También hay menos presión cultural del matrimonio, los valores tradicionales y la familia nuclear. Pero, cuando algo tiene un impacto muy superior en las generaciones más jóvenes, es tentador sospechar que la tecnología también puede estar influyendo en esto.

Imagina, por ejemplo, que eres un prometedor joven en la Inglaterra medieval. Te has criado en una granja, en una aldea, y tienes que buscarte una mujer para casarte y, con el tiempo, heredar la granja de la familia.

Miras a tu alrededor y en la aldea no se puede decir que haya un amplio abanico de posibilidades. De hecho, solo hay tres mujeres de la edad apropiada y aún disponibles. La primera es guapa, pero no le gustas. La segunda es tu prima, y a la tercera le faltan la mitad de los dientes.

Vale, puede que haya exagerado un poco, porque en la realidad siempre habría más opciones, y nada te impide buscar en aldeas próximas también. Pero no cabe duda de que las opciones serían bastante limitadas. Y si fueras una mujer, ni siquiera tendrías ocasión de elegir. Tanto para hombres como para mujeres, los progenitores habrían tenido algo que decir. Allí los padres podían rechazar a un pretendiente si consideraban que no estaba a la altura de sus expectativas. En otras zonas del mundo, los matrimonios concertados eran lo más común (y en algunas lo siguen siendo). De modo que, si la chica sin dientes era la hija del socio de tu padre, ya podías empezar a ahorrar para una dentadura de madera.

Comparemos esta situación con la de una persona joven en la actualidad. Hoy, puedes conocer a alguien en una fiesta, o en la librería, con un ejemplar de *Superestimulados*, tu libro favorito, en la mano. Pero la manera más habitual de conocer personas hoy en día son las webs de contactos. No todos los países recopilan datos al respecto, pero se puede ver el ascenso de este tipo de emparejamientos en los cuestionarios estadounidenses. En 1999, el 5 por ciento de las parejas recientes en todo el país decían haberse conocido en internet; en 2009, ya era el 22 por ciento; en 2019, el 40 por ciento,[4] y actualmente es más de la mitad.[5]

El auge de las webs de contactos se aceleró en la segunda década de este siglo con la popularización de los teléfonos inteligentes y de aplicaciones como Tinder, Bumble o Hinge. Para nuestro joven granjero medieval, unos minutos en una de estas aplicaciones habrían sido una experiencia de otro mundo. Tener en las yemas de los dedos una exhibición de miles de posibles parejas... No todas le habrían resultado interesantes, claro, y no todas corresponderían a su interés si lo sintiera. Pero, en comparación con su situación, las aplicaciones habrían sido una mina de opciones. «Un regalo caído del cielo —habría pensado, sin duda—. Con tantas opciones, ¡cualquiera puede dar con la persona ideal! Y la gente debe de estar encantada con su vida sentimental.»

¿Verdad?

Si fuera así, lo normal sería que hoy en día hubiera menos solteros, no más. Pero, aunque parezca paradójico, la gran cantidad de opciones puede ser uno de los motivos de que en el mundo moderno se emparejen menos personas. Como mínimo, hay estudios que demuestran que un abanico amplio de opciones nos hace más indecisos y más propensos a lamentar la decisión una vez tomada. Es lo que se conoce como «paradoja de la elección».

En un famoso estudio, un grupo de psicólogos llevaron a cabo un experimento con mermelada para averiguar más sobre este fenómeno. El primer día del estudio, exhibieron en un supermercado 24 muestras diferentes de mermelada. Al día siguiente, repitieron la exposición, pero con solo 6 muestras entre las que elegir. Los psicólogos descubrieron que la selección más amplia de mermeladas captaba más la atención de la gente y los llevaba a probar las muestras, pero la selección más reducida era más eficaz a la hora de llevarlos a tomar una decisión y realizar la compra. La variedad generaba más interés, pero las opciones más restringidas llevaban a más gente a la acción.[6]

Esto nos sonará de cuando intentamos elegir una película de Netflix para verla y las infinitas opciones lo ponen muy difícil, y al final no hacemos otra cosa que pasar pantalla tras pantalla de títulos.

Los científicos estadounidenses han demostrado que el mismo fenómeno se aplica en el mundillo de los contactos. En un estudio inspirado por el de la mermelada que hemos comentado, los científicos reclutaron a mujeres estudiantes sin pareja. Les dijeron que la universidad estaba desarrollando un servicio de contactos y se estaba pidiendo a las mujeres que lo evaluaran. A unas mujeres les mostraron seis posibles parejas, y a otras, veinticuatro. Al final, se pidió a todas las mujeres que eligieran a su candidato favorito.

La semana siguiente, se pidió a las estudiantes que volvieran y los científicos les pidieron que valoraran su grado de satisfacción con el candidato elegido. Las mujeres a las que se les habían presentado más opciones también fueron las que más lamentaron su decisión: se mostraron menos satisfechas con el elegido y con mayor tendencia a cambiarlo si tenían ocasión.[7]

¿Demasiados peces en el mar?

Hasta en el mundo real hay indicios de que la abundancia de opciones de emparejamiento lleva a la indecisión y a relaciones más inestables. Solo hay que ver los matrimonios de Hollywood. Las estrellas del cine son para muchos el epítome de lo deseable: personas atractivas, socialmente adaptadas, con riqueza y poder. Eso quiere decir que no hay colectivo en el mundo con más opciones de emparejamiento. Las estrellas pueden elegir como nadie, pero sus matrimonios suelen ser problemáticos.

Los científicos también han detectado este fenómeno entre la gente de a pie. En un estudio realizado sobre matrimonios daneses, se descubrió que las personas que trabajan en un entorno con mayor proporción de gente del otro sexo tiene mayor riesgo de divorcio. Esto se aplica a ambos géneros, pero sobre todo a los hombres.[8]

Se puede seguir disfrutando del sexo sin pareja, claro. Aunque para la mayoría de los animales la presencia de otro individuo es indispensable, los humanos son más creativos.

El primer indicio se remonta a la Edad de Piedra en Europa. Los arqueólogos de todo el continente siguen encontrando más y más figurillas de las que llamamos «venus» en las excavaciones. El objetivo de estas figurillas, mujeres que suelen tener curvas marcadas, pechos grandes y caderas anchas, se ha discutido mucho. ¿Son diosas de la fertilidad o autorretratos optimistas y halagadores? No se lo podemos preguntar a los autores por motivos evidentes, pero hay una explicación plausible, y es que se trate del primer ejemplo existente de pornografía. Tal vez te la llevabas en una larga expedición de caza en la que tu esposa se había quedado en casa. La hipótesis la respalda el hecho de que se comerciaba o había intercambio de estas figurillas. La más famosa, la Venus de Willendorf, se encontró en una aldea austríaca, a unos cien kilómetros al oeste de Viena, pero no está hecha de materiales de la zona. La piedra caliza de la Venus de Willendorf procede de una región a cientos de kilómetros al sur, de modo que lo más probable es que su dueño no fuera quien la hizo, sino que la consiguió a través de comercio o intercambio.[9] Puede que alguien descubriera ya entonces que el porno es un negocio muy lucrativo.

No fueron los únicos. De hecho, el atractivo de la pornografía como negocio es tan universal que va más allá de nuestra especie. En un estudio estadounidense, los científicos entrenaron a macacos Rhesus para ejemplificarlo. Explotaron el hecho de que a los macacos Rhesus les encanta el zumo de naranja, y cuando se lo dan, es muy difícil que lo devuelvan. Pero los científicos enseñaron a los monos que podían utilizar el zumo de naranja para comerciar y recibir en su lugar otros objetos que desearan más. En la mayoría de los casos, los macacos no cambiaban el zumo por nada, pero resultó que los machos sí estaban dispuestos a intercambiarlo por fotos de traseros de sus hembras.[10]

Volvamos a nuestro tiempo y a nuestra especie. El atractivo de la pornografía hace que ciertas páginas web estén entre las más visitadas del mundo. Desde la Venus de Willendorf, la escalada no ha cesado. Primero llegaron las pinturas con escenas sexuales y luego, la fotografía. Las fotos pasaron de las *pin-ups* de la primera mitad del siglo pasado a la revista *Playboy* y los vídeos porno, primero en cintas VHS y luego en la actual explosión del porno en internet.

Es la misma pauta que ya conocemos y que hemos observado en la comida, cuando empezamos a modificar los estímulos hace miles de años para que la fruta fuera más dulce y el ganado menos magro. Pero la tecnología moderna ha pisado a fondo el acelerador del proceso. El porno moderno de internet utiliza una amplia variedad de técnicas para que la gente lo siga viendo. Para empezar, los actores y actrices están elegidos por su aspecto y atractivo sexual. No tienen un físico corriente, sino características sexuales muy exageradas. Las mujeres tienen pechos y traseros grandes, y los hombres tienen el pene grande. Las actrices suelen tener una relación cintura-caderas muy baja, cosa que se asocia a la fertilidad. Los estudios demuestran que la mayoría de los hombres prefieren una relación cintura-caderas de 0,7,[11] que es lo que vemos en las estrellas del porno, aunque entre la población esto sea mucho menos frecuente. Además, el aspecto de los actores y actrices se «mejora» de manera meticulosa con maquillaje y cirugía plástica (a esto volveremos más tarde). Todo se envuelve con los trucos aprendidos del cine y la televisión, de los que también hablaremos luego. Pero, resumiendo mucho, la luz se controla con sumo cuidado, se cortan los planos para eliminar cualquier «imperfección» física, y lo que llega al montaje final son solo las escenas más atractivas. Además, los cambios de ángulo de cámara y de escena introducen variedad, que en cuestión de sexo también impide la saciedad. De hecho, la variedad es tan esencial para retener al espectador que se utiliza un truco todavía más potente.

Un día, Calvin Coolidge, antiguo presidente de Estados Unidos, visitó con su esposa una granja experimental.

Los dos hicieron recorridos diferentes. En un momento dado, la señora Coolidge se detuvo en un gallinero, y se fijó en que el gallo iba de un lado a otro apareándose con diferentes gallinas. Se volvió hacia el granjero con curiosidad.

—¿Eso lo hace muy a menudo?

—Docenas de veces al día, señora Coolidge.

—Por favor —respondió la primera dama—, coménteselo al presidente.

Más tarde, cuando el granjero relató la historia al presidente, este sonrió.

—¿Y siempre con la misma gallina? —quiso saber.

A lo que el granjero respondió:

—No, no, señor presidente, con una gallina diferente cada vez.

El presidente se echó a reír.

—Por favor, coménteselo a la señora Coolidge.

Seguro que se trata de una leyenda urbana, pero encaja con el fenómeno psicológico que hemos observado en los mamíferos. En un experimento clásico, los científicos ponen una rata macho en una jaula llena de hembras en celo. El macho no pierde el tiempo y empieza a aparearse con las hembras, a menudo repetidamente. Al final, se cansa y se va a un rincón de la jaula, y luego se niega a repetir el acto por mucho que las hembras se le acerquen.

Eso hasta que los científicos introducen en la jaula a una nueva hembra. Entonces, el macho recupera la energía de repente y corre a aparearse con ella. Al cabo de un rato, vuelve a cansarse y opta por descansar, pero, cada vez que aparece una hembra nueva, entra de nuevo en acción. De hecho, los científicos pueden hacer que la pobre rata macho siga así hasta derrumbarse. Para eso, solo hace falta que sigan apareciendo nuevas hembras.[12, 13]

Este fenómeno, el hecho de que la presencia de una pareja nueva reactive el interés sexual, recibe su nombre de la leyenda urbana que hemos visto antes: es el «efecto Coolidge». Se trata en esencia de la versión sexual del efecto bufet, del que ya hemos hablado: en un bufet, tardamos más en sentirnos llenos porque la variedad retrasa la aparición de la saciedad. De la misma manera, la presencia de variedad sexual retrasa la saciedad sexual en la rata macho de estos experimentos.

La historia reciente sugiere que el efecto Coolidge se aplica de maravilla a los presidentes de Estados Unidos, pero no se trata de un fenómeno observado solo en el despacho oval y en las ratas. Lo vemos en todos los mamíferos, desde las ovejas a los hámsteres y a los macacos Rhesus. Este experimento no se ha llevado a cabo con seres humanos, o no con un propósito científico, pero varios grupos de investigadores han tratado de simular el concepto en un laboratorio. Por ejemplo, los investigadores muestran películas porno a varios hombres que toman parte en la prueba y luego, mediante entrevistas o pruebas físicas, registran su grado de excitación sexual en las diferentes escenas. Estos estudios muestran que los hombres, igual que las ratas macho, los carneros[14] y los macacos, sienten mayor excitación sexual cuando en la película porno aparece una mujer nueva.

También se ha estudiado el efecto Coolidge entre hembras animales y mujeres, pero es más complicado.

Por decirlo abiertamente, la frontera entre el sexo y la violación no es tan clara entre los otros mamíferos como entre los humanos. Por ejemplo, una rata macho no espera el consentimiento de la hembra antes de intentar aparearse, así que a los científicos les resulta difícil valorar las preferencias de estas. Se ha intentado responder a la pregunta con unas jaulas especiales conectadas a través de túneles que las hembras pueden cruzar, pero los machos, más grandes, no. Así, es la hembra la que elige a qué rata macho visita, y al mismo tiempo se evita que los machos la sigan o la acosen. Con este método, varios estudios han demostrado que hembras de rata también prefieren la variedad;[15] al menos, cambian de jaula de vez en cuando, pero el efecto es mucho menos pronunciado que en los machos. Esto puede explicar el hecho de que el porno actual sea mucho más atractivo para los hombres, o como mínimo por qué se crea de la manera en que se crea: las webs porno ganan dinero gracias a los anuncios, y esto quiere decir que no solo necesitan atraer público con modelos de gran atractivo físico, sino también que este público se quede tanto tiempo como sea posible. Cuanto más rato se pasen mirando, más anuncios se pueden mostrar y más dinero se gana. El efecto Coolidge es lo que hace tan rentables los sitios web de pornografía: exponiendo a los espectadores varones heterosexuales a muchas hembras diferentes, consiguen retrasar la saciedad sexual.

¿No somos monógamos?

El efecto Coolidge no quiere decir que los humanos hayamos evolucionado para tener múltiples parejas sexuales. No es más que un buen ejemplo de que la adaptación evolutiva no está organizada ni planificada. También tenemos adaptaciones que tiran de nosotros en dirección contraria, como enamorarnos y experimentar celos en el terreno romántico. El resultado es que los antropólogos han descrito muchos tipos de estructuras de relaciones tradicionales en pueblos de todo el mundo, algunos de los cuales resultan muy ajenos para un occidental. Por ejemplo, en China, los mosuo practican una forma fluida de matrimonio no monógamo en el que tanto hombres como mujeres viven con su progenitora toda la vida. Las relaciones sexuales tienen lugar durante visitas, en las que el hombre va a casa de la mujer y se marcha de nuevo por la mañana. Las relaciones no entrañan obligación alguna y se pueden tener varias parejas a la vez.

Otro ejemplo atípico se da en ciertas zonas del Himalaya, donde se practica un tipo de matrimonio en el que todos los hermanos varones de una familia comparten a la misma esposa. Es muy probable que este sistema de relaciones apareciera para no tener que dividir las tierras entre múltiples herederos varones.

Pero, para la inmensa mayoría de las culturas, lo habitual es la monogamia tal como se practica en España. La segunda más común es la poliginia, en la que un hombre tiene varias esposas, pero en las sociedades en que se practica suele restringirse a las élites, y la mayoría de la gente se empareja en un régimen de monogamia.[16]

En las últimas décadas, cada vez son más los pacientes que acuden al médico o al psicólogo por lo que describen como «adicción a la pornografía». La mayoría de estos pacientes son hombres, pero también hay entre ellos algunas mujeres. Hay ejemplos entre los famosos como el cómico Chris Rock,[17] el actor Terry Crews[18] y la cantante Billie Eilish, que dice que la pornografía le ha «destruido el cerebro».[19]

En 2018, la OMS decidió que había pruebas suficientes para añadir el denominado «trastorno de conducta sexual compulsiva» a la Clasificación Internacional de Enfermedades, una especie de lista oficial de dolencias.[20] El trastorno abarca diferentes formas de hipersexualidad, una obsesión o deseo exagerado de sexo o pornografía. En lenguaje común, hablamos de adicción al sexo o al porno. En el mundo profesional aún se debate si se trata de una adicción o de lo que consideramos una conducta compulsiva,[21] pero para la gente de a pie la diferencia es irrelevante. Lo importante es que hay personas que querrían dejar de ver porno o ver menos, pero no pueden. Suelen describir el problema como una necesidad incontenible y una desensibilización que con el tiempo los obliga a buscar contenido más extremado. Es lo mismo que vimos antes con los superestímulos alimentarios, cuando un sencillo helado de vainilla acaba por ser aburrido y acabamos con un Ben & Jerry's con caramelo líquido, trocitos de chocolate, nubes de azúcar, masa de galletas y todo lo demás.

Pero no todo el mundo que ve pornografía se vuelve adicto, claro. Pasa como con la comida: no todos reaccionamos igual a los superestímulos alimentarios. Los hay que pierden el control y acaban con una larga lista de problemas de salud, mientras que otros consiguen no ganar peso sin siquiera esforzarse. Pero la mayoría estamos en un punto intermedio, y es probable que lo mismo suceda con los superestímulos sexuales.

Una encuesta danesa sobre los jóvenes y su relación con el porno sirve para ilustrar esto. En la encuesta, el 59 por ciento mencionaron un deseo ocasional «irresistible» de ver pornografía. La mitad declararon que el porno que buscaban se había vuelto más extremado con el tiempo, y el 43 por ciento declaró sentir cierto nivel de dependencia.[22]

Si nos centramos de nuevo en Australia y nos comparamos con el escarabajo joya, se podría suponer que el atractivo de los superestímulos sexuales llevaría a menos relaciones sexuales en el mundo real. Al fin y al cabo, los escarabajos macho prefieren a sus adoradas botellas en lugar de a las hembras reales. ¿Puede pasarnos lo mismo a nosotros?

Para conocer la respuesta, veamos las encuestas que tratan de averiguar el número y frecuencia de las relaciones sexuales. En el Reino Unido, Estados Unidos y Alemania, el resultado es el mismo: menos que antes.[23-25] Las relaciones sexuales comienzan más tarde: en Estados Unidos hay dos veces y media más personas vírgenes entre los veinte y los veinticuatro años de las que había en los años sesenta del siglo pasado en el mismo grupo de edad.[26] Pero hasta los individuos sexualmente activos tienen menos relaciones, y esto se aplica tanto a los solteros como a las parejas.[27] No se puede decir a ciencia cierta si esta pauta de reducción en la actividad sexual tiene que ver con la pornografía. Me gustaría tener la respuesta exacta, pero por desgracia no existen estudios concluyentes sobre el tema. Los pocos con que contamos sugieren que los hombres que ven mucho porno sienten menos deseo hacia su pareja.[28] También puede tratarse de causalidad inversa, es decir, que los hombres que no desean a su pareja optan por ver porno en su lugar, pero parece ser que el hábito de la pornografía suele preceder a la reducción en el impulso sexual.[29]

Por ahora, solo podemos especular. Como ya hemos visto, los seres humanos son máquinas adaptativas, y a lo largo de la vida nuestras experiencias nos van conformando. Hoy en día, la mayoría de las experiencias sexuales tienen lugar ante una pantalla. Un varón joven británico heterosexual puede ver en un momento en internet a más mujeres desnudas que sus antepasados en toda la vida en el mundo real. Sus antepasados, todos juntos. Ni el emperador más poderoso del pasado, con todo su harén, puede competir con Harry, de Scunthorpe, con sus dieciséis años y su conexión a internet.

Cuesta imaginar que estas experiencias no tengan un impacto en nuestros hábitos y expectativas sexuales. Como ya hemos dicho, las estrellas del porno se eligen por su atractivo sexual, que luego se incrementa de manera tecnológica con el mismo objetivo. Nuestra pareja en el mundo real tiene que competir con los superestímulos que suponen estos adversarios, igual que los alimentos naturales se ven obligados a competir con los superestímulos alimentarios optimizados por la ciencia. Es de suponer que la versión sexual de esta batalla termina de la misma manera que suele pasar con la alimentaria, pero, en ausencia de un sustituto, no cabe duda de que la pornografía conforma la sexualidad del ser humano actual.

Los estímulos sexuales ofrecen una gran recompensa y, si puede elegir, un animal hará lo que sea para conseguirlo. Las primeras experiencias sexuales parecen marcar de una manera duradera; por eso, las investigaciones sobre el tema prefieren utilizar a animales jóvenes que no hayan tenido relaciones sexuales previas.

Por ejemplo, los científicos estadounidenses han ilustrado el peso de las primeras experiencias sexuales en un estudio con titís pigmeos, unos primates diminutos. Los investigadores impregnaron con aroma a limón a unas cuantas hembras, y permitieron que los machos, que hasta entonces no habían experimentado el sexo, se aparearan con ellas unas cuantas veces. Más adelante, se expuso a los monitos al olor a limón pero sin la presencia de hembras: habían desarrollado tal grado de atracción sexual que experimentaron erecciones nada más olerlo.[30]

Lo mismo se ha demostrado una y otra vez con ratas, y no solo utilizando olores, sino también otros estímulos neutrales. En un caso, los científicos pusieron a las hembras unas chaquetitas, y permitieron que machos sin experiencia sexual se aparearan repetidamente con ellas. Más adelante, estas ratas macho se mostraron más atraídos hacia las hembras con chaqueta que hacia las que no la llevaban.[31]

El lector reconocerá este condicionamiento, es muy similar al descrito por Ivan Pávlov, el científico ruso, en su famoso experimento con perros. Pávlov hacía sonar una campana mientras daba de comer a los perros y demostró que, con el tiempo, los animales asociaban la campana con la comida: en cuanto la oían, empezaban a salivar, incluso en ausencia del alimento. En otras palabras, la respuesta innata del perro a la comida, la salivación, se había asociado a algo que antes era neutro. En la actualidad, los entrenadores caninos siguen utilizando este efecto y asocian los premios en forma de golosina con un *clicker*, un pequeño dispositivo que, al presionarlo, emite un sonido, un clic. Con el tiempo, el perro está condicionado y el clic en sí es la recompensa, con lo que el entrenador no acaba dando demasiada comida al perro, sino que consigue hacer que se sienta bien con algo que antes era neutro.

Este efecto también se puede observar en los seres humanos, claro. Por ejemplo, es el motivo de que, en el mundo de la publicidad, se diga que «el sexo vende». Los indicios sexuales, como por ejemplo una persona atractiva con escasa ropa, son ya de por sí una recompensa. Al relacionarlos con un producto, se busca condicionarnos y que ese producto sea el estímulo neutro hacia el que hemos desarrollado una preferencia porque a menudo se nos ha presentado relacionado con una recompensa. Por eso mismo es inevitable que la pornografía condicione la excitación sexual del espectador, aunque no se sepa bien el mecanismo. Una de las posibilidades consiste en que las señales neutras, como la pantalla en sí, puedan relacionarse con la excitación sexual. Pero el caso es que esto significa que el porno no solo satisface los deseos humanos, sino que, con el tiempo, va a configurarlos. Lo mismo se puede decir de los superestímulos alimentarios. Hemos hablado de cómo las cocinas de todo el mundo derivan hacia los superestímulos alimentarios a medida que los países se van haciendo más y más ricos, pero sigue habiendo preferencias de gusto en las diferentes culturas. Se puede suponer que derivan del condicionamiento en las primeras etapas de la vida, en las que algunos sabores son los indicios neutros que se asocian a la sal, el azúcar, la grasa, etc., y acaban siendo una recompensa en sí mismos. Esto quiere decir que estamos condicionados a disfrutar de los sabores a los que nuestra cultura nos expone en los primeros años de vida. Este condicionamiento es normal y no se da solo con los superestímulos: la comida normal y el sexo normal también lo provocan. Solo que, con los superestímulos, es mucho más potente.

10

EL CAMINO MÁS CORTO HACIA LA EUFORIA

Hasta ahora hemos visto cómo diferentes industrias utilizan el mismo enfoque para rentabilizar los superestímulos. Lo primero, identifican algo hacia lo que los humanos se sienten atraídos por naturaleza. Luego crean versiones artificiales y exageradas, los superestímulos, que superan con mucho lo que se puede encontrar en la naturaleza. Y, por último, se ponen el monóculo y lanzan una carcajada diabólica.

Vale, puede que lo último no, pero no cabe duda de que los superestímulos son una manera muy eficaz de ganar dinero. Funcionan con la comida (superestímulos alimentarios) y con el sexo (pornografía). Pero, de hecho, es posible simplificar todavía más el enfoque.

Hasta el momento hemos estado hablando de superestímulos que requieren el uso de nuestros sentidos innatos. Por ejemplo, al comer un caramelo, el azúcar añadido activa los receptores de dulzor de la lengua. Esto hace que lleguen señales nerviosas al cerebro y se active el sistema de recompensa proporcionando una sensación agradable. Como ya hemos visto, el cerebro también recibe señales de las células nerviosas de los intestinos, y, mientras comemos, los ojos, la nariz y los oídos desempeñan su papel. En todos estos casos, los superestímulos se tienen que percibir y luego los impulsos nerviosos deben llegar al cerebro, pero también es posible activar el sistema de recompensa del cerebro de manera directa, sin pasar por los sentidos. Por lo general, esto se consigue con cierta ayuda de la botánica.

El cannabis es un buen ejemplo. Buena parte de los efectos físicos que se atribuyen al cannabis se deben a una molécula que lleva el sencillo nombre de Δ-9-tetrahidrocannabinol,[1] que suele denominarse THC para abreviar. Cuando el organismo absorbe el THC, una parte llega al cerebro, donde puede activar determinadas partes del mecanismo de recompensa y producir sensación de bienestar, incluso de euforia.

Para ser precisos, el THC se enlaza con estructuras de la membrana de las neuronas, los receptores cannabinoides. Es una interacción semejante a la que hemos descrito antes con los edulcorantes artificiales: imaginemos que el THC es una llave que encaja en una cerradura (los receptores cannabinoides). Al encajar, activa los receptores e inicia una secuencia de actividades en las neuronas en las que se encuentran.

Por supuesto, no tenemos receptores cannabinoides en el cerebro para que el cannabis los active. El THC encaja por pura casualidad. La función real de los receptores es reaccionar ante la presencia de ciertas moléculas que produce el propio cerebro: unos compuestos denominados endocannabinoides que en general se liberan en relación con las recompensas, cuando disfrutamos de algo. Están relacionados con el estado de ánimo, el apetito y la memoria. Pero el THC activa los receptores cannabinoides con mucha más potencia que los endocannabinoides naturales, y además permanece en el cerebro más tiempo. De ahí que su efecto sea tan intenso: es un atajo químico para autosuperestimularnos.

Al igual que pasaba con la nicotina y la cocaína, la intensidad del efecto del THC depende de lo deprisa que llegue la molécula al cerebro. Si ingerimos cannabis, el THC tiene que pasar primero por el sistema digestivo para que el hígado luego lo metabolice. Esto quiere decir que tarda entre treinta minutos y varias horas en llegar en cantidades altas al cerebro. En cambio, si lo fumamos, el THC llega al torrente sanguíneo casi de inmediato y afecta al cerebro en cuestión de segundos.[2] Por eso es tan popular fumar el cannabis: transcurre mucho menos tiempo entre el estímulo y la recompensa. Pero, además, la potencia del cannabis depende de la cantidad que consumas. A mayor cantidad de THC, más marcado el efecto. ¿Alguien quiere saber cómo ha evolucionado el cannabis en las últimas décadas?

En mi Dinamarca natal, la policía analiza el cannabis confiscado en las calles para determinar el contenido de THC. Estos son los valores medios en diferentes años:[3]

1970: 0,6 por ciento
1980: 1-2 por ciento
2000: 8 por ciento
2017: 25 por ciento

Es fácil reconocer la tendencia, ¿verdad? Es la misma pauta que hemos visto antes entre los que comen helados y consumen pornografía: hay una desensibilización. Con el tiempo, dejamos de ser sensibles a los estímulos a los que nos vemos expuestos de manera rutinaria, y tenemos que pasar a versiones más potentes para obtener la misma recompensa. Y, al igual que pasa con el helado, el porno y todos los demás superestímulos, la escalada no puede terminar aquí. Hoy en día, los productores de cannabis están consiguiendo ya plantas que contienen un 34 por ciento de THC,[4,5] pero hasta eso palidece en comparación con ciertos productos con THC que se están empezando a ver en algunas partes del mundo.

Para comprender lo que ha pasado, tenemos que volver a 2014. El 1 de enero de ese año, el estado de Colorado legalizó el consumo de cannabis y, desde entonces, muchos otros estados han hecho lo mismo, de modo que ahora es legal en la mitad de Estados Unidos. El movimiento también se ha extendido a Canadá, y hay países como México, Sudáfrica, Tailandia y Alemania que están dando pasos en esa misma dirección. La legalización no solo cambia la ley: cambia también el tipo de personas involucradas en una industria. Antes de la legalización, el cannabis lo vendían sobre todo delincuentes de poca monta, pero cuando pasa a ser legal llega una nueva serie de operadores. Entre ellos hay hombres y mujeres de negocios con experiencia, graduados universitarios jóvenes y ambiciosos que quieren labrarse un futuro y todo tipo de inversores con maletín y complicadas hojas de cálculo. Y resulta que esta gente hace negocios mucho mejor que aquellos delincuentes callejeros, porque el consumo de un producto se limita de manera natural si los que tienen que venderlo no se levantan de la cama por la mañana. Por el contrario, los nuevos actores de la industria se apresuraron a aplicar estrategias que a estas alturas ya conocemos muy bien. La primera, tratar de meter todo el THC posible en sus productos: al fin y al cabo, el THC es lo que la gente quiere y lo que hace que vuelvan a comprar el producto, así que, para ganar clientes y derrotar a la competencia, hay que subir el superestímulo. Las empresas de cannabis lo consiguen fabricando aceites, ceras y cristales que van del 50 al 95 por ciento de contenido en THC puro y concentrado, y que a menudo se consumen mediante atractivos vapeadores de colores vistosos.

El resultado es que, hoy en día, los consumidores de THC reciben dosis mucho más altas que antes.[6] Por desgracia, esto no solo intensifica la experiencia del cannabis, sino también los efectos secundarios, ya que la mayoría derivan del THC. Un ejemplo perfecto: se sabe que el cannabis reduce la calidad del esperma y que, cuanto más alta es la dosis de THC, más baja es esta.[7,8] Lo mismo se aplica al lado mental de los efectos, como los problemas de memoria y el riesgo de sufrir psicosis.[9-13] Lo segundo se da en el caso de personas genéticamente vulnerables, a las que el THC provoca delirios, alucinaciones y paranoia. Con suerte, los síntomas son transitorios, pero también pueden desembocar en la esquizofrenia, con lo que estas personas tendrán problemas para diferenciar entre lo que es real y lo que no.[14]

Por último, el consumo de THC en cantidades elevadas supone el paradójico riesgo de desarrollar problemas de ansiedad y depresión.[15] Mucha gente utiliza el cannabis para escapar de estas mismas afecciones, pero, de nuevo, resulta que no es tan fácil engañar al organismo. Si lo empujamos en una dirección, se resiste y empuja con la misma fuerza en sentido contrario. El cannabis reduce a corto plazo la depresión y la ansiedad porque activa el mecanismo de recompensa, pero, a la larga, el cerebro se adapta. Imaginemos, por ejemplo, que alguien padece ansiedad. En una escala del 1 al 10, está por lo general en el 7, con un nivel de ansiedad bastante alto, así que empieza a fumar cannabis para relajarse, y con esto consigue bajar a 3. Pero, a medida que sigue fumando, el cerebro se adapta y, entre otras cosas, reduce la actividad en la zona del cerebro que el cannabis activa. Esto quiere decir que el cannabis ya solo reduce la ansiedad a 6 y, sin cannabis, el nivel será más alto que antes, tal vez de 8 o 9. Por lo tanto, tendrá que incrementar la dosis de TCH y, sin la droga, estará mucho peor que al empezar.

Además de un incremento constante en la cantidad de THC que llevan sus productos, los fabricantes de cannabis también tratan de hacerlos más atractivos por otros medios. Siguen la misma estrategia que las empresas alimentarias y utilizan aditivos como sabores y aromas artificiales para mejorar la experiencia. Investigan para dar con nuevos disolventes y técnicas que aceleren la absorción del THC, y por supuesto compiten en las premisas habituales de los negocios: distribución, atención al cliente, precio, facilidad de acceso, etcétera.

Este tipo de competición nos beneficia cuando los que se esmeran por ofrecer la mejor experiencia son la tienda de ropa o la de artículos electrónicos, pero, cuando se trata de superestímulos, no es conveniente que quienes los suministran sean una maquinaria tan bien engrasada. Sabemos que el consumo de ciertos «productos de vicio» se ve afectado por lo fácil o no que sea obtenerlos.

El mejor paralelismo con el cannabis es la era de la Ley Seca en Estados Unidos, entre 1920 y 1933. Durante esos años, el alcohol pasó a ser ilegal tras las campañas de grupos religiosos y de mujeres que esperaban así reducir la violencia doméstica derivada de su consumo. En general se suele hablar de la Ley Seca para referirse a un ejemplo práctico de política fallida. Provocó que la gente empezara a elaborar licores en casa, algunos de los cuales podían dejar ciego al bebedor, pero también creó un mercado negro del alcohol con gánsteres como Al Capone, que ganaron dinero a espuertas gracias a él. Al final, la ley se derogó de manera democrática, aunque se había implantado así en un principio.

Pero una cosa que rara vez se menciona sobre esta ley es que funcionó. No sabemos con exactitud cuánto alcohol se bebía mientras era ilegal, pero seguro que menos, y tenemos esa información porque el índice de enfermedades relacionadas con el alcohol descendió mucho. Por ejemplo, hubo menos personas con cirrosis hepática y con psicosis relacionadas con el alcohol, menos arrestos por ebriedad y por alboroto. Se calcula que, para cuando el consumo de alcohol se aprobó de nuevo, los estadounidenses solo bebían la mitad que antes de la Ley Seca, y solo volvió a los niveles anteriores décadas más tarde, en los años sesenta y setenta del siglo pasado.[16-18]

Esta pauta inversa también se ve en las apuestas deportivas, que fueron ilegales en Estados Unidos hasta que el Tribunal Supremo levantó la prohibición a nivel federal en 2018. Desde entonces, 38 estados las han legalizado, y los estudios demuestran que el número de jugadores y el volumen de las apuestas se han incrementado en comparación con los estados donde siguen siendo ilegales.[19] También se ha incrementado la cantidad de bancarrotas y los índices de violencia doméstica.[20]

Estos dos ejemplos no implican que se deba prohibir nada, por supuesto. Solo demuestran que existe una correlación entre facilidad de acceso y consumo. Cuantas menos barreras y fricciones haya entre la gente y un «vicio», más elevado será el consumo, y conviene recordarlo a nivel personal. Por ejemplo, si alguien quiere perder peso, lo mejor que puede hacer es reducir el acceso al superestímulo alimentario, eliminarlo de su hogar y poner barreras y dificultades a su acceso.

Para la sociedad en su conjunto, se trata de una cuestión filosófica, un equilibrio entre libertad y salud. Si nos concentramos de nuevo en el cannabis, los defensores han tratado de alegar que facilitar el consumo no lo elevará, que la gente siempre encuentra la manera de conseguir droga tanto si es legal como si no, y que, por tanto, una prohibición es un desperdicio de recursos y solo beneficia a los criminales. Pero ya tenemos datos sobre lo que ha sucedido en Canadá y en las áreas de Estados Unidos que permiten la venta de cannabis para uso recreativo.[21] En Estados Unidos, el consumo de cannabis se ha incrementado enormemente desde que empezó a ser legal, ahora es más alto que nunca.[22] Para ver este impacto, podemos comparar dos estados similares, como Colorado, el primero en legalizar el cannabis, y Minnesota. Tienen más o menos la misma población, tamaño geográfico y economía, pero, desde la legalización, Colorado ha superado a Minnesota, y sus residentes consumen ahora un 24 por ciento más de cannabis.[23,24] Lo mismo se aprecia si comparamos Colorado con otros estados similares, como Kansas. Hay quien critica estas comparaciones y señala que se basan en cuestionarios, y que es posible que, aunque sean anónimos, haya gente a quien le cueste admitir que está haciendo algo ilegal. Pero el resto de las pruebas apuntan en la misma dirección. Por ejemplo, en los estados donde el cannabis es legal vemos más casos de problemas por su consumo, más casos de envenenamiento por cannabis entre niños y animales domésticos, más arrestos por conducir bajo su influencia y un incremento en el número de accidentes de tráfico relacionados.[25-31] Y, por último, cuando se hacen análisis de orina a los pacientes que llegan a urgencias, hay más positivos por THC que antes.[32]

Así que es innegable que la legalización incrementa el consumo, como ya nos decía la intuición: si alguien quiere beber menos alcohol, le irá mejor si vive en Arabia Saudí y no en Occidente. Si quiere comer menos comida basura, le será más fácil en Etiopía que en Estados Unidos.

Las estrategias de las empresas tabaqueras

En muchos sentidos, las grandes tabacaleras idearon las estrategias que ahora utilizan las que comercializan cannabis. Las empresas tabacaleras cultivaron plantas con niveles más altos de nicotina para enganchar a los usuarios, igual que las empresas del cannabis han incrementado el contenido en THC. El truco de utilizar aditivos para mejorar el sabor del humo viene de ellas, igual que la idea de añadir productos químicos que dilaten las vías respiratorias para que el cerebro absorba antes la sustancia adictiva.

Pero la conexión entre la industria del tabaco y la del cannabis no termina ahí. Hay documentos internos que demuestran que las tabacaleras ya estudiaban las posibilidades del cannabis como negocio desde los años setenta del siglo pasado. Hoy en día, muchas de estas empresas han adquirido o invertido en compañías dedicadas al cannabis con la idea de beneficiarse de esta otra manera de fumar.[33] No es una estrategia nueva, sino un enfoque que han utilizado de manera repetida desde que los gobiernos y los consumidores empezaron a hacerles frente. Ya en los años ochenta, cuando la ofensiva gubernamental se intensificó, varias compañías empezaron a comprar empresas fabricantes de alimentos. Philip Morris, la tabacalera más grande, adquirió Kraft Food, con marcas como Cadbury, Toblerone y todo tipo de galletas. La misma compañía adquirió también Nabisco, que entre otras cosas fabrica las Oreos, aunque luego la vendió a la segunda empresa de tabaco más grande, RJ Reynolds. Parece ser que la experiencia que se consigue en la fabricación de productos adictivos en determinada área es transferible a otras.

11

LA PLANTA DE LA FELICIDAD

Hace cinco mil años, en lo que hoy es Irak vivía un grupo de personas que se hacían llamar *sag-giga*, «el pueblo de las cabezas negras». Pero sus vecinos los llamaban sumerios, y por ese nombre los conocemos hoy en día. Los sumerios fueron la primera civilización auténtica de la Tierra. Construyeron ciudades con miles de habitantes y tenían templos en forma de pirámide desde los que gobernaban los sacerdotes-reyes. Estas ciudades eran lo más grande que el mundo había visto hasta entonces y, para que todo funcionara bien, los sumerios tuvieron a bien crear para la humanidad la primera burocracia del mundo.

No se lo debemos tener en cuenta. Los sumerios nos regalaron la primera escritura, la cuneiforme, para compensar. El sistema consistía en grabar símbolos en tablillas de arcilla que luego se dejaban secar al sol. Esto convirtió las tablillas en documentos permanentes tan duraderos que han llegado hasta la actualidad. Por ejemplo, quien haya leído el anterior libro que publiqué, *La medusa inmortal*, recordará la *Epopeya de Gilgamesh*, la historia escrita más antigua, en la que un rey abandona a su pueblo para ir en busca de la inmortalidad. O tal vez el lector haya oído hablar del infame mercader sumerio Ea-nasir, cuyas dudosas prácticas comerciales lo convirtieron en el sujeto de la primera reclamación de un cliente en la historia. Los miles de tablillas que nos han llegado han hecho posible que los lingüistas descifren la lengua sumeria, de modo que tenemos una excelente panorámica de la primera civilización del mundo. Hemos podido leer cartas personales, plegarias a los dioses, contratos de negocios, leyes y recetas de platos y medicinas. Las tablillas medicinales son las que más nos interesan en este momento porque hablan de una planta a la que los sumerios llaman *hul gil*. La traducción literal sería algo así como «planta de la felicidad». Nosotros la conocemos por un nombre mucho menos descriptivo: adormidera o amapola real.

La amapola real es una planta con un tallo de entre 30 y 80 centímetros y flores llamativas, pero los humanos no la cultivan precisamente por su belleza, y tampoco para comer, aunque sus semillas se utilizan en panes y en repostería. No, el principal motivo es que contienen opio, una sustancia euforizante que viene del líquido del interior de la vaina de las semillas. Ese líquido se extrae y se procesa para obtener una pasta negra y pegajosa que provoca un estado de placer intenso, así como una sensación de bienestar y ausencia de dolor.[1,2]

El opio funciona así gracias a un mecanismo que se asemeja al que hemos descrito en el caso del cannabis: la planta contiene unos compuestos que activan ciertos receptores en las neuronas del sistema de recompensa. En este caso no son los receptores cannabinoides, sino los receptores opioides, y de nuevo no se llaman así porque el cerebro esté diseñado para reaccionar al opio. Los receptores opioides existen porque se activan de manera natural con ciertas moléculas que el cerebro libera y que están relacionadas con el sistema de recompensa: las encefalinas y las endorfinas, entre otras.

La relación natural entre los opioides químicos que

produce el cerebro y los receptores opioides nos ayuda a regular el dolor y el estado de ánimo, de modo que, cuando el opio activa estos compuestos de manera artificial, se convierte en otra manera de superestimularnos.

No sabemos con precisión por qué contiene opio la amapola real. No es vital para la supervivencia de la planta, que solo produce la sustancia durante un periodo de tiempo breve. Una posibilidad es que el opio proteja a la amapola de los insectos y los depredadores,[3] pero sería extraño, porque las amapolas silvestres no lo producen, y es sospechoso que solo lo veamos en las variedades de cultivo.

De modo que hay otra posibilidad, y es que la amapola real sea un parásito muy espabilado, o un organismo que nos explota para obtener su propio beneficio: al producir una sustancia que provoca euforia, la planta consigue que los humanos la cuiden y la ayuden a propagarse. A lo largo de la historia, casi todos los cultivadores de opio han sido adictos a su cosecha, y no solo desde el punto de vista económico porque la planta fuera su fuente de ingresos. Los granjeros solían tener una dependencia física, a la que llegaban por la inhalación de opio durante la cosecha o bien porque lo absorbían a través de la piel. Es probable que algunos también consumieran el producto final, porque la dependencia del opio era la segunda adicción más frecuente después del alcoholismo. Lo describían los antiguos griegos y los romanos, pero en Europa nunca se lo tomaron tan en serio como en Oriente Medio y en Asia, donde el opio era incluso más frecuente que el alcoholismo. Algunos consumidores de opio llegaban a la adicción en busca de emociones fuertes, igual que hoy en día, pero también porque el opio es, con mucho, el mejor analgésico de la historia. De modo que, en la Antigüedad, el dolor crónico te situaba ante un dilema trágico: elegir entre un sufrimiento infernal y el riesgo a una adicción también infernal. Médicos, alquimistas y demás se pasaron miles de años buscando la solución al problema, tratando de dar con una forma de opio que quitara el dolor pero no fuera adictiva. Como tantas veces hemos visto a lo largo de este libro, el primer progreso llegó gracias a un químico alemán del siglo XIX. Friedrich Sertürner consiguió aislar el principio activo más importante del opio. Lo denominó *morphium*, en honor al dios griego de los sueños, Morfeo. Hoy lo conocemos como «morfina».

Sertürner pensó que la morfina sería menos adictiva que el opio porque es más concentrada y entre cinco y diez veces más potente. Esto quiere decir que hace falta menos cantidad de la sustancia para obtener el mismo efecto, y la esperanza del químico alemán era que esto se tradujese en una menor adicción.

Para poner a prueba la teoría, empezó a probar su droga y, como se imaginará el lector, la cosa no acabó bien. Hoy en día sabemos que, a mayor potencia, mayor riesgo de adicción, cosa que Sertürner aprendió de la peor manera posible. Al final, pasó de celebrar el descubrimiento a enviar una advertencia por escrito al mundo: «Considero que es mi deber llamar la atención sobre los efectos espantosos de esta nueva sustancia que he llamado *morphium*, para evitar así calamidades».[4]

Lo malo es que el mundo no le hizo caso. A lo largo de las siguientes décadas, montones de consumidores de opio se pasaron a la morfina, con lo que se hundieron aún más en las simas de la adicción y la desesperación.

No obstante, no tardó mucho en llegar ayuda, esta vez de la mano de un escocés llamado Alexander Wood, quien contribuyó al invento de las agujas hipodérmicas, que son las que utilizamos hoy en día para las inyecciones. Revolucionaron la medicina porque, de pronto, era posible administrar los medicamentos directamente al torrente sanguíneo. Y, como de costumbre, los inventos no son cien por cien buenos o malos: Alexander Wood pensó que sus agujas se podían utilizar para prevenir la adicción a la morfina, porque, según él, para desarrollar adicción a una droga hay que ingerirla de manera oral. Una droga inyectada no sería adictiva.[5]

La teoría de Wood fue un buen ejemplo del famoso chiste de Niels Bohr: es muy difícil hacer predicciones, y más sobre el futuro. Esta teoría era tan sumamente errónea que debe de encabezar alguna lista. Cuando se inyecta una droga directamente en el torrente sanguíneo, llega al cerebro más deprisa que si se ingiere o se fuma, así que, en lugar de resolver el problema, el invento de las inyecciones hizo que la morfina fuera más adictiva y solo sirvió para incrementarlo.

A pesar del fracaso, no se perdió la esperanza. A finales del siglo XIX, los científicos de la farmacéutica alemana Bayer llevaron a cabo experimentos con morfina y ácido acético, y descubrieron que la combinación producía una sustancia diferente. Tras un breve estudio, llegaron a la conclusión de que esta sustancia nueva tenía una estructura química diferente de la morfina, y por tanto no podía causar adicción. De hecho, pensaron que la nueva droga serviría para curar la adicción a la morfina y se podría utilizar para todo tipo de tratamientos, desde la tos al dolor.

El nuevo medicamento despertó tal entusiasmo que la compañía farmacéutica decidió darle un nombre glorioso. Acabaron reduciendo la lista de posibles opciones a dos: *Wunder*, inspirado en la palabra alemana que significa «milagro», o *heroisch*, «heroico». Al final se decidieron por el segundo y llamaron al nuevo medicamento...[6]

Heroína.

Y, de nuevo, como habrá imaginado el lector, las cosas no salieron como estaba previsto. La heroína llega al cerebro aún más deprisa que la morfina y es el doble de potente, así que, en cierto modo, Bayer estaba en lo cierto al decir que podían curar la adicción a la morfina: en cuanto los adictos a la morfina probaban la heroína, se cambiaban a la sustancia más fuerte sin el menor arrepentimiento. De este modo, el problema de la adicción se volvió incontrolable, y Bayer retiró el medicamento de manera voluntaria. Más adelante, la heroína se declaró ilegal, y el monumental fracaso fue suficiente para pinchar el globo de las investigaciones.

Al menos durante un tiempo.

Algunos científicos siguieron trabajando sobre el tema, pero ya había quedado claro para todo el mundo que las drogas como la heroína, la morfina y el opio son adictivas y hay que manejarlas con cuidado.

Eso hasta los años noventa, cuando la compañía farmacéutica estadounidense Purdue Pharma lanzó un nuevo medicamento analgésico llamado OxyContin. El ingrediente activo del OxyContin es la oxicodona, una sustancia opioide, igual que la morfina y la heroína. La oxicodona en sí no era nueva. De hecho, se descubrió nada menos que en 1916.

No, lo nuevo era... —venga, todos a una— que Purdue Pharma había descubierto la manera de que fuera imposible desarrollar una adicción a la sustancia.

El sistema Contin, patentado por la compañía, hacía que el medicamento se absorbiera de manera lenta y gradual. Esto bastaría para prevenir la adicción, ¿no? Pues no. Los pacientes no tardaron en empezar a masticar las pastillas para conseguir la dosis entera de una vez. Otros las disolvían en agua y se las inyectaban en el torrente sanguíneo.[7] Pero algunos pacientes tomaron las pastillas tal como se les habían recetado, y aun así acabaron desarrollando una adicción.

El OxyContin fue una mina de oro para Purdue Pharma, y otras empresas farmacéuticas no tardaron en subirse al carro del ganador. Crearon otras versiones de analgésicos opiáceos y la historia se repitió. Los medicamentos opiáceos se convirtieron en una epidemia, lo que se denominó Crisis del Opio, que ha afectado sobre todo a Estados Unidos y ha costado más de medio millón de vidas.[8]

He dicho bien. Más de medio millón.

Pero, a diferencia de lo que pasó en los ejemplos anteriores, esta parte de la historia del opio no se explica por la ignorancia ni el optimismo infundado. Porque Purdue Pharma sabía desde el principio que se podía hacer un uso abusivo de sus productos, que de hecho se estaba haciendo. Lo sabemos porque han sido demandados tantas veces que tenemos acceso a los correos electrónicos y documentos internos, entre ellos la correspondencia en la que los científicos de la empresa advierten que el OxyContin puede ser adictivo y así se ha demostrado en el laboratorio.

Pero la compañía optó por no incluir la advertencia en su publicidad.

La historia de Purdue Pharma es un buen ejemplo del tipo de gente que las industrias de los superestímulos acaban atrayendo.

La compañía es propiedad de la familia estadounidense Sackler, que entró en el sector del manejo del dolor cuando uno de sus miembros detectó un error muy común entre los médicos. Richard Sackler había estudiado medicina, y se dio cuenta de que muchos médicos daban por hecho que la oxicodona era menos potente que la morfina. Es al revés, la oxicodona es más fuerte, pero Sackler descubrió también la explicación del mito: buena parte de los médicos estadounidenses asociaban la morfina con operaciones a vida o muerte, con pacientes moribundos, y por tanto iban con mucho cuidado a la hora de recetarla, pero en cambio no sabían gran cosa sobre la oxicodona.

«Es muy importante ir con cuidado para no cambiar esta percepción de los médicos», escribió un empleado de Purdue en un correo electrónico interno.[9] Porque, mientras se mantuviera el error, sería posible convencer a los médicos para que recetaran las pastillas de Purdue Pharma para tratar todo tipo de dolencias, incluidas algunas para las que jamás recetarían morfina.

Al igual que todas las medicinas, el OxyContin necesitaba la aprobación de las autoridades antes de salir al mercado. Suele ser un proceso largo y complicado. El médico que supervisó este proceso de aprobación, Curtis Wright, consiguió un empleo muy bien remunerado en Purdue Pharma un año más tarde, pero seguro que fue por casualidad. Wright ha negado cualquier irregularidad en el proceso.[10]

Una vez aprobado el medicamento, Purdue Pharma pudo comercializarlo: contrataron a un ejército de representantes a los que incentivaban con coches y viajes a lugares exóticos. Para contribuir a las ventas, la compañía organizó cientos de seminarios para médicos sobre control del dolor, con todos los gastos pagados, claro. Como señalaron los dirigentes en su correspondencia interna, esto era más eficaz incluso cuando los seminarios tenían lugar en fin de semana. Según los datos internos de la compañía, eso hacía que los médicos recetaran el doble de OxyContin que antes.[11] Purdue Pharma empezó a distribuir entre los pacientes muestras gratuitas del medicamento.[12]

Es el mismo modelo de negocio que hemos visto en los camellos de poca monta, cuando tratan de enganchar al cliente para que vuelva a por más: la primera ronda «gratis» se rentabiliza enseguida.

Por supuesto, hubo críticas a esta expansión del OxyContin. Los médicos de las zonas más afectadas de Estados Unidos no tardaron en advertir el caos que estaba causando en sus comunidades. Hubo informes sobre olas de adicción y criminalidad como no se habían visto nunca. Pronto empezaron a morir algunos adictos. Los opioides como la oxicodona, la morfina y la heroína no son peligrosos solo por el horror de la adicción, sino también porque cumplen muchas funciones en el organismo, entre ellas la regulación de la respiración. Una sobredosis de opioides hace que dejemos de respirar.

Lo malo fue que la preocupación de algunos médicos no fue bien recibida. Purdue Pharma había previsto las críticas y, como muchos otros que hemos visto en este libro, siguió el ejemplo de la industria tabacalera. La compañía pagó a importantes científicos para que sembraran dudas sobre los problemas de los que hablaban los médicos. El más importante, Russell Portenoy, dijo que las críticas al OxyContin eran histéricas y las calificó de «opiofobia». Otro importante científico, David Haddox, fue más creativo: reconoció que la OxyContin hacía que los pacientes mostraran síntomas de adicción... ¡pero en realidad no eran adictos! Los síntomas se debían a lo que denominó «pseudoadicción», un síndrome que se había inventado y que se podía confundir con la adicción real. Según explicó, la diferencia principal era que la causa de la pseudoadicción se debía a un consumo demasiado bajo de opioides. En otras palabras, que los pacientes no tenían que prescindir del OxyContin: lo que necesitaban era dosis más altas, y así se encontrarían mejor.

A medida que la crisis de los opioides se extendió, acabó siendo imposible defender estas afirmaciones. Desde entonces, muchos se han retractado. Portenoy, por ejemplo, reconoció que algunas de sus declaraciones eran falsas y no se basaban en datos, y más tarde testificó contra la compañía, aunque es obvio que para muchas víctimas es demasiado tarde.

La crisis de los opioides que empezó con el OxyContin y otros analgésicos no ha hecho más que crecer. Los cárteles de la droga mexicanos no iban a quedarse de brazos cruzados mientras otros ganaban tanto dinero en su negocio, así que se sacaron un as de la manga: una droga llamada «fentanilo». El fentanilo es un opioide, igual que la morfina, la heroína y la oxicodona, y en medicina se utiliza para el control del dolor agudo y para la anestesia. Se puede decir que está un peldaño más arriba en la escalera, porque el fentanilo es entre veinticinco y cincuenta veces más potente que la heroína. Los cárteles se dieron cuenta de que podían aprovecharse de eso para atraer a los adictos al OxyContin a otros opioides aún más potentes. Pero el riesgo para el drogadicto es muy alto: el fentanilo es tan potente que basta con una dosis de 2 mg para matar a una persona. Por lo tanto, un kilo de fentanilo es suficiente para matar a medio millón. Y no es el peldaño más alto de la escalera: hay adictos que ya se han pasado a otro opioide sintético, el carfentanilo, cien veces más potente que el fentanilo y que en principio se desarrolló para la sedación de elefantes.

Cuesta comprender que los consumidores de estas sustancias no vean que van directos hacia el abismo, pero es difícil salir de la adicción a los opioides. En primer lugar están los durísimos síntomas de abstinencia. Los que intentan dejar la droga por su cuenta empiezan a sudar profusamente, tienen dolores musculares, calambres en el estómago, y experimentan vómitos incontrolables y diarreas violentas. De hecho, estos síntomas pueden ser letales. Por tanto, la gente no solo vuelve a consumir las drogas por la adicción, sino también para evitar el síndrome de abstinencia.

Por desgracia, desarrollamos a una velocidad increíble la tolerancia a los opioides, lo que quiere decir que los consumidores necesitan dosis cada vez más altas o drogas cada vez más fuertes para evitar estos síntomas. Pero entonces aparece el riesgo de la sobredosis, que, como hemos mencionado, ya le ha costado la vida a más de medio millón de estadounidenses.

La historia de Purdue Pharma no tiene final feliz. La compañía llegó a un acuerdo que le exige pagar una multa de miles de millones, pero la familia Sackler aún retiene una fortuna y, como parte del acuerdo, el pago de la multa les da inmunidad legal ante futuras demandas civiles.

Pero la historia nos sirve de ayuda: si la sumamos a lo que sabemos sobre otras industrias que venden productos adictivos, podemos llegar a comprender cómo se defienden de las críticas las empresas que se benefician de las compulsiones y las adicciones.

Su método siempre es el mismo. Para evitar la responsabilidad, hay que empezar por declarar con toda firmeza que el producto no tiene nada de adictivo. Ya con cientos de miles de personas enganchadas al OxyContin, Purdue Pharma siguió declarando que los casos de adicción eran muy escasos. Es igual que cuando la industria del tabaco declaraba que fumar no era adictivo porque, como decían ellos, los cigarrillos no son embriagadores, como el alcohol y las drogas, así que no podían causar adicción, ¿no es evidente? Cualquiera se puede fumar un cigarrillo y seguir adelante con sus actividades cotidianas. Es más, los fumadores que lo dejan no experimentan un síndrome de abstinencia que ponga en peligro su vida, como los adictos a la heroína o al alcohol. Así que, no, cómo va a ser adictivo el tabaco.

Con muchos de los productos mencionados en este libro seguimos ahí, en la fase de negación. Ya hemos visto que ahora el debate es si las personas que ven porno durante horas enteras sufren una adicción o es una compulsión. Y, cuando se trata de superestímulos alimentarios, seguimos debatiendo sobre si algo tan fundamental como la comida puede ser adictivo.

A estas alturas, el debate suele reducirse a una cuestión semántica: ¿qué es una adicción? Estos fuegos artificiales con palabras pueden desviar del debate, pero no suelen durar mucho. Cuanto más sabemos sobre los mecanismos biológicos implicados, más difícil es negar que existe un problema. Por ejemplo, cuando los científicos descubrieron más datos sobre el efecto de la nicotina en el cerebro, la industria tabacalera tuvo que capitular y reconocer que sus productos crean adicción.

En ese momento se entra en la segunda fase, la de admisión, en la que la compañía confiesa: sí, bueno, vale, hay gente que desarrolla un trastorno con el consumo de la sustancia. Pero el problema no es la compañía ni sus productos. El problema son los que desarrollan el trastorno: son adictos, la culpa de su problema es suya y solo suya. Richard Sackler, de Purdue Pharma, decía que los adictos quieren ser adictos. En los comunicados internos, Purdue Pharma hizo una lista de «mensajes clave eficaces» para promover los opioides, entre ellos «no es adicción, es uso abusivo» o «es cuestión de responsabilidad personal».[13,14]

Uno de los abuelos de la familia Sackler, Arthur Sackler, se defendió de manera similar cuando, en los años cincuenta, fue acusado de causar adicciones con otro medicamento, un sedante conocido como Valium. Se ve que de casta le viene al galgo. Arthur Sackler aseguraba que el problema no era la medicina ni su engañosa manera de comercializarla. Los que desarrollaban un trastorno del consumo debían de haber cometido el error de mezclarla con alcohol o cocaína. El mismo problema lo vemos en compañías de productos de alimentación como Coca-Cola, que patrocinaba una organización llamada Global Energy Balance Network. Sobre el papel, el objetivo de esta organización era investigar la obesidad, pero sus estudios siempre concluían que la causa de la obesidad era la falta de ejercicio.[15] Si la gente ganaba peso no era culpa de Coca-Cola. Hay gente muy vaga, y por eso engorda. Hoy en día sabemos que es al revés: la causa de nuestros problemas de peso es la dieta, no el ejercicio.

Sin embargo, cuando las compañías adoptan la estrategia de culpar al consumidor, se enfrentan a un problema, porque estos consumidores suelen ser la mayor fuente de sus beneficios. El 10 por ciento de la población que bebe más alcohol compra más de la mitad del alcohol que se vende.[16] Por lo tanto, si todos los que beben demasiado dejaran de beber de repente, la industria del alcohol se desplomaría de inmediato.

De la misma manera, el 10 por ciento de las personas que apuestan en los casinos genera casi el 80 por ciento de los ingresos de estos establecimientos.[17] Entre las aplicaciones de apuestas para dispositivos móviles, el 10 por ciento de los clientes aportan casi dos tercios de lo que ganan las compañías.

Purdue Pharma es un ejemplo de este mismo problema. Cuando la presión pública se hizo intolerable, la empresa accedió a pasar a una versión del OxyContin de la que era más difícil hacer un consumo abusivo. No funcionó del todo, pero la pequeña dificultad añadida hizo que las ventas bajaran de inmediato un 25 por ciento, cuando las personas que lo consumían sin control cambiaron a otro producto. Eran una parte tan importante del negocio que su desaparición afectó de manera significativa a la farmacéutica.

12

TODO LO QUE HAY QUE SABER SOBRE LA DOPAMINA

En los años cincuenta del siglo pasado, los científicos canadienses Peter Milner y James Olds investigaron el mecanismo de recompensa del cerebro. Sabían que esa estructura existía, que estaba ahí, en alguna parte, pero ¿dónde?

Para dar con la respuesta, estos investigadores diseñaron un experimento que ha inspirado desde entonces miles de historias distópicas de ciencia ficción. Se les ocurrió utilizar electricidad para localizar el sistema de recompensa mediante la activación de diferentes partes del cerebro en ratas de laboratorio. Porque, en realidad, la actividad cerebral es solo eso: señales eléctricas en el cerebro. No tenemos la menor idea de cómo se pasa de recibir una señal eléctrica entre dos neuronas a notar una sensación placentera, pero Milner y Olds pensaron que, si conseguían activar las células correctas, el animal sentiría placer y así sabrían que habían dado con el punto exacto.

Es una manera de producir superestímulos más sencilla todavía que el consumo de drogas euforizantes. Por ejemplo, para que la heroína surta efecto hay que inyectarla en el torrente sanguíneo y de ahí tiene que viajar al cerebro, donde se enlaza con los receptores de las neuronas que hay en el sistema de recompensa, y solo entonces empieza la señal eléctrica. Pero la introducción de un electrodo en el cerebro sirve para evitar esa pequeña espera y activar las neuronas del sistema de recompensa de manera casi instantánea.

Los investigadores canadienses diseñaron su experimento de la siguiente manera: las ratas tenían electrodos insertados en diferentes puntos del cerebro y a diferentes niveles de profundidad. Las pusieron en jaulas donde cada una podía activar su propio electrodo presionando un diminuto pedal. Las ratas son curiosas, de modo que, cuando las ponemos en una jaula nueva, investigan su entorno de inmediato, lo olisquean, lo palpan. En el experimento de Olds y Milner, esto quería decir que, tarde o temprano, iban a dar con el pedal que activaba el electrodo.

En la mayoría de los casos, ahí quedó todo. Unas pocas ratas incluso evitaron en lo sucesivo el pedal, de modo que la activación de la parte del cerebro en la que tenían el electrodo debía de haber supuesto una experiencia desagradable.

Pero, para cuatro ratas, la cosa fue muy diferente. Tras experimentar la estimulación eléctrica, dejaron de hacer casi todo lo que no fuera presionar el diminuto pedal una y otra vez para recibir la sensación placentera. Los científicos habían localizado el mecanismo de recompensa.[1]

Desde entonces, este experimento y otros similares se han llevado a cabo en innumerables ocasiones, y no es raro que las ratas se dejen llevar por la autoestimulación eléctrica hasta el punto de presionar el pedal más de una vez por segundo. Se vuelven tan adictas que incluso se exponen al dolor con tal de autoestimularse. Por ejemplo, pasan por una zona electrificada que les da descargas en las patas. También es habitual que dejen de interesarse por todo lo demás: aunque tengan hambre, harán caso omiso de la comida que les pongan delante para seguir con los autoestímulos, hasta el punto de que, sin la intervención de los científicos, morirían de hambre aun estando rodeadas de comida.[2]

El motivo de que los autoestímulos eléctricos sean tan adictivos es que no existe la más mínima demora en el proceso. Ya hemos visto que, cuanto más deprisa llegue una droga al cerebro, más adictiva resulta, y que por eso la gente prefiere inyectárselas en el torrente sanguíneo, para que el sistema digestivo no retrase el efecto. Pero ni las agujas pueden competir con la autoestimulación eléctrica, en la que no hay que esperar más que al instante en que la corriente pase por el cable y llegue al sistema de recompensa del cerebro.

Los neurocientíficos han demostrado este principio con versiones del experimento de autoestimulación de las ratas en las que crearon una demora entre el acto de presionar el pedal y la señal eléctrica. En estas ocasiones, los animales se volvieron menos adictos al autoestímulo.[3]

Tras el experimento canadiense con ratas, unos científicos estadounidenses de Nueva Orleans no tardaron en llevar a cabo experimentos similares con personas.[4] Estos científicos, bajo la dirección de Roberth Heath, trabajaron con pacientes de un hospital psiquiátrico. En los años cincuenta, la ciencia no estaba sometida a las mismas reglas y supervisión que hoy en día, de manera que hacían más o menos lo que les daba la gana.

Al principio, los científicos de Nueva Orleans solo utilizaron electrodos implantados en el cerebro para medir la actividad cerebral de los pacientes; pero, con el tiempo, también empezaron a estimular las diferentes zonas, igual que en el experimento de las ratas. El objetivo era utilizar esta estimulación para curar enfermedades como la depresión y la esquizofrenia, que se creía que tenían un componente de actividad cerebral anormal.

Robert Heath y sus colegas dijeron que la estimulación

eléctrica podía hacer que los pacientes sintieran cualquier cosa, desde miedo a alegría, según la parte del cerebro afectada. Con un paciente concreto llegaron muy lejos. No sabemos su nombre, solo que era un varón al que llamaron «paciente B-19», que tenía veinticuatro años, era blanco y había sufrido una infancia difícil, con un padre violento. B-19, de niño, no tenía amigos, cambió de escuela en nueve ocasiones y abandonó los estudios en el instituto. Después desarrolló adicción a las drogas, entre ellas las anfetaminas, hasta que lo detuvieron por posesión de cannabis. Desde entonces, había vivido en la institución psiquiátrica, donde también se le diagnosticó depresión clínica y epilepsia.

Pero resultaba que B-19 también era homosexual, y por alguna extraña razón los médicos decidieron que eso era lo que había que tratar. Con el consentimiento de B-19, le implantaron electrodos en diferentes partes del cerebro, con el objetivo de activarlos mientras veía imágenes de sexo heterosexual, para entrenarlo a relacionarlas con el placer. Los médicos crearon un dispositivo para que, sometido a observación, pudiera activar sus propios electrodos con solo presionar unos botones. Uno de los electrodos estaba en el sistema de recompensa del cerebro, y B-19 no tardó en descubrirlo y presionarlo con entusiasmo. Robert Heath describe que el paciente pulsaba el botón más de mil veces en una sesión de tres horas y, cuando los científicos retiraban el dispositivo, protestaba y les suplicaba.

No sabemos qué fue de B-19, pero no fue la única persona con la que se utilizó la autoestimulación. Se ha probado con más frecuencia en personas con dolor crónico. En estos casos, la teoría era que la autoestimulación eléctrica podía interferir en la sensación de dolor: si la actividad cerebral es cuestión de señales eléctricas, tal vez estimular una zona concreta aliviaría el dolor del paciente. Unos médicos neoyorquinos lo intentaron al tratar a una mujer de cuarenta y ocho años que padecía dolor crónico de espalda. Lo habían intentado todo, desde medicación a cirugía, pero nada la ayudaba. En un último intento desesperado, le implantaron electrodos en el cerebro y, como en el caso de B-19, se le entregó un dispositivo para activarlos cuando la espalda le doliera. Pero, después de la operación, la mujer informó de que uno de los electrodos, al activarse, hacía que sintiera excitación sexual. Este electrodo, como en el caso de B-19, estaba situado en la zona de recompensa del cerebro, pero, a diferencia del otro paciente, la mujer no solo tenía acceso al electrodo cuando estaba bajo observación. El objetivo era que pudiera activar los electrodos siempre que sintiera dolor, así que le permitieron llevárselo a casa. El resultado fue que la mujer no tardó en desarrollar una adicción incapacitante a la autoestimulación. Abandonó toda actividad que no fuera presionar el botón constantemente, y dejó de lado su familia y la higiene personal. Acabó saliéndole una llaga abierta en el dedo de tanto pulsar el botón, pero eso no hizo que se detuviera. Incluso trató de desmontar el mecanismo para incrementar la intensidad de la estimulación.[5]

Por esta descripción podría parecer que la mujer vivía en una especie de nirvana de placer constante, pero ella no lo describía así. Según explicaba, la estimulación le proporcionaba una extraña sensación subyacente de ansiedad, y de hecho empezó a experimentar ataques de ansiedad frecuentes y a mostrar síntomas de despersonalización. En el laboratorio, los médicos vieron que el nivel de hormonas del estrés en su sangre se disparaba cada vez que se autoestimulaba. Llegó a suplicar a su familia que le quitaran el dispositivo y lo escondieran, pero siempre que lo hacían la asaltaba una necesidad desesperada de volver a utilizarlo.

Para comprender esta reacción es interesante profundizar en la figura del psicólogo estadounidense Kent Berridge y su trabajo. Berridge es un neurocientífico que ha descrito cómo los sentimientos de deseo y placer no son lo mismo, aunque a menudo nos lo parezcan. De hecho, desde una perspectiva neurológica, son muy diferentes. Según Berridge, «querer» no es lo mismo que «gustar».[6] Las dos cosas se presentan a menudo muy unidas, claro: queremos helado y nos gusta comerlo. Pero resulta que pueden ir por caminos separados.

Por ejemplo, las personas que consumen heroína de manera enfermiza experimentan un gran placer las primeras veces que la prueban, pero, como ya sabemos, a medida que el cerebro se adapta y la persona sigue consumiendo la droga, la recompensa va disminuyendo. Al final llega un momento en que la heroína no provoca la menor sensación placentera, pero esto no quiere decir que desaparezca el deseo. Todo lo contrario, se vuelve más fuerte, crece con la adicción. De manera que la persona en estas circunstancias acaba en una situación en la que quiere algo de manera desesperada, aunque no le proporcione placer, a pesar de que no le guste.

Tanto los animales como los humanos del experimento con electrodos acaban en la misma situación porque el circuito que se estimula en el cerebro es el de «querer», no el de «gustar». Desde fuera, podría parecer que los pacientes y las ratas de laboratorio disfrutaban con el estímulo. Al fin y al cabo, no paraban de pulsar el botón. Pero lo que experimentaban no era placer, sino un deseo incontrolable de pulsarlo. Por eso mismo, la mujer del dispositivo de autoestímulo sentía estrés y ansiedad, no placer. También describió la sensación de desear relaciones sexuales, pero la estimulación no la llevó en ningún momento al placer o al orgasmo.

Esta diferenciación entre querer y gustar nos puede

aclarar muchas cosas sobre los superestímulos de los que hemos hablado hasta ahora. Empecemos por los superestímulos alimentarios. Ya hemos dejado claro que la comida rápida, los aperitivos comerciales y esas cosas están diseñados para que nos cueste mucho resistirnos. No estoy diciendo que la hamburguesa del McDonald's sea la mayor delicia culinaria, claro. Seguro que, si hablamos de «gustar», nuestra comida favorita es la de un pequeño restaurante italiano, o la que preparaba la abuela. No, la comida rápida y los demás superestímulos no están optimizados para gustarnos. Están optimizados para que los queramos, diseñados para crear una necesidad. Lo mismo se puede decir de los superestímulos sexuales y de las drogas. No es que la pornografía resulte más placentera que el sexo real, o que sentarse a solas a fumar cannabis sea lo que prefieren las personas en comparación con vivir.

Lo que pasa es que la mayoría estamos acostumbrados a ver el deseo y el placer como una misma cosa. Seguro que todos hemos escuchado comentarios ignorantes y odiosos como «Esa mujer siempre vuelve con él, aunque la maltrata; le debe de gustar que la golpeen» o «Ese hombre sigue bebiendo aunque está destrozando a su familia. Valora más el alcohol que el bienestar de sus hijos».

Estas frases serían ciertas si el deseo y el placer fueran siempre de la mano, pero no es así. La discrepancia origina problemas en muchos campos del conocimiento, como la filosofía y la economía, cuando teorías de gran influencia presuponen que el deseo y el placer son la misma cosa.

Veamos, por ejemplo, la preferencia revelada, una teoría económica que explica por qué lo que hacemos no coincide siempre con lo que decimos. Una persona concreta puede decir que da importancia al bienestar de los animales, pero sigue comprando huevos de gallinas enjauladas. Según la teoría, esta persona «revela» que sus palabras son huecas, porque de lo contrario no le importaría pagar un poco más para vivir conforme a lo que dice.

La teoría funciona en unos casos, pero en otros muchos aspectos que hemos visto en este libro tiene fallos.

Por ejemplo, ¿las personas con sobrepeso «revelan» al elegir lo que comen que valoran más los alimentos no recomendables que su propia salud?

Esto no concuerda con el hecho de que la mitad de los adultos traten de perder peso todos los años. Y no tiene sentido si tomamos en consideración cuánta gente paga por terapias para perder peso y productos dietéticos. De hecho, es posible que las personas obesas obtengan menos placer que los demás de los alimentos, debido a la desensibilización (y también a la vergüenza por comer lo que quieren).

La sensación de «querer» está relacionada con una molécula del cerebro de la cual muchos lectores ya habrán oído hablar: la dopamina. Solo un pequeño porcentaje de las neuronas liberan dopamina, unos cientos de miles, de los 86.000 millones que tenemos. Pero esta molécula tiene una importancia fundamental para nuestro comportamiento.

Las neuronas que producen dopamina se encuentran en unas pocas zonas del centro del cerebro, detrás de la boca. Para nosotros, la más importante de esas zonas lleva el encantador nombre de «área tegmental ventral». Desde ahí, las neuronas productoras de dopamina envían pequeñas proyecciones a otras zonas del cerebro. Uno de los objetivos clave es el núcleo accumbens, el eje central del procesamiento de la recompensa y la motivación, pero también llegan a los lóbulos frontales, responsables de la planificación, la solución de problemas y el autocontrol, y el hipocampo, que entre otras cosas tiene relación con la memoria. Estos elementos componen el circuito de recompensa del cerebro.

Se suele hablar de la dopamina como recompensa, en plan «las redes sociales son dopamina barata», o «el chocolate me da un subidón de dopamina».

Pero, en realidad, lo que nos proporciona la sensación placentera no es la dopamina. Eso se lo debemos a otras sustancias: los endocannabinoides y los opioides, de los que ya hemos hablado. Las neuronas que liberan y responden a los endocannabinoides y los opioides están en la misma zona que las que producen dopamina, y tienen una relación muy directa con ellas. Por tanto, sí se puede hablar del sistema de recompensa del cerebro, pero la recompensa no es la dopamina en sí.

Esto se puede ver en experimentos en los que los investigadores reducen la cantidad de dopamina en el cerebro de un animal: con métodos químicos, matan neuronas productoras de dopamina de manera que esta se reduce a un 1 por ciento de su nivel natural. Esto provoca que los ratones pierdan el deseo de comer: básicamente, dejan de moverse hasta para buscar comida y, si no se interviniera, se morirían de hambre con la comida al lado.[7] Pero lo más importante es que no se debe a que los ratones hayan perdido la capacidad de disfrutar de la comida. Si los científicos les introducen una solución de azúcar directamente en la boca, la cara de los ratones se anima y se lamen la nariz, señal de que les gusta.[8] Lo que han perdido es el deseo y la capacidad de buscar el placer.

Esta pasividad es típica de los animales con carencias de dopamina. No hacen movimientos espontáneos y pierden la curiosidad y el deseo de explorar el entorno. Si transfieres a una jaula nueva a un animal así, se queda sentado, mirándote, sin hacer nada.

Y es un fenómeno que vemos también en las personas

que han sufrido daño en la zona del cerebro donde se encuentran las células productoras de dopamina, por ejemplo, por una embolia localizada. Estos pacientes desarrollan un problema conocido como abulia, falta de voluntad. Suelen ser inactivos y se pasan el día en la cama, y responden a las preguntas con monosílabos como «sí» o «no». También pierden todo el interés en las cosas que antes les importaban. Pero, si se les administra medicación que incrementa el nivel de dopamina, se animan y recuperan parte de su antigua personalidad.

Otro ejemplo es el párkinson, una enfermedad en la que empiezan a morir algunas neuronas productoras de dopamina. Estas células no forman parte del sistema de recompensa, sino que están localizadas en una estructura cerebral cercana, la *substantia nigra* o sustancia negra, llamada así porque es más oscura que el resto del cerebro debido a una alta concentración de un pigmento conocido como neuromelanina, un subproducto de la producción de dopamina.

La *substantia nigra* es esencial para nuestra capacidad de activar y controlar los movimientos. Cuando estas neuronas empiezan a morir, el paciente sufre temblores, se mueve más despacio, tiene los músculos rígidos y problemas de equilibrio. Para reducir los síntomas se suele administrar a los enfermos una medicación que incrementa los niveles de dopamina en el cerebro. Esto puede contribuir a que las neuronas productoras de dopamina que se conservan compensen lo que se ha perdido por la muerte de las otras. Pero el incremento de la dopamina no se limita a la *substantia nigra*. La medicación hace subir el nivel de dopamina en todo el cerebro, incluso en el sistema de recompensa. Con dosis demasiado altas o en pacientes genéticamente vulnerables, esto puede provocar adicciones o un comportamiento compulsivo.

Algunos pueden desarrollar un impulso sexual incontrolable y empiezan a ver pornografía compulsivamente o a buscar relaciones de manera obsesiva, ya sea con su pareja o con trabajadores sexuales, o bien experimentan cambios en sus deseos sexuales.[9] Otros comen en exceso, o desarrollan una necesidad exagerada de comprar, o una adicción repentina a los juegos de azar.[10]

Todos nuestros órganos son complejos, pero en muchos es fácil identificar la función. A simple vista, el corazón tiene la misión de bombear sangre a todo el cuerpo, y la de los riñones es filtrar los productos de desecho y el exceso de agua de la sangre. En este sentido, la misión del cerebro es ser un superordenador biológico, y cumple su cometido tan bien que ha llegado a la conciencia y ha empezado a estudiarse a sí mismo.

Y a eso se debe que la neurociencia sea el campo más complejo de la medicina. Un estudiante de ingeniería suspira ante el examen de termodinámica, pero los aspirantes a ejercer la medicina y la biomedicina se echan a llorar cuando la mitad de las preguntas consisten en largas palabras en latín para denominar zonas raras del cerebro. Así que, si al lector le ha parecido que todo eso que hemos dicho sobre el cerebro era difícil de entender, o ha tenido que leerlo dos veces, que sepa que no está solo.

Y esto ha sido una pausa para coger aire. Ahora, vamos a ver si somos capaces de entender un poco mejor el sistema de la dopamina.

Lo primero que hay que saber es que las neuronas que producen dopamina lo hacen de dos maneras. La primera puede describirse como una secreción constante de bajo nivel. Aquí, las neuronas productoras de dopamina están liberando constantemente una cantidad reducida hacia las neuronas más cercanas. Esta descarga de dopamina marca el nivel de lo fácil que resulta llevar a cabo diferentes acciones: a más dopamina, menos obstáculo. Imaginemos, por ejemplo, que el cerebro está todo el rato haciendo sugerencias sobre lo que hay que hacer en un momento dado. Una zona puede decir «Vamos a comer chocolate», otra «Pues nos vendría bien una cabezadita» y una tercera «Se te viene encima la fecha de entrega del libro. Mejor siéntate y ponte a escribir». Es obvio que no se puede hacer todo a la vez, así que hay un área especial del cerebro que tiene la tarea de elegir entre las diferentes opciones. Esta zona son los ganglios basales y, por utilizar una analogía, son como un portero que decide a qué posible acción se le da acceso a los músculos para que la lleven a cabo en la vida real.

Las acciones propuestas no tienen todas el mismo atractivo para el portero, sino que su intensidad varía dependiendo del estado del cuerpo. Si acabas de comer, la voz del chocolate será un susurro casi inaudible. En cambio, si estás famélico, será un grito, un alarido. Esto incrementa la posibilidad de que el portero deje pasar la sugerencia hacia los músculos y empieces a comer.

Pero, además de la intensidad de la sugerencia, también hay un listón general de acción, como hemos dicho antes. Este listón es la dopamina. Cuanta más dopamina haya en la zona «portero» del cerebro, más bajo será el nivel de exigencia para dejar paso a las sugerencias.

Este mecanismo se puede entender con más facilidad cuando vemos lo que pasa al incrementar el nivel de dopamina en el sistema. Ya hemos comprobado que los ratones con déficit de este neurotransmisor se vuelven muy pasivos. Eso se debe a que un nivel bajo de dopamina establece un umbral de acción excesivamente alto. Por seguir con la analogía del portero, los niveles bajos hacen que este fije exigencias altísimas, de modo que, aunque parte del cerebro del ratón esté gritando «¡Que tenemos que comer!» o «¡Maldita sea, mueve el culo!», no van a pasar por la puerta, y el ratón seguirá sin hacer nada.

A la gente que toma cocaína o anfetaminas le pasa lo contrario. Ambas drogas incrementan de manera temporal los niveles de dopamina en el cerebro y bajan el listón de requisitos para que tengan lugar las acciones. Siguiendo con la analogía, el portero se pone mucho menos exquisito y empieza a dejar pasar todo tipo de sugerencias. Por eso, la gente que consume cocaína y anfetaminas pierden las inhibiciones, hablan más que de costumbre, dicen lo que se les pasa por la cabeza, se vuelven hiperactivos y actúan de manera impulsiva. Incluso pueden llegar a la violencia.

Atrapados en su propio cuerpo

En 1982, en California se encontró a seis personas que padecían los mismos síntomas misteriosos: estaban vivas, pero eran incapaces de moverse o de hablar. A primera vista, no tenían ninguna relación entre ellas, y los médicos temieron que se tratara de una nueva enfermedad que se estaba extendiendo, pero más tarde se descubrió que los seis pacientes compartían al mismo camello. Les había vendido lo que creía que era MPPP, un opioide semejante a la heroína, pero resultó que el químico que había hecho la droga cometió un terrible error. En lugar de MPPP, preparó por accidente un compuesto semejante, MPTP, que es tóxico para las neuronas productoras de dopamina. De manera que los seis pacientes californianos no se movían ni hablaban porque habían perdido todas las células productoras de dopamina, y no eran capaces de hablar ni de ninguna actividad.

Se trasladó a los pacientes a la Universidad de Lund, en Suecia, donde recibieron un tratamiento experimental. Por desgracia, no funcionó, y a día de hoy seguimos sin dar con la manera de ayudarlos, con el que el final nada feliz de esta historia es que no se recuperaron. Se pasaron el resto de su vida atrapados en su propio cuerpo, incapaces de ejecutar ninguna acción.[11]

La segunda manera que tienen las neuronas productoras de dopamina de liberarla es mediante un proceso llamado «transmisión fásica». Recibe este nombre porque las neuronas producen de golpe un montón de dopamina que desaparece enseguida. Es como un subidón de dopamina, y luego los niveles vuelven a la normalidad. Esta forma de liberación no tiene nada que ver con elegir entre dos acciones diferentes, sino con aprender otras nuevas. El subidón es una señal de que acabas de hacer algo positivo, bueno, y que en el futuro, en circunstancias similares, deberías repetirlo.[12]

Es fácil comprender esta parte del sistema de dopamina si la vemos en acción en el momento en que tiene más importancia: al comienzo de la vida. Imaginemos a un niño sentado en la trona, con un plato de puré delante y una cucharita de plástico en la mano. No controla bien los brazos, los mueve de cualquier manera, y el puré acaba repartido por todas partes. Pero en un momento dado, por suerte, consigue mover los brazos de la manera precisa y llega al objetivo: la boca. Al momento, saborea el delicioso puré, y la señal nerviosa va de la lengua al cerebro, donde el sistema de recompensa emite una buena dosis de dopamina.

Una vez más, la dopamina no es la recompensa. La recompensa procede de otras moléculas, y la dopamina no te dice si algo es bueno o malo. No, los subidones de dopamina están relacionados con las expectativas: suben cuando algo es mejor o peor de lo esperado, y «comida en la boca» es más agradable que «no comida en la boca».

El subidón de dopamina hace que sea muy probable que la actividad cerebral que ha tenido lugar antes de la recompensa se repita en el futuro. Eso quiere decir que, a medida que al niño se le dé mejor llevarse la comida a la boca, las conexiones cerebrales que lo ayudan a hacerlo serán cada vez más fuertes, hasta que acabe haciéndolo casi por instinto. En ese momento, dejará de tener subidones de dopamina. La comida le seguirá gustando, pero ya no recibirá una recompensa inesperada. Lo que también habrá aprendido es que la recompensa llega cuando se activan las conexiones cerebrales que lo llevaron a meter la cuchara en el puré y llevársela a la boca.

Pero, un día, el puré desaparece y en su lugar tiene cereales con chocolate. No los ha probado nunca, pero la recompensa es mayor que con el puré: cuando los cereales le llegan a la lengua, recibe una alta recompensa inesperada, y una descarga de dopamina. Ahora ha aprendido a construir sobre lo que ya sabe, y la nueva lección es que es mejor llevarse a la boca cereales de chocolate que puré. De modo que, cuando en el futuro vuelva a ver cereales de chocolate, es más probable que se los lleve a la boca para obtener otra recompensa.

Más adelante, puede que sus padres lo engañen y le pongan en el plato coles de Bruselas. Tienen un sabor amargo, y el amargor está asociado a diferentes toxinas, así que por lo general estos sabores no nos gustan, y menos cuando somos niños. De modo que se come la primera col de Bruselas y la recompensa es inferior a lo que esperaba. En este caso, no hay subidón de dopamina, sino que los niveles de dopamina en el sistema de recompensa caen por debajo de lo normal. Esto hace que sea menos probable que se lleve una col de Bruselas a la boca en el futuro, cuando vuelva a verlas.

Resumiendo, las fluctuaciones de dopamina en el cerebro forman parte del aprendizaje. Cuando algo provoca mejores sensaciones de lo previsto, estas entrenan al cerebro para que repita la acción de manera que sintamos lo mismo de nuevo. Es un sistema muy inteligente en la naturaleza, donde nos ayuda a centrarnos en los alimentos más calóricos y en las mejores parejas con las que aparearnos para transmitir nuestros genes.

Pero, en el mundo actual, estos mecanismos se desvían y nos hacen buscar recompensas «vacías», como la comida basura, el porno o los cigarrillos, porque están diseñados con astucia para activar el grado de recompensa del cerebro hasta un nivel antinatural.

La dopamina nos enseña a asociar determinadas acciones con una recompensa, sucede algo muy interesante que corrobora la idea de que tiene relación con el aprendizaje. El subidón de dopamina empieza cada vez más temprano cuando nos enfrentamos a una posible recompensa. Volvamos, por ejemplo, a los cereales de chocolate. La primera vez que nos los encontramos, la dopamina sube al probarlos, pero en las ocasiones siguientes se desencadenará antes: primero en el momento en que metemos la cuchara en el cuenco, luego en el momento en que nuestros padres lo sirven o a cuando abren la despensa donde está la caja.

El motivo es que, durante el aprendizaje, el cerebro va hacia atrás. Lo primero que aprendimos es que los cereales nos provocan sensaciones placenteras cuando llegan a la boca. Pero, una vez sabido eso, el cerebro aprende el paso que precede a la maniobra de la cuchara, o el que hace que aparezcan los cereales. Hay un subidón de dopamina cuando pedimos cereales a nuestros padres, o el día en que encontramos la caja en el armario y nos servimos un cuenco. En ambos casos, la recompensa no llega hasta que los cereales entran en contacto con la lengua, pero los niveles de dopamina suben en cuanto sabemos que se aproxima esa recompensa. Y esto también quiere decir que la introducción es parte de la creación del deseo de continuar con la secuencia de acciones. Puede que empecemos a sentir ganas de comer cereales nada más ver la caja, o quizá solo con pasar por delante del armario.

Estos mecanismos nos demuestran uno de los motivos de que deseo y placer no sean lo mismo. El deseo surge ante el primer indicio de una posible recompensa, incluso si sabemos que hay algo desagradable que se interpone entre la recompensa y nosotros, como inhalar humo o clavarnos una aguja en el brazo. En las ratas, el deseo se puede activar al tocar una varilla que les da una descarga eléctrica, siempre que el sistema de recompensa reciba un estímulo también eléctrico inmediatamente. Así, las ratas aprenden que la descarga precede a la recompensa y empiezan a desearla, incluso aunque sea desagradable, porque inmediatamente después viene la recompensa.

La dopamina y su misión en el aprendizaje son la razón de que las personas adictas no solo tengan problemas con la sustancia en sí, sino también con las diferentes asociaciones que el subconsciente ha creado en relación con ella. La mera visión de una aguja o un entorno determinado pueden provocar un inmenso deseo si el cerebro ha aprendido que estos elementos son los primeros pasos en una secuencia de acciones que conduce a la recompensa.

Por eso, las personas que quieren dejar de consumir cocaína tienen que dejar de ir a fiestas. Puede que consigan controlar los impulsos en la vida cotidiana, pero el cerebro ha aprendido que «alcohol» y «música alta» preceden a la cocaína: si va de fiesta como en los viejos tiempos, esto provoca deseos que son casi irresistibles. Lo vemos también en los fumadores sociales: no les cuesta no fumar en el día a día, pero en cuanto empiezan a beber aparece la necesidad, y antes de que se den cuenta ya tienen un cigarrillo en la mano. De nuevo, esto se debe a que su cerebro ha aprendido a asociar el alcohol con la recompensa del tabaco, de manera que la necesidad aparece cuando beben.

Una versión muy extrema de este fenómeno la vimos en soldados que volvían de la guerra. El ejército estadounidense hizo una serie de encuestas durante la guerra de Vietnam, y resultó que el 43 por ciento de los soldados habían consumido heroína durante el despliegue. La mitad de los que la habían probado confesaron tener una adicción.

Pero, cuando volvieron a casa, no hubo una crisis de heroína a nivel nacional, como cabría esperar. Una encuesta ulterior indicó que solo el 1 por ciento de los soldados seguían siendo adictos.[13] Lo mismo se observó durante la Segunda Guerra Mundial, cuando tanto los Aliados como las potencias del Eje proporcionaron a sus tropas grandes cantidades de anfetaminas para incrementar su resistencia, agresividad y concentración. Se sabe que, entre abril y junio de 1940, Alemania envió 35 millones de pastillas de metanfetamina a sus soldados. Pero, de nuevo, tras la guerra no hubo una crisis de adicciones.

Puede que resulte difícil de creer, y más después de ver lo que pasaba en otras situaciones en que la gente probaba sustancias adictivas. En el caso del OxyContin, que es menos potente que la heroína, hubo una crisis de salud que afectó a millones de personas. ¿Cómo es posible que los soldados no se volvieran adictos?

Una posibilidad es que los soldados solo consumieran las drogas para aliviar el coste psicológico de estar en guerra. Cuando la guerra terminó, ya no les hicieron falta estas muletas químicas, y pudieron seguir adelante sin ellas. Pero sabemos que muchos soldados siguieron teniendo problemas de salud mental al volver tras estar en una zona de conflicto, y además no es obligatorio sentirse mal para desarrollar un trastorno por consumo de sustancias. También le pasa a mucha gente a la que le va de maravilla.

La explicación tiene más que ver con lo que ya sabemos sobre las asociaciones. Tras la guerra, los soldados viajaron miles de kilómetros para volver a su hogar, a un entorno completamente diferente. Su vida cotidiana y su entramado de relaciones cambió al instante. Por tanto, desaparecieron los «desencadenantes» que los soldados habían aprendido a asociar con la droga. Eran como esa gente que solo fuma en las fiestas y de repente no va más a fiestas, así que ya no siente la necesidad de fumar.

Pero no es muy práctico cortar relaciones con los amigos, cambiar de profesión y salir del país para quitarnos el vicio de las Pringles. No hay que llegar tan lejos. La historia de los soldados de Vietnam y de la Segunda Guerra Mundial indica que el primer paso para recuperar el control sobre los malos hábitos es eliminar tantos desencadenantes como sea posible. Por eso hemos hecho hincapié antes en la importancia de no tener comida basura en casa si tenemos tendencia a comer en exceso: la mera visión de una bolsa de golosinas o de patatas fritas es un desencadenante, y es más fácil ganar la batalla si empezamos por evitarla.

Además de eludir los desencadenantes, también es posible combatir las adicciones reentrenando al cerebro de manera que aprenda que esos desencadenantes no predicen la aparición de una recompensa. Es mucho más difícil y no se ha estudiado demasiado, pero sabemos que funciona con las personas que tienen un trastorno por consumo de alcohol.

El alcohol afecta al cerebro de múltiples maneras, y una de ellas es que hace que se liberen opioides al sistema de recompensa. Por tanto, es posible utilizar un fármaco, la naltrexona, para bloquear los receptores de opioides, y esto ayuda a «desaprender» la adicción. Cuando la naltrexona bloquea los receptores de opioides, el alcohol ya no libera recompensas en el cerebro.[14] Los consumidores toman la medicación por la mañana y, si a lo largo del día caen en la tentación de beber, la experiencia será de lo más aburrida. La recompensa será inferior a lo previsto, y recordemos que esto hará descender los niveles de dopamina y «enseñará» al cerebro que el alcohol no es una recompensa por la que valga la pena gastar energía.

Es posible que se pueda utilizar algo semejante para controlar otras formas de adicción. Si de repente los cereales con chocolate nos empiezan a saber a coles de Bruselas, el deseo no tardará en reducirse. Lo malo es que no es tan fácil engañar al cerebro. Podemos dar con la manera de que los aperitivos no sean tan sabrosos, pero cuando sabemos la razón de su falta de atractivo, el método no funcionará. Este tema se está investigando a fondo, así que puede que algún día seamos capaces de aprender a salir de las adicciones.

Los motes de las moléculas

Tenemos la costumbre de poner motes a muchas hormonas y moléculas del organismo. Por ejemplo, en este libro ya hemos visto que la dopamina es más una «molécula del aprendizaje» que una «molécula de la felicidad», pero la biología no siempre es tan fácil de categorizar.

La dopamina cumple muchas funciones aparte de las que hemos descrito. Dejando a un lado el cerebro, afecta a la producción de orina en los riñones, activa las células inmunológicas y tiene un papel en el desarrollo de los ojos.[15-17] De la misma manera, sabemos ya que los opioides nos hacen sentir placer, pero también se utilizan para controlar la respiración. Un tercer ejemplo del que no hemos hablado todavía sería la oxitocina, la «hormona del amor», que influye en el sentimiento de apego a otras personas, pero también hace que los músculos que rodean el útero se contraigan, con lo que se puede inyectar para provocar el parto.

Si los humanos hubiéramos diseñado nuestro cuerpo, tal vez lo habríamos optimizado para que cada molécula tuviera una función, pero en los organismos biológicos todo se reutiliza de la manera más absurda imaginable. Esto hay que recordarlo cuando leemos acerca de fenómenos biológicos complejos: no se trata solo de la molécula, sino también del dónde, el cuánto y el contexto.

Tercera parte

SUPERESTÍMULOS EN LA PANTALLA

13

FRIENDS, PERO EN LA VIDA REAL

Los seres humanos son animales muy extraños, la verdad. La mayoría de los mamíferos tienen cuatro patas, pelo y cola, y aquí estamos nosotros, caminando sobre dos patas, sin cola y con pelo en solo unos pocos lugares estratégicos.

También somos el único animal con barbilla, uno de los pocos que pueden sudar por todo el cuerpo, y tenemos hábitos alimentarios atípicos, por decirlo suavemente, entre los que se encuentran beber la leche de otros mamíferos y cocinar la comida con fuego.

Pero, si hubiera que elegir una sola característica notable y única, sería el cerebro grande del ser humano, que da como resultado la inteligencia. De hecho, el cerebro humano es quizá la estructura más compleja del universo. En este libro hemos hablado de algunos de sus puntos débiles, pero, aparte de estos, es imposible no admirar el ingenio humano. En el momento de escribir estas líneas me encuentro a 10 kilómetros de altura sobre el océano Atlántico, en un enorme tubo de metal con alas que quema plancton de hace un millón de años para volar; la herramienta que utilizo es una máquina que emplea arena y electricidad para llevar a cabo operaciones matemáticas. En comparación, el mayor logro de los chimpancés es lamer un palo para que se peguen los insectos.

Pero no importa lo inteligente que sea un ser humano como individuo: por nuestra cuenta, ninguno de nosotros es capaz de construir un avión o un ordenador. La gran fuerza de la humanidad no es la inteligencia en bruto, sino la combinación de inteligencia y unos instintos sociales muy pronunciados. Esta mezcla no solo nos permite tener grandes ideas y aprender sobre el mundo, sino colaborar para llevar a cabo nuevos descubrimientos y progresar sobre el conocimiento acumulado de la especie. En cualquier caso, esta sociabilidad también nos hace diferentes de la mayoría de los animales. Muchos de ellos llevan vidas solitarias y solo se reúnen con sus compañeros de especie para aparearse o para pelear; hasta los animales que toleran la compañía mutua suelen vivir en «rebaños» reducidos.

Nosotros también somos miembros de «rebaños» reducidos, como nuestra familia o los grupos de amigos a los que pertenecemos, pero formamos parte de rebaños enormes como nuestra nación o estado, y cada vez más la sociedad global. Esto se debe a que no solo toleramos la compañía mutua, sino que tenemos una necesidad instintiva de ella, de validación y reconocimiento por parte de los demás. Y, como ya se habrá imaginado el lector a estas alturas, eso quiere decir que también se pueden crear superestímulos para estas necesidades. De hecho, se podría decir que los instintos sociales son los más explotados.

Una de las mejores maneras de evaluar la potencia de los instintos sociales es a través de la ficción que nos gusta. ¿Cuántas series de televisión se pueden resumir con la frase «la vida y experiencias cotidianas de una familia o grupo de amigos»?

No se trata de series que narren un viaje épico a los confines del mundo o hablen de un universo mágico, sino que presentan a un grupo de gente en teoría normal, con una vida corriente. Entre otros muchos ejemplos están *Seinfeld*, *Friends*, *Cómo conocí a vuestra madre*, *The Office*, *Modern Family*, *The Big Bang Theory*, *New Girl*, *El rey de Queens* y muchas muchas más.

Es evidente que estas series van sobre la vida normal, pero no son realistas. Los personajes, que se supone que son personas corrientes, viven en casas y apartamentos grandes y son atractivos, divertidos, disponen de una cantidad de tiempo libre casi ilimitada y experimentan muchas más cosas que la gente normal. Al mismo tiempo, en la serie se eliminan todos los aspectos mundanos de la vida cotidiana, como el transporte, los tiempos de espera, las noches en que no pasa nada, las tareas repetitivas y el trabajo aburrido. Se puede decir que una serie de televisión es una versión exagerada de la vida real, igual que un caramelo de fresa es una versión exagerada de las fresas reales.

También vamos a reconocer muchos métodos utilizados para crear estos superestímulos «sociales» o «de experiencia». Lo fundamental es hacer experimentos con el usuario, en este caso el espectador, para descubrir la mejor manera de engancharlo. Históricamente, las series de televisión han dependido de métodos manuales como utilizar grupos de discusión, gente que veía los capítulos y luego daba su opinión. Esto se sigue haciendo hoy en día, pero en el mundo digital hay métodos mucho más eficaces. Por ejemplo, es bien sabido que Netflix hace mucho uso de las pruebas A/B.[1] Se trata de un método para optimizar productos digitales que consiste en dividir a los usuarios en grupos a los que se presentan diferentes variantes de una característica, diseño o contenido, para saber qué funciona mejor. Por ejemplo, se pueden hacer pruebas para ver qué botón de un sitio web lleva a más ventas con solo poner ante unos cuantos usuarios un botón rojo y otro verde, y al mismo tiempo estudiar sus conversaciones. Las pruebas A/B en compañías como Netflix no se limitan a cuestiones sencillas con botones de colores y dos opciones diferentes, claro. Se utilizan a escala gigantesca y se aplican a casi todos los aspectos de la plataforma para optimizar la interacción del usuario. Es la base de las opciones de reproducción automática, saltar la intro y todas las elecciones de diseño en la web. Y más aún, las pruebas A/B también se utilizan para personalizar la web y retener la atención de cada usuario individual. Netflix puede probar diferentes versiones de la muestra que ofrece según la persona a la que se dirija. Alguien que haya visto muchas películas de acción se encontrará con una imagen en la que se ven explosiones, mientras que alguien cuyo historial de visionado sugiera que le interesan los dramas puede ver un momento de ternura entre los protagonistas.

Netflix no es la única que utiliza esta optimización, claro. En el mundo virtual, todos lo hacen. Prácticamente no hay sitio web que utilicemos que no haga experimentos en tiempo real para aumentar el tiempo de visionado, incluidas las webs porno.

Hay productores de contenido que llegan incluso a utilizar experimentos para encaminar la creación del contenido mismo. Un buen ejemplo es Moonbug Entertainment, una compañía británica responsable de una serie de franquicias de YouTube muy populares entre los niños más pequeños, como CoComelon. Según información de *The New York Times*, los programas se optimizan de la siguiente manera: se pone a un grupo de niños ante la pantalla y se les muestra una primera versión de los dibujos animados en los que se está trabajando. Tras la pantalla hay otra más grande que la compañía llama Distractatron. En esta se muestra en bucle una serie de actividades cotidianas, como escenas en cafeterías y peluquerías. Se monitoriza a los niños y se toma nota cada vez que apartan la vista de los dibujos animados. Una vez llevado a cabo el experimento con muchos niños diferentes, la compañía puede identificar los momentos menos atractivos del programa y cambiarlos hasta que consigan conservar la atención de los niños todo el tiempo.[2] Cualquiera que haya visto a un niño delante de uno de estos programas sabrá lo bien que funciona el sistema, que consigue crear una concentración de zombis. Lo mismo se puede decir de los adultos que ven Netflix hora tras hora. Su éxito es tal que, en este momento, el 15 por ciento de todo el tráfico global de internet se debe a la plataforma.[3] Saben que tienen al público enganchado. Hay una frase de Reed Hastings, su fundador, que se ha hecho famosa: tras una reunión con los inversores, le preguntaron si la compañía estaba preocupada por la competencia de otras plataformas, y su respuesta fue: «Cuando ves una serie de Netflix y te enganchas, te quedas despierto hasta tarde por la noche. Nuestro competidor es el sueño. Y ahí hay en juego mucho tiempo».[4]

La parte lógica del cerebro sabe que lo que vemos en la pantalla no es la vida real, claro, pero eso no se aplica necesariamente al subconsciente. Por ejemplo, tal vez el lector haya experimentado una cierta tristeza cuando se acaba una serie larga, casi como si hubiera perdido algo o a alguien.

La causa de esta sensación es que hemos desarrollado lo que se denomina «relaciones parasociales» con los personajes de la pantalla. Este fenómeno lo describieron por primera vez los sociólogos estadounidenses en los años cincuenta del siglo pasado, cuando empezaron a popularizarse los aparatos de televisión en las casas.[5] Los sociólogos advirtieron que algunos espectadores formaban relaciones con los personajes ficticios como si fueran personas reales. Algunos llegaron incluso a enamorarse. Esto se debe a que no podemos diferenciar por completo entre lo que es real y lo que no. Para una parte del cerebro, las personas de la pantalla son nuestros amigos de verdad, y lo que experimentan lo experimentamos de verdad. Por eso, el final de una serie puede provocar un sentimiento de pérdida de un amigo.[6] Algo parecido sucede a mayor escala cuando alguien se involucra demasiado en la vida de un famoso, en los medios, las redes, YouTube... La relación es unidireccional, pero el subconsciente la puede interpretar como real y crear relaciones parasociales.

El problema es que nuestras relaciones parasociales acaban compitiendo con las reales. Es habitual que una persona se quede en casa para seguir la vida de sus amigos y familia parasociales mientras sus verdaderos amigos y familia están a dos pasos. A cualquiera sin ideas preconcebidas esto le parecería desconcertante. Imaginemos que somos extraterrestres de una galaxia lejana y acabamos de descubrir la Tierra. Nuestra civilización quiere saber más sobre este nuevo planeta, así que nos mandan para estudiar a sus habitantes. Tenemos instrucciones de analizar a la especie dominante, los humanos, y describir su comportamiento. ¿Qué diremos de una persona que se pasa el domingo entero, casi sin moverse, mirando una pantalla?

Los científicos humanos que vieran hacer algo así a un ratón pondrían este comportamiento en el mismo grupo que el de los roedores adictos a la autoestimulación eléctrica. En la pantalla y en el cerebro del espectador hay alguna actividad, pero desde fuera lo único que se ve es a un animal que permanece horas pasivo mientras recibe estímulos externos.

En esta parte del libro vamos a ver este principio muchas veces. Las compañías que ganan dinero mediante la manipulación de nuestros instintos sociales solo quieren retener la atención y que pasemos tanto tiempo como sea posible ante su producto. Y la consecuencia es que algunas personas descuidan el mundo real.

Cuando los exploradores y comerciantes europeos llegaron a la India se fijaron en algo muy extraño: había similitudes asombrosas entre algunos idiomas de la zona y las lenguas clásicas, el griego y el latín. Hasta descubrieron puntos en común entre los idiomas indios y el idioma materno de los exploradores. Por ejemplo, Filippo Sassetti, un comerciante del siglo XVI, señaló que había palabras muy similares entre el sánscrito y el italiano, como el equivalente a *serpiente*, a *dios* y a varios números.

La información sobre estas coincidencias lingüísticas llegó a Europa, y los lingüistas empezaron a estudiarlas con curiosidad. Llegaron a la conclusión de que solo podía haber una explicación lógica: los idiomas indios y los europeos tenían un antepasado común, una lengua primitiva que había dado origen a todas las demás.

Hoy en día conocemos estas lenguas como «indoeuropeas», porque sabemos que aquellos lingüistas tenían razón. Tanto el inglés y el latín como el hindi, el urdu, el bengalí y el sánscrito descienden de la misma lengua, la que hablaba un pequeño grupo de tribus que la impuso por la fuerza al conquistar zonas enteras del mundo conocido.[7] Estas tribus no dejaron escritos, así que no sabemos cómo se denominaban entre sí, pero nosotros los llamamos «indoeuropeos» o «yamnayas». Vivieron como nómadas en las vastas estepas del sur de Ucrania y Rusia hace cinco mil años, fueron los primeros en domar caballos, y a lomos de estos animales pastoreaban rebaños de vacas, cabras y ovejas, que eran su sustento. Esta existencia nómada les daba mucha más libertad que las prácticas agrícolas del resto de Europa en la misma época, pero la forma de vida de los yamnayas también era muy violenta. Las tribus de la estepa eran de una brutalidad inigualable.

Lo sabemos gracias a una de sus tradiciones más importantes, el llamado «koryos». Se trataba de un ritual de la mayoría de edad que marcaba el paso de la niñez a la edad adulta, un poco como la confirmación o el *bar mitzvah* de hoy en día, solo que el koryos incluía sacrificios sangrientos a los dioses y rituales dolorosos. Su objetivo era que los varones jóvenes adoptaran de manera temporal una nueva identidad basada en el lobo. Tenían que volverse violentos, impulsivos, astutos y crueles. La nueva identidad permitía que el grupo koryos viviera al margen de la moral vigente en la sociedad. Se les permitía robar, saquear y matar... con tal de que no fuera a miembros de su propia tribu.

Tras el ritual, los jóvenes tenían que salir de los territorios de la tribu para valerse por sí mismos durante un tiempo. Se esperaba de ellos que cazaran animales salvajes para sobrevivir, y con su nueva identidad de lobos tenían que atacar a otras tribus, robarles ganado, matar a los hombres, llevarse a los niños como esclavos y forzar a sus mujeres a casarse o a algo peor.

Si los koryos tenían éxito, podían volver a la tribu a los pocos meses o años, y se reintegraban como ciudadanos respetables. Pero, dado que el éxito también les aportaba ganado, esposas y un nuevo grupo, podían optar por crear otra tribu. En ambos casos, no tardaría en llegar una nueva generación de guerreros para que la historia volviera a repetirse.

Seguro que algunos grupos de koryos perecían en el enfrentamiento con otras tribus, pero sabemos que muchos se convirtieron en guerreros victoriosos: tenemos restos arqueológicos[8] con objetos relacionados con los yamnayas que se han encontrado en todo el camino desde sus tierras en la estepa y, pocos siglos después, en los puntos más lejanos de Europa hacia el oeste y del subcontinente indio hacia el este. Esta trayectoria de conquistas también se ve en la huella cultural que los yamnayas dejaron en las sociedades posteriores. Sus dioses se convirtieron en los dioses griegos, romanos y nórdicos, y son el motivo de que estas mitologías tengan tanto en común. También sus costumbres perduraron en tradiciones como las de los vikingos, cuyas expediciones recuerdan la costumbre de los koryos. Los vikingos tenían tropas de asalto, los *berserkers* o *ulfhednar*, guerreros vestidos con pieles de lobo u oso que se lanzaban contra el enemigo en una especie de trance descontrolado, sedientos de sangre. También encontramos indicios de estas antiguas costumbres en las historias y leyendas de toda Europa. Están, por ejemplo, los mitos de los hombres lobo, que se transformaban en aterradores seres lupinos a la luz de la luna y sembraban el pánico a su alrededor. Por último, sabemos del éxito de los yamnayas gracias a nuestro ADN: cualquier persona con orígenes en Europa, Asia Central, Irán, Afganistán, Pakistán o la India tiene antepasados entre estos guerreros. Tanto en Europa como en el subcontinente indio los yamnayas se toparon con sociedades de granjeros que no eran necesariamente pacíficos, pero no pudieron hacer nada frente a los despiadados jinetes guerreros. En algunas zonas, exterminaron a estos granjeros por completo, mientras que en otras sus genes se siguieron transmitiendo, probablemente debido a los esclavos que tomaron o a las mujeres a las que forzaron a casarse con ellos.

Europa y el subcontinente indio no son los únicos lugares con un pasado violento. En el resto del mundo vemos ejemplos de otros grupos conquistadores con costumbres similares. Al mismo tiempo que los yamnayas se extendían desde las estepas de Ucrania y Rusia, otro grupo hacía lo mismo en África. Eran las tribus bantúes, originarias de la zona donde hoy en día está Camerún, que ocuparon grandes territorios del continente con sistemas similares a los de los yamnayas.[9]

Por suerte, hoy las cosas han cambiado mucho y podemos ir al supermercado sin temor de que nos asalte una tribu de jinetes vestidos con pieles de lobo, pero en todo el mundo vemos grupos tipo koryos que aparecen cuando se dan las condiciones. Porque los humanos prehistóricos no estaban inventando un comportamiento nuevo: está en la naturaleza humana que los varones jóvenes sean los miembros más agresivos e impulsivos de la sociedad. De hecho, en psicología se utiliza la expresión «síndrome del macho joven» para describir la sobrerrepresentación de los hombres jóvenes en las estadísticas relacionadas con la violencia y las conductas arriesgadas.[10]

En todo el mundo, el grupo social con mayor riesgo de condena por crímenes violentos son los varones en torno a los veinte años. Este grupo también es el que más aparece entre los miembros de bandas, terroristas suicidas (el terrorista suicida medio es un varón de veinte años),[11,12] en accidentes de coche[13] y en las visitas a hospitales tras pegar un puñetazo a una pared.[14]

No quiero que se me entienda mal, esto no significa que todos los varones jóvenes sean violentos. La mayoría nos las hemos arreglado para no entrar en una banda ni hemos ejercido la violencia contra una pared inocente. Pero es indudable que hay ciertos impulsos biológicos más propios de los varones jóvenes, debidos probablemente a la testosterona, que incrementan el riesgo de este tipo de comportamiento. Las tradiciones como la de los koryos han avivado estos impulsos en el pasado, mientras que en la actualidad tratamos de redirigirlos hacia actividades más pacíficas y productivas. Históricamente, las que más éxito han tenido han sido los deportes, que George Orwell describió como «la guerra pero sin tiros». En los deportes se puede correr y pelear por un balón, y luego todo el mundo vuelve a casa sano y salvo.

Con el desarrollo tecnológico, también han aparecido nuevas maneras de redirigir los impulsos violentos. La más interesante son los videojuegos.

Hay videojuegos sobre todos los temas imaginables, pero muchos de ellos recuerdan en buena medida a la tradición de los koryos. Se juegan en equipo y el objetivo es matar al rival o derrotarlo en alguna especie de competición. A esto se debe que los videojuegos hayan sido acusados a menudo de promover los comportamientos violentos: no cuesta mucho imaginarse a las personas que disfrutan matando y saqueando en la pantalla haciendo lo mismo en la vida real.

En las últimas décadas, los sociólogos han estudiado si hay algo de cierto en esta relación, pero no han encontrado ninguna prueba de que los videojuegos violentos hagan que la gente sea más violenta en la vida real.[15,16] Podríamos llegar a la misma conclusión estudiando la sociedad. Como ya hemos dicho, los videojuegos violentos gozan de una popularidad increíble y que va en aumento, de modo que, si contribuyeran a la violencia de los jóvenes, las estadísticas del crimen lo reflejarían. Pero es al revés, la criminalidad se está reduciendo. En comparación con lo que pasaba hace diez o veinte años, hay menos personas jóvenes condenadas por crímenes violentos.[17]

Aunque resulte paradójico, este descenso de la criminalidad puede deberse a esos mismos juegos a los que se acusaba de provocar el comportamiento criminal. Hay indicios de eso en un interesante estudio neerlandés, en el que los científicos investigan cómo afectó a la criminalidad de un país concreto la salida de una nueva versión de *Grand Theft Auto*. Para quien no lo conozca, la premisa de *Grand Theft Auto* es que nos ponemos en el papel de un criminal que lleva a cabo diferentes misiones, como dar palizas, cometer robos y asesinar. Por lo tanto, si un videojuego violento va a hacer que suba la criminalidad, debería ser cuando el país entero empieza a jugar a *Grand Theft Auto*. Pero el estudio neerlandés indica que el índice de criminalidad descendió tras su comercialización.[18]

Los científicos estadounidenses han observado el mismo fenómeno cuando se estrenan películas violentas: han cruzado los índices de violencia en las películas y las estadísticas de criminalidad para ver si inspiran crímenes violentos. Y, de nuevo, la respuesta es negativa. Las películas violentas hacen que los índices de criminalidad bajen.[19]

¿Alguien se imagina la razón?

Es muy sencilla: no se puede estar en dos lugares a la vez.

Si estás vapuleando a cualquier desgraciado en un juego de ordenador, no puedes estar a la vez dando una paliza en el mundo real. Por lo tanto, a medida que sube el tiempo de pantalla, baja el dedicado a cometer crímenes violentos. En realidad, baja el tiempo para cualquier actividad en el mundo real. Esto queda muy claro en las encuestas llevadas a cabo en mi Dinamarca natal. Cada cuatro años, el gobierno danés encarga un amplio estudio sobre la salud y el bienestar de los jóvenes, que incluye una encuesta en la que una pregunta es si la persona ha pasado tiempo con algún amigo fuera del entorno escolar, el deporte o el trabajo en el transcurso de la semana anterior. En 2009, el 63 por ciento de los varones daneses entre quince y diecinueve años respondieron que sí. Hoy en día la cifra ha bajado al 38 por ciento.[20] Esta caída es evidente en todos los grupos de edad y en ambos géneros, y pasar tiempo con los amigos no es la única actividad de la vida real en declive. También ha bajado la asistencia a fiestas, a espectáculos deportivos, incluso a conciertos. No significa que la gente joven no tenga ya vida social o experiencias, pero cada vez más a menudo la vida social tiene lugar en internet, y las experiencias son digitales, en forma de videojuegos o películas, por ejemplo. Al fin y al cabo, ¿pueden tus amigos de verdad competir con esos «amigos» parasociales mucho más entretenidos que ves en YouTube, TikTok y Netflix? ¿Las actividades de la vida real son tan atractivas como las series de televisión y los juegos de ordenador hiperoptimizados? Las respuestas difieren según las personas, pero las cifras indican que el mundo digital va ganando la batalla, y que cada vez más gente vive en el mundo digital. En términos generales, pasamos más tiempo que nunca a solas en casa. Según datos de Estados Unidos, las personas declaran pasar un 40 por ciento menos de tiempo con otros que hace diez años.[21]

Este cambio también puede explicar otros problemas sociales de los que ya hemos hablado. Recordemos, por ejemplo, que hay más solteros que nunca, y que tenemos menos relaciones sexuales que en el pasado, incluso dentro de una relación. Hemos visto que las aplicaciones de contactos y la pornografía son una posible causa del problema al presentarnos un excesivo número de opciones y crearnos expectativas muy altas. Pero puede haber otra explicación, y es sencillamente que pasamos menos tiempo en el mundo real e interactuamos con menos personas. Si analizamos el lado bueno, eso quiere decir que hay menos violencia, pero también menos interacciones positivas en forma de amistad, relaciones y sexo.

14

ESE INFINITO PASAR PANTALLAS

En un amplio estudio, los científicos británicos trataron de averiguar qué nos hace felices en la vida cotidiana. Diseñaron una aplicación para el teléfono que preguntaba a los miles de participantes qué estaban haciendo en ese momento del día y qué nivel de felicidad sentían en ese momento. Para sorpresa de nadie, la gente declaró sentirse más feliz tras tener relaciones sexuales, contactos sociales o participar en actividades como juegos deportivos o conciertos.[1]

En el otro extremo declararon actividades como hacer cola, estar enfermos en cama, llevar a cabo tareas domésticas... y pasar pantallas en las redes sociales. Exacto, a ese nivel pusieron las redes sociales. Según este estudio, parece que la gente trataría de evitarlas más que fregar los platos, pero sabemos que no es el caso.

Pronto se cumplirán dos décadas desde que Apple lanzó el primer iPhone y dio a la humanidad la opción de estar en internet casi todo el día. Hoy, casi el 80 por ciento de la población tiene un teléfono inteligente, es decir, más gente de la que cuenta con acceso a un retrete funcional.[2,3] Basta con echar un vistazo alrededor para darnos cuenta de que los teléfonos inteligentes no están precisamente cogiendo polvo. Los fabricantes como Apple saben con precisión cuánto tiempo nos pasamos pegados a la pantalla, pero no es un dato que se haga público. Lo mejor que tenemos son cálculos de fuentes externas, que sugieren que son cinco horas diarias por persona.[4,5] Los números varían según el país, pero no tanto como cabría imaginar, y es curioso que los que tienen mayor cantidad de tiempo medio ante la pantalla no son los países desarrollados, como la anglosfera, sino los de ingresos medios y los países en vías de desarrollo como Filipinas, Brasil y Sudáfrica. En parte se debe a que la población de estos países es más joven, con índices de natalidad más altos, de manera que una parte más importante de la población se compone de niños y adultos en su primera etapa. Y los jóvenes pasan más tiempo delante del teléfono.[6] Por grupos de edad, las cifras son más o menos así:

- 16-24: 7,5 horas
- 25-34: 7 horas
- 35-44: 6,5 horas
- 45-54: 6 horas
- 55-64: 5,5 horas[7]

Parte de este «tiempo de pantalla» transcurre ante un ordenador, en horario laboral, así que no todo son redes sociales y similares. Pero la mitad de todo el tiempo de pantalla es con el teléfono, y la causa principal son las redes sociales.

En los años cincuenta del siglo pasado, B. F. Skinner, un psicólogo estadounidense, llevó a cabo una serie de experimentos innovadores sobre el comportamiento animal.[8] El objetivo de Skinner era investigar el sistema de recompensas del cerebro. Para sus experimentos, construyó una serie de jaulas pequeñas que ahora denominamos «cajas de Skinner». Este diseño se parece mucho al que vimos en el experimento de las ratas y la autoestimulación eléctrica. En una caja de Skinner, hay un botón o palanca que da acceso a una golosina cuando el animal de laboratorio lo presiona. Y ya sabemos que tanto las ratas como los ratones son curiosos por naturaleza. Si introducimos uno en un entorno nuevo, como una caja de Skinner, va a explorarlo, lo olisqueará y lo tocará todo. Más temprano que tarde, el animal pulsará el botón por casualidad, y el botón lo sorprenderá con una golosina antes de liberarlo. Solo hace falta que esto pase unas pocas veces para que el animal aprenda la conexión y empiece a pulsar el botón para conseguir las recompensas.

Pero lo que Skinner buscaba no era enseñar a los animales de laboratorio la relación entre el botón y las golosinas. También quería saber cómo reaccionaban los animales ante diferentes pautas de recompensa. Para eso, llevó a cabo variaciones de este experimento en las que las golosinas no aparecían siempre que el animal pulsaba el botón.

Si somos un poco ingenuos pensaremos que los roedores sentirían mayor atracción hacia el botón cuando estaban seguros de que, al pulsarlo, iba a suceder algo bueno, pero, por sorprendente que parezca, es al revés: los animales se interesan más cuando la pauta es variable, impredecible. Pulsar el botón les da a veces acceso a una golosina. Otras veces, no. Esta pauta impredecible de recompensas engancha al animal, que empieza a mostrar comportamientos compulsivos, deja de lado otras actividades, como las sociales, y se pasa el tiempo pulsando el botón con la esperanza de conseguir la recompensa. Y es comprensible, si recordamos el capítulo de la dopamina: como ya hemos visto, se libera tras una recompensa inesperada, lo que fortalece la pauta de comportamiento que la ha precedido. Este mecanismo garantiza que aprendamos a hacer lo que provoca la recompensa, pero en el caso de las recompensas aleatorias es imposible predecir cuándo llegarán. Por tanto, la liberación de dopamina no cesa, y el comportamiento que precede a la posible recompensa, en este caso pulsar el botón, se refuerza una y otra vez.

Seguro que todo esto nos suena de algo: nos trae a la mente imágenes de casinos, que son los que viven precisamente gracias a este fenómeno. Una máquina tragaperras no es más que una caja de Skinner para seres humanos, solo que la recompensa es algo abstracto en forma de dinero. Pero el comportamiento de un jugador compulsivo frente a una máquina tragaperras es el mismo que hemos observado con los roedores de Skinner: en ambos casos, el resultado es el mismo, un estado similar al de los zombis en el que los sujetos repiten la misma acción durante horas y horas.

En cualquier otro contexto, una persona obligada a pasarse horas tirando de una palanca o pulsando un botón se aburriría mortalmente. Imaginemos, por ejemplo, que ofrecemos a los jugadores del casino un empleo en una fábrica. En esta fábrica, su misión será realizar el mismo movimiento que ante la tragaperras, tirar de la palanca o presionar el botón una y otra vez. La diferencia es que les pagaríamos, con lo que la actividad pasaría a tener un retorno económico positivo. En la tragaperras, las posibilidades están contra el jugador, que es el motivo de que los casinos quieran que los jugadores sigan jugando tanto como sea posible, de modo que el retorno esperable es negativo: si sigues jugando, te va a costar dinero. Pero no cabe duda de que, aunque en el empleo en la fábrica se ganara más que en el juego, la mayoría de los jugadores rechazaría la oferta sin pensarlo dos veces. La acción física de tirar de la palanca sería idéntica, pero lo que atrapa al jugador en el juego es la recompensa variable, aunque al final el balance sea negativo. Así de potentes son las pautas impredecibles de recompensa. La industria de los juegos de azar gana fortunas inmensas explotando esta debilidad psicológica, pero en realidad no es nada en comparación con la industria que de verdad se beneficia de los descubrimientos de B. F. Skinner.

No es ningún secreto que los creadores de las plataformas de redes sociales se inspiraron en Skinner y en otros psicólogos. Algunos lo reconocen sin problemas. Por ejemplo, en una entrevista con Mike Allen que tuvo lugar en un acto de Axios en Filadelfia, Sean Parker, el primer presidente de Facebook, describió así, con toda naturalidad, los primeros días de las redes sociales:

> La idea subyacente a todas estas aplicaciones, de las que Facebook fue la primera [...], consistía en tratar de acaparar la mayor parte posible de tu tiempo, de tu atención. Para eso, te tenemos que dar un chutecito de dopamina de cuando en cuando, porque alguien reaccionó o comentó una foto, un mensaje o lo que sea. Y eso hará que aportes más contenido [...] para conseguir más reacciones y comentarios [...]. Es un bucle de validación social [...]. La típica cosa que se le ocurriría a un *hacker* como yo, porque al fin y al cabo estamos explotando una vulnerabilidad en la psicología humana. Los inventores, los creadores, como Mark [Zuckerberg], como Kevin Systrom en Instagram, toda esta gente, somos conscientes. Y lo hacemos.[9]

Muchas de las personas influyentes en los primeros tiempos de las redes sociales conocían los descubrimientos de Skinner gracias a su educación universitaria. En Stanford, en el corazón de Silicon Valley, hay una asignatura,

Tecnología Persuasiva, en la que los experimentos de Skinner con ratas o ratones son uno de los ejes del temario.[10]

Desde aquellos tiempos, se ha afianzado en la cultura de las compañías y ha contribuido a convertirlas en las empresas más ricas y poderosas de la historia del mundo. Resulta que esta inmensa cantidad de dinero permite que las grandes firmas tecnológicas contraten ejércitos de los mejores ingenieros del mundo con el objetivo que Parker dejó bien claro: que pasemos todo el tiempo posible en las redes sociales.

Si las redes sociales tienen este objetivo se debe a que sus ingresos vienen de la publicidad, de manera que el cálculo es muy sencillo: cuanto más tiempo pasemos en Facebook, Instagram, TikTok, LinkedIn y similares, más anuncios nos pueden mostrar y más dinero ganan. Mientras estamos conectados, entra el dinero, pero, en cuanto cerramos la aplicación, se cierra también el grifo. Y eso lleva a la pregunta de los mil millones de dólares: ¿cómo hacemos que alguien se quede enganchado a la pantalla el máximo tiempo posible? Veamos.

Una de las primeras innovaciones inspiradas en Skinner que implementaron las redes sociales fue la función del «Me gusta»: el reconocimiento social se administra al usuario en dosis calculadas, que varían según el mensaje, a veces con pautas impredecibles.

Un estudio de Karthik Srinivasan en la Universidad de Chicago nos ha mostrado cómo afecta a nuestro comportamiento este reconocimiento social dosificado. Srinivasan observó el comportamiento de usuarios de TikTok y Reddit tras publicar un mensaje que obtenía una cantidad poco habitual de atención; es decir, cómo respondían los usuarios tras obtener el premio del reconocimiento social.

Descubrió que este triunfo viral hacía que los usuarios incrementaran de manera significativa la frecuencia de sus mensajes.[11] El algoritmo de las redes sociales explota este «efecto premio» dando mucha visibilidad a los mensajes cuando creamos una cuenta, o si publicamos algo tras un tiempo de inactividad. En ambos casos, si nuestro mensaje lo ve más gente, se incrementa la posibilidad de que obtenga muchos «Me gusta» y, por tanto, utilicemos más la plataforma.

Es imposible no admirar la astucia de este diseño: no solo engancha al usuario, sino que hace que trabaje gratis para la red social. No tardamos en aprender que no todo el contenido tiene la misma recepción, de manera que nos esforzamos por crear contenido más interesante que atraiga la atención de los demás. Los otros medios, como los periódicos o las revistas, tienen que pagar para que les escriban artículos o les hagan fotos, pero las redes sociales te pagan en reconocimiento, y así se ahorran una fortuna.

En última instancia, el esfuerzo de los creadores hace que el contenido en sí sea para muchos un atractivo superior a la posibilidad de recibir reconocimiento social. La mayoría de las personas que utilizan las redes sociales rara vez publican, sino que dedican el tiempo sobre todo a pasar pantallas y consumir contenido. Se calcula que entre un 1 y un 10 por ciento de los usuarios crean la mayoría del contenido de las redes sociales. El resto son sobre todo pasivos.

Se podría decir que las redes sociales incluyen a las dos «clases» que la empresa tiene que gestionar: la clase de los creadores y la clase de los usuarios. La clase de los usuarios es mucho más numerosa y, por tanto, la responsable de la mayor parte de los ingresos por publicidad. Por tanto, es importante garantizar que sigan participando. Las empresas han optimizado esto de diversas maneras y una de ellas es la versión digital del efecto bufet que analizamos antes: ese mecanismo que nos lleva a comer en exceso en un bufet porque la variedad retrasa la sensación de saciedad. Un principio muy parecido se aplica a las redes sociales: primero vemos un vídeo con gatitos; luego, una publicación sobre política (en línea con nuestras ideas). Después, una anécdota divertida. A continuación, una actualización de noticias. Y así sucesivamente.

Si solo viéramos una de estas cosas, nos saturaríamos antes, pero el bufet digital que nos sirve la plataforma hace que se demore la sensación de aburrimiento y sigamos participando más tiempo. Esto no ha sido siempre así, sino que es resultado de la optimización para conservar la atención de los usuarios. Recordemos que, en los inicios, las redes sociales solo nos mostraban contenido de nuestros amigos o de organizaciones a las que habíamos decidido seguir. Era, de hecho, la base de su propaganda: ¡ven para estar en la vida de tus amigos! Pero luego ha resultado que Hannah, la del instituto, y John, el de la oficina, no son los mejores creadores de contenido del mundo, y no están incrementando nuestro tiempo de pantalla. Así que, para conservar nuestra atención, las redes sociales pasaron al modelo de bufet. En Instagram ya no solo ves imágenes de gente a la que conoces, sino vídeos y fotos de cuentas populares que no sigues. En LinkedIn, las publicaciones que te encuentras no son de tus contactos, sino también de cuentas populares con las que no tienes relación. Y en TikTok el algoritmo hace prácticamente todo el trabajo y no hace falta establecer las preferencias del usuario.

Estas aplicaciones han descubierto que no siempre elegimos el contenido que nos mantiene más tiempo atentos, así que ahora deciden por nosotros. Para ello, recopilan una cantidad asombrosa de datos mientras pasamos pantallas.

Muchas personas se oponen a esta recogida de datos y están exigiendo que se les ponga límite para proteger su intimidad, pero también muchos se encogen de hombros. Si no tienes nada que ocultar, ¿qué más da lo que sepa de ti una empresa?

Pero las redes sociales no recopilan los datos para averiguar dónde vives e ir a robarte las cucharas de plata que heredaste de tu abuela. Recopilan datos sobre nosotros porque eso los ayuda a mantenernos atentos. En el momento en que abres la aplicación empieza el análisis: ¿cuánto tiempo has estado mirando la publicación A? ¿Y la B? ¿Has hecho clic en la foto o no? ¿Cuánto tiempo has tenido abierta la aplicación? ¿Qué fue lo último que viste antes de cerrarla? Y así sucesivamente.

Todos estos datos entran en un algoritmo de aprendizaje automático cuya misión es averiguar cómo tenernos enganchados a la pantalla. Si pasas muy deprisa sobre una publicación o cierras la aplicación, el algoritmo aprende que en el futuro te tiene que enseñar menos contenido de ese tipo. Si te detienes en una publicación, le das al «Me gusta» o la compartes con un amigo, aprende a mostrarte contenido similar en el futuro. Por lo tanto, al utilizar las redes sociales les estás enseñando a captar tu atención.

Esta información se puede completar con la que la aplicación tiene sobre otros usuarios como tú. El algoritmo busca entre millones de personas para dar con las que se comportan de la misma manera que tú, de modo que su comportamiento se puede utilizar para predecir la reacción que tendrás ante las publicaciones. Por ejemplo, si tanto el lector como yo reaccionamos de manera similar a contenido diferente, el algoritmo puede utilizar mi comportamiento para decidir qué publicaciones va a mostrarte. Si registra que le he dado un «Me gusta» a un vídeo gracioso con un perro, la próxima vez que abras la aplicación te mostrará ese vídeo a ti. De la misma manera, si paso deprisa sobre una publicación sobre astrología, el algoritmo evitará enseñarte a ti una sobre cómo la luna nueva marca el inicio de un periodo de introversión en tu vida.

Una vez que las redes sociales nos atrapan, harán lo que sea por conservar nuestra atención.

Es lo que motiva que estas aplicaciones estén diseñadas para que la experiencia de pasar pantallas tenga la máxima fluidez. Cada pausa es una ocasión para que pienses y recuerdes que tenías otros planes. Es esencial mantenernos enganchados y minimizar las distracciones.

Una manera de evitar las fricciones en la experiencia es la pantalla infinita. Tal vez el lector recuerde que antes se podía llegar al final de una página y entonces había que pulsar para acceder a la siguiente, o bien volver a cargar la web. Pero, con la pantalla infinita, las actualizaciones se cargan de manera automática sin que tengamos que hacer nada, así que nos encontramos con un «muro sin fin» en el que nunca se acaban las publicaciones. La pantalla infinita funciona tan bien que Aza Raskin, el inventor, ha pedido perdón en público por ello, y dice, entre otras cosas, que lamenta «no haber pensado mejor en cómo se iba a utilizar».[12]

Desde entonces, Raskin ha contribuido a la creación del Center for Humane Technology, en Silicon Valley. Esta organización trata de informar a la gente sobre las prácticas de manipulación de las compañías que dirigen las redes sociales y el efecto que tienen sobre nosotros. Uno de los fundadores es Tristan Harris, a quien vimos en el documental *El dilema de las redes sociales*, en el que un grupo de ingenieros y empresarios de Silicon Valley se enfrenta al monstruo que contribuyeron a crear.

Lo cierto es que sorprende ver la cantidad de gente de los primeros tiempos de las redes sociales que ahora las están combatiendo.

Chamath Palihapitiya, que fue ejecutivo de Facebook, dice que se siente muy culpable por su contribución a las redes sociales.[13]

Tim Kendall, uno de los creadores del modelo de negocio basado en la publicidad de Facebook, ha creado una aplicación llamada Moment que ayuda a las personas a limitar el tiempo que pasan en las redes.

Roger McNamee, uno de los primeros inversores de Facebook, ha escrito un libro que se subtitula «El despertar de la catástrofe de Facebook».[14]

Justin Rosenstein, que ayudó a crear el botón de «Me gusta», dice: «Yo mismo me he enganchado..., en ocasiones, a las cosas que salieron de mi mente».[15]

Esto se extiende también a muchos empleados de nivel más bajo en Silicon Valley. *The New York Times* ha informado de que en esa zona existe la costumbre de dar instrucciones estrictas a las niñeras para que impidan a los niños el acceso a las pantallas a las que sus padres están enganchando a los demás.[16,17] Que las personas que se pasan horas y horas desarrollando un producto luchen con uñas y dientes para que sus hijos no tengan acceso a él no parece buena señal.

En su defensa hay que decir que pocas personas de las que trabajaban en estos temas hace diez o quince años podían imaginar adónde nos llevarían. Una cosa es desarrollar una aplicación y utilizar algún que otro truco psicológico aprendido en la universidad para animar la cosa, y otra muy diferente tener de pronto la posibilidad de controlar y dirigir la atención de miles de millones de personas. Deberíamos agradecer que al menos unas cuantas personas que antes estaban creando estas aplicaciones lideren ahora la lucha para contrarrestar sus efectos negativos: aunque parezca irónico, son los mejor preparados para aconsejarnos sobre cómo reducir el tiempo de uso de pantalla. Por ejemplo, Tristan Harris ha dado un consejo que es de las cosas más impactantes que he visto hasta ahora.

Lo malo es que requiere un rodeo de unos cuantos millones de años.

Como otras muchas historias interesantes, esta empieza en tiempos de los dinosaurios. Fue entonces cuando aparecieron los primeros mamíferos, seres pequeños, como ardillas, casi todos nocturnos. Se comprende, ya que convivían con unos vecinos que eran carnívoros gigantes.

De noche, los primeros mamíferos no tenían necesidad de distinguir los colores, así que solían ser ciegos cromáticos. En cambio, utilizaban el olfato y el oído para orientarse, buscar comida y eludir a los depredadores.

Si bien han pasado millones de años, aún vemos el legado de esta característica en muchos mamíferos de hoy en día. La mayoría tienen lo que se denomina «visión dicromática». No es lo mismo que ver en blanco y negro, pero significa que estos seres habitan en un mundo mucho menos colorido que el nuestro. Por ejemplo, los ciervos y los jabalíes tienen visión dicromática y no pueden distinguir entre el verde y el naranja, y por eso uno de sus depredadores más grandes, los tigres, son anaranjados. A ojos de la presa, el felino está perfectamente camuflado contra el fondo verde, porque para ellos los dos colores son idénticos.[18]

Los seres humanos no tenemos visión dicromática, sino tricromática. Los prefijos «di» y «tri» se refieren al número de cierto tipo de células, los conos, que hay en la retina del ojo. Estas células captan los colores, y nosotros las tenemos en tres versiones. La primera capta la gama de los azules; la segunda, la de los verdes, y la tercera, la de los rojos. El cono de los tonos rojos es el que le falta a la mayoría de los mamíferos, y lo que nos permite a nosotros distinguir entre el naranja y el verde.

Esta buena vista para el color la compartimos con otros primates, y seguramente por el mismo motivo que la afición al dulce. Los primeros primates comían fruta en la selva tropical, donde los colores vivos indican que una fruta está madura y se puede comer.

Pero este instinto tiene un efecto secundario, y es que los primates se ven atraídos por los colores vivos. Y este instinto, igual que otros, no ha pasado desapercibido para la maquinaria de superestímulos de las redes sociales. Solo hay que mirar la pantalla del teléfono: todo son colores saturados, definidos, más cautivadores que los del mundo real, y eso que el mundo real ya lo hemos pintado de colores que satisfacen a nuestros sentidos.

El poder de los colores vivos queda más claro si configuramos la pantalla para que todo esté en blanco y negro. El teléfono se vuelve aburrido al instante, y mirar mucho rato una pantalla sin colores puede resultar casi deprimente.

Pájaros de colores

Los seres humanos tienen mejor vista para el color que muchos mamíferos, pero, en comparación con los pájaros, somos casi ciegos cromáticos.

La mayoría de los pájaros posee visión tetracromática, es decir, que tienen cuatro tipos de conos —las células fotorreceptoras—, uno más que nosotros y dos más que la mayoría de los mamíferos. Así que, la próxima vez que oigas cantar a los pájaros, piensa que igual te están poniendo verde por tu mal gusto a la hora de combinar el color de la ropa que llevas: no ves matices que ellos sí pueden ver.

Algunos pájaros se tienen que camuflar con plumas pardas o grises para evitar a los depredadores, pero, debido a su enorme capacidad para distinguir colores, otros son muy vistosos para impresionar a los de su propia especie. Solo hay que ver las plumas de la cola de un pavo real macho.

La cola no tiene ninguna función física, y su único objetivo es impresionar a las hembras con sus llamativos colores. El mensaje que envían es algo así como «Mira qué sano estoy, qué buena forma física tengo. Soy tan superior que te puedo complacer con mis colores en lugar de esconderme de los depredadores como un cobarde».[19]

Cuando todo va según lo previsto, las hembras se quedan muy impresionadas y se aparean con el macho. Pero, a veces, la cola llama la atención de algún tigre, y el pavo real se convierte en una cena muy decorativa.

Lo que empieza como helado de vainilla casi siempre acaba por convertirse en helado de vainilla con mantequilla de cacahuete, trocitos de chocolate, nubes de azúcar y caramelo líquido. Lo mismo se puede decir de las redes sociales. Hasta ahora hemos visto los primeros pasos: la función del «Me gusta», la pantalla infinita, la transición del contenido creado por los amigos al bufet digital.

Esta evolución todavía no ha terminado, y el último paso en la escalada lo ha dado TikTok, la aplicación china.

Desde finales de la primera década de este siglo, TikTok ha derrotado a todas las demás redes sociales. Lo ha conseguido porque han diseñado una manera de captar la atención aún más eficaz que la de sus competidores. De hecho, han tenido tanto éxito que el resto de las redes sociales han copiado su diseño, y ahora tenemos los *reels* de Instagram, las historias de Facebook, los *shorts* de YouTube y los *spotlights* de Snapchat.

El secreto del éxito de TikTok es que han llevado al siguiente nivel la máquina de los superestímulos en varios frentes a la vez. El contenido de la aplicación está ultracondensado en vídeos breves, que por lo general llevan música y otros efectos añadidos. La música no son canciones enteras, sino las mejores partes, sin los fragmentos menos pegadizos.

En vez de dejar que elijas un vídeo, la plataforma ejecuta uno en cuanto entras. Eso elimina cualquier mínima fricción provocada por la necesidad de decidir. Como ya hemos visto antes, tener demasiadas opciones hace que nos resulte difícil optar por una. Este problema afecta a otras plataformas con vídeos, como Netflix y YouTube: la sobredosis de posibilidades nos lleva a veces a cerrar la aplicación sin ver nada. Pero un vídeo de TikTok que se ejecuta de manera automática hace que el usuario tenga menos tendencia a cerrar la aplicación de inmediato. Puede que este vídeo no le interese, pero puede pasar sin problemas al siguiente. TikTok no te pregunta en ningún momento nada sobre el contenido. Todo lo decide el algoritmo, y la plataforma te lo presenta en una sucesión infinita.

Esta estrategia también da resultado porque el diseño a partir de los vídeos hace que solo veamos un contenido a la vez. En las redes sociales más tradicionales, en la pantalla del teléfono vemos muchas publicaciones a la vez en la pantalla, y es más difícil ver qué ha captado nuestra atención. ¿La discusión sobre política en la parte superior de la página? ¿Las fotos de vacaciones de tu colega que aparecen justo debajo? ¿O es el anuncio del nuevo tipo de seda dental? Tik-

Tok evita la incertidumbre con habilidad, lo que ayuda al algoritmo de aprendizaje automático a descifrar tus preferencias y actuar con más precisión.

Así, TikTok y su éxito nos han enseñado que, cuanto más fácil le sea estudiarte al algoritmo de aprendizaje automático, mejor se le dará captar tu atención, y esto es un problema porque el aprendizaje automático no para de mejorar, pero también porque las aplicaciones de redes sociales no diferencian si lo que capta la atención del usuario es beneficioso o saludable para él. De hecho, una lección que hemos visto en las redes sociales es que los usuarios felices no son necesariamente los más activos. Los usuarios con ansiedad o enfadados pueden ser una mina de oro. Si ves una publicación que te hace enfadar, hay muchas posibilidades de que interactúes con ella.[20] Tal vez empieces a discutir con el autor en los comentarios, o la compartas con tus contactos para comentar lo idiota que es la gente. Pero lo que la red social registra es que ese contenido ha captado tu atención, así que en el futuro te mostrará más de ese estilo.

15

UN PEZ PEQUEÑO EN UN ESTANQUE MUY GRANDE

En el verano de 2012, Michael Phelps se convirtió en el atleta olímpico más condecorado al ganar con el equipo estadounidense el oro en el relevo 4x200 estilo libre. Esta victoria hizo que superara a la gimnasta soviética Larisa Latynina, que ganó 18 medallas entre 1956 y 1964. Cuando terminaron los Juegos Olímpicos de Londres, Phelps tenía 22 medallas olímpicas, récord que incrementó cuatro años más tarde en Río de Janeiro para retirarse con un total de 28 medallas olímpicas, de las cuales 23 eran de oro.[1] Son 10 medallas más que Latynina, la segunda, y 12 más que el segundo nadador más condecorado.

De modo que, si tuviera que describir la habilidad de Michael Phelps en la piscina, diría al estilo danés que no está nada mal. Con un poco más de entusiasmo, alguien se podría preguntar si Phelps nació para nadar deprisa, porque ni intentándolo se podría diseñar un cuerpo humano mejor adaptado a este deporte.

En primer lugar, sabemos que, si queremos nadar deprisa, es muy útil ser alto.[2] Los nadadores altos tienen que nadar un poco menos de distancia en la carrera que los nadadores bajos, debido a que la calle de la piscina tiene unas medidas concretas. Pero, aparte de eso, los estudios demuestran que los nadadores altos experimentan menos resistencia del agua cuando se mueven a gran velocidad, y por tanto pueden nadar más deprisa. Michael Phelps mide 1,93, así que es más alto que el 95 por ciento de los estadounidenses, y aún más a nivel mundial.

En segundo lugar, tener brazos largos también supone una ventaja.[3] De nuevo, es debido a que así el nadador tiene que recorrer una distancia un poco inferior, pero es que, además, desplaza más agua con cada brazada: cuanto más largos tengas los brazos en relación con el cuerpo, más propulsión conseguirás. La longitud de los brazos es la envergadura, la distancia entre la punta de los dedos de una mano y la de los otros con los brazos en cruz. Por lo general, la envergadura de una persona equivale más o menos a su estatura: es decir, alguien que mida 1,70 tendrá una envergadura de más o menos 1,70. Pero esto no se aplica a Michael Phelps. Mide 1,93, pero tiene los brazos tan largos que su envergadura es de 2,03,[4] propia de una persona 10 centímetros más alta que él.

Al contrario de lo que sucede con los brazos largos, las piernas largas son un inconveniente para nadar, porque incrementan la resistencia al agua más de lo que ayudan con la propulsión. Una vez más, Phelps tiene la constitución óptima: es alto, pero sus pantalones son de la talla 32 en Estados Unidos, equivalente a una 42-44 en España, lo normal en un hombre 10 centímetros más bajo que él.

Y, por último, para los nadadores también es importante tener manos y pies grandes, porque esto les permite desplazar más agua. Solo hay que recordar lo deprisa que nadamos cuando nos ponemos las aletas. Phelps calza un 48, de modo que se puede decir que viene con las aletas ya incluidas, y además tiene articulaciones hiperlaxas, con lo que sus brazadas le dan aún más impulso.

De hecho, el físico de Phelps es tan atípico que, cuando era niño, los médicos sospecharon que podía tener una enfermedad genética, el síndrome de Marfan, entre cuyos síntomas está la hiperlaxitud de las articulaciones y el alargamiento del cuerpo. Pero a Phelps no le pasa nada, solo que nació con un cuerpo anormalmente adaptado para la natación rápida.

No obstante, el físico por sí solo no basta para llegar a la cima del deporte mundial. También hace falta una fortaleza mental importante, y, en ese sentido, Michael Phelps también es atípico. Él recuerda que, de niño, era hiperactivo, pero aprendió a canalizar el exceso de energía en la piscina, cuando aprendió a nadar. También se convirtió en un fanático del entrenamiento para participar en los Juegos Olímpicos de Atenas 2004, y dijo que, durante cinco años, había entrenado todos los días sin falta, incluso en su cumpleaños y en Navidad.[5]

De manera que llegamos a la conclusión de que Michael Phelps no es el ser humano típico. Estas características son muy llamativas si se comparan con las de la población en general en lugar de con las de otros nadadores de primera fila, porque lo cierto es que a ese nivel no se puede llegar sin contar con buena parte de las características del «paquete del nadador».

Esto se aplica a todos los deportes actuales a nivel mundial. Los atletas de élite no son representativos de la población en general. Se trata de un subconjunto de humanos atípicos cuyas características les permiten operar al máximo nivel. El ejemplo típico es el baloncesto: la media de estatura de los jugadores de la NBA es de 2 metros, como el 1 por ciento de la población de varones occidentales. Los mejores suelen ser incluso más altos. Cuando un jugador es relativamente bajo en comparación, por lo general lo compensa con brazos muy largos, con lo que no son tan «bajos» cuando alzan las manos por encima de la cabeza, que es lo importante porque en esa zona se producen la mayoría de los pases y bloqueos.

El ejemplo contrario en otro deporte es la gimnasia. Aquí, conviene tener un cuerpo pequeño, lo que facilita los giros en el aire y el equilibrio. Las gimnastas olímpicas solo miden por término medio 1,55, y la mejor del mundo, Simone Biles, es aún más menuda. Con su 1,42, es más baja que el 99'7 por ciento de la población occidental, hasta el punto de que ronda el límite del enanismo.

El mundo del deporte es el mejor para ver lo atípicos que son los que están en la élite, debido a que muchas de las diferencias son físicas, pero este fenómeno no se limita a los deportes. Es igual en todas las disciplinas en las que se compite a nivel global. En ciencia, por ejemplo, está John von Neumann, el físico húngaro-estadounidense que está considerado uno de los más influyentes de todos los tiempos. En lo físico parecía una persona común y corriente, pero su cerebro y capacidades cognitivas no lo eran, desde luego. A los seis años, cuando la mayoría de los niños están aprendiendo el abecedario y a atarse los zapatos, Von Neumann ya era capaz de hacer divisiones de ocho dígitos en la cabeza, y había aprendido él solo griego, latín y cinco o seis idiomas más.

Una de las grandes preguntas de la vida es si vale más ser un pez pequeño en un estanque grande o un pez grande en un estanque pequeño.

Dicho de otra manera, ¿es mejor ser un jugador del montón en uno de los clubes de fútbol más importantes o el mejor del equipo local? ¿Es mejor ser un estudiante no destacado en un colegio para superdotados o el primero de la clase en un colegio normal? ¿Es mejor no llamar la atención en la discoteca más popular de Londres o ser la persona más atractiva en el bar del barrio?

Seguramente la respuesta va a depender del estanque y

de los objetivos que tratemos de conseguir. Pero, desde una perspectiva psicológica, la respuesta sorprende por lo sencilla: es mejor ser el pez gordo en un estanque pequeño. Es lo que nos hará más felices.

Este fenómeno se detecta en las universidades de todo el mundo, en las facultades de ciencias. La mayoría de los países tratan de que el máximo número posible de jóvenes entren en las carreras de ciencias, tecnología, ingeniería y matemáticas (STEM, por sus siglas en inglés). Para lograrlo, los sociólogos buscan la manera de empujar a los estudiantes en esa dirección y de predecir cuáles de ellos terminarán la carrera. Para sorpresa de nadie, han descubierto que es conveniente una aptitud para las matemáticas si se quiere estudiar ciencias naturales. Tomemos por ejemplo la universidad estadounidense de Hartwick, en el estado de Nueva York.[6] Allí, los estudiantes con mejores capacidades matemáticas componen la mayoría de los que acaban graduándose en campos científicos. Si dividimos a los estudiantes que van a acceder a la enseñanza superior según su capacidad para las matemáticas, la lista quedaría así:

- El tercio superior en capacidades matemáticas > 50 por ciento de los licenciados en ciencias.
- El tercio medio en capacidades matemáticas > 27 por ciento de los licenciados en ciencias.
- El tercio inferior en capacidades matemáticas > 18 por ciento de los licenciados en ciencias.

Las cifras son un poco aparatosas, pero en realidad vienen a decir que la mayoría de los que terminan una carrera científica proceden del grupo al que se le dan mejor las matemáticas. Esta misma pauta se ve en todas las universidades estadounidenses, incluso en Harvard, que es quizá la más prestigiosa del mundo.

Pero hay un truco: los estudiantes de Harvard juegan a otro nivel. Es probable que un estudiante del grupo más bajo de Harvard tenga más nivel de matemáticas que otro del grupo más alto de Hartwick..., pero ello no afecta a sus posibilidades de conseguir la titulación. Para eso, los estudiantes superiores en matemáticas de Hartwick, que tienen una capacidad matemática inferior que los del grupo bajo de Harvard, tienen más posibilidades de licenciarse que estos últimos.

¿Cómo es posible? El grupo bajo de Harvard tiene un talento fuera de lo común, pero no necesariamente a sus propios ojos, y el motivo de esta distorsión es un fenómeno psicológico, el efecto «pez grande / estanque pequeño».[7,8]

Este efecto describe cómo los estudiantes con compañeros potentes a nivel académico consideran que sus propias capacidades son peores de lo que son en realidad. Este fenómeno se entiende muy bien con un ejemplo. Imaginemos que tenemos dos grupos de estudiantes igual de inteligentes. A uno lo mandamos a un colegio para niños superdotados y al otro, a un colegio normal, donde el nivel medio será significativamente inferior. Pasados unos meses, pedimos a los estudiantes que valoren sus propias capacidades.

Sabemos que son igual de inteligentes, de modo que, si su visión de ellos mismos es un reflejo fiel de su capacidad, considerarán que tienen un nivel de inteligencia similar. Pero los peces pequeños en el estanque grande —el colegio para niños superdotados— se consideran peores que los peces grandes en el colegio normal.

Hemos dicho que los estudiantes con compañeros fuertes en sus resultados acaban desarrollando una mala «autoestima» académica. Esto es muy importante, porque la autoestima académica influye en los logros futuros. Si crees en tus capacidades, estás más dispuesto a realizar un esfuerzo adicional y a no rendirte ante problemas complicados. La autoestima genera ambición, y sin ambición no se apunta alto.

De modo que los estudiantes con mejor nivel académico se pegan un tiro en el pie al elegir las universidades más prestigiosas si eso los va a situar en un nivel por debajo de la media, porque entre sus compañeros estarán algunos de los individuos con más talento del mundo, los Michael Phelps de la universidad. Hasta el peor estudiante de Harvard sigue estando en el 0,1 por ciento superior del planeta, pero eso no será lo que su propia experiencia le transmita.

Los humanos somos muy dados a un sesgo cognitivo que el psicólogo Daniel Kahneman llamó «lo que ves es lo que hay». Tenemos tendencia a crear una imagen del mundo basándonos en la información que se encuentra ante nosotros. Por eso, a los estudiantes de universidades de élite les cuesta reconocer su propio talento de manera objetiva. Los «malos» estudiantes de Harvard pueden saber en su fuero interno que su inteligencia es muy notable a nivel global, pero su instinto les hace sentir lo contrario.

En esencia, en esto consiste el efecto «pez grande en estanque pequeño». Los sociólogos no solo lo han constatado entre los estudiantes estadounidenses, sino en todas las culturas.[9] Se ha observado en muchos países occidentales y en otros como Indonesia, Tailandia o Túnez, en todos los grupos de edades y tanto en chicos como en chicas.

Y el efecto «pez grande en estanque pequeño» no se limita al mundo académico.

En el ámbito deportivo, por ejemplo, los atletas también se juzgan comparándose con sus compañeros de equipo.[10,11] El motivo de esta universalidad es que el efecto del que hablamos surge de uno de los elementos más arraigados en nuestra naturaleza social: el deseo de estatus social.

Los sociólogos distinguen entre dos formas de estatus social: el que viene dado por el dominio y el que nace del prestigio.[12] El dominio es la forma de estatus social más común en el mundo animal, y se basa en la violencia: haz lo que te digo o te doy una paliza.

Esta forma de estatus también se da entre los seres humanos; por ejemplo, en las bandas criminales. La gente no sigue las órdenes de la mafia porque caigan bien, ni porque quieran ayudar al Padrino a ganar dinero. Obedecen porque «sería una lástima que te pasara algo...». En un grupo criminal, el poder se suele distribuir según la capacidad percibida de ejercer la violencia contra otras personas y salir victorioso, ya sea como individuo o con la ayuda de sus secuaces o aliados.

En contextos menos agresivos, también se ven jerarquías basadas en el dominio que no dependen de la violencia física, pero sí, al menos en parte, de la capacidad para causar un daño. Por ejemplo, el jefe tiene poder sobre el empleado, no porque le vaya a dar una paliza si no obedece, sino porque lo puede despedir y así privarlo de sus ingresos.

Dicho esto, el estatus basado en la posición dominante no es el principal entre los seres humanos. En eso somos especiales, porque sí lo es hasta para nuestros parientes más cercanos, los chimpancés. Pero, entre los humanos, una vez que nuestros antepasados inventaron las armas, todo cambió.

Porque no es fácil dominar a una persona furiosa que tiene una lanza. A los chimpancés les lleva tiempo matarse entre ellos a golpes y mordiscos, pero una persona armada puede matar a otra al instante. Esto dificulta mucho el tema de ser un matón: si te excedes aterrorizando a alguien de tu tribu, puede que por la noche te hagan una visita mientras estás durmiendo en tu lecho de paja.

Además de las armas, otra cosa que apartó a los humanos de las jerarquías basadas en el dominio fue la invención del lenguaje. Hablar entre nosotros nos permite intercambiar información, pero también hacer planes. Esto quiere decir que varias personas de una tribu se pueden coordinar y unir para acabar con el matón, incluso si el matón es más corpulento y fuerte que cualquier otro individuo.

El antropólogo Richard Wrangham cuenta cómo pasó esto en una tribu de cazadores-recolectores, los yanomamis, que viven en lo más profundo de la selva amazónica. Un hombre de la tribu había estado insultando al resto de los miembros desde hacía mucho tiempo; era arrogante, agresivo, y se comportaba como un matón. Un día, durante una expedición de caza, lo desafiaron a que subiera a un árbol para recoger miel. El hombre aceptó el desafío y dejó las armas para trepar. Mientras estaba en la copa del árbol, los demás, sin prisa, se hicieron con sus armas y, cuando el matón volvió al suelo, lo mataron y volvieron a su hogar.[13]

En casos menos dramáticos, los cazadores-recolectores y otros grupos reducidos de personas pueden obligar a los matones a comportarse utilizando el chismorreo y la exclusión social. Todo esto significa que la mayoría de los cazadores-recolectores pertenecen a culturas igualitarias, en las que las personas procuran no meterse con los demás y tratan bien al resto de los miembros de su tribu. La transición a la agricultura y más adelante a las sociedades complejas hizo más fácil ejercer un dominio sobre los demás, pero sigue sin ser una forma común de estatus para los humanos. No, la habitual entre nosotros es la otra: el prestigio. A diferencia del dominio, el prestigio no se ve en muchas especies más, pero, como ha pasado ya varias veces en este libro, un pajarito nos puede demostrar cómo funciona esta forma de estatus.

El pajarito es esta vez el tordalino arábigo, que vive en grupos consolidados de hasta veinte aves. Cada grupo comparte un territorio que suele consistir en un árbol y unos pocos arbustos. Tienen un nido común donde ponen los huevos y cuidan a sus crías, y cooperan para defender el territorio de otras bandadas de tordalinos. Esta manera de vivir distingue al tordalino arábigo de la mayoría de los pájaros, pero lo hace más semejante a nosotros.

Tanto el tordalino arábigo como el ser humano de la Edad de Piedra necesitan a su bandada para sobrevivir. Técnicamente, un cazador-recolector es capaz de vivir solo si es astuto y está en buena forma física, pero un humano aislado es una presa fácil. Comparados con los demás animales, somos débiles, y también vulnerables ante otros seres humanos. Una persona de la Edad de Piedra que quedara aislada tendría suerte de no sufrir robos, de que no la tomaran como esclava o de que no la mataran. De la misma manera, un tordalino arábigo solitario no puede hacer frente a una bandada entera, y tendrá que conformarse con un territorio que nadie quiera, probablemente más expuesto, con menos comida y mayor riesgo de ser atacado por otros animales.

De modo que los tordalinos arábigos saben de manera instintiva que les conviene más ser parte de una bandada, igual que nosotros. Y esto se ve en un comportamiento muy gracioso: los pájaros de los que hablamos no solo colaboran, sino que compiten para ver cuál ayuda más. Esto es raro entre los animales sociales. En una manada de leones, por ejemplo, el macho es el más dominante y utiliza su posición para alimentarse en primer lugar, y después las hembras llegan incluso a pelear entre ellas. En cambio, entre los tordalinos arábigos es justo lo contrario. Estos pájaros se dan comida unos a otros. No es extraño ver a un pobre tordalino débil saciado, empachado, tratando de escapar a la desesperada de un ave dominante que lo quiere alimentar por la fuerza.

Esta misma pauta de comportamiento se presenta en otros aspectos beneficiosos para la bandada. Los tordalinos compiten para vigilar, aunque esto los expone más y limita el tiempo del que disponen para buscar comida. Y se pelean por ocupar los lugares para dormir más vulnerables, los de los extremos de la rama que el grupo comparte, aunque implica un riesgo mayor de que los devore un depredador.

Se podría esperar que la explicación para este tipo de comportamiento fuera la bondad pura, pero, por desgracia, la evolución no funciona así. Los tordalinos arábigos no son tan agresivamente serviciales por su generosidad, sino porque ese comportamiento incrementa su probabilidad de supervivencia. Ser útiles al grupo hace que se reduzca el riesgo de que los expulsen: al grupo le conviene tener miembros que reúnan mucho alimento o que protejan al colectivo.

Así, el tordalino que no contribuye al bienestar colectivo tal vez estará más a salvo por la noche y no se tendrá que preocupar por la comida, pero también será más fácil prescindir de él. Si la política social decide expulsarlo del grupo, ninguno lo echará de menos, y cuando se quede solo sí que va a tener que preocuparse por el alimento y la seguridad. Como resultado, un tordalino arábigo está deseoso de jugarse la vida por el bien de la bandada.

El comportamiento de estas aves nos resulta familiar. No es casualidad que el capitán, que está en lo más alto de la jerarquía de un barco, sea el último en abandonarlo cuando se hunde. También se esperaba que el rey o el general guiaran a sus tropas en primera línea. Hoy en día, el entrenador y los mejores jugadores de un equipo son los que cargan con la culpa si este pierde.

Pero, para los humanos, competir por el prestigio no consiste solo en hacer algo beneficioso por «la bandada». La competición también puede ser una cuestión de ser capaz de hacer algo beneficioso. Por ejemplo, los atletas gozan de un alto estatus social. A primera vista, puede parecer extraño que Cristiano Ronaldo o LeBron James sean algunas de las personas más admiradas del mundo, pero, desde una perspectiva evolucionista, tiene lógica. La capacidad atlética es útil para un grupo de cazadores-recolectores. Si eres fuerte y rápido, te puedes convertir en un buen guerrero, en un buen cazador y, por tanto, en un buen aliado para el resto de los miembros de la tribu. De modo que, cuando alguien tiene un alto nivel atlético, nos fijamos en esa persona, sobre todo si hay un elemento de competición en el que el atleta no solo demuestra unas capacidades impresionantes, sino que demuestra también que tiene una habilidad superior a la de los demás.

De la misma manera, vemos que las personas con más recursos (en la sociedad actual, el dinero) tienen un estatus social más elevado. Esa persona será un buen aliado, igual que el tordalino arábigo que ha conseguido mucha comida.

En la mayoría de los casos, las jerarquías basadas en el prestigio son más agradables para sus miembros que las que se basan en la violencia, pero esto no quiere decir que estén exentas de problemas. Porque siguen siendo jerarquías, y no todos podemos ser más atléticos, ricos o inteligentes que la media.

Ahí es donde afloran algunos de nuestros aspectos menos halagüeños, sobre todo la tendencia a compararnos con los demás. Los millones de años de evolución nos han hecho comprender de manera instintiva que el prestigio supone una ventaja, razón por la cual examinamos el entorno social en busca de aspectos que nos permitan sobresalir, ser útiles y ganar reconocimiento. Cuando lo conseguimos, nos sentimos bien, pero cuando hay otros que nos superan, no tanto. Nos pasa lo mismo que al tordalino arábigo que duerme en el centro de la rama: si no podemos contribuir, nuestra valía se reduce y somos más vulnerables.

En el estanque pequeño de una aldea o una tribu, el problema se supera gracias al número: no hay tanta gente, y por tanto la mayoría de los miembros podrán dar con un aspecto en el que sobresalgan y sientan que su contribución es significativa. Pero, en el mundo moderno, los instintos de prestigio pueden hacernos descarrilar. Cada vez más a menudo nos encontramos en estanques gigantescos como los que hemos visto antes, en las competiciones de «todo para el ganador» en las que los mejores son uno de cada mil, cuando no uno de cada millón.

En el ámbito deportivo, esta transición tuvo lugar con la aparición de la televisión. De pronto, la gente pasó de seguir a su equipo de fútbol local a tener la posibilidad de ver a equipos de todo el mundo. Esto quiere decir que la atención dejó de distribuirse entre muchos atletas locales de nivel medio a concentrarse en un puñado de jugadores de la élite.

Lo mismo se puede decir de disciplinas como la actuación, la música y la escritura, donde la mayor parte de la atención es solo para los mejores y la competencia es feroz.

Aquí es donde vuelven a nuestra historia las redes sociales, que son el mejor ejemplo de cómo la tecnología amplía estanques que antes eran pequeños.

Como ya hemos mencionado, la mayor parte del contenido que vemos en las redes sociales solía venir de amigos y familiares, igual que antes la gente seguía al equipo de fútbol local. Pero, a medida que se han transformado para proporcionarnos un contenido que atrape más la atención, la dinámica ha cambiado. A unas personas se les da mejor que a otras crear contenidos. En las plataformas basadas en la imagen como Instagram o TikTok, estas personas tienden a estar por encima de la media en atractivo o capacidad de entretenimiento. En las plataformas basadas en el texto como X o LinkedIn, suelen ser especialmente inteligentes, triunfadoras o, de nuevo, entretenidas.

Y, como nos pasamos horas en las redes sociales, esta gente tan inusual que nos presenta el algoritmo se convierte es nuestra «población de referencia», cosa que, a su vez, altera nuestro sentido de la realidad social. Se aparta de la norma y vemos más a menudo a los que son «uno entre mil» o «una entre un millón» en aspectos como la belleza, el éxito profesional, el humor o la inteligencia.

Ya he comentado antes que las autoridades sanitarias danesas hacen cada cuatro años una encuesta sobre la salud del país. Esta encuesta, el Perfil Nacional de Salud, incluye un apartado sobre la salud mental que nos muestra cómo estamos los daneses como sociedad.

Según el informe de 2013, el 11 por ciento de los daneses tenía problemas de salud mental. En el siguiente, el de 2017, la cifra había ascendido al 13 por ciento.[14] Y, en el último informe, el de 2021, era ya del 17 por ciento.[15]

Esta alarmante subida es más evidente entre los jóvenes. En el grupo de edad entre los dieciséis y los veinticuatro años, el 21 por ciento de los hombres y el 34 por ciento de las mujeres tienen problemas de salud mental. Buena parte de ellos se pueden atribuir a la ansiedad y la depresión, que desde 2006 se ha triplicado entre los niños y los jóvenes de Dinamarca.

Lo mismo se puede decir del resto del mundo desarrollado.[16]

En Suecia, el número de niños y jóvenes con problemas de salud mental se ha duplicado en los diez últimos años.[17] En Francia, la cifra de jóvenes con depresión se ha cuadruplicado desde 2014.[18] Y en Estados Unidos, el 42 por ciento de los estudiantes de instituto dicen albergar sentimientos persistentes de desesperanza y pesar.[19]

Estas cifras son tan alarmantes que suscitan cierto escepticismo. Puede que hayamos bajado mucho el listón para el diagnóstico. Puede que la gente joven tenga menos reparos que antes para hablar de sus sentimientos. O puede que este incremento refleje el conocimiento y la conciencia sobre los problemas de salud mental que hay hoy en día.

Todas estas explicaciones pueden influir, pero no explican por completo lo que está pasando. Porque no se trata solo de que cada vez más jóvenes hablen sobre sus problemas de salud mental: por desgracia, cada vez hay más que los ponen de manifiesto. En Estados Unidos, el número de niñas entre diez y catorce años que ha acabado en el hospital tras autolesionarse se ha triplicado desde 2001, y la misma tendencia vemos en muchos países europeos.[20]

Jean Twenge y Jonathan Haidt, psicólogos estadounidenses, se cuentan entre los expertos que apuntan a que las redes sociales tienen que ver con esta crisis de la salud mental. Para comprender el motivo, veamos su desarrollo.

En todos los países afectados, las consecuencias negativas se empezaron a ver a principios de la pasada década, en torno a 2012 o 2013. Muchas cosas han cambiado desde entonces en las vidas de los jóvenes, pero la más importante ha sido sin duda la popularización de los teléfonos inteligentes, que nos proporcionan un acceso constante a las redes sociales. Esto ha cambiado la vida social para todos los grupos de edad, pero, como es lógico, los jóvenes son los que más lo han notado, al ser tradicionalmente los que más relaciones sociales tienen y los que más tiempo se pasan ante la pantalla, como ya hemos comentado.

Un estudio llevado a cabo en España ha investigado esta hipótesis mediante un «experimento» natural. Los investigadores aprovecharon el hecho de que no todos los jóvenes españoles tienen acceso a las redes sociales en el teléfono al mismo tiempo, o al menos no con la misma calidad. En las redes que se basan en la imagen y en el vídeo, como Instagram, la experiencia mejora con una buena conexión a internet. De modo que los científicos se centraron en los cambios de la salud mental en los adolescentes cuando en su zona empezaba a estar disponible una internet de alta velocidad.

El resultado fue que se incrementaron los ingresos hospitalarios por problemas de ansiedad, depresión y autolesiones en las chicas jóvenes.[21]

Los científicos estadounidenses han observado la misma pauta cuando Facebook pasó a formar parte de la vida cotidiana entre los estudiantes universitarios. Al principio, Facebook solo estaba presente en unas pocas universidades, pero a la larga cada vez más estudiantes consiguieron tener acceso. Los científicos utilizaron datos de la National College Health Assessment para estudiar los cambios en la salud mental de los estudiantes durante los años siguientes. Y, como les había pasado a los científicos españoles, vieron un declive.[22]

Dos estudios así no bastan para llegar a la conclusión de que las redes sociales sean el motivo de los problemas de salud que acucian hoy en día a la gente joven, claro, pero sin duda nos hacen pensar. Y otros estudios llevados a cabo con metodologías diferentes vienen a decir lo mismo.

Por ejemplo, en un estudio estadounidense, los científicos investigaron los efectos tras abandonar por completo Facebook. Pagaron a más de dos mil personas para que formaran parte del estudio, y las dividieron en dos grupos. En uno, los participantes siguieron entrando en Facebook y utilizándolo como de costumbre, mientras que a los del otro se les pidió que se desconectaran durante todo un mes. Transcurrido este tiempo, los que lo habían dejado eran más felices, informaron de menores niveles de ansiedad y menos síntomas de depresión.[23]

Un estudio danés ha llegado a la misma conclusión,[24] pero hay otros que no. En algunos, los participantes no son más felices cuando dejan las redes sociales.[25] Pero Jonathan Haidt y sus colegas han comparado todos los estudios que se han llevado a cabo hasta la fecha, y han descubierto un patrón muy interesante.[26]

En los estudios a corto plazo, los que duran unos pocos días, las personas que limitan su uso de las redes sociales no suelen sentir más felicidad. De hecho, en algunos casos se sienten peor. Pero si el periodo se prolonga, una semana o más, aparecen los efectos positivos. Es la pauta clásica de abandonar una adicción: la abstinencia nos hace sentir peor al principio, y la mejora llega a largo plazo.

En las personas con depresión y ansiedad vemos a menudo lo que se denomina «comparación social hacia arriba». Como sugiere el nombre, consiste en compararnos con los que nos superan en uno o más parámetros: personas más atractivas, más adineradas, más inteligentes o más populares.

Ya hemos dicho que esas son precisamente las personas que las redes sociales nos presentan, y el instinto del estatus nos provoca de inmediato una sensación de inferioridad, que es lo más común entre las personas con depresión y ansiedad. Por este motivo, no es tan raro que las redes sociales provoquen esos dos problemas psicológicos. Ya ha quedado claro que distorsionan la imagen que tenemos del mundo y nos hacen creer que consiste sobre todo en personas atípicas: los más atractivos, los triunfadores, los populares. Por ese motivo, facilitan la comparación social hacia arriba y hacen que nos sintamos inferiores. Cabe preguntarse por qué no dejamos de compararnos con otros, visto que eso nos hace sentir mal, y de nuevo la respuesta es que nos enfrentamos a instintos innatos. Es natural que los seres humanos se preocupen por el estatus superior de los demás miembros de «la bandada». Lo mismo se puede decir de otros primates. Recordemos el estudio que hemos visto antes sobre monos y pornografía, cuando los científicos consiguieron que los macacos Rhesus machos «pagaran» con zumo las fotos de traseros de hembras. Pero no era lo único por lo que los monos estaban dispuestos a pagar. Resultó que los de ambos sexos también cambiaban el zumo de frutas por fotos de los miembros de mayor nivel de su grupo.

Nos interesan las personas de estatus alto y esto se debe a diversas razones. La primera es que si tienen un estatus alto es por algo, o al menos fue por algo al principio. Hoy en día uno se puede hacer rico y famoso por motivos triviales, pero en una sociedad de cazadores-recolectores, el estatus elevado significaba probablemente que eras un gran cazador o guerrero, dos habilidades beneficiosas que hacían que valiera la pena prestar atención a quienes las poseían: observar su comportamiento podría ser beneficioso, nos ayudaría a entender el motivo de su éxito y nos enseñaría técnicas que podríamos imitar para obtener nosotros ese mismo estatus.

Otro motivo de que nos interesen por naturaleza las personas de alto estatus es que tienen poder. Hoy en día, las personas con poder son muchas menos que en el pasado, al menos en Occidente, pero imaginemos cómo eran las cosas para un granjero en los primeros tiempos de la sociedad agrícola. Por ejemplo, el rey de nuestra sociedad no soporta el color verde, así que, si un día tienes que presentarte ante él, lo mejor será que conozcas ese dato y elijas ropa de otro color. De lo contrario, igual no sales del palacio...

Los problemas de comparación social en las redes empeoran por el hecho de que solo nos presentan los mejores momentos de la vida de los demás. Los usuarios no suelen publicar fotos de cómo les queda la papada cuando están tirados en el sofá. No, lo que vemos es un flujo constante de fotos tomadas desde el mejor ángulo, actualizaciones sobre hitos en la vida profesional, publicaciones sobre vacaciones en lugares maravillosos. Y, de nuevo, no tenemos el cerebro equipado para comprender que esto representa una realidad maquillada. Lo que vemos es todo lo que existe.

Este error queda claro en los estudios en los que se pide a las personas que valoren su vida social comparada con la de otros. Según los resultados, tendemos a pensar que otras personas tienen una vida social más emocionante que la nuestra, incluso aunque no sea el caso.[27] En teoría, las redes sociales se podrían diseñar para protegernos de estas comparaciones tan desafortunadas como incorrectas, pero eso haría que pasáramos menos tiempo en ellas, porque nuestra ansiedad por el estatus es la manera perfecta de garantizar que sigamos creando contenidos.

No por casualidad el número de seguidores y «Me gusta» es visible para cualquiera. Si el número de seguidores o contactos solo fuera una forma de recompensa, bastaría con que el propio usuario lo conociera, pero no es así, no es solo una zanahoria. También es un palo metafórico. Al presentarlo en público, la plataforma de la red social crea una jerarquía visible, en la que la mayoría de los usuarios querrá ascender por instinto, tanto para conseguir aprobación social como para no dar imagen de impopularidad.

Hace décadas, tal vez habríamos sabido que no éramos precisamente los más populares de la clase. Otros estudiantes irían a fiestas a las que a nosotros no nos invitaban, o tendrían muchos amigos de otras escuelas. Pero, al menos, existía un cierto grado de bendita ignorancia: no veríamos las fiestas, no conoceríamos nuestra posición exacta en el orden social. Pero ya no es así. Las redes sociales nos informan de lo que nos estamos perdiendo y nos dicen con precisión lo populares que somos de una forma que todos puedan verlo y comparar. Y esa comparación social es inevitable.

Ya no cuesta tanto entender la relación entre utilización de redes sociales y problemas de salud mental, ¿verdad? También es fácil comprender por qué este problema es más pronunciado entre los jóvenes, que tratan de encontrar su posición social en el mundo y que son los que más tiempo pasan en internet. Solo queda un misterio: si analizamos las cifras y las dividimos por sexo, tanto hombres como mujeres jóvenes son más propensos que antes a la depresión y la ansiedad, pero el problema es mucho mayor entre las chicas.

En países como Noruega, de hecho, es un problema exclusivo de las mujeres.[28] Pero ¿por qué van las cosas tan mal sobre todo a las mujeres jóvenes?

La negatividad da dinero

Un estudio internacional ha investigado cómo afecta la redacción de los titulares al número de personas que hacen clic en un artículo para leerlo. El resultado es que cada palabra negativa que se incluye incrementa el consumo. Las diez más importantes fueron: *error*, *malo*, *terrible*, *odio*, *guerra*, *peor*, *enfermo*, *lucha*, *miedo* e *infierno*.[29]

Este sesgo hacia la negatividad es una parte lamentable de la psicología humana, cuyo objetivo era ayudarnos a sobrevivir en el pasado, cuando el peligro acechaba a la vuelta de cada esquina. Ahora tenemos acceso a información sobre tantas catástrofes, escándalos y peligros que resulta abrumador y provoca una cantidad desmesurada de ira y preocupación innecesarias. Un entorno saludable en internet estaría diseñado para mitigar el miedo, pero no es así, porque hay dinero en juego. A los algoritmos de las redes no les importa qué contenido te muestran para captar tu atención. Por ejemplo, en un estudio australiano, los investigadores examinaron los algoritmos personales en TikTok de gente con desórdenes alimentarios y sin ellos, y descubrieron que los algoritmos de los que los tenían les enviaban un porcentaje superior de vídeos sobre el aspecto físico y la dieta, e incluso vídeos favorables a estos desórdenes.[30] TikTok ha anunciado que investigarán el problema.[31]

16

DE LOS COSMÉTICOS A LAS ARMAS NUCLEARES

La golondrina es un pájaro de tamaño pequeño, plumas azul acero en el dorso y vientre anaranjado.

Como sucede con tantas otras aves, los machos son más coloridos que las hembras, y el plumaje tiene por objetivo impresionarlas. A las golondrinas hembra les interesan sobre todo las plumas del pecho de los machos, que pueden ir de un naranja claro al naranja intenso, casi rojizo. Por lo general, las hembras prefieren a los machos con las plumas relativamente más oscuras, así que estos suelen tener más descendencia. Pero los científicos han descubierto la manera de que los machos de pecho claro no mueran solos.[1,2]

Lo único que hay que hacer es capturarlos, pintarles las plumas del pecho con un rotulador barato y... *voilà*, nivel Casanova. Las hembras pasan a preferir al macho «mejorado», que experimenta una subida en los niveles de testosterona y acaba teniendo más descendencia. ¿De qué nos suena esto? Los seres humanos también utilizamos los superestímulos para resultar más atractivos, solo que la analogía más clara con la golondrina invierte los sexos en nuestro caso.

Eso quiere decir que hemos llegado al momento en este libro en el que yo, un hombre, voy a intentar escribir sobre la apariencia física de las mujeres sin quedar como un imbécil y sin que una multitud airada me persiga cuando se publique. Poneos cómodos y divertíos mirando cómo lo intento.

Para empezar, hay que mencionar que valorar el aspecto de los seres humanos no es tan fácil como con los pájaros. Los humanos somos seres culturales, y lo que nos resulta atractivo no es solo fruto de la biología, sino también de la interpretación cultural. En muchas culturas, los ideales de belleza son muy diferentes de lo que vemos en los países occidentales hoy en día.

Por ejemplo, en las tribus mursi y suma de Etiopía, la mujer se estira el labio inferior con piedras arcillosas hasta que tienen aspecto de plato. Sospecho que a más de un coleccionista de porcelanas le debe de parecer atractivo, al menos en Dinamarca, el país de las vajillas Royal Copenhaguen, pero no es una tendencia que encaje mucho con los estándares de belleza de Occidente.

También hay otros ejemplos, como el pueblo karén de Birmania, en el que las mujeres llevan anillos en torno al cuello para estirárselo y que parezca anormalmente largo. Y luego está el antiguo Japón, donde se teñían los dientes de negro para resultar más atractivas. Ninguna de estas cosas les daría puntos de popularidad en una web de citas de un país occidental.

Pero, aunque estos ejemplos demuestran que los ideales de belleza son en parte culturales, eso no quiere decir que no se puedan crear superestímulos. En psicología existe un fenómeno de aprendizaje, el denominado «efecto de intensidad máxima». Los psicólogos y neurocientíficos han observado que, cuando se enseña a un animal que un objeto o una pauta están asociados a una recompensa, desarrolla a menudo una preferencia por la versión exagerada de ese objeto o pauta.

Por ejemplo, se puede enseñar a las ratas a distinguir entre triángulos y rectángulos. Las ratas verán imágenes de ambas formas con un botón bajo cada una de ellas. Si la rata pulsa el botón que hay bajo el rectángulo obtiene una golosina. Esto se repite hasta que el animal entiende que los rectángulos son buenos y los elige siempre.

En estos experimentos, ha resultado que las ratas reaccionan de manera aún más intensa a rectángulos que no son como aquellos con los que las entrenaron, sino versiones exageradas de los mismos, es decir, rectángulos incluso más diferentes que los triángulos de antes. Puede tratarse de un rectángulo más estrecho o más largo que los que conocía. Si no se entiende bien, imaginemos un experimento para dejarlo más claro. En este experimento, enseñamos a las ratas dos cartas. Una es gris oscuro y la otra es gris claro. Cuando eligen la que es gris claro, les damos una recompensa en forma de comida, y cuando eligen la gris oscuro, no. Una vez que las ratas aprenden esta pauta, les mostramos la carta gris claro original y otra más clara todavía. El efecto de intensidad máxima nos dice que la rata va a elegir la carta más clara y no aquella con la que la entrenamos. Es como si la rata no solo hubiera memorizado una regla concreta, «este tono de gris más claro es bueno», sino que hubiera aprendido la relación entre los estímulos, «cuanto más clara, mejor», para luego llevar la regla a la conclusión lógica.

Esto tiene importancia para nosotros porque el efecto de intensidad máxima se da incluso si los ideales de belleza son aprendidos, decididos de manera arbitraria en el marco de nuestra cultura, y por tanto se pueden diseñar superestímulos para las reglas subyacentes. Esto explica que las culturas lleven los estándares de belleza hasta el límite. Lo que empieza con un «caray, qué bonito es ese cuello tan largo» se exagera hasta llegar al «tantos anillos en torno al cuello que se te deforman hasta las clavículas».

Nuestros ideales de belleza vienen condicionados en parte por la cultura, pero es innegable que la belleza también tiene una base biológica. Existen ciertas preferencias innatas que son parte de la naturaleza humana. Esto queda claro en estudios en los que los científicos muestran imágenes a diferentes personas para estudiar a participantes procedentes de diferentes culturas en todo el mundo, y les piden que evalúen la belleza de las personas que aparecen en esas fotos.[3,4]

En estos experimentos, la gente de diversas procedencias suele estar de acuerdo, y consideran atractivas a las mismas personas, tanto si los interrogados son europeos como asiáticos o africanos, y también con independencia de si las personas de las fotos son europeas, asiáticas o africanas. Dicho de otra manera, un canadiense y un coreano van a coincidir sobre el nivel de atractivo de una persona canadiense o coreana. Eso se debe a la base común de la naturaleza humana.

Lo que se ha descubierto con respecto a los puntos de acuerdo interculturales se aplica a ambos sexos. Pero, aunque la sociedad occidental juzga a ambos sexos por su apariencia, todos estaremos de acuerdo en que esto se aplica mucho más a las mujeres. Es lo contrario de lo que sucede con la mayoría de los animales: recordemos a las pobres golondrinas de pecho claro, despreciadas por sus hembras, o a los desdichados pavos reales macho que tienen que ir por ahí arrastrando un gigantesco cartel de «ven a devorarme» para no pasar desapercibidos. La razón de que a las mujeres se las juzgue más por su apariencia en la especie humana puede ser cultural o biológica, pero, en cualquier caso, es posible utilizar superestímulos, sobre todo uno que se parece mucho al truco del rotulador que empleamos con las golondrinas macho: el maquillaje. Para las golondrinas, las plumas oscuras en el pecho son una característica sexual dimorfa, es decir, un rasgo que permite distinguir entre sexos. En otros animales puede ser la melena del león, o las astas del ciervo. En ambos casos, las hembras de la especie se ven atraídas por las características sexuales dimorfas, por lo general siguiendo la regla de «cuanto más exageradas, mejor». Esto encaja con lo que sabemos del efecto de intensidad máxima y de los superestímulos. Así que, si nos encargaran la misión de hacer que el león tuviera más posibilidades con la leona, le podríamos poner una peluca o unas extensiones para que tuviera la melena aún más espectacular.

Volviendo a los seres humanos, el maquillaje también sirve para acentuar el dimorfismo sexual, alterando los rasgos faciales. Los rostros de hombres y mujeres tienen características diferentes, y el maquillaje contribuye a forzar el de la mujer en la dirección más femenina. Por ejemplo, en comparación con el resto de la cara, la mujer tiene los ojos más grandes que el hombre, de manera que el maquillaje los hace aún más grandes para que el rostro parezca más femenino. De eso se encargan el rímel y las pestañas postizas.

Las mujeres también tienen por naturaleza más contraste de color en el rostro, es decir, las diferentes partes de la cara tienen tonos que difieren más que en el caso de los hombres. De modo que un rostro andrógino puede parecer más masculino si reducimos los contrastes, y más femenino si acentuamos las diferencias de color.[5]

De nuevo, eso es lo que hace el maquillaje. El perfilador de ojos y las sombras incrementan el contraste con el resto de la cara, mientras que la barra de labios hace lo mismo con la boca, y el colorete, en los pómulos.

Un día de principios de verano de 1945, el amanecer de Nuevo México pasó de pronto a ser tan luminoso como el pleno día. Una enorme bola de fuego cubrió el cielo con una temperatura tan ardiente que la arena del desierto se convirtió en cristal. Un minuto más tarde, una nube en forma de hongo ascendió hasta casi 12 kilómetros de altura.

Un grupo de científicos y jefes militares observaron la destrucción en silencio a distancia segura. Debieron de sentir una mezcla de orgullo, fascinación y hondo terror existencial. Todos los presentes sabían que habían cambiado el mundo de manera irrevocable. ¿Para mejor o para peor? Eso aún estaba por decidir.

El científico al frente del proyecto, Robert Oppenheimer, describió lo que sentía con una cita del Bhagavad Gita, uno de los libros sagrados del hinduismo: «Me he convertido en la muerte, en el destructor de mundos». Había nacido la bomba atómica.

Tres semanas después de la primera detonación, el arma se utilizó por primera vez para atacar. El bombardero estadounidense *Enola Gay* soltó la bomba «Little Boy» sobre la ciudad japonesa de Hiroshima, y mató al instante a 70.000 personas. Otras tantas como mínimo murieron después por las heridas y la radiación, y el cáncer más adelante.

Los estadounidenses habían utilizado la bomba para forzar a Japón a rendirse y poner fin a la Segunda Guerra Mundial sin que decenas de miles de sus soldados tuvieran que morir en una invasión a la antigua usanza. De modo que, cuando Japón se negó, Estados Unidos lanzó otra bomba atómica, esta vez sobre Nagasaki. Esto fue suficiente para forzar la rendición y poner fin oficialmente a la guerra.

Pero los tiempos que siguieron no fueron de paz y alegría. Con la nueva bomba, los estadounidenses habían mostrado al mundo un poder nunca visto. Habían erradicado al enemigo sin enviar al frente a un solo soldado, lo que puso muy nerviosas al resto de las potencias.

Sobre todo, a la Unión Soviética, donde el nuevo poder de Estados Unidos no fue precisamente aplaudido. Los dos países habían colaborado para derrotar a un enemigo común, los nazis y los japoneses. Pero, tras la victoria, fue evidente que no se iban a llevar bien. Por un lado, estaba la Unión Soviética, comunista, con una economía de planificación central y un partido único en el poder. Y, por otro, Estados Unidos, capitalista, una democracia con economía de mercado libre. Eran dos sistemas incompatibles que temían que el otro extendiera sus malévolas costumbres al resto del mundo.

En la Unión Soviética ya se estaba trabajando para desarrollar una bomba atómica antes de que Estados Unidos atacara Japón, y la demostración de los americanos solo sirvió para acelerar el desarrollo. En el programa de armamento nuclear de Estados Unidos había físicos que simpatizaban con el comunismo, y filtraron información de alto secreto a los agentes soviéticos para ayudar a acelerar la fabricación de su bomba. Esto hizo que, muy pronto, la Unión Soviética empezara a hacer pruebas con su bomba nuclear.

Por motivos evidentes, no tiene gracia saber que tu enemigo puede pulverizarte con solo apretar un botón, así que, durante las décadas siguientes, las dos superpotencias libraron una batalla agotadora por la supremacía. Estados Unidos inventó un arma nuclear el doble de potente que la anterior, y la Unión Soviética se puso manos a la obra para crear una cuatro veces más poderosa. Los americanos respondieron con otra ocho veces más poderosa, y así sucesivamente. Al final, las armas nucleares más potentes eran mil seiscientas veces más poderosas que las bombas que cayeron sobre Hiroshima y Nagasaki juntas. Su capacidad destructiva era tal que si una de esas bombas caía sobre Times Square, en Manhattan, la bola de fuego llegaría hasta Nueva Jersey por el oeste, Brooklyn y Queens por el este y Central Park por el norte, y la onda expansiva por sí sola destruiría toda la zona metropolitana de Nueva York y mataría a millones de personas.

Por si eso fuera poco, la batalla por la supremacía militar fue mucho más allá de las armas nucleares y llegó a las bombas tradicionales y los misiles, los tanques, los buques de guerra, los cazas de combate, etcétera. Y, como era de esperar, esto resultó muy caro. En lugar de invertir el dinero en educación, sanidad y combatir la pobreza, buena parte de la riqueza de estas naciones se tuvo que volcar en bases militares a las que se dio muy poco uso.

Los líderes de los dos países sabían que era una manera muy idiota de utilizar sus recursos, pero ¿cómo salir de la carrera? Si los estadounidenses cortaban el gasto militar, darían barra libre a la Unión Soviética para dictar el orden mundial, y viceversa. ¿De qué servía ahorrarte el dinero si con eso te arriesgabas a acabar sometido a tu rival?

Cabría preguntarse por qué no acordaron los dos países una reducción simultánea de su inversión militar. Se intentó, pero las negociaciones eran delicadas. ¿Qué pasaba si uno de los dos seguía acumulando armamento en secreto, aunque no fuera lo acordado? En ese caso, el país que había cumplido su parte del trato acabaría dominado por el tramposo. Una desescalada requiere confianza, y esa confianza no era fácil de crear. Tampoco contribuía a ello el hecho de que los líderes de ambos países cambiaran cada cierto tiempo. ¿Cómo podía uno estar seguro de que el siguiente líder del país rival no cambiaría de rumbo y volvería a acumular armas?

Así que, a falta de una buena manera de hacer la desescalada, las dos superpotencias acabaron atrapadas en una carrera armamentística. Este fenómeno no se limita a las armas, claro. También lo vemos en otros muchos aspectos de la sociedad y en el mundo natural.

Volvamos con nuestro viejo amigo, el pavo real. Como ya sabemos, la hembra prefiere a los machos de cola más vistosa, pero la belleza es relativa. Para los machos sería mucho mejor tener unas pocas plumas bonitas, y ya: eso les permitiría dedicar sus recursos, es decir, las calorías, a otros asuntos. Pero ¿qué pasa si aparece por el barrio un macho nuevo con el doble de plumas bonitas en la cola?

Pues que se llevaría a todas las hembras. Y en la siguiente generación, sus descendientes varones heredarían las plumas adicionales, y así sucesivamente. Es obvio que esta secuencia no puede ser eterna, porque el pavo real macho también tiene que sobrevivir. Pero, con la dura competencia que hay entre las aves, se prescinde de todo aquello de lo que se puede prescindir, y se invierten todos los recursos en la decoración. Del mismo modo Estados Unidos y la Unión Soviética acabaron dedicando todos sus recursos a armas que nunca se iban a utilizar.

En ambas situaciones, los competidores acaban en un bloqueo mutuo. Cuando empezó la Guerra Fría, ambos países tenían una potencia militar similar. Tras décadas de armamento nuclear y un gasto que se calcula en billones, seguían teniendo una potencia similar. Lo mismo les pasa a los pavos reales macho, que cuando empezaron a desarrollarse ya tenían plumas vistosas en la cola. Ahora las colas son tan gigantescas que los pobres animales se juegan la vida por las hembras, y les cuesta mucho volar, pero este esfuerzo no le ha dado ventaja a ninguno. Esta situación se describe perfectamente en el libro de Lewis Carroll *Alicia en el País de las Maravillas*.

> —Bueno, en nuestro país —dijo Alicia, todavía un poco jadeante—, si una corre un buen rato, tan deprisa como lo hemos hecho nosotras, generalmente acaba llegando a un lugar distinto.

—¡Un país bien lento! —dijo la Reina—. Aquí, como ves, se ha de correr a toda marcha simplemente para seguir en el mismo sitio. Y si quieres llegar a otra parte, por lo menos has de correr el doble de rápido.

Para entender qué relevancia tiene la carrera armamentística nuclear en nuestra discusión sobre la belleza física hay que saltar a un universo paralelo. Imaginemos un mundo en el que no se hubieran inventado los cosméticos. En el nuestro, el maquillaje de diferentes tipos se lleva usando desde hace milenios, y hasta los sumerios tenían versiones primitivas de la barra de labios y la sombra de ojos hace cinco mil años.

Pero, en nuestro mundo ficticio, la gente ha conseguido hasta este momento pasar por alto la tentación de hacerse más atractivos, así que todos tienen su aspecto natural. Unas personas son bellas y otras no, y así son las cosas. Como sucede en nuestro mundo, las personas con atractivo físico disfrutan de ciertas ventajas, no solo a la hora de buscar pareja, sino también en el trabajo, ya que los estudios nos han demostrado que las mujeres y los hombres atractivos ganan más, y sus pares los consideran más competentes.[6]

En nuestro universo ficticio, la gente no es tan consciente de esta relación, pero, un día, una joven descubre las ventajas de la belleza. Vamos a llamarla Kimberly. Kimberly se da cuenta de que puede progresar en la sociedad si mejora su aspecto, así que, tras mucho pensar, inventa el maquillaje tal como lo conocemos hoy en día.

Kimberly, maquillada, es más atractiva que antes, y más que la mayoría de las mujeres. Se fijan más en ella y le suben el sueldo. Pero no es fácil esconder estos beneficios, y las demás mujeres no tardan en fijarse en el invento de Kimberly y en hacer experimentos a su vez.

Al principio, solo unas pocas lo consiguen, lo que no afecta a Kimberly. Lo malo es que, con el tiempo, la mayoría de las mujeres de la sociedad se ven atraídas o arrastradas hacia el maquillaje, así que pierde la ventaja que tenía. Todas son más atractivas que antes. Si damos por hecho que el maquillaje mejora a todo el mundo por igual, acaban en la misma posición relativa que antes: las personas más atractivas siguen siendo más atractivas; las menos atractivas siguen siendo menos atractivas; lo único que ha cambiado es que ahora todas tienen que llevar maquillaje para estar a la altura. Si un día Kimberly va con prisa y no se maquilla, estará menos atractiva que las demás y le harán comentarios como «hoy pareces cansada».

Eso no es lo que quiere Kimberly. Lo que quiere es ser la mujer más atractiva del país, de modo que se pone a pensar de nuevo y, como es inteligente, se le ocurre una nueva manera de mejorar su aspecto: la cirugía plástica. Empieza con algo sencillo, una inyección que hace que tenga los labios más gruesos, y durante un breve periodo de tiempo todo el mundo comenta lo guapa que está con esa boca tan perfecta, pero pronto otras mujeres descubren el truco.

Así que Kimberly da el siguiente paso. Esta vez se centra en su cuerpo en lugar de en el rostro y mejora otro rasgo de dimorfismo: se aumenta los pechos con silicona. No tardan en imitarla, y la cosa sigue el mismo curso: Kimberly corre y corre, pero siempre acaba en el mismo lugar.

Vale, no es la historia más sutil del mundo, pero en nuestra sociedad actual está sucediendo algo muy similar. En las redes sociales ya es habitual tratar las fotos con programas que nos hacen quedar mejor: la más popular, FaceTune, ni siquiera lo disimula en el nombre. En FaceTune se puede hacer de todo, desde mejorar la piel a cambiar el rostro entero, y ahora es posible alterar tu aspecto también en los vídeos.

En el mundo real, la carrera armamentística de la belleza significa que cada vez hay más personas que se hacen cirugía plástica. En mi Dinamarca natal, en 2022 hubo seis veces más operaciones de aumento de pecho que en 2005, y veinte veces más estiramientos faciales y de cuello, seis veces más liposucciones y casi diez veces más *lifting* de cejas.[7]

A nivel global, algunos países tienen carreras armamentísticas aún más acusadas. Por ejemplo, en Corea del Sur la cirugía plástica es tan habitual que el 31 por ciento de las mujeres se ha hecho al menos una operación.

Por fin tenemos la información para responder a la pregunta de por qué hay tantas jóvenes hoy en día que se encuentran mal, y conocemos el papel que desempeñan las redes sociales. La cosa funciona de la siguiente manera:

Por razones culturales y biológicas, las jóvenes suelen preocuparse más por su aspecto. No es injustificado, ya que existen ventajas palpables en el mundo real para aquellas personas físicamente atractivas, y esto se subraya en un mundo dominado por los medios y las redes. El instinto hace que nos atraigan las personas hermosas y, dado que nuestra atención es valiosa, los algoritmos de las redes sociales lo aprovechan. Pero la belleza es un fenómeno relativo y, como en tantos otros casos, experimentamos una desensibilización. Si solo nos comparamos con los que tenemos al lado, podemos parecer atractivos, pero en las redes sociales todo es parte de la competición. El estanque es muy muy grande. Los que «ganan» en el algoritmo y llegan a nuestras pantallas son los más hermosos entre miles, tal vez millones de personas. No son representativos de la población en general, pero, por desgracia, el cerebro tiene un sesgo cognitivo, el «lo que ves es lo que hay», y así es como acabamos comparándonos con esas personas de belleza anormal.

Por la misma razón, solo con mirar las redes sociales las personas propensas a la «comparación social hacia arriba» se sentirán mal. Todos tendemos a compararnos con los demás hasta cierto punto, pero los jóvenes que aún están buscando su lugar en el mundo son especialmente vulnerables, y además son los que pasan más tiempo en las redes sociales, sobre todo las jóvenes.

Además, las redes sociales dejan muy claro que el aspecto físico contribuye al éxito en la vida. Las personas atractivas que dominan el algoritmo ganan dinero a carretadas y llevan una vida de lujo, muchas veces por ser guapas y poco más.

Así que cuesta no entrar en esta carrera armamentística contra nosotros mismos para obtener lo que ellos tienen; pero, como todo el mundo compite, la gente acaba corriendo todo lo que puede para al final acabar en el mismo punto, solo que más inseguros en lo relativo a su aspecto.

17

EL CUERPO IDEAL, PERO A LO GRANDE

Los hombres son tan propensos como las mujeres a terminar en la carrera armamentística; la única diferencia es que la belleza masculina se juzga según parámetros diferentes. También hay hombres que pasan por el quirófano para mejorar su aspecto, pero el mejor ejemplo en su caso son más bien los músculos. Según algunos estudios, las mujeres heterosexuales consideran más atractivos a los hombres con músculos más desarrollados, al menos hasta cierto punto. Como ya sabemos, los músculos se pueden aumentar con el levantamiento de peso, y es una situación casi ideal, porque el hombre es más atractivo y al mismo tiempo está más sano. Pero también hay atajos para incrementar la masa muscular: los esteroides anabólicos, drogas sintéticas que imitan el efecto de la testosterona, la hormona sexual masculina.

La testosterona afecta al cuerpo de diversas maneras, y una de las más visibles es que hace que aumente la masa muscular. Por eso los hombres suelen ser más musculosos que las mujeres. Los consumidores de esteroides reciben lo que se denomina «dosis suprafisiológicas», que exceden con mucho los niveles naturales de testosterona y por tanto provocan un desarrollo muscular imposible de obtener por medios naturales.

Este fenómeno nos da una última oportunidad para recordar una de las primeras lecciones que aprendimos en el libro: el organismo es dinámico y adaptable. Cuando el cuerpo de un consumidor de esteroides se encuentra con las grandes cantidades de sustancias similares a la testosterona en el torrente sanguíneo, entiende que los testículos están produciendo testosterona en exceso, y trata de que los niveles vuelvan a la normalidad enviando una señal para que reduzcan la producción.

Pero, dado que las sustancias llegan a través de inyecciones, esto no cambia nada. El nivel de testosterona sigue altísimo y el cuerpo sigue reaccionando, mandando órdenes a los testículos para que reduzcan la producción.

Al final, la producción propia de testosterona cesa casi por completo. Esto provoca que los testículos se encojan, y el tejido que produce la testosterona puede incluso llegar a morir.

Los riesgos son altos, pero los beneficios también pueden serlo. Es un secreto a voces que muchos hombres que ganan dinero gracias a su físico consumen esteroides anabólicos. Suele ser el caso de los *influencers* del ejercicio físico en Instagram o YouTube, así como el de los protagonistas de películas de acción en Hollywood. La vieja guardia de estos actores suele ser muy sincera sobre la ayuda que recibe de la química. Por ejemplo, Arnold Schwarzenegger ha reconocido que utilizó durante años testosterona y Dinabol, un esteroide anabólico, para conservar su físico formidable.[1] El actor sueco Dolph Lundgren, que hizo de Ivan Drago en *Rocky IV*, también confesó haber consumido esteroides durante buena parte de su carrera.[2] Y su adversario en la famosa película de *Rocky*, Sylvester Stallone, no ha hablado abiertamente del tema, pero en 2007 lo detuvieron en un aeropuerto de Australia con 48 dosis de hormona humana del crecimiento que, como sucede con los esteroides anabólicos, sirve para incrementar la masa muscular.[3]

Hoy en día no hay muchos actores de Hollywood que reconozcan públicamente que consumen esteroides, y la mayoría atribuye su forma física al ejercicio o a una dieta de pollo con brócoli y arroz. Y eso también lo hacen, claro, pero más de una vez hemos escuchado los nombres de actores, músicos y otros famosos relacionados con los de médicos detenidos por la venta de esteroides.[4] Y hay que ser muy inocente para creerse que «todo es natural» en ciertas historias demenciales que se escuchan en el mundo del espectáculo, como que alguien gane 10-20 kilos de masa muscular en unos meses, o que tenga una musculatura mucho más desarrollada a los cincuenta que a los veinte.

No sería justo acusar a todo el mundo de hacer trampas, claro, y el hecho de utilizar esteroides no significa que puedan prescindir del ejercicio duro y la dieta sana para obtener un físico impresionante, pero los estudios demuestran que las personas que sí los consumen y no hacen ejercicio incrementan la masa muscular más que los que hacen ejercicio sin ayuda de la química.[5] Así que no, no es un empujoncito. Los esteroides ayudan a conseguir una masa muscular que, con los niveles naturales de testosterona, es sencillamente imposible.

No es difícil imaginarse por qué los actores y los *influencers* de la forma física optan por consumir esteroides. El espectador quiere ver músculos grandes, y tanto la pantalla como las redes sociales son escenarios globales. Hay todo un ejército de rivales con mucho talento que están listos para ocupar tu lugar, y tal vez los esteroides sean ese empujoncito que te hace falta para mantenerte en cabeza.

Así es como sigue la carrera. La musculatura es relativa,

y hasta un culturista aficionado de cualquier gimnasio actual parecería demencialmente musculoso hace un siglo. Pero, en el mundo de los culturistas profesionales, no es nada. De hecho, estos profesionales (o sus entrenadores) casi necesitan estudiar medicina para seguirles la pista a todas las hormonas que consumen. La competición se ha vuelto tan feroz que algunos, tanto profesionales como aficionados, se inyectan aceite en los músculos para que parezcan más grandes. El listón está tan alto que Arnold Schwarzenegger en su mejor momento no tendría la menor posibilidad en la versión actual de la competición de culturismo más prestigiosa, Míster Olympia.

La mayoría no seguimos la pista a los culturistas, pero sí nos interesan los *influencers* de la forma física, los actores de Hollywood y otros famosos que consumen esteroides y alteran la percepción que tenemos de lo que se puede conseguir por métodos naturales. Pasa lo mismo que con las modelos en Instagram con mucho Photoshop y cirugía estética, que alteran nuestra percepción de cómo es el cuerpo de una mujer normal.

Para hacernos una idea de cómo esta carrera por la musculación ha afectado al ideal de cuerpo masculino no tenemos más que examinar cómo han evolucionado a lo largo del tiempo los juguetes de los niños.

Un estudio estadounidense les quitó el polvo a los muñecos de G.I. Joe y de Luke Skywalker de las últimas décadas. Las primeras versiones eran de los años sesenta y setenta, cuando tenían el aspecto de hombres atléticos normales. Pero, posteriormente, cada vez son más musculosos, con el pecho más ancho en relación con la cintura y los brazos más grandes.

Los muñecos más tardíos que estudiaron son de finales de los noventa. Los científicos compararon las proporciones de los juguetes con las de jugadores profesionales de fútbol americano para ver hasta qué punto eran antinaturales. A escala comparada, el pecho de los muñecos era el doble de ancho, y los bíceps dos o tres veces más grandes. Tenían unas dimensiones con las que no podían competir ni los culturistas profesionales más corpulentos del mundo.[6]

Los muñecos de los niños reflejan el ideal de cuerpo de la sociedad, igual que sucede con las muñecas Barbie de las niñas. Si Barbie fuera una persona real, ella también tendría unas proporciones físicas imposibles. Calzaría un 33 y tendría un IMC de 16, tan bajo que su vida correría peligro.

En ambos casos, es interesante señalar que los ideales físicos son exageraciones de algo que en principio es saludable y atractivo. Estar delgado o ser musculoso es excelente, pero se vuelve peligroso cuando la carrera armamentística lleva esto al extremo, momento en el que también deja de ser atractivo para el sexo opuesto. Los hombres heterosexuales prefieren por lo general a las mujeres delgadas, pero no con un IMC de 16.[7] Y las mujeres heterosexuales prefieren a los hombres musculosos, pero no a los culturistas.[8] Es irónico, pero la carrera armamentística ciega a sus participantes más ardorosos hasta el punto de que se pasan de largo.

Cirugía de alargamiento de piernas

Otro ideal físico masculino es la altura. Esto tiene algunos puntos en común con la musculación, pero no es tan fácil de alterar. Crecemos durante la pubertad, cuando se genera nuevo tejido óseo al final de los llamados «huesos largos», pero en cuanto termina las placas de crecimiento se fusionan y ya no ganamos más altura.

Durante la Guerra Fría, el científico soviético Gavriil Ilizarov descubrió una manera de salvar este obstáculo y hacer que una persona fuera más alta. El procedimiento no ha cambiado gran cosa desde entonces, y es brutal. Consiste en alargar los muslos o las pantorrillas de un paciente rompiéndole los huesos y separándoselos: se corta el hueso por completo y se atornillan varillas de metal a ambos lados del punto de rotura. Luego, estas varillas se utilizan para separar de manera gradual las dos mitades. Durante el proceso, se forma hueso nuevo para rellenar el hueco mientras el organismo trata de sanarlo, así que, con el tiempo, el paciente pasa a tener las piernas más largas, y la persona puede ganar entre 10 y 15 centímetros de altura. Lo malo es que tiene que hacer una rehabilitación exhaustiva para volver a caminar, tendrá riesgo de complicaciones toda la vida y el proceso es extremadamente doloroso.

Pese al dolor y a los riesgos, esta cirugía es cada vez más popular. La BBC ha entrevistado a clínicas de todo el mundo especializadas en este procedimiento de alargamiento de las piernas, y todos informan de que el número de pacientes crece año tras año.[9]

A estas alturas es obvio para todos que en la sociedad actual tienen lugar múltiples carreras armamentísticas, pero queda una que aún no hemos examinado y que está presente en buena parte de este libro.

A lo largo de *Superestimulados* hemos visto las diferentes industrias que explotan nuestras debilidades psicológicas para ganar dinero, a veces con métodos muy alejados de la ética. Pero conviene dejar claro que no todos los que trabajan en estas industrias son sociópatas malévolos. Unos cuantos sí lo son, sin duda, pero la mayoría de los malvados con que nos hemos topado hasta ahora son, por lo general, buenas personas atrapadas en estas carreras.

Tomemos, por ejemplo, los superestímulos alimentarios. En el supermercado, los consumidores suelen elegir lo que compran en función del sabor, así que, si quieres ganar dinero y vencer a la competencia, tendrás la tentación de añadir azúcar, grasas, sal, saborizantes y esas cosas. Si no, la competencia será quien lo haga. Es posible que tengas en mente lo correcto: para nuestros consumidores es mejor no comer demasiada sal, pero si la competencia añade sal adicional a su producto, ¿qué más da?

De modo que, cuando la competencia te gane terreno, tu empresa tendrá que seguir el juego y subir el contenido de sal del producto. Los consumidores no tardarán en acostumbrarse a esa cantidad más elevada de sal, y volverá a presentarse la ocasión de quedarse con una porción más grande del mercado aumentando el contenido en sal todavía más. ¿Seguirá adelante esta vez tu empresa? Es difícil negarse, porque, sin ventas, no tiene futuro, con lo que solo quedarán tus competidores, los que no han dudado a la hora de la escalada. Es una situación imposible. No puedes salirte de la carrera sin sacrificar algo, ya sea la empresa o los principios. De modo que, aunque la mayoría de los actores de esas industrias sean buenas personas que no quieren hacer daño a los demás, existe el riesgo de que caigan en la trampa.

Por suerte, conocemos dos maneras eficaces de detener una carrera armamentística.

La primera requiere de la intervención de una tercera parte con poder que marque las reglas del «juego». Volvamos al ejemplo anterior de Estados Unidos y la Unión Soviética, la situación que acuñó la expresión «carrera armamentística» cuando los dos países acumularon arsenales con capacidad para destruir varias veces el planeta entero.

En el mundo real no había una tercera parte tan poderosa como para obligar a nada a las dos superpotencias, pero imaginemos que fuera posible invocar a una. Tal vez Dios, o unos extraterrestres, o Thor, o bien Odín. Sea quien sea, les podría decir a los dirigentes: «Tenéis permiso para producir cinco armas nucleares cada uno e invertir el 1 por ciento del PIB al año en armamento. Si os pasáis del límite, nos cargamos a todos los políticos».

En este ejemplo, ninguna de las dos partes tiene miedo de una traición y la carrera cesa: los dos rivales saben que el otro no volverá a las andadas porque no se arriesgará a que el tercero los ponga en su lugar.

Es la solución que utilizamos dentro de cada país. El Estado desempeña el papel de tercera parte. Tiene el monopolio de la violencia y garantiza que los ciudadanos no entren en la carrera armamentística para protegerse unos de otros (en este sentido, Estados Unidos es una desdichada excepción). En el mundo ideal, el Estado también desescalaría otras guerras que hemos visto en este libro: por ejemplo, pondría límites a las industrias para evitar que, compitiendo, se adentraran en un territorio que pone en peligro a los consumidores. Siempre existirá el riesgo de que alguien se salte las reglas y venda productos ilegales en el mercado negro, claro. La heroína es ilegal, pero no por eso ha dejado de existir. Pero, como hemos visto antes con el cannabis, la legislación y las prohibiciones, aunque no sean perfectas, pueden ralentizar la carrera armamentística y reducir el consumo.

Me refiero a una legislación al estilo de la que ha impuesto China, sobre todo cuando se trata de superestímulos digitales. Al abrir la versión china de TikTok, llamada Douyin, no nos encontramos de inmediato con bailes ridículos, cotilleos o vídeos deportivos, sino vídeos sobre ciencia, matemáticas e historia. Y no es porque los chinos sean más cultos que los demás, sino porque el gobierno chino regula cómo organizan las compañías el contenido que presentan. No se les permite optimizar al máximo los superestímulos, sino que tienen la obligación de priorizar hasta cierto punto ciertos temas que son beneficiosos. La legislación también exige que la aplicación pregunte a menudo al usuario si quiere hacer una pausa, cosa que no conviene si lo que interesa es mantenerlo enganchado al dispositivo para mostrarle tanta publicidad como sea posible; pero esto ayuda al usuario a salir del estupor zombi.

Dicho de otra manera: los chinos tratan de ralentizar la carrera armamentística permitiendo que la legislación intervenga en las costumbres de los consumidores. Además, la ley obliga a registrarse con el nombre real para jugar a videojuegos, y los niños tienen un tiempo limitado, solo una hora al día, y solo en viernes, festivos o vacaciones.[10] También existe un debate sobre si el tiempo de pantalla se debería limitar a dos horas diarias para los niños, y si el acceso se debería impedir entre las diez de la noche y las seis de la mañana.[11]

Por supuesto, una regulación así puede volverse distópica. Seguro que estamos todos de acuerdo en que es mejor vivir en una sociedad donde la gente puede elegir cómo vivir su vida.

Pero hasta en las sociedades que valoran la libertad, hemos aceptado que esta libertad no siempre puede ser ilimitada. Hemos decidido, por ejemplo, que ciertos productos adictivos, como la heroína, son tan dañinos que la gente no debe tener opción a utilizarlos aunque quiera. Otros, como los cigarrillos, siguen siendo legales, pero están regulados mediante leyes e impuestos, de la misma manera que también ponemos normas a las industrias del alcohol y el juego, aunque no sean suficientes. No cuesta imaginar que hemos llegado a un punto de desarrollo tecnológico en el que habría que incrementar el número de industrias intervenidas para proteger a los ciudadanos de la explotación de sus puntos débiles psicológicos. En este sentido, el principal problema es que muchos superestímulos de los que hemos hablado no afectan a todo el mundo por igual. Para algunos, sin duda la vida sería mejor si los superestímulos alimentarios estuvieran tan regulados que se volvieran escasos, ya que eso los ayudaría a mantener un peso saludable, como el de nuestros esbeltos antepasados. Pero para muchos otros a los que les va bien o hasta muy bien esto solo sería una limitación de su libertad que no les aportaría ningún beneficio. El equilibrio es muy complicado, pero no imposible de resolver si las mentes creativas idearan la legislación.

Ya hemos mencionado que hay una segunda manera de resolver la carrera armamentística: cambiar la mecánica subyacente. Al fin y al cabo, todas las carreras de este tipo que hemos analizado surgen de nuestras preferencias innatas, y acaban haciéndonos daño porque esas preferencias, lo que deseamos, ya no coinciden con lo que nos beneficia a largo plazo. Pero ¿qué pasaría si cambiáramos nuestras preferencias?

Si los consumidores no demandaran cantidades anormales de sal, no habría motivo para añadirlas a los alimentos. Y aquí es donde entra en juego *Superestimulados*. No como solución global a uno de los desafíos más importantes de este siglo, claro, pero es mi pequeña contribución a un avance en la dirección correcta.

Porque, para cambiar las preferencias, el primer paso es comprender cómo nos están manipulando. Pensemos, por ejemplo, cómo el hábito de fumar ha pasado de ser lo más normal a restringirse a una pequeña parte de la población. No se debe solo a la legislación y a los impuestos, sino también y en igual medida a la información. Ahora sabemos que la nicotina es adictiva, que fumar es muy malo para la salud y que las tabacaleras nos manipulan.

El conocimiento no siempre basta para romper un mal hábito, o al menos no le basta a todo el mundo. En algunos casos, puede ser difícil salirse del bucle que han creado, aunque sepan muy bien cómo funciona la trampa. Recordemos por ejemplo a los expertos de Silicon Valley, que tratan a la desesperada de evitar las máquinas de adicción digital que han contribuido a crear. Es obvio que saben lo que pasa, pero aun así les cuesta resistirse.

De modo que el conocimiento y la fuerza de voluntad no siempre bastan, así que hay que dar con herramientas que nos ayuden. Pueden ser sencillas, como poner la pantalla en blanco y negro o comer más patatas, o intervenciones más complejas, como recibir una medicación que afecte al cerebro. En este libro he tratado de presentar las mejores evidencias, pero sin duda quedan muchas que el lector puede descubrir.

Los Estados Unidos de los Superestímulos

Si pensamos en todas las industrias de las que hemos hablado en este libro veremos que tienen algo en común: todas están dominadas por empresas estadounidenses. Los superestímulos alimentarios, como la comida rápida, tienen su origen en ese país, y de allí proceden las cadenas que se han extendido por todo el mundo. La industria del porno tiene su cuartel general en Los Ángeles, igual que están allí los de la televisión, el cine y el *streaming*. Los juegos de ordenador más importantes son estadounidenses, y también las compañías de redes sociales y webs de contactos. La legalización del cannabis se promovió desde Estados Unidos, las tabacaleras de Estados Unidos provocaron el aumento en el número de fumadores, y la crisis de los opioides tiene allí su origen.

A estas alturas, «europeo despotrica contra Estados Unidos» es un cliché muy visto, por eso lo hemos dejado para un apartado al final del libro, pero es importante para lo que estamos discutiendo. Otros países también crean superestímulos, claro, incluido el mío, pero ninguno los exporta como los americanos. Es como si ese país tuviera algo que lo hace más propenso a los aspectos depredadores del capitalismo, lo cual es especialmente negativo para los propios estadounidenses, porque el hecho de que su país sea la capital mundial de los superestímulos hace que los ciudadanos de a pie sean la principal presa de estas compañías, los que sufren sus experimentos. Salta a la vista. En índices de obesidad, de adicción a las drogas, de tiempo de pantalla, de todo lo demás.

EPÍLOGO

Un ser humano pequeño en un mundo muy grande

Srinivasa Ramanujan, uno de los mejores matemáticos de la historia, nació en el sur de la India a finales del siglo XIX. Su familia era tan pobre que no podían permitirse los libros de texto del colegio. Pero, de niño, Ramanujan aprendió matemáticas por su cuenta con los libros que le prestaban sus amigos y los de la biblioteca, en los que resolvió todas las ecuaciones y luego inventó otras nuevas.

Las muchas horas de matemáticas dieron su fruto cuando a Ramanujan, ya adolescente, se le concedió una beca para ir a la universidad, gracias a sus excepcionales habilidades. Sin esta ayuda económica, jamás lo habría logrado.

Pero la universidad exigía que Ramanujan estudiara otras asignaturas aparte de las matemáticas, como el inglés, y las suspendió una y otra vez. No porque no fuera inteligente o le costara seguir las clases, sino porque no lo intentó siquiera. Ramanujan no era capaz de dedicar el tiempo a estudiar nada más que matemáticas. Acabó por suspender tantos exámenes que lo echaron de la universidad, perdió la beca y volvió a la pobreza, a veces al borde del hambre.

Ramanujan sabía que tenía que volver a intentarlo, y tiempo después consiguió que lo aceptaran en otra universidad. Pero, una vez más, no fue capaz de estudiar nada aparte de matemáticas, de modo que volvió a suspender el resto de las asignaturas y de nuevo lo expulsaron.

Ramanujan hizo trabajos esporádicos para sobrevivir y empezó a dar clases de matemáticas a estudiantes universitarios. La escasa paga le permitió salir adelante y seguir concentrado en las matemáticas.

También acudió a profesores de matemáticas de la zona para compartir con ellos su trabajo. Muchos se quedaron asombrados al ver las teorías y cálculos del joven.

Al final, el mundo descubrió a Ramanujan cuando envió una carta a G. H. Hardy, un destacado matemático inglés. Le describió algunas de sus observaciones e incluyó diez páginas de teoremas e ideas. Tiempo después, Hardy dijo que algunos de esos teoremas «eran casi imposibles de creer». Se los mostró a un colega, John Littlewood, quien dijo que no había duda de que los teoremas eran correctos porque «no había nadie con tanta imaginación como para inventárselos».

Tras una breve correspondencia, Hardy consiguió llevar a Ramanujan a la Universidad de Cambridge, donde los dos empezaron a trabajar juntos. Por desgracia, su colaboración fue breve, porque, a los pocos años, Ramanujan enfermó y murió. Pero en su corta carrera había conseguido revolucionar campos enteros de las matemáticas, y los matemáticos de hoy siguen estudiando sus numerosas notas para inspirarse y llevar a cabo nuevos descubrimientos.[1]

La relación de Ramanujan con las matemáticas se parece mucho a la que tienen algunas personas con los videojuegos, el alcohol o el juego. Le resultaba imposible hacer otras cosas aunque su vida entera dependiera de eso. Con un poco de esfuerzo, Ramanujan podría haber conservado la beca universitaria y haberse labrado una carrera matemática mucho más sencilla, como había soñado, pero, aunque era capaz de estudiar matemáticas sin descanso, no podía concentrarse en ninguna otra asignatura.

Se trata de un ejemplo radical, pero la historia de Ramanujan nos recuerda a la de muchas personas que han tenido éxito. La gente que ha alcanzado grandes logros suele tener un punto de obsesión. Vemos un ejemplo en otra disciplina en las hermanas Polgár, húngaras, las mejores mujeres jugadoras de ajedrez que el mundo ha conocido. Su padre, László Polgár, ha dicho que las hermanas estaban obsesionadas con el ajedrez desde niñas, que no sentían el menor interés por otra cosa. Una noche se encontró a una de ellas, Zsófia, en el cuarto de baño con el tablero entre las manos. «¡Deja ya esas piezas, Zsófia!», le dijo, a lo que ella respondió, «¡Papá, son las piezas las que no me dejan a mí!».[2]

Tal vez reconozcamos este comportamiento en nuestra propia vida. Todas las personas que conozco que son muy buenas en algo comparten un interés natural hacia esa actividad. No siempre es así desde el principio, algunas tienen que adentrarse en su campo antes de que llegue la obsesión, pero al final todas están obsesionadas.

No es extraño ver este comportamiento. El talento ayuda mucho, pero el éxito requiere una gran cantidad de trabajo, y es más fácil trabajar si no tenemos que obligarnos, si no nos cuesta un esfuerzo pasarnos horas absortos en lo que nos obsesiona.

No sabemos a ciencia cierta por qué unas actividades son más agotadoras que otras. En algunos casos tiene sentido: cuando corremos, quemamos más calorías que tumbados en la cama, y como el cuerpo está diseñado para ahorrar energía, estar tumbado es más agradable que correr.

Pero ¿por qué es más cansado resolver ecuaciones matemáticas que jugar a un juego de ordenador?

No puede deberse al consumo de energía. El cerebro quema muchas —casi el 20 por ciento de las que quemamos al día—, pero esta cifra apenas se incrementa por pensar o concentrarnos mucho.[3] De modo que, cuando se trata de tareas mentales, la sensación de esfuerzo es un misterio. No hace falta más energía para resolver una ecuación que para ver una película.

Un grupo de psicólogos estadounidenses tiene una teoría que puede ayudarnos a explicar esta discrepancia. Su hipótesis es que la sensación de tensión viene porque el cerebro trata de que nos embarquemos en la actividad con mayor recompensa. Imaginemos que el cerebro evalúa de manera constante todas las cosas que podríamos hacer en un momento dado, y las sopesa en función de la recompensa que espera de ellas. Si la recompensa de lo que estás haciendo es más baja que la recompensa de otra actividad que podrías realizar, tienes que hacer un esfuerzo por seguir adelante. Pero si la recompensa de la actividad que estás llevando a cabo es más alta, no te cuesta nada continuar.

Esta teoría significaría que los superestímulos son un problema para cualquiera con objetivos y aspiraciones. Si te acostumbras a pantallas de TikTok, videojuegos y series de Netflix con grandes estímulos, esas son las actividades que tu cerebro va a comparar con otras, y esas otras van a requerir más fuerza de voluntad, porque la recompensa no es tan instantánea como la de los superestímulos artificiales. Pensemos en cuánta gente se fija metas para su mejora personal, como pintar, aprender a tocar un instrumento o leer más libros. Son actividades que antes las personas hacían por diversión. Hace doscientos años necesitábamos algo en lo que invertir el tiempo libre, y estas actividades habrían estado entre las que ofrecían mayor recompensa;

hoy en día caen en la categoría de las que, para muchas personas, exigen fuerza de voluntad, porque tienen que competir con los superestímulos modernos. Por eso mismo, hay jóvenes que se quejan de que no son capaces de ver una película entera, de principio a fin. Para la generación anterior era un superestímulo, pero pierde cuando compite con TikTok y pasa a ser algo que requiere esfuerzo.

Un ejemplo rotundo de este fenómeno son los adictos a ciertas sustancias. A medida que la adicción crece, pierden el interés en cosas que hacían antes y dejan de preocuparse por sus amigos y familiares, pero harán esfuerzos sobrehumanos por conseguir la droga. Esto tiene sentido si su cerebro ve la sustancia como la máxima recompensa que puede obtener el adicto. El resto de las actividades se vuelven agotadoras, casi imposibles, pero la búsqueda del subidón, no; por muy difícil que fuera para una persona no adicta, por mucho que conlleve acciones violentas, robo o incluso arriesgar la vida.

Esta teoría de la «comparación» de la fuerza de voluntad coincide también con algunos estudios en los que los científicos analizan la disposición de las personas a hacer un esfuerzo. Por lo general, el resultado de estos estudios es que prefieren completar tareas que requieren un esfuerzo mínimo. Cuando se presentan múltiples opciones, resolver problemas matemáticos no es la más popular.[4] Pero cuando los científicos dan a elegir entre resolver problemas matemáticos y no hacer nada, muchos eligen las matemáticas si la alternativa es quedarse mirando a la nada.[5] En otras palabras: las matemáticas pueden ser extenuantes o no, depende de la alternativa.

Es difícil no preguntarse cuánta gente hay por ahí que ha dejado de lado su talento, sus sueños, porque los superestímulos han hecho que sea difícil soportar nada que no sea una sobreestimulación artificial. ¿Cuántos Ramanujan de hoy en día son adictos al *World of Warcraft* en lugar de cerebritos matemáticos?

Y, peor aún: ¿hasta qué punto seguirá empeorando todo esto en el futuro?

Porque, por desgracia, esta evolución no ha terminado. Hubo un tiempo en que el *Pong*, un juego que consistía en mover dos líneas arriba y abajo para devolver una pelota al otro lado de la pantalla, era la diversión más estimulante que existía. Hoy en día hay juegos que se desarrollan en mundos ficticios con un nivel de detalle asombroso, en los que el jugador tiene unas opciones casi ilimitadas. En otros campos, hemos ido de imágenes de hombres y mujeres con poca ropa a plataformas de internet con una variedad infinita de porno duro, del cannabis con un poco de THC a cristales que contienen THC casi puro, del helado de vainilla al ya infausto helado de vainilla con caramelo líquido, trocitos de chocolate, nubes de azúcar y masa de galleta.

No cabe duda de que en todas estas áreas nos aguardan nuevas escaladas. En el mundo digital, sobre todo, el desarrollo es imparable. Y, en el reino de los bits, los fabricantes de superestímulos lo tienen más fácil que en ningún otro ámbito, porque los experimentos son rápidos, baratos y sencillos de organizar. Los fabricantes de alimentos tienen que producir versiones físicas de todas las variantes del producto para luego hacer experimentos en el mundo real, pero, como ya hemos visto, las empresas digitales pueden hacer miles de pequeños experimentos con nosotros todos los días, porque su producto, el código informático, se puede modificar con facilidad.

Al mismo tiempo, las compañías digitales acuden cada vez más a la ayuda de la inteligencia artificial, de modo que ni siquiera hay que involucrar a seres humanos en los experimentos. Muy pronto, hasta la generación de contenido estará automatizada, de manera que la inteligencia artificial no solo estudiará al usuario para seleccionar el contenido de lo que ve, sino que generará todos los vídeos, textos y contactos a medida para él. Es de esperar que, cuando llegue ese momento, una parte de la sociedad se refugiará por completo en el mundo digital. Es triste, es trágico, pero no quiere decir que no haya esperanza para nadie.

En primer lugar, porque los productores de superestímulos no son los únicos que se aprovechan de la tecnología nueva y mejorada. Nuestras defensas también están mejorando, y no hay motivo para pensar que no puedan salir victoriosas. Antes he dejado fuera una manera más de detener la carrera armamentística: ser el vencedor. Recordemos el capítulo sobre los medicamentos para perder peso. Hubo un tiempo en que la fuerza de voluntad y los trucos conductuales eran las únicas armas contra los superestímulos alimentarios. Para la mayoría de las personas, no eran suficientes, y la lucha arreciaba a medida que la industria descubría nuevas posibilidades. Pero ahora la medicina ha dado la victoria al consumidor. La industria alimentaria está tratando de recuperar la ventaja que tenía, pero no se sabe si será posible, y además la medicina también va a seguir progresando.

De hecho, los científicos están estudiando ahora otros medicamentos relacionados con la GLP-1 y similares para descubrir si pueden ayudar a las personas a librarse también de otros hábitos perjudiciales. En estudios con roedores y primates no humanos, algunos de estos medicamentos contribuyen a reducir el deseo de drogas y alcohol.[6] Los primeros estudios con seres humanos apuntan en la misma dirección, aunque sin duda queda mucho por aprender.[7] Seguramente, es demasiado optimista pensar que una sola categoría de medicamentos pueda solucionar todos nuestros problemas de superestímulos, pero sí existe la esperanza de que pronto habrá más recursos.

En esta discusión, cabe señalar también que lo que hace la tecnología actual no es dirigir al ser humano hacia el abismo, sino acentuar y acelerar las diferencias existentes entre las personas. Cada vez crece más la distancia entre la cima y la base. Recordemos a nuestros viejos amigos, los hadzas, que viven sin la ayuda de la tecnología moderna. Son más delgados y musculosos que el occidental medio, y en muchos aspectos están más sanos. Pero hay que hacer énfasis en la palabra «medio». Hay muchas personas en Occidente más fuertes que el más fuerte de los hadzas, que pueden correr más deprisa y más tiempo, que tienen más masa muscular y que gozan de mejor salud en todos y cada uno de los parámetros: metabolismo, estado general, esperanza de vida, etcétera.

Esto se debe a que la tecnología moderna nos permite optimizar nuestro cuerpo de maneras inimaginables para las poblaciones tradicionales. Así que el desarrollo tecnológico es como pisar el acelerador, sí: la velocidad se va a incrementar, vayamos en la dirección que vayamos.

Si hacemos caso de nuestros instintos, hay un ejército de fabricantes de alimentos dispuestos a explotar el sistema de recompensa del cerebro. Su mercancía nos hace gordos y débiles hasta el punto de que, hace pocos siglos, no habríamos sobrevivido. Por otra parte, los conocimientos que tenemos sobre biología y medicina también son tan espectaculares que podemos conseguir cosas que nuestros antepasados ni siquiera habrían soñado.

De la misma manera, el auge del mundo digital se puede utilizar para pasar horas viendo vídeos tontos, pero también para su propósito original: acceder a todo el conocimiento del mundo en un instante. Gracias a la tecnología moderna, no hay disciplina que esté fuera de nuestro alcance, ni aunque estemos en una aldea remota. Así que, si bien hoy en día hay personas que son más ignorantes y están más aisladas e inactivas que nunca antes, también hay otras que saben más y pueden llegar más lejos de lo que jamás soñaron los seres humanos que nos precedieron. La tecnología puede ser buena o mala, todo depende de la perspectiva.

Sí, ni siquiera los superestímulos son necesariamente malos.

Es perfectamente posible imaginar situaciones en las que podríamos utilizar todo lo que hemos aprendido sobre los superestímulos para crear algo bueno. Podríamos diseñar métodos de aprendizaje y tecnologías que a los estudiantes les resultaran tan cautivadoras como TikTok.

O también se podría usar lo que sabemos sobre el apetito para idear alimentos procesados más sanos y nutritivos que los naturales.

Lo que determina si los superestímulos son buenos o malos es lo que nos obligan a hacer. Si nos llevan hacia la decadencia, tenemos que combatirlos. Pero, si somos inteligentes, aprenderemos a utilizarlos para beneficiarnos de ellos.

Durante la lectura de este libro, tal vez te hayas dado cuenta de que precisamente eso te ha ayudado a llegar hasta el final.

AGRADECIMIENTOS

En un libro como este, solo hay un autor en la portada, pero es necesaria mucha gente inteligente entre bambalinas, y todos merecen un aplauso literario. Anna Baty y Lucy Buxton tuvieron que soportar mi perfeccionismo, pero aun así consiguieron elevar el nivel de estas páginas. Gracias también a Sherilyn Hellberg por la traducción del danés al inglés; a Tamsin Shelton por la corrección de estilo, a Paul Sebes y sus colegas de mi agencia, Sebes & Bisseling, por conseguir el acuerdo, y a todos los editores, traductores y correctores que están trabajando en las versiones a diferentes idiomas.

Superestimulados nació en danés, y mis editoras en Dinamarca, en Grønningen 1, Louise Vind y Marianne Kiertzner, se merecen un agradecimiento muy especial. Cuando escribí mi primer libro, *La medusa inmortal*, todas las editoriales grandes del país lo rechazaron. Algunas lo rechazaron dos veces, porque fui testarudo y no acepté un no por respuesta. Al final, cuando casi me quedé sin opciones y estaba a punto de pedir dinero a mis padres para autopublicarme, tuve la suerte de conocer a Louise y a Marianne, que creyeron en el proyecto y aceptaron el libro de inmediato. Ahora ha vendido cientos de miles de ejemplares en todo el mundo y ha sido candidato a libro científico del año, el premio de la Royal Society, y está traducido a treinta idiomas diferentes. Conservo los mensajes de los otros editores que me explicaban con todo lujo de detalles que no había mercado para un libro así, por qué iba a fracasar y solo vendería unos miles de ejemplares en Dinamarca como mucho.

También quiero dar las gracias a mis colegas científicos en el Centro Trygfonden de Investigación sobre la Actividad Física, en el Rigshospitalet de Copenhagen, sobre todo a las supervisoras de mi tesis de doctorado, Bente Klarlund Pedersen y Helga Ellingsgaard, que me dieron más libertad para escribir y hablar de la que le corresponde a ningún doctorando.

Además, le debo una mención especial a Frederik Dirks Gottlieb, copresentador de mi podcast, y a todos los trabajadores de Danmarks Radio que tienen algo que ver con *Jagten på det evige liv*, así como a todos mis colegas de Original Talks, Athenas y A-Speakers que me organizan charlas para que salga de vez en cuando del laboratorio y de detrás del escritorio.

Quiero expresar también lo agradecido que estoy a todos mis amigos, los que están cerca y los que están lejos, por su apoyo y por enriquecer mi vida. Una dosis extra de gratitud para Eske Gerup, Joachim Schelde, Lars Horsbøl, Mikkel Duif y Sven Larsen-Ledet, por todas las aventuras en mi país y fuera de él.

Por último, el agradecimiento más especial es para mi familia, a la que quiero más de lo que se puede decir con palabras y a la que dedico este libro y todos los que escriba.

NOTAS

Introducción. Un pájaro pequeño y un huevo grande

1. Tinbergen, N., *The Study of Instinct*, Clarendon Press, Oxford, 1951, 1989. [Versión castellana: *El estudio del instinto*, Siglo XXI Editores, México, 1969.]
2. Moreno, J., Morales, J., Lobato, E., Merino, S., Tomás, G. y Martínez-de la Puente, J., «More colourful eggs induce a higher relative paternal investment in the pied flycatcher Ficedula hypoleuca: a cross-fostering experiment», *Journal of Avian Biology*, 2006, 37 (6), pp. 555-560.
3. Moreno, J., Lobato, E., Merino, S. y Martínez-de la Puente, J., «Blue-Green Eggs in Pied Flycatchers: An Experimental Demonstration that a Supernormal Stimulus Elicits Improved Nestling Condition», *Ethology*, 2008, 114 (11), pp. 1078-1083.

1. El peso de la modernidad

1. Floud, R., «Height, Weight and Body Mass of the British Population Since 1820», NBER Working Paper Series on Historical Factors in Long Run Growth, Historical Paper 108, octubre de 1998, disponible en: <https://www.nber.org/system/files/working_papers/h0108/h0108.pdf>.
2. «Health at a Glance: Europe 2024», OECD, 18 de noviembre de 2024, disponible en: <https://www.oecd.org/health/health-at-a-glance/Health-at-a-Glance-Europe-2024.pdf>.
3. «EuropeActive and Deloitte European Health & Fitness Mar-

ket Report 2025», abril de 2025, vía Welcome to EuropeActive, disponible en: <https://www.europeactive.eu/>.

4. Madsen, B. F., «Forskere afslører: BMI-skalaen har blindt punkt hos stor aldersgruppe», *Illustreret Videnskab*, 13 de junio de 2024, disponible en: <https://illvid.dk/sundhed/forskere-afsloerer-bmi-skalaen-har-blindt-punkt-hos-stor-aldersgruppe>.
5. «Overweight and obese adults», 2018, Statistics Canada, disponible en: <https://www150.statcan.gc.ca/n1/pub/82-625-x/2019001/article/00005-eng.htm>.
6. «Overweight and obesity», Australian Institute of Health and Welfare, disponible en: <https://www.aihw.gov.au/reports/overweight-obesity/overweight-and-obesity/contents/summary#how_common_overweight>.
7. «Annual Update of Key Results 2023/24: New Zealand Health Survey», disponible en: <https://www.health.govt.nz/publications/annual-update-of-key-results-202324-new-zealand-health-survey>.
8. Baker, C., «Research Briefing: Obesity statistics», House of Commons Library, 12 de enero de 2023, disponible en: <https://commonslibrary.parliament.uk/research-briefings/sn03336/>.
9. «Prevalence of obesity among adults», World Health Organization, disponible en: <https://www.who.int/data/gho/data/indicators/indicator-details/GHO/prevalence-of-obesity-among-adults-bmi-=-30-(crude-estimate)-(-)>.
10. Ibídem.
11. Turé, R., Damasceno, A., Djicó, M. y Lunet, N., «Prevalence of Underweight, Overweight and Obesity among Adults in Urban Bissau, Western Africa», *Nutrients*, 13 (12), 23 de noviembre de 2021, p. 4199.
12. Pengpid, S. y Peltzer, K., «The prevalence and associated factors of underweight and overweight/obesity among adults in Kenya: evidence from a national cross-sectional community survey», *Pan African Medical Journal*, 25 (36), agosto de 2020, p. 338.
13. Letamo, G., «Dual burden of underweight and overweight/obesity among adults in Botswana: prevalence, trends and sociodemographic correlates: a cross-sectional survey», *British Medical Journal*, 10, 7 (2020).
14. «Prevalence of obesity among adults», World Health Organization, disponible en: <https://www.who.int/data/gho/

data/indicators/indicator-details/GHO/prevalence-of-obesity-among-adults-bmi-=-30-(crude-estimate)-(-)>.

15. Martin, C. B., Herrick, K. A., Sarafrazi, N. y Ogden, C. L., «Attempts to Lose Weight Among Adults in the United States, 2013-2016», *NCHS Data Brief*, 313 (2018), pp. 1-8.
16. Hall, K. D. y Kahan, S., «Maintenance of lost weight and long-term management of obesity», *Medical Clinics of North America*, 102, 1 de enero de 2018, pp. 183-197.
17. Althoff, T., Sosič, R., Hicks, J. L., King, A. C., Delp, S. L. y Leskovec J., «Supplementary Information: Large-scale physical activity data reveal worldwide activity inequality», *Nature*, 10 (547) (7663), julio de 2017, pp. 336-339.
18. Pontzer, H., Raichlen, D. A., Wood, B. M., Mabulla, A. Z., Racette, S. B. y Marlowe, F. W., «Hunter-gatherer energetics and human obesity», *PLoS One*, 7 (7) (2012), e40503.
19. Pontzer, H., Wood, B. M. y Raichlen, D. A., «Hunter-gatherers as models in public health», *Obesity Reviews*, 19 (S1) (2018), pp. 24-35.
20. Urlacher, S. S., Snodgrass, J. J., Dugas, L. R., Sugiyama, L. S., Liebert M. A., Joyce C. J. *et al.*, «Constraint and trade-offs regulate energy expenditure during childhood», *Science Advances*, 5 (12), eaax1065.
21. Pontzer, H., Raichlen, D. A. *et al.*, «Primate energy expenditure and life history», *Biological Sciences*, 111 (4) (13 de enero de 2014), pp. 1433-1437.
22. Pontzer, Herman, *Burn*, Avery Publishing, Nueva York, 2021. [Versión castellana: *Quema*, Océano, México, 2023.]
23. Pontzer, H., Raichlen, D. A., Gordon, A. D., Schroepfer-Walker, K. K., Hare, B., O'Neill, M. C. *et al.*, «Primate energy expenditure and life history», *Proc Natl Acad Sci USA*, 111 (4) (2014), pp. 1433-1437.
24. Careau, V., Halsey, L. G., Pontzer, H., Ainslie, P. N., Andersen, L. F., Anderson, L. J. *et al.*, «Energy compensation and adiposity in humans», *Curr Biol*, 31 (20) (2021), pp. 4659-4666, e2.
25. Pontzer, Herman., *Burn*, Avery Publishing, Nueva York, 2021, pp. 243-244. [Versión castellana: *Quema*, Océano, México, 2023.]
26. Bribiescas, R. G., «Testosterone levels among Aché hunter-gatherer men», *Human Nature*, 7 (2) (1996), pp. 163-188.
27. Melanson, E. L., Keadle, S. K., Donnelly, J. E., Braun, B. y King, N. A., «Resistance to exercise-induced weight loss: com-

pensatory behavioral adaptations», *Med Sci Sports Exerc*, 45 (8) (2013), pp.1600-1609.

28. Donnelly, J. E., Honas, J. J., Smith, B. K., Mayo, M. S., Gibson, C. A., Sullivan, D. K. *et al*, «Aerobic exercise alone results in clinically significant weight loss for men and women: Midwest exercise trial 2», *Obesity* (Silver Spring), 21 (3) (2013), pp. 219-228.
29. Westerterp, K. R. y Speakman, J. R., «Physical activity energy expenditure has not declined since the 1980s and matches energy expenditures of wild mammals», *International Journal of Obesity*, 32 (8) (2008), pp. 1256-1263.

2. El control del hambre

1. Stunkard, A. J., Sørensen, T. I. A., Hanis, C., Teasdale, T. W., Chakraborty, R., Schull, W. J. *et al.*, «An Adoption Study of Human Obesity», *New England Journal of Medicine*, 314 (4) (1986), pp. 193-198.
2. Stunkard, A. J., Harris, J. R., Pedersen, N. L., y McClearn, G. E., «The Body-Mass Index of Twins Who Have Been Reared Apart», *New England Journal of Medicine*, 322 (21) (1990), pp. 1483-1487.
3. Yengo, L., Sidorenko, J., Kemper, K. E., Zheng, Z., Wood, A. R., Weedon, M. N. *et al.*, «Meta-analysis of genome-wide association studies for height and body mass index in ~700000 individuals of European ancestry», *Hum Mol Genet*, 27 (20) (2018), pp. 3641-3649.
4. FAO, «Value of Agricultural Production», FAO.org [actualizado el 21 de marzo de 2023].
5. Swinburn, B., Sacks, G. y Ravussin, E., «Increased food energy supply is more than sufficient to explain the US epidemic of obesity», *The American Journal of Clinical Nutrition*, 90 (6) (2009), pp. 1453-1456.
6. Moss, M., *Salt Sugar Fat: How the Food Giants Hooked Us*, Random House, Nueva York, 2014, pp. 150-151.
7. Hall, K. D., Ayuketah, A., Brychta, R., Cai, H., Cassimatis, T., Chen, K. Y. *et al.*, «Ultra-Processed Diets Cause Excess Calorie Intake and Weight Gain: An Inpatient Randomized Controlled Trial of Ad Libitum Food Intake», *Cell Metab*, 30 (1) (2019), pp. 67-77, e3.

8. Hamano, S., Sawada, M., Aihara, M., Sakurai, Y., Sekine, R., Usami, S., Kubota, N. y Yamauchi, T., «Ultra-processed foods cause weight gain and increased energy intake associated with reduced chewing frequency: A randomized, open-label, crossover study», *Diabetes, Obesity and Metabolism*, 26 (11) (2024), pp. 5431-5443.

3. Oro blanco

1. Allain, F., Minogianis, E., Roberts, D. C. S. y Samaha, A., «How fast and how often: The pharmacokinetics of drug use are decisive in addiction», *Neuroscience and Biobehavioral Reviews*, volumen 56, septiembre de 2015, pp. 166-179.
2. Headey, D. D. y Alderman, H. H., «The Relative Caloric Prices of Healthy and Unhealthy Foods Differ, Systematically across Income Levels and Continents», *J Nutr*, 149 (11) (2019), pp. 2020-2033.
3. «WHO Europe Food and Nutrition Report 2024», diciembre de 2024, vía *European Health Report 2024*, disponible en: <https://www.who.int/>.
4. Pesta, D. H. y Samuel, V. T., «A high-protein diet for reducing body fat: mechanisms and possible caveats», *Nutr Metab (Lond)*, 19 (11) (noviembre de 2014), p. 53.
5. Yu, Y., Fu, J., Xu, Y., Zhang, J., Ren, F., Zhao, H. *et al.*, «Genome re-sequencing reveals the evolutionary history of peach fruit edibility», *Nature Communications*, 9 (1) (2018), p. 5404.
6. Zheng, Y., Crawford, G. W. y Chen, X., «Archaeological evidence for peach (*Prunus persica*) cultivation and domestication in China», *PLoS One*, 9 (9) (2014), p. e106595.
7. Quilot, B., Kervella, J. y Génard, M., «Shape, mass and dry matter content of peaches of varieties with different domestication levels», *Scientia Horticulturae*, 99 (3) (2004), pp. 387-393.
8. Pérez-Escobar, O. *et al.*, «Genome Sequencing of up to 6,000-Year-Old Citrullus Seeds Reveals Use of a Bitter-Fleshed Species Prior to Watermelon Domestication», *Molecular Biology and Evolution*, 39 (8) (2022).
9. *Soft Drinks Market Size Volume Per Capita in Spain*, ReportLinker, disponible en: <https://www.reportlinker.com/dataset/d21356086e903b8356c26c3f5a35932d4cc054d7>.
10. Malik, V. S. y Hu, F. B., «The role of sugar-sweetened bevera-

ges in the global epidemics of obesity and chronic diseases», *Nat Rev Endocrinol*, 18 (2022), pp. 205-218.

11. DellaValle, D. M., Roe, L. S. y Rolls, B. J., «Does the consumption of caloric and non-caloric beverages with a meal affect energy intake?», *Appetite*, 44 (2) (2005), pp.187-193.
12. Aeberli, I., Gerber, P. A., Hochuli, M., Kohler, S., Haile, S. R., Gouni-Berthold, I. *et al*, «Low to moderate sugar-sweetened beverage consumption impairs glucose and lipid metabolism and promotes inflammation in healthy young men: a randomized controlled trial», *The American Journal of Clinical Nutrition*, 94 (2) (2011), pp. 479-485.
13. Buchanan, K. L., Rupprecht, L. E., Kaelberer, M. M., Sahasrabudhe, A., Klein, M. E., Villalobos, J. A. *et al.*, «The preference for sugar over sweetener depends on a gut sensor cell», *Nature Neuroscience*, 25 (2) (2022), pp. 191-200.
14. Tan, H., Sisti, A., Jin, H. *et al.*, «The gut-brain axis mediates sugar preference», *Nature*, 580 (2020), pp. 511-516.
15. Jones, S. y Sullivan, H., «Subway bread is not bread, Irish court rules», *The Guardian*, 1 de octubre de 2020, disponible en: <https://www.theguardian.com/world/2020/oct/01/irish-court-rules-subway-bread-is-not-bread>.
16. «Saccharin», Britannica.com, disponible en: <https://www.britannica.com/science/saccharin#ref165773>.
17. Roth, K. y Lück, E., «The Saccharin Saga – Part 7», *Chemistry Views*, 3 de mayo de 2016.
18. Higgins, K. A. y Mattes, R. D., «A randomized controlled trial contrasting the effects of 4 low-calorie sweeteners and sucrose on body weight in adults with overweight or obesity», *Am J Clin Nutr.*, 109 (5) (2019), pp. 1288-1301.
19. McGlynn, N. D., Khan, T. A., Wang, L., Zhang, R., Chiavaroli, L., Au-Yeung, F. *et al.*, «Association of Low- and No-Calorie Sweetened Beverages as a Replacement for Sugar-Sweetened Beverages with Body Weight and Cardiometabolic Risk: A Systematic Review and Meta-analysis», *JAMA Network Open*, 5 (3) (2022), p. e222092-e.
20. Ebbeling, C. B., Feldman, H. A., Steltz, S. K., Quinn, N. L., Robinson, L. M. y Ludwig, D. S., «Effects of Sugar-Sweetened, Artificially Sweetened, and Unsweetened Beverages on Cardiometabolic Risk Factors, Body Composition, and Sweet Taste Preference: A Randomized Controlled Trial», *Journal of the American Heart Association*, 9 (15) (2020), e015668.

21. World Health Organization, «Aspartame hazard and risk assessment results released», 14 de julio de 2023, disponible en: <https://www.who.int/news/item/14-07-2023-aspartame-hazard-and-risk-assessment-results-released>.
22. Magnuson, B. A., Burdock, G. A., Doull, J., Kroes, R. M., Marsh, G. M. *et al.*, «Aspartame: A Safety Evaluation Based on Current Use Levels, Regulations, and Toxicological and Epidemiological Studies», *Critical Reviews in Toxicology*, 37 (8) (2007), pp. 629-727.
23. Magnuson, B. A., Carakostas, M. C., Moore, N. H., Poulos, S. P. y Renwick, A. G., «Biological fate of low-calorie sweeteners», *Nutrition Reviews*, 74 (11) (2016), pp. 670-689.

4. La inanición del conejo

1. Force USAA, *Jungle, Desert, and Arctic Emergencies Booklet*, Laupus Library History Collections: Flight Control Command Safety Education Division of the United States Army Air Forces, 1947.
2. Bella, S. D., Branciari, R. *et al.*, «Does hunted wild boar meat meet modern consumer nutritional expectations?», *Ital J Food Saf*, 13 (1) (22 de febrero de 2024), p. 11608.
3. «Bison vs Beef: What's the Difference?», Healthline, disponible en: <https://www.healthline.com/nutrition/bison-vs-beef>.
4. Jaime-Lara, R. B., Brooks, B. E., Vizioli, C. *et al.*, «A systematic review of the biological mediators of fat taste and smell», *Physiological Reviews*, 103 (1) (2023), pp. 855-918.
5. Mengtong, L., Tan, H., Zhengyuan, L. *et al.*, «Gut-brain circuits for fat preference», *Nature*, 610 (2022), pp. 722-730.
6. DiFeliceantonio, A. G., Coppin, G., Rigoux, L., Edwin Thanarajah, S., Dagher, A., Tittgemeyer, M. *et al.*, «Supra-Additive Effects of Combining Fat and Carbohydrate on Food Reward», *Cell Metab*, 28 (1) (2018), pp. 33-44.e3.
7. Roberts, S. B., Das, S. K., Suen, V. M. M., Pihlajamäki, J., Kuriyan, R., Steiner-Asiedu, M. *et al.*, «Measured energy content of frequently purchased restaurant meals: multi-country cross sectional study», *BMJ*, 363 (2018), p. k4864.
8. Drewnowski, A. y Schwartz, M., «Invisible fats: Sensory assessment of sugar/fat mixtures», *Appetite*, 14 (3) (1990), pp. 203-217.

9. Ibídem.
10. Kim, S. Y. y Yi, D. Y., «Components of human breast milk: from macronutrient to microbiome and microRNA», *Clin Exp Pediatr*, 63 (8) (2020), pp. 301-309.
11. Pontzer, H., Yamada, Y., Sagayama, H., Ainslie, P. N. *et al.*, «Daily energy expenditure through the human life course», *Science*, 373 (6556) (13 de agosto de 2021), pp. 808-812.

5. Lo que tienen en común el paracaidismo y la sal

1. Campbell, N. R. C., Correa-Rotter, R. *et al.*, «Proposed Nomenclature for Salt Intake and for Reductions in Dietary Salt», *J Clin Hypertens (Greenwich)*, 17 (4) (21 de noviembre de 2014), pp. 247-251.
2. Land, M., Neal, B. C. *et al.*, «Salt consumption by Australian adults: a systematic review and meta-analysis», *Med J Aust*, 208 (2) (5 de febrero de 2018), pp. 75-81.
3. Public Health England, *National Diet and Nutrition Survey: Assessment of salt intake from urinary sodium in adults (aged 19 to 64 years) in England, 2018 to 2019*, marzo de 2020.
4. Bertino, M., Beauchamp, G. K. y Engelman, K., «Long-term reduction in dietary sodium alters the taste of salt», *The American Journal of Clinical Nutrition*, 36 (6) (1982), pp. 1134-1144.
5. Wise, P. M., Nattress, L., Flammer, L. J. y Beauchamp, G. K., «Reduced dietary intake of simple sugars alters perceived sweet taste intensity but not perceived pleasantness», *The American Journal of Clinical Nutrition*, 103 (1) (2016), pp. 50-60.
6. Lee, R., *The !Kung-San: Men, Women and Work in a Foraging Society*, Cambridge University Press, Cambridge, 1980.
7. Roe, L. S., Meengs, J. S., Birch, L. L. y Rolls, B. J., «Serving a variety of vegetables and fruit as a snack increased intake in preschool children», *The American Journal of Clinical Nutrition*, 98 (3) (2013), pp. 693-699.

6. Consejos de salud desde el Amazonas

1. Kaplan, H., Thompson, R. C., Trumble, B. C., Wann, L. S., Allam, A. H., Beheim B. *et al.*, «Coronary atherosclerosis in

indigenous South American Tsimane: a cross-sectional cohort study», *The Lancet*, 389 (10080) (2017), pp. 1730-1739.

2. Roth, G. A., Abate, D., Abate, K. H., Abay, S. M., Abbafati, C., Abbasi, N. *et al.*, «Global, regional, and national age-sex-specific mortality for 282 causes of death in 195 countries and territories, 1980-2017: a systematic analysis for the Global Burden of Disease Study 2017», *The Lancet*, 392 (10159) (2018), pp. 1736-1788.
3. Libby, P., Buring, J. E. *et al.*, «Atherosclerosis», *Nature Reviews Disease Primers*, 5 de agosto de 2019, p. 56.
4. «Global Burden of Disease 2021», disponible en <https://www.healthdata.org/sites/default/files/2024-05/GBD_2021_Booklet_FINAL_2024.05.16.pdf>.
5. Sharif, K., Amital, H. y Shoenfeld, Y., «The role of dietary sodium in autoimmune diseases: The salty truth», *Autoimmunity Reviews*, 17 (11) (2018), pp. 1069-1073.
6. Filippini, T., Malavolti, M., Whelton, P. K. y Vinceti, M., «Sodium Intake and Risk of Hypertension: A Systematic Review and Dose-Response Meta-analysis of Observational Cohort Studies», *Curr Hypertens Rep*, 24 (5) (2022), pp. 133-144.
7. Campbell, N. R., Correa-Rotter, R., Cappuccio, F. P., Webster, J., Lackland, D. T., Neal, B. *et al.*, «Proposed nomenclature for salt intake and for reductions in dietary salt», *J Clin Hypertens* (Greenwich), 17 (4) (2015), pp. 247-251.
8. Denton, D., Weisinger, R., Mundy, N. I., Wickings, E. J., Dixson, A., Moisson, P. *et al.*, «The effect of increased salt intake on blood pressure of chimpanzees», *Nature Medicine*, 1 (10) (1995), pp. 1009-1016.
9. Hunter R. W., Dhaun N. y Bailey, M. A., «The impact of excessive salt intake on human health», *Nature Reviews Nephrology*, 18 (5) (2022), pp. 321-335.
10. Lemogoum, D., Ngatchou, W., Janssen, C., Leeman, M., Van Bortel, L., Boutouyrie, P. *et al.*, «Effects of Hunter-Gatherer Subsistence Mode on Arterial Distensibility in Cameroonian Pygmies», *Hypertension*, 60 (1) (2012), pp.123-128.
11. Ference, B. A., Ginsberg, H. N. *et al.*, «Low-density lipoproteins cause atherosclerotic cardiovascular disease. 1. Evidence from genetic, epidemiologic, and clinical studies. A consensus statement from the European Atherosclerosis Society Consensus Panel», *Eur Heart J.*, 38 (32) (21 de agosto de 2017), pp. 2459-2472.

12. Vasunilashorn, S., Crimmins, E. M., Kim, J. K. *et al.*, «Blood lipids, infection, and inflammatory markers in the Tsimane of Bolivia», *American Journal of Human Biology*, 22 de agosto de 2020, pp. 731-740.
13. O'Keefe, J. H., Cordain, L., Harris, W. H., Moe, R. M. y Vogel, R., «Optimal low-density lipoprotein is 50 to 70 mg/dl: Lower is better and physiologically normal», *Journal of the American College of Cardiology*, 43 (11) (2004), pp. 2142-2146.
14. Kraft, T. S., Stieglitz, J., Trumble, B. C., Martin, M., Kaplan, H. y Gurven, M., «Nutrition transition in 2 lowland Bolivian subsistence populations», *Am J Clin Nutr*, 108 (6) (2008), pp. 1183-1195.
15. Mensink, R. P., «Effects of saturated fatty acids on serum lipids and lipoproteins: a systematic review and regression analysis», World Health Organization, 2016.
16. Pedersen, A. N., Christensen, T., Matthiessen, J. *et al.*, «Danskernes kostvaner 2011-2013», DTU Fødevareinstituttet, 2015.
17. King, D. E., Mainous, A. G. y Lambourne, C. A., «Trends in Dietary Fiber Intake in the United States, 1999-2008», *Journal of the Academy of Nutrition and Dietetics*, 112 (5) (2012), pp. 642-648.
18. Raichlen, D. A., Pontzer, H., Harris, J. A., Mabulla, A. Z., Marlowe, F. W., Snodgrass, J. *et al.*, «Physical activity patterns and biomarkers of cardiovascular disease risk in hunter-gatherers», *Am J Hum Biol*, 29 (2) (2017).
19. Reynolds, A., Mann, J., Cummings, J., Winter, N., Mete, E. y Te Morenga, L., «Carbohydrate quality and human health: a series of systematic reviews and meta-analyses», *The Lancet*, 393 (10170) (2019), pp. 434-445.
20. Jovanovski, E., Yashpal, S., Komishon, A., Zurbau, A., Blanco Mejia, S., Ho, H. V. T. *et al.*, «Effect of psyllium Plantago ovata fiber on LDL cholesterol and alternative lipid targets, non-HDL cholesterol and apolipoprotein B: a systematic review and meta-analysis of randomized controlled trials», *The American Journal of Clinical Nutrition*, 108 (5) (2018), pp. 922-932.
21. Cicero, A. F. G., Fogacci, F., Veronesi, M., Strocchi E., Grandi, E., Rizzoli, E. *et al.*, «A Randomized Placebo-Controlled Clinical Trial to Evaluate the Medium-Term Effects of Oat Fibers on Human Health: The Beta-Glucan Effects on Lipid Profile, Glycemia and Intestinal Health (BELT) Study», *Nutrients* [internet], 12 (3) (2020).

22. Kern, F., «Normal Plasma Cholesterol in an 88-Year-Old Man Who Eats 25 Eggs a Day—Mechanisms of Adaptation», *The New England Journal of Medicine*, 324 (1991), pp. 896-899.
23. Soliman, G. A., «Dietary Cholesterol and the Lack of Evidence in Cardiovascular Disease», *Nutrients*, 10 (6) (16 de junio de 2018), p. 780.
24. Gurven, M., y Hillard, K., «Longevity Among Hunter-Gatherers: A Cross-Cultural Examination», Gurven Lab, disponible en: <https://www.gurven.anth.ucsb.edu/sites/secure.lsit.ucsb.edu.anth.d7_gurven/files/sitefiles/papers/GurvenKaplan2007pdr.pdf>.
25. Gurven, M. y Kaplan, H., «Longevity Among Hunter-Gatherers: A Cross-Cultural Examination», *Population and Development Review*, 33 (2007), pp. 321-365.
26. Arranz-Otaegui, A., Gonzalez Carretero, L., Ramsey, M. N., Fuller, D. Q. y Richter, T., «Archaeobotanical evidence reveals the origins of bread 14,400 years ago in northeastern Jordan», *Proceedings of the National Academy of Sciences*, 115 (31) (2018), pp. 7925-7930.
27. Piperno, D. R., Weiss, E., Holst, I. y Nadel, D., «Processing of wild cereal grains in the Upper Palaeolithic revealed by starch grain analysis», *Nature*, 430 (7000) (2004), pp. 670-673.
28. Henry, A. G., Brooks, A. S. y Piperno, D. R., «Microfossils in calculus demonstrate consumption of plants and cooked foods in Neanderthal diets (Shanidar III, Iraq; Spy I and II, Belgium)», *Proceedings of the National Academy of Sciences*, 108 (2) (2011), pp. 486-491.

7. La dieta de la patata

1. Entrevista con el autor.
2. Holt, S. H. A., Brand Miller, J. C., Petocz, P. y Farmakalidis, E., «A Satiety Index of Common Foods», *European Journal of Clinical Nutrition*, septiembre de 1995, pp. 675-690.
3. Ku, S. K., Sung, S. H., Choung, J. J., Choi, J. S., Shin, Y. K. y Kim, J. W, «Anti-obesity and anti-diabetic effects of a standardized potato extract in ob/ob mice», *Exp Ther Med*, 12 (1) (2016), pp. 354-364.
4. Hill, A. J., Peikin, S. R., Ryan, C. A. y Blundell, J. E., «Oral administration of proteinase inhibitor II from potatoes redu-

ces energy intake in man», *Physiology & Behavior*, 48 (2) (1990), pp. 241-246.

5. Klos, B., Cook, J., Crepaz, L., Weiland, A., Zipfel, S. y Mack, I., «Impact of energy density on energy intake in children and adults: a systematic review and meta-analysis of randomized controlled trials», *European Journal of Nutrition*, 62 (3) 2023, pp. 1059-1076.
6. Sobiecki, J. G., Appleby, P. N., Bradbury, K. E. y Key, T. J., «High compliance with dietary recommendations in a cohort of meat eaters, fish eaters, vegetarians, and vegans: results from the European Prospective Investigation into Cancer and Nutrition–Oxford study», *Nutrition Research*, 36 (5) (2016), pp. 464-477.
7. Tonstad, S., Butler, T., Yan, R. y Fraser, G. E., «Type of vegetarian diet, body weight, and prevalence of type 2 diabetes», *Diabetes Care*, 32 (5) (2009), pp. 791-796.
8. Johnston, B. C., Kanters, S., Bandayrel, K., Wu, P., Naji, F., Siemieniuk, R. A. *et al.*, «Comparison of Weight Loss Among Named Diet Programs in Overweight and Obese Adults: A Meta-analysis», *JAMA*, 312 (9) (2024), pp. 923-933.
9. Pontzer, H., *Burn*, Avery Publishing, Nueva York, 2021. [Versión castellana: *Quema*, Océano, México, 2023.]
10. Voss, J. D., Masuoka, P., Webber, B. J., Scher, A. I. y Atkinson, R. L., «Association of elevation, urbanization and ambient temperature with obesity prevalence in the United States», *International Journal of Obesity*, 37 (10) (2013), pp. 1407-1412.
11. Díaz-Gutiérrez, J., Martínez-González, M., Pons Izquierdo, J. J., González-Muniesa, P., Martínez, J. A. y Bes-Rastrollo, M., «Living at Higher Altitude and Incidence of Overweight/Obesity: Prospective Analysis of the SUN Cohort», *PLoS One*, 11 (11) (2016), e0164483.
12. Voss, J. D., Allison, D. B., Webber, B. J., Otto, J. L. y Clark, L. L., «Lower obesity rate during residence at high altitude among a military population with frequent migration: a quasi experimental model for investigating spatial causation», *PLoS One*, 9 (4) (2014), e93493.
13. Burdack-Freitag, A., Bullinger, D., Mayer, F. y Breuer, K., «Odor and taste perception at normal and low atmospheric pressure in a simulated aircraft cabin», *Journal für Verbraucherschutz und Lebensmittelsicherheit*, 6 (2010), pp. 95-109.

8. De la dinamita a las pastillas para adelgazar

1. Perkins, R. G., «A Study of the Munitions Intoxications in France», Public Health Report, 34 (43) (1919), pp. 2335-2374.
2. Tainter, M. L., Cutting, W. C. y Stockton, A. B., «Use of Dinitrophenol in Nutritional Disorders: A Critical Survey of Clinical Results», *Am J Public Health Nations Health*, 24 (10) (1934), pp.1045-1053.
3. Horner, W. D., «A Study of Dinitrophenol and Its Relation to Cataract Formation», *Trans Am Ophthalmol Soc*, 39 (1941), pp. 405-437.
4. Pi-Sunyer, X., Aronne, L. J., Heshmati, H. M. *et al.*, «Effect of Rimonabant, a Cannabinoid-1 Receptor Blocker, on Weight and Cardiometabolic Risk Factors in Overweight or Obese Patients», *JAMA*, 295 (7) (2006), pp. 761-775.
5. Saul, S., «F.D.A. Panel Reject Drug for Obesity», 14 de junio de 2007, disponible en: <https://www.nytimes.com/2007/06/14/business/14drugs.html>.
6. Hughes, J., «Anti-obesity drug use suspended», BBC News, 23 de octubre de 2008, disponible en: <http://news.bbc.co.uk/2/hi/health/7687311.stm>.
7. Allchurch, M. H., «The European Medicines Agency recommends suspension of the marketing authorisation of Acomplia», 23 de octubre de 2008, disponible en: <https://www.ema.europa.eu/en/news/european-medicines-agency-recommends-suspension-marketing-authorisation-acomplia>.
8. Wilding, J. P. H., Batterham, R. L., Calanna, S., Davies, M., Van Gaal, L. F., Lingvay, I. *et al.*, «Once-Weekly Semaglutide in Adults with Overweight or Obesity», *New England Journal of Medicine*, 384 (11) (2021), pp. 989-1002.
9. Hay que señalar que, en el momento de escribir esto, el Ozempic no está autorizado para la pérdida de peso en algunos países.
10. Holst, J. J., Ørskov, C., Vagn Nielsen, O. y Schwartz, T. W., «Truncated glucagon-like peptide I, an insulin-releasing hormone from the distal gut», *FEBS Letters*, 211 (2) (1987), pp. 169-174.
11. Larsen, P. J., Fledelius, C., Bjerre, Knudsen L. y Tang-Christensen, M., «Systemic Administration of the Long-Acting GLP-1 Derivative NN2211 Induces Lasting and Reversible Weight Loss in Both Normal and Obese Rats», *Diabetes*, 50 (11) (2001), pp. 2530-2539.

12. Mentlein, R., Gallwitz, B. y Schmidt, W. E., «Dipeptidyl-peptidase IV hydrolyses gastric inhibitory polypeptide, glucagon-like peptide-1 (7–36) amide, peptide histidine methionine and is responsible for their degradation in human serum», *European Journal of Biochemistry*, 214 (1993), pp. 829-835.
13. Holst, J. J., *The Story of GLP-1*, FADL's, Dinamarca, 2024.
14. Holst, J. J., *The Story of GLP-1*, FADL's, Dinamarca, 2024. Capítulo de Mads Krogsgaard Thomsen con información adicional del autor gracias a una conversación con Lotte Bjerre Knudsen.
15. Pi-Sunyer, X., Astrup, A., Fujioka, K., Greenway, F. *et al.*, «A Randomized, Controlled Trial of 3.0 mg of Liraglutide in Weight Management», *New England Journal of Medicine*, 373 (2015), pp. 11-22.
16. Jastreboff, A. M., Aronne, L. J., Ahmad, N. N., Wharton, S., Connery, L., Alves, B. *et al.*, «Tirzepatide Once Weekly for the Treatment of Obesity», *New England Journal of Medicine*, 387 (3) (2022), pp. 205-216.
17. Tang-Christensen, M., Larsen, P. J., Göke, R. *et al.*, «Central administration of GLP-1-(7-36) amide inhibits food and water intake in rats», *Am J Physiol*, 271(4 Pt 2) (octubre de 1996), pp. R848-856.
18. Hristakeva, S., Liaukonyte, J. y Feler, L., «The No-Hunger Games: How GLP-1 Medication Adoption is Changing Consumer Food Purchases», *Cornell SC Johnson College of Business Research Paper*, diciembre de 2024.
19. Burn-Murdoch, J., «We may have passed peak obesity», *Financial Times* [edición de internet], 3 de octubre de 2024.

9. El sexo y el hechizo de la botella

1. Gwynne D. T., y Rentz D. C. F., «Beetles on the Bottle: Male Buprestids Mistake Stubbies for Females (Coleoptera)», *Australian Journal of Entomology*, 22 (1) (1983), pp. 79-80.
2. Stirling, J., «University of Toronto Mississauga professor wins Ig Nobel Prize for beer, sex research», 2011, disponible en: <https://www.eurekalert.org/news-releases/919856>.
3. Danmarks Statistik, «Antal enlige voksne har rundet 1,6 mio. Personer», 2016, disponible en: <https://www.dst.dk/da/Statistik/nyheder-analyser-publ/nyt/NytHtml?cid=20988>.

4. Rosenfeld, M. J., Thomas, R. J., y Hausen, S. «Disintermediating your friends: How online dating in the United States displaces other ways of meeting», *Proc Natl Acad Sci USA*, 116 (36) (2019), pp. 17753-17758.
5. <https://web.stanford.edu/~mrosenfe/>.
6. Iyengar, S. S., y Lepper, M. R., «When choice is demotivating: can one desire too much of a good thing?», *J Pers Soc Psychol*, 79 (6) (2000), pp. 995-1006.
7. D'Angelo, J., y Toma, C., «There Are Plenty of Fish in the Sea: The Effects of Choice Overload and Reversibility on Online Daters' Satisfaction with Selected Partners», *Media Psychology*, 20 (2016), pp. 1-27.
8. Uggla, C., y Andersson, G., «Higher divorce risk when mates are plentiful? Evidence from Denmark», *Biology Letters*, 14 (9) (2018).
9. Weber, G. W., Lukeneder, A., Harzhauser, M., Mitteroecker, P., Wurm, L., Hollaus, L.-M. *et al.*, «The microstructure and the origin of the Venus from Willendorf», *Scientific Reports*, 12 (1) (2022), p. 2926.
10. Deaner, R. O., Khera, A. V., y Platt, M. L., «Monkeys pay per view: adaptive valuation of social images by rhesus macaques», *Curr Biol*, 15 (6) (2005), pp. 543-548.
11. Singh, D., «Adaptive significance of female physical attractiveness: Role of waist-to-hip ratio», *Journal of Personality and Social Psychology*, 65 (2) (agosto de 1993), pp. 293-307.
12. Beach, F. A., y Jordan, L., «Sexual Exhaustion and Recovery in the Male Rat», *Quarterly Journal of Experimental Psychology*, 8 (3) (1956), pp. 121-133.
13. Wilson, J. R., Kuehn, R. E., y Beach, F. A., «Modification in the sexual behavior of male rats produced by changing the stimulus female», *J Comp Physiol Psychol*, 56 (1963), p. 63644.
14. Beamer, W., Bermant, G., y Clegg, M. T., «Copulatory behaviour of the ram, Ovis aries. II: Factors affecting copulatory satiation», *Animal Behaviour*, 17 (4) (1969), pp. 706-711.
15. Hughes, S. M., Aung, T., Harrison, M. A., LaFayette, J. N., y Gallup, G. G., Jr., «Experimental Evidence for Sex Differences in Sexual Variety Preferences: Support for the Coolidge Effect in Humans», *Arch Sex Behav*, 50 (2) (2021), pp. 495-509.
16. Schacht, R., y Kramer, K. L., «Are We Monogamous? A Review of the Evolution of Pair-Bonding in Humans and Its

Contemporary Variation Cross-Culturally», *Front. Ecol. Evol.*, 7 (2019).
17. «Chris Rock's porn addiction and cheating which wrecked his own marriage», Wales Online, 29 de marzo de 2022, disponible en: <https://www.walesonline.co.uk/lifestyle/showbiz/chris-rocks-controversies-during-decades-23528752>.
18. «Terry Crews reveals impact his pornography addiction had on his relationship with wife and children», *Independent* [edición de internet], 25 de julio de 2023, disponible en: <https://www.independent.co.uk/life-style/terry-crews-pornography-addiction-family-b2381723.html>.
19. «Billy Eilish says watching porn as a child "destroyed my brain"», *Guardian* [edición de internet], 15 de diciembre de 2021, disponible en: <https://www.theguardian.com/music/2021/dec/15/billie-eilish-says-watching-porn-gave-her-nightmares-and-destroyed-my-brain>.
20. International Classification of Diseases ERI-. 6C72 Compulsive sexual behaviour disorder. Impulse Control Disorders. World Health Organization, 2019/2021.
21. Kraus, S. W., Voon, V., y Potenza, M. N., «Should compulsive sexual behavior be considered an addiction?», *Addiction*, 111 (12) (2016), pp. 2097-2106.
22. Als Ringheim, H., Killerich, K. *et al.*, «Pornografisk indhold påvirker danske børn og unge», Mediesundhed for børn og unge, 2021.
23. Wellings, K., Palmer, M. J., Machiyama, K., y Slaymaker, E., «Changes in, and factors associated with, frequency of sex in Britain: evidence from three National Surveys of Sexual Attitudes and Lifestyles (Natsal)», *BMJ*, 365 (2019), p. 11525.
24. Twenge, J. M., Sherman, R. A., y Wells, B. E., «Declines in Sexual Frequency among American Adults, 1989–2014», *Arch Sex Behav*, 46 (8) (2017), pp. 2389-2401.
25. Beutel, M., Burghardt, J., Tibubos, A. N., Klein, E., Schmutzer, G., y Brähler, E., «Declining Sexual Activity and Desire in Men – Findings From Representative German Surveys, 2005 and 2016», *The Journal of Sexual Medicine*, 15 (2018), pp. 750-756.
26. Twenge, J. M., Sherman, R. A., y Wells, B. E., «Sexual Inactivity During Young Adulthood Is More Common Among U.S. Millennials and iGen: Age, Period, and Cohort Effects on Having No Sexual Partners After Age 18», *Arch Sex Behav*, 46 (2) (2017), pp. 433-440.

27. Twenge, J. M., Sherman, R. A., y Wells, B. E., «Declines in Sexual Frequency among American Adults, 1989–2014», *Arch Sex Behav*, 46 (8) (2017), pp. 2389-2401.
28. Miller, D. J., McBain, K. A., Li, W. W., y Raggatt, P. T. F., «Pornography, preference for porn-like sex, masturbation, and men's sexual and relationship satisfaction», *Personal Relationships*, 26 (1) (2019), pp. 93-113.
29. Ibídem.
30. Snowdon, C. T., Tannenbaum, P. L., Schultz-Darken, N. J., Ziegler, T. E., y Ferris, C. F., «Conditioned sexual arousal in a nonhuman primate», *Hormones and Behavior*, 59 (5) (2011), pp. 696-701.
31. Pfaus, J. G., Erickson, K. A., y Talianakis S., «Somatosensory conditioning of sexual arousal and copulatory behavior in the male rat: A model of fetish development», *Physiology & Behavior*, 122 (2013), pp. 1-7.

10. El camino más corto hacia la euforia

1. Grotenhermen, F., «Pharmacokinetics and Pharmacodynamics of Cannabinoids», *Clinical Pharmacokinetics*, 42 (4) (2003), pp. 327-360.
2. Ibídem.
3. Rømer Thomsen, K., Lindholst, C., Thylstrup, B., Kvamme, S., Reitzel, L. A., Worm-Leonhard, M. *et al.*, «Changes in the composition of cannabis from 2000-2017 in Denmark: Analysis of confiscated samples of cannabis resin», *Exp Clin Psychopharmacol*, 27 (4) (2019), pp. 402-411.
4. ElSohly, M. A., Mehmedic, Z., Foster, S., Gon, C., Chandra, S., y Church, J. C., «Changes in Cannabis Potency Over the Last 2 Decades (1995–2014): Analysis of Current Data in the United States», *Biol Psychiatry*, 79 (7) (2016), pp. 613-619.
5. Chandra, S., Radwan, M. M., Majumdar, C. G., Church, J. C., Freeman, T. P., y ElSohly, M. A., «New trends in cannabis potency in USA and Europe during the last decade (2008-2017)», *Eur Arch Psychiatry Clin Neurosci*, 269 (1) (2019), pp. 5-15.
6. «Legal weed didn't deliver on its promises», *Atlantic* [edición de internet], 31 de enero de 2025, disponible en: <https://www.theatlantic.com/ideas/archive/2025/01/marijuana-legalization-drawbacks/681519/>.

7. Payne, K. S., Mazur, D. J., Hotaling, J. M., y Pastuszak, A. W., «Cannabis and Male Fertility: A Systematic Review», *J Urol*, 202 (4) (2019), pp. 674-681.
8. Hedges, J. C., Hanna, C. B., Bash, J. C., Boniface, E. R., Burch, F. C., Mahalingaiah, S. *et al.*, «Chronic exposure to delta-9-tetrahydrocannabinol impacts testicular volume and male reproductive health in rhesus macaques», *Fertil Steril*, 117 (4) (2022), pp. 698-707.
9. Hines, L. A., Heron, J., y Zammit, S., «Incident psychotic experiences following self-reported use of high-potency cannabis: Results from a longitudinal cohort study», *Addiction*, 119 (9) (2024), pp. 1629-1634.
10. Marconi, A., Di Forti, M., Lewis, C. M., Murray, R. M., y Vassos, E., «Meta-analysis of the Association Between the Level of Cannabis Use and Risk of Psychosis», *Schizophrenia Bulletin*, 42 (5) (2016), pp. 1262-1269.
11. Di Forti, M., Quattrone, D., Freeman, T. P., Tripoli, G., Gayer-Anderson, C., Quigley, H. *et al.*, «The contribution of cannabis use to variation in the incidence of psychotic disorder across Europe (EU-GEI): a multicentre case-control study», *Lancet Psychiatry*, 6 (5) (2019), pp. 427-436.
12. Freeman, T. P., Van der Pol, P., Kuijpers, W., Wisselink, J., Das, R. K., Rigter, S. *et al.*, «Changes in cannabis potency and first-time admissions to drug treatment: a 16-year study in the Netherlands», *Psychol Med*, 48 (14) (2018), pp. 2346-2352.
13. Morgan, C. J., Gardener, C., Schafer, G., Swan, S., Demarchi, C., Freeman, T. P. *et al.*, «Sub-chronic impact of cannabinoids in street cannabis on cognition, psychotic-like symptoms and psychological well-being», *Psychol Med*, 42 (2) (2012), pp. 391-400.
14. Hjorthøj, C., Posselt, C. M., y Nordentoft, M., «Development Over Time of the Population-Attributable Risk Fraction for Cannabis Use Disorder in Schizophrenia in Denmark», *JAMA Psychiatry*, 78 (9) (2021), pp. 1013-1019.
15. Keerthy, D., Chandan, J. S., Abramovaite, J., Gokhale, K. M., Bandyopadhyay, S., Day E. *et al.*, «Associations between primary care recorded cannabis use and mental ill health in the UK: a population-based retrospective cohort study using UK primary care data», *Psychological Medicine*, 53 (5) (2023), pp. 2106-2115.
16. Moore, M. H. y Gerstein, D. R. (Eds.), *Alcohol and Public Poli-*

cy: Beyond the Shadow of Prohibition, National Research Council Panel on Alternative Policies Affecting the Prevention of Alcohol Abuse and Alcoholism, National Academies Press, Estados Unidos, 1981.

17. Law, M. T., y Marks, M. S., «Did Early Twentieth-Century Alcohol Prohibition Affect Mortality?», *Economic Inquiry*, 58 (2) (2020), pp. 680-697.
18. Blocker, J. S., «Did Prohibition Really Work? Alcohol Prohibition as a Public Health Innovation», *American Journal of Public Health*, 96 (2) (2006), pp. 233-243.
19. Taylor, W., McCarthy, D., y Wilbur, K. C., «Online Gambling Policy Effects on Tax Revenue and Irresponsible Gambling», 2024, SMU Cox School of Business Research Paper No. 24-7, disponible en: <https://ssrn.com/abstract=4856684> o <http://dx.doi.org/10.2139/ssrn.4856684>.
20. Hollenbeck, B., Larsen, P., y Proserpio, D., «The Financial Consequences of Legalized Sports Gambling», SSRN, 2024, disponible en: <https://papers.ssrn.com/sol3/papers.cfm?abstract_id=4903302>.
21. Rubin-Kahana, D. S., Crépault, J.-F., Matheson, J., y Le Foll, B., «The impact of cannabis legalization for recreational purposes on youth: A narrative review of the Canadian experience», *Frontiers in Psychiatry*, 13 (2022).
22. NIDA, «Marijuana and hallucinogen use among young adults reached all time-high in 2021», nida.nih.gov, 2022, disponible en: <https://www.nih.gov/news-events/news-releases/marijuana-hallucinogen-use-among-young-adults-reached-all-time-high-2021>.
23. Zellers, S. M., Ross, J. M., Saunders, G. R. B., Ellingson, J. M., Anderson, J. E., Corley, R. P. *et al.*, «Impacts of recreational cannabis legalization on cannabis use: a longitudinal discordant twin study», *Addiction*, 118 (1) (2023), pp.110-118.
24. Ibídem.
25. Myran, D. T., Cantor, N., Finkelstein, Y., Pugliese, M., Guttmann, A., Jesseman, R. *et al.*, «Unintentional Pediatric Cannabis Exposures After Legalization of Recreational Cannabis in Canada», *JAMA Netw Open*, 5 (1) (2022), e2142521.
26. Amissah, R. Q., Vogt, N. A., Chen, C., Urban, K., y Khokhar, J., «Prevalence and characteristics of cannabis-induced toxicoses in pets: Results from a survey of veterinarians in North America», *PLoS One*, 17 (4) (2022), e0261909.

27. Jayawardhana, J., Hou, J., Freeman, P., y Talbert, J. C., «Association of State Cannabis Legalization With Cannabis Use Disorder and Cannabis Poisoning», *JAMA Psychiatry*, 23 de diciembre de 2024.
28. Farmer, C. M., Monfort, S. S., y Woods, A. N., «Changes in Traffic Crash Rates After Legalization of Marijuana: Results by Crash Severity», *Journal of Studies on Alcohol and Drugs*, 83 (4) (2022), pp. 494-501.
29. Marinello, S., y Powell, L. M., «The impact of recreational cannabis markets on motor vehicle accident, suicide, and opioid overdose fatalities», *Social Science & Medicine*, 320 (2023), p. 115680.
30. Holdway, J., «Car crash deaths involving cannabis increasing and more likely to involve alcohol», Boston Medical Center, 2021.
31. Tolan, N. V., Terebo, T., Chai, P. R., Erickson, T. B., Hayes, B. D., Uljon, S. N. *et al.*, «Impact of marijuana legalization on cannabis-related visits to the emergency department», *Clin Toxicol (Phila)* 60 (5) (2022), pp. 585-595.
32. Roberts, B. A., «Legalized Cannabis in Colorado Emergency Departments: A Cautionary Review of Negative Health and Safety Effects», *West J Emerg Med*, 20 (4) (2019), pp. 557-572.
33. «Cannabis», Tobacco Tactics, University of Bath, 31 de marzo de 2023, disponible en: <https://www.tobaccotactics.org/article/cannabis/>.

11. La planta de la felicidad

1. Booth, M., *Opium: A History*, Thomas Dunne Books, Estados Unidos, 1998, p. 380.
2. Salavert, A., Zazzo, A., Martin, L., Antolín, F., Gauthier, C., Thil, F. *et al.*, «Direct dating reveals the early history of opium poppy in western Europe», *Scientific Reports*, 10 (1) (2020), p. 20263.
3. Weid, M., Ziegler, J., y Kutchan T. M., «The roles of latex and the vascular bundle in morphine biosynthesis in the opium poppy, *Papaver somniferum*», *PNAS*, 101 (38) (2004), pp. 13957-13962.
4. Offit, P., «God's Own Medicine», *Skeptical Inquirer*, 41 (2) (2017), disponible en: <https://skepticalinquirer.org/2017/03/gods-own-medicine/>.

5. Booth, M., *Opium: A History*, Thomas Dunne Books, Estados Unidos, 1998, p. 172.
6. Offit, P., «God's Own Medicine», *Skeptical Inquirer*, 41 (2) (2017), disponible en <https://skepticalinquirer.org/2017/03/gods-own-medicine/>.
7. Radden Keefe, P., *Empire of Pain: The Secret History of the Sackler Dynasty*, Doubleday, Estados Unidos, 2021, p. 221. [Versión castellana: *El imperio del dolor: la historia secreta de la dinastía que reinó en la industria farmacéutica*, Reservoir Books, Barcelona, 2021.]
8. «Understanding the Opioid Overdose Epidemic», CDC Overdose Prevention, 1 de noviembre de 2024, disponible en: <https://www.cdc.gov/overdose-prevention/about/understanding-the-opioid-overdose-epidemic.html>.
9. <https://www.govinfo.gov/content/pkg/CHRG-116hhrg43010/html/CHRG-116hhrg43010.htm>.
10. <https://www.docketbird.com/court-documents/In-re-National-Prescription-Opiate-Litigation/Wright-Curtis-Purdue-2018-12-19-Transcript/ohnd-1:2017-md-02804-02177-020>, pp. 25-26.
11. Radden Keefe, P., *Empire of Pain: The Secret History of the Sackler Dynasty*, Doubleday, Estados Unidos, 2021, p. 211. [Versión castellana: *El imperio del dolor: la historia secreta de la dinastía que reinó en la industria farmacéutica*, Reservoir Books, Barcelona, 2021.]
12. Ibídem.
13. Commonwealth of Massachusetts v. Purdue Pharma L. P., First Amended Complaint, párrafo 241.
14. Radden Keefe, P., *Empire of Pain: The Secret History of the Sackler Dynasty*. Doubleday, Estados Unidos, 2021, pp. 293-294. [Versión castellana: *El imperio del dolor: la historia secreta de la dinastía que reinó en la industria farmacéutica*, Reservoir Books, Barcelona, 2021.]
15. O'Connor, A., «Coca-Cola Funds Scientists Who Shift Blame for Obesity Away From Bad Diets», *The New York Times* [edición de internet], 9 de agosto de 2015, disponible en: <https://archive.nytimes.com/well.blogs.nytimes.com/2015/08/09/coca-cola-funds-scientists-who-shift-blame-for-obesity-away-from-bad-diets/>.
16. Cook, P., *Paying the Tab: The Costs and Benefits of Alcohol Control*, Princeton University Press, Nueva Jersey, 2011.

17. Maremont, M., y Berzon, A., «How Often Do Gamblers Really Win?», *Wall Street Journal* [edición de internet], 11 de octubre de 2013, disponible en: <https://www.wsj.com/articles/how-often-do-gamblers-really-win-1381514164>.

12. Todo lo que hay que saber sobre la dopamina

1. Olds, J., y Milner, P., «Positive reinforcement produced by electrical stimulation of septal area and other regions of rat brain», *Journal of Comparative and Physiological Psychology*, 47 (6) (1954), pp. 419-427.
2. Routtenberg, A., y Lindy, J., «Effects of the availability of rewarding septal and hypothalamic stimulation on bar pressing for food under conditions of deprivation», *Journal of Comparative and Physiological Psychology*, 60 (2) (1965), pp. 158-161.
3. Black, J., Belluzzi, J. D., y Stein, L., «Reinforcement delay of one second severely impairs acquisition of brain self-stimulation», *Brain Research*, 359 (1) (1985), pp. 113-119.
4. Heath, R. G., «Pleasure and pain activity in man. Deep and surface electroencephalograms during orgasm», *J Nerv Ment Dis*, 154 (1) (enero de 1972), pp. 3-18.
5. Portenoy, R. K., Jarden, J. O., Sidtis, J. J., Lipton, R. B., Foley, K. M., y Rottenberg, D. A., «Compulsive thalamic self-stimulation: a case with metabolic, electrophysiologic and behavioral correlates», *Pain*, 27 (3) (1986), pp. 277-290.
6. Berridge, K. C., y Kringelbach, M. L., «Pleasure systems in the brain», *Neuron*, 86 (3) (2015), pp. 646-664.
7. Szczypka, M. S., Rainey, M. A., Kim, D. S. *et al.*, «Feeding behavior in dopamine-deficient mice», *Proc Natl Acad Sci USA*, 96 (21) (12 de octubre de 1999), pp. 12138-12143.
8. Cannon, C. M., y Palmiter, R. D., «Reward without Dopamine», *Journal of Neuroscience*, 23 (34) (26 de noviembre de 2003), pp. 10827-10831.
9. Politis, M., Loane, C., Wu, K., O'Sullivan, S. S., Woodhead, Z., Kiferle L. *et al.*, «Neural response to visual sexual cues in dopamine treatment-linked hypersexuality in Parkinson's disease», *Brain*, 136 (2) (2013), pp. 400-411.
10. Weintraub, D., Koester, J., Potenza, M. N., Siderowf, A. D., Stacy, M., Voon, V. *et al.*, «Impulse Control Disorders in Par-

kinson Disease: A Cross-Sectional Study of 3090 Patients», *Archives of Neurology*, 67 (5) (2010), pp. 589-595.

11. Fermaglich, J., «The Case of the Frozen Addicts», *JAMA*, 275 (5) (1996), pp. 407-408.
12. Schultz W., Dayan, P., y Montague, P. R., «A Neural Substrate of Prediction and Reward», *Science*, 275 (1997), pp. 1593-1599.
13. Robins, L. N., Davis, D. H., y Nurco, D. N., «How permanent was Vietnam drug addiction?», *Am J Public Health*, 64 (12) (1974) pp. 38-43.
14. Hendershot, C. S., Wardell, J. D., Samokhvalov, A. V., y Rehm, J., «Effects of naltrexone on alcohol self-administration and craving: meta-analysis of human laboratory studies», *Addict Biol.*, 22 (6) 14 de julio de 2016, pp. 1515-1527.
15. Harris, R. C., y Zhang, M., «Dopamine, the Kidney, and Hypertension», *Curr Hypertens Rep*, 14 (2) (abril de 2012), pp. 138-143.
16. Matt, S. M., y Gaskill, P. J., «Where Is Dopamine and how do Immune Cells See it?: Dopamine-Mediated Immune Cell Function in Health and Disease», *Journal of Neruoimmune Pharmacology*, 15 (2020), pp. 114-164.
17. Bucolo, C., Marco Leggio, G., Drago, F., y Salomone, S., «Dopamine outside the brain: The eye, cardiovascular system and endocrine pancreas», *Pharmacology & Therapeutics*, 203 (noviembre de 2019).

13. *Friends*, pero en la vida real

1. «It's All A/Bout Testing: The Netflix Experimentation Platform», *Medium*, 29 de abril de 2016, disponible en: <https://netflixtechblog.com/its-all-a-bout-testing-the-netflix-experimentation-platform-4e1ca458c15>.
2. Segal, D., «A Kid's Show Juggernaut That Leaves Nothing to Chance», *The New York Times* [edición de internet], 5 de mayo de 2022, disponible en: <https://www.nytimes.com/2022/05/05/arts/television/cocomelon-moonbug-entertainment.html>.
3. «The 2025 Global Internet Phenomena Report», disponible en: <https://www.sandvine.com/phenomena>.
4. «Netflix's biggest competitor? Sleep», *The Guardian* [edición de internet], 18 de abril de 2017, disponible en: <https://www.

theguardian.com/technology/2017/apr/18/netflix-competitor-sleep-uber-facebook>.

5. Horton, D., y Wohl, R. R., «Mass Communication and Para-Social Interaction: Observations on Intimacy at a Distance», *Psychiatry*, 9 (3) (1956), pp. 215-229.
6. Gerace, A., «When TV neighbours become good friends: Understanding *Neighbours* fans' feelings of grief and loss at the end of the serie», *PLoS One*, 19 (6) (12 de junio de 2024), e0302160.
7. Haak, W., Lazaridis, I., Patterson, N., Rohland, N., Mallick, S., Llamas, B. *et al.*, «Massive migration from the steppe was a source for Indo-European languages in Europe», *Nature*, 522 (7555) (2015), pp. 207-211.
8. Haak, W., Lazaridis, I., Patterson, N. *et al.*, «Massive migration from the steppe was a source for Indo-European languages in Europe», *Nature*, 522 (2015), pp. 201-211.
9. Fortes-Lima, C., Burgarella, C. *et al.*, «The genetic legacy of the expansion of Bantu-speaking peoples in Africa», *Nature*, 625 (7995) (2023), pp. 1-8.
10. Wilson, M., y Daly, M., «Competitiveness, risk taking, and violence: the young male syndrome», *Ethology and Sociobiology*, 6 (1) (1985), pp. 57-73.
11. Lester, D., Yang, B., y Lindsay, M., «Suicide Bombers: Are Psychological Profiles Possible?», *Studies in Conflict & Terrorism*, 27 (4) (2004), pp. 283-295.
12. Sela-Shayovitz, R., «Suicide Bombers in Israel: Their Motivations, Characteristics, and Prior Activity in Terrorist Organizations», *IJCV*, 1 (2) (2007), pp. 160-168.
13. Williams, A. F., y Shabanova, V. I., «Responsibility of drivers, by age and gender, for motor-vehicle crash deaths», *J Safety Res*, 34 (5) (2003), pp. 527-531.
14. Jeanmonod, R. K., Jeanmonod, D., Damewood, S., Perry, C., Powers, M., y Lazansky, V., «Punch Injuries: Insights into Intentional Closed Fist Injuries», *West J Emerg Med*, 12 (1) (febrero de 2011), pp. 6-10.
15. Przybylski, A., Weinstein, N., «Violent video game engagement is not associated with adolescents' aggressive behaviour: evidence from a registered report», *R Soc Open Sci*, 13, 6 (2) (2019), p. 171474.
16. Kuhn, S., Kugler, D. *et al.*, «Does playing violent video games cause aggression? A longitudinal intervention study», *Mol Psychiatry*, 24 (2019), pp. 1220-1234.

17. Danmarks Statistik, «Færre 18-årige dømmes efter straffeloven», dst.dk, 2023, disponible en: <https://www.dst.dk/da/Statistik/nyheder-analyser-publ/nyt/NytHtml?cid=46153>.
18. Beerthuizen, M., Weijters, G., y Van der Laan, A., «The release of Grand Theft Auto V and registered juvenile crime in the Netherlands», *European Journal of Criminology*, 14 (6) (2017), pp. 751-765.
19. Dahl, G., y DellaVigna, S., «Does Movie Violence Increase Violent Crime?», *The Quarterly Journal of Economics*, 124 (2) (2009), pp. 677-734.
20. Ottosen, M. H., Andreasen, A. G., Dahl, K. M., Lausten, M., Rayce, S. B., y Tagmose, B. B., *Børn og unge i Danmark: Velfærd og trivsel 2022*. VIVE – Det Nationale Forsknings- og Analysecenter for Velfærd, 2022, disponible en: <https://www.vive.dk/da/udgivelser/boern-og-unge-i-danmark-velfaerd-og-trivsel-2022-0xgg53xk/>.
21. Sharkey, P., «Homebound: The Long-Term Rise in Time Spent at Home Among U.S. Adults», *Sociological Science*, 10 de agosto de 2024, p. 15195/v11.a20.

14. Ese infinito pasar pantallas

1. Bryson, A., y MacKerron, G., «Are You Happy While You Work?», *The Economic Journal*, 127 (599) (2017), pp. 106-125.
2. Taylor, P., «Number of smartphone mobile network subscriptions worldwide from 2016 to 2022, with forecasts from 2023 to 2028», statistica.com, 2022, disponible en: <https://www.statista.com/statistics/330695/number-of-smartphone-users-worldwide/>.
3. United Nations Children's Fund and the World Health Organization, *State of the World's Sanitation: An urgent call to transform sanitation for better health, environments, economies and societies*, 2020.
4. Our World in Data, «Daily hours spent with digital media in the United States», BOND Internet Trends (2019), 2019, disponible en: <https://ourworldindata.org/grapher/daily-hours-spent-with-digital-media-per-adult-user>.
5. Kemp, S., «Digital 2022: Global Overview Report», DataReportal, 2022, disponible en: <https://datareportal.com/reports/digital-2022-global-overview-report>.

6. Pew Research Center, «Nearly half of teens now say they use the internet “almost constantly”», TEENS, SOCIAL MEDIA AND TECHNOLOGY 2022 [edición de internet], 2022, disponible en: <https://www.pewresearch.org/internet/2022/08/10/teens-social-media-and-technology-2022>.
7. Backlinko, «Revealing Average Screen Time Statistics», Backlinko.com, 11 de marzo de 2024, disponible en: <https://backlinko.com/screen-time-statistics?utm_source=chatgpt.com>.
8. Ferster, C. B., y Skinner, B. F., «Schedules of Reinforcement», 1957, disponible en: <https://www.bfskinner.org/wp-content/uploads/2015/05/Schedules_of_Reinforcement_PDF.pdf>.
9. Allen, M., «Sean Parker unloads on Facebook: “God only knows what it’s doing to our children’s brains”», *Axios*, 9 de noviembre de 2017, disponible en: <https://www.axios.com/2017/12/15/sean-parker-unloads-on-facebook-god-only-knows-what-its-doing-to-our-childrens-brains-1513306792>.
10. Samrai, Y., «How Stanford Profits Off Addiction», *The Stanford Review* [edición de internet], 4 de febrero de 2020, disponible en: <https://stanfordreview.org/how-stanford-profits-tech-addiction-social-media/>.
11. Srinivisan, K., «Paying Attention», University of Chicago Booth School of Business, 2023, disponible en: <https://karthikecon.github.io/karthiksrinivasan.org/paying_attention.pdf>.
12. Knowles, T., «I’m so sorry, says inventor of endless online scrolling», *The Times*, 27 de abril de 2019, disponible en: <https://www.thetimes.co.uk/article/i-m-so-sorry-says-inventor-of-endless-online-scrolling-9lrv59mdk>.
13. «Former Facebook executive: social media is ripping society apart», *The Guardian* [edición de internet], 12 de diciembre de 2017, disponible en: <https://www.theguardian.com/technology/2017/dec/11/facebook-former-executive-ripping-society-apart>.
14. McNamee, R., *Zucked: Waking Up to the Facebook Catastrophe*, Penguin Press, Nueva York, 2019.
15. «The person behind the Like button says software is wasting our time», *The Verge*, marzo de 2018, disponible en: <https://www.theverge.com/2018/3/28/17172404/justin-rosenstein-asana-social-media-facebook-timeline-gantt>.
16. Bowles, N., «Silicon Valley Nannies Are Phone Police for

Kids», *The New York Times*, 26 de octubre de 2018, disponible en: <https://www.nytimes.com/2018/10/26/style/silicon-valley-nannies.html>.

17. Bowles, N., «A Dark Consensus About Screens and Kids Begins to Emerge in Silicon Valley», *The New York Times*, 26 de octubre de 2018, disponible en: <https://www.nytimes.com/2018/10/26/style/phones-children-silicon-valley.html>.
18. Fennell, J. G., Talas, L., Baddeley, R. J., Cuthill, I. C., y Scott-Samuel, N. E., «Optimizing colour for camouflage and visibility using deep learning: the effects of the environment and the observer's visual system», *J R Soc Interface*, 16 (154) (2019), 20190183.
19. Zahavi, A. A., *The Handicap Principle: A Missing Piece of Darwin's Puzzle*, Oxford University Press, Oxford, 1999.
20. Beknazar-Yuzbashev, G., Jiménez Durán, R., McCrosky, J., y Stalinski, M., «Toxic Content and User Engagement on Social Media: Evidence from a Field Experiment», SSRN, 82 (2023).

15. Un pez pequeño en un estanque muy grande

1. Team USA, Michael Phelps: Athlete Bio, teamusa.org, 2023, disponible en: <https://www.teamusa.com/profiles/michael-phelps>.
2. Lätt, E., Jürimäe, J., Mäestu, J., Purge, P., Rämson, R., Haljaste, K. *et al.*, «Physiological, biomechanical and anthropometrical predictors of sprint swimming performance in adolescent swimmers», *J Sports Sci Med*, 9 (3) (2010), pp. 398-404.
3. Jürimäe, J., Haljaste, K., Cicchella, A., Lätt, E., Purge, P., Leppik, A. *et al.*, «Analysis of swimming performance from physical, physiological, and biomechanical parameters in young swimmers», *Pediatr Exerc Sci*, 19 (1) (2007), pp. 70-81.
4. «Michael Phelps», United States Olympic and Paralympic Museum, disponible en: <https://usopm.org/michael-phelps/>.
5. «Michael Phelps: Going Five Years Without Missing A Single Day Of Training», *Forbes*, disponible en: <https://www.forbes.com/video/5180394324001/michael-phelps-going-five-years-without-missing-a-single-day-of-training/?>.
6. Gladwell, M., *David and Goliath: Underdogs, Misfits, and the Art of Battling Giants*, Little, Brown and Company, Nueva York, 2013, pp. 81-94. [Versión castellana: *David y Goliat: des-*

validos, inadaptados y el arte de luchar contra gigantes, Taurus, Barcelona, 2013.]

7. Marsh, H. W., y Hau, K. T, «Big-fish-little-pond effect on academic self-concept. A cross-cultural (26-country) test of the negative effects of academically selective schools», *Am Psychol*, 58 (5) (2003), pp. 364-376.
8. Seaton, M., Marsh, H. W., y Craven, R. G., «Big-Fish-Little-Pond Effect: Generalizability and Moderation – Two Sides of the Same Coin», *American Educational Research Journal*, 47 (2) (2010), pp. 390-433.
9. Seaton, M., Marsh, H., y Craven R., «Earning Its Place as a Pan-Human Theory: Universality of the Big-Fish-Little-Pond Effect Across 41 Culturally and Economically Diverse Countries», *Journal of Educational Psychology*, 101 (2009), pp. 403-419.
10. Chanal, J. P., Marsh, H. W., Sarrazin, P. G., y Bois, J. E., «Big-Fish-Little-Pond Effects on Gymnastics Self-Concept: Social Comparison Processes in a Physical Setting», *Journal of Sport and Exercise Psychology*, 27 (1) (2005), pp. 53-70.
11. Marsh, H. W., Morin, A. J. S., y Parker, P. D., «Physical Self-Concept Changes in a Selective Sport High School: A Longitudinal Cohort-Sequence Analysis of the Big-Fish-Little-Pond Effect», *Journal of Sport and Exercise Psychology*, 37 (2) (2015), pp. 150-163.
12. Simler, K., «Social Status: Down the Rabbit Hole», 2015, disponible en: <https://kevinsimler.quora.com/Social-Status-Down-the-Rabbit-Hole>.
13. Wrangham, R., *The Goodness Paradox: The Strange Relationship Between Virtue and Violence in Human Evolution*, Pantheon, Nueva York, 2019, p. 165.
14. Sundhedsstyrelsen, *Prævalens, incidens og aktivitet i sundhedsvæsenet for børn og unge med angst eller depression, ADHD og spiseforstyrrelse*, Sundhedstyrelsen, Copenhague, 2017.
15. Rosendahl Jensen, H. A., Davidsen, M., Rossen Møller S., Ellegaard Ibáñez, R. J., Kragelund, K., Illemann Christensen, A., y Ekholm, O., *Den Nationale Sundhedsprofil 2021*, Sundhedstyrelsen, Copenhague, 2022.
16. Dooley, B., O'Connor, C., Fitzgerald, A., y O'Reilly, A., *The National Study of Youth and Mental Health in Ireland*, MyWorld-Survey.ie: University College Dublin School of Psychology, Dublín, 2012.

17. Beckman, L. y Hellström, L. «Views on Adolescents' Mental Health in Sweden-A Qualitative Study among Different Professionals Working with Adolescents», *Int J Environ Res Public Health*, 18 (20) (2021).
18. DREES, «Crise sanitaire: hausse des syndromes dépressifs et des consultations pour ce motif», 12 de marzo de 2021, disponible en: <https://drees.solidarites-sante.gouv.fr/communique-de-presse/crise-sanitaire-hausse-des-syndromes-depressifs-et-des-consultations-pour-ce>.
19. Twenge, J., «How Much Is Social Media to Blame for Teens' Declining Mental Health?», Institute for Family Studies [internet], publicación en blog el 11 de abril de 2022, disponible en: <https://ifstudies.org/blog/how-much-is-social-media-to-blame-for-teens-declining-mental-health>.
20. Shaw, N., «Self-harm hospital admissions for teenage girls triple in a decade», Walesonline.co.uk, 12 de febrero de 2021, disponible en: <https://www.walesonline.co.uk/news/uk-news/self-harm-hospital-admissions-teenage-19740803>.
21. Arenas-Arroyo, E., Fernández-Kranz, D., y Nollenberger, N., «High Speed Internet and the Widening Gender Gap in Adolescent Mental Health: Evidence from Hospital Records», IZA Institute for Labor Economics, 2022.
22. Braghieri, L., Levy, R., y Makarin, A., «Social Media and Mental Health», *American Economic Review*, 112 (11) (2022), pp. 3660-3693.
23. Allcott, H., Braghieri, L., Eichmeyer, S., y Gentzkow, M., «The Welfare Effects of Social Media», *American Economic Review*, 110 (3) (2020), pp. 629-676.
24. Pedersen, J., Rasmussen, M. G. B., Sørensen, S. O., Mortensen, S. R., Olesen, L. G., Brage, S. *et al.*, «Effects of limiting digital screen use on well-being, mood, and biomarkers of stress in adults», *Npj Mental Health Research*, 1 (1) (2022), p. 14.
25. Stieger, S., y Lewetz, D., «A Week Without Using Social Media: Results from an Ecological Momentary Intervention Study Using Smartphones», *Cyberpsychology, Behavior, and Social Networking*, 21 (10) (2018), pp. 618-624.
26. «The Fundamental Flaws of The Only Meta-Analysis of Social Media Reduction Experiments (And Why It Matters), Part 1», After Babel, 29 de agosto de 2024, disponible en: <https://www.afterbabel.com/p/the-case-for-causality-part-1>.

27. Deri, S., Davidai, S., y Gilovich, T., «Home alone: Why people believe others' social lives are richer than their own», *Journal of Personality and Social Psychology*, 113 (6) (diciembre de 2017), pp. 858-877.
28. Eriksen, I. M., Bakken, A., y Soest von, T., «Stress, press og psykiske plager blant unge 2020», disponible en: <https://www.ungdata.no/stress-press-og-psykiske-plager-blant-unge/>.
29. Robertson, C. E., Pröllochs, N., Schwarzenegger, K. *et al.*, «Negativity drives online news consumption», *Nat Hum Behav*, 7 (2023), pp. 812-822.
30. Griffiths, S., Harris, E. A., Whitehead, G. *et al.*, «Does TikTok contribute to eating disorders? A comparison of the TikTok algorithms belonging to individuals with eating disorders versus healthy controls», *Body Image*, 51 (2024), p. 101807.
31. Marsh, S., «TikTok investigating videos promoting starvation and anorexia», 7 de diciembre de 2020, *Guardian* [edición de internet], disponible en: <https://www.theguardian.com/technology/2020/dec/07/tiktok-investigating-videos-promoting-starvation-and-anorexia>.

16. De los cosméticos a las armas nucleares

1. Safran, R. J. *et al.*, «Dynamic Paternity Allocation as a Function of Male Plumage Color in Barn Swallows», *Science*, 309 (2005), pp. 2210-2212.
2. Safran, R. J. *et al.*, «Sexual signal exaggeration affects physiological state in male barn swallows», *Current Biology*, 18 (11) (2008), pp. 461-462.
3. Langlois, J. H., Kalakanis, L., Rubenstein, A. J., Larson, A., Hallam, M., y Smoot, M., «Maxims or myths of beauty? A meta-analytic and theoretical review», *Psychol Bull*, 126 (3) (2000), pp. 390-423.
4. Coetzee, V., Greeff, J. M., Stephen, I. D., y Perrett, D. I., «Cross-cultural agreement in facial attractiveness preferences: the role of ethnicity and gender», *PLoS One*, 9 (7) (2014), e99629.
5. Russell, R., «A Sex Difference in Facial Contrast and its Exaggeration by Cosmetics», *Perception*, 38 (8) (2009), pp. 1211-1219.

6. Hammermesh, D., y Biddle, J., «Beauty and the Labor Market», *American Economic Review*, 84 (1993), pp. 1174-1194.
7. Sundhedsdatastyrelsen, Plastikoperationer (esundhed.dk), disponible en: <https://www.esundhed.dk/Emner/Operationer-og-diagnoser/Plastikoperationer>.

17. El cuerpo ideal, pero a lo grande

1. Samuel, E., «Arnold Schwarzenegger Explains His Olympia-Era PED Use», *Men's Health* [edición de internet], 24 de mayo de 2023, disponible en: <https://www.menshealth.com/fitness/a43944437/arnold-schwarzenegger-steroid-use-bodybuilding/>.
2. The Barbell Team, «Dolph Lundgren Admits to Taking Steroids», TheBarbell.com, 11 de mayo de 2023, disponible en: <https://www.thebarbell.com/dolph-lundgren-steroids/>.
3. Reuters, «Stallone pleads guilty in hormone import case», Reuters.com, 9 de agosto de 2007, disponible en: <https://www.reuters.com/article/lifestyle/stallone-pleads-guilty-in-hormone-import-case-idUSSYD39413/>.
4. «Rappers Implicated In Steroids Scandal», CityNews Everywhere, 14 de enero de 2008, disponible en: <https://toronto.citynews.ca/2008/01/14/rappers-implicated-in-steroids-scandal/?>.
5. Bhasin, S., Storer, T. W., Berman, N., Callegari, C., Clevenger, B., Phillips, J. *et al.*, «The Effects of Supraphysiologic Doses of Testosterone on Muscle Size and Strength in Normal Men», *New England Journal of Medicine*, 335 (1) (1996), pp. 1-7.
6. Pope Jr, H. G., Olivardia, R., Gruber, A., y Borowiecki, J., «Evolving ideals of male body image as seen through action toys», *International Journal of Eating Disorders*, 26 (1) (1999), pp. 65-72.
7. Xue, L. y Perrett, D., «Misperceptions of opposite-sex preferences for thinness and muscularity», *Br. J. Psychol*, 112 (2021), pp. 247-264.
8. Frederick, D. A., Fessler, D. M. T., y Haselton, M. G., «Do representations of male muscularity differ in men's and women's magazines?», *Body Image*, 2 (1) (2005), pp. 81-86.
9. Brada, T., «Leg-lengthening: The people having surgery to be a bit taller», BBC.com, 5 de mayo de 2020, disponible en: <https://www.bbc.com/news/world-55146906>.

10. Soo, Z., «China keeping 1 hour daily limit on kids' online games», APNews.com, 20 de enero de 2023, disponible en: <https://apnews.com/article/gaming-business-children-00db669defcc8e0ca1fc2dc54120a0b8>.
11. Ye, J., «China looks to limit children to two hours a day on their phones», Reuters.com, 3 de agosto de 2023, disponible en: <https://www.reuters.com/world/china/china-issues-draft-guidelines-tighten-limits-use-apps-by-minors-2023-08-02/>.

Epílogo. Un ser humano pequeño en un mundo muy grande

1. Kanigel, R., *The Man Who Knew Infinity: A Life of the Genius Ramanujan*, Washington Square Press, Nueva York, 2013.
2. «The Grandmaster Experiment», *Psychology Today* [edición de internet], 1 de julio de 2005, disponible en: <https://www.psychologytoday.com/au/articles/200507/the-grandmaster-experiment>.
3. Raichle, M. E., y Gusnard, D. A., «Appraising the brain's energy budget», *Proc Natl Acad Sci USA*, 99 (16) (29 de julio de 2002), pp. 10237-10239.
4. Kurzban, R., Duckworth, A., Kable, J. W., y Myers, J., «Cost-benefit models as the next, best option for understanding subjective effort», *Behavioral and Brain Sciences*, 36 (6) (2013), pp. 707-726.
5. Wu, R., Ferguson, A. M., y Inzlicht, M., «Do humans prefer cognitive effort over doing nothing?», *Journal of Experimental Psychology: General*, 152 (4) (2023), pp. 1069-1079.
6. Klausen, M. K., Thomsen, M., Wortwein, G., y Fink-Jensen, A., «The role of glucagon-like peptide 1 (GLP-1) in addictive disorders», *British Journal of Pharmacology*, 179 (4) (2022), pp. 625-641.
7. Martinelli, S., Mazzotta, A., Longaroni, M., y Petrucciani, N., «Potential role of glucagon-like peptide-1 (GLP-1) receptor agonists in substance use disorder: A systematic review of randomized trials», *Drug and Alcohol Dependence*, 264, 1 de noviembre de 2024, p. 112424.

ÍNDICE ANALÍTICO